[redacted]

De Wertheims

[redacted]

Silvia Tennenbaum

De Wertheims

Twee oorlogen, één familiegeschiedenis

Vertaling Josephine Ruitenberg & Emmy van Beest

Nieuw Amsterdam *Uitgevers*

Ter nagedachtenis aan mijn moeder, Lotti Steinberg, geboren Stern, die in mijn leven en werk altijd aanwezig is.

LIBRIS

Dit is een exclusieve uitgave van de Libris-boekhandels, aangesloten bij Libris Blz. B.V. Bezoek onze internetsite www.libris.nl

Oorspronkelijke titel *Yesterday's Streets*. Random House, New York, 1981

Omslagontwerp image realize
Foto omslag © Arcangel Images / Vintage Collection
NUR 302
ISBN 978 90 468 1914 2
www.nieuwamsterdam.nl/silviatennenbaum

FSC
www.fsc.org
MIX
Papier van verantwoorde herkomst
FSC® C019440

Es bleibt uns vielleicht
irgend ein Baum an dem Abhang, dass wir ihn täglich
wiedersähen; es bleibt uns die Strasse von gestern
und das verzogene Treusein einer Gewohnheit,
der es bei uns gefiel, und so blieb sie und ging nicht.

Er rest ons misschien
hier of daar een boom op een helling, elke dag weer
door ons te herkennen; de weg die wij gisteren namen;
de misplaatste trouw misschien van een gewoonte
die zich thuis voelde bij ons en daarom verzuimde te gaan.

Uit de eerste elegie van *De elegieën van Duino* door Rainer Maria Rilke.
Vertaald, ingeleid en van aantekeningen voorzien door W.J.M. Bronzwaer.
Baarn, Ambo, 1978

De familie Wertheim

MORITZ (1836-1913) x HANNCHEN (LEVI) (1848-1933)

Eduard
(1883-)

Jacob
(1878-1944)
x
Lore

Gottfried
(Gerald F. Worth)
(1875-1929)
x
Blanche

3 kinderen

Siegmund
(1874-)
x
Pauline

Jenny
(1901-)

Julia
(1902-)

Willy
(1904-)

NATHAN
(1873-1933) x

EMMA
(1900-)
x
Otto Radowitz

ERNST & ANDREAS
(1902-) (1902-?)

x
Miriam

De familie Süsskind

BENEDICT (1832-1918) x TÄUBCHEN (HERZ) (1842-1890)

CAROLINE (1880-1940)

Jonah (1881-1938) x Hildegard

4 kinderen

Eva (1882-)

Elias (1883-) x Bettina

Benno (1910-)

HELENE (1903-)

x Thomas von Brenda-Badolet (1900-)

Clara (1928-)

x Manfred Solomon (1898-)

Peter (1938-)

HOOFDSTUK 1

1903

Eduard Wertheim vond alle baby's lelijk en liet nooit na hun moeder dat mede te delen. Toen hij op een schitterende lentedag de zitkamer van zijn schoonzus binnenstapte om te komen kijken naar Helene, die behaaglijk in de armen van Caroline Wertheim lag, riep hij uit: 'God, ze lijkt wel een boze inboorling!'

Hedwig, het kindermeisje, snoof afkeurend, en de aarzelende glimlach verdween van Carolines gezicht. Hoewel ze nog wat pijn had, zat ze op een smaakvolle chaise longue in empirestijl, gekleed in een kamerjas van zachte, soepele witte jersey over een wijde, ouderwetse mousselinen nachtjapon. Haar borsten waren strak ingebonden om de stuwing te onderdrukken. Dokter Schlesinger, de huisarts, wuifde haar klachten weg en bleef niets anders dan rust en lichte maaltijden voorschrijven. 'Geen ganzenvet,' zei hij opgewekt.

Ondanks de pijn probeerde Caroline vriendelijk te zijn tegen al haar bezoekers, maar vooral bij Edu, die haar vaak tegen de haren in streek, kostte dat moeite. 'Ik vind het juist een mooi kind,' zei ze. 'Jij houdt gewoon niet van baby's!'

'Ze zal ongetwijfeld mooi wórden, als ze eenmaal op haar moeder gaat lijken,' antwoordde Edu galant. Hij blies een wolk sigarenrook uit door zijn neus, terwijl hij op vergeving van Caroline wachtte.

'Dat kind stikt nog,' mompelde Hedwig. Ze griste Lene bruusk uit de armen van haar moeder en beende de kamer uit.

Caroline was nog niet gunstig gestemd en vroeg zich af wat ze eens kon zeggen tegen Edu, die weliswaar pas twintig was maar zich het air aanmat van een man van de wereld. Hij was nog maar kort terug na een verblijf van twee jaar in Amerika en had over elk onderwerp een uitgesproken mening. Maar ook hij stond even met zijn mond vol tanden. Conversaties met vrouwen gingen hem nog niet gemakkelijk af en daardoor miste hij het zelfvertrouwen om een luchtige opmerking te maken als er een stilte viel. Hij was gevat, maar had mannelijk gezelschap nodig om te kunnen schitteren; tegenover vrouwen werden zijn kwinkslagen al snel beledigend.

'Nu ik het monstertje heb bewonderd, kan ik wel weer gaan,' zei hij, en Caroline schonk hem een opgeluchte glimlach. Noch de rook van zijn sigaar noch zijn gevoel voor humor kon haar bekoren, en zijn arrogantie vond ze aanmatigend.

'Bedankt voor je bezoekje,' zei ze, terwijl ze de vluchtige, plichtmatige kus op haar wang aanvaardde. 'We vroegen ons allemaal af of je in Amerika zou blijven.'

'Amerika is niets voor mij,' verkondigde hij pedant. 'De mannen hebben geen greintje beschaving. Het scheelt maar weinig of ze rennen nog met woest beschilderde gezichten rond, zoals de indianen. En de vrouwen! Allemaal feeksen! En feministen,' voegde hij eraan toe. Hij was opgestaan om te vertrekken, maar stond nog even om zich heen te kijken: een slanke, knappe man, gekleed in het beste wat de Engelse kleermakers te bieden hadden. Hij zag dat het licht dat over het mahoniehouten meubilair speelde, het oude tapijt omtoverde tot een weelderige, kleurrijke oosterse tuin. Het was fijn om terug te zijn in Duitsland, en dan vooral in Frankfurt, bij zijn eigen familie.

Edu drukte zijn sigaar uit in de schone marmeren asbak die precies in het midden van het brokaten tafelkleed stond dat over het tafeltje naast de deur lag. 'Het beste dan maar,' zei hij tegen Caroline, die haar ogen had gesloten tegen de steeds verder naar binnen schijnende zon, 'en doe Nathan de groeten.'

'Tot zaterdag,' mompelde ze.

Hij zorgde dat hij de deur geluidloos achter zich dichttrok. Beneden in de hal was niemand om hem uit te laten, dus pakte hij zelf zijn bolhoed van het hoedenrek en liet geen fooi achter voor het onachtzame dienstmeisje. Toen hij op zijn gemak over het brede bordes van het huis van zijn broer naar beneden liep, zag hij de seringen, die weelderig en geurig over de tuinmuur golfden, en de statige kastanjeboom, waar als een aureool een paar schapenwolkjes boven hingen in de eindeloze, blauwe meihemel. Maar hij zag ook dat de gebogen balustrade gepoetst moest worden en dat het ijzeren hekwerk wel een verfje kon gebruiken.

Edu was ingenomen met zichzelf en daardoor met de hele wereld. Hij besloot een ommetje te maken door de Palmengarten op de terugweg naar zijn ouderlijk huis. Tijdens zijn wandeling dacht hij na over zijn tijd in New York, waar hij had gewerkt voor het bankiershuis Kuhn, Loeb & Co. Voor hem was het een soort ballingschap geweest. Hij had zijn werk nauwgezet, zelfs vol ijver gedaan, maar was er niet in geslaagd zijn eenzaamheid te overwinnen. Hij was onverklaarbaar verlegen geweest in het gezelschap van die luidruchtige Amerikanen, zo vol optimisme en naïviteit. Het was hem niet gelukt om vrienden te maken. Hij was niet met open armen ontvangen door de beste Amerikaanse families, zoals hij had gehoopt, hoewel zijn vader, Moritz Wertheim, had opgeschept over zijn connecties met Jacob Schiff, die aan het hoofd van de bankiersfirma stond.

'Mijn opa woonde in de Judengasse recht tegenover de familie Schiff,' vertelde Moritz altijd als hij herinneringen ophaalde aan zijn tijd in de Jodenbuurt, 'en wij waren goed met hen bevriend. Iedereen heeft het wel altijd over de familie Rothschild, maar het getto van Frankfurt heeft wel meer mensen van aanzien voortgebracht. Zij zijn natuurlijk wel het rijkst, maar sommige anderen hebben het ook niet slecht gedaan.' Op dit punt aangekomen boog hij zich steevast naar voren. Deze korte redevoering hield hij bijna routinematig voor al zijn kinderen en kleinkinderen, zodra ze oud genoeg waren om hem te begrijpen. 'Er is nog iets wat je niet moet vergeten,' zei hij dan. 'Er bestaat een ander soort aanzien – de Joden noemden het vroeger *jieches* – en daar beschikte onze familie in ruime mate over, zelfs toen we nog geen geld hadden.'

'Dat weet ik,' antwoordde Edu dan altijd, maar de preek vervluchtigde rond zijn hoofd als de dampen waarmee zijn moeder verkoudheden te lijf ging, een eigenaardig ruikend vleugje verleden dat volgens hem geen enkel verband met het heden hield.

'Daarbij gaat het om rechtschapenheid en eerzaamheid, menslievendheid en eerbied voor de rijken van geest: de wijzen en geleerden. Als je kon lezen wat er op de grafstenen op de oude begraafplaats staat – maar dat kun je natuurlijk niet – zou je zien wat onze voorouders zo belangrijk vonden dat de wereld het moest zien en God het moest onthouden.'

Dan leunde Moritz achterover in zijn stoel en trok Edu een ernstig gezicht, want hij wist dat dat van hem werd verwacht. Maar nu vroeg hij zich af waarom hij Jacob Schiff zo weinig had gezien in zijn leertijd, als de banden met de familie echt zo nauw waren als zijn vader altijd had beweerd. Eenmaal – éénmaal slechts – was hij uitgenodigd voor het vrijdagse diner. Zoals hij zijn familie had verteld, was hij daarvan niet onder de indruk geweest. Hij had de vroomheid stuitend gevonden. 'Stel je voor, de mannen moesten een keppeltje op! En dat in deze tijd!' Bovendien stroomde New York (hoewel hij moest toegeven dat dit niet de schuld was van Jacob Schiff) vol met een miljoen arme immigranten, veelal of misschien wel grotendeels Oost-Europese Joden. 'Wacht maar af wat een antisemitisme dat zal geven in die veelgeprezen democratie van ze,' zei hij, en Hannchen, zijn moeder, knikte. Ze was het altijd met Edu eens; hij was de jongste van haar vijf zoons en haar lieveling.

Edu wandelde tevreden door de Palmengarten, want hij was dol op al die verschillende bekende en exotische planten. Zo lang als hij zich kon herinneren had hij de paden en kassen verkend, zich verdiept in elk detail van de bloemen, cactussen, tropische palmen en orchideeen, en zelfs de Latijnse namen uit zijn hoofd geleerd. Voor de tuinmannen was hij een oude bekende en ze lichtten dan ook hun pet voor hem. Hoewel ze over het algemeen zwijgzaam waren, vertelden ze hem af en toe zelfs hoe een bepaalde, heel bijzondere plant moest worden verzorgd. Bloemen kweken leek Eduard Wertheim een prachtige, dankbare bezigheid, waarbij hard werken werd beloond met schoonheid of een zoete geur, zonder dat je je genegenheid voor de plant op een sentimentele manier hoefde te uiten.

Op de zaterdagmiddag na Edu's kraambezoek kwam de hele familie Wertheim bijeen in de Guiollettstrasse, bij Nathan en Caroline. Iedereen die geen andere sociale verplichtingen had, kwam zaterdags bij hen op de thee. Zondag was onveranderlijk de dag van Hannchen en Moritz, de ouders van het gezin, bij wie er dan stipt om één uur warm werd gegeten. Nathan, die advocaat was, was de oudste zoon en het meest gesetteld. Hij was plichtsgetrouw, zwaarmoedig en nogal teruggetrokken. Zijn puntbaardje was zorgvuldig bijgeknipt en de uiteinden van zijn snor krulden een beetje op. Hoewel hij pas dertig was, was hij bijna kaal en dat was zo'n teer punt dat hij zich nooit zonder hoed liet fotograferen.

De tweede zoon, Siegmund, was negenentwintig. Hij werkte bij de groothandel in wollen stoffen van zijn vader en werd als de zwierigste van het stel beschouwd. Hij was ook de meest zorgeloze en speelde cello, zij het slecht. Hij zei regelmatig dat hij eigenlijk van adel had moeten zijn, omdat de dagelijkse gang naar zijn werk hem dan bespaard was gebleven. Op kantoor flirtte hij met de secretaresses en nam de handelsreizigers voor zich in. Hij werkte nooit een minuut langer dan nodig was. Zijn schoonvader was een zeer vermogend man. Pauline, zijn vrouw, was in een luxueuze omgeving opgegroeid en had van jongs af aan een oog voor mooie kleding en een voorliefde voor weelderige feesten ontwikkeld.

Gottfried, een vrijgezel van achtentwintig, kreeg al sinds zijn derde jaar te horen dat hij zo knap was, dus iedereen had wel verwacht dat hij ijdel zou worden. Toch had niemand vermoed hoe genotzuchtig hij zou worden en hoe beperkt zijn vermogen om vrienden te maken zou zijn. Ook Gottfried werkte bij zijn vader in de zaak en drong er bij hem op aan grotere risico's te nemen dan Moritz verstandig vond. Ze hadden geen goede verstandhouding.

De vijfentwintigjarige Jacob was laconiek en intelligent, maar niemand had hem ooit knap genoemd. Sterker nog, hij werd beschouwd als het lelijke eendje, maar had als kind al ontdekt dat zijn vader zijn intellect waardeerde en daarom toegeeflijk voor hem was. Hij had volgens zijn moeder 'langer dan goed voor hem was' aan de universiteit gestudeerd en speelde tweede viool in het amateurkwartet van zijn broer Siegmund.

Behalve Gottfried kwamen alle broers die zaterdagmiddag op tijd bij Nathan aan. Het was opnieuw een prachtige voorjaarsdag, en Edu weidde uit over zijn favoriete onderwerp. Hij analyseerde de Amerikaanse volksaard en beschreef de erbarmelijke levensomstandigheden in de Lower East Side van New York. Nathan, die net terug was van een bezoekje aan Berlijn, vertelde dat de toestroom van Joden uit Polen ook daar een probleem begon te worden.

'Goddank wonen wij in Frankfurt,' zei Jacob met een zweem van sarcasme in zijn stem.

'Ze zullen hier ook wel komen,' zei Siegmund.

'Als ik in New York 's avonds in bed lag,' zei Edu, 'dan stelde ik me voor dat ik hier was en door de Palmengarten liep of de tram nam naar Bockenheim. Ik somde de haltes op om in slaap te vallen.'

'Was er dan helemaal niets aan New York wat je beviel?'

'Ik heb leren overleven tussen de wilden. Het beviel me om mijn eigen boontjes te moeten doppen.'

De mannen zaten in de salon, terwijl de vrouwen met elkaar keuvelden in de serre. Vandaar hadden ze uitzicht op de tuin, die op het hoogtepunt van de lente een verbazingwekkende variatie aan groentinten vertoonde, van het glanzende donkergroen van de magnolia's tot de veervormige geelgroene bladeren van de lindebomen. Erbovenuit torenden twee rode beuken en een stokoude kastanjeboom. De bomen waren ouder dan het huis en ouder dan de oudste mens die nog in leven was, en hadden hier al gestaan voordat de stadsmuren waren afgebroken en voordat de Joden zich buiten de krappe grenzen van het getto mochten begeven. Misschien waren het al jonge boompjes geweest toen Goethe zijn geboorteplaats vaarwel had gezegd.

De ramen van de serre stonden open en de vrouwen praatten geanimeerd, terwijl de kinderen – Ernst en Andreas, de tweeling van Caroline; Emma, haar oudste; en Jenny en Julia, de twee dochters van Pauline Wertheim – op de grindpaden speelden onder het toeziend oog van Fräulein Gründlich, de gouvernante. Lene lag te slapen in de kinderwagen, die op een beschutte plek uit de wind en uit de zon stond. Ondanks het zachte weer had ze roze wollen wantjes aan en haar warrige bos zwart haar ging schuil onder een bijpassend roze mutsje.

Het was niet ongebruikelijk dat de mannen en vrouwen apart zaten. Als de familie bijeen was – entre nous, zoals ze zeiden – wilden de mannen graag hun hart luchten over hun zakelijke beslommeringen, terwijl de vrouwen liever praatten over de bedienden en de laatste schandaaltjes in het stijlvolle Westend van Frankfurt. Hoewel ze allemaal geëmancipeerd en ontwikkeld waren, stond het voor hen vast dat het leven van een welgestelde familie uit de bourgeoisie onderworpen was aan aloude regels en gebruiken, waarin ieder zijn plaats had: vrouwen en mannen hadden hun eigen domein, kinderen leefden in een soort schimmenrijk (je mocht hen wel zien maar niet horen), en bedienden maakten deel uit van het ongewassen plebs. Elke ochtend inspecteerde Hannchen Wertheim persoonlijk de nagels van haar dienstmeisjes en rook discreet aan de kleding van al haar personeel. Jacob, die het eindeloze gepraat van de mannen over zaken saai vond, en Eva Süsskind, de zus van Caroline, waren de enigen die de onveranderlijkheid van de maatschappelijke orde in twijfel trokken. Eva, die negentien was, wilde gaan studeren of werken; ze was niet van plan te trouwen. Ze had 'vooruitstrevende' ideeën en de algemene opinie was dat het vroege overlijden van haar moeder en haar eigen nurkse aard hadden bijgedragen aan haar onconventionele opvattingen. Hannchen dacht dat ze een minder uitgesproken karakter zou hebben gehad als ze mooier was geweest, maar Caroline wist dat het onafhankelijke gedrag van haar zus werd veroorzaakt door haar innerlijk, niet door haar uiterlijk. Soms wenste ze vaag en vluchtig dat zij Eva's vastberadenheid had.

De familie Süsskind was van nederiger komaf dan de familie Wertheim. (In de ogen van Moritz betekende dat dat ze de verfijnde sfeer van Frankfurt nog niet zo lang hadden ingeademd.) Carolines vader was drogist. Hij was weliswaar succesvol, maar zijn winkel en woning lagen aan de Grüne Strasse, vlak bij de dierentuin, in het allerminst stijlvolle Ostend. Als jongeman was hij uit een klein dorpje in de buurt van Mainz naar de stad gekomen. Hij was afkomstig uit een gezin van eenvoudige en vrome *Dorfjuden*, die op modderige laarzen rondliepen en bij elkaar in één kamer sliepen, ongetwijfeld samen met de kippen. Maar Moritz Wertheim kon niet ontkennen dat Süsskind ambitieus was en zich op eigen kracht had opgewerkt. Hij was van plan zijn oudste zoon, Jonah, medicijnen te laten studeren, en Elias, de jongste, zou een studie kunstgeschiedenis gaan volgen aan de universiteit van Freiburg. Elias en Edu waren schoolvrienden en Elias had dan ook heel wat klaaglijke brieven uit Amerika ontvangen van de door heimwee verteerde leerjongen.

Hannchen Wertheim domineerde met haar gebruikelijke charme en gevatheid het gezelschap dat zich die zaterdag in de serre had verzameld. Dat dit het huis van haar zoon was en niet het hare, was voor haar van geen enkel belang. Ze voerde in elk gesprek het hoogste woord, zelfs in het gezelschap van mannen, en had menig winkelbediende in tranen doen uitbarsten en talloze neringdoenden met grote vrees vervuld. Ze was er trots op dat ze met een goede en succesvolle man was getrouwd, dat ze de moeder was van vijf zoons en inwoner van Frankfurt am Main. Ze had overal een oordeel over, zelfs over haar zoons, en verhulde niet wie haar lieveling was en wie haar mishaagde. Dat haar huwelijk met Moritz gelukkig was, was zonneklaar; ook dat verhulde ze niet. Moritz adoreerde haar en schreef al het goede dat de familie overkwam aan haar toe. Als er iets verkeerd ging, kwam dat doordat Hannchen zich er niet mee had bemoeid. Ze was een gezette vrouw, knap maar geen schoonheid, die een hoofd groter was dan haar man en met een ebbenhouten wandelstok liep die ze niet nodig had. Ze was geboren in Bockenheim, een gehucht ten westen van Frankfurt, waar haar familie een meubelfabriekje had. Haar vader had al sinds zijn jeugd de religieuze tradities niet meer in acht genomen, maar op de Hoge Feestdagen was Hannchen altijd in de synagoge te vinden en op de sterfdagen van haar ouders stuurde ze een financiële bijdrage.

Moritz was in Frankfurt geboren. Zijn familie had sinds het begin van de zeventiende eeuw in de Judengasse gewoond, in de Altstadt, en hij kende de geschiedenis van de bewoners en de ligging van de oude huizen daar al even goed als de textielbranche. Hij vertelde veelvuldig en met groot genoegen aan ieder die het maar horen wilde dat meer Joden dan christenen hun oorsprong konden traceren tot het Frankfurt van 1500. Nu hij bijna met pensioen ging en een beetje sukkelde met zijn gezondheid, begon hij dat tot vervelens toe te herhalen, en veel van zijn kennissen – met name niet-Joden – ontweken hem de laatste tijd. Hoewel hij klein van stuk was, was hij door zijn grote hoofd met het sneeuwwitte haar en de ouderwetse snor en bakkebaarden nog steeds een indrukwekkende verschijning. Hij hield koppig vast aan zijn afkeer van de Pruisen, die in 1866 als veroveraars Frankfurt binnen waren gemarcheerd, en was rechtvaardig tegenover zijn zoons. Met Jacob voelde hij zich het nauwst verbonden, want die kwam er het meest voor in aanmerking om de gekoesterde traditie van studie en geleerdheid nieuw leven in te blazen, een traditie die verloren was gegaan in de hardnekkige strijd om weg te komen uit het getto en een prominente positie in de koopmansgemeenschap van Frankfurt te veroveren. En dat was een machtige wereld, want Frankfurt had een lange geschiedenis als handelsstad, iets waar Goethe zelf nog met alle minachting van zijn genie op had neergekeken.

Moritz had geld opzijgezet voor Jacob, voor het geval dat het hem later niet zou lukken in zijn levensonderhoud te voorzien. De kans dat hij een aanstelling aan een universiteit kreeg was heel klein; je moest je tenslotte nog altijd bekeren om daarvoor in aanmerking te komen, en gezien Jacobs halsstarrige trots was het onwaarschijnlijk dat hij tot zo'n stap zou besluiten. Zijn broers lieten niet openlijk merken dat ze het oneens waren met de regeling, maar bewaarden hun scherpste opmerkingen voor hem. Vooral Edu foeterde hem vaak uit om zijn slonzige kleding of het ongeregelde leven dat hij leidde. Maar hij kon nooit lang boos blijven, want Jacob was goedhartig en opgewekt en maakte iedereen aan het lachen met zijn imitatietalent.

'Het verleent een familie een zeker cachet om een nietsnut en intellectueel als zoon te hebben,' verkondigde Moritz die middag van onder de blauwe rookwolk die in de salon hing. Hij dempte zijn stem, stak zijn rechter wijsvinger op en vervolgde: 'Het is een stuk beter dan een zwart schaap in de familie, een homoseksueel of een dief die je naar de tropen moet sturen. Zoals jullie misschien wel weten, komt er zelfs in de hagada een "slechte" zoon voor. Hij duikt in vele goede Joodse families op.'

Op dat moment, alsof er een teken was gegeven, ging de deur open en stapte Gottfried naar binnen. Hij had een bloem in zijn knoopsgat en rook sterk naar haarlotion.

'Getver!' Edu trok een vies gezicht.

'We hadden het net over jou,' zei Jacob, en hij ontweek de bestraffende blik van zijn vader.

'Vast niet in gunstige zin,' zei Gottfried. 'Het spijt me dat ik zo laat ben,' vervolgde hij tegen Nathan, 'maar ik moest wachten bij de kapper. Hij zei dat hij er niets aan kon doen, want hij had eerst de Franse cultureel attaché moeten scheren. Heb ik veel verhalen van Edu over Amerika gemist?'

'Hij klaagt over het gebrek aan beschaving in New York,' zei Siegmund. 'En volgens hem zullen de inboorlingen zich gaan roeren.'

'Ik hoor liever iets over de betere kringen,' zei Gottfried, en hij wendde zich tot Edu. 'Heb je geen enkele Kuhn of Loeb ontmoet?'

Edu werd rood van woede.

'Laat die arme jongen met rust en ga je moeder gedag zeggen,' zei Moritz.

Toen Gottfried bij de vrouwen binnenstapte, hadden ze het over Hannchens dienstmeisje. 'Heeft ze zich alwéér zwanger laten maken?' vroeg Pauline verwonderd.

'Ik kon het eerst ook niet geloven,' zei Hannchen. 'Voor de derde keer, nota bene! Goddank zijn de eerste twee gestorven.'

'Had ze niet geprobeerd het weg te laten maken?' vroeg Caroline aarzelend. Ze had zowel voor als na haar trouwen een beschermd leven geleid en huiverde bij het woord 'wegmaken'. Dat riep bij haar allerlei vreselijke beelden op van arme mensen in donkere kamers, waar het stonk naar kool en ontsmettingsmiddel. Daar verrichtten groezelige oude vrouwtjes met breinaalden hun afschuwelijke werk. Het was een wonder dat niet ál hun slachtoffers overleden.

'De eerste heeft ze inderdaad laten weghalen,' zei Hannchen, 'en daarna is ze dagenlang niet op haar werk geweest. Toen ze eindelijk weer verscheen, was ze lijkbleek en bloedde nog steeds, zodat ik dokter Schlesinger voor haar moest bellen. De goeierd is meteen gekomen. De tweede baby werd te vroeg geboren en heeft maar een paar uur geleefd. Ze heeft er maandenlang om gehuild, zonder me ooit precies te vertellen wat er was gebeurd.'

'Die van mij wil ook nooit over haar privéleven praten,' zei Pauline, die er tot op dat moment nog nooit aan had gedacht dat dienstmeisjes een privéleven hádden.

'Ze vinden ons bemoeizuchtig,' zei Caroline.

'En dat terwijl we ze alleen maar willen helpen,' vulde Gottfried aan vanuit de deuropening.

'Neem ons niet op de hak,' zei Hannchen.

'Je kunt er rustig van uitgaan dat die zogenaamde christenen hun huishoudelijk personeel een stuk slechter behandelen dan wij,' stelde Gottfried haar gerust.

Berthe, Hannchens zus, bijgenaamd koningin Victoria omdat ze zo klein en dik was, depte haar mond met een linnen servet dat ze zelf had gezoomd en van een sierrandje voorzien toen Caroline ging trouwen. 'We zitten alleen maar over bedienden te praten,' zei ze. Zelf was ze nooit getrouwd en had alleen een schoonmaakster, die af en toe kwam.

Het was donkerder geworden in de serre; de dag liep langzaam ten einde, het groen in de tuin vervaagde tot paarsachtig blauw, en de kinderen waren allang naar de kinderkamer gebracht.

'Het wordt tijd dat we bij de mannen gaan zitten,' zei Pauline, en iedereen stond op en liep naar de salon.

Gottfried keek op zijn zakhorloge. 'Ik moet weer eens gaan.' Hij schudde zijn vader de hand en kuste zijn moeder plichtmatig op haar voorhoofd.

'Je weet niet hoe snel je weg moet komen, hè?' vroeg Moritz, zoals hij onveranderlijk deed als Gottfried zich haastig uit de voeten maakte.

'Ik ben al laat voor een afspraak,' klonk het even onveranderlijke antwoord.

'Waarom komt hij eigenlijk nog langs? Het is nauwelijks de moeite,' luidde Edu's commentaar, nadat de deur met een klap achter zijn broer was dichtgevallen.

'Ik was vandaag bij de boekwinkel,' vertelde Pauline aan niemand in het bijzonder, 'en ik zag dat er een Duitse vertaling van *The Picture of Dorian Gray* uit is.'

'Het verbaast me dat ze dat niet verboden hebben,' zei Berthe.

'Ik heb het natuurlijk in het Engels gelezen,' vervolgde Pauline, 'maar ik heb even naar de vertaling gekeken en die zag er goed uit. Ik kan het boek van harte aanbevelen. Het is zeer origineel.'

'Ze hebben de schrijver in de gevangenis gegooid,' zei Berthe.

'Waar heb je het in vredesnaam over?' vroeg Hannchen enigszins geërgerd. Ze vond het niet prettig als haar zus het gesprek overnam.

‘Hij was moreel ontaard,’ sprak Berthe hautain.

‘Wat heb je nog meer voor cultureel nieuws voor ons?’ vroeg Moritz aan Pauline.

‘Ik heb gehoord dat het Städel Museum op zoek is naar fondsen om een groot doek van Rembrandt te kopen uit een Weense collectie.’

‘Grijp je kans!’ zei Jacob. ‘Als je geld aan het Städel schenkt, weet je zeker dat je een plaatsje krijgt in de hemel van de *Kultur* en wordt toegelaten tot de hoogste kringen.’

‘Waren de schilderijen van de familie Schiff de moeite waard?’ vroeg Hannchen aan Edu.

‘De avond dat ik daar was, was het er zo donker dat ik niet goed heb gezien wat er aan de muren hing,’ antwoordde hij. ‘Het meubilair was groot en plomp, dus dat zullen de schilderijen ook wel geweest zijn.’

‘Ze hebben natuurlijk totaal geen kijk op kunst in Amerika, hè?’ vroeg Jacob met zijn gebruikelijke ironie.

‘Groot, groter, grootst,’ snoof zijn vader verachtelijk. ‘Edu zegt dat alleen afmetingen daar tellen.’

Aan de muren van het ruime, statige huis van Moritz en Hannchen aan de Neue Mainzer Strasse hingen reproducties van grote meesters, waarvan de originelen voor het merendeel te zien waren aan de overkant van de Main, in de zalen van het Städel.

‘Ik raad jullie aan in te schrijven op het fonds voor de aankoop van *De blindmaking van Samson*,’ zei Edu.

‘Hoe weet jij om welk schilderij het gaat?’ vroeg Pauline, misnoegd dat hij over informatie beschikte die haar niet ter ore was gekomen.

‘Ik heb mijn bronnen,’ zei hij met een minzame glimlach.

‘Het nieuwe werk van de kunstenaars van de Berlijnse Secession schijnt absoluut geweldig te zijn,’ zei Pauline snel, en tot haar voldoening had ze hierover het laatste woord. Edu nam zich voor bij Elias te informeren naar de schilderijen die ze bedoelde.

Op dat ogenblik werd de kamer ineens verlicht door de laatste gouden zonnestralen, die van achter de donkere wolken aan de horizon tevoorschijn kwamen. Ze gleden over de glazen deurtjes van de buffetkast, zodat de zilveren voorwerpen die erin stonden even oplichtten. En toen, voordat de zon verdween achter de hoge muur en de seringen die eroverheen groeiden, wierp hij een vuurrode gloed over het boeket theerozen dat in een smalle kristallen vaas op de vleugel stond.

Caroline, die alleen op de hoekbank zat, ervoer dit als een 'magisch' moment. Ze liet zich graag meevoeren door dit soort schitterende details. Dat gaf haar het gevoel een kunstenaar te zijn.

'De dagen lengen,' zei Hannchen, en zonder enige aanleiding vervolgde ze: 'Ik ben *Buddenbrooks* aan het lezen, van Thomas Mann.' Ze zuchtte. 'Het is heel dik, voor een roman.'

'Niet dikker dan *Oorlog en vrede*,' zei Jacob. 'En ook niet zo goed.'

'Hij verklapt alle familiegeheimen,' zei Berthe, die trots was dat ze het twee jaar geleden al had gelezen, toen het net uit was. 'Heel Lübeck is in rep en roer.'

'Ik heb hem eens ontmoet,' vertelde Pauline voldaan. 'Op een gekostumeerd bal in München.'

De oude biedermeierklok sloeg zes uur, en Moritz haalde zijn horloge uit zijn zak om te kijken of de uurwerken gelijkliepen. Siegmund en Jacob geeuwden praktisch in koor. Het duurde nog wel even voordat ze gingen eten en een paar minuten lang zwegen ze allemaal, in beslag genomen door hun eigen gedachten.

Hannchen dacht terug aan de kalme, serene sabbatmiddagen in haar ouderlijk huis. Zo had ze die later niet meer meegemaakt. Tegenwoordig waren er zorgen en beslommeringen, en bittere gevoelens onder de oppervlakte. Gottfried was nooit lang uit haar gedachten; ze wist zeker dat het mis met hem zou gaan. Ze herinnerde zich de eerste keer dat haar vermoedens over zijn karakter werden bewaarheid. Dat was toen hij een gouden munt uit de portemonnee van het kindermeisje had gestolen. Moritz had hem natuurlijk gestraft, hem een stevig pak slaag gegeven en hem opgedragen de munt terug te geven en zijn verontschuldigingen aan te bieden. Gottfried had met een stuurs gezicht gehoorzaamd, want hij wist dat het hem nooit zou worden vergeven. Kinderen uit goede families stalen niet van de bedienden, punt uit.

Het was ineens vrij donker geworden. Hannchen kon de meubels in de hoeken van de kamer niet duidelijk meer onderscheiden. Misschien vergiste ze zich en zou alles goedkomen. Onaangename zaken bande ze het liefst uit haar gedachten. Het was beter om aan leuke dingen te denken. Waar zouden ze bijvoorbeeld de zomervakantie eens doorbrengen? Er waren zo veel mooie plekken, en de wereld werd met de dag gemakkelijker te bereizen.

'Allemachtig, laat iemand een lamp aandoen!' zei Moritz, en toen begonnen ze allemaal aanstalten te maken om te gaan.

Gottfried was blij dat hij zich vroeg uit de voeten had gemaakt. Het was een heerlijke, zachte avond; pasten zijn eigen gevoelens maar meer bij het seizoen! Hij was boos, maar kon niet precies aangeven waarom. De kalme aanblik van de stad ergerde hem. Het was een verstikkend, zelfingenomen oord van burgerlijke deugd... en zonde. Geen wonder dat zijn familie er zo van hield! De hele middag had hij moeten luisteren naar hun loftuitingen, die naadloos aansloten bij Edu's smalende opmerkingen over New York. Het was absurd, zo blij als zijn broer was om weer 'thuis' te zijn. Waarom hadden ze hém niet gestuurd in plaats van Edu? Hij zou de stad stormenderhand hebben veroverd en zou ze daar eens iets hebben laten zien. Edu had niet het juiste karakter om te slagen in dat land van onbegrensde mogelijkheden. Je moest een gokker zijn om New York eronder te krijgen, daar was Gottfried zeker van. Je was wel gek als je dacht dat de toekomst híér lag.

Hij liep snel door de invallende duisternis. Hij hoefde niet om zich heen te kijken, want hij kende de weg op zijn duimpje. Daardoor zag hij de twee mannen niet aankomen, maar opeens stonden ze tegenover hem op de stoep. Voordat hun aanwezigheid tot hem was doorgedrongen, botste hij tegen de kleinste van de twee op. 'Neem me niet kwalijk,' zei Gottfried, maar ze versperden hem de weg en daarom moest hij hen wel aankijken. Ze waren uiteraard dronken. Vlakbij was net een straatlantaarn aangegaan. '*Saujude!*' zei de langste – 'Joods zwijn' – en de ander zei hem na: 'Saujude!'

'Wat?' stamelde Gottfried, die totaal niet voorbereid was op de confrontatie. Ze hieven hun vuisten, twee keurige burgers met bolhoeden, pakken van goede snit en ogen die glazig stonden van de drank. 'Je hebt ons wel gehoord,' zei de kleinste, en op dat moment zette Gottfried het op een lopen. Hij stormde weg en bleef rennen tot hij thuis was – als een klein jongetje dat het in zijn broek doet van angst, dacht hij toen hij veilig en wel de hal had bereikt van het gebouw waar hij woonde. Hij schaamde zich. Er was eigenlijk niets voorgevallen, hij was alleen uitgescholden en dat gebeurde zo vaak. Hem persoonlijk was het nooit eerder overkomen, maar hij wist dat dat puur een kwestie van toeval was. Waarom schaamde hij zich dan zo? Zijn nek en de binnenkant van zijn benen waren nat van het zweet en zijn knieën trilden. Toen hij zijn appartement binnenkwam, liet hij meteen het bad vollopen. Hij schonk een glas cognac in en bleef net zo lang in het warme water zitten tot zijn hoofd helemaal leeg was.

Precies om half zeven reed het rijtuig van Moritz en Hannchen voor. 'Kom mee,' zei Hannchen tegen Berthe. '*Vite, vite!*' Ze wilde graag naar huis en reageerde haar ongeduld af op haar korte, dikke zus, maar dat leidde er alleen toe dat die nog uitgebreider en langduriger afscheid nam van de anderen. Toen ze eindelijk in het rijtuig zaten, maakten ze alle drie goedkeurende, tevreden en vermoeide geluiden.

'We moeten echt eens een automobiel kopen,' zei Hannchen, terwijl ze haar plompe, gehandschoende hand op de knie van Moritz legde. Het paard klepperde energiek langs de Opera, het ruiterstandbeeld van Wilhelm I en de treurbeuken van de Wallanlagen, het elegante park in Engelse stijl dat een groene ring rond de Altstadt vormde.

'Vergeet me niet af te zetten!' zei Berthe, die een paar straten verder naar het noorden woonde en niet snapte waarom zij nooit als eerste werd thuisgebracht.

'Bruno weet het precies,' zei Moritz met een knikje naar de koetsier. 'Hij brengt je weg nadat hij ons naar huis heeft gebracht. Of heb je haast?'

'Och nee,' zei Berthe, die afhankelijk was van de gunsten van anderen.

'Mathilde Rothschild heeft er ook een,' zei Hannchen.

'Een wat?' vroeg Moritz.

'Een automobiel. Je hebt zelf gezegd dat er een tijd komt dat niemand meer met paard-en-wagen reist.'

'Wat ik zeg is niet altijd wat ik bedoel.'

'Het zou een fantastisch verjaarscadeau zijn,' fluisterde Hannchen, want ze wilde niet dat Bruno haar hoorde.

Het huis van de familie Wertheim aan de Neue Mainzer Strasse was gebouwd in de jaren dertig van de negentiende eeuw. De eenvoudige, bijna strenge neoclassicistische stijl werd als ouderwets beschouwd nu er een meer eclectische, protserige architectuur in zwang was geraakt, maar Hannchen en Moritz waren er tevreden mee. Het was een heel groot huis, en toen ze het in 1878 kochten was het het toppunt van verfijning geweest en zo deftig dat Moritz' grootvader, die fournituren had verkocht in de Judengasse, nooit had kunnen vermoeden dat een van zijn nazaten nog eens in een dergelijk huis zou wonen.

Ze hadden hun vijf zoons hier grootgebracht, en Edu woonde nog steeds op de tweede verdieping, in een smaakvol 'modern' appartement. (De rest van het interieur was opgeknapt in de heersende victoriaanse stijl: donker en overdadig.) De uitgestrekte tuin achter het huis had een groot, groen gazon, zo vlak als een biljartlaken, waar soms croquet op werd gespeeld. Qua afmetingen haalde het gazon het niet bij dat van de familie Rothschild, maar de tuinman betoogde nadrukkelijk dat de kwaliteit van het gras vergelijkbaar was.

Moritz vond het onzin om te willen wedijveren met de familie Rothschild, maar hij gunde Hannchen het plezier, binnen bepaalde grenzen althans. Misschien zou hij wel een automobiel voor haar kopen, bedacht hij, als Bruno tenminste kon leren die te besturen.

Edu was niet met zijn ouders meegegaan, want hij wilde Nathan onder vier ogen spreken over een netelige en onplezierige familiekwestie. 'Laten we naar je studeerkamer gaan en een glaasje cognac nemen,' stelde hij voor.

Siegmund en Pauline, die hun kinderen lang voor het donker naar huis hadden gestuurd met de *nanny*, maakten aanstalten te vertrekken. 'Pauline heeft veel rust nodig,' zei Siegmund. 'Omdat ze weer *enceinte* is.'

'Dat is de derde keer,' zei Jacob.

'Na twee meisjes wordt het misschien een jongen,' antwoordde Siegmund.

'Ik bedoelde dat het de derde keer is vandaag dat je ons het goede nieuws vertelt.'

'Goed nieuws mag herhaald worden,' zei Caroline, die zich nooit op haar gemak voelde bij het verbale steekspel waar haar zwagers zich graag aan overgaven. Binnen haar eigen familie werd de sfeer gekenmerkt door een grote gereserveerdheid, ongetwijfeld een reactie op de dood van haar moeder. Nadat de vrouw van Benedict Süsskind op achtenveertigjarige leeftijd aan borstkanker was overleden, had hij zijn uiterste best gedaan om het gezin bijeen te houden zonder de hulp van een inwonende huishoudster of – God verhoede – een tweede vrouw. De gezinsleden waren zeer hecht geworden, maar dat had van iedereen een grote verdraagzaamheid gevergd. Benedict had de kinderen voortdurend gemaand vriendelijk tegen elkaar te zijn en hatelijke woorden en boze replieken in te slikken.

De leden van de Wertheim-clan hadden geen reden zich in te houden. Hun onderlinge rivaliteit was altijd groot geweest, en alleen in aanwezigheid van buitenstaanders voelden ze zich genoodzaakt de schijn van waardigheid en saamhorigheid op te houden. De jongens werden gewaarschuwd niet met hun handen te praten, zoals *Ostjuden* deden, Joden uit Oost-Europa, en er werd gepoogd hun te leren netjes Duits te spreken, met zo min mogelijk kenmerken van het platte Frankfurtse dialect. Op dit punt had Moritz echter een funeste invloed, aangezien al zijn favoriete moppen en verhalen in de plaatselijke tongval dienden te worden verteld.

Zodra Siegmund en Pauline de deur uit waren, rende Caroline de trap op om te gaan kijken bij de baby en de tweeling, Ernst en Andreas. Jacob volgde haar naar boven, want de driejarige Emma had gevraagd of hij haar welterusten kwam zeggen. Het meisje had donkere ogen en een prachtig rond gezichtje, omlijst door een waterval van pijpenkrullen. Ze had de melancholieke gelaatstrekken van haar vader geërfd, wat haar een ernst verleende die naar Jacobs idee te groot was voor zo'n klein meisje.

'Hoe is het met mijn hartendiefje?' vroeg hij haar.

'Ik wist dat u zou komen,' fluisterde ze.

Jacob gaf haar een kus.

'Mijn babypop wil ook een kusje,' zei ze, en Jacob voldeed aan het verzoek.

'Wat is een hartendiefje?' vroeg ze.

Jacob lachte. 'Dat is een speciale naam die ooms aan hun lievelingsnichtje geven.'

'Is baby Lene ook een hartendiefje?'

'Absoluut niet!' verzekerde Jacob haar. 'Beloof je dat je morgenochtend met een glimlach opstaat?'

'Als u me een verhaaltje voorleest.'

'Nu?'

Ze knikte.

'Maar het is al laat.'

'Dan glimlach ik niet!'

Jacob draaide de lamp hoger en pakte *Struwwelpeter* van de plank. 'Welk verhaal zal ik voorlezen?' vroeg hij. 'Dat over Paulinchen, die met lucifers speelt en zichzelf in brand steekt?'

Voor hij bij het fragment was waar de twee katten tranen vergieten bij de as van het meisje, was Emma diep in slaap.

Caroline was intussen naar de kinderkamer gegaan, waar Hedwig de baby haar flesje gaf. Lene zwaaide tevreden met haar roze handjes in de lucht terwijl ze uit alle macht de flesvoeding naar binnen zoog. 'Ik hoop dat ze het niet koud heeft,' zei Caroline, en ze legde haar hand om een bloot voetje. Het leverde haar een vernietigende blik van het kindermeisje op. Carolines borsten deden nog pijn, en ze vroeg zich voor de zoveelste keer af waarom het zowel door artsen als door de meeste vrouwen van haar stand werd afgekeurd om zelf je kind de borst te geven. Ze had het gevoel dat zij net zo gevangenzat in haar maatschappelijke positie als vrouwen die het minder goed hadden getroffen.

Hedwig legde de baby tegen haar schouder om haar te laten boeren en klopte haar zachtjes op de rug.

'Ze lijkt inderdaad op een inboorling,' zei Caroline, toen ze het rode, verfrommelde gezichtje met de krans van weerspannig haar slaperig tegen de schouder van het kindermeisje zag liggen.

'Wát zei u?' vroeg Hedwig.

'Ze is een schattige, mollige baby,' zei Caroline.

De jongens sliepen als rozen in hun eigen kamer, Ernst met een beer tegen zich aan gedrukt en Andreas met een hoek van het dekentje in zijn mond.

Toen Caroline weer beneden kwam, stond Jacob haar op te wachten in de hal. 'Ik wilde je gedag zeggen,' zei hij. 'Je dochter en ik hebben een gezellig onderonsje gehad.'

'Ze ziet altijd zo bleek,' zei Caroline. 'Haar gezichtje is wel rond – dat heeft ze van mijn kant – maar toch is ze niet sterk. Ik maak me zorgen over haar.'

Caroline vond Jacob de sympathiekste van haar zwagers. Hij was de enige die zich soms van een zachtaardige kant liet zien. Maar in zekere zin was hij ook de meest afstandelijke; er kwam altijd een moment dat hij verdween alsof hij in rook opging.

'Ik moet gaan,' zei hij. 'Doe Nathan en Edu de groeten van me. Zeg maar dat ik wel weet dat ze geheimen aan het bespreken zijn.'

'Waar zijn ze?'

'In de studeerkamer.'

Hij kuste Caroline lichtjes op de wang en stapte de deur uit, maar was binnen een minuut weer terug omdat hij zijn hoed had vergeten.

Caroline ging weer naar boven om uit te rusten in haar zitkamer. Ze was moe en wilde niet langer piekeren over Emma. Fräulein Gründlich zorgde uitstekend voor de kinderen, dus er was geen enkele reden tot bezorgdheid, al at Emma slecht. Dokter Schlesinger zei dat ze typisch zo'n kind was dat later tenger maar taai zou zijn. Caroline trok haar jurk uit en installeerde zich op de chaise longue. Het was donker en aangenaam in de kamer, en door het open raam rook ze de seringen.

Ineens werd ze overvallen door een lethargie die veel sterker was dan louter vermoeidheid. De gedachte kwam bij haar op dat ze niet echt van haar kinderen hield, dat ze in het diepst van haar hart kil en gevoelloos was. De 'magische' momenten die haar soms konden raken, hadden zelden iets met liefde te maken, behalve dan met het soort liefde dat Narcissus ervoer als hij in de vijver keek. Het ging altijd om een toevallige harmonie tussen levenloze voorwerpen, kleuren of licht, niet gekoppeld aan menselijke passie. Voor een ware kunstenaar was het misschien vergeeflijk om alleen daarvoor gevoelig te zijn, maar dat was ze niet. Ze was wel enigszins getalenteerd, ze had een schetsblok vol aardige kleine aquarellen, maar wat dan nog? Ze zou meer haar best gaan doen, besloot ze terwijl ze begon weg te dommelen. Het gevoel van leegte dat ze zojuist nog had gehad, was vergeten.

Edu en Nathan zaten tegenover elkaar in de gerieflijk ingerichte studeerkamer die dienstdeed als Nathans kantoor. Hannchen had de meubels uitgekozen, waaronder een werkelijk imposant bureau met een blad van marokijnleer en laden met koperbeslag en, niet te vergeten, geheime vakjes. Nathan, wiens advocatenpraktijk minder allure had dan zijn vorstelijke omgeving deed vermoeden, zat aan het bureau met een briefopener te spelen.

'Je maakt een nerveuze indruk,' zei Edu, die ouder leek dan zijn twintig jaar. Afgezien van de keurig bijgeknipte snor was zijn gezicht gladgeschoren en zijn enigszins golvende haar was zorgvuldig gekamd. Met zijn rechte, smalle, vastberaden mond, zijn licht hangende oogleden en de abrupte manier waarop zijn wenkbrauwen eindigden leek hij op Nathan en al zijn andere broers. Door de weinig alerte blik die het gevolg was van de zware oogleden leek hij teruggetrokken en dachten anderen vaak dat hij niet oplette, terwijl hij in werkelijkheid elk detail zag. Bij Nathan daarentegen wekten dezelfde oogleden de indruk dat hij vanuit een grote, onpeilbare diepte naar de wereld keek. Hij ving niet de details op maar de logica erachter; hij kon lang achtereen zwijgen en dan opeens een verrassend verband leggen. Nathan ontbeerde Edu's elegantie, Siegmunds charme, Gottfrieds eigenzinnigheid en Jacobs intelligentie. Mensen vonden het lastig hem te karakteriseren. Misschien kwam dat gewoon doordat hij de eerstgeborene was, het kind dat het meest beschermd was opgevoed.

'Ik ben niet nerveus,' zei Nathan. 'Waar wil je me over spreken?'

'Je weet dat ik maandag bij Wertheim en Zonen begin. Officieel, althans.' Edu klonk een tikje pretentieus. 'In werkelijkheid ben ik er al een paar keer geweest om vertrouwd te raken met de manier waarop alles in z'n werk gaat. Ik heb wel íéts geleerd in New York.'

'En wil je toepassen wat je hebt geleerd?' Nathan overrompelde zijn broer. Edu was van plan geweest geleidelijker te werk te gaan.

'Ja, natuurlijk.'

'Maar waarom praat je met mij? Daar moet je het met papa over hebben.'

'Ik denk dat er een probleem is...' Nathan reageerde niet, dus Edu sprak verder. 'Eerlijk gezegd gaat het over Gottfried.'

'Hij is slordig en onverschillig. Dat is geen nieuws.'

'Hij krijgt zijn aandeel in de winst, dus moet hij ook zijn steentje bijdragen.'

'Wat is je voorstel?'

'We moeten reorganiseren. Langzaam, voorzichtig, maar volledig, van laag tot hoog.'

'Ik snap nog steeds niet waarom je naar mij bent gekomen. Ben je van plan naar de rechter te stappen? Wil je juridische actie ondernemen?'

'Ik betwijfel of dat nodig is... voorlopig althans.'

'Maar je hebt erover nagedacht?'

'Ik heb overál over nagedacht.' Edu's blik werd levendig en geestdriftig. 'Ik heb allerlei ideeën en ik wil dat jij aan mijn kant staat als ik op problemen stuit. Papa begint oud te worden, er ontsnapt steeds meer aan zijn aandacht en hij denkt niet meer vooruit. We moeten niet alleen zorgen dat de zaak goed blijft lopen, maar ook voorbereid zijn op de toekomst.'

Nathan keek zijn broer niet aan, maar luisterde wel degelijk. Edu's stem had een stalen klank.

'Ik wil slagen,' zei hij, 'en ik heb er de kennis en de mogelijkheden voor. Ik ben geen gokker, zoals Gottfried, dat doldrieste heb ik niet in me... Maar ik zal de zaak tot ongekende bloei brengen.'

Nathan was onder de indruk van Edu's ambitie. 'En Siegmund?' vroeg hij.

'Siegmund is eerlijk en fatsoenlijk, maar hij is snel afgeleid. Hij heeft andere interesses. Paulines geld zal hem altijd enige zekerheid bieden. Hij doet zijn werk en hij doet het goed, maar meer ook niet. Ik ben degene die papa zal opvolgen. Ik denk dat hij dat weet, al heeft hij er nooit over gepraat. Hij wil "rechtvaardig" zijn, maar waarom heeft hij míj anders naar Amerika gestuurd? Omdat hij weet dat Wertheim en Zonen onder mijn leiding over tien jaar het grootste bedrijf van zijn soort in Frankfurt zal zijn... en misschien zelfs in heel Duitsland.'

'En Gottfried loopt je in de weg?'

Edu stond op en kwam naar het bureau. 'Gottfried moet terugtreden,' zei hij kalm en onbewogen. 'Op de lange duur zal het voor iedereen voordeliger zijn als papa hem inkoopt in een ander bedrijf.'

Gottfried kon de onaangename ontmoeting op straat niet uit zijn hoofd zetten. Toen hij uit bad kwam, schonk hij zichzelf nog een glas cognac in en ging op bed liggen. Hij had voor die avond een kaartje voor de uitvoering van *Die Meistersinger* en een afspraak om daarna te souperen met Nellie, een jonge vrouw uit het koor. Een foto van haar, in het kostuum dat ze had gedragen voor een bijrolletje in een opera waarvan hij de naam steeds vergat, stond op een tafeltje in zijn slaapkamer. Hij had zijn moeder niet toegestaan zijn appartement in te richten. Ze was maar één keer komen kijken en had haar afkeuring laten blijken van de enigszins oosterse stijl. Hij kon de foto van Nellie vanaf het bed zien en daardoor lukte het hem zich te concentreren op de komende avond.

Gottfried had haar voor het eerst gezien toen het sneeuwde en hij over de voetbrug de Main overstak van Frankfurt naar Sachsenhausen. Ze was meisjesachtig gekleed geweest, met een witte mof van konijnenbont om haar handen en een bijpassend hoedje op haar blonde krullen. Er liepen letterlijk honderden jonge vrouwen als zij rond in de stad, maar toen Gottfried haar een week later voor de tweede keer tegenkwam, op de kerstmarkt op het plein bij het stadhuis, herkende hij haar. Hij had naar haar geglimlacht en zij had haar blik snel afgewend. De derde keer dat hij haar zag was op de Opernplatz, op een koude en winderige dag. Deze keer volgde hij haar en zag dat ze de artiesteningang van het operagebouw binnenging. Tegen die tijd was hij vastbesloten haar te leren kennen. Dat was niet moeilijk. Een welgestelde jongeman uit een goede familie kon zulke dingen probleemloos regelen. Maar Nellie had geen belangstelling. Gottfried nam aan dat ze deed alsof, want hij kon zich niet voorstellen dat een meisje in haar positie geen affaire zou willen beginnen met iemand als hij. Ze dronken een keer samen koffie en zij legde uit dat ze geen plaats in haar leven had voor een liaison, met hem of met wie dan ook. Ze zei (en Gottfried dacht dat ze loog) dat ze haar moeder, die weduwe was, moest onderhouden (een lachwekkend cliché) en hard werkte aan haar 'carrière'. Gottfried bleef haar bloemen en snoepgoed sturen. Dat ze hem afwees maakte haar juist interessant. En hij mocht Nellie nog steeds af en toe op een kop koffie of een glas wijn trakteren. Een enkele keer maakte ze op zondagochtend een wandelingetje met hem.

Op zekere dag gebeurde waar hij al die tijd op had gerekend. Hij had op een zaterdagmiddag met haar afgesproken bij de dierentuin. Toen ze zei dat ze moe was, nam hij haar mee naar het restaurant, dat een mooi uitzicht had en een geliefde plek was bij toeristen en jonge gelieven. Daar was Nellie in tranen uitgebarsten en had hem snikkend haar verhaal vol kommer en kwel verteld. Het draaide uiteraard om een zwendelaar die valse verzekeringspolissen verkocht en oude weduwen van hun magere pensioentje beroofde. Gottfried luisterde maar met een half oor. 'Hoeveel heb je nodig?' was het enige wat hij vroeg. Toen Nellie protesteerde dat hij haar verkeerd begreep en dat ze alleen een kleine lening wilde, kuste hij haar hand, vertelde haar dat ze verrukkelijk was en stopte honderd mark in haar tasje met de woorden dat hij er niets meer over wilde horen.

Dat was nu drie weken geleden, en Gottfried verheugde zich op het opstrijken van de winst die deze transactie hem ongetwijfeld zou opleveren... misschien zelfs vanavond wel. Hij wilde niet bot zijn en had nergens op aangedrongen, maar hij had haar meegenomen naar het theater en naar de beste restaurants van Frankfurt. Elke keer dat ze een oester at of van haar champagne nipte, moest ze hebben geweten dat ze er iets tegenover moest stellen; elke roos en elke in slagroom gedoopte aardbei was een bevestiging van haar schuld, en elke keer dat haar tong tussen haar lippen vandaan kwam om een likje Italiaans ijs van haar lepel te nemen, werd Gottfrieds begeerte naar haar groter.

Languit op bed keek Gottfried langs zijn naakte lichaam naar beneden. Hij overwoog zorgvuldig wat hij zou aantrekken. De twee mannen waren vergeten; hij dacht alleen aan Nellie en de avond die voor hem lag.

Siegmund en Pauline waren uitgenodigd voor een feest bij de familie Seligman. Ze hadden er allebei plezier in zich op te doffen voor de avond, die ze in uitstekend gezelschap zouden doorbrengen, en ze namen rustig de tijd om zich voor te bereiden, zodat ze ontspannen en op hun best zouden zijn als ze uiteindelijk hun bescheiden huis verlieten voor het korte ritje per rijtuig naar een van de vele luxueuze villa's in het Westend. Die van de familie Seligman was een van de indrukwekkendste. Het huis was gebouwd in 1870 en had drie verdiepingen en een fraai ingericht souterrain met een bar en dienstbodekamers. Alle vertrekken op de begane grond hadden een ander thema, van de muziekkamer in Lodewijk XV-stijl tot de Florentijnse renaissancistische eetkamer. Er was zelfs een bloemenkamer met Pompeïsche fresco's. Alles bij elkaar een 'paleis', zei Pauline vaak. Het pièce de résistance (en een onuitputtelijke bron van vermaak voor de oneerbiedige broers Wertheim) was een koepel boven het grote trappenhuis met een prachtig gekleurde schildering van de godin van de vrijheid. 'Ze waakt over hun investeringen,' had Siegmund droogjes opgemerkt toen hij de dame voor het eerst zag.

Maar al moest ze weleens gniffelen om al dit uiterlijk vertoon, Pauline verlangde er vurig naar zelf zo'n 'paleis' te bezitten en in grootse stijl gasten te ontvangen. Ze snapte niets van de tegenzin waarmee Caroline zich in het bruisende societyleven begaf, begreep niet dat haar schoonzus altijd weer door een martelende onzekerheid werd bevangen als ze onder de koetspoort van een schitterende, stralend verlichte villa uit haar rijtuig stapte.

Al sinds ze bij Nathan waren vertrokken, waren Paulines gedachten bij Caroline, en nu haar dienstmeisje haar haar borstelde – 's ochtends en 's avonds honderd slagen – merkte ze dat ze inwendig steeds dezelfde grieven bleef herhalen, om te beginnen de inschikkelijkheid waarmee Caroline het aanschaffen van haar meubilair aan haar schoonmoeder had overgelaten. De oude dame had het meisje eenvoudigweg meegenomen naar de zaak van A. Bembé (de beste die er was, dat wel) en had zomaar even acht kamers vol meubels besteld. Het leek of ze haar kleren ook allemaal in één keer kocht, want ze liep altijd een beetje achter op de laatste mode, alsof ze eerst wilde weten hoe een bepaalde stijl alle andere vrouwen in de stad stond voordat ze die zelf durfde te proberen. En als iets haar eenmaal beviel, bleef ze het veel te lang dragen.

Net toen het dienstmeisje de borstel voor de laatste keer door Paulines haar haalde, kwam Siegmund de slaapkamer in. Hij ging achter zijn vrouw staan en strikte zijn witte vlinderdasje voor de spiegel, waarin haar levendige gezicht werd weerkaatst. Het dienstmeisje deed een stap naar achteren en monsterde het paar met haar doffe, uitpuilende ogen.

'Zou er muziek zijn, vanavond?' vroeg Pauline.

'Die is er toch altijd?' antwoordde Siegmund. 'Ik hoop dat het niet een of ander wonderkind is.'

'En ik hoop dat ze de piano hebben laten stemmen,' zei Pauline. 'Weet je nog hoe vals die de vorige keer klonk?'

Siegmund tilde haar haar op en kuste haar in haar nek. Ze voelde een rilling van begeerte over haar rug lopen.

Ze had hem altijd de knapste van de vijf broers gevonden. Hij was haar al opgevallen toen hij als jongen van dertien op weg naar school langs haar ouderlijk huis liep. Destijds had ze haar zinnen al op hem gezet, en dat wist hij. Hun liefde had van het begin af aan een sterk zinnelijk aspect gehad en ondanks het gemopper van Moritz waren ze jong getrouwd.

'Over een kwartiertje ben ik klaar,' zei ze. Ze verheugde zich enorm op de feestelijke avond.

Jacob woonde in een groot, rommelig appartement aan de Fahrgasse, in een gebouw uit het begin van de achttiende eeuw. Zoals veel huizen in de Altstadt was het in slechte staat en er woonde dan ook niet het beste publiek. Hannchen vertoonde zich er nooit, maar Moritz, die graag de geur van zijn verleden opsnoof, kwam af en toe een praatje maken met zijn zoon, nog nahijgend van de drie trappen die hij had beklommen.

Jacob had een huishoudster die Gerda heette en tevens zijn geliefde was, en dat was waarschijnlijk de voornaamste reden dat Hannchen geen voet bij hem over de drempel wilde zetten. De relatie was niet direct aanstootgevend, maar hoe discreet Jacob ook was – en dat was hij van nature – er werden toch hier en daar wenkbrauwen opgetrokken. Hij nam Gerda nooit mee naar feesten en partijen en had haar nog nooit aan een familielid voorgesteld. In zekere zin behandelde hij haar als een meubelstuk, dacht hij vaak schuldbewust.

Gerda was nog geen twintig. Ze had een spraakgebrek, wat haar veel verdriet deed en haar zo verlegen maakte dat ze nauwelijks een woord zei. Ze praatte tegen bijna niemand, alleen tegen Jacob, die haar vriendelijk en hoffelijk bejegende. In haar jeugd werd ze als zwakzinnig beschouwd, maar dat haar dorpsgenoten in Hessen haar voor een imbeciel aanzagen, kwam alleen door haar onverstaanbaarheid en haar wanhopig zoeken naar de juiste uitspraak van een woord. Jacob had haar lezen en schrijven geleerd, en ze genoot ervan haar grappige, soms warrige indrukken van het Frankfurtse straatleven op papier te zetten.

Ze was naar de stad gekomen om werk te zoeken, maar door haar spraakprobleem wilde niemand voor haar bemiddelen. Ze kwam uiteindelijk aan de slag als wasvrouw in een souterrain met een koude stenen vloer, waar het altijd vol stoom stond en ze van vroeg tot laat moest werken. Toen ze op een dag een paar overhemden had teruggebracht bij een buurvrouw van Jacob, die bekendstond om haar gierigheid en die met een of ander smoesje weigerde te betalen, had hij haar huilend op de stoep aangetroffen. Met engelengeduld was het hem gelukt het verhaal uit haar te krijgen, waarna hij woedend op de buurvrouw af was gestapt en het geld had geëist dat de wasvrouw toekwam. Gerda was hem dankbaar en bood aan zijn was te doen, maar Jacob bekende enigszins schaapachtig dat hij die altijd meenam naar zijn moeder. In plaats daarvan vroeg hij of ze bij hem wilde komen schoonmaken. In een opwelling van medelijden bood hij haar veel te veel geld, en ze zei onmiddellijk ja.

Jacob had absoluut niet voorzien dat er een intieme relatie uit zou voortkomen. Het lag in zijn aard om zaken luchtig op te vatten, en hij gaf ook zichzelf niet toe hoeveel hij van haar hield. Toen ze in zijn leven kwam, had hij net een zesjarige studie geschiedenis en filosofie in Göttingen achter de rug en werkte aan een proefschrift over Immanuel Kant. Verder kreeg hij privéles Hebreeuws van een immer snotterende oude rabbi en leerde Grieks van een gepensioneerde leraar klassieke talen. Ondanks die bezigheden beschouwden zijn vrienden hem als een paljas, omdat hij bijna alles en iedereen kon imiteren, van een vlo tot de keizer. Hij had een expressief gezicht, onaantrekkelijk naar de maatstaven van zijn familie, en ook hij vond zichzelf alleen geschikt om gekheid te maken.

Achteraf gezien besefte Jacob dat de relatie waarschijnlijk al onvermijdelijk was geweest op het moment dat hij was blijven staan om het meisje te helpen, zoals het gaat met die dingen. Toen hij haar binnen had genood in zijn leven, had ze zich met een zeldzame tact aangepast aan zijn dagelijkse gewoontes.

Het duurde lang voordat ze intiem werden. Ze waren allebei verlegen en bang om afgewezen te worden. Toen Gerda uiteindelijk bij Jacob in bed belandde, gebeurde dat spontaan. Hij had aan zijn bureau zitten werken aan zijn dissertatie terwijl zij in een leunstoel wat verstelwerk deed. Toen hij opkeek om iets tegen haar te zeggen, zag Jacob dat ze in slaap was gesukkeld. Hij stond op om haar naar bed te sturen, en nadat hij zich over haar heen had gebogen sloeg ze als een klein kind haar arm om zijn hals. Pas toen ze haar ogen opendeed, zag ze wie hij was. Maar het gebaar was al gemaakt en ze hadden er allebei gevolg aan gegeven.

Die zaterdagavond maakte Jacob een nadenkende en ietwat kregele indruk toen hij thuiskwam. Het was Gerda al eerder opgevallen dat hij vaak gespannen was na een bezoek aan zijn familie, maar ze zei er nooit iets over. Zijn familie was voor haar een gesloten boek; ze had er geen enkel idee bij, afgezien van wat ze kon afleiden uit de foto's die op Jacobs overvolle bureau stonden, en dat hadden net zo goed de stenen gezichten kunnen zijn van beelden in het Koningsportaal van de kathedraal van Chartres, of de geschilderde profielen van farao's op de muren van een Egyptische graftombe, zo weinig kon ze zich voorstellen bij die mensen en hun levens. Moritz, die ervoor zorgde dat hij alleen 'toevallig langskwam' als zij boodschappen deed, was nauwelijks reëler voor haar dan de mensen op de foto's. Als ze elkaar per ongeluk op de trap tegenkwamen, wendde zij haar gezicht af en keek hij strak voor zich uit.

Voordat ze Jacob had leren kennen, had Gerda nooit een Jood ontmoet. Ze had zelfs niet door dat hij Joods was tot het dienstmeisje van de buren het haar vertelde. Dat vond ze een tijdje een beangstigend idee, en ze had de neiging opeens naar hem te kijken, alsof ze hem wilde betrappen op zijn Joodsheid, maar tot haar opluchting zag ze nooit iets bijzonders.

Die avond aan tafel, terwijl Jacob wachtte tot het eten werd opgeschept, mompelde hij iets. 'Wat?' vroeg Gerda, die dacht dat hij het tegen haar had.

'Er zijn problemen op til,' zei hij. 'Edu en Gottfried zullen elkaar vroeg of laat in de haren vliegen, en ik denk dat het eerder vroeg zal zijn.'

Ze bracht hem een kom warme koolsoep. Ze wist niet dat hij aan andere kost gewend was, want dat had hij haar nooit verteld.

'Omdat Edu in Amerika is geweest, denkt hij alles te weten. Niet dat hij ook maar iets interessants te vertellen heeft, nee, hij herhaalt alleen steeds dezelfde kritische opmerkingen. Als je hem vraagt de maatschappelijke verhoudingen te schetsen, staat hij met zijn mond vol tanden. "Je had De Toqueville moeten lezen," zei ik tegen hem. "Wie?" vroeg hij alleen maar. Niet dat hij het echt wilde weten.'

Jacob sprak tegen Gerda alsof hij in zichzelf praatte. Dat deed hij al zo lang dat hij niet eens meer merkte dat Gerda maar de helft begreep van wat hij zei.

'Het was heerlijk,' zei hij toen hij zijn soep op had. Het lukte hem alleen om Gerda complimentjes te geven over haar kookkunst. De andere dingen die hem aan haar bevielen bracht hij nooit onder woorden.

Gerda nam de lege kom mee en zette een bord met kalfsworst en gebakken uien voor hem neer. Ze schonk een glas bier voor hem in, ging zitten, legde haar armen over elkaar op tafel en keek toe terwijl hij at. Zelf at ze altijd later, alleen, en Jacob probeerde nooit haar gewoonten te veranderen. Maar als ze samen naar een tapperij in Sachsenhausen gingen, of naar het Taunusgebergte voor appelwijn en ribkarbonade, at en dronk ze met smaak in zijn gezelschap.

Na het eten rookte hij een sigaar, en terwijl Gerda at en afwaste, maakte hij zijn dagelijkse wandelingetje naar de Main en langs de kade naar de Friedberger Anlage, daarna terug langs de oude tolpoort en langs de verlaten Joodse begraafplaats weer naar huis. Er kwam mist opzetten uit de rivier en hij voelde dat de lucht vochtig was geworden. 'We krijgen regen,' zei hij tegen Gerda. Hij bleef die avond laat op en verdiepte zich in zijn Grieks, terwijl Gerda zijn sokken stopte.

Edu had voor Elias en zichzelf voor acht uur een tafel gereserveerd in een restaurant dat als uitstekend bekendstond. Hij was van plan alle zakelijke beslommeringen even te vergeten en zich te concentreren op het aangename gezelschap en de goede maaltijd. Langzamerhand begon hij zijn weg in de stad weer te vinden. Af en toe ging hij naar de opera of het theater, of samen met Siegmund en Pauline naar een concert. Dan genoot hij niet alleen van de muziek, maar ook van het avondje uit met zijn broer en schoonzus. Bij deze gelegenheden hield hij zijn ogen open, zodat hij er misschien iets van oppikte. Inzicht, daar draaide het allemaal om. Als je dat had, kon je elke situatie beoordelen alsof het een veldslag was en de juiste strategie bepalen. Op die manier kon je je eigen plan trekken en de massa achter je laten. Op die manier was je vrij.

Edu leefde spaarzaam. Hij at zo vaak mogelijk thuis, gokte niet en gaf geen grote hoeveelheden geld uit aan vrouwen. Zijn garderobe was klein, maar zijn pakken waren van de mooiste stoffen en altijd van goede snit.

Het etentje van vanavond, dat al een paar weken geleden was afgesproken, was bedoeld om te vieren dat hij weer in Frankfurt was. Dat wilde hij samen met zijn vriend Elias doen, omdat hij hem graag mocht, maar heimelijk ook om indruk op hem te maken. Elias was de achtergrond waartegen Edu beter uitkwam. Net als Edu stond zijn vriend aan het begin van zijn carrière, maar het verschil was dat Elias alleen om zijn werk gaf. Hij ontkende dat hij ambitieus was, maar Edu wist wel beter. Dat was juist een van de verklaringen voor hun vriendschap. Bovendien hoorde Edu hem graag vertellen over de colleges kunstgeschiedenis die hij volgde. Naar het theater en de concertzaal ging Edu misschien uit plichtsbesef, maar naar het Städel ging hij uit pure verwondering en een gevoel dat aan liefde grensde. Schilderijen raakten hem, en hij benijdde Elias om de vele uren dat hij naar kunst kon kijken.

Edu kwam iets te vroeg bij het restaurant aan. De ober had hem nooit gezien, maar reageerde met beleefde herkenning toen hij zijn naam opgaf. Edu hoefde niet te wachten en werd naar een goede tafel gebracht. Een paar minuten te laat kwam Elias binnensnellen; hij maakte een chaotische en gehaaste indruk en zijn sjaal slierde achter hem aan.

'Ben ik te laat?' vroeg hij, en hij hijgde nog wat harder om te laten merken dat hij echt zijn best had gedaan om op tijd te komen.

'Helemaal niet.' Edu vergaf het hem grootmoedig.

Elias was klein en tenger, maar hij had een groot hoofd met een warrige haardos, die net zo donker was als zijn gitzwarte ogen. Alleen wat de vorm van zijn gezicht en zijn mond betrof leek hij op zijn zus Caroline. Ondanks het feit dat hij gladgeschoren was, had hij iets van een anarchist, en dat leverde hem soms steelse blikken op van politieagenten, vooral als hij zich in chique gelegenheden vertoonde.

Maar dat soort dingen merkte Elias nooit. In tegenstelling tot Edu besteedde hij geen enkele aandacht aan wat er om hem heen gebeurde. Hij verkeerde doorgaans in hoge staat van opwinding over de een of andere intellectuele ontdekking.

'Raad eens!' zei hij zodra hij zat.

'Laten we eerst naar de kaart kijken en de wijn kiezen,' zei Edu. 'Daarna kunnen we praten.' Hij had het vaste voornemen zich nooit van zijn stuk te laten brengen door het gedrag van zijn vrienden of familieleden, maar zijn uiterste best te doen om hun excentrieke manieren in acceptabeler banen te leiden.

'Ik heb een paar nieuwe Cézannes gezien in Parijs,' zei Elias. 'Hij wordt steeds soberder...'

'Wil je lamsvlees?' vroeg Edu. 'Of liever kalfsborst?'

'Lam klinkt goed. Je weet toch dat ik naar Parijs ben geweest?'

'Jazeker. Heb je verstand van wijn?' fluisterde Edu.

'Totaal niet. Vraag het de sommelier, die is de expert.'

'Als hij merkt dat ik van niets weet, raadt hij de duurste aan.'

'Daar leer je van. Als je het zo belangrijk vindt, de juiste wijn en zo, moet je je erin verdiepen.'

Daarmee had deze kwestie voor Elias afgedaan; hij keerde terug naar zijn favoriete onderwerp en vertelde Edu over de Monets die hij had gezien, vol vibrerende kleuren, en de Munchs en Van Goghs in Berlijn, waar hij ook was geweest en enthousiast was geworden over bijna al het werk op de jaarlijkse tentoonstelling van de Secession.

'Daar moet je me meer over vertellen,' zei Edu, die zich de terloopse opmerking van zijn schoonzus herinnerde. Hij spreidde het servet uit op zijn schoot en bestelde het eten en de wijn. De maître d' gedroeg zich eerbiedig en Edu had het gevoel dat hij een goede indruk had gemaakt.

Nu kon hij zich ontspannen en luisteren naar alles wat Elias te vertellen had. Er kwam geen eind aan de woordenstroom van zijn vriend.

'Fijn dat je terug bent,' zei hij, terwijl er een hap van de overheerlijke quenelles in zijn mond verdween. 'Weet je,' vervolgde hij, 'het lijkt wel of de hedendaagse kunst zich in verschillende richtingen tegelijk ontwikkelt...' Hij veegde zijn mond af met zijn servet. Edu zag kruimels en sausvlekken op het tafelkleed rond Elias' bord.

'De witte wijn is lekker droog,' zei Edu.

'Vroeger wisselden de stromingen elkaar niet zo snel af. En originaliteit speelde niet zo'n grote rol.'

'Proef het lamsvlees eens,' drong Edu aan.

'Mmm! Roze en verrukkelijk,' zei Elias. Hij nam er een grote slok rode wijn achteraan.

'De witte was beter,' zei Edu.

'Ken je Meier-Graefe?' vroeg Elias opeens.

Edu schudde zijn hoofd.

'Een zeer scherpzinnig criticus. Ik ben het niet altijd met hem eens, maar hij is een van de weinigen die iets intelligents te vertellen hebben over de moderne kunst. Meier-Graefe zegt bijvoorbeeld dat Cézanne de doodsteek is voor het impressionisme, een bekrompen, oppervlakkige en burgerlijke stroming.'

Hij zweeg even om zijn woorden tot Edu te laten doordringen. 'Het is voor elk wat wils, net als de sociaal-democratie. Maar Cézanne rekent ermee af. Net als Rembrandt in zijn tijd is hij compromisloos. Een aristocraat met minachting voor paleizen.'

Edu wist niet zeker of hij het begreep. Hij had gemerkt dat hij niets had aan theoretische geschriften en kritieken bij zijn behoefte om snel en scherp te kunnen beoordelen wat een goed kunstwerk was en wat niet, wat van waarde was en wat niet. Hij had een praktische instelling en daar schaamde hij zich niet voor.

'Ik ben meer geïnteresseerd in connaisseurschap dan in kunstkritiek,' zei hij.

'Maar het een kan niet zonder het ander!' riep Elias uit, terwijl hij gevaarlijk achteroverhelde met zijn stoel. 'Vooral niet als het om de hedendaagse schilderkunst gaat, die zo radicaal breekt met het verleden en haar geheimen niet gemakkelijk prijsgeeft.'

'Ik dacht dat jouw specialiteit het vroegmiddeleeuwse handschrift was,' zei Edu.

'Klopt, klopt,' antwoordde Elias, 'maar je ontkomt niet aan de modernen. Ze zijn overal. We leven in een fantastische tijd, kijk maar eens wat er gebeurt in Parijs, Berlijn, München, Wenen...'

'Je hebt nog niets verteld over de Secession,' zei Edu. Ze hadden hun *fraises des bois* op en nipten van een glaasje brandewijn.

'Zal ik doen, zal ik doen' – Elias' woorden rolden altijd in ritmische herhalingen uit zijn mond – 'maar voordat ik het vergeet, heb je vanavond nog andere plannen?'

Edu schudde zijn hoofd. Al zijn energie was gaan zitten in het organiseren van het etentje.

'Ik vraag het omdat ik hier in Frankfurt een jonge schilder heb ontmoet. Ik weet dat het onvoorstelbaar klinkt, omdat de laatste schilder van enig belang die hier heeft gewerkt Courbet was, maar we hebben lang met elkaar gepraat en hij vroeg of ik zijn werk wilde zien. Ik heb geen idee hoe het is, maar ons gesprek was heel interessant en ik heb gezegd dat ik later vanavond misschien langs zou komen. Heb je zin om mee te gaan?'

Edu, die altijd tijd nodig had om na te denken over wat hij wilde gaan doen, werd overvallen door de onverwachte uitnodiging. 'Ik ken helemaal geen schilders,' zei hij. 'De enige die ik ooit heb ontmoet was een man die een portret van papa heeft gemaakt, en hij leek me een echte zakenman.'

'Ik kan je verzekeren dat Franz Bleicher niets van een zakenman heeft. Hij is een rasechte bohémien. Maar hij heeft veel verstand van schilderen.'

'Ik weet niet of...'

'Doe niet zo bangelijk,' riep Elias uit. 'Kom mee, dan kun je eens zien hoe het gewone volk leeft.'

'Is hij erg arm?' vroeg Edu.

'Wat maakt dat uit?'

'Het kan gênant zijn.'

'Onzin! Niet iedereen benijdt je om je bevoorrechte positie, Edu. Franz is heel gelukkig met zijn leven. Een arme kunstenaar wil geen rijke koopman zijn. Hij droomt ervan een succesvol kunstenaar te worden. Als hij iemand met geld ontmoet, ziet hij daar alleen een mogelijke mecenas in.'

Edu vroeg zich af waarom hij daar zelf nog niet aan had gedacht. Rechtstreeks van de kunstenaar een kunstwerk kopen, wat een geweldig idee! Niet alleen zou het goedkoper zijn dan via een kunsthandelaar, maar hij zou ook nog het geluk kunnen hebben dat hij iemand ontdekte! Hij dacht aan de talloze verhalen die hij had gehoord over schilders die inmiddels beroemd waren en hun werken voor duizenden francs verkochten, maar vroeger meesterwerken hadden weggegeven voor een homp brood en een fles wijn.

Edu vroeg om de rekening, bekeek die aandachtig, betaalde en gaf er een royale fooi bovenop. De kelner boog diep en de maître d' zei 'goedenavond, Herr Wertheim' toen ze vertrokken. Edu wist zeker dat ze hem de volgende keer zouden herkennen. Nonchalant als hij was, bood Elias niet aan om zijn deel van de rekening te betalen. Aan de ene kant vond Edu het leuk om de hoffelijke gastheer te spelen, maar aan de andere kant was hij enigszins geïrriteerd door de vanzelfsprekendheid waarmee Elias zich liet trakteren.

'Zullen we een rijtuig nemen?' vroeg Edu.

'Dan gaat de koetsier weer moeilijk doen over het laveren door de Altstadt,' zei Elias. 'Laten we maar gaan lopen.'

'Waar woont hij dan in hemelsnaam?' vroeg Edu, die weer achterdochtig werd en begon te twijfelen.

'Vlak bij de oude Judengasse, waar veel vervallen panden worden afgebroken – zelfs een paar van historische waarde, heb ik gehoord – om de Braubachstrasse aan te leggen.'

'Waarom woont hij daar? De meeste van die huizen zijn onbewoonbaar verklaard.'

'Daarom juist,' zei Elias. 'Waarschijnlijk betaalt hij geen huur, of anders een schijntje.'

Ze liepen een tijdje zwijgend door de nevelige avond. Het leek soms of de daken van de oude huizen aan weerszijden van de straat elkaar boven hun hoofd raakten; de hemel was niet zichtbaar, behalve als een bleke gloed wanneer ze een van de vele pleintjes overstaken.

'Bedankt voor het eten,' zei Elias opeens.

'Niets te danken,' antwoordde Edu.

Franz Bleicher woonde op de bovenste verdieping van een gebouw dat al half leegstond. Op bijna elke etage waren ruiten ingeslagen, en in sommige appartementen, waarvan de deuren los aan hun scharnieren hingen, bewoog het gescheurde behang in de vochtige lucht. Edu huiverde in de avondlijke kilte. Elias rende met twee treden tegelijk de trappen op en klopte kordaat bij de schilder aan.

Bleicher deed de deur open zonder eerst te vragen wie er was, iets wat volgens Edu getuigde van een absurde naïviteit, gezien de staat waarin het gebouw verkeerde. Toen hij het donkere, met kaarsen verlichte atelier binnenstapte, struikelde hij bijna over een verrotte vloerplank. Bij elke voetstap en elke windvlaag vanaf de rivier rammelde de ruit in het grote dakraam. De schilder zelf was gezet, had een dikke buik en vlezige, vuile handen. Hij droeg een corduroy pak en een warme trui en rook naar verf, zweet en wijn. Zijn gebit vertoonde een gat waar twee tanden ontbraken, maar zijn onduidelijke spraak leek eerder door de wijn te komen.

Elias en Bleicher begonnen bijna meteen geanimeerd en met opgewonden gebaren te praten over een schilder van wie Edu de naam niet verstond. Het was een gesprek dat hij totaal niet kon volgen, doordat hij geen enkele voorstelling had van de werken in kwestie. Hij ging op de harde, rechte stoel zitten die hem was aangeboden en voelde zich alsof hij wachtte op iets onaangenaams, een uitbrander op school of een pijnlijke ingreep bij de tandarts. Een paar keer probeerde hij te zien of er ergens aan de muren of op een ezel schilderijen te bekennen waren, maar het was te donker op de zolderkamer.

'Dus jij houdt van schilderijen, hè?' vroeg Franz Bleicher hem opeens.

'Eh, ja,' zei Edu. 'Als vriend van Elias moet ik wel van kunst houden.' Hij vond het zelf een rare opmerking. Het was niet wat hij gezegd zou hebben als hij erover had nagedacht. Maar hij was boos op Elias dat hij hem hiernaartoe had gesleept en had er maar wat uitgeflapt. Dat had hij in Amerika geleerd, want daar werd heel wat af gekletst.

'Heb je weleens iets van een levende kunstenaar gekocht, of durf je dat niet?'

'Nee,' zei Edu. 'Dat ga ik pas doen als ik er meer kijk op heb.'

'Vertrouw je je vriend niet? Die heeft je meegenomen.'

'Hij heeft niet gezegd dat hij je werk had gezien, alleen dat je goed kon praten.'

'Daar zullen we dan iets aan doen,' riep de schilder, en hij sprong op van het kratje waarop hij had gezeten en rommelde rond in een verre hoek, waar kennelijk enkele grote doeken tegen de muur stonden.

'Hij is dronken,' fluisterde Elias bij wijze van verontschuldiging.

Edu bleef naar de schilder kijken: hij bewoog op de overdreven manier van een clown, maar was wel heel voorzichtig met de grote doeken. Edu zag dat het deel van het atelier waar Bleicher blijkbaar werkte netjes was, in tegenstelling tot de plek vol rommel en vuil waar hij mensen ontving en tevens at, dronk en kookte. Er stonden penselen in mooie, eenvoudige kruiken, het grote palet was schoongeveegd en de verftubes lagen naast elkaar op een oude eikenhouten tafel, keurig in het gelid als tinnen soldaatjes. Edu voelde zich een buitenstaander. Het begon te regenen en de druppels kletterden op het dak. Aan zijn voeten vormde zich een plasje.

De schilderijen deden hem niets. Hij had ze graag goed willen vinden, maar net als hun schepper waren de doeken onaangenaam en rauw. Er waren veel dansende gestaltes bij, stillevens met bloederig fruit en ruiters van de Apocalyps. De verflaag was dik en de kleuren waren intens.

'Je vindt er niets aan!' kraaide Bleicher triomfantelijk.

'Nee, dat klopt,' zei Edu al even bot, hoewel hij naar woorden had gezocht om zich diplomatieker uit te drukken.

'Misschien moet je er nog een paar bekijken voordat je een oordeel velt,' opperde Elias.

'Hij heeft me die woorden in de mond gelegd,' zei Edu.

'Ik zag het aan je gezicht,' zei de schilder. 'Ik kan het altijd zien. Zelfs in het donker. Ik zal niet vragen wat jíj ervan vindt,' zei hij tegen Elias, en hij zette de schilderijen weer met hun voorkant naar de muur.

Elias probeerde weer een gesprek met Bleicher te beginnen door de technische aspecten van zijn werk aan de orde te stellen, maar de schilder reageerde niet. Hij zat op zijn kratje naar zijn korte dikke vingers te kijken en vuil onder zijn nagels vandaan te peuteren. Er zat niets anders op dan te vertrekken.

De twee jongemannen liepen zwijgend de trappen af. Op straat lagen vieze plassen. Het was duidelijk dat ze hier nooit een huurrijtuig zouden vinden. Edu's pak zou onder de modderspetters komen en ze zouden allebei kouvatten.

'Zeg maar niets,' zei Elias.

'Het gaat mijn verstand te boven...'

'Hou alsjeblieft je mond. Ik wil je mening niet horen.'

'Het stonk er, de man is een zatlap, zijn schilderijen zijn afschuwelijk en hij behandelde me neerbuigend en beledigde me, maar jij wilt mijn mening niet horen! Verwacht je van me dat ik me verontschuldig omdat ik me dagelijks was en manieren heb?'

Ze liepen snel door de regen en bleven allebei koppig zwijgen. Op de Goetheplatz, waar hun wegen meestal scheidden, bleven ze even staan zonder te weten wat ze moesten zeggen. Hun boosheid had intussen plaatsgemaakt voor een ongemakkelijk gevoel, en als ze niet zulke natte voeten hadden gehad, hadden ze elkaar misschien glimlachend omhelsd.

'*Tchüss*, tot ziens,' zei Elias terwijl hij zich omdraaide om weg te sprinten en de rampzalige avond achter zich te laten. 'De volgende keer trakteer ik jou.'

'En wanneer gaat dát gebeuren?' riep Edu hem na, maar er klonk geen antwoord, alleen het geluid van haastige voetstappen die kletsten op de glinsterende keien.

Gottfried had de zoon van zijn hospita op pad gestuurd om een huurrijtuig te bestellen en had de koetsier opdracht gegeven twaalf rozen voor Nellie te kopen. Van de cognac was hij somber geworden, en door de vochtige atmosfeer rook de stad nog meer dan anders naar een mengsel van roet en paardenmest. Toen hij bij de Opera aankwam was de voorstelling al begonnen, dus gaf hij de bloemen af bij de artiesteningang, betaalde de koetsier en stapte de felverlichte foyer in. De onrustige begeerte in zijn binnenste voelde als een leegte, die niet kon worden gevuld door de muziek van Richard Wagner die hij zacht hoorde doorklinken terwijl hij over het dikke tapijt door de gangen van het fraai gedecoreerde gebouw liep. Hij ging op een pluchen bank zitten en liet zijn vingers knakken, want hij wilde niet midden in een akte zijn loge binnenstappen.

In de pauze zei hij tegen iedereen die hij tegenkwam dat hij de voorstelling saai en futloos vond. Aangezien hij van Nellie pas na het laatste applaus achter de coulissen mocht komen, moest hij in zijn eentje door de menigte zwerven en glimlachen en buigen naar de kennissen van zijn familie, terwijl hij heel goed wist dat iedereen die hij groette meteen daarna over hem ging roddelen.

Toen de opera eindelijk afgelopen was, regende het. Gottfried wachtte binnen bij de artiesteningang op Nellie. Hij was niet de enige: om hem heen stond een hele groep goedgeklede mannen met bossen bloemen. Omdat hij geen oogcontact wilde maken, keek hij met een arrogante glimlach om zijn mond strak naar de klok boven de portiersloge. Nellie kleedde zich altijd langzaam om en was steevast een van de laatste koorleden die verschenen.

'Heb je de bloemen gekregen?' vroeg Gottfried toen ze eindelijk met lege handen uit de kleedkamer kwam.

'O ja, bedankt. Ik heb ze aan een vriendin gegeven voor haar zus, die in het ziekenhuis ligt. Ik hoop dat je het niet erg vindt.'

Op Gottfrieds gezicht stond zijn ergernis te lezen.

'Ze waren oud en verwelkt,' zei ze. 'Had je dat niet gezien?' In stilte vervloekte Gottfried de koetsier.

Er was een tafel voor hen gereserveerd in hetzelfde restaurant waar Edu en Elias een paar uur eerder hadden gegeten. Gottfried en Nellie aten overvloedig en dronken een aanzienlijke hoeveelheid wijn. Ze spraken niet veel, maar wat ze zeiden was allemaal even vilein van toon. Nellie bekritiseerde de koordirigent en Gottfried zei dat hij de zangers ongeïnspireerd vond.

Toen ze bij Nellies huis aankwamen, was het erg laat. Gottfried stuurde de koetsier weg. 'Niet doen,' zei Nellie toen het paard wegdraafde. 'Roep hem terug!' Ze klonk geagiteerd.

'Waarom in hemelsnaam?'

'Ik wil niet dat je hier blijft,' zei ze klappertandend. 'Ik ben doodop.'

Het rijtuig was om de hoek verdwenen en de regenachtige straat was uitgestorven.

'Laat me blijven,' zei Gottfried. 'Alsjeblieft! Ik wacht al zo lang.'

'Vanavond niet.'

Maar na alle ergernissen van die dag – de scheldpartij 's middags en de saaie avond – vond Gottfried dat hij een pleziertje had verdiend. 'Ik wil je nu,' zei hij, en hij omhelsde haar zo hard dat ze nog banger werd. Hij drukte haar tegen de muur en kuste haar, niet liefdevol maar boos. Hij pakte haar bij haar schouders en schudde haar door elkaar. Ze was verlamd van angst, en dat maakte zijn woede nog groter. Hij schudde haar steeds harder door elkaar, tot ze zich begon te verzetten en probeerde zich los te rukken. Dat lukte bijna, maar hij dook achter haar aan, gleed uit op de natte stenen en sleurde haar mee in zijn val. Hij bezeerde zich en hoorde Nellie ter hoogte van zijn keel een kreet van pijn slaken. Ze lag nu onder hem en hij dacht net dat ze zou toegeven, toen ze weer schreeuwde en hij haar tanden zag blikkeren, alsof ze hem ging bijten. Om haar het zwijgen op te leggen drukte hij zijn mond op de hare, en net voordat hij een orgasme kreeg proefde hij bloed.

Na deze uitbarsting lag hij zwetend en duizelig op straat. Ineens rook hij het plaveisel, vies van drek en vuilnis. Nellie lag doodstil. Ergens ging een lamp aan, en hij hoorde een raam opengaan. Hij rende weg. Dicht langs de muren van de gebouwen strompelde hij naar huis. Toen hij thuiskwam, niet lang voor zonsopgang, liet hij zich uitgeput op bed vallen. Hij sliep heel onrustig en werd afwisselend geteisterd door koude rillingen en koortsig zweten. Zijn hoofd voelde aan alsof er iemand met een hamer op sloeg. Op heldere ogenblikken bedacht hij dat hij zijn moeder in de loop van de ochtend moest bellen om te zeggen dat hij niet kwam eten. Hij dacht geen moment aan Nellie.

Het zondagse middagmaal met de hele familie was voor Hannchen het hoogtepunt van de week. Aan haar eigen tafel was ze de onbetwiste heerseres. Ze kon het gesprek in de juiste banen leiden, haar zoons verwennen door ze hun favoriete lekkernijen voor te zetten en de gezichten van haar schoondochters onderzoeken op tekenen van een slechte gezondheid of algehele moedeloosheid.

Hannchen bereidde deze maaltijden zorgvuldig voor, alsof het elke week voor het eerst was (of voor het laatst; het was maar hoe je het wilde bekijken), en alleen met Kerst, Nieuwjaar en Pasen, seideravond en Rosj Hasjana werd er uitgebreider gegeten.

Ze legde haar zondagen nauwkeurig vast. In een dagboek met leren band hield ze bij wat ze serveerde, wat iedereen aanhad en wat het meest besproken onderwerp was. Ze vermeldde zelfs welk weer het was geweest. Moritz deed alsof hij het allemaal reuze vermakelijk vond, maar hij zou gekrenkt zijn, sterker nog, diepbedroefd, als ook maar één van de bijeenkomsten door de een of andere calamiteit geen doorgang zou vinden. De wekelijkse routine werd alleen gedurende de twee zomermaanden en de wintervakantie doorbroken, data die net zo onwrikbaar vastlagen als 16 oktober, de dag waarop de huisbazen in Frankfurt de kachels aanstaken en vrouwen en kinderen zich voor het eerst met hun nieuwe winterjassen en hoeden vertoonden.

Gottfried belde om half elf 's ochtends en vertelde met wat Hannchen later 'een grafstem' noemde, dat hij ziek was en niet kon komen eten. Hannchen vroeg of hij dokter Schlesinger nodig had en of ze hem een terrine met bouillon zou sturen; ze wist zeker dat Bruno die warm bij hem kon afleveren. Gottfried sloeg zowel de dokter als de soep af en zei dat hij alleen rust en een dagje vasten nodig had.

Ongeveer om dezelfde tijd kreeg Nathan een telefoontje van de politie. De agent, die hij vaag kende, vertelde hem – in omstandiger bewoordingen dan Nathan misschien had gewenst – dat een jonge vrouw (hier nam hij een pauze om haar naam bijna uit te spellen, hoewel die Nathan natuurlijk niets zei), die bewusteloos en lichtgewond was aangetroffen op de binnenplaats van haar woningblok, nadat ze door de politie naar het ziekenhuis was gebracht had beweerd dat Gottfried Wertheim haar had aangevallen en geslagen toen ze zijn avances had afgewezen. Hier zuchtte de agent diep. Hij zei dat hij in opdracht van zijn superieur belde om Nathan te waarschuwen dat er mogelijk een aanklacht zou worden ingediend.

Nathan bedankte hem en hing op.

Hannchen had het nieuws van Gottfrieds laatste escapade nog niet gehoord, maar al voordat de familie aan tafel ging vermoedde ze dat er iets niet pluis was, zoals ze het zelf later uitdrukte. Iedereen was somber en in zichzelf gekeerd.

Jacob probeerde grapjes te maken, maar die sloegen niet aan, en na een vernietigende blik van zijn vader verzonk ook hij in een bedrukt stilzwijgen. Alleen Pauline leek ongevoelig voor de heersende stemming en kwebbelde vrolijk over het feest bij de familie Seligman van de vorige avond.

Iedereen was opgelucht toen het dessert eindelijk geserveerd en plichtmatig genuttigd was.

'De koffiemousse was heerlijk,' waagde Caroline op te merken.

'Jammer dat we er niet van konden genieten,' zei Hannchen.

Bij die woorden stonden de mannen eensgezind op, excuseerden zich en gingen naar de rooksalon.

'Vooruit,' zei Moritz, 'vertel ons het slechte nieuws. En niets achterhouden.'

Nathan vertelde het verhaal min of meer zoals hij het van de agent had gehoord.

'Heb je al iets ondernomen?' vroeg Moritz toen hij klaar was.

'Nee,' zei Nathan. Edu vroeg zich af waarom Nathan zich nog steeds klein leek te maken tegenover zijn vader.

'Waarom niet?' wilde hij weten. Moritz keek hem even geërgerd aan.

'Ik wilde niets doen voordat ik jullie had geraadpleegd.'

'Jij bent de jurist onder ons,' zei Siegmund.

'Het is geen kwestie van juridische kennis. Het gaat erom dat we een besluit moeten nemen over Gottfried en de knoeiboel die hij overal van maakt.'

'In zijn werk ook,' durfde Edu op te merken.

'Heb je met Gottfried gepraat?' vroeg Jacob.

'Hij was niet aanspreekbaar, volgens mama.'

'Maar wat gaan we eraan doen?' vroeg Siegmund.

'Haar afkopen,' zei Moritz.

'Ze heeft wel réchten,' mompelde Jacob.

'Wat voor rechten?' wilde Moritz weten.

'Ze mag dan rechten hebben,' zei Nathan, 'maar zolang ze dat niet weet... We hebben de politie aan onze kant.'

'En als ze haar baan kwijtraakt?'

'Ik ken de onderdirecteur,' zei Siegmund.

Er werd besloten dat Nathan de jonge vrouw in het ziekenhuis zou opzoeken en met haar zou praten. Ze werden het eens over het bedrag waarmee hij de onderhandelingen zou openen en het maximum dat hij haar kon bieden.

'En Gottfried?' vroeg Jacob.

'Ik wil hem niet meer zien,' zei Moritz.

'Nooit meer?' vroeg Edu.

'Nooit meer!'

Zijn vier zoons verstijfden. Het was alsof er een koude windvlaag door de kamer ging. De stem van de oude man had een schrikwekkende, krassende klank gekregen.

'Maar wat moet hij dan beginnen?' vroeg Siegmund.

'Naar Amerika gaan,' zei Jacob, 'net als iedereen.'

'Genoeg!' riep Moritz uit.

'We hebben het er nog wel over,' zei Nathan.

Nellie bleek alleen een paar dagen rust nodig te hebben om te herstellen. Ze ontving Nathan waardig en met een zekere trots die iets aandoenlijks had, en was tevreden met een bedrag dat niet ver boven zijn eerste bod lag. Binnen twee weken zong ze weer in het koor.

Toen Edu bij Wertheim en Zonen de boeken doorpluisde, leverde dat een paar onregelmatigheden op, maar tegen de tijd dat Nathan ze had bekeken en ze aan Moritz waren voorgelegd, was het te laat om Gottfried ernaar te vragen. Hij was op weg naar New Orleans, voorzien van een geldbedrag en een aanbevelingsbrief voor een man uit Frankfurt die bij de katoenbeurs werkte. Hij had zijn vader niet meer gezien, maar Jacob en Siegmund waren afscheid van hem gaan nemen. Hij had hun – een tikje uitdagend, vond Jacob – verteld dat hijzelf net zo blij was met zijn vertrek als de familie.

HOOFDSTUK 2

1913

In een nacht in februari 1913 overleed Moritz Wertheim vredig in zijn slaap. Hij werd op gepaste wijze geëerd en begraven. Zijn zoons droegen een rouwband om hun mouw en zijn vrouw was gehuld in volumineus zwart. Later zou ze zeggen dat het maar goed was dat Moritz de Grote Oorlog niet had meegemaakt, maar de eerste maanden miste ze hem vreselijk. Ze had veel van hem gehouden.

Tegen Kerstmis van dat jaar, toen de rouwtijd bijna was verstreken, begonnen de meeste familieleden, vooral de kinderen, naar de feestdagen toe te leven. Heel Frankfurt bruiste van opwinding en bedrijvigheid, glinsterde van de kerstgeschenken en was doortrokken van de romige geur van taarten en koekjes.

Op de Römerplatz was de jaarlijkse kerstmarkt in volle gang. Zoals alle schoolkinderen leerden, was de Römer niet alleen sinds 1405 het stadhuis van Frankfurt, maar ook de plaats waar de Duitse keizers en koningen tussen 1564 en 1794 hun kroningsmaal gebruikten.

Geurige kerstbomen stonden in weelderige groene rijen op kopers te wachten en de houten kramen lagen boordevol heerlijke etenswaren, *Lebkuchen*, *Quetschemännchen* en andere lekkernijen die bij het jaargetijde hoorden, kleurige kaarsen en helder glanzende kerstversieringen, met de hand geschilderde figuren voor de kerststal, fluitjes en blikken trommels, regimenten speelgoedsoldaatjes met hun kanonnen en tegenstanders in kleurige uniformen uit alle uithoeken van de wereld: India en Turkije, Rusland en Afrika. Bij verscheidene kramen konden bezoekers warme punch, cider of glühwein kopen om er de gepofte kastanjes mee weg te spoelen die Italiaanse venters rechtstreeks van hun draagbare fornuizen verkochten. De kastanjes waren aan de buitenkant zwartgeblakerd, maar van binnen zacht en geel. De venters hadden deukhoeden, grote zwarte snorren en ogen zo donker als kool. Ze riepen: '*Marroni, marroni!*' met een melodieuze zuidelijke stem, die zich vermengde (en iedereen op die manier zou bijblijven) met het blikkerige geluid van kerstliederen uit een tiental stoomorgels.

In de week voor Kerst was er een dun laagje sneeuw gevallen, dat op de schuine daken was blijven liggen en aan de Altstadt een toepasselijk schilderachtig karakter gaf. Dit tot grote vreugde van de volwassenen, die de kinderen er voortdurend op wezen, maar zij gaven niet om zulke dingen. Hun aandacht werd opgeëist door het speelgoed in de etalages en de kramen op de Römerplatz.

Hannchen en Moritz Wertheim vierden al Kerst sinds het jaar dat Edu was geboren. Iederéén vierde Kerst, was hun argument, dus waarom zouden zij dat niet doen? Het was een goede Duitse feestdag en zij waren goede Duitse burgers. Maar dit jaar, nu Moritz niet meer leefde en begraven lag op de Joodse begraafplaats aan de Rat-Beil-Strasse, zag Hannchen vreemd genoeg op tegen de komende feestelijkheden. Stel dat Moritz in de hemel (waar hij hoorde, dat wist ze zeker) met de Joodse God aan het praten was en dat Hij hem vroeg: 'Mosje, Mosje, vertel me eens waarom je al die jaren kerstfeest hebt gevierd? Weet je niet dat de mensen denken dat ze op die dag de geboorte van mijn zoon vieren? Maar ik héb geen zoon, of liever gezegd: ik heb honderd miljoen zonen. Jullie zijn allemaal zonen van mij, de mensenkinderen overal ter wereld zijn zonen van mij...' Wat zou Moritz Hem antwoorden? Waarschijnlijk zou hij zeggen: 'In ons land doet iedereen dat,' en God zou (volkomen terecht) zeggen: 'Wat is dát voor antwoord?' Hannchen had jarenlang niet meer stilgestaan bij de religieuze betekenis van het kerstfeest, ook niet als ze met vochtige ogen naar het lieve kindje keek dat op een bedje van stro in een kribbe lag, omringd door een ezel, koeien en herders, of als ze samen met de anderen haar stem verhief om 'Stille nacht, heilige nacht' te zingen.

Natuurlijk kon ze haar kleinkinderen het kerstfeest niet ontzeggen. Misschien zouden ze opgroeien in een wereld waarin al die verschillen vergeten zouden zijn, dacht ze, hoewel niemand tot nu toe het probleem had kunnen oplossen wíé die verschillen zou moeten vergeten. Maar ze peinsde er niet over haar kleinkinderen dat feest te ontnemen, net zomin als ze van plan was hun te verbieden naar de religieuze schilderijen in het Städel te kijken – er zou bijzonder weinig te bekijken overblijven als ze dat verbood – vooral omdat haar lievelingsschilderij de *Madonna van Lucca* van Jan van Eyck was, dat ze zo vaak had bewonderd dat ze haar ogen maar hoefde te sluiten om het tot in de kleinste details voor zich te zien: van de rode mantel, afgezet met parels en edelstenen, tot aan de appels in de vensterbank en de vier leeuwen (van koper, net als de schaal met water in de nis van de rechtermuur) die de armleuningen en achterkant van de troon sierden.

Hannchen had besloten dat het familiefeest op Kerstavond bij Nathan en Caroline zou moeten plaatsvinden. Ze bood aan dat haar eigen personeel Carolines bedienden zou komen helpen en beloofde voor alle kerstkoekjes en stollen te zorgen. 's Avonds probeerde ze in haar grote hemelbed elke beslissing die ze overdag had genomen nog eens te overdenken. En terwijl ze vroeger na de maaltijd alles met Moritz besprak, als ze samen in de salon koffiedronken en luisterden naar de verre geluiden van de bedienden en het hoefgetrappel van het verkeer buiten, praatte ze nu tegen... ze wist het niet precies, misschien wel tegen God. Of was het gewoon Moritz in hemelse gewaden, die zoals altijd met een serieus gezicht naar haar gebabbel luisterde en haar alleen onderbrak als hij vond dat ze onredelijk was?

Hannchen was opgelucht toen haar oplossing voor het probleem van de Kerst genade vond in de ogen van haar familie en geen klachten van hogerhand veroorzaakte.

Helene Wertheim had dit jaar haar tiende verjaardag gevierd. Van de 'boze inboorling', zoals oom Edu haar had genoemd, was ze uitgegroeid tot zijn 'propje', een mollig kind met een wilde bos krullen en duidelijk zijn favoriet. Ze had weliswaar een fel temperament, maar een veel sterker gestel dan Emma, die op haar dertiende broodmager was, nog steeds slecht at en zwakke zenuwen had. Toch was Emma een lieve oudste zus. Ze ontfermde zich vaak over Lene en de tweeling, zodat ze in de familie de bijnaam 'moedertje' kreeg.

Ernst en Andreas waren dit jaar elf geworden en vormden een apart broederschap, niet alleen omdat ze als jongens geacht werden hun eigen bezigheden te hebben, maar ook omdat ze als tweeling elkaar gezelschap hielden, geen anderen nodig hadden en op elkaar waren afgestemd als goed harmoniërende muziekinstrumenten. Ze waren een twee-eiige tweeling, geen identieke. Het voordeel was dat ze niet de hele tijd met elkaar werden verward en een zekere eigenheid konden ontwikkelen, ook al gingen ze hetzelfde gekleed. Caroline vond Andreas op Emma lijken en Ernst meer op Lene. Alle verwanten waren het erover eens dat de jongens goed bij elkaar pasten en dat de zusjes, die tot Emma's verdriet ook identieke kleren droegen, een charmant tweetal vormden.

Ze kregen er in de familie nooit genoeg van om over de kinderen te praten. Pauline en Siegmund hadden Julia en Jenny nog een broertje gegeven, de kleine Willy, die voluit Wilhelm heette. Het was een jochie van negen met wijd uitstaande oren, een bangelijk kind dat het mikpunt was van de domme lachbuien van zijn zussen. Aan de zondagse maaltijden bij Hannchen bespraken de volwassenen vrolijk de vorderingen van de kinderen of gaven kritiek als een van het stel niet aan de verwachtingen voldeed. Veel te vaak werd vergeten dat de kinderen erbij waren, al zaten ze aan het uiteinde van de tafel onder de hoede en zorg van de nanny en Fräulein Gründlich. Dan moest Nathan de anderen waarschuwen, wat hij altijd in het Engels deed. '*Not before the children.*'

Fräulein Gründlich werkte al bij Caroline en Nathan sinds de geboorte van de tweeling. De kleinsten hadden een kindermeisje, maar als ze de kinderkamer waren ontgroeid, nam de gouvernante de zorg over. Fräulein Gründlich kwam uit Sleeswijk-Holstein. Ze was een gezette vrouw van boerenafkomst, die haar best had gedaan om het bekrompen chauvinisme van haar Noord-Duitse opvoeding te overwinnen. Ze was achtentwintig, maar zag er ouder uit doordat ze haar haar strak naar achteren had getrokken en had opgestoken in een klein rond knotje.

Op haar zestiende had ze het ouderlijk huis verlaten om een betrekking te zoeken, zeer tegen de zin van haar stuurse, bijgelovige moeder. Ze hield niet van het eentonige werk op de boerderij, de vlakke veengrond bedrukte haar en ze had een hekel aan de zee. Werk in de huishouding bood haar een mogelijkheid om aan dat alles te ontsnappen. Voordat ze bij de familie Wertheim kwam, had ze een jaar in Hamburg gewerkt en ze had er nooit spijt van dat ze deze weg had gekozen. Kinderen waren helemaal niet lastig, ontdekte ze; die wilden vooral met rust gelaten worden. Fräulein Gründlich hoefde nooit te koken, alleen maar aan tafel te verschijnen, en hoefde haar handen nooit vuil te maken aan een stofdoek. De gesprekken die ze aan tafel hoorde, openden voor haar vergezichten die ze thuis niet voor mogelijk had gehouden. Ze begon te lezen, eerst de boeken van de kinderen en daarna wat ze in de boekenkasten van haar werkgever vond. Omdat van haar werd verwacht dat ze alleen sprak als ze werd aangesproken, hoefde ze haar onwetendheid niet te laten blijken. Achter een muur van stilzwijgen breidde ze haar kennis langzaam uit. En de kinderen waren vanaf het begin dol op haar. Eerder dan de volwassenen hadden ze door dat Fräulein Gründlich vriendelijk en opgewekt was. Ze was er om op de kinderen te passen, hen naar school te brengen (toen de jongens nog niet alleen mochten gaan, liepen ze een paar passen voor haar uit, zodat het voor toeschouwers onduidelijk was of ze bij haar hoorden), erop toe te zien dat ze hun huiswerk maakten, netjes gekleed gingen en goede manieren hadden. Als er een begeleider nodig was, ging ze mee: naar de dansschool, naar feestjes of om te winkelen. Als de familie op vakantie ging, had ze een eigen kamer in het hotel en zorgde ervoor, zoals ze thuis ook deed, dat de kinderen dagelijks een wandeling maakten.

Zo gebeurde het dat Fräulein Gründlich meestal aanwezig was als een van de kinderen problemen had. Zij was het die hun tranen mocht drogen, die bemiddelde bij ruzies en slaapliedjes voor hen zong. Mama en papa speelden de rol van vorstelijke bezoekers, die kwamen en gingen zoals het hun uitkwam. Geen van de kinderen zag Caroline ooit kibbelen met Nathan of huilen van pijn, verdriet of woede. De afgelopen herfst hadden ze allemaal geposeerd voor een portret dat er ongedwongen moest uitzien, als een lieftallig, warm gezin. Toen het schilderij klaar was, suggereerde het een ontspannen sfeer van gezamenlijkheid die geheel op fantasie berustte. De schilder had de ouders beter samen kunnen afbeelden, bijvoorbeeld als ze op het punt stonden naar de schouwburg te gaan of quatre-mains speelden op de piano. Dat was tenminste realistisch geweest. En de kinderen hadden kunnen poseren met hun eigen attributen – een zeilboot, een teddybeer – twee aan weerszijden van Frieda Gründlich, die als een predikantsvrouw rechtop zou zitten met haar handen ineengeslagen in haar schoot. Maar de schilder had natuurlijk de opdracht gekregen om het burgerlijke ideaal van het gezin zo dicht mogelijk te benaderen.

Dat jaar werden in de adventstijd veel feesten gegeven. Er ging bijna geen dag voorbij of er was een vorm van vermaak voor de kinderen of volwassenen. Achteraf leek het of de hele bevolking bevangen was door het onuitgesproken voorgevoel dat de wereld zich voor de volgende advent in een oorlog zou storten en daarna nooit meer de oude zou worden.

Gekostumeerde bals waren bijzonder geliefd, vooral voor kinderen, die verkleed als schoorsteenvegers, clowns, melkmeisjes en herderinnetjes door Frankfurt trokken. Lene genoot meer van zulke feestjes dan de anderen. Ze vond het heerlijk zich te verkleden in kostuums uit andere landen of tijden. De tweeling voelde zich opgelaten wanneer ze over straat moesten in fluwelen pakjes of als Napolitaanse boeren, en Emma had het in haar hoofd gehaald dat ze onaantrekkelijk was. Ze keek naar de wereld met grote donkere ogen die eerder angst weerspiegelden dan hoopvolle verwachting. Ze had de volwassenen toevallig eens over haar neus horen praten. Hannchen had gezegd dat die het minst aantrekkelijke deel van haar gezicht was, waarop Caroline had geantwoord dat het een 'echte Wertheim-neus' was en Siegmund had er met een vals lachje aan toegevoegd: 'Een Joodse neus.' Sindsdien keek ze regelmatig in de spiegel om te zien of hij, net als bij Pinokkio, misschien kleiner was geworden. Ze had er nooit eerder op gelet, maar nu was haar neus het enige wat ze zag.

Lene hield zich daarentegen doof als de volwassenen met enige ergernis haar molligheid bespraken. 'We gaan je als dikke dame op de kermis tentoonstellen,' vermaande Hannchen haar, maar Lene at vrolijk nog een stuk taart.

Op 21 december was het jaarlijkse feest bij de familie Von Brenda-Badolet om de verjaardag van de jonge Thomas te vieren. Fräulein Gründlich was lang met de meisjes bezig geweest een kostuum te bedenken, en ze hadden samen inkopen in de stad gedaan. Lene zou verkleed gaan als de jonge Mozart, wiens portret in een ovale lijst naast de piano hing. 'Hij luistert of je de goede toetsen aanslaat en in de maat speelt,' zei Herr Sauerwein, de pianoleraar. Emma had met veel minder animo het kostuum van een herderinnetje gekozen, naar een schilderij van Watteau. Ze was uitgedost in meterslang gebloemd sits en had zelfs een echte herdersstaf in haar hand. Haar eigen donkere krullen zaten weggestopt onder een blonde pruik, waarop een klein kapje prijkte. Afgezien van haar donkere ogen leek ze op een beeldje van Meissen-porselein.

De kleine bolwangige Mozart droeg ook een pruik, net zo'n bepoederde pruik met een staartje als op het portret. Het bleek nog lastig om de winterjassen van de meisjes over hun kostuum aan te trekken en er werd veel gekermd en gekreund, maar Fräulein Gründlich deed haar best om de meisjes warm in te pakken zonder hun kleding te bederven.

Tom von Brenda-Badolet was een klasgenoot van de tweeling op het Goethe-Gymnasium, waar ze sinds kort op zaten om Grieks en Latijn te leren. (De meisjes gingen naar een particuliere school die door twee ongehuwde zussen werd geleid. Het was een goede opleiding voor intelligente kinderen, maar ook de zwakkere leerlingen kregen voldoende basiskennis mee.) De scholieren van het Goethe-Gymnasium waren onderling eerder verdeeld door hun sociale dan hun godsdienstige achtergrond. Het was niet zo belangrijk of je Joods of niet-Joods was, katholiek of protestant, maar wel of je in het Westend woonde. De familie Von Brenda-Badolet was een oude Frankfurtse familie, die afstamde van Italianen en Franse hugenoten. Deze twee bevolkingsgroepen maakten sinds de zestiende en zeventiende eeuw deel uit van de Frankfurtse koopmansgemeenschap. Hoewel ze niet zoals de Joden in een getto hadden moeten wonen, werden ze in de begintijd nog wel gediscrimineerd, maar nu behoorden ze tot de meest gerespecteerde 'oude' families van Frankfurt en hadden in meerdere gevallen zelfs een adellijke titel gekregen.

Tom was een nakomertje. Zijn broers en zussen waren volwassen, getrouwd, aan het werk of studerend. Hij werd overstelpt met het soort onverstandige, toegeeflijke liefde dat ouders gewoonlijk voor hun kleinkinderen reserveren. In zijn jonge jaren mocht hij op menige knie paardjerijden, hij ging te lang in kant gehuld en droeg tot zijn derde jaar krullen tot op zijn schouders. Hij was een eenzelvig kind, dat zich onderscheidde van zijn leeftijdsgenootjes door de herinnering aan al dat kant, die krullen en de deftige omgeving waarin hij opgroeide. Het huis van zijn ouders was het mooiste, oudste herenhuis in het Westend, maar hij was er zo vaak alleen dat hij zich een buitenstaander voelde, iemand zonder vrienden. Het meest trok hij op met Joodse kinderen. Er werd gedacht dat hij een zwakke gezondheid had, maar dat was tot op zekere hoogte een misvatting. Afgezien van de gewone kinderziektes, mankeerde hem vrijwel nooit iets. Zoals veel eenzelvige kinderen was Thomas een fanatiek lezer en wist daardoor veel van de wereld. Vaak zat hij uren te lezen en ging helemaal op in een avontuur dat hij 's avonds in bed – met zichzelf als held – opnieuw beleefde. Zijn moeder vergat hem regelmatig een nachtzoen te geven en zijn oude kindermeid was praktisch seniel. Daardoor was er weinig aandacht voor hem en bijna geen bemoeienis met wat hij las. In het gezin werd zijn fantasie niet als een sterk punt gezien. Zijn moeder was een kille vrouw en zijn vader een zakenman van de oude stempel, iemand die lid was van de beurs en er een sobere levensstijl op nahield.

Tom ging voor dit feest als pierrot verkleed. Het kostuum was ooit voor een van zijn oudere broers gemaakt en in de loop van de tijd vaak gedragen, maar de bontgekleurde lapjes waren van mooie zijde en het pak was helemaal met de hand gemaakt. Tom droeg er een steekhoed bij en een half masker waardoor alleen zijn blauwe ogen zichtbaar waren. Hij voelde zich goed beschermd en slaagde erin de rol van gastheer te spelen met een aristocratische beminnelijkheid die hij in werkelijkheid niet altijd voelde.

De meeste kinderen waren diep onder de indruk van het grote huis van de familie Von Brenda-Badolet. Het was als zomerverblijf gebouwd in de tijd dat het Westend nog bij het platteland hoorde en lag een heel eind van de weg, met een eigen wintertuin en een koetshuis.

Het ontzag van de kinderen uitte zich in gegiechel, gefluister en nieuwsgierige blikken naar de verste hoeken van de neoklassieke kamers.

De kleine pierrot stond aan de voet van een monumentale trap om zijn gasten te verwelkomen. Recht boven zijn hoofd hing een kroonluchter van waarlijk indrukwekkende afmetingen, die zacht licht verstrooide over de talloze kristallen pegels zodat er boven de jongen net zoveel sterren leken te stralen als in de Melkweg. Tom herkende bijna iedereen die binnenkwam, zelfs als ze gemaskerd waren. Hij kende ook de Fräuleins, nannies en mademoiselles die de genodigden kwamen brengen. Hij was eraan gewend om gastheer te spelen, want zijn ouders wilden liever dat hij zijn vrienden thuis ontving dan dat hij bij hen over de vloer kwam. Dat accepteerde hij als een vaststaand feit.

Een goochelaar zou voor het amusement op het feest zorgen. Naast zijn eigen act organiseerde hij ook de gezelschapsspelletjes. De leraar van de dansschool die alle genodigden eens per week bezochten, was er ook om de dansen te leiden. Aan het einde van de balzaal stond een prachtig versierde tafel, die uitgebreid werd gekeurd, maar bijna al het lekkers werd in de servieskamer bewaard tot het tijd zou zijn om te gaan eten.

Nadat ze Thomas een hand hadden gegeven, liet Fräulein Gründlich de kinderen alleen en trok zich terug in een eenvoudig gemeubileerde zitkamer in de personeelsvleugel naast de keuken. Daar vierden de gezamenlijke gouvernantes hun eigen sobere feest en roddelden over hun werkgevers. Ze vormden met elkaar een al even selecte groep als de families waarvoor ze werkten. Degenen die christelijke *Herrschaften* hadden, voelden zich lichtelijk verheven boven degenen die bij Joden in dienst waren.

Lene begaf zich met snelle, kordate passen in de menigte. Ze vond het fijn om net als de jongens een kuitbroek te dragen. Die gaf haar de vrijheid om grote stappen te nemen, met haar benen wijd te zitten of, als ze dat wilde, in een boom te klimmen, wat met een jurk nooit mocht. Ze draaide in haar eentje een pirouette, half jongen, half meisje, en gooide bijna een stoel om. Emma was ze al kwijtgeraakt en haar broers (piraat en huzaar) waren haar kwijt. Ze wilde dansen, maar het was nog geen tijd. Ze wilde eten, maar daarvoor was het ook nog geen tijd. De goochelaar had de kinderen zojuist om aandacht gevraagd. Een viool en een piano speelden ergens ijle muziek. Emma had met haar vele rokken moeite om zich te verplaatsen en zat opgeprikt en verlegen bij de ingang. Haar schoolvriendinnen kwamen vaak langs en fluisterden haar iets in het oor. Dan luisterde ze even en onderbrak hen met een paar woorden om hen aan het lachen te maken. Ze ving de blikken op die haar vriendinnen uitwisselden en maakte soms ondoordachte opmerkingen, zodat de meisjes hun hand voor de mond sloegen, zich afwendden en zeiden: 'Hoorde je wat Emma zei? Hoe bestaat het!'

Toen het optreden van de goochelaar voorbij was, kon er gedanst worden. Een jonge schoorsteenveger vroeg Lene ten dans. Tom deed niet mee met de wals, maar liep tussen de gasten door, zoals hij van zijn ouders had geleerd, en keek of alles naar wens was. Hij deed zijn twaalfjarige best om hoffelijk te zijn en was uitzonderlijk sensitief voor de gevoelens van anderen. Doordat hij tijdens zijn eenzame literaire reizen talloze landen had gezien en in de huid van de meest uiteenlopende mensen was gekropen, besefte hij beter dan zijn leeftijdsgenoten dat er allerlei angsten schuilgingen achter een menselijk gezicht.

Tom had de kleine Mozart meteen bij binnenkomst opgemerkt. Na een verwarrend moment – was het een meisje of een jongen? – zag hij aan de fijngevormde mond en de bestudeerde houding en tred dat het een meisje moest zijn. Toen hij haar een hand gaf, viel het hem op dat ze vrolijke ogen had. Tijdens het feest hield hij haar zo veel mogelijk in de gaten.

Hij zag dat haar volgende danspartner een stierenvechter was met een grote geborduurde cape, die hem behoorlijk in de weg zat. Maar wat hij niet kon zien, waren de zweterige hand van de jongen in die van Lene en zijn zware ademhaling, terwijl hij zijn best deed om niet op haar tenen te trappen. Lene was blij toen de dans was afgelopen en ze weg kon glippen. Ze begon net naar Emma uit te kijken toen de bedienden het eten binnenbrachten. Bij de aanblik van zo veel heerlijke hapjes verkrampte haar maag plotseling van de honger, alsof ze al dagen niet had gegeten.

'Waar was je?' Emma kwam op Lene af, die ze bij het buffet had ontdekt. 'Ik word geacht een oogje op je te houden.'

'Van wie moet dat?' Lene begon een gesprek met haar zus meestal vol goede bedoelingen en met een hang naar vertrouwelijkheid, maar stuitte al snel op Emma's ergernis en kritiek.

'Ik ben je oudere zus, dus ben ik verantwoordelijk voor je.'

'Die jongen trapte de hele tijd op mijn tenen. Ik denk dat ik iets te eten neem, want ik verga van de honger.'

'Je mag nog niet eten,' zei Emma. 'We horen wel als het zover is.'

Maar Lene was al onderweg. Ze monsterde de tafel met kennersblik en dacht hard na waarmee ze het best kon beginnen. De kaneelsterren of de sandwiches met ansjovisboter? De schuimgebakjes of de mokka-petitfours? De gevulde eieren of de madeleines?

Ze kon de verleiding niet weerstaan. In de veronderstelling dat niemand keek, pakte ze snel twee boterkoekjes. Ze had er juist een in haar mond gestopt toen er een knokige hand op haar schouder werd gelegd. Van schrik slaakte ze een schuldbewust gilletje en ze draaide zich om, ervan overtuigd dat Herr von Brenda-Badolet haar zou wegsturen. Het was de dansmeester maar. 'Tijd voor de volgende dans,' zei hij. 'Ik heb een partner voor je, mijn kind.'

Zijn gezicht stond vreemd opgewonden. Lene wendde zich af en stak het andere koekje in de zak van haar kuitbroek. Haar hand was vettig geworden en haar lippen zaten onder de koekkruimels.

'Dansen, kinderen, dansen,' riep de oude man en hij duwde Lene in de armen van een ridder, terwijl de viool en piano begonnen te spelen.

De ridder heette Günter. Hij was langer dan Lene en veel ouder. 'Ik wilde eigenlijk niet met je dansen,' fluisterde hij in haar oor. 'Maar het moest van de dansmeester. Je bent zo dik als een varken.'

Lene keek strak naar de keel van de jongen, waar zijn gestreepte tuniek ophield en een ader ritmisch klopte. De tranen sprongen haar in de ogen en ze vroeg zich af waar Emma was. Günter hield haar tegen zich aan met een wrede, jongensachtige kracht, maar zodra de muziek ophield duwde ze hem boos weg, zodat hij met een verbaasd gezicht naar achteren wankelde en onhandig tegen een ander paartje botste voordat hij zijn evenwicht hervond. Lene rende de zaal uit naar de gang. Haar enige gedachte was hoe ze kon ontsnappen. Ze wilde ergens in alle eenzaamheid kunnen huilen, maar het huis was zo immens groot dat het leek of er geen kleine ruimten waren, geen plek waar een meisje zich kon verschuilen.

Uiteindelijk vond ze de achtertrap en liep haastig naar boven. Ze kwam in een gang met veel deuren. De meeste waren dicht, maar er stond een deur open en ze ging een studeerkamer binnen die leek op die van haar vader, alleen groter. Aan de ene muur hing een prachtig wandkleed in donkerrode en blauwe tinten, vol met allerlei soorten dieren: konijnen, vogels, muizen, wezels, fazanten en katten met een babyronde snoet. Er stonden ook bloemen op van de meest uiteenlopende variëteiten. Lene vergat helemaal dat ze had willen huilen en keek gefascineerd naar het wandkleed. Ze zag een wit dier, een eenhoorn, met een bloedende rode wond in zijn hals en omsingeld door honden. Zijn ogen vol smart en doodsangst waren ten hemel geslagen.

Ze vergat Günter en zijn belediging. De tranen op haar wangen droogden vanzelf. Als ze haar tong zo ver mogelijk uitstak, proefde ze het zout. Ze stond met haar rug naar de deur en hoorde Tom niet binnenkomen. Hij had het voorval met Günter gezien en meteen begrepen dat ze door hem was gekwetst. Hij wist dat Günter een pestkop was, dom, bot en ijdel. Omdat het in zíjn huis was gebeurd, vond hij dat hij Lene moest beschermen en durfde hij dat ook. Hij was achter haar aan gegaan. Toen hij merkte dat ze zich bewust was geworden van zijn aanwezigheid, zodat ze niet van hem zou schrikken, zei hij: 'Dat heeft mijn grootvader laten maken naar een beroemd wandtapijt uit Parijs.' Lene draaide zich niet meteen om, maar toen ze dat wel deed, kon het hem niet ontgaan dat er nog een traan op haar wang zat, vlak naast haar neus.

'Niet huilen,' zei hij, maar Lene lachte alweer.

Een paar donkere lokken staken onder haar witte pruik uit. Tom kuste haar op de wang en ze verroerde zich niet. Ze bleef rustig naar hem opkijken, alsof ze altijd had geweten dat Thomas von Brenda-Badolet haar op zekere dag zou kussen in de studeerkamer van zijn vader. Hij nam haar bij de hand. 'Kom, we gaan naar beneden. Het eten staat klaar en je zult wel trek hebben,' zei hij. 'Ik zal je beschermen,' voegde hij er ridderlijk aan toe.

Maar Lene kon zich niet van het wandkleed losrukken. 'Weet je waar het over gaat?'

Tom knikte. 'Ik heb de andere wandtapijten ook gezien. Dit is maar één van een hele serie.' Hij vertelde haar wat hij wist, en Lene vond zijn uitleg helemaal niet verwaand klinken.

'Die arme eenhoorn,' zei ze.

'Hij komt weer tot leven,' zei Tom.

Ze liepen over de hoofdtrap terug naar de drukke danszaal.

'Kun je zien dat ik heb gehuild?' vroeg Lene, en Tom monsterde haar bij het licht van de grote kroonluchter, pakte zijn zakdoek en veegde het laatste spoor van tranen weg.

'Ik heb nu echt honger,' zei Lene, maar daarna schoot haar te binnen wat Günter had gezegd en besloot ze niet veel te eten.

Emma was weer op zoek geweest naar haar zus. Toen ze haar met Thomas op de trap zag, voelde ze de boosheid die vaak na opluchting komt, maar ook een steek van jaloezie omdat die twee op zo'n ongedwongen manier naast elkaar stonden. Met iets te schelle stem riep ze: 'Lene! Waar heb je gezeten? Wat heb je uitgevoerd? Ik was ongerust omdat ik je niet kon vinden!'

Lene gaf geen antwoord. Emma's stem had de aandacht meer op haar gevestigd dan de scheve pruik of zelfs de betraande wangen hadden kunnen doen.

Het feest leek ten einde te lopen. Enkele gouvernantes waren al met mantels en moffen komen aanzetten om hun kinderen op te halen. Lene liep vastberaden naar het eten, maar ontdekte dat bijna alles op was. Er waren alleen gebroken koekjes en gesmolten ijs overgebleven, en op de warme chocolademelk zat een gerimpeld vel.

'Denk eraan dat jullie netjes afscheid nemen,' zei Fräulein Gründlich, 'en tegen de gastheer zeggen dat je het een leuk feest vond.'

'Maar dat vond ik niet,' zei Lene. 'Al het eten was op en Günter heeft me voor varken uitgemaakt.' Ze begon bijna weer te huilen.

'Dat is niet de schuld van de jonge Von Brenda-Badolet. Een goede gast klaagt niet,' vermaande de gouvernante haar.

Lene ging naar Thomas, die volmaakt kalm onder de kroonluchter stond om de beleefdheden van zijn vertrekkende gasten in ontvangst te nemen.

'Dank je,' zei ze met een knicksje. 'Ik vond het een leuk feest.'

Hij glimlachte met een zweem van verstandhouding. 'Dag, kleine Lene,' zei hij. 'Tot ziens.'

Ze liepen gezamenlijk naar huis. De jongens huppelden en renden voor de anderen uit. Met koude wangen en rode neuzen kwamen ze aan en zodra ze hun entree door de voordeur hadden gemaakt, hoorden ze stemmen van volwassenen uit de salon komen.

'Oom Edu is er!' riep Emma en ze rende de warme, gezellig verlichte kamer in, waar het gezin de winteravonden doorbracht. Ze had niet eens de moeite genomen haar jas uit te trekken. Lene, die kleiner, dikker en langzamer was, bleef achter en liet zich uit haar jas helpen. De tweeling was naar boven gehold.

Oom Edu kuste Emma op haar koude wang.

'Laat me je mooie jurk eens zien!' zei hij en hij keek naar haar, terwijl ze haar jas op de grond gooide en langzaam voor hem in het rond draaide zonder haar blik van hem af te wenden. Tot haar voldoening glimlachte hij, maar toen zag ze zijn lach breder en stralender worden tot zijn hele gezicht opklaarde. Hij keek langs haar heen naar de deuropening waarin Lene net was verschenen, met haar pruik een beetje scheef en haar vest los.

'*Der kleine Mozart!*' zei Edu. 'Wat een schitterend idee. Wie heeft dat bedacht?'

Hij keek de kamer rond. Daar zaten Nathan, Caroline, Jacob en Hannchen.

'Nathan,' antwoordde Hannchen.

'Ik weet zeker dat het Caroline is geweest,' zei Jacob. 'Mijn broer is veel te nuchter voor zo'n alleraardigst idee. Hij spéélt Mozart zelfs alsof de componist nooit jong en zorgeloos is geweest. Neem me niet kwalijk dat ik zo kritisch ben,' voegde hij eraan toe, met een knikje naar Nathan.

'Voor jou is Mozart alleen iemand vol grappen en grollen, en dat is natuurlijk net zo'n vertekening,' zei Nathan. 'Maar je hebt gelijk, Caroline heeft het bedacht.'

Edu gaf het wonderkind een kus en nam haar op schoot. 'Hoe was het feest?' vroeg hij.

'Ik heb bijna niets van het lekkers geproefd,' antwoordde Lene met een pruillip, 'en een jongen die Günter heet schold me uit.'

'Ze probeerde te eten voordat het mocht,' zei Emma. 'Ze wil zich altijd maar volproppen.'

'We zullen haar op de kermis tentoonstellen,' zei Jacob.

'Laat dat kind toch met rust,' zei Hannchen. 'Eten is gezond. Ik zou willen dat Emma niet van die muizenhapjes nam.'

'Wat zou je het allerliefst voor Kerst willen hebben?' vroeg Edu aan Lene.

'Dat mag ik niet vertellen,' zei ze, 'want dan komt het Kerstkind het niet brengen. Twee weken geleden heb ik een briefje in de vensterbank gelegd en dat is die avond opgehaald, maar Fräulein Gründlich zegt dat ik er niet over mag praten.'

'Zelfs niet met je oom Edu?'

'Met niemand.'

'Wat ben je toch een baby dat je dat nog gelooft,' zei Emma. 'Zal ik u vertellen wat ík wil hebben, oom Edu?'

Hij keek naar haar en ze zag tot haar vreugde dat hij ook haar liefdevol opnam. Ze ging dicht bij hem staan om in zijn oor te fluisteren: 'Een kinderwagen met een pop die zo groot is als een echte baby.'

'Maar je hebt al zo veel poppen,' zei Edu. 'Als je er nog eentje krijgt, kun je er niet meer voor zorgen.'

'O, jawel,' zei Emma. 'U zult zien dat ik later een heleboel kinderen krijg en dan weet ik precies wat ik moet doen.'

'Word je niet te groot om met poppen te spelen?' vroeg Nathan.

'Fräulein Gründlich leert me kleertjes voor ze te naaien, en ik kan ook al haken en breien. Mama heeft gezegd dat het allemaal heel nuttig is. Dat zei u toch, mama?'

Emma keek naar haar moeder voor bevestiging, maar Caroline zat zoals gebruikelijk te borduren en ging volledig op in haar werk.

'Wat zei je?' vroeg ze afwezig, en ze voegde er verontschuldigend aan toe: 'Ik was bezig met een moeilijk stukje. Kom eens kijken.'

'Ik zei tegen papa dat ik niet te oud ben om met poppen te spelen,' zei Emma.

'Natuurlijk niet, schat.'

'En ik kan al goed naaien, hè?'

'Jazeker.' Caroline was nu een en al aandacht. 'Misschien mag je van je vader al gauw tekenlessen volgen.'

Caroline had die tekenlessen al heel lang in haar hoofd. Het was iets wat ze zelf altijd had gewild, maar niet mocht van haar vader, dus nu had ze haar wens overgedragen op Emma, met wie ze de nauwste band had.

'Als ik tekenles krijg, mag ik dan ophouden met pianoles?' vroeg Emma opgewonden.

'Je hebt nog niet genoeg geleerd om er al mee op te houden,' zei Nathan.

'Maar ik hou niet van pianospelen,' zei Emma, 'en u hebt zelf gezegd dat ik geen talent heb.'

'We zullen zien,' zei Nathan.

In de loop van het gesprek waren Ernst en Andreas binnengekomen en rustig domino gaan zitten spelen. Ze hadden er geen moeite mee dat alle aandacht naar hun zussen uitging – dat sprak vanzelf met al die ooms, had Fräulein Gründlich gezegd – en vermaakten zich uitstekend met elkaar. Ze hielden afstand van oom Edu, die duidelijk de voorkeur aan de meisjes gaf, en stonden dichter bij oom Jacob, die ze veel leuker vonden. Hij vertelde hun grappen en speelde spelletjes met hen. Hij schaamde zich niet om verstoppertje te spelen en vuile knieën in zijn broek te krijgen. Hij plaagde hen nooit, zoals oom Edu, en als hij hun een poets bakte, was dat altijd goedmoedig.

Andreas, de kleinste van de twee, was zeer gevoelig. Als hij in de spiegel keek, vond hij dat hij er triest en zorgelijk uitzag. In tegenstelling tot Ernst was hij bang om in bomen en over muren te klimmen. Zijn oom Jacob had hem meermalen het verhaal van Jacob en Esau verteld. 'Hoewel ik me niet kan herinneren dat jij bij je geboorte de hiel van je broer vasthield,' zei hij, 'is de moraal van het verhaal duidelijk en ondubbelzinnig: slimheid wint het van brute kracht. Daar trekken de Joden nog altijd een belangrijke les uit.'

'Stop zijn hoofd niet vol met zulke onzin,' had Edu meer dan eens gezegd. 'We leven in de twintigste eeuw. De Joden zijn als ieder ander en zo niet, dan zouden ze het moeten worden.'

Nathan voelde zich geroepen als vredestichter op te treden. 'We kunnen de geschiedenis niet veronachtzamen,' zei hij, 'maar we hoeven er ook geen slaaf van te zijn. Dingen veranderen wel degelijk. Laten we hopen dat het ergste voor de Joden voorbij is.'

'*Plus ça change, plus c'est la même chose*,' zei Jacob. 'Hoe meer er verandert, hoe meer er hetzelfde blijft.'

Hannchen had geprobeerd een boek te lezen, maar ze was er niet voor in de stemming. 's Avonds miste ze Moritz soms, maar het was niet meer de felle pijn van eerst. Ze zuchtte bij die gedachte en keek met genoegen naar het huiselijke tafereel. Haar heldere grijze ogen gingen naar Jacob, die de spelende tweeling gadesloeg. Hij had vlak voor zijn vaders overlijden een deel van zijn erfenis gevraagd en gekregen, omdat hij een boekwinkel bij de Römer wilde openen. Dat had hem in de ogen van zijn stervende vader meer aanzien gegeven en de wrevel van zijn broers over zijn inactieve bestaan verminderd.

'Je ziet er elke keer onverzorgder uit,' zei Hannchen. 'Wat moeten de mensen in je winkel wel denken als ze je zo zien?'

'Ze kijken naar mijn boeken, niet naar mijn broeken,' zei Jacob. Hij trok zich weinig van vermaningen aan. Ernst en Andreas lachten en hij knipoogde naar hen.

'Je hebt een slechte invloed op de kinderen,' zei zijn moeder, maar haar toon was niet erg streng.

'Wat zou u ervan zeggen als ik vertel dat ik een huwelijk overweeg?' vroeg hij. De vraag had een schokeffect op alle aanwezigen. Niemand verroerde zich.

Hannchen nam als eerste het woord. 'Heb je een geschikte kandidaat gevonden?'

'Ik vind haar geschikt.'

'Toch niet Gerda?'

Jacob knikte. Hij had het gevoel dat hij de situatie in de hand had en werd bevangen door een zekere roekeloosheid.

'Heb je iets ontdekt wat je eerst niet wist?' vroeg Nathan. 'Is ze soms de onwettige dochter van de kroonprins van Oostenrijk?'

'Ik vind dat je beter een wettig kind van arbeiders kunt zijn dan een bastaard van koninklijken bloede,' beweerde Jacob gepikeerd.

'*Pas devant les enfants!*' prevelde Hannchen en ze richtte zich tot de kinderen. 'Gaan jullie maar naar Fräulein Gründlich. Het is bijna tijd voor jullie avondeten.'

De meisjes deden heel lang over de paar passen naar de deur. De jongens begonnen hun dominostenen stuk voor stuk op te ruimen en lieten er ten overvloede nog maar een paar vallen.

'*Vite, vite!*' zei Hannchen. 'Jullie mogen straks terugkomen.'

'We willen bij oom Jacob blijven,' mokte Andreas.

'Ik ben er op Kerstavond weer,' zei Jacob en hij streek over het gemillimeterde haar van Ernst. 'Zeg maar dat ze jullie haar wat langer moeten laten groeien.' Zijn eigen haar zat slordig, wat zijn familie een doorn in het oog was. 'Als jullie je goed gedragen,' ging hij verder, 'mogen jullie me misschien morgen in de winkel opzoeken.'

'Trakteert u ons tussen de middag dan op warme worstjes?' vroeg Ernst.

'Vast en zeker! Ik sluit de zaak en hang een bordje voor het raam: "Afwezig voor *heisse Würstchen*".'

Zodra de kinderen veilig de kamer uit waren, keerde het gesprek terug naar de oorspronkelijke kwestie.

'Meen je dat werkelijk?' vroeg Nathan.

'Ik zou heus geen grappen maken over iets wat zo belangrijk voor me is.' Jacobs stem kreeg iets bijtends.

'Je weet hoe we over Gerda denken...' zei Edu.

'Natuurlijk is ze bij jou al erg vooruitgegaan...' zei Nathan.

'Van zo'n eenvoudige afkomst en om dan in een huis als dat van jou te mogen werken... Ik begrijp wel dat ze je dankbaar en toegewijd is,' zei Hannchen, 'maar Jacob, een huwelijk?'

'Ik hou van haar, mama.'

Deze bekentenis, op zachte toon uitgesproken, maar met een door ernst verhevigde felheid, stuitte op een muur van diep stilzwijgen.

'Vervult mijn liefde jullie met angst?' vroeg Jacob.

'Alleen met verbazing,' waagde Edu op te merken.

'Dan begrijp je niets van liefde.'

'Dat is echt weer zo'n arrogante uitspraak van jou. Alleen omdat ik niet met mijn affaires te koop loop...'

'Heb je die dan?'

'Kom,' zei Nathan, 'we dwalen af.'

'Je trouwt niet met Gerda,' zei Hannchen, met wat overkwam als koelbloedige gedecideerdheid. 'Geen sprake van. Dat zeg ik ook uit naam van je vader zaliger. Hij zou je geen cent hebben uitgekeerd van je huidige toelage als hij had geweten dat het in handen van die vrouw zou vallen. Als je jezelf niet fatsoenlijk kunt gedragen, is het overbodig geweest om je in een fatsoenlijke zaak te installeren.'

'Vindt u het wel fatsoenlijk dat ik ongetrouwd samenleef met een vrouw?'

'Ze is je huishoudster.'

'Maar mama, u weet heel goed...' – Jacob aarzelde even – 'wat een schijnvertoning dat is.'

'We leven bij de gratie van zulke schijnvertoningen,' antwoordde zijn moeder. 'Dat is het behoud van de maatschappij. Als je met haar trouwt, moet je haar meenemen naar de beau monde, dan moet je haar meenemen naar ons, naar dit huis. En dat wil ik niet hebben.'

'Zou dat werkelijk het einde van de wereld zijn?'

'Nee, maar ons stukje van de wereld zou onherroepelijk veranderen.'

'Over niet al te lange tijd zal dat toch gebeuren. Er komt oorlog, misschien zelfs een revolutie. Denkt u dat wij, dit groepje hier, er ongedeerd aan kunnen ontsnappen?'

'Genoeg!' zei Hannchen geagiteerd. 'Ik wil er niets over horen.'

Fräulein Gründlich nam de kinderen altijd mee uit wandelen. Dat was een vast onderdeel van de dag, evenals eten op de afgesproken tijden en de verplichte acht uur slaap. Soms gingen ze alle vier mee met de gouvernante, soms alleen de meisjes, maar altijd voerde de wandeling hen naar een van de Frankfurtse parken. Bij speciale gelegenheden namen ze de tram over de rivier naar het stadsbos, het Stadtwald, en maakten ze een lange rustige wandeling over door de zon bespikkelde paden tussen de statige beuken en sparren.

Ernst en Andreas hadden van hun vader toestemming gekregen om naar oom Jacob te gaan. Hun *Spaziergang* verliep daarom vandaag lang niet zo rustig en ze bleven nauwelijks ergens staan, want ze wilden zo snel mogelijk in de boekwinkel zijn. Bij oom Jacob genoten ze van de sfeer van mannen onder elkaar.

Jacob moest toegeven dat zijn voorliefde voor de tweeling ten koste was gegaan van Emma, zijn eerste liefde. Vroeger was ze een lieftallig, verlegen, donkerharig meisje geweest, maar ze was geen kind meer en haar verlegenheid had nu iets ziekelijks. Bovendien wist hij zeker dat ze zich van hem had afgekeerd. Ze leek de kant te hebben gekozen van degenen die zijn relatie met Gerda afkeurden en trok steeds meer naar Edu toe, alsof ze intuïtief aanvoelde dat de macht binnen de familie voortaan bij hem lag. De jongens waren gemakkelijker en minder berekenend, vond Jacob. Daarin vergiste hij zich, maar dat kwam doordat hij zich in die tijd met name door vrouwen onder druk gezet voelde.

De straat waarin Jacobs winkel lag, was sinds Goethes tijd nauwelijks veranderd. Mensen wandelden er graag op dagen dat ze niet veel te doen hadden. Rond de Kerst leek het alsof de buurt nooit ging slapen. Het was een uitstekende locatie voor een boekwinkel.

Jacob wist precies wat er op de planken stond en kon elk boek vinden dat iemand wilde inzien: of het nu van Jules Verne was, van H.G. Wells, Heine, Schiller, Shakespeare, Mark Twain of James Fenimore Cooper. Het was een magische plaats. Ernst en Andreas kregen er nooit genoeg van. Alois, een roodharige Oostenrijker die als winkelbediende voor Jacob werkte, droeg bij tot de magische sfeer. Hij zag eruit als een geest en wreef altijd in zijn handen alsof hij exotische oosterse geschenken uit een stoffige hoek van de winkel wilde toveren. Toen Jacob de winkel kocht, had hij een mooie oude fles gevonden, die hij als blikvanger tussen de kaarten en bijzondere antiquarische boeken in de etalage had gezet. De tweeling fantaseerde graag dat Alois elke avond in die fles verdween.

De winkelbediende had een wonderlijke verzameling weetjes in zijn hoofd. Hij was een expert in het herkennen en rubriceren van achttiende-eeuwse boekillustraties en wist net zoveel van middeleeuwse wapenrusting als een kleermaker van herenmode. Hij hield van Russische schrijvers en kende zelfs een beetje Russisch. Als Jacob hem niet nodig had in de winkel, kon je hem in het kleine kantoortje achter in de zaak vinden, waar hij de post beantwoordde en de bestellingen verzorgde.

Het was Andreas opgevallen dat Fräulein Gründlich graag met Alois praatte. Als ze in de winkel kwam, bleef ze vaak wat verloren om zich heen kijken tot de winkelbediende uit het kantoortje kwam en ze hem in haar vreemde Noord-Duitse dialect een zorgvuldig geformuleerde vraag kon stellen.

Die ochtend stormden de jongens onder vrolijke kreten de zaak binnen, zodat ze een enigszins dove oudere heer lieten schrikken, die net een lange, ingewikkelde bestelling aan Jacob opgaf. Fräulein Gründlich tuurde in het donkere interieur of ze Alois zag.

'Excuseert u mij,' zei Jacob tegen de oudere heer. 'Mijn neven zijn er en ik wil ze begroeten. Alois zal de bestelling verder met u afhandelen.'

'Wat zei u?' vroeg de man.

'Mijn neven...'

'Wie?'

'De prinsen van Hohenlohe-Schillingsfürst!'

De heer richtte zich met een verheugd gezicht tot de tweeling en maakte een diepe buiging vanuit zijn middel. '*Enchanté*,' zei hij.

De jongens grinnikten en bogen op hun beurt voor hem. Jacob sloeg zijn armen om hun schouders en nam ze mee naar de 'kinderhoek'.

'Zoek een boek uit, prinsen,' zei hij. 'Jullie krijgen er ieder één, een geschenk van je oom.'

Ze gingen op twee voetenbankjes bij de voordeur zitten. Een belletje rinkelde als iemand binnenkwam of wegging, en dat geluid was een van de genoegens die de jongens met de boekwinkel associeerden. Het leek op de bel die hen op Kerstavond naar de feestelijke woonkamer riep. Op deze dag rinkelde de winkelbel bijna onafgebroken, want er kwamen nog veel klanten in de laatste hectische uren voor Kerstmis. Alois was druk in gesprek met Fräulein Gründlich.

'Kom de kinderen om een uur of vier maar halen,' zei Jacob tegen haar.

'Lief zijn, hè?' zei ze voordat ze vertrok.

Lang nadat de klokken van de kathedraal het middaguur hadden geslagen, vond Jacob pas gelegenheid om de jongens te vragen of ze honger hadden. Dat was zo. De maag van Ernst knorde bij wijze van bevestiging. De zon was verdwenen achter de puntgevels van de gebouwen aan de overkant, zodat de etalage in de schaduw lag, en een melkwit wolkendek schoof langzaam over de bleekblauwe lucht.

'Het ziet ernaar uit dat het gaat sneeuwen,' zei Jacob. 'Zijn jullie warm aangekleed?' De jongens droegen identieke blauwe jassen, grijze sjaals en mutsen met flappen die hun oren bedekten.

Het was maar een korte wandeling naar de *Schirn*, waar warme worst werd verkocht. Jacob kocht voor beiden een vette *Gelbwurst* van kalfsvlees. Het vel stond op knappen en ze kregen de worst druipend uit de ketel met een lik scherpe mosterd en een vers rond keizerbroodje, waarvan het binnenste nog warm was en de korst knapperig en met meel bestoven. Er bestond geen groter genoegen dan rondkijken in de winterse Altstadt terwijl je eerst een hapje van je worst en dan van je broodje nam en dat wegspoelde met een slok uit een groot glas appelsap. Oom Jacob genoot er al net zoveel van als de jongens, maar hij dronk appelwijn in plaats van sap, wat hem naar eigen zeggen '*très gai*' maakte.

Toen ze klaar waren met eten en drinken wandelden ze verder, de jongens aan weerszijden van Jacob. Ze keken opzij naar de etalages en binnenplaatsen, en omhoog naar de uiteenlopende daken en rijkbewerkte muren. Ze kregen nooit genoeg van de afwisseling van de Altstadt, vooral niet in gezelschap van oom Jacob, die elke fontein en elk monument kende en er een verhaal bij wist te vertellen.

'Laten we een kerstcadeau voor Alois kopen,' stelde hij voor. In een mum van tijd had hij een spaarpot uitgezocht in de vorm van Goethes huis. Op de achterkant was in sprekende kleuren een portret van de dichter geschilderd.

'Zo kan hij naar de grootste dichter van Duitsland kijken terwijl hij geld spaart voor zijn huwelijk,' zei Jacob.

'Wie wordt zijn vrouw?' vroeg Andreas.

'Ik denk dat hij verliefd is op Fräulein Gründlich,' zei Ernst.

Om twee uur waren ze terug in de winkel.

'Nu mogen jullie me niet meer storen,' zei Jacob. 'Ik geef Alois vrij om te lunchen.' Hij stond te popelen om weer aan de slag te gaan met zijn klanten en bestellingen. Ook al was hij zeer op zijn neefjes gesteld, het kwam nooit bij hem op dat ze zich weleens konden gaan vervelen.

'Laten we naar buiten gaan,' stelde Ernst voor. 'Dan wachten we daar op Fräulein Gründlich.'

De jongens verlieten de zaak zonder iets te zeggen. Het belletje rinkelde, maar Jacob schonk er geen aandacht aan. Ze bleven een paar minuten op de stoep staan, maar beseften dat daar nog minder te doen was dan in de winkel. Het was druk in de smalle straat. Het was ook kouder geworden en boven de kinderkopjes hing de vochtige lucht van de rivier. In sommige etalages brandde het licht al.

'Heb je geld bij je?' vroeg Andreas.

'Een beetje,' antwoordde Ernst. 'Waarom wil je dat weten?'

'Toen we van de Römerplatz kwamen, zag ik een winkeltje met prachtige tinnen soldaatjes. Daar wil ik nog eens gaan kijken. Misschien koop ik er wel eentje, als ze niet te duur zijn. Er stond een mooie bereden huzaar. Hij zou goed passen bij de andere soldaatjes die ze met Kerst tevoorschijn halen. Je krijgt het geld weer van me terug.'

'Wil je daar nu naartoe?'

'Als we nog tijd hebben voordat Gründlich komt. Oom Jacob mist ons toch niet en het is niet ver.'

Allebei wilden ze er heel graag naartoe, maar geen van beiden wist helemaal zeker of daarmee niet de een of andere regel werd overtreden. Intussen waren ze al bij de volgende hoek en uit het zicht van de winkel. Dat gaf hun moed, want niemand had hen teruggeroepen of was hen achternagekomen. Ze slenterden verder.

'Denk je echt dat Gründlich met Alois gaat trouwen?' vroeg Andreas.

'Dat zou toch kunnen,' antwoordde Ernst. 'Vrouwen trouwen om de haverklap, zelfs bedienden. Maar ik hoop van niet.'

'Dan moet ze zeker bij ons weg?'

'Ja, en dan gaat ze met Alois in Offenbach of Rödelheim wonen, in een krappe woning vol spaarpotten in de vorm van Goethes huis.'

'En dan krijgen we een andere juf.'

'Die waarschijnlijk lang zo aardig niet is als Gründlich.'

'Níémand is zo aardig als Gründlich.'

'Ze wordt nooit boos...'

'En trekt niemand voor.'

'En laat je met rust als je met rust gelaten wilt worden.'

'We moeten opschieten,' zei Ernst. 'Het wordt gauw donker.'

Ze zetten er flink de pas in, opgewonden omdat ze niet aan vrijheid gewend waren. Behalve naar school gingen ze zelden ergens alleen naartoe, maar ze kenden Frankfurt goed van hun vele wandelingen en wisten ook wat de eindbestemming van elke tram was.

'Weet je zeker dat je het kunt vinden?' vroeg Ernst, toen ze tien straten verder waren en het leek of ze nog steeds niet waren opgeschoten.

'Nog een klein stukje,' zei Andreas, ook al wist hij het niet zeker. Ernst herkende de bravoure in zijn stem meteen als dekmantel voor zijn twijfel. Ze sloegen weer een hoek om en hoopten aan het eind van het straatje de Dom te zien staan, maar in plaats daarvan zagen ze de rivier.

'Verdorie,' zei Andreas, 'we zijn verkeerd gegaan.'

'Wil je de weg vragen?' vroeg Ernst vriendelijk, omdat hij Andreas niet nog onzekerder wilde maken. Hij was verkleumd en klappertandde een beetje, zowel van angst als van de kou. Maar Andreas, die zich schuldig voelde omdat het zijn idee was geweest, deed alsof er niets aan de hand was.

'Ik vind het wel, wees maar niet bang,' zei hij. 'Als we doorlopen naar de Main, kunnen we ons beter oriënteren. Van daaruit zien we de Dom en stevenen we er recht op af.'

Ze liepen het straatje uit en kwamen bij de oever van de rivier. Het was heel stil. De grijze lucht vol winterse namiddagwolken lag als een loden last op de vertrouwde contouren van de stad. De bomen op het eiland in het midden van de rivier waren stakerig zwart. De oever aan de kant van Sachsenhausen leek heel ver weg en door de sneeuw afgesneden van de bewoonde wereld. Een groep boten die in een nette rij ondersteboven op het eiland lagen, leek op een rij tanden. Het water klotste zacht tegen de stenen pijlers van de brug. Er dreven al ijsschotsen mee met de stroom.

Het bekende uitzicht boezemde de jongens vertrouwen in en nam hun ongerustheid enigszins weg.

'Je had niet mogen weglopen als je niet wist hoe je er moest komen,' zei Ernst.

'Ik wil nog steeds weten waar die winkel met soldaatjes is,' zei Andreas koppig. 'Dan kan ik een andere keer teruggaan, want ik moet die huzaar hebben.'

'Die zal veel te duur zijn. Wedden dat ze uit het buitenland komen en veel geld kosten?'

Het was gaan sneeuwen. Fijne witte vlokken dwarrelden langzaam uit de dofgrijze lucht. In het begin smolten ze als ze op de grond neerkwamen en veranderden in waterdruppels, maar in de toenemende koude werden ze algauw steviger en bleven wit en ongeschonden liggen, terwijl de lucht ook wit leek te worden.

'Moeten we niet terug?' vroeg Ernst.

'Misschien moeten we maar naar huis gaan,' zei Andreas. 'Stel je voor dat het al vier uur is en ze in alle staten zijn omdat we weg zijn. Dan kunnen we altijd nog zeggen dat we naar de Guiollettstrasse wilden lopen.'

Ze liepen in westelijke richting over de kade, waar het op dat tijdstip verlaten en eenzaam was. Plotseling dook er een gestalte op uit de sneeuw en ging pal voor de jongens staan, zodat ze niet door konden lopen. Op het eerste gezicht dachten ze dat het een straatventer was, een boodschappenjongen of een nogal aangeschoten leerjongen op weg naar huis. Hij was klein en tenger en liep voorover met de kromme rug die mensen soms krijgen als ze te lang zware lasten hebben moeten sjouwen. Hij leek te aarzelen of hij opzij moest gaan of zou wachten tot ze om hem heen liepen. Ernst zag nu ook dat hij voor een arbeider te netjes gekleed ging. Zijn jas was goed van snit, en hij droeg een das, een tamelijk opzichtige, vond Andreas. Toen het duidelijk werd dat de man hen wilde aanspreken, gingen de jongens als vanzelf dicht tegen elkaar aan staan tot hun armen elkaar raakten, alsof ze een Siamese tweeling waren.

'Jullie zijn vast verdwaald,' sprak de man op vriendelijke, bezorgde toon zonder een greintje Frankfurts accent. Met grote opluchting maar ook met een vleugje angst herkende Ernst hem als de dansmeester.

'Nee, we zijn niet verdwaald,' zei Andreas.

'Wat doen jullie hier dan zo alleen?'

Andreas had hem nu ook herkend. 'We zoeken een winkel met speelgoedsoldaatjes.' Hij was van plan geweest om hem als '*Herr Tanzlehrer*' aan te spreken zoals hij gewend was, maar kreeg het niet over zijn lippen. Hoewel de tengere man hem met zijn doordringende blik aankeek, gaf hij nog steeds geen blijk van herkenning.

'Langs de rivier?' vroeg de man met geveinsde verbazing. Het leek of hij hen met zijn spitse neus besnuffelde.

'We wilden alleen even de Main zien,' zei Ernst. 'Maar we gaan gauw terug, voordat de winkels sluiten.'

'In welke straat zit die winkel?' De dansmeester droeg geen handschoenen en blies voortdurend in zijn handen.

'Dat kan ik me niet meer precies herinneren,' zei Andreas.

'Maar we vinden hem wel,' vulde Ernst aan.

'Ik weet denk ik welke speelgoedzaak jullie bedoelen,' zei de man. 'Dus kan ik jullie helpen zoeken.' Hij legde een knokige hand op de schouder van Andreas. 'Je zou hier niet alleen moeten lopen. Is dat je broer?'

Andreas knikte. Hij was blij dat de man hen niet voor een tweeling aanzag, maar was tegelijkertijd verwonderd dat ze niet werden herkend.

'Kent u ons niet?' vroeg hij. De gebogen figuur gaf geen antwoord.

Ze staken over naar een steegje dat naar de Altstadt liep. Ernst bleef een eindje achter de andere twee aan lopen met het gevoel dat zijn broer hem was afgepakt. De hand van de dansmeester was op de schouder van Andreas blijven liggen, maar de man liet hem plotseling los toen ze de kade waren overgestoken, hoewel zijn aandacht onverminderd op de jongen was gericht. Andreas keek naar Ernst en haalde gegeneerd zijn schouders op.

Ze liepen stevig door en kwamen al snel in vertrouwde straten. Er werd weinig gesproken en de twee jongens keken blij en opgelucht naar alles wat hun bekend voorkwam. Ze waren inderdaad behoorlijk ver afgedwaald, maar nu verwachtte Andreas elk moment de etalage met de honderden kleurige figuurtjes te zien.

Onverwacht bleef de dansmeester staan voor een gebouw waarin aan de ene kant een klein café zat en aan de andere kant een uitdragerij met het bord ANTIQUITEITEN. 'Hier woon ik,' zei hij. 'Kom even binnen. Ik bedacht net dat er in mijn verzameling misschien een soldaatje zit dat op jouw beschrijving lijkt.'

Andreas en Ernst aarzelden allebei. De dansmeester had een deur met houtsnijwerk geopend die toegang gaf tot een donkere gang tussen de winkel en het café. Hij stond daar op dezelfde manier als tijdens zijn danslessen, lichtelijk geïrriteerd omdat zijn leerlingen nooit aan zijn hoge verwachtingen voldeden.

'Kom, kom!' zei hij met een stem die geen tegenspraak duldde. Hij ging hun voor, door de gang en daarna de trap op naar een appartement dat uit vele kamers leek te bestaan, die zich naar alle kanten uitstrekten. Ernst was blij dat de woonkamer uitkeek op de straat – want dan kon hij tenminste ontsnappen – en dat het geanimeerde rumoer van het café duidelijk te horen was.

Een verschrikkelijk dikke kat met een pluizige staart sprong van een stoel toen ze binnenkwamen en maakte de jongens aan het schrikken. Het was er warm en het huis was volgestouwd met meubilair, dat weliswaar sleets was maar van goede kwaliteit en van het soort dat de jongens vertrouwd voorkwam. Er stonden ontelbare speeldozen, zoals hoorde bij iemand die de kost verdiende met het geven van dansles. Maar ze keken nog het meest op van de jongeman die onderuithangend in een lage fauteuil zat te lezen. Toen ze binnenkwamen, verroerde hij zich amper. Hij hief alleen zijn knappe, bleke gezicht naar de dansmeester op om hem glimlachend en met een nonchalant knikje te begroeten.

De twee mannen wisselden een paar woorden in het Frans, zo zacht en snel dat de jongens hen niet konden verstaan. Het jongmens stond vervolgens op en ging naar een andere kamer. Aan het gezicht waarmee de dansmeester zijn vriend nakeek, zag Andreas dat hij kalmer was geworden.

'Hij gaat de soldaatjes zoeken en komt zo terug,' zei hij. 'Trek je jas uit. Hij is mijn assistent,' voegde hij eraan toe.

'We kunnen niet blijven,' zei Ernst, bang voor de uitbrander die hun te wachten stond als ze thuiskwamen. Andreas keek hem geërgerd aan. Hij leek van het avontuur te genieten en bij de aanblik van de assistent was ook zijn laatste restje angst verdwenen. De jongeman zag eruit als een engel, alsof er in zijn buurt geen plaats was voor lelijkheid en slechtheid. Zijn bleke gezicht met de gladde huid, omlijst door lange, zachte bruine lokken, bezat de perfectie die door sommige schilders wordt nagestreefd. Voor Andreas, die veel meer van kunst wist dan van het leven, leek de assistent op de schrijdende engel van Verrocchio.

Ernst zag precies dezelfde persoon en ook hij merkte op dat de jongeman elegant en knap was. Diens volmaaktheid riep bij hem echter niet het beeld van engelen en kunstwerken op, maar hielp hem er des te sterker aan herinneren dat ze waren weggelopen uit de winkel van hun oom en daardoor Jacob, Fräulein Gründlich en misschien zelfs Alois allerlei problemen bezorgden. Het leek met de minuut donkerder te worden. Zijn vader zou beslist boos zijn. Zijn moeder zou hen met haar trieste ogen aankijken, berustend, gekweld en machteloos. De jongens zouden straf krijgen en zij zou zich nog verder van hen verwijderen.

De assistent keerde terug met een grote doos, die hij op de grond zette. Andreas knielde neer om de inhoud te bekijken en zijn gezicht straalde van vreugde toen hij die zag. De dansmeester klapte in zijn handen op dezelfde manier als wanneer hij de aandacht van zijn leerlingen vroeg voor het begin van een *Virginia reel.*

'Wat zei ik?' riep hij uit. 'Precies wat ik had beloofd.'

Andreas stelde de speelgoedsoldaatjes stuk voor stuk op. In zijn bewondering voor de tientallen kleurige figuurtjes was hij de huzaar waarnaar hij op zoek was geweest helemaal vergeten.

'We moeten gaan,' zei Ernst, en hij voelde zich zo saai als een bord gortepap. 'Het is al donker buiten. Als je niet meekomt, ga ik alleen.'

Hoewel de hitte in de kamer verstikkend was, weigerde Ernst zijn jas uit te trekken. Eigenlijk wilde hij niet zonder Andreas weggaan, maar met elke seconde die er verstreek voelde hij de afstand tot zijn broer groter worden. Voor het eerst was er iets tussen hen gekomen.

'Dag,' zei hij.

Niemand leek hem te horen en hij moest het nog eens herhalen. 'Dag, ik ga weg.' Hij liep naar de deur.

'Ik kom er zo aan.' Andreas maakte aanstalten om op te staan, maar zijn aandacht werd weer getrokken door een speelgoedfiguur en hij boog zich over zijn soldaten. Iedereen huiverde toen Ernst de deur opende en er een koude tochtvlaag uit de gang kwam. De lampen flakkerden en de kat, die zich bij de dansmeester op schoot had genesteld, hief zijn kop. Ernst stormde de trap af naar buiten.

Na de hitte in het appartement werd hij door de ijzige kou overvallen, en die bezorgde hem een steek van eenzaamheid. Hij bleef een ogenblik weifelend staan en liep toen langzaam, zijn voetstappen tellend, door de vallende sneeuw naar de hoek. Daar herkende hij het pleintje met de fontein en wist onmiddellijk de weg weer. Rennend zouden ze in tien minuten thuis kunnen zijn.

Door de deken van sneeuw in de straten leek het buiten lichter geworden. Ernst bleef weer staan en hield de deur van de dansmeester in de gaten in afwachting van Andreas. Hij had weliswaar zijn eerstgeboorterecht niet verkocht voor een schaal linzen, zoals Esau, maar voelde zich even vermoeid en hongerig, de onbeschaafde, domme broer, die afstand had gedaan van de zegen. Hij stampte met zijn voeten, uit nijd en van de kou. Toen zag hij Andreas uit de deur naast het café komen en om zich heen kijken, en hoorde hij zijn naam roepen met een hoge, heldere stem, die nog net niet beefde.

'Hier ben ik!' riep hij, hoewel hij zijn broer eigenlijk een lesje had willen leren door zwijgend toe te kijken hoe hij in paniek zou raken. Andreas rende naar hem toe.

'Schiet op,' zei Ernst, 'het is al laat.'

In de etalage van een klokkenmaker zagen ze dat het vijf voor vijf was. Zonder een woord te zeggen namen ze een spurt, Ernst voorop, en renden naar huis. Bij het standbeeld van Wilhelm I tegenover het operagebouw bleven ze ten slotte staan om op adem te komen en daarvandaan wandelden ze het laatste stukje om niet bezweet aan te komen.

Thuis werden ze opgewacht door een stoet verontruste volwassenen. Fräulein Gründlich was in tranen. 'Waar zijn jullie geweest?' vroeg ze. 'Wat hebben jullie gedaan? Waarom zijn jullie weggelopen?'

Caroline stond met een afwezig gezicht onder aan de trap en leunde tegen de balustrade. Lene en Emma, net uit bad, stonden in hun kamerjas naast hun moeder en keken met grote ogen toe. In Lenes blik blonk opwinding, in die van Emma bezorgdheid. De meisjes roken naar zeep, schone handdoeken en talkpoeder. Andreas zag hen bijna tegelijk met de huilende Fräulein en voelde zich vies in vergelijking met hun geurige frisheid.

Nathan kwam met grote stappen uit zijn kantoor tevoorschijn. Hij was met Jacob aan het bellen geweest toen de jongens thuiskwamen. Ze hadden besproken of ze de politie moesten inschakelen. 'Het is niet meer nodig,' had Nathan gezegd. 'Ze zijn blijkbaar op eigen houtje teruggekomen.' Eigenlijk wilde hij zijn broer nog ter verantwoording roepen, maar hij was zo opgelucht dat zijn boosheid wegebde.

Ernst en Andreas moesten voor straf zonder eten naar bed. Ze kregen een strenge preek van Nathan, maar ze waren nog het meest onder de indruk van de snikkende Fräulein Gründlich met haar betraande wangen.

Toen het licht uit was en ze in bed lagen, bracht Ernst behoedzaam hun avontuur ter sprake.

'Denk je echt dat hij ons niet heeft herkend?' vroeg hij.

'In zijn ogen zijn we allemaal hetzelfde,' antwoordde Andreas, die al wegdommelde.

'Is er nog iets gebeurd toen ik weg was?'

'Wat zou er gebeurd kunnen zijn?'

'Ik weet het niet. Ik mocht ze niet.'

'Jammer,' mompelde Andreas. 'Ik vond ze best aardig. Stel je eens voor, onze dansmeester met een engel in huis.'

'Wat bedoel je?' vroeg Ernst. Weer kreeg hij dat zware gevoel, alsof er een last op hem drukte. Andreas en hij vormden geen twee-eenheid meer.

'Welterusten,' zei Andreas. Hij draaide zich met zijn gezicht naar de muur en viel binnen een paar tellen in slaap. Maar Ernst dacht lang na over hun avontuur en toen hij eindelijk insliep, glipte het ook zijn dromen binnen. Hij rende door besneeuwde straten, achtervolgd door een man met fladderende vleugels. Hoewel de man hem niet te pakken kreeg, lukte het Ernst ook niet zich in veiligheid te brengen.

Op de adventskalender van de kinderen was de laatste dag aangebroken. Vandaag mocht het papieren deurtje met de datum erop worden geopend die het eindtafereel in het besneeuwde kerstlandschap liet zien. Iedereen wist hoe het eruitzag, maar dat maakte de aanblik niet minder opwindend. Lene mocht het luikje openen, en kijk eens! Daar lag het kindje op een bedje van stro in de kribbe, met een heldergele stralenkrans om zijn hoofd. Het was 24 december, nog een paar uur en dan zou het Kerstavond zijn.

De dag was helder en koud begonnen. Een stralende, bleekblauwe lucht welfde zich over de besneeuwde stad. Helene en Emma werden vroeg wakker. Toen ze de gordijnen opentrokken en het winterse schouwspel zagen, hielden ze hun adem in. Het zonlicht scheen fel achter de bevroren ruit en de meisjes kregen het gevoel dat ze vanuit een glinsterende gletsjer naar buiten keken.

Fräulein Gründlich was al wakker en in de weer, de jongens lagen nog te slapen en op de eerste verdieping was het doodstil. De meisjes trokken hun lange wollen kamerjas aan en inspecteerden nog maar eens hun keur aan zelfgemaakte geschenken. Ze waren maandenlang bezig geweest met haken en breien, tekenen en plakken, rijgen en snijden om voor iedereen een presentje te maken: voor mama en papa, maar ook voor Anna in de keuken, het dienstmeisje Liese, en niet te vergeten voor alle neefjes, nichtjes, tantes, ooms en vriendinnen. Ze hadden de cadeaus de vorige dag zorgvuldig ingepakt, van naamkaartjes voorzien en er linten omheen gebonden. Nu controleerden ze of ze niemand waren vergeten. Mama en Fräulein Gründlich zouden de pakjes in de loop van de dag beneden brengen, naar de verduisterde woonkamer, waar geheimzinnige kerstvoorbereidingen plaatsvonden, uit het zicht van de kinderen maar beslist niet uit hun gedachten. Als ze op hun tenen door het huis slopen, hoorden ze soms belletjes tinkelen of roken ze de frisse geur van de kerstboom (die 's avonds laat was binnengebracht, toen ze vast in slaap waren), of vingen ze gehaaste voetstappen en het geritsel van vloeipapier op.

Vroeg in de ochtend begon het in het hele huis verrukkelijk te ruiken. De keuken, waar ze het liefst rondhingen, zolang ze tenminste niet door een transpirerende Anna werden verjaagd, was een luilekkerland van dampende puddingen, taarten in de oven, pannen met sudderende rodekool en appeltjes waarin kruidnagels waren gestoken, en kastanjes die werden gepoft in glimmende pannen tot ze opensprongen en werden gepeld om er de gans mee te vullen. De gans werd ook wel de adelaar van Frankfurt genoemd. Hoe vetter, hoe beter. Anna had al een pot gevuld met gesmolten ganzenvet en ui, en die stond nu af te koelen (het water liep Lene in de mond als ze eraan dacht). Daarna werd het op hompen roggebrood gesmeerd en bestrooid met een snufje zout. Er waren ook nog *Grieben*, de kaantjes die overbleven van het uitsmelten van het vet en lagen te druipen op een stuk absorberend papier. Als niemand keek, proefde Lene er soms eentje, zoals ze ook een gebroken koekje pikte of slagroom van de kloppers likte.

'Bederf je eetlust niet!' vermaande Anna haar vriendelijk en Sophie, die voor die dag was aangetrokken om in de keuken te helpen, glimlachte goedhartig en stak haar stiekem nog een kaantje toe. 'Eet jij maar lekker,' fluisterde ze. Sophie was de kokkin van de oude familie Wertheim geweest, maar al een jaar of tien met pensioen. Ze was een omvangrijke vrouw, die ongeëvenaard was in de bereiding van gevogelte, de dikste gans kon vullen die er bestond en de luchtigste knoedels ter wereld kon maken. Ze had een zwak voor Lene, omdat Lene van eten hield. Als Anna het kind uit de keuken wilde jagen, smeekte Sophie altijd of ze 'nog eventjes' mocht blijven.

Omdat de dag tergend langzaam voorbijging, waren de kinderen geneigd om ruzie te maken, ook al was er met straf gedreigd als ze zich niet voorbeeldig zouden gedragen tot op het laatst, wanneer de deur van de woonkamer openging.

Aan het begin van de middag besloot Fräulein Gründlich plotseling met het hele stel een wandeling te maken. De kinderen vermoedden meteen al dat er een geschenk onderweg was dat niet onopgemerkt naar binnen kon worden gesmokkeld, dus trokken ze alle vier gehoorzaam hun jas aan en gingen met de gouvernante naar de Palmengarten. De grote kas was een van hun favoriete bestemmingen, een tropisch paradijs waar het al net zo warm en dampig was als in de keuken met Kerst. Er stond nog een aantal kassen, en in elk daarvan werd een ander exotisch klimaat nagebootst, van de droge woestijn tot het broeierige oerwoud. Maar de hoofdkas met de enorme palmbomen was de grootste attractie voor de kinderen. De bodem was bedekt met een tapijt van groen gras en daartussendoor slingerden stenen paadjes. In het bos stroomde een waterval, die plassen vormde waarin goudvissen zwommen. Vogels vlogen er af en aan tussen de bomen, kwetterend en zingend van blijdschap omdat het altijd zomer was.

Toch waren ze het erover eens dat het vandaag, met Kerstavond in het verschiet, geen goed tijdstip was om een tropisch paradijs te bezoeken. Daarom wandelden ze door het park zelf, waar de paden netjes waren aangeharkt en het landschap echt noordelijk was. Kinderen waren aan het schaatsen op de vijver en de grote naaldbomen droegen een ragfijne mantel van sneeuw. Alles schitterde in de zon en de ijspegels die aan de dakrand van het vervallen tuinrestaurant hingen, druppelden op de opgestapelde metalen terrasstoelen.

Toen ze thuiskwamen, was het tijd om zich voor te bereiden op de feestelijke avond. Fräulein Gründlich stuurde eerst de jongens naar de badkamer. Ze zaten vaak samen in de badkuip, wasten elkaars rug en spetterden een beetje, meestal onder haar toezicht. ('Geen stoute dingen doen,' zei ze altijd streng, maar de tweeling wist nooit precies wat ze daarmee bedoelde.)

De meisjes gingen afzonderlijk in bad. Ze hadden hun haar de vorige dag al gewassen en het was nu in een handdoek boven op hun hoofd gebonden. Emma waste zich systematisch, zelfs tussen haar tenen, maar Lene vond het leuk om in het bad te spelen en meestal was de vloer kletsnat tegen de tijd dat ze klaar was. 'Opschieten, opschieten,' drong Fräulein Gründlich aan. 'Het Kerstkind komt zo.' Maar Helene Wertheim haastte zich voor niemand.

Toen ze ten slotte allemaal keurig gekleed, gekamd en gepoederd waren en hun tanden hadden gepoetst, was het nog steeds geen tijd om naar beneden te gaan. Daarom zaten ze allemaal blinkend schoon en opgeprikt in de zitkamer boven te wachten tot het grote moment aanbrak. Fräulein Gründlich, die haar zondagse kleren droeg en haar haar had gekruld, transpireerde een beetje, want ze was al even opgewonden als de kinderen.

En toen hoorden ze het! Wat een onmiskenbaar geluid maakte het, zilverachtig en zuiver, en het leek niet alleen in dit huis maar in alle huizen van Frankfurt te rinkelen. De meisjes grepen elkaars hand en ze liepen allemaal naar beneden, waar ze de gang vol familieleden aantroffen, terwijl de bedienden zich in hun schoonste, netste uniform in een rij hadden opgesteld. Sophie had tranen in haar ogen. Ze had Nathan en zijn broers zien opgroeien en daar stonden ze dan, behalve Gottfried, alle vier mannen van aanzien, en twee van hen vader van prachtige kinderen. Sophie wilde onwillekeurig een knicksje maken, maar ze bedacht zich. Dat werd tegenwoordig niet meer gedaan, hoewel de kinderen die de trap afkwamen er voornaam uitzagen. Ook Caroline had vanavond iets vorstelijks. Sophie veegde met de punt van het schort haar tranen weg.

De grote woonkamer was prachtig ingericht. De kerstboom met

brandende kaarsjes stond achterin, tussen de openslaande deuren die uitkwamen op de tuin. Omdat de lampen nog niet waren aangestoken, gaf alleen de boom licht. Soms flakkerden de kaarsjes en dan schitterden de gouden ballen nog helderder en dansten de houten engeltjes op en neer aan de tere uiteinden van de takken. Sommige engeltjes bliezen op een trompet, andere hielden bekkens in hun handen en daartussenin waren zilveren slingers geweven, terwijl de kruidige geur van kaneelsterren zich vermengde met de boslucht van de spar.

De kerststal stond aan de voet van de boom, op een oud wit laken dat zo was gedrapeerd dat het een besneeuwde heuvel leek. De herders waren er, en de drie koningen. In een berghut knielden Jozef en Maria bij de kribbe, waarin het kindje lag met een stralenkrans om zijn hoofd, omringd door de onvermijdelijke ezel, schapen en koeien. Overal in de kamer stonden tafels beladen met geschenken, voorzien van een wit kaartje waarop Caroline de naam van de begunstigde had geschreven. De kinderen schoten al naar hun cadeaus, maar werden tegengehouden door Fräulein Gründlich, die met haar bonkige Noord-Duitse stem riep: 'Wacht! Wacht! We hebben "Stille nacht" nog niet gezongen!' Als overtuigd protestant vond ze dat een kerstviering zonder kerstliedjes niet compleet was en ze koos altijd dit uit, het meest Duitse kerstlied. Met haar onvaste, onmuzikale stem zette ze in, stak eerst haar hand op om tot stilte te manen en sloeg daarna het ritme aan, terwijl de anderen geleidelijk invielen. Nathan ging snel naar de piano en begeleidde de zangers couplet na couplet.

Dit jaar waren de geschenken van bijna oosterse pracht. Het leek of iedereen zijn best had gedaan er een onvergetelijke Kerst van te maken. Emma's poppenhuis overtrof haar stoutste verwachtingen. De jongens kregen een trein die tot in de finesses op een echte leek, en verschillende soorten soldaatjes, waaronder een paar bereden huzaren. Lene kreeg een theeservies van Meissen-porselein voor haar teddyberen en een prachtige uitgave van de sprookjes van Andersen, maar het mooiste cadeau en volkomen onverwacht, was iets wat ze altijd al had willen hebben: een echt hondje! De pup was binnengebracht toen de kinderen aan het wandelen waren in de Palmengarten. Lene had nergens anders oog voor en zag bijna het beeldje van Mozart over het hoofd dat Fräulein Gründlich voor haar had gekocht. Als Emma het niet 's avonds laat naar haar kamer had gebracht en op haar nachtkastje had gezet, waar de gouvernante het kon zien als ze welterusten kwam zeggen, zou Lene het beslist zijn vergeten en er niet aan hebben gedacht haar te bedanken.

De vier kinderen hadden botje bij botje gelegd om samen één geschenk voor Fräulein Gründlich te kopen: een prachtige koffer van echt leer. Mama had de pot vol kleingeld meegenomen en het benodigde bijgelegd om er een valies van te kopen dat bijna even chic was als dat van haarzelf.

'Dit cadeau is van ons allen,' had Emma in haar mooie handschrift op een kaartje geschreven. 'Een nieuwe koffer voor Fräulein Gründlich, die zegt dat ze zich schaamt als ze haar oude tussen onze bagage ziet staan.' De gouvernante was natuurlijk, zoals te verwachten was, tot tranen toe geroerd.

Edu's geschenken voor de kinderen waren, als altijd, zorgvuldig doordacht. Hij kocht de cadeaus voor zijn nichtjes en neefjes even weloverwogen als hij alle besluiten nam die betrekking hadden op geld of goede smaak. De jongens kregen onveranderlijk een boek. Geen gewoon boek maar een eerste druk, om de basis te leggen voor een boekencollectie als ze volwassen waren. Ook al konden ze het geschenk nog niet naar waarde schatten, toch waren ze ervan onder de indruk. Ook de meisjes kregen elk jaar iets waardevols, niet ter verrijking van hun innerlijk, maar ter versiering van hun uiterlijk. Edu tooide zijn nichtjes graag met mooie juwelen. Ze waren bestemd om meteen gedragen te worden en hij beging nooit de fout hun iets te geven wat te volwassen, te vrouwelijk was. Emma kreeg deze Kerst een zwarte parel, gezet in een zilveren druppelvormige hanger die was ingelegd met kleine diamantjes. Het sieraad zat in een leren doosje met een fluwelen voering van juwelier Koch. Emma was er dolblij mee en vroeg of haar moeder wilde helpen de ketting om te doen.

Lene, die nog niets om sieraden gaf, keek vluchtig naar het fijne gouden kettinkje met pareltjes, smaragden en turkooizen en liep door naar een kastje met een heleboel laatjes, dat ze van oom Jacob had gekregen en dat haar beter beviel.

'Vind je je ketting niet mooi?' vroeg Edu. Lene besefte schuldbewust dat hij haar onverschillige reactie had gezien.

'O, jawel,' zei ze snel. 'Heel mooi.' Ze ging hem een zoen geven, met de pup nog in haar armen.

'Als je het hondje neerzet, doe ik je de ketting om. Dan kunnen we zien hoe hij staat,' stelde hij voor. Zijn toon was gemaakt joviaal om te laten merken dat het hem niet kon schelen wat de kinderen van zijn cadeaus vonden. Lene ging naast hem op de bank zitten en zette het hondje voorzichtig op de grond. Ze tilde met beide handen haar haar op en werd zich op hetzelfde moment bewust van de aanraking van Edu's koele vingers en de prikkende ketting. Even ging er een huivering door haar heen. Toen kriebelde Edu's snor in haar nek en voelde ze zijn droge kus. Ze giechelde. 'Laat je haar maar los,' zei hij. Dat deed ze. Daarna draaide ze zich om en gaf hem een kus op zijn wang.

Carolines familie arriveerde een kwartier voor het eten, net op tijd om Jacob afscheid te zien nemen, want hij wilde Gerda op Kerstavond niet alleen laten.

Benedict Süsskind en zijn drie andere kinderen werden niet vaak uitgenodigd voor de bijeenkomsten van de familie Wertheim. Hoewel beide families op goede voet met elkaar stonden, bewaarden ze bij voorkeur een zekere afstand. Benedict had geen maatschappelijke ambities. Hij wilde alleen dat zijn kinderen nuttig en productief werk deden, en ging ervan uit dat geluk daar een logisch gevolg van was. Geluk had naar zijn overtuiging niets met geld te maken en op dat punt voelde hij zich enigszins verheven boven de familie Wertheim, die daar zo duidelijk anders over dacht.

De Wertheims vonden omgekeerd de Süsskinds heel aardig en meestal prettig gezelschap, maar ze waren er ook van overtuigd dat de Süsskinds er sociaal gezien nooit 'bij zouden horen'. Om te beginnen was daar de kwestie van religie. Benedict was geen praktiserende Jood, dat wil zeggen dat hij in geen enkel opzicht orthodox was, maar hij was ertegen gekant om alle gebruiken van de gojim zomaar over te nemen. Hij vond dat Joden de christelijke feesten niet zo enthousiast mochten vieren als hij vanavond meemaakte. Hij had de uitnodiging van zijn dochter voor het kerstdiner niet kunnen afslaan, maar stoorde zich aan de boom met de kerststal – zelfs al was het een antieke kerststal die Edu op vakantie in Tirol had gekocht – en hij gaf zijn kleinkinderen altijd welbewust een geschenk dat hen aan het geloof van hun voorvaderen herinnerde. Dit jaar had hij voor hen gezamenlijk een prachtige achttiende-eeuwse chanoekalamp uit Praag meegenomen. De *chanoekia* was van zilver en had negen kleine houders om olie in te branden tijdens de acht dagen van het feest. Het negende lichtje werd de *sjamasj* genoemd, de dienaar, met een geciseleerde afbeelding die bloederig gedetailleerd en in achttiende-eeuwse kledij de overwinning van Judas de Makkabeeër op de Romeinen voorstelde. Daaromheen stonden andere taferelen die een aantal Joodse triomfen over hun onderdrukkers verheerlijkten, en de zilveren belletjes bovenin tingelden licht en vrolijk.

De chanoekalamp werd door de kinderen met gejuich begroet en kreeg meteen een ereplaats op de schoorsteenmantel achter de piano, onder het portret van Mozart.

Hannchen bestudeerde het geschenk door haar pince-nez en schonk de gever een hautaine glimlach. Het was duidelijk een kostbaar voorwerp, maar ze vond dat Benedict een faux pas had begaan door het als kerstgeschenk aan te bieden. Caroline sloeg haar ogen neer en bad in stilte dat Nathan geen onaardige opmerking, Siegmund geen vervelende grap en Edu geen sarcastische toespeling zou maken. De broers speelden hun rol altijd volgens de aanwijzingen die ze van Hannchen kregen, alsof ze haar mening extra kracht bij moesten zetten. Fräulein Gründlich was geïntrigeerd en geboeid door de lamp. Zij was als enige goed thuis in de Bijbel en herkende daarom moeiteloos de scènes uit het Oude Testament.

Van Benedicts kinderen had Eva, de oudste, de meeste bezwaren gehad om mee te gaan naar de familie Wertheim, omdat ze niet hield van de grote, uitgelaten feesten bij haar zus thuis. Ze was er dankzij haar sterke wil en uren hard blokken in geslaagd scheikundige te worden en had daarna een betrekking gekregen in het laboratorium van dr. Paul Ehrlich. Door die ervaring was ze niet echt verbitterd geraakt, maar was ze er wel van overtuigd dat niets in het leven vanzelf ging. Ze wantrouwde het comfort en het weloverwogen stijlvolle interieur van Carolines huis. Eva verbeeldde zich dat ze geen illusies had, maar ze had gewoon een ander soort illusies dan haar zus of zelfs haar broers. Ze was negenentwintig en met haar vastberadenheid en uitgesproken meningen de favoriet van haar vader.

Van de drie kinderen voelde Elias zich het meest thuis bij de familie Wertheim. Door zijn vriendschap met Edu, zijn belangstelling voor het culturele leven van Frankfurt en zijn besef dat hij als wetenschappelijk geschoold kunstkenner van waarde was voor de *haute bourgeoisie* van de stad (hij werkte al enkele jaren bij het Städel, waar zijn reputatie groeide) was hij op zijn gemak bij deze mensen.

Bovendien was hij getrouwd met een intelligente, getalenteerde vrouw. Bettina was een geboren Frankfurtse, maar niet Joods. Haar vader, een welgestelde, aristocratische jurist met een welhaast profetische blik op moderne schilderkunst, zat in het bestuur van het Städel. Er werd gezegd dat Elias met haar was getrouwd om zijn positie veilig te stellen. Niets was minder waar. Ze hadden elkaar in de salon van haar ouders ontmoet. De verlegen, huiselijke Bettina, met die speciale combinatie van eenzelvigheid en welbespraaktheid die typerend is voor begaafde vrouwen, had haar zinnen meteen op Elias gezet. Hij begreep haar beter dan alle andere mannen die ze had ontmoet. Elias was op zijn beurt gecharmeerd van haar soms onnavolgbare ideeën en voelde zich seksueel sterk tot haar aangetrokken. Hoewel hij die aantrekkingskracht niet kon benoemen, omdat die ver buiten zijn ervaringswereld lag, bleef hij ervan overtuigd dat het kwam door haar opvallende gelijkenis met een van de 'weerheksen' van Hans Baldung Grien, een schilderij dat sinds 1878 in het museum hing. Ze hadden een zoontje, Benno, dat afwisselend door zijn moeder geadoreerd en genegeerd werd. Omdat ze juist in deze periode weer intens van Benno hield en hij in bed lag met hoge koorts, was Bettina deze avond niet met Elias meegegaan naar de familie Wertheim.

Jonah, Carolines andere broer, was arts. Hij was nog ongehuwd en werkte in een ziekenhuis in Höchst, een industriële voorstad van Frankfurt die bekendstond om zijn chemische industrie. Dat deed hij met de vastberadenheid van iemand die zich concentreert op een duidelijk afgebakend terrein, zonder oog te hebben voor de verwarrende variatie aan landschappen die de wereld te bieden heeft. Hij oefende zijn beroep uit in dat akelige stadje in de hoop over niet al te lange tijd een kleine maar lucratieve praktijk te kunnen vestigen in een stad vol zieke, rijke weduwen.

Bij de familie Wertheim leefde de hoop dat Carolines verwanten door het feestmaal een hechtere band met hen zouden krijgen. Caroline was duidelijk van mening dat onenigheid of openlijke meningsverschillen het best vermeden konden worden door iedereen vol te stoppen met eten, zoals de gans was volgestopt met kastanjes.

De kerstboom was door de deuropening naar de woonkamer zichtbaar vanuit de eetkamer, waar de tafel in de volle lengte was uitgetrokken om plaats te bieden aan alle achttien aanwezigen. Toen Caroline iedereen gadesloeg, voelde ze dat het een geslaagde bijeenkomst zou worden. De sfeer aan de witgedekte tafel leek veelbelovend. Iedereen zag er voldaan uit, alsof ze zich erop verheugden van het eten te genieten en de opgetogen kinderen te zien. Hannchen keek, vanaf haar verheven positie aan het hoofd van de tafel, met vorstelijke zelfverzekerdheid neer op haar disgenoten.

'U lijkt wel een verlicht despoot,' zei Siegmund. Hannchen vatte zijn woorden als een compliment op, al wist niemand of dat door 'verlicht' of 'despoot' kwam. Ze had Benedict de misstap met de chanoekalamp blijkbaar vergeven, want ze richtte het woord tot hem. 'Moeten we een dankgebed zeggen?' vroeg ze met een twinkeling in haar ogen.

'Dat doen we nooit,' luidde Edu's scherpe commentaar.

'Laten we Benedict vanavond vragen een zegen uit te spreken.'

Benedict, gezeten aan Hannchens rechterhand, keek vragend om zich heen. De bedienden waren in de deuropening van de servieskamer blijven staan en bogen hun hoofd. Fräulein Gründlich had haar handen gevouwen. Hij begon: *'Baroech ata adonai... elohejnoe melech haölam...'*, keek triomfantelijk om zich heen en ging daarna verder in Frankfurts dialect om God te danken voor het brood van de aarde en de vruchten van de wijnstok, en de dankbaarheid van alle aanwezigen te betuigen dat ze deze feestdagen in goede gezondheid mochten meemaken. Toen hij zweeg, zei iedereen 'amen' en werd het eten opgediend. De meesten vonden het maar een vreemd intermezzo, maar omdat het een band tussen Hannchen en Benedict had gesmeed, lieten ze het voor wat het was.

De eerste gang was heldere bouillon 'om ons, als God ons in de steek laat, de kracht te geven de rest van de maaltijd te verorberen,' merkte Siegfried op. De kinderen keken hem lachend aan. De neefjes en nichtjes zagen elkaar regelmatig en op school werden ze vaak voor broers en zussen aangezien. Ze konden goed met elkaar opschieten, vooral de vier meisjes. De tweeling mocht Willy graag, maar hij weerde hun vriendschap af, alsof hij met zijn flaporen nuances in stemmen opving die voor de rest van de wereld verloren gingen.

'Heeft Edu jullie het laatste nieuws al verteld?' vroeg Pauline na de soep.

'Wat dan?' vroeg tante Berthe, ervan overtuigd dat zij alles altijd als laatste te horen kreeg.

'Edu gaat een huis kopen,' zei Hannchen.

'Laat hij jou helemaal alleen?' vroeg Berthe, maar haar zus reageerde niet.

'Waar?' vroegen Caroline en Eva gelijktijdig. Elias, die bevriend was met Edu, had het al van hemzelf gehoord. Niemand wist waar Pauline het nieuws had opgevangen.

'Ik liep er al heel lang over na te denken,' vertelde Edu, zonder de vraag te beantwoorden. 'Na papa's overlijden heb ik het plan een tijdje laten rusten, maar nu is er een huis te koop waar ik geen weerstand aan kan bieden.' Hij veegde zijn mond zorgvuldig af aan het damasten servet, tevreden dat hij in het middelpunt van de belangstelling stond. 'Onroerend goed is een uitstekende investering,' vervolgde hij, 'vooral in dit deel van de stad. Toen ik de firma overnam' – hij pauzeerde even – 'toen Siegmund en ik de firma overnamen,' maar het was al te laat. Op Siegmunds gezicht was een diepe frons verschenen. 'Daarna,' ging Edu snel verder, 'leek het me om allerlei redenen, waar ik nu niet op in wil gaan, een goed idee om een eigen huis te betrekken. Mama heeft vaak gezegd dat we op eigen benen moeten staan.'

Nadat de soepborden waren afgeruimd, was het tijd voor de tweede gang: een specialiteit van Anna waar de kinderen niet dol op waren, want er kwamen palingen aan te pas in een pittige bechamelsaus die gekruid was met piment.

'Ze kan altijd een etage bij mij krijgen,' zei Edu, 'maar ze zegt dat ze momenteel in het oude huis wil blijven wonen.'

'Is jouw huis zo groot?' vroeg Nathan.

'Wat had je dan gedacht?' merkte Siegmund op.

'De stad houdt binnenkort op met groeien,' ging Edu verder. 'Het zal steeds moeilijker worden goede huizen te krijgen binnen de stadsgrenzen, vooral in het Westend.'

‘Waar de stank van de fabrieken niet door jullie ramen naar binnen waait,’ zei Eva Süsskind plotseling.

‘Welke fabrieken?’ vroeg Elias.

‘De wind komt meestal uit het westen,’ legde ze uit met, zoals Edu opviel, haar mond vol paling. ‘Dat geldt voor heel Europa. Daarom woont de gegoede klasse altijd aan de westkant van de stad.’

‘Vertel ons nu maar eens waar je huis ligt,’ zei Pauline.

‘Aan de Bockenheimer Landstrasse,’ antwoordde Edu.

Verscheidene gasten slaakten bewonderende kreten. Edu glimlachte. Er lag een trotse uitdrukking op zijn gezicht. Toen zijn moeder dat zag, kreeg ze een flits van inzicht: die uitdrukking zal hem nooit meer verlaten.

‘Welk huis is het?’ vroeg Siegmund, die in gedachten alle huizen in de straat de revue liet passeren.

‘Nummer tweeëndertig,’ zei Edu. ‘Vier huizen verwijderd van het Rothschild-paleis.’

Siegmund floot tussen zijn tanden. ‘Ik weet welk huis je bedoelt. Dat is beeldschoon.’ En toen begon iedereen door elkaar heen te praten.

‘Hoe duur was het, oom Edu?’ vroeg Willy, wiens ogen schuilgingen achter dikke brillenglazen.

‘Dat gaat je niets aan,’ zei zijn vader.

‘*Not before the servants*,’ waarschuwde Hannchen, hoewel er op dat moment geen personeel aanwezig was, behalve Fräulein Gründlich, die een tussenpositie innam.

‘Hoe dan ook, mazzeltof!’ zei Benedict Süsskind en hij hief zijn glas met voortreffelijke witte wijn. Iedereen deed mee en bracht een toost uit op Edu’s aankoop. (‘Minstens honderdduizend,’ fluisterde Siegmund over Carolines blote, bleke schouder tegen Nathan.)

Op dat moment werd de gans binnengebracht en werd er niet meer over Edu’s huis maar over de vogel gepraat.

‘Ik hoop dat hij vet is,’ zei Edu.

‘We hebben al drie potten vet van hem getrokken,’ zei Caroline. ‘Je mag er een meenemen.’

‘Blijft er dan wel genoeg voor ons over?’ vroeg Lene, tot ieders hilariteit.

Daarna werd de rodekool binnengebracht, de aardappelpuree, de ganzenleverpaté in bladerdeeg en een schaal komkommersalade, die pittig op smaak was gebracht met azijn en karwijzaad om het andere eten lichter verteerbaar te maken.

'Dit is de beste gans die we ooit hebben gehad,' zei Edu.

'Ik herinner me er nog een paar bij ons thuis die minstens even goed waren,' zei Hannchen. 'Niet om Caroline af te troeven, want ze is een voortreffelijke huisvrouw, dat heb ik altijd gezegd.' En ze glimlachte naar Benedict, die merkte dat hij geheel tegen zijn zin verwikkeld was geraakt in een soort samenzwering met Hannchen. 'Weet je,' verklaarde ze tegen ieder die dat maar wilde horen, 'een *Hausfrau*, en zelfs een kokkin, heeft niet alles in de hand. Het gaat er uiteindelijk om of je een betrouwbare slager hebt en die zijn steeds moeilijker te vinden. Toen de oude Fritz Hanauer nog leefde, gaf hij me altijd de dikste, sappigste vogels. "Voor u doe ik alles, Frau Wertheim," zei hij altijd. De nieuwe is heel anders, een en al zakelijkheid. Hij geeft het beste vlees niet aan degenen die dat het meest waarderen, maar aan de klanten die de meeste bestellingen plaatsen. Als ik tegen hem zeg dat hij lang zo goed niet is als slager Fritz, antwoordt hij: "De tijden veranderen, Frau Wertheim, de tijden veranderen."'

'Dat is waar,' zei Berthe nadrukkelijk, terwijl ze behoedzaam een botje van de vleugel waarop ze had gesabbeld uit haar mond haalde.

'Volgend jaar Kerst is het waarschijnlijk oorlog,' zei Benedict.

'Bederf ons eten niet,' zei Berthe.

'Je bent een oude zwartkijker,' merkte Hannchen op.

'Heb je het nieuws niet gevolgd?' vroeg hij. 'Dat wordt steeds verontrustender.'

'Daar hou ik me niet mee bezig,' zei Hannchen. 'Er zijn de afgelopen jaren zo veel crisissen geweest. Je kunt je niet de hele tijd zorgen maken.'

'Twee jaar geleden hadden we problemen in Marokko...'

'... je weet hoe die Fransen zijn!'

'... 1871 zit ze nog steeds dwars...'

'... en de Engelse koningen, de neven van onze keizer, hebben altijd partij voor Frankrijk gekozen...'

'De Engelsen denken dat ze de hele wereld kunnen commanderen,' zei Pauline.

'Ze beheersen natuurlijk de zee...'

'Duitsland moet zorgen dat het niet wordt omsingeld...'

'Als wij Oostenrijk steunen in een oorlog tegen Rusland, schijnen we erop voorbereid te moeten zijn dat we ook tegen Frankrijk moeten vechten.'

'Die ellendige Oostenrijkers! Door en door verrot...'

'Dat Rijk wordt steeds maar weer opgelapt, meestal ten koste van anderen...'

'Je zult zien dat wij de tol moeten betalen.'

'Duitsland moet Engeland op zee aanpakken...'

'Onzin! Onze grootste troef is een sterke landmacht.'

'Als de keizer eens wat meer vertrouwen had in Bethmann-Hollweg en minder naar zijn generaals zou luisteren...'

'Als, als, als,' zei Hannchen. 'Laten we over vrolijker zaken praten.'

Het hoofdgerecht was afgeruimd en rond de tafel steeg een koor van zuchten op. De kinderen keken enigszins glazig en de ogen van Fräulein Gründlich glinsterden.

'Ik stel voor dat we het toetje overslaan,' zei Siegmund. Er klonk een bulderend 'nee!' uit de mond van de kinderen. Borden met *Weihnachtgebäck*, kerstkoekjes, werden opgediend, tegelijkertijd met het pièce de résistance, een lange kerststronk die bestond uit een lichte, luchtige cakerol met een laag zoete dikke slagroom eromheen, bedekt met een laagje chocolade en bespikkeld met amandelen.

Het gebak werd met hetzelfde enthousiasme begroet als Edu's plan om het huis aan de Bockenheimer Landstrasse te kopen. Iedereen had nog plaats voor een stuk taart en niemand sloeg één of zelfs twee koekjes af.

'We moeten ervan uitgaan dat de Balkan problemen gaat geven,' zei Edu, die het gevoel had dat zijn mening onvoldoende naar voren was gekomen, 'en in dat geval zullen de Russen zich er zeker mee bemoeien.'

'De Balkan geeft altijd problemen,' zei Berthe.

'De marine kan niets uitrichten tegen Rusland,' zei Elias.

'Alles hangt af van wat voor stappen de Oostenrijkers zullen nemen,' zei Siegmund. 'En niemand weet hoeveel de oude Franz Joseph nog te zeggen heeft, en of hij wel weet wat hij doet. Hij kan rustig al twee weken dood zijn zonder dat iemand het in de gaten heeft. Op de troon sinds 1848! Weten jullie wel hoelang dat is? Vijfenzestig jaar!'

'Als we inderdaad oorlog gaan voeren,' zei Nathan, 'is het de schuld van onze Pruisische leiders.'

'Duitsland wordt bestuurd door militaristen,' zei Eva, geërgerd door de reactionaire, chauvinistische meningen die om haar heen werden gespuid en boos dat haar opinie zo weinig telde. Ik ben niet zo onnozel als Pauline of warrig als mijn zus, dacht ze verbitterd, maar toch word ik als een dom gansje behandeld.

'Als er oorlog komt,' zei Elias, 'en we verliezen die, wie krijgen er dan de schuld?'

'De Joden natuurlijk,' antwoordde zijn vader somber.

'Het lijkt wel of we steeds op dat onderwerp terugkomen,' zei Edu.

'Als het oorlog wordt,' zei Caroline aarzelend, 'moeten jullie allemaal het leger in.'

'God beware ons,' riep Hannchen uit. 'Zeg dat niet!'

'Oorlog kan de revolutie versnellen, vooral als er nederlagen worden geleden,' zei Eva.

Het hele gezelschap viel stil. Aan tafel werd niet over revolutie gesproken. En dat nog wel in het bijzijn van de bedienden!

'Niet in Duitsland,' zei Pauline uiteindelijk, alsof ze dat van een hogere autoriteit had gehoord.

'Heb je gezien onder welke omstandigheden sommige medeburgers moeten wonen en werken?' vroeg Eva geprikkeld.

'Nee, en daar heb ik ook geen behoefte aan,' zei Pauline, 'dank je feestelijk.'

'Als ze van hun luie gat zouden komen om op een eerlijke manier geld te verdienen,' zei Jonah, 'in plaats van op de revolutie te wachten...'

'Voor veel mensen is er geen werk,' zei Eva.

'Zo is het genoeg, kinderen,' zei Hannchen, vastbesloten om het gesprek uit dit netelige struikgewas te leiden. 'We houden erover op. Praten over politiek aan tafel geeft maagklachten. Dat zei mijn grootmoeder altijd, en daar had ze gelijk in, net als in veel andere dingen.' Ze liet een stilte vallen, alsof ze naging of ze het beeld van haar grootmoeder duidelijk genoeg in haar hoofd had geprent. 'Jullie hebben geen idee wat een slaperig dorpje Bockenheim in haar tijd was, en hoe ver het van Frankfurt af lag! Ze zou stomverbaasd zijn als ze ons hier kon zien zitten, in dit mooie huis, aan een kerstdiner met zo'n onvoorstelbaar grote, lekkere gans. Waarschijnlijk zou ze denken dat het een droom was.'

'Hadden ze vroeger geen ganzen?' vroeg Lene. Er werd opgelucht gelachen. Ze waren op veilig terrein gekomen en Hannchens bezorgde gezicht ontspande. Ze liet zich door haar kleinkinderen overhalen om te vertellen over hoe het vroeger in Bockenheim was, en de hele familie, inclusief Eva, ging ervoor zitten om naar de verhalen te luisteren.

Ten slotte vielen de ogen van de kinderen langzaam dicht. Lene was al een paar keer in slaap gedommeld, maar schrok wakker toen haar naam werd genoemd. 'Tijd om naar bed te gaan, Lenchen,' zei haar vader, maar ze stribbelde tegen, mokkend dat ze nog een koekje wilde, haar cadeaus nog eens wilde bekijken, met het hondje wilde spelen.

'Híj slaapt al,' zei Caroline.

De kaarsjes in de kerstboom waren allang opgebrand en de geur van warme was en verschroeide pitten mengde zich met de aangename lucht van de spar. Het liep tegen middernacht en de volwassenen waren bijna even moe als de kinderen.

Beneden in de keuken waren ook de bedienden aan het einde van hun feestmaal gekomen en ze bespraken wat ze in de eetkamer hadden gehoord. Ze wisten welk huis Edu ging kopen en probeerden te schatten hoeveel het zou kosten. Het bellenmeisje had een vriendin die misschien geïnteresseerd zou zijn in een betrekking bij Herr Wertheim. 'Ik heb haar verteld dat het prettig is voor Joden te werken en dat ze niet moet luisteren naar wat anderen zeggen.'

'Welke anderen?' vroeg August, de lijvige Hessische koetsier. Hij was een goedhartige man, die zich niet kon voorstellen dat andere mensen slecht zouden kunnen zijn.

'Luister je nooit naar de praatjes in de stad? Heb je de krant niet gezien die ze lezen? Je zou eens moeten horen wat Hans-Friedrich, die voor de Von Varrentrapps werkt, te zeggen heeft.'

'Dat gaat ons niet aan,' zei August.

'O, wat ben je toch ouderwets,' riep Anna's zus uit, die met de bediening had geholpen.

August nam nog een plak cake en haalde zijn schouders op.

'Ik ben een tevreden man,' zei hij. 'Ik hoef de wereld niet te veranderen.'

'Met mensen als jij wordt de spot gedreven,' zei het bellenmeisje. 'Ik zou maar een nieuw liedje leren. De tijden veranderen.'

'Wat gaat er dan veranderen?' vroeg August.

'Er komt revolutie. Dat werd zelfs aan het kerstdiner gezegd,' antwoordde het meisje.

'De oude dame vond dat niet prettig,' merkte Anna's zus op.

'Wat er ook gebeurt, er zullen altijd mensen aan de top en mensen aan de onderkant zijn,' stelde August vast. 'Dat zit in de aard van de mens.' In één grote slok dronk hij het restje rode wijn op dat nog in een fles zat. 'Allemaal een fijne Kerst!' zei hij.

Voordat het nieuwe jaar aanbrak, ging het weer sneeuwen, en iedereen praatte nog steeds over oorlog. Edu kwam overeen om het huis aan de Bockenheimer Landstrasse voor 150 000 Goldmark te kopen en was van plan er tegen Pasen in te trekken. Op de laatste dag van het jaar belde hij Jacob met de mededeling dat ze eens met elkaar moesten 'babbelen'.

'Kom me om twaalf uur maar ophalen,' zei Jacob. 'Dan kunnen we een stukje lopen.'

Frankfurt was in het wit gehuld, overal klonken belletjes van arresleden en er zat vorst in de lucht. De kou had iets bijtends gekregen, alsof alle kleur aan het landschap werd onttrokken, iets wat na Kerst altijd wel gebeurde, maar dit jaar was het bijzonder guur, zodat arme mensen langs de Main achter de kolenwagens aan liepen om kooltjes te zoeken die op straat vielen. Soms vochten ze erom. De meeste nette burgers van Frankfurt wendden hun blikken af, hoewel een enkeling zijn bijdrage aan de liefdadigheid verhoogde. Jacob liep vaak over de kade, verdiept in zijn eigen onrustige gedachten. Er groeide een grote droefheid in hem – de man die zo van vrolijkheid hield – en die lag als een loden last op zijn schouders, waardoor hij zich steeds verder in zichzelf terugtrok. Hij wist niet zeker of hij werkelijk met Gerda wilde trouwen, maar zijn geweten eiste dat van hem. Zijn band met haar kwam nu meer voort uit treurigheid dan uit liefde. Als hij met haar kon trouwen, zou hij zich door die fatsoenlijke, onzelfzuchtige daad misschien kunnen verzoenen met de beperkingen van zijn leven.

Edu stond precies om twaalf uur bij hem voor de deur.

'Is het nog te vroeg om je gelukkig Nieuwjaar te wensen?' vroeg Jacob en hij maakte aanstalten om zijn broer te omhelzen. Net op tijd zag hij dat Edu, die zijn beste lichtgrijze pak droeg, iets opzijstapte om hem te ontwijken.

'Het is nog te vroeg, maar je mag het wel wensen,' zei Edu. Hij kwam niet binnen. 'Als je zover bent, kunnen we gaan.'

Jacob wikkelde zijn lange wollen sjaal om zijn nek en trok zijn zachte vilten gleufhoed over zijn veel te lange haar.

'Trek een jas aan,' zei Edu, die zijn chesterfield over zijn arm droeg en een rotan wandelstok bij zich had. Jacob pakte zijn oudste, meest sjofele jas van de kapstok en schoot hem aan. Edu keek geërgerd, maar hield zijn mond tot ze op straat stonden.

'Wat ben je toch een bohémien geworden,' zei hij.

Jacob, die had besloten kritiek over zijn kant te laten gaan, haalde alleen zijn schouders op. 'We zijn heel verschillend, jij en ik, maar daar hoef je niet elke keer een moreel oordeel aan te verbinden.'

Zwijgend liepen ze door de Fahrgasse. Edu werd steeds nerveuzer. 'Ik heb met een bepaalde reden afgesproken,' zei hij. 'Ik wil met je over Gerda praten. Je gaat toch niet echt met haar trouwen?'

Jacob had die vraag verwacht, maar had er nog steeds geen antwoord op kunnen vinden, zelfs niet in een schuilhoek van zijn eigen gedachten. 'Ik ben ouder dan jij,' zei hij. 'Waarom zet je me onder druk?' Het liefst had hij open en eerlijk met Edu over zijn gevoelens gesproken, maar dat was nu eenmaal onmogelijk.

'Je bent wel ouder,' zei Edu, 'maar ik heb meer verantwoordelijkheid.'

'Iedereen zou alleen verantwoordelijk moeten zijn voor zichzelf,' zei Jacob.

'In een familie als de onze is dat niet voldoende. We hebben de zorg voor een moeder die weduwe is, voor de kinderen, al zijn ze niet van ons, voor de zaak' – hij aarzelde even – 'waar jij niet in werkt, maar waarvan je wel afhankelijk bent voor je levensonderhoud. Iémand moet de verantwoordelijkheid voor dat alles nemen. Vind je niet?'

‘Je gaat erg snel,’ zei Jacob. ‘Misschien vind ik het daarom wel moeilijk om met je te praten. Je hebt alles al logisch en duidelijk uitgedacht. Nooit geef je toe dat je twijfelt. Ik denk niet dat ik je ergens van kan overtuigen, zelfs niet als het om mijn privéleven gaat.’

‘Sommige dingen zijn toch gewoon heel duidelijk? Plicht, eer, waarheid...’

‘Die begrippen zou ik nu juist gebruiken om je te laten zien hoe moeilijk het is ergens met hart en ziel in te geloven. Er zijn van die subtiele nuances...’

‘We denken overal anders over, jij en ik...’

‘Alleen over de werkelijk belangrijke kwesties van deze tijd. Zeg eens, Edu, komt er volgens jou oorlog?’

‘Ik denk dat we erop voorbereid moeten zijn.’

‘Als jij ergens op voorbereid bent, is het geen mogelijkheid meer, maar een aan zekerheid grenzende waarschijnlijkheid. Dus ik neem aan dat er oorlog komt, en in dat geval zullen we moeten vechten.’

‘Daar zouden we trots op moeten zijn.’

‘Voor zo’n jong iemand hou je er ouderwetse ideeën op na,’ zei Jacob. Hij sprak veel liever over politiek dan over zijn privéleven. ‘Oorlogen zijn niet meer wat ze geweest zijn en dat zullen ze ook nooit meer worden. Ik heb *Oorlog en vrede* herlezen en wat me opviel – behalve dat het een van de grootste romans aller tijden is – was dat oorlog voeren in die tijd nogal eenvoudig ging. Natuurlijk sneuvelden er ook soldaten en was sterven toen even erg als nu, maar voor het gevecht golden bepaalde regels, het leek op een dans of een spel. Het menselijk handelen is altijd al irrationeel, en dat wordt erger als het niet wordt beteugeld door toezicht en regels. Dan wordt het als een vuur dat hele steden en bossen verwoest. Met de techniek die we tegenwoordig tot onze beschikking hebben kunnen we, en zullen we ook, miljoenen mensen afmaken en een wereldbrand veroorzaken die alles zal verzwelgen.’

‘Wat ben je toch een pessimist! En waarop baseer je dat sombere vooruitzicht?’

‘Ik lees.’

‘Romans?’

‘Natuurlijk. Is er een betere manier om zich een *Weltanschauung* te vormen?’

'Ik dacht dat je kranten las.'

'Kranten? De *Frankfurter Zeitung* is een goede krant, maar ik laat me niet leiden door de informatie die erin staat. De beursberichten, die kun je lezen en geloven. Maar verder drukken ze alle onzin af die iemand – meestal een politicus of hoge piet – ter plekke uit zijn duim heeft gezogen of voorleest van een papiertje dat iemand anders heeft volgeschreven. En staat het eenmaal zwart op wit, dan is er de volgende dag weer iemand die het allemaal ontkent. Dat kun je de kranten niet verwijten. Het komt doordat ze elke dag moeten verschijnen en er circuleert zo veel nutteloze informatie dat het nieuws onvermijdelijk oppervlakkig is.'

'Hoe zijn we eigenlijk op dit onderwerp gekomen?' vroeg Edu.

'Boeken, ik lees boeken.'

'Nee.'

'Ja, we hadden het over de oorlog. Jij zei dat er oorlog komt.'

'Heb ik dat gezegd?'

'Jij gelooft in de vooruitgang. Ik geloof dat de industriëlen steeds meer geld willen verdienen, alsof ze al niet rijk genoeg zijn.'

'De Fransen willen wraak nemen voor 1871.'

'Dat zeggen de Pruisen.'

'Laten we van dit vervelende onderwerp afstappen.'

'Om een nóg vervelender onderwerp aan te snijden?' vroeg Jacob.

Het was bitterkoud en Jacob, die vergeten was handschoenen mee te nemen, stak zijn handen dieper in zijn zakken en boog zijn hoofd, zodat de sjaal zijn kin bedekte. Hij zag dat Edu grijze kalfsleren handschoenen droeg.

'Voel je ervoor om weer bij mama in de Neue Mainzer Strasse te gaan wonen?' vroeg Edu.

'Hoe kom je erbij!' Het was zo'n onverwacht voorstel dat Jacob het nauwelijks kon bevatten.

'Dan is ze niet meer zo alleen. Mijn appartement daar is – hoe moet ik het zeggen – mooier dan dat van jou. Dat ben je toch wel met me eens. Er is personeel, een prachtige tuin en je hoeft geen huur te betalen. Dat idee kreeg ik een dag of wat geleden, maar ik heb natuurlijk nog niets tegen mama gezegd.'

'En Gerda?'

'Daar kom ik nog op. Als je die relatie wilt voortzetten, zou je haar op een etage kunnen huisvesten, haar helpen met het opzetten van een eigen zaak, hoeden maken bijvoorbeeld, en haar kunnen bezoeken zoveel je maar wilt. Zo doen andere mannen het.'

'Ze kan niet goed handwerken en heeft niet de juiste smaak om hoedjes te maken. In Frankfurt zijn waarschijnlijk honderden vrouwen die daar beter in zijn dat zij ooit zal worden, en die hebben al moeite genoeg om de eindjes aan elkaar te knopen.'

'Als ze zuinig is, kan ze met weinig rondkomen. Misschien kan ze iets anders leren, kunstbloemen maken bijvoorbeeld? En misschien ontmoet ze iemand met wie ze kan trouwen.'

Jacob monsterde zijn broer eens goed. Zie hem daar fier en zelfverzekerd lopen, dacht hij. Hij weet precies wat hij wil en heeft voor elk probleem een oplossing. Hij kan je vertellen of een paard moet worden afgemaakt en wat de juiste bloem is om in je knoopsgat te dragen.

Edu, die Jacobs broeierige blik wel voelde, bleef strak voor zich uit kijken. Hij vond het niet prettig dat hij dit moest doen, maar zag het eenvoudigweg als zijn plicht. Als hij de sterkste was, moest hij dat ook laten zien en de verantwoordelijkheid nemen. Zelfs Nathan onderwierp zich tegenwoordig aan zijn oordeel.

'Luister eens, Edu,' zei Jacob. Zijn stem, die deels door de wollen sjaal werd gedempt, klonk gespannen, maar dat kwam slechts doordat hij zijn best deed om duidelijk te zeggen waar het op stond. 'Ik hou van Gerda en ik verwacht van jou dat je dat respecteert. Ik wil met haar trouwen. Misschien doe ik het niet, maar ik wil het wel. Noem het een kwestie van eer, als je dat graag wilt. Ik denk dat het iets anders is, iets moderners. Men hoort in het jaar 1913 niet van een vrouw te profiteren, niet van een arme vrouw als Gerda.'

'Profiteren?' vroeg Edu. 'Wat bedoel je in hemelsnaam? Ze heeft een goed leven, beter dan ze had kunnen dromen toen ze naar Frankfurt kwam. Je hebt haar veel gegeven.'

'Maar geen fatsoenlijke positie.'

'Denk je dat ze meer waarde aan fatsoen hecht dan aan een comfortabel leven? Misschien denk jij wel dat ze het mist, maar is dat echt zo? Zou ze het op prijs stellen om met je mee te gaan naar ons ouderlijk huis? Misschien wil je haar wel meenemen, maar heb je er weleens bij stilgestaan dat het voor haar een kwelling zou zijn? Niet omdat we haar slecht zouden behandelen, want dat zouden we niet doen, maar omdat ze weet en altijd zal weten dat ze daar niet hoort.'

'Het blijft niet altijd zo,' zei Jacob. 'Onze wereld zal in rook opgaan. Voel je het niet? Merk je het niet? Er wordt gewaarschuwd, maar niemand luistert. Je weet toch dat dieren voor een aardbeving vreemd gedrag vertonen? Zo voel ik me ook. Jij ziet het rationeel. "Oorlog is onvermijdelijk," zeg je en je praat erover alsof het over de oogst gaat, alsof je op de beurs inzet op bepaalde handelsartikelen. Zo zien de generaals het ongetwijfeld ook, maar ik voorzie een verschrikkelijke catastrofe. Ik zie het in menselijke termen. Het zal het einde betekenen van de wereld zoals wij die kennen.' Hij spreidde zijn armen alsof hij de vredige stad aan de Main en zelfs Sachsenhausen wilde omvatten.

'En jij wilt dat nieuwe tijdperk tegemoet gaan als Gerda's echtgenoot?' vroeg Edu. 'Dan handel je vanuit een abstract beginsel. Je wilt iets doen omdat het juist, fatsoenlijk en "modern" is. Ik heb het idee dat je hartstochtelijker houdt van rechtvaardigheid dan van Gerda.'

'Ik laat haar niet in de steek,' zei Jacob, maar Edu hoorde eerder verzet dan overtuiging in zijn stem. 'Misschien trouw ik nog met haar,' sputterde hij, alsof hij tegen zichzelf praatte. 'We zijn ontsnapt uit de Judengasse,' zei hij, 'in een tijd dat niemand iets met ons te maken wilde hebben of geloofde dat we op de anderen konden lijken, op hén. Het zou ons misstaan als we dat vergeten en op een andere groep neerkijken.'

Edu ging niet meer met hem in discussie. Hij had zijn zaak bepleit en gewonnen. Ze staken de Opernplatz over, liepen de Bockenheimer Landstrasse in en stonden voor het huis dat Edu had gekocht.

'Mooi, hè?' vroeg Edu, met een dwaze trots die Jacob ontroerde. Het klonk zo kinderlijk dat je het hem niet kwalijk kon nemen. 'In deze tijd van het jaar zie je de tuin niet goed, maar die heb ik juist altijd bewonderd,' zei Edu. 'Ik kom hier vaak langs als ik naar de Palmengarten ga en heb het gevoel dat ik het huis al ken. Je zult in de lente wel zien hoe prachtig de tuin is.'

Daarna gingen ze uiteen. Edu bracht een bezoek aan zijn moeder, terwijl Jacob lang door de bevroren stad dwaalde, verontrust en gespannen, maar ook met een gevoel van vrijheid en ontvankelijkheid waardoor alles wat hij onderweg tegenkwam een belangrijke vingerwijzing leek te zijn.

Edu was van plan om oudejaarsavond thuis met Hannchen door te brengen. Ze had alle uitnodigingen afgeslagen, want ze was met haar gedachten bij Moritz en dat maakte haar van streek. Ze was blij met Edu's gezelschap. Ze dronken een glas sherry, en Edu vertelde wat volgens hem het resultaat van zijn gesprek met Jacob was. 'Hij heeft niets beloofd,' zei Edu, 'maar ik kreeg de indruk dat hij merkwaardig opgelucht was.'

'Beloof me, Edu, dat je altijd zult helpen bij familieproblemen,' zei ze. Ze voelde zich op dat moment heel oud en had niet graag in de spiegel willen kijken.

Edu knikte. 'Daar heb ik met papa over gesproken, vlak voordat hij stierf.'

'Hij wist dat hij jou het best de zorg voor de familie kon toevertrouwen.'

'Ik heb hem beloofd dat ik, zolang ik de leiding over de zaak heb, zal zorgen dat niemand in de familie iets tekortkomt en ieder een deel van de winst krijgt, uitgezonderd Gottfried natuurlijk. Ineens schiet me trouwens te binnen dat hij me elk jaar een brief stuurt om op te snijden over zijn succes. Heb ik u al verteld dat hij zijn naam heeft veranderd?'

'Nee, waarin?'

'Even kijken. Ik heb de brief bij me.' Hij pakte een opgevouwen velletje uit zijn portefeuille. 'Gerald F. Worth,' las hij voor van de enveloppe.

'Wat een rare naam,' zei Hannchen.

'Hij heeft het woord *heim* van Wertheim afgehaald, en *Wert* in het Engelse *Worth* veranderd. Hij is naar New York verhuisd en beweert dat hij in zijn nieuwe vaderland een waardevol lid van de maatschappij is geworden.'

'Misschien is hij tot bezinning gekomen,' zei Hannchen terwijl ze een tweede glas sherry nam. 'Ik ga vroeg naar bed om alles te vergeten,' kondigde ze aan. Ze was dikker geworden en leek die avond verbazingwekkend veel op haar zus Berthe.

Edu had nog niet alles gezegd wat hij wilde zeggen. 'Mocht er iets met Siegmund of Nathan gebeuren, wat God verhoede, dan heb ik papa ook beloofd te zorgen dat hun kinderen niets tekortkomen, ongeacht de financiële situatie van hun vader.'

'Vooral de meisjes,' zei Hannchen.

'Vooral de meisjes.'

Even later zaten ze aan de knoedels met abrikozen, opgediend in gesmolten boter met broodkruimels. Sophie was speciaal gekomen om dat voor hen te maken. De kerkklokken begonnen te luiden.

'Ik had vroeg naar bed willen gaan,' zei Hannchen bij een glas brandewijn. 'O, ik mis je vader toch zo! En jij zult gauw naar je nieuwe huis overgaan.'

'U mag altijd bij me komen wonen.'

'Nee, nee, nee, maar ik wil je iets moois voor je huis geven. Wat wil je hebben?'

'Een schilderij.'

'Maar je hebt een heel andere smaak dan ik...' Het klonk bijna als een verwijt.

'Ik zal het zelf uitzoeken,' zei Edu, 'en daarna laat ik het ter goedkeuring aan u zien.'

Bij Nathan en Caroline speelden de kinderen nog steeds met het speelgoed dat ze voor Kerst hadden gekregen. Lene gaf haar hondje trouw te eten en voedde hem zo goed mogelijk op. De jongens lagen de hele dag op hun buik met treinen en soldaatjes te spelen. Op oudejaarsavond nam Andreas steentjes mee naar binnen die hij uit de sneeuw had opgegraven en liet ze op de rails vallen. De trein ontspoorde.

'Wat moet dat voorstellen?' riep Ernst.

'Oorlog,' antwoordde Andreas.

De kerkklokken beierden aan één stuk door, maar de kinderen sliepen al toen 1914 aanbrak.

HOOFDSTUK 3

1918

In de zomer van 1918 was de oorlog een bitter bestanddeel van het leven van iedere burger geworden, in Frankfurt en in de rest van het Duitse Rijk. De laatste winter was erg koud geweest. De armen hadden er uiteraard meer van te lijden dan de rijken. Ze hadden gebrek aan brandstof en voedsel, en stonden uren in de striemende wind in de rij om één wittekool te kopen. Ze vervloekten de rijken en de regering. Hongerige kinderen trokken vanuit de stad naar het omliggende boerenland om te bedelen en aardappelen te zoeken, en als ze niet werden betrapt door een politiepatrouille smokkelden ze die naar hun armzalige arbeiderswoninkjes. Afgezien van politieagenten waren er nog maar weinig mannen achtergebleven die gezond van lijf en leden waren. Op straat, in de fabrieken en in de winkels zag je alleen maar vrouwen.

De komst van de zomer veranderde niets aan het verloop van de oorlog of aan de politieke werkelijkheid, maar haalde de scherpe kantjes van sommige ontberingen af. De mensen gingen wandelen in het Stadtwald en zwemmen in de Main, ze werkten in hun tuintjes aan de rand van de stad en hoopten dat het vrede zou worden voordat de winter weer inviel.

Lene Wertheim had Fräulein Gründlich geholpen bij het aanleggen van een moestuintje tussen de bloembedden met rozen en pioenen. Komkommerplanten kropen over de grond en tomaten, erwten en bonen klommen langs staken omhoog. De witte grindpaden werden omzoomd met wat gewone aardappelplanten. Zelfs de enige tuinman die Edu nog had, een kromme oude man, had dat jaar groenten geplant. Edu was officier in het Duitse leger, bij het regiment Dragonders van de groothertog van Hessen, en was gestationeerd aan het oostfront. Nathan was te oud voor het leger en Siegmund, die zich in de eerste oorlogsmaanden vrijwillig had aangemeld, was na twee jaar vrijgesteld van actieve dienst om het familiebedrijf te leiden, want dat leverde de wollen stoffen die nodig waren voor de legeruniformen. Ook Jacob was vrijwillig in dienst gegaan, niet zozeer uit vaderlandsliefde als wel in een vertwijfelde en uiteindelijk vergeefse poging om zijn leven een andere wending te geven. Hij was gewond geraakt aan de Somme en herstelde langzaam in een ziekenhuis in Mainz. Hoe moeilijk het ook was om vervoer te vinden, Gerda kwam elke week op bezoek en zat dan zwijgend aan zijn bed naar zijn bleke gezicht te staren.

Omdat er in het voorgaande jaar enkele luchtaanvallen op Frankfurt waren geweest, stuurden de ouders die het zich konden veroorloven hun kinderen in de zomer van 1918 naar het platteland. Fräulein Gründlich ging met Lene en de tweeling naar Königstein in het Taunusgebergte, waar ze in een bescheiden pension logeerden. Emma was nu achttien en had gevraagd of ze zich mocht aansluiten bij een groep leeftijdsgenoten op een landgoed in de buurt van Kronberg, jonge vrouwen uit goede families die zich nuttig wilden maken in tijden van oorlog en daarom op de boerderij werkten en hielpen bij het oogsten.

Ze schreef enthousiaste brieven naar huis en stuurde een foto van zichzelf met de andere meisjes. Ze droegen allemaal een dirndljurk en een doek om het hoofd geknoopt als Russische boerinnen, hadden een hooivork in hun hand en zagen er gezond en bruinverbrand uit. Emma stond toevallig helemaal aan de zijkant op het kleine kiekje en slechts de helft van haar gezicht was te zien, maar ze leek te glimlachen. 'De ánderen zien er in elk geval gezond uit,' zei Nathan.

Caroline werd getroffen door haar dochters donkere schoonheid te midden van al die meisjes uit de betere kringen, die er zelfs met vlechten en boerse jurken en in informele poses nog hooghartig uitzagen. Als het Nathan al opviel, zei hij er in elk geval niets over. Zijn kinderen waren een raadsel voor hem, zonder dat hij kon zeggen hoe dat kwam. Ze waren attent en beleefd, ze praatten honderduit over hun leven en gaven hun mening over allerlei onderwerpen, maar geen van hen, zijn zoons noch zijn dochters, gaven hem ooit een inkijkje in hun hart. Met dezelfde opgewektheid waarmee Emma hen thuis vermaakte met haar verhalen over leraressen, dienstmeisjes en verkoopsters, bracht ze nu verslag uit van haar activiteiten, variërend van het schrobben van het fornuis tot het voeren van de kippen. Er was nooit plaats voor narigheid of twijfel in deze brieven. En als er per ongeluk toch iets vervelends opdook, werd dat in de volgende zin weer weggewuifd.

Caroline had gelijk: Emma was een mooie jonge vrouw geworden. Haar zwarte ogen leken nog onpeilbaarder en haar huid lichter. Haar gezicht zou nooit de gezonde gloed krijgen die Lene had als ze even in de zomerzon was geweest, maar haar beenderstructuur en kaaklijn waren fijner. Emma was haar angst, die bijna sidderende onzekerheid tegenover het leven, nooit kwijtgeraakt, en omdat ze bang was dat die aan het licht zou komen, hield ze mensen op een afstand. Ze werd niet graag aangeraakt en bewoog zo snel en nerveus dat ze alleen daardoor al moeilijk benaderbaar was. En toch had ze behoefte aan vriendschap, een wanhopig verlangen naar intimiteit dat ze niet durfde uit te spreken en niet in vervulling kon doen gaan. Ze miste een hartsvriendin die ze kon kussen en omhelzen en met wie ze geheimen kon uitwisselen, maar als ze iemand vond, was ze niet in staat haar tegen zich aan te drukken of haar te vertellen over de gedachten en angsten die haar kwelden, zelfs niet fluisterend in het donker. De kameraadschap binnen de groep was 'goed voor Emma', vond de familie. Ze maakte nu deel uit van een kwetterende zwerm meisjes die gezond en verantwoord leefden: ze waren veel buiten, alles wat ze aten was vers en ze kregen een goede nachtrust. Emma hield dit verhaal graag in stand.

Caroline had geaarzeld of ze Emma toestemming zou geven om naar de boerderij te gaan. Ze had een instinctief wantrouwen tegen alles wat iemands manier van leven radicaal veranderde. Zelf was ze volkomen afhankelijk geworden van haar man, haar huis en haar bedienden. Toen bleek dat Nathan niet het leger in hoefde, was ze buiten zichzelf van opluchting. Het idee dat ze het huishouden alleen zou moeten bestieren was een nachtmerrie voor haar. Eva, die de afhankelijkheid van haar zus vreselijk vond, spoorde haar steeds weer aan haar leven in eigen hand te nemen, maar Caroline liet zich niet uit haar ivoren toren lokken. Als reactie op die mislukking probeerde Eva Emma te stimuleren om zelfstandiger te worden. Toen Emma aankondigde dat ze op een boerderij wilde gaan werken, was haar tante opgetogen.

Eva had natuurlijk geen goed beeld van de omstandigheden waaronder Emma zou gaan werken. Ze stelde zich een soort collectief voor, een mengeling van robuuste boerenkinderen en dochters van de bourgeoisie, waarin alle dagelijkse werkzaamheden eerlijk werden verdeeld. Ze zou geschokt zijn geweest als ze het landgoed had gezien en had geweten wat een luxe leventje deze bevoorrechte meisjes leidden. Eva voelde zich steeds meer aangetrokken door het linkse gedachtengoed en had zich aangesloten bij een ondergronds groepje spartakisten, die wekelijks bijeenkwamen om te discussiëren en over de revolutie te praten. In tegenstelling tot sommigen van haar kameraden benaderde Eva dat onderwerp argeloos en met de beste bedoelingen. Een jaar eerder was er een vredesverdrag gesloten met het nieuwe bolsjewistische regime en links Duitsland hield de blik hoopvol op het oosten gericht.

Als Edu, die gestationeerd was in het afgelegen Oost-Galicië, een uithoek van het afbrokkelende Oostenrijks-Hongaarse Rijk, had geweten wat de sympathieën, sterker nog, de connecties van Eva Süsskind waren, dan zou hij ongetwijfeld zijn uiterste best hebben gedaan haar te laten arresteren. Hij klampte zich uit alle macht vast aan de overtuigingen van zijn stand, hoewel zijn ervaringen in het keizerlijk leger verre van aangenaam waren. Dat hij was ingelijfd bij de exclusieve Dragonders had hij volledig te danken aan een niet-Joodse vriend en collega, die veel aanzien genoot en had ingestaan voor zijn rijkdom en vaardigheden. In het verleden was het voor een Jood vrijwel onmogelijk geweest om officier te worden. De mannen die dat nu dankzij de oorlog wel was gelukt, moesten allemaal op hun eigen manier leren omgaan met het antisemitisme van hun medeofficieren. Edu deed dat, zoals zijn gewoonte was, door zich in zichzelf terug te trekken. Hij deed zijn werk stilzwijgend en nauwgezet, en bewaarde daarbij een beleefde en discrete afstand tot zijn medeofficieren. Hij maakte maar één vriend, Max Demant, een arts uit Darmstadt en net als hij Joods. Maar Demant werd overgeplaatst naar een ziekenhuis in Litouwen, waar hij aan tyfus overleed kort voordat het vredesverdrag van Brest-Litovsk werd getekend. Hij had drie weken achtereen onafgebroken voor de zieken en gewonden gezorgd. De twee vrienden hadden elkaar vaak in vertrouwen verteld dat ze het leger barbaars vonden en hun leven als militair ondraaglijk. Toen Edu hoorde dat zijn vriend was gestorven, nam hij zich plechtig voor nooit over zijn jaren als militair te praten. Hij zette die tijd uit zijn gedachten met dezelfde vastbeslotenheid als waarmee hij later zijn uniformen verbrandde en zijn onderscheidingen wegstopte in een doos op zolder, die hij nooit meer tevoorschijn haalde.

De meeste officieren in Edu's regiment hadden een hartgrondige hekel aan het deel van de wereld waarin ze terecht waren gekomen. Ze hadden wel wat gevechtsactie meegemaakt, maar de meesten verlangden naar meer. Het was duidelijk dat de belangrijke, 'echte' oorlog in Frankrijk werd uitgevochten, en nu Rusland geen rol meer speelde, zagen ze niet in waarom ze in het oosten moesten blijven. Maar Duitsland handhaafde anderhalf miljoen militairen tussen de Oekraïne en de Oostzee. Dat was deels omdat de regering de politieke situatie niet stabiel genoeg vond om hen terug te trekken, maar ook vanwege de droom van generaal Ludendorff dat Duitsland Rusland zou annexeren en daar een grote satellietstaat zou vestigen, die zich uitstrekte van de Krim tot aan de Kaukasus. Noch de gewone soldaten noch de officieren hadden enig idee van dit plan, hoewel het in het verlengde lag van de denkbeelden die ook onder de officieren in Edu's regiment leefden. Hij zorgde ervoor dat hij nooit bij politieke discussies betrokken raakte. Als iemand zijn mening had gevraagd – wat niemand deed – dan had hij gezegd dat hij totaal geen kijk had op de situatie.

Er was hem een Joodse oppasser toegewezen, maar door de enorme maatschappelijke kloof tussen hen werden ze niet echt vertrouwelijk. Wel was er sprake van wederzijdse sympathie en goede wil, en op een versluierde, heimelijke manier steunden ze elkaar tegen de rest van de officieren, tegen 'de anderen', tegen – hoewel ze dat woord nooit bezigden – de gojim. Met zijn gebruikelijke ironische distantie constateerde Edu dat er veel meer kameraadschap was tussen zijn 'jongen', Solly, en de andere regimentssoldaten dan tussen hemzelf en zijn collega's.

Ze werden in het ene na het andere Galicische dorp ingekwartierd, maar voor de mannen waren ze allemaal hetzelfde. Als je, zoals zij, uit glooiende, vruchtbare streken kwam, uit keurige dorpen en eerbiedwaardige steden waar de huizen regelmatig een verfje kregen en de straten werden geveegd, maakte dit arme, vlakke platteland een ronduit primitieve indruk. Hier en daar stonden bouwvallige groepjes huizen lukraak langs wegen die door de regen in modderpoelen veranderden en met warm weer in stofwoestijnen. Veel boeren in deze grensgebieden spraken geen Duits, en zelfs als ze dat wel deden, leken ze voor de Duitse soldaten van een andere planeet te komen. En het wemelde er van de Joden. De meeste militairen hadden nog nooit zo veel Joden bij elkaar gezien, en zeker niet in zulke bittere armoede. Door alle veldslagen die hier waren uitgevochten hadden veel inwoners hun huis keer op keer moeten ontvluchten en leefden ze van de hand in de tand, op het randje van verhongering. Als Edu op Pegasus, zijn voskleurige ruin, aan het hoofd van zijn peloton reed, kwam hij op de onverharde wegen vaak van die arme drommels tegen. Sjouwend met beddengoed en koperen potten, en vaak met kinderwagens waarin ze hun armzalige bezittingen hadden geladen, scharrelden ze dan haastig naar de greppel. Hij bleef nooit staan, hij bekeek ze nauwelijks, maar elke nacht kwelden ze hem in zijn dromen. 'Heb je ze gezien?' vroeg hij op een avond aan Solly.

De oppasser zat zijn laarzen te poetsen tot ze glansden als spiegels. 'Wie, meneer?'

'De arme Joden die we vandaag tegenkwamen.'

'Die zie je de hele tijd, meneer.'

'Maar ze hebben geen land, geen oogst, geen werk.'

'Ze zijn eraan gewend. Zo is het hier nu eenmaal. Toch weten ze te overleven.'

'Waarom gaan ze niet naar Amerika?' vroeg Edu, en hij dacht terug aan New York.

'Dat weet ik niet, meneer. Ik maak me nooit druk over geschiedenis of politiek. Ik wil alleen maar heelhuids terug naar mijn gezin. De oorlog zal niet lang meer duren. Dat zeggen ze allemaal. We hebben geluk, weet u. We hadden ook in een loopgraaf in Frankrijk kunnen zitten. Daar komt bijna niemand levend uit. Hoe het precies met die Joden zit weet ik niet,' vervolgde hij, 'maar ik zou me er maar geen zorgen over maken. Ze zijn hier thuis, ze kennen het land als hun broekzak en zijn gewend aan hard werken. Ze komen wel terugkruipen en gaan dan weer kinderen maken. Dat zou ik ook wel willen, in plaats van mijn geweer te presenteren en te paraderen op het dorpsplein. En ik neem aan dat u er hetzelfde over denkt.'

'Heb je weleens met de Joden hier gepraat?' vroeg Edu.

'Ja, meneer.'

'En wat spreken ze, welke taal?'

'Jiddisch. En een beetje Pools en een paar woordjes Duits. Sommigen kennen zelfs Russisch. De kastelein – u weet wel, die man met die rode baard – zei dat ik, als ik met Rosj Hasjana nog hier was...' Hij wierp een zijdelingse blik op Edu om te zien of die wist waar hij het over had. Toen hij had vastgesteld dat Edu niet zo afvallig was dat de hoge feestdagen aan hem uitgelegd moesten worden, vervolgde hij zijn verhaal. 'Hij zei dat ik dan maar bij hem en zijn gezin moest komen eten. Ik heb hem bedankt, maar gezegd dat ik niet hoop dat we hier met Rosj Hasjana nog zijn. Bent u weleens in zijn café geweest?'

Edu schudde zijn hoofd. Af en toe ging hij in zijn eentje een stukje rijden of wandelde hij op een marktdag door het stadje, maar hij was nog nergens naar binnen gegaan, zelfs niet in een winkel.

'U zou er eens naartoe moeten gaan,' zei Solly. 'Hij heeft goede, sterke wodka. Die verdrijft de eenzaamheid en de verveling.'

Een van de weinige dingen die Edu wel kon inpassen in zijn stringente, doelloze dagelijkse routine, was brieven schrijven naar huis. Hij schreef aan zijn moeder en aan zijn broers, nichtjes en neefjes. Hij schreef zelfs aan tante Berthe, en natuurlijk aan Elias, die erin was geslaagd een veilig baantje bij de staf te vinden. Toen Edu hoorde dat Jacob gewond in het ziekenhuis lag, ging hij zijn broer vaker schrijven dan de anderen en liet in zijn brieven iets van zijn mismoedigheid en heimwee doorschemeren, hoewel hij het ongepast vond om zijn verbittering over de andere officieren te uiten.

Beste Jacob,

Mijn oppasser zegt dat de oorlog niet lang meer kan duren. Hij verwacht dat hij met het Joodse nieuwjaar weer thuis is (jij weet misschien wanneer dat dit jaar valt. Ik niet, maar ik ben niet van plan dat te laten merken aan Solly, die me toch al als een goj beschouwt). We zijn gestationeerd in zo'n saai Galicisch plaatsje waar in honderden jaren niets is veranderd. Het ziet er precies zo uit als op oude foto's, want er is nergens enige kleur te bekennen, alleen maar zwart, wit en grijs. De lucht is meestal bewolkt, de straten zijn onverhard, er staat een kerk met twee spitsen (de kerk is wit) en een handjevol bakstenen huizen, en verder zie je alleen witgepleisterde gebouwen met zinken daken, behalve waar de Joden wonen, want daar staan houten hutjes met lekkende daken en het krioelt er van de smoezelige kinderen. De armoede is met geen pen te beschrijven en is nog verergerd doordat het Oostenrijkse, Russische en Duitse leger op dit beklagenswaardige stukje grond met elkaar hebben gevochten. Vooral de Oostenrijkers hebben de plaatselijke bevolking hard aangepakt, want ze verdenken de etnische minderheden ervan tegen hen te zijn en beschuldigen hen daarom van spionage. Ik heb zelf talloze malen gezien hoe arme, onnozele boeren door een vuurpeloton werden geëxecuteerd nadat ze in een paar minuten in een schertsproces waren veroordeeld. De lijken worden aan de dichtstbijzijnde boom gebonden of aan een lantaarnpaal gehangen als waarschuwing voor anderen. (Ik hoor dat sommige Oostenrijkse militairen zijn overgelopen naar Rusland, en dat veel van de krijgsgevangenen die de Russen hebben gemaakt nu door de bolsjewieken worden vrijgelaten en terugkomen als overtuigde revolutionairen. Waar moet dit allemaal heen?) Aan die bungelende lijken kan ik maar niet wennen, zelfs niet na bijna vier jaar oorlog. De anderen lachen erom, maar ik moet steeds denken aan Goethes ontzetting over de drie hoofden die op staken op de oude brug over de Main stonden als waarschuwing voor de opstandige bevolking.

Ik let op mijn conditie, ga dagelijks uit rijden en zorg goed voor mezelf, mijn manschappen en mijn paard. Ik heb weinig contact met de beroepsofficieren; die leven in hun eigen wereld. Als er nieuws is, duurt het lang voor het tot ons doordringt, maar volgens de geruchten zal de oorlog voorbij zijn voor de winter invalt, nu de Amerikanen zich in de strijd hebben gemengd. Soms zie ik voor mijn geestesoog het macabere beeld van Gottfried – of Gerald, zoals hij zich tegenwoordig noemt – die een charge uitvoert tegen ons, zijn eigen broers. Alweer een reden om blij te zijn dat jij niet meer hoeft te vechten en ik vastzit in deze uithoek.

We blijven natuurlijk exerceren alsof we morgen ten strijde zullen trekken. Af en toe besef ik hoe absurd dat is, maar de andere officieren nemen het hoogst serieus. Ze lijken niet door te hebben dat we ons moeten voorbereiden op een ander soort oorlog, een oorlog die niet langer met de gewone middelen wordt uitgevochten. Als ik me niet vergis, hebben jij en ik het daar een keer over gehad, jaren geleden, toen we door de besneeuwde straten van Frankfurt liepen. Ik wou dat ik daar nu was. Je kunt je niet voorstellen hoe ik verlang naar de vertrouwde straten, naar stemmen die het dialect van thuis spreken. Soms hoor ik een van mijn Hessische manschappen *frankfurterisch* praten en dan zou ik hem wel willen omhelzen.

Mama schrijft me dat het beter met je gaat. Ik ben blij dat te horen. Ze meldt ook dat Siegmund de zaak plichtsgetrouw bestiert, wat ik niet betwijfel, maar ze vertelt er niet bij of hij het ook góéd doet. Nathan gaat geregeld bij hem langs. We schijnen enorm veel winst te maken, maar dat kan ook bijna niet anders, als je in aanmerking neemt dat het oorlog is en we de regering bevoorraden. Ik hoop maar dat de markt niet helemaal instort als de oorlog voorbij is.

Ik hoop je snel te zien.

Je liefhebbende broer,
Edu

Jacob las Edu's brief een paar maal over. Behalve lezen was er weinig te doen in het ziekenhuis, en hij betrapte zich erop dat hij alles wat hij onder ogen kreeg meerdere malen las. Hij had nog veel pijn. Daardoor en door de herinneringen aan het slagveld die hem in het nachtelijke donker overvielen, sliep hij slecht. Overdag lukte het nog wel, maar als het licht uitging veranderde elk geluidje in het geratel van machinegeweren en het hotsen van een wagen op straat in het begin van een bombardement. Het gedempte kreunen van een medesoldaat die zich vlakbij omdraaide in zijn slaap, deed de eindeloze slachting herleven, het gegil van pijn, uiteengereten lichamen waar de ingewanden uit hingen, loopgraven vol bloed en modderig water. Als hij zijn ogen dichtdeed, zag hij om zich heen één grote slachtpartij. Hij was bang voor zijn dromen.

Edu's beschrijving van de lijken die in de bomen bungelden waren nog maar de proloog van het afschuwelijke drama dat zich elke avond voor zijn geestesoog ontvouwde. Jacob vond de brieven van zijn broer verrassend zachtmoedig en openhartig. Hij vermoedde dat Edu ongelukkig was, maar als hij terugschreef, liet hij niet doorschemeren dat hij meer in de brieven had gelezen dan alleen de feitelijkheden. Hij had zijn eigen problemen.

Het was zondag, de dag waarop Hannchen eens in de twee weken kordaat het ziekenhuis binnen kwam zeilen. Ze bracht altijd iets lekkers mee, en een opgewekt humeur. Beide irriteerden Jacob, het lekkers omdat hij moeilijk at – er was een gat in zijn buik geblazen door de scherf van een mortiergranaat toen hij een charge leidde tegen Senegalese troepen die koppig standhielden aan de Somme – en het opgewekte humeur omdat dat leek te spotten met zijn eigen ellende. Hij had zich in het hoofd gehaald dat zijn moeder niet van hem hield, en van dat besef werd zijn toch al sombere stemming nog somberder.

Hannchen was niet contemplatief van aard en dacht al helemaal niet na over haar eigen gevoelens, die ze beschouwde als uiting van een soort natuurkracht. Ze verdroeg Jacobs stuurse blik omdat ze die zag als een gevolg van zijn verwonding en wat hij op het slagveld had meegemaakt. Ze geloofde beslist niet dat ze minder van hem hield dan van haar andere zoons, hoewel ze zich er wel van bewust was dat ze het meest van Edu hield. Jacob was onderscheiden met het IJzeren Kruis eerste klasse, en hoewel Hannchen het niet graag toegaf, was ze daar trots op. Ze vertelde het aan iedereen, maar vooral haar niet-Joodse vrienden moesten het meer dan eens aanhoren.

'Hoe gaat het vandaag met mijn dappere zoon?' Hannchen verscheen precies op het moment dat Jacob, nadat hij Edu's brief voor de derde keer had gelezen, zich begon af te vragen hoe hij haar bezoekje moest doorstaan.

'Niet zo goed.' Jacobs antwoord was altijd hetzelfde.

'Ik heb ganzenleverpastei voor je meegebracht. Een heel klein beetje maar, vraag niet hoe ik eraan ben gekomen. Het kostte een vermogen en is heel licht verteerbaar, dus het kan onmogelijk slecht voor je maag zijn. En raad eens? Een klein flesje uitstekende wijn om het mee weg te spoelen.'

Hannchen zette alles op Jacobs nachtkastje en installeerde zich op de stoel naast zijn bed. Iemand had het gordijn dichtgeschoven dat tussen Jacob en zijn zaalgenoot hing, een man die bij Verdun blind was geworden en heel weinig zei, maar wel voortdurend leek mee te luisteren.

'Bedankt, mama,' zei Jacob. 'Ik waardeer je zorgzaamheid, maar het is echt niet nodig. Ik mag vrijwel geen vast voedsel hebben van de artsen.'

'Artsen!' snoof ze. 'Als het mocht, zou ik je hier zelf komen verzorgen. Hoe dan ook, de wijn is vloeibaar, dus die kun je in elk geval drinken.'

'Ik heb een brief van Edu gekregen,' zei Jacob. 'Het gaat blijkbaar goed met hem. Hij zegt dat de oorlog niet lang meer zal duren.'

'Hoe kan híj dat weten, in dat verre Galicië?'

'Zijn oppasser hoort geruchten.'

'Die geruchten horen we in Frankfurt al twee jaar. Wat schrijft hij nog meer?' Hannchen was altijd een beetje jaloers als iemand anders iets van Edu hoorde. Ze verbeeldde zich graag dat hij van iedereen met wie hij correspondeerde het liefst aan haar schreef.

'Hij schrijft over lijken die in bomen hangen...'

'Kom op, Jacob, praat geen onzin!'

Jacob keek haar zo woedend aan dat ze haar ogen neersloeg. Hij had zijn baard laten staan, en door de omlijsting van dat dikke donkere haar werden al zijn gelaatsuitdrukkingen versterkt. Het lijkt wel of hij me haat, dacht Hannchen, maar dat was zo'n afschuwelijk idee dat ze het niet kon verdragen en meteen weer uit haar gedachten zette.

'Het spijt me,' zei ze. 'Ik ben een domme vrouw die niets van oorlog weet. Mag ik de brief lezen of staan er geheimen in?'

Jacob gaf haar zwijgend de brief. Hij wist dat hij eigenlijk niet mocht laten merken dat zijn zenuwen aan flarden waren en ook niet minachtend mocht doen, zeker niet tegen zijn moeder, die niets snapte van de complexere kanten van zijn karakter en waarschijnlijk haar eigen zieleroerselen niet eens begreep. Na een snelle blik op de brief gaf Hannchen die weer terug. Edu's handschrift was klein en netjes, en leek zich in een rechte lijn naar de rechterkant van het papier te spoeden. Hij schreef nog gedeeltelijk in het oude Duitse schrift, maar je kon zien dat hij de gotische krullen steeds meer achterwege begon te laten.

'Het moet vreselijk zijn,' zei ze, maar het was onduidelijk waar ze precies op doelde. Jacob vroeg haar hoe het met iedereen ging, waarbij hij zorgvuldig het hele rijtje familieleden afging en niemand oversloeg.

'Gründlich zal binnenkort wel langskomen met de kinderen,' zei ze. 'Ze brengen de zomer in Königstein door. Frankfurt is niets voor hen dit jaar. Had ik je al verteld dat Lenes hond vergiftigd is?'

'Waarom zou iemand dat doen?'

'Dat weten we niet. Gewoon om een nare streek uit te halen of omdat ze wilden inbreken. Dat laatste denkt de politie, want er zijn groenten uit de tuin gestolen en er is geprobeerd de kelderdeur te forceren, maar dat is niet gelukt.'

'Arme Lene! Ik heb een schattige foto van haar op het gazon, waarop de hond haar een pootje geeft en zij een uniform aanheeft, misschien zelfs wel het mijne. Ze staat er heel lief op.'

'Als je over de kinderen praat, klink je tenminste weer als een mens.'

'Hmmm,' mompelde Jacob instemmend. Hij sloot zijn ogen even.

'Heb je pijn?' vroeg zijn moeder.

'Een beetje maar.'

'Zal ik de dokter roepen?'

'Nee, nee.'

'Of de verpleegster, dat ze je iets kan geven?'

'Dat hoeft niet, mama.'

'Een beetje wijn?'

'Dat is een goed idee.'

De kurkentrekker lag in een servet gerold in een tenen mand, samen met de pastei en een paar biscuits, twee peren en een luchtig, geel stuk tulband.

'Sophie heeft alles voor je ingepakt,' zei Hannchen. 'Ze is bij ons teruggekomen nu Marie in de munitiefabriek is gaan werken. Die meisjes zullen het na de oorlog wel moeilijk vinden om weer aan huishoudelijk werk te wennen. Dan moeten wij onder hun slechte humeur en arrogantie lijden.'

Jacob vond het wel aandoenlijk, die lekkernijen uit een wereld van vrede en luxe, al was er geen enkel verband met zijn eigen leven. Hij voelde zich suf en had geen energie om de etiquette in acht te nemen. Hannchen worstelde met de kurk, want Jacob had niet aangeboden de fles te ontkurken. Verdorie, dacht hij, laat me toch slapen. Meteen nadat die woorden door zijn hoofd waren gegaan sukkelde hij in, maar al snel – hoogstens een paar minuten later – werd hij wakker door het gevoel dat er iemand de kamer was binnengekomen. De vrouw van mijn buurman, dacht hij, toen hij het ritselen van een rok hoorde. De kurk kwam met een plofje uit de fles, Jacob opende zijn ogen, en daar stond Gerda. Ze had het gordijn een klein stukje opzijgetrokken, omdat ze hem wilde verrassen, maar toen had ze Hannchen gezien. Op haar gezicht stond paniek te lezen. Ze sperde haar mond open alsof ze ging gillen, maar toen ze zag dat Jacob naar haar keek, bevroor ze in haar houding als een personage in een tableau vivant.

'Kom later maar terug,' zei Jacob tegen haar, alsof ze een verpleegster was. Hannchen zat op haar rechte stoel en verroerde zich net zomin als Gerda. Ze staarden elkaar een paar langgerekte seconden aan en toen keerde Hannchen zich weer naar Jacob, schonk een glas wijn voor hem in, nam er zelf ook een en zei: 'Prosit!'

'Ga weg!' riep Jacob, zo hard dat de hele zaal het kon horen. 'Weg, weg, wég!' Gerda vertrok. Jacob en Hannchen hoorden aan haar haastige voetstappen dat ze de gang uit vluchtte.

Jacob dronk zijn glas in één teug leeg. Zijn moeder schonk het weer vol en daarna nog eens, totdat hij zich achterover in zijn kussens liet zakken, zijn geest in dons verpakt.

'Dat was lekker,' zei hij met dubbele tong.

'Er is nog een beetje,' zei Hannchen. 'Bewaar dat maar voor later. Ik moet nu gaan. Bruno wacht beneden op me.'

'Zijn jullie met de auto gekomen?' vroeg Jacob. 'In oorlogstijd?'
'We hebben samen de trein genomen. "U moet niet alleen gaan, Frau Wertheim," zei hij tegen me.'
Dat waren de laatste woorden die hij hoorde. Toen hij weer wakker werd, was het minstens een uur later en had Gerda de plaats van zijn moeder ingenomen op de rechte stoel naast het bed. Hij had hoofdpijn van de wijn. Gerda was mager en zag er afgetobd uit. Haar huid had een ongezonde geelgrijze tint en haar haar was dof en vet. Jacob voelde weerzin als hij naar haar keek. Hij vond haar lijken op de droevige, spichtige hoeren die hij langs de marsroutes had gezien. Vaak waren het de enige levende wezens geweest die ze tegenkwamen, afgezien van schurftige, jankende honden.
'Je ziet er niet goed uit,' zei hij. 'Eet je wel genoeg?'
Gerda's ogen waren rood van het huilen.
'Heb je genoeg geld?'
'Het is moeilijk om aan eten te k-k-komen,' zei ze. 'Er s-s-staan altijd rijen, en de andere v-v-vrouwen gaan vechten.'
'Je moet goed voor jezelf zorgen,' zei Jacob vertwijfeld. 'Voor mij... Doe het voor mij, zodat je weer mijn mooie Gerda bent als ik thuiskom.' Hij zei maar wat, zoals je vertederde onzinwoordjes tegen een baby zegt. Maar hij voelde geen enkele tederheid. Ze legde haar hand op de zijne. Het was een smekend gebaar. De aderen op de rug van haar hand liepen als dikke blauwe koorden naar haar knokige pols.
'Ik zal je meer geld sturen,' zei Jacob.
Ze schudde haar hoofd.
'Dan trouw ik met je!' riep Jacob, en iedereen op de zaal hoorde hem, maar niemand luisterde. 'Ik trouw met je, ik zweer het!' Er klonk haat en wanhoop door in zijn stem. 'Zit daar niet zo te zitten!' schreeuwde hij. 'Ik zei toch dat ik met je zou trouwen!'
Er rolden tranen over haar wangen. Ze sloeg haar handen voor haar gezicht en begon hevig te trillen. 'Het spijt me, het spijt me, Gerda,' fluisterde Jacob onophoudelijk, en hij streek over haar knie, want haar hoofd of zelfs haar schouder was buiten zijn bereik. Zo bleven ze zitten, aan elkaar geketend door een woordeloos verdriet, tot het donker werd en Gerda opstond. 'De laatste trein...'
'Neem de mand met eten mee,' zei Jacob.

'Die is v-v-van jou.'

'Neem hem alsjeblieft mee.'

Opnieuw schudde ze haar hoofd, met de zwijgende koppigheid die hem razend maakte.

'Ik zei toch dat je hem mee moest nemen!'

Ze leek op het punt hem te gehoorzamen, maar Hannchen was nog te zeer aanwezig, en Gerda liet haar handen langs haar lichaam vallen en liep snel weg.

Drie dagen later kwam Fräulein Gründlich met de tweeling en Lene op bezoek. De kinderen stonden met ernstige, vragende gezichten rond het ziekenhuisbed. Fräulein had haar best gedaan hen voor te bereiden op wat ze zouden aantreffen, zodat ze allemaal het ergste verwachtten en enigszins teleurgesteld waren. Ze wierpen steelse blikken om zich heen, op zoek naar de beloofde gruwelen. Lene snoof en trok haar neus op. Ze werd een beetje misselijk van de lucht van ether, maar dat was het enige onaangename dat ze kon bespeuren.

'Hoe kunt u die lucht verdragen, oom Jacob?' vroeg ze.

'Ik heb eraan moeten wennen,' zei hij. 'Net als aan een hoop andere dingen.'

De kinderen bewonderden zijn zwarte baard.

'U lijkt op een revolutionair,' zei Ernst.

'Ik vind u meer op een profeet lijken,' oordeelde Andreas.

'En wat vind jij?' vroeg Jacob aan Lene.

'U lijkt op zo'n Joodse verkoper van tweedehandsspullen in de Altstadt,' zei ze. Fräulein Gründlichs blik was streng en afkeurend. Maar Lene was zich, zij het vaag, bewust van haar charme. Ze glimlachte samenzweerderig naar Jacob.

'Hoe is jullie zomer?' vroeg hij.

'Saai! We zitten in een vervelend pension, waar je niks anders kunt doen dan wandelen, verse melk drinken en vers brood eten.'

'Ik dacht dat je van eten hield?'

'Niet als het de hele tijd hetzelfde is. Bovendien ben ik afgevallen, had u dat niet gezien, oom Jacob?'

Lene was inderdaad slanker geworden en was haar kinderlijke babyvet kwijt. Jacob merkte dat ze zich bewust begon te worden van haar vrouwelijkheid en het effect daarvan op de wereld om haar heen.

'Vergeet de cadeautjes voor jullie oom niet,' hielp Fräulein Gründlich hen herinneren. Lene legde het boeket dat ze in haar hand had geklemd op de deken, ongeveer ter hoogte van Jacobs borst.

'Ik ben nog niet dood,' grapte hij, en hij rook aan de wilde bloemen, die geen uitgesproken geur hadden. Lene had ze die ochtend geplukt en ze waren al een beetje aan het verwelken. Typisch Lene! Fräulein Gründlich zag opeens met schrik dat ze kennelijk twee dahlia's had gepikt uit de tuin van het pension en die tussen de margrieten, korenbloemen en klaprozen had gestoken.

'Fräulein Gründlich kan vast wel een glas water vinden,' zei Jacob. Hij gaf het boeket aan de gouvernante, die Lene nogmaals een strenge blik toewierp en afkeurend haar hoofd schudde.

De tweeling was fysiek op een moeilijke leeftijd. Het waren slungels van zestien die eruitzagen alsof ze elk moment doormidden konden breken. Ernst had puistjes en een nog nauwelijks waarneembaar, donzig snorretje. De huid van Andreas was doorschijnend en nog onbehaard, en zijn blik schoot rusteloos heen en weer op zoek naar...

Naar wat eigenlijk, vroeg Jacob zich af. Wat zoekt hij?

Ernst had met de hulp van een oude timmerman die klusjes deed in het pension een kistje met verschillende vakjes voor oom Jacob gemaakt.

'Het is prachtig,' zei Jacob. 'Waar is het voor?'

'Voor van alles en nog wat,' zei Ernst. 'U kunt er potloden in doen, of spijkers, gummetjes, paperclips, kroontjespennen, manchetknopen...'

'Je hebt er goed over nagedacht.' Jacob glimlachte.

'En u kunt het cadeautje van Andreas erin opbergen!' besloot Ernst.

Andreas haalde iets uit zijn zak. Het was nogal slordig verpakt in een stukje vloeipapier met een touwtje eromheen.

'Ik ben niet zo goed met mijn handen als Ernst,' zei hij. 'Daarom heb ik dit voor u gekocht. Ik heb het in een winkeltje in Königstein gevonden toen we een keer een wandeling maakten.'

Jacob wikkelde het papier los en vond een platte bronzen pressepapier met aan twee zijden een bas-reliëf: op de ene kant de beeltenis van Heinrich Heine, schrijvend met een ganzenveer, op de andere een zwevende vrouwelijke gestalte met een lauwerkrans. Onder haar stonden in krullerige art-nouveauletters de woorden: *'Aus meinen grossen Schmerzen mach' ich die kleinen Lieder'*, 'Uit mijn grote smart maak ik kleine liederen.'

Jacob draaide het voorwerp rond tussen zijn vingers. Het was zo'n mooi cadeau dat hij ontroerd was, en doordat zijn gebruikelijke schertsende woorden niet over zijn lippen kwamen, sprakeloos. Zijn keel werd dichtgesnoerd. 'Wat ben ik een gelukkig mens, dat ik zulke vrijgevige en welopgevoede nichtjes en neefjes heb,' mompelde hij.

'Zijn Jenny, Julia en Willy al bij u op bezoek geweest?' vroeg Lene.

'Die logeren aan de kust,' hielp Fräulein Gründlich haar herinneren.

'Ze sturen me lieve brieven,' zei Jacob. 'Net als jullie zus Emma.'

Fräulein Gründlich, die het tot haar taak rekende overal op te letten, merkte dat Jacob heel stil was geworden. 'Het is tijd om te gaan,' zei ze tegen de kinderen.

'Dank jullie zeer voor jullie bezoek,' zei Jacob op formele toon. 'En voor jullie mooie cadeaus. Je kunt wel merken dat Fräulein Gründlich jullie goed heeft opgevoed.'

De gouvernante keek vergenoegd. Ze kreeg zelden een bedankje of compliment, terwijl de kinderen voor alles een beroep op haar deden, van kleinigheidjes tot belangrijke dingen. Zelfs Emma had zich op haar achttiende nog niet ontworsteld aan haar strenge doch liefdevolle gezag. Fräulein Gründlich zou nooit meer helemaal uit hun leven verdwijnen. Er was maar één verborgen plek waar zij geen toegang toe had, en dat was het terrein van hun seksuele inwijding. Al deed ze nog zo haar best, ze zou nooit tussen hen en de verlokkingen van het vlees kunnen komen, die ze zelf letterlijk voor zich zag als de slang die in het oor van Eva, de vrouw, fluisterde.

Fräulein Gründlich was er trots op dat ze het verschil tussen goed en kwaad kende. Maar ze was zich ook bewust van de beperkingen van haar leven en gedroeg zich ernaar. Iedereen had een taak in deze wereld en werd geacht die naar eer en geweten te vervullen. De zusters in hun blauw met wit gestreepte katoenen jurken met witte schorten en kapjes, die in de ziekenzalen de vloer veegden, codeïne uitdeelden en wonden verbonden, wisten net zo goed wat hun werk was als zij en zouden door die kennis ongetwijfeld elke nacht rustig slapen.

Jacob lag te soezen en liet zijn gedachten de vrije loop. Het bezoekje had hem filosofisch gestemd, en hij merkte dat hij peinsde over de aard van Fräulein Gründlichs relatie met zijn nichtjes en neefjes. Wat hadden de goede manieren en gewoonten waar zij zo op hamerde te maken met domweg overleven in deze tijd van oorlog en ellende? Jacob had het gevoel dat iedereen deed alsof er nooit iets zou veranderen. Maar ja, wat moest je anders? Als gewoonten eenmaal zijn ingesleten, blijven ze bestaan, zelfs als een natie ten onder gaat en er revolutie dreigt. Het genoegen van de dagelijkse routine, het avondeten dat op een vast tijdstip wordt geserveerd, de post die altijd klokslag twaalf wordt geopend... dat zijn dingen die de mens troost bieden en in staat stellen de wanhoop buiten de deur te houden.

De kinderen kusten hun oom Jacob om de beurt gedag. Hij deed zijn best te glimlachen. Ze waren ruim op tijd op het station om de trein terug naar Königstein te halen. Na de stoffige hitte van de stad en de stank in het ziekenhuis was het fijn om de frisse buitenlucht te ruiken toen de trein de stad uit tjoekte. De raampjes van de wagons stonden open (het viel de gouvernante op dat er geen onderscheid werd gemaakt tussen eerste en tweede klas, ongetwijfeld vanwege de oorlog), en de kinderen leunden naar buiten en roken het versgemaaide gras en de groene geur van de bossen. Fräulein Gründlich zat een beetje te knikkebollen, maar zelfs als ze sliep bleef haar houding kaarsrecht. Lene hield zich afzijdig; ze was op haar teentjes getrapt omdat haar broers haar met hun cadeaus voor oom Jacob hadden overtroefd. Het was niet de eerste keer dat haar zoiets overkwam, want ze besteedde meestal weinig zorg aan de kwaliteit van haar presentjes; ze nam aan dat haar warme en genereuze aard het armzaligste voorwerp op het laatste moment wel in een schitterende ster zou veranderen. Ze was die ochtend lang bezig geweest met het plukken van de wilde bloemen, en al die tijd had ze liefdevol aan oom Jacob gedacht. Ze had de moed opgebracht om de gestreepte dahlia's uit de tuin van het pension te stelen. Maar meteen toen ze aan het bed van haar oom had gestaan, had ze gezien dat de bloemen slap hingen. De cadeaus van de jongens daarentegen waren solide en blijvend en zouden oom Jacob altijd aan hun bezoek herinneren.

Emma werkte het liefst in de stal bij de dieren. Daar was ze beschut tegen de verzengende zon en het rook er naar koeienmelk, mest en ligstro. Elke ochtend werd de kudde kort na zonsopgang van de verre weide naar binnen gebracht door de twee zoons van de pachtboer en de meisjes die in die week 'melkdienst' hadden. In het begin was Emma bang geweest voor de hoeven en zwaaiende, zwiepende staarten van de koeien, maar die angst had ze overwonnen nadat de boer haar precies had laten zien wat ze moest doen. Toen leerde ze elke koe afzonderlijk kennen en raakte bedreven in het melken, waarbij ze zorgde dat de emmer op de juiste plek stond en ze zelf gerieflijk op het krukje zat. In het begin had ze het niet prettig gevonden om zo vroeg op te staan, maar ook daar was ze aan gewend geraakt, behalve aan dat afschuwelijke allereerste moment waarop de wekker afging. Dan sprong ze maar snel uit bed en ging naar het erf om haar gezicht te wassen met het koude water uit de pomp. Met een sjaaltje om haar hoofd en een trui over haar dirndl rende ze het hele stuk naar de schuur, terwijl de zon in het oosten boven de lage paarse bergen klom en de nevel in de dalen begon op te lossen.

Het tiental meisjes logeerde in één vleugel van een statig landhuis dat eigendom was van gravin Albers-Eschenbach, een oudere weduwe die haar tijd voornamelijk besteedde aan goede werken en stichtelijke activiteiten. Ze was een magere vrouw, energiek en enigszins mannelijk, een fervent kaartspeler en lezer van keukenmeidenromans. Ze bezat veel land in dat deel van Hessen, maar was een fatsoenlijke vrouw; de boeren en dorpelingen respecteerden haar en waren op haar gesteld. Ze kende hen allemaal bij hun voornaam en informeerde naar hun vrouw en kinderen als ze hen tegenkwam op haar ritjes over het land. Dan stonden ze met gebogen hoofd en hun hoed in de hand te luisteren naar haar preken en gaven haar schattingen over de oogst die altijd veel te laag waren, omdat ze een deel achterhielden. De gravin wist dat wel, maar zag het tot op zekere hoogte door de vingers. Vanwege de oorlog moest een deel van de opbrengst worden afgedragen aan de regering, en die portie werd door haar streng geïnd. Ze verschafte met plezier onderdak aan de jonge vrouwen 'van goeden huize' die 's zomers het vaderland wilden dienen en bovendien alles van het huishouden leerden, want ze werden daarin onderwezen door twee leraressen huishoudkunde en moesten bij toerbeurt koken en bakken, stoppen en verstellen, inmaken en wecken. Ze zochten eieren en voerden de kippen, melkten de koeien, keerden het hooi en verzorgden de grote moestuin.

Er was ook een gymnastieklerares, Ilse Stauffer, die lesgaf in gezondheidsleer en erop lette dat de meisjes genoeg beweging kregen en eens per week hun haar wasten. 'Die Stauffer', zoals ze altijd werd genoemd, deed elke ochtend een vast aantal push-ups en andere oefeningen, nam ijskoude baden en zat 's avonds op haar knieën bij haar bed lange gebeden op te zeggen. De meeste meisjes adoreerden haar. Emma was zelfs meisjesachtig verliefd. Het viel Caroline op dat een groot deel van haar brieven gewijd was aan alle fantastische eigenschappen van Ilse Stauffer.

Ze was een blonde jonge vrouw met een Germaans postuur en gezicht. In de aristocratische omgeving van het landgoed Albers-Eschenbach werd ze gerespecteerd, maar ze diende wel haar plaats te kennen. Ze had ook iets naïefs, was een van die mensen die onherstelbare schade kunnen aanrichten doordat ze de kennis en het begrip missen om zich in anderen te verplaatsen. Ze maken geen onderscheid tussen vriend of vijand, beginnen elke dag blanco en beschikken over herinneringen noch verbeeldingskracht.

Emma was een raadsel voor Die Stauffer. Ze leek zwak en dociel, het soort meisje dat last had van hoofdpijn en menstruatieklachten. Maar zo was ze helemaal niet. Ze was sterk en veerkrachtig, en klaagde nooit ergens over. Emma had natuurlijk haar eigen redenen om zich vrolijk en sportief voor te doen. Hoewel ze lichamelijk niet zwak was, waren haar gevoelens fragiel, en ze was juist kwetsbaar doordat niemand – de gymlerares al helemaal niet – door haar zijdezachte huid heen haar capaciteiten, angsten en spanningen kon zien.

Toen ze vroeg op een ochtend naast elkaar hun tanden poetsten – Die Stauffer vond het belangrijk om net zo te leven als de meisjes die ze onder haar hoede had – wendde Ilse zich tot Emma en vroeg: 'Jij bent toch Joods?'

De zon had de nevel nog niet weggebrand en in het fletse licht waren subtiele details nauwelijks zichtbaar. Emma voelde dat ze tot achter haar oren bloosde, maar wist dat Ilse Stauffer dat niet kon zien. Ze maakte een gorgelend instemmend geluid, zonder daadwerkelijk woorden te vormen.

'Weet je dat ik nog nooit een Jood heb ontmoet?' vervolgde Die Stauffer. 'Jij bent de eerste. Op de school waar ik lesgeef worden ze niet toegelaten, en in de plaats waar ik ben opgegroeid woonden voor zover ik weet geen Joden, behalve een oude man die langs de deuren kwam met potten en pannen. We waren allemaal bang voor hem.'

'Maar ik lijk helemaal niet op hem,' zei Emma. 'Toch?'

Haar ironie was niet aan Ilse Stauffer besteed. 'Nee, natuurlijk niet,' protesteerde ze, 'maar je zult toch moeten toegeven dat je anders bent dan wij.'

Emma sloeg haar blik op van de wasbak en keek in de spiegel die erboven hing. Het was nog steeds te donker om goed te kunnen zien, maar ze kon haar donkere haar en ogen onderscheiden, en de pinokkioneus die groeide en groeide terwijl ze ernaar keek. Zelfs zij vond haar eigen gezicht lelijk en vreemd. 'Binnenkort word ik gedoopt,' zei ze.

'En dan ben je niet Joods meer! O, Emma, laten we daar snel nog eens over praten. Ik zal je alles leren over Onze-Lieve-Heer en samen met je bidden.'

In een impuls sloeg ze haar armen om Emma's hals en gaf haar een kus op haar wang, maar zo dicht bij haar mond dat het Emma schokte.

'Het is tijd om de koeien te gaan halen,' zei Emma, en ze liep snel de kamer uit.

Zonder te wachten op de andere meisjes die 'dienst' met haar hadden, rende Emma naar buiten. Het gras was nog bedauwd en al snel waren haar kniekousen doorweekt. Maar de zon kleurde de hemel goud, de kwinkelerende zwaluwen maakten hun duikvluchten hoog boven het erf en in de verte dreven een paar wolkjes. Alles werd overgoten met het goud van de zon: de gele tarwe deinde als een kalme zee en de korenbloemen en klaprozen openden hun stralend blauwe en rode blaadjes in het licht. De rust en schoonheid van de omgeving verdreven de merkwaardige confrontatie met Ilse Stauffer tijdelijk uit Emma's gedachten en veranderden haar van een bleek, nerveus Joods meisje uit de stad in een plattelandsmeisje met blozende wangen, dat zich thuis voelde in de natuur en in elk gezelschap.

De zoons van de boer waren vooruitgegaan en dreven de koeien al naar de schuur. De uiers van de dieren waren zwaar van de melk en schommelden heen en weer toen ze over de vertrouwde, uitgesleten paden sjokten. Het waren gewoontedieren die zich gemakkelijk lieten leiden. De voorste koe liep bijna gracieus, zag Emma, en haar bel klingelde bij elke stap. Emma deed het hek van het erf dicht en hielp de koeien naar hun eigen box te brengen. Ze pakte haar emmer en krukje en begon te melken. Dat had ze snel onder de knie gekregen. Haar sterke, magere vingers trokken vakkundig aan de roze tepels en de melk spoot in een lange, warme, witte straal naar buiten en roffelde ritmisch tegen de zijkant van de emmer. Emma hield van dit werk; doordat ze er bedreven in was, voelde ze zich sterk. Ze melkte elke tepel helemaal uit, totdat de uier leeg was en als een oude handtas tussen de poten van de koe hing.

Toen de emmer bijna vol was, droeg ze die naar de melkschuur, waar de melk door een zeef in de grote bussen werd gegoten die de beheerder van het landgoed met zijn paard-en-wagen tweemaal per dag kwam halen. In de melkschuur was het koel en donker, en hij werd kraakhelder gehouden. Na elke melkbeurt werd hij met een waterslang schoongespoten en alle gebruikte werktuigen werden afgewassen en geschrobd. Gregor, een kreupele oude man die vroeger heel sterk was geweest maar nu alleen nog sterke armen bezat, had de leiding over het melken en de stal en deed het smerige werk: hij schepte de mest buiten op een hoop, waar die lag uit te dampen en te verteren, totdat hij naar de velden werd gereden om ze voor het volgende jaar van voeding te voorzien. Gregor groette Emma, zoals hij elke ochtend deed, en prees haar snelheid en properheid.

Emma ging verder met melken. Het was rustig werk, niemand zei iets. Er gonsden een paar vliegen, de eerste zonnestralen vielen door de stoffige ramen en het werd warmer. Waarom had Ilse Stauffer dat tegen haar gezegd? Waarom? Ze had het gevoel dat ze gebrandmerkt was. Alsof de andere meisjes haar nu raar zouden vinden, al was er in het openbaar niets gezegd. Zelf had ze er niet eens bij stilgestaan dat ze anders was, niet op die manier in elk geval. Maar nu het eenmaal was uitgesproken, kon het niet meer worden teruggenomen. Het was er, net als haar neus, en het zou nooit meer weggaan.

Gregor en de zoons van de boer gedroegen zich altijd respectvol en beleefd tegen de 'jongedames'. Er was een stilzwijgende overeenkomst dat het zware of smerige werk door de mannen en jongens werd gedaan. Zelfs de kleine kinderen van de portier begrepen dat. Ze stonden op alle kiekjes die er werden gemaakt, want ze waren schattig en fotogeniek, en natuurlijk een beetje groezelig, blootsvoets, gekleed in katoenen kieltjes en met klitten in hun haar. Als er ouders op bezoek kwamen met camera's en picknickmanden, stonden de kinderen vertederend te bedelen om kleingeld en snoep. De leraressen zeiden dat het niet moest worden aangemoedigd, maar het was moeilijk om er weerstand aan te bieden.

Gregor en de twee jongens bleven uit de buurt op de dagen dat er bezoek kwam, alsof ze de kloof wilden benadrukken die er gaapte tussen hen en de mensen van stand. Gregor dronk bier en de jongens keilden steentjes over de vijver, bonden de staarten van de katten aan elkaar en stalen perziken uit de boomgaard. Christoph, de oudste, was vriendelijk en had het goed met de meisjes voor. Hij bood altijd aan hen te helpen en verwachtte daar werkelijk niets voor terug. Hij was nog geen zeventien, maar groot voor zijn leeftijd, en zijn gezicht werd ontsierd door een vuurrood litteken dat van de punt van zijn wenkbrauw naar zijn mondhoek liep en één kant van zijn gezicht vervormde. Emma was bang van hem. Ze durfde niet naar hem te kijken, en omdat hij onhandig was, vond ze hem een boerenpummel. Emma velde vaak een overhaast, hardvochtig oordeel over mensen. Als ze had ingezien dat hij goedhartig was en vaak net zo verlegen als zij, was ze misschien aardiger tegen hem geweest.

Die ochtend wilde ze snel klaar zijn met melken, zodat ze terug kon naar het huis om een brief aan haar vader te schrijven. Als ze opschoot, kon ze dat doen in de tijd die bestemd was voor het ontbijt en het opmaken van het bed. In gedachten herhaalde ze voortdurend de opmerkingen van Ilse Stauffer en ze kwam steeds weer terug bij het antwoord dat ze zelf had gegeven. Ze zou papa vertellen dat ze er schoon genoeg van had om Joods te zijn en gedoopt wilde worden! Dat was in alle eenvoud de ideale oplossing. Veel van haar leeftijdsgenoten – onder wie, voor zover ze wist, drie van haar neven en nichten – waren bij hun geboorte gedoopt. Er werd niet veel over gepraat, de baby werd simpelweg meegenomen naar een predikant van de Evangelische Gemeente, die vervolgens een beetje water over het kind sprenkelde en de ouders een doopcertificaat gaf. Dat werd in een afgesloten la van het bureau gelegd bij de andere belangrijke papieren, paspoorten en ontslagbrieven van het leger, en nooit meer tevoorschijn gehaald. Het was er, voor als iemand ooit het bewijs nodig had, en had verder geen enkele invloed op je privéleven, maar misschien waren je nakomelingen over drie generaties dan echt niet Joods meer.

Het idee begon Emma steeds meer aan te staan. Haar laatste emmer melk was nogal vol en zwaar, en er klotste een beetje overheen toen ze hem optilde. Opeens rook ze de sterke lucht van vette, zoete melk, wat haar deed walgen. Ze hield niet van verse melk die nog warm was, en dik van de gelige room. Pas als hij was afgekoeld en de room eraf was geschept dronk ze ervan. Ze was als de dood om dik te worden, om als een ballon op te zwellen als ze te veel at en er dan mee geplaagd te worden, zoals Lene toen ze nog klein en mollig was.

Toen Emma de laatste zware emmer naar de melkschuur had gebracht, zag ze dat Christoph haar bij de deur opwachtte. De laagstaande ochtendzon stond achter hem, zodat ze gelukkig zijn gezicht niet kon zien.

'Hoe gaat het vanochtend?' vroeg hij. 'Ik zie dat je steeds sneller gaat werken. Binnenkort ben je een echte boerendochter.' Hij gebruikte het familiaire 'je', wat Emma niet beviel. Ze glimlachte werktuiglijk en stijfjes naar hem, het soort glimlach waarmee je bedelaars probeert af te poeieren of geestelijk gestoorden op een afstand houdt.

'Je zegt nooit iets aardigs tegen me,' vervolgde de jongen. 'Komt dat door mijn litteken?'

Emma schudde haar hoofd en bleef glimlachen.

'Ik ga morgen weg,' zei Christoph. 'Ik heb een baantje in een fabriek gevonden. Door de oorlog komen ze mensen tekort. Het kan ze niets schelen hoe ik eruitzie. Een heleboel mannen die terugkomen uit de oorlog zijn erger toegetakeld. En als ik hier eenmaal weg ben, kom ik niet meer terug.'

'Waar is die fabriek?' vroeg Emma. Ze had het gevoel dat ze moest reageren, anders zou hij haar niet laten gaan.

'In Höchst.'

'Dat ligt niet ver van Frankfurt,' zei Emma. 'Het is een lelijk industriestadje.'

'Dat kan me niks schelen.'

Emma wist opeens dat Lene aardiger zou zijn geweest voor deze jongen. Daardoor verloor ze haar geduld. 'Ik moet terug naar het huis,' zei ze. 'Het ontbijt staat op tafel en ik wil een paar brieven schrijven voordat we op het land gaan werken.'

'Het gaat regenen, ik voel het.' Hij raakte zijn vuurrode litteken aan. 'We zullen hard moeten werken om het hooi binnen te krijgen voor het weer omslaat.'

Emma liep langs hem heen de deur uit, het stralende zonlicht in. Ze zorgde ervoor niet te dicht langs hem te lopen, maar haar rok streek langs zijn knie. De zomerse lucht was helder en diepblauw. Nergens was een spoor van een regenwolk te bekennen. Op het erf krabden de kippen in de aarde, de eenden waggelden kwakend naar het vijvertje en de ganzen rekten hun nek als toeschouwers bij een optocht.

Hoewel Emma zich niet omdraaide, wist ze dat Christoph haar volgde. Ze wilde zich niet opeens gaan haasten, dus liep ze met langzame, gelijkmatige tred verder. Het pad dat ze nam voerde door de appelboomgaard en langs het lapje grond met frambozenstruiken naar de brede, met grind bedekte oprijlaan die voor het barokke landhuis in een bocht rond de fontein liep. Midden in de boomgaard, in de vlekkerige schaduw van een appelboom, haalde Christoph Emma in. Hij rook naar mest en melk, en aan zijn zware rubberlaarzen zat een dikke laag modder gekoekt. Emma rook hem en zag zijn verbleekte overhemd en zijn corduroy broek, waar strootjes aan hingen. Ze keek niet naar zijn gezicht.

'Je bent een mooi meisje,' zei Christoph. 'Ik wil een kus van je. Een afscheidskus, zodat ik in Höchst nog eens aan je kan denken.'

Emma schudde resoluut haar hoofd, maar de jongen legde zijn ruwe hand onder haar kin en bracht haar gezicht omhoog naar het zijne. Emma kneep haar ogen dicht. Ze beefde en haar buik verkrampte pijnlijk.

'Niet bang zijn,' zei Christoph. 'Ik wil alleen een kus van je, verder niets.' Hij drukte zijn lippen tegen de hare en ook die waren ruw, net als zijn handen. Ze voelde zijn tanden en zijn tong, die hij in haar mond probeerde te duwen, en rook alleen nog zijn staljongenslucht. Ze kokhalsde. Christoph hield haar nu stevig vast, en zijn geur maakte haar onpasselijk. Ze probeerde achteruit te stappen, maar struikelde over een steen in het hoge gras en verloor haar evenwicht. Christoph viel boven op haar, met zijn hand op haar borst.

'Het spijt me,' fluisterde hij. 'Vergeef me, dit was niet de bedoeling, het spijt me.'

Hij was onmiddellijk opgekrabbeld en zat nu op zijn hurken en keek haar hevig verschrikt aan. Emma voelde de misselijkheid zo snel opkomen dat ze nog maar net tijd had om haar gezicht opzij te draaien en een stroompje bitter vocht over haar schouder in het gras te spugen. Toen ze haar ogen opendeed, was Christoph verdwenen en alleen aan haar verfomfaaide kleren en zijn geur, sterker dan die van haar eigen zure braaksel, kon je merken dat hij er was geweest.

Emma waste zich grondig aan de wastafel, spoelde haar mond en kamde haar haar. In de slaapkamer, die ze deelde met een meisje dat Gertrude heette, trok ze haar jurk uit en verborg die in haar waszak. Met een gevoel alsof ze hoge koorts had, kroop ze in bed. Ze dacht er geen moment meer aan om haar vader te schrijven. Elke keer dat ze een vleugje van Christophs stallucht dacht te ruiken, werd ze weer misselijk.

Toen Gertrude na het ontbijt bovenkwam, lag Emma te rillen onder het donzen dekbed. 'Ben je ziek?' vroeg ze. 'We moeten allemaal helpen met hooien.'

'Ik kom zo,' zei Emma, maar toen Ilse Stauffer een half uur later bij haar kwam kijken, was ze diep in slaap. De lerares bespeurde een flauwe lucht van braaksel en dacht dat Emma zich te buiten was gegaan aan het snoep dat haar ouders hadden gestuurd – in werkelijkheid gaf Emma dat altijd weg – en dat ze bij het avondeten wel weer hersteld zou zijn. Ze was de enige die niet hielp met het binnenhalen van het hooi.

Christoph vertrok de volgende ochtend vroeg en Emma zag hem niet meer terug. Ze dacht dat ze beter was, maar toen ze naar de stal ging om te melken en de lucht van mest en melk rook, werd ze weer misselijk. Met uiterste wilskracht probeerde ze haar werk te doen, maar ze werd overvallen door zo'n enorme walging en onverklaarbare angst dat ze vroeg of ze weg mocht. De oude Gregor maakte het werk voor haar af. Ilse Stauffer was verbaasd en verontrust toen Emma vroeg om voortaan te worden vrijgesteld van het werk in de stal. Ze wilde weten waarom, maar Emma gaf geen verklaring.

'Zoiets heb ik nog nooit gehoord!' zei Die Stauffer. 'Je kunt er niet gewoon mee ophouden. Het is je plicht.' Maar Emma wilde niet beloven terug te gaan. De gymlerares vatte haar weigering op als een morele fout en een persoonlijke belediging. Ze keerde zich tot Emma's grote verdriet van haar af en zei geen woord meer tegen haar.

Emma werd ingedeeld bij de keuken- en inmaakploeg en moest de tuin wieden en de was uitkoken. Er volgden een paar zeer regenachtige dagen. De zomer was half voorbij. Gravin Albers-Eschenbach nodigde de meisjes uit om op haar naamdag, de eerste zondag van augustus, bij haar te komen eten.

De zomer lag als een dikke, zware deken over Frankfurt. De angst bestond dat er ziektes zouden uitbreken. In een paar Duitse regimenten ver weg heerste cholera. Er kwam maar geen einde aan de oorlog, al was het voor velen duidelijk dat die verloren was. Overal in het land gingen stemmen op om de gevechten te staken. De kans op revolutie leek reëel, zoals de kans op onweer reëel is als zich op een drukkende middag hoog aan de horizon grijze wolken hebben samengepakt en het in de verte rommelt.

Er was een nieuwe directeur aangesteld voor de Frankfurtse opera en de schouwburg. Hij beloofde eigentijdse voorstellingen naar de stad te halen en veroorzaakte grote opschudding met een paar expressionistische stukken die zelfs hartje zomer hevige discussies bij toneelliefhebbers uitlokten. Max Beckmann had zich in Frankfurt gevestigd. Hij kreeg een aanstelling bij de academie van het Städel, en zijn woeste schilderijen en etsen van de wereld als een gekkenhuis werden geschokt en met afgrijzen ontvangen door een samenleving die zichzelf er niet in wenste te herkennen.

'Wat een afschuwelijke doeken! Hoe kun je dat kunst noemen?' vroeg Pauline Wertheim aan Elias Süsskind.

'Heb je weleens goed naar de vijftiende-eeuwse afbeeldingen van martelaren in het Städel gekeken?' was zijn wedervraag.

'Maar die hangen in het muséum,' wierp ze tegen. 'Natuurlijk is dat kunst. Bovendien zijn die vijfhonderd jaar geleden gemaakt. Toen zagen de mensen dagelijks afschuwelijke wreedheden, dood en mismaaktheid om zich heen. Ze waren eraan gewend.'

Nu de kinderen weg waren, wijdde Caroline zich geheel aan haar schilderkunst. Ze had de zitkamer op de eerste verdieping als atelier ingericht en zat elke dag urenlang stillevens en het uitzicht uit haar raam te schetsen. Ook bleef ze romantische achttiende-eeuwse landschappen en aristocratische portretten naschilderen. Nathan vond het leven met haar saai, maar kon zich niemand anders in haar plaats voorstellen. Over hun liefde lag een sluier van treurigheid.

Pauline en Siegmund hadden de kinderen met hun nanny naar een badplaats aan de Oostzee gestuurd. Zelf waren ze nog steeds vaste gasten op liefdadigheidsbals en enthousiaste bezoekers van de schouwburg en de opera, wat er ook op het programma stond. Ze leken geen van beiden behoefte aan rust te hebben. Het was nooit stil bij hen thuis.

Toen de kinderen in hun brieven naar huis klaagden dat het hotel als gevolg van de oorlog praktisch verlaten was, belde Pauline haar schoonzus. 'Zou het geen goed idee zijn om jouw kinderen daar ook naartoe te sturen?'

'Ze hebben het naar hun zin in de bergen,' zei Caroline.

'Volgens mij is de lucht aan de Oostzee gezonder,' vertelde Pauline haar, en vervolgens belde ze Fräulein Gründlich om te vragen of de jongens het niet leuk zouden vinden een tijdje aan zee te logeren. 'Willy heeft niemand om hem gezelschap te houden,' zei ze, 'en de meisjes zouden het enig vinden als Lene kwam. Die is zo'n jongedame geworden.'

'Wat vindt mevrouw Wertheim ervan?' vroeg Fräulein Gründlich. Ze kende Pauline.

'Ach, je weet hoe ze is, ze heeft nog niet besloten. Zeg maar niet tegen haar dat ik heb gebeld.'

Pauline belde Caroline zelf weer om haar te vertellen dat ze met de gouvernante had gesproken. 'Het is al zo goed als geregeld,' zei ze. 'Ze willen dolgraag komen. Je hoeft alleen maar ja te zeggen. Ik laat Siegmund de kamers reserveren en stuur de chauffeur om de treinkaartjes te brengen.'

'Is het een erg duur hotel?' vroeg Caroline. 'Nathan zegt dat we zuinig moeten zijn.'

'Nathan begint een vrek te worden,' zei Pauline. 'Je moet maar eens een hartig woordje met hem spreken. Als hij zo op zijn geld zit, vinden je dochters straks geen behoorlijke partij. Dan lopen ze er armoedig bij en ontmoeten ze nooit de juiste mensen. En zelfs als dat wel gebeurt, wil niemand ze hebben zonder bruidsschat, hoe lieftallig ze ook zijn.'

'Nathan probeert ze te leren dat geld niet alles is. Hij wil dat ze de waarde ervan gaan inzien en niet denken dat het aan de bomen groeit of dat ze er vanzelfsprekend recht op hebben.'

'Zijn advocatenpraktijk zou beter lopen als hij wat ambitieuzer was.'

'Hij verandert toch niet meer.'

'Zeg maar namens mij dat hij rijke kinderen niet moet proberen wijs te maken dat ze arm zijn. Daar raken ze alleen maar van in de war en dan moeten ze naar een van die nieuwe hersendokters.'

De treinreis naar Travemünde duurde langer dan anders. Fräulein Gründlich hield de kinderen nauwlettend in de gaten. 'Wees heel voorzichtig!' maande ze hen meer dan eens. De trein zat vol afgetobde vrouwen, verminkte soldaten en kinderen met grote donkere kringen onder hun ogen. 'Als ze de kans krijgen, beroven ze je,' zei Fräulein Gründlich. 'Dit land staat op de rand van de revolutie.'

'Des te beter,' zei Lene. 'Dan wordt het tenminste vrede.'

'Je weet niet wat je zegt, of heb je soms naar je tante Eva geluisterd? Als er revolutie komt, vloeit er bloed door de straten van Frankfurt en worden mensen als je ouders tegen de muur gezet en doodgeschoten.'

'En u?' vroeg Ernst.

'Ik zou teruggaan naar huis, naar het platteland,' zei Fräulein Gründlich. 'En ik zou jullie allemaal meenemen. Bij mij thuis zouden jullie veilig zijn. In slechte tijden is het altijd beter om in de provincie te zijn. Daar kun je je verbergen, omdat je er elk hoekje en gaatje kent en de vijand niet. Je hebt er altijd te eten en uiteindelijk trekken de vreemdelingen verder en laten je weer met rust. En als ze blijven, gaan ze op den duur deel uitmaken van de bevolking, en dan zullen ze trouw zijn aan het land en niet meer aan de veroveraar met wie ze zijn gekomen. De revolutie gaat ons niets aan, die ontstaat in de steden en is een zaak van de steden.'

De kinderen hadden Fräulein Gründlich nog nooit zo horen praten. Ze waren verbijsterd en keken elkaar zwijgend aan. Toch vonden ze het een troostende gedachte dat Gründlich vastbesloten was hen mee te nemen naar een veilige plek.

Ze kwamen laat op de avond in de badplaats aan en namen een huurrijtuig van het station naar het hotel. De knol en de koetsier waren allebei vel over been. De kinderen waren zo moe dat ze zich later niets meer herinnerden van de nachtelijke reis, alleen nog van het genot waarmee ze uiteindelijk wegzonken in een schoon bed, omgeven door de zoute geur en de koele wind van de nabije zee.

Toen ze de volgende ochtend wakker werden, was het eerste wat ze hoorden het rollen van de branding, en het eerste wat ze zagen de onmetelijke hemel met de stralende zon. Terwijl ze in bed lagen en langzaam gewend raakten aan hun omgeving, luisterden ze naar het krijsen van de zeemeeuwen, ademden diep in en keken naar de verschoten kleuren van de spullen in hun kamer; zelfs het hout was gebleekt door de zeelucht.

'Zou het niet leuk zijn als Emma er ook was?' zei Lene aan het ontbijt. Ze voelde zich eenzaam. De broodjes waren knapperig en vers, de warme chocolademelk was donker en zoet, maar haar twee nichtjes, die met de nanny aan de tafel naast de hunne zaten, negeerden haar volkomen. Andreas en Ernst hadden samen met Willy koers gezet naar de zee, maar Julia en Jenny leken alleen belangstelling te hebben voor jongemannen, hoewel die duidelijk schaars waren. In het hotel was een groot overschot aan jongens en jonge vrouwen.

'Ze praten alleen maar over "de liefde",' zei Lene vol afkeer, terwijl ze een extra klodder abrikozenjam op haar broodje smeerde.

'Overeet je niet aan dat zoete spul,' zei Fräulein Gründlich. 'Binnenkort vind jij het ook interessant om over de liefde te praten.'

'De jongens en Willy doen niet zo vervelend. Ze kunnen het prima met elkaar vinden en ik durf te wedden dat ze niet eens aan meisjes dénken.'

'Dat komt nog wel.' Fräulein Gründlich schoof de jam naar zich toe.

'Het sleutelwoord is "geduld", kind. Alles op z'n tijd.'

Toen de jongens aan het eind van het plankenpad kwamen, trokken ze hun schoenen uit en liepen op blote voeten door het zand. Ver weg, aan de horizon, zagen ze schepen.

'Dat zijn oorlogsschepen,' zei Willy, die zeer bijziend was en een bril met dikke glazen droeg. Hij kon de schepen nauwelijks zien, maar hij was hier al een tijdje en was dus een ouwe rot. Op zijn eerste dag hadden andere jongens hem verteld over de oorlogsschepen.

Toen ze terugkwamen in het hotel, was de plaatselijke fotograaf in de lobby foto's van de gasten aan het nemen. Lene smeekte Fräulein Gründlich of ze zich mocht laten fotograferen.

'Ik weet niet of je ouders dat goed zouden vinden. Het kost geld.'

'Alstublieft!' zei Andreas.

Terwijl de gouvernante naar een antwoord zocht, zei Ernst: 'We zullen het van ons zakgeld betalen...'

'Als dat nodig is,' vulde Lene aan.

Ze werden met zijn drieën opgesteld voor een achterdoek waarop de zee was geschilderd, met zeilboten, witte wolkjes in de lucht en strandstoelen en vlaggen op een terras.

Hanno Altenburg, een schrijver die in het hotel verbleef, keek hoe de kinderen poseerden voor de oude fotograaf, die zijn camera instelde en instructies riep, terwijl hij steeds weer wegdook onder zijn zwarte doek. De kinderen waren afwisselend serieus en jolig. Die twee emoties volgden elkaar snel op. Telkens als één kind erin slaagde ernstig te kijken, begon een van de andere te grinniken en barstten ze alle drie weer in lachen uit.

Hanno was in een van de witte rieten stoelen in de serre gaan zitten, zodat hij uitzicht had op zowel de lobby als de grote salon. Hij had een scherpe blik en was een nog grotere voyeur dan romanschrijvers van nature al waren. Hij reisde veel en had altijd een schoudertas vol gelinieerde notitieboekjes bij zich om overal te kunnen schrijven, waar hij zich ook bevond. In de zevenenvijftig jaar van zijn leven had hij vele prijzen en onderscheidingen ontvangen. Hij was eerder een vlotte dan een grote schrijver, maar hij was populair, zijn boeken werden alom gewaardeerd en zijn reputatie reikte tot voorbij de grenzen van zijn vaderland.

Hanno sloeg de gebeurtenissen in de lobby nauwlettend gade en glimlachte om de gekheid die de kinderen maakten. Vooral de twee jongens interesseerden hem. Hij had een zwak voor tieners, dat was een van de redenen voor zijn rusteloze gereis. Mannen van zijn eigen leeftijd zag hij alleen als potentiële vrienden, nooit als minnaars. Zijn werk was het belangrijkste in zijn leven, en aangezien hij geen energie overhad voor grote passies, had hij al vroeg besloten een beetje aan de zijlijn te blijven, een toeschouwer die zorgde dat hij nooit ergens bij betrokken raakte. Hij beschouwde zichzelf als een bourgeois in de goede zin van het woord.

Terwijl Hanno naar de drie kinderen zat te kijken, merkte hij dat zijn aandacht steeds weer door een van hen werd getrokken. De tengerste van de jongens maakte iets in hem los; hij herkende het eerste stadium van begeerte. Al snel had hij alleen nog maar oog voor Andreas. Het notitieboekje lag onaangeraakt op zijn schoot met de opengedraaide vulpen tussen de bladzijden, terwijl Hanno Altenburg langzaam en genotvol verliefd werd op Andreas Wertheim.

Toen de kinderen waren vertrokken, sprak Hanno de portier aan en vroeg: 'Wie is die familie die gisteravond is aangekomen?'

'De kinderen met hun gouvernante?'

'Ja.'

'Ze heten Wertheim en komen uit Frankfurt, meneer. Frankfurt am Main. Zal ik de achternaam voor u spellen?'

'Dank u, dat is niet nodig.'

Andreas had de schrijver nog eerder opgemerkt dan andersom. De jongen had een scherpe blik. Hij kon een situatie met één oogopslag in zich opnemen. Elke kamer was voor hem een toneel waarop zich ieder moment een drama kon ontvouwen, en hij wilde van tevoren weten wat zijn plaats daarin was. Meestal gebeurde er helemaal niets, maar dan had Andreas alle essentiële details in zijn geheugen geprent, zodat hij er een volgende keer niet meer door uit het lood zou worden geslagen. Die ochtend aan het ontbijt, toen Ernst en Willy verhalen hadden uitgewisseld over allerlei typische schooljongenszaken en Lene had geprobeerd de belangstelling van haar nichtjes te wekken, had Andreas gezien dat de keurige heer met de grijzende haardos de eetzaal binnenkwam en rechtstreeks naar het tafeltje liep dat het geschiktst was om iedereen gade te slaan zonder zelf te worden opgemerkt.

Andreas zag dat de man ijdel was – hij was iets te formeel gekleed – en graag jong wilde lijken. Dit bedacht hij niet allemaal expliciet, maar hij voelde het aan, zoals je intuïtief de eigenschappen van de personages aanvoelt als je naar een toneelstuk kijkt. Dat is de booswicht, dat de heldin en die persoon is niet te vertrouwen. Andreas kon de man niet uit zijn hoofd zetten, zelfs niet toen hij met zijn broer en zijn neefje aan het dollen was in het zand. 'Wie was die man?' vroeg hij terloops aan Willy. 'Die met die grote bos haar?'

'Het schijnt een beroemde schrijver te zijn,' zei Willy. 'Maar hoe hij heet weet ik niet. Ik had nog nooit van hem gehoord.'

Andreas was er zeker van dat hij deze keer was voorbestemd een rol te spelen in het toneelstuk.

Na de lunch stuurde Fräulein Gründlich hen allemaal naar bed. 'Zeelucht is vermoeiend, net als de lucht in de bergen,' zei ze. 'We moeten de eerste dag niet te hard van stapel lopen.' Ze trok de luiken in hun kamers dicht en sloeg hun bedden open. Ernst viel vrijwel meteen in slaap, want hij had de hele ochtend door de duinen en over het zachte strand gerend. Als de golven zich terugtrokken was hij erachteraan gehold en als ze zich over het zand verspreidden was hij ervoor weggesprint. Zijn gemoed was kalm en zijn dromen waren ongecompliceerd. Andreas keek naar hem: hij lag breeduit in bed te slapen; zijn gezicht was al verbrand door de zon. Vaak benijdde Andreas hem, maar vandaag niet. Hij was opgewonden en gelukkig, want hij stond op de drempel van een avontuur. Slapen lukte niet.

In de kamer ernaast sliep Lene ook al. Ze snurkte zachtjes. Door het opstuivende zeewater waren haar bruine krullen hard van het zout. Fräulein Gründlich, die alleen even had willen uitrusten, merkte dat ze haar ogen niet open kon houden en sliep twee uur achtereen.

De volgende dag bleek dat er bewolking over zee was aangedreven, en grote regendruppels spatten tegen de ramen. De kinderen zaten lang aan het ontbijt en gingen daarna het hotel verkennen. Andreas liet hun de spelletjeskamer zien, maar daar stonk het naar verschaalde sigarenrook. Jenny en Julia waren genoeg bijgedraaid om Lene mee te nemen naar de muziekkamer, waar ze om beurten pianospeelden. Ernst probeerde een van de boeken te lezen die hij had meegebracht, maar werd voortdurend afgeleid. Hij verveelde zich, maar toch kon hij zich niet concentreren. Alleen Andreas leed niet onder het slechte weer. Bij het ontbijt had hij Hanno Altenburg weer de eetzaal zien binnenkomen en zodra hij merkte dat de blik van de man over de verzamelde gasten gleed, had hij naar hem geglimlacht. Hij hoopte dat het de juiste glimlach was, niet te vrijpostig maar ook niet te verlegen. Hanno Altenburg had zijn glimlach beantwoord en hem met een knikje gegroet. Andreas' gezicht lichtte op van vreugde.

De eerste echte ontmoeting vond die avond plaats, toen het begon te schemeren. Het was langzamerhand droog geworden, en opeens werd de hemel verlicht door de schitterende rode gloed van de ondergaande zon. De gasten verzamelden zich op het terras om naar de zonsondergang te kijken, en Andreas bleek naast de schrijver te staan.

'Prachtig,' zei Andreas alsof hij in zichzelf sprak.

'Het betekent dat we morgen een mooie dag krijgen,' antwoordde Hanno Altenburg.

Ze hadden elkaar nog niet aangekeken.

'Ik heet Andreas Wertheim,' zei de jongen. 'Ik heb begrepen dat u een beroemde schrijver bent. Ik zag u gisteren naar de gasten kijken.'

Hanno lachte, en er klonk een vleugje gêne door in dat korte, karakteristieke geluid.

'Je bent niet dom,' zei hij. 'Dat had ik kunnen weten. Word je ook schrijver?'

'Ik denk het niet,' antwoordde Andreas. 'Ik hoop dat ik u niet heb betrapt op iets wat u geheim wilde houden. Maar wees niet bang, ik zal het niemand vertellen.'

Hanno dacht geamuseerdheid te bespeuren in de blik van de jongen. Wat verfrissend!

'Staat u mij toe,' zei hij met overdreven vormelijkheid, en hij sloeg zijn hakken tegen elkaar. 'Hanno Altenburg, uit Berlijn.'

Ze schudden elkaar de hand en keken zwijgend naar de zonsondergang. Lene, die een eindje verderop had gestaan, kwam naar hen toe. Ze had een dunne trui over haar schouders en huiverde in de avondlucht. 'Je kunt beter naar binnen gaan,' zei Andreas. 'Je rilt van de kou.'

'Mag ik je jasje lenen? Ik wil nog even blijven. Ik kijk graag naar een zonsondergang waarbij je de hele lucht kunt zien.'

'Als ik jou mijn jasje geef, krijg ik het zelf koud.'

'We kunnen er wel samen onder,' zei Lene, en ze kroop dicht tegen haar broer aan, die met tegenzin één kant van zijn loden jasje over haar schouder hing. Hanno ging op enige afstand staan en keek strak naar de ondergaande zon. Andreas had zijn zus niet aan hem voorgesteld.

'Wie is die man?' fluisterde ze.

'Een beroemde schrijver,' fluisterde hij terug.

In het tanende licht nam Lene Hanno aandachtig op. 'Hij is knap,' zei ze, 'maar helemaal niet mijn type. Hij is hooghartig. En verwaand.'

'Sst! Straks hoort hij je nog. Ga nou maar naar binnen, het wordt donker.'

Het was inderdaad opeens donker geworden. Aan de westelijke hemel was alleen nog een zwakke gele gloed te zien. De duinen waren zwart en de lampen in het hotel brandden. De gasten gingen allemaal naar binnen, behalve een jonge gewonde soldaat en zijn verloofde, die elkaar in het donker kusten.

De volgende morgen was het zonnig en vrijwel windstil. Halverwege de ochtend nam Fräulein Gründlich de kinderen mee naar het strand. De jongens hadden besloten een heel groot zandkasteel te bouwen en de meisjes gingen schelpen zoeken om het te versieren. Julia en Jenny hadden het drukker met praten dan met zoeken. Ze speculeerden over de liefdesgeschiedenis van de gewonde soldaat en zijn verloofde en vroegen zich af wat de laatste mode in Frankfurt was. Travemünde was zo'n uithoek dat ze hier nog geen behoorlijk geïllustreerd tijdschrift hadden gezien. Lene luisterde naar hen en zei heel weinig, om geen domme fouten te maken, maar ze merkte dat ze elke dag wat meer werd geaccepteerd. Vooral Julia, die maar een jaar ouder was dan zij, deed haar best haar niet buiten te sluiten. Jenny was twee jaar ouder en net als haar moeder een echte babbelkous.

'Heb jij Hanno Altenburg ontmoet?' vroeg Julia Lene toen ze langs het strand liepen.

'Nee, maar Andreas wel, gisteravond op het terras,' zei Lene.

'Dat hij wist wat hij tegen hem moest zeggen! Ik zou niet op zo'n beroemde man af durven stappen om hem aan te spreken. Weet je' –

haar toon was samenzweerderig – 'ik heb besloten dat ik schrijfster wil worden.'

'Ik wil graag dokter worden,' zei Lene. Dat idee was bij haar gegroeid sinds ze Jacob in het ziekenhuis had bezocht.

'Dokter? Waarom geen verpleegster?'

'Mensen zoals wij worden geen verpleegster!'

'Er zijn anders ook niet veel meisjes die dokter worden.'

'Tegenwoordig wel. Hoe dan ook, ik heb nog de tijd om erover na te denken.' Die laatste zin klonk alsof hij regelrecht van Fräulein Gründlich afkomstig was.

'Waar gaat jullie serieuze gesprek over?' vroeg Jenny.

'We bespraken wat we met ons leven willen doen,' zei Julia met een diepe zucht.

Fräulein Gründlich en nanny Ida zaten ieder met een handwerkje in de schaduw, in twee grote rieten strandstoelen, en waren diep in gesprek.

'Daar komt Herr Altenburg aan, de beroemde schrijver,' fluisterde Fräulein Gründlich. 'Ik vraag me af wat hij wil.'

Hanno Altenburg kwam naar het zandkasteel kijken. 'Schitterend!' zei hij. 'Wie van jullie is de architect van dit bouwwerk?'

'We hebben het met z'n drieën gemaakt,' zei Willy, terwijl hij met een zanderige hand zijn zware bril hoger op zijn neus duwde.

'De meisjes komen straks met schelpen om het te versieren,' zei Ernst.

Alleen Andreas zweeg.

'Zal ik jullie later, als jullie hebben geluncht en gerust, een oud wrak laten zien, verderop langs het strand? Je kunt het alleen bij eb zien en dat is vanmiddag om een uur of vier.' Hanno was vergenoegd over zijn list, al betekende het dat hij alle drie de jongens mee moest nemen.

'Dat moeten we aan onze gouvernantes vragen,' zei Ernst.

'Zijn belangstelling voor de kinderen verbaast me,' zei nanny Ida, nadat de jongens met haar en Fräulein Gründlich hadden gepraat.

'Waarschijnlijk heeft hij een kleinkind,' zei Fräulein Gründlich.

'Ik vind hem geen type om getrouwd te zijn geweest.'

Onder de lunch kwam er een telefoontje uit Frankfurt. Fräulein

Gründlich verbleekte toen de kelner haar naar de receptie kwam roepen.

'U hoeft niet ongerust te zijn,' zei de portier toen hij haar gezicht zag. 'Mevrouw heeft gezegd dat er geen slecht nieuws is en dat iedereen kerngezond is.'

Toen de gouvernante terugkwam, glimlachte ze. 'Raad eens wie er morgen komt?'

'Emma!' riep Lene meteen. Ze had al een week geen brief van haar zus gekregen en had vaak aan haar gedacht.

'Ja, Emma,' zei Fräulein Gründlich. 'Ze heeft genoeg van het werk op de boerderij, denk ik. Dat heeft je moeder niet gezegd, maar dat moet het wel zijn. Emma is niet in de wieg gelegd voor het boerenwerk.'

'Is mama nog aan de telefoon?' vroeg Lene.

'Hemeltje, nee. Het is veel te duur om lang aan de telefoon te blijven over zo'n afstand. Maar ik moest jullie allemaal de groeten doen.'

De wandeling heen en terug naar het scheepswrak duurde bijna een uur. Ernst en Willy waren teleurgesteld, want het wrak bestond alleen maar uit een paar dikke houten spanten die uit het zand staken, begroeid met zeepokken en zwart geworden door het water en de tijd. Hanno liep een paar passen achter de jongens en keek naar Andreas, die zijn uiterste best deed om te laten zien hoe jong en vrolijk hij was. Hij sprong van de duinen en joeg achter de golven aan, en eenmaal maakte hij zelfs een radslag. De zee was bijna zo kalm als een bergmeer. Hanno en Andreas wisselden nauwelijks een woord. Voorlopig was het genoeg om te bewonderen en bewonderd te worden.

Emma kwam de volgende middag aan en werd door alle kinderen opgehaald van de trein. Fräulein Gründlich nam haar onderzoekend op om eventuele sporen van neerslachtigheid te ontdekken, maar vond die niet. Emma had een gezonde kleur gekregen van de zon en was niet afgevallen. Haar armen en handen, die ze trots liet zien toen de jongens aanboden haar bagage te dragen, waren sterk en bruin als die van de eerste de beste melkmeid. Eigenlijk vond Fräulein Gründlich zulke armen bij een 'jongedame' niet helemaal gepast.

'Wat is er gebeurd?' vroeg Lene zodra ze even met zijn tweeën waren.

'O, niets eigenlijk,' zei Emma op een luchthartige toon die Lene onoprecht in de oren klonk. 'Ik vond dat ik lang genoeg had gewerkt, ik wilde ook een deel van mijn vakantie bij jullie doorbrengen. Vooral toen ik hoorde dat jullie hier aan het strand zaten.'

'Had je heimwee?' Heimwee was iets wat Lene in al zijn verschrikking kon begrijpen. Zelfs op een vakantie als deze, omgeven door verwanten en onder de hoede van de vertrouwde Fräulein Gründlich, waren er soms momenten dat ze verlangde naar haar eigen bed, het geliefde uitzicht uit haar raam en het geruststellende gevoel dat alles in huis er al zolang was als ze zich kon herinneren en haar altijd zou blijven omringen.

'Een beetje,' gaf Emma toe.

'O, dan begrijp ik het,' zei Lene, en ze vroeg haar zus niet om er verder over uit te weiden. Maar het viel haar wel op dat Emma stiller was dan anders; zelfs de plagerijtjes en het gegiechel met Jenny klonken een beetje geforceerd.

Hoewel Hanno Altenburg nog maar een paar woorden met Andreas had gewisseld, wist hij dat hij de jongen snel weer moest ontmoeten, al was het maar om erachter te komen hoever hij kon gaan en welke genoegens hij mocht verwachten. Andreas was geen door de wol geverfde, gewiekste Arabische straatjongen die je met een knipoog en het laten zien van een muntstuk naar je kamer kon roepen. Bovendien was dit een familiehotel. Weliswaar was het er door de oorlog stil, maar er waren nog altijd tientallen lastige kinderen, het ene nog nieuwsgieriger dan het andere, en al die neefjes en nichtjes Wertheim waren onafscheidelijk als een nest puppy's, vooral nu het oudste meisje was gearriveerd. En dan die gouvernante! Wat een kreng was dat! Hanno wilde niet met haar in aanvaring komen. Al die hindernissen gaven het hele geval uiteraard een pikant aspect dat een rendezvous met een Napolitaans schooiertje nooit zou hebben, en dat versterkte zijn begeerte alleen maar.

Bij het hotel hoorde een paviljoen, een rond victoriaans bouwwerk waar in betere tijden orkesten hadden opgetreden. Nu was het gesloten. Binnen stonden de stoelen opgestapeld, het podium was stoffig, de piano was afgedekt met een laken, op de parketvloer lagen muizenkeutels en de ruiten waren vuil van de vele lagen stof en regen. De ruimte zat niet op slot en nu en dan werd de veranda gebruikt om te schuilen voor een onverwachte regenbui. Naar deze plaats hoopte Hanno de jongen te lokken voor een uitgebreid gesprek en wat daar eventueel uit voort zou komen.

In zijn eerste week in het hotel had Hanno dit gebouw op een van zijn ommetjes ontdekt en gezien dat er een piano stond. Hij ging er af en toe naartoe om erop te spelen, want hij was veel te beschroomd om dat in de muziekkamer te doen. Dan stelde hij zich voor dat alle gasten fluisterden: 'Moet je horen hoe slecht Hanno Altenburg speelt.' Hij was zich er zeer van bewust dat hij een publieke persoon was en nam aan dat alle mensen naar hem keken, over hem praatten en erop uit waren hem te betrappen op een domme uitspraak. En als hij soms het gevoel had dat ze dat níét deden, werd hij korzelig. Maar hij liet zich er door dat alles niet van weerhouden om met een opschrijfboekje in de hand achter de grote potplanten te gaan zitten, alsof hij een onzichtbaarheidsmantel droeg.

Andreas was nerveus. Zijn eetlust leed eronder en hij sliep slecht. Het gezicht van de schrijver liet zich niet verbannen uit zijn dagdromen en hij was zich voortdurend bewust van Hanno's aanwezigheid. Als Hanno zijn koele grijze ogen naar Andreas liet dwalen en naar hem bleef kijken, voelde dat als een liefkozing. Hij was nog ongerept, en zoals veel jongens van zijn leeftijd wilde hij daar zo snel mogelijk een einde aan maken. Dat hij werd verleid door een man, vond hij geen probleem. Het kwam hem eigenlijk heel natuurlijk voor. Andreas kende zijn eigen lichaam en wist waarop het reageerde. Nu Ernst en hij thuis aparte slaapkamers hadden, speelde hij vaak naakt met zichzelf voor de spiegel. Hij miste de vertrouwelijkheid die er vroeger tussen zijn broer en hem was geweest, maar de verschillen in hun voorkeuren en verlangens waren van een haarscheurtje uitgegroeid tot een flinke barst. Echt begrip leek niet meer mogelijk. Het probleem was dat hij juist dolgraag met Ernst wilde praten en hem in vertrouwen wilde nemen; hij verlangde ernaar dat Ernst hem zou begrijpen, zijn bekentenissen zou aanhoren en hem zou vergeven.

Tegen het einde van de week stond er een sterke aflandige wind. Aangezien het ook volle maan was, kwam het water bij vloed heel hoog, en de hotelgasten keken urenlang naar de ruwe zee. De grote golven braken ver weg en rolden met een niet-aflatend gebulder naar de kust. De strandhuisjes waren goed afgesloten en de rieten stoelen in veiligheid gebracht. Het zeewater had een viezige grijsbruine tint en voerde veel wrakgoed mee. Ook de hemel zag er vuil uit en het was zo koud dat het leek of er sneeuw in de lucht zat.

Andreas, die een trui aanhad onder zijn oliejas, stond aan het begin van de gevaarlijk gladde pier. Die schudde in de donderende branding, en als de hoge golven braken stoof het zoute water over de balustrade. Hoewel zijn broek inmiddels doorweekt was, kon Andreas zich niet losmaken van het spektakel. Hanno zag hoe hij zich schrap zette tegen de wind, als een eenzame gedaante in een sneeuwstorm, met zijn mond open in een schreeuw van verrukking en angst tegelijk. De schrijver kleedde zich warm aan en ging naar het strand. Niemand besteedde enige aandacht aan hem, want die dag lette iedereen alleen op de zee. Onder aan de pier keek hij omhoog naar Andreas, maar hij durfde niet goed naar hem toe te gaan. Hij was niet zo behendig en vast ter been als de jongen.

'Hallo daar!' schreeuwde hij, hoewel hij niet wist of Andreas hem kon horen. 'Ik stond te kijken hoe jij naar de zee kijkt. Is het niet fantastisch?'

Andreas verstond er niet veel van, maar knikte opgetogen. Hanno vatte moed en beklom de trap naar de pier, waarbij hij zich stevig vasthield aan de leuning. Hij bleef een paar minuten naast de jongen op de balustrade leunen om zijn hartslag tot rust te laten komen.

'Kunnen we even praten, jij en ik?' vroeg Hanno uiteindelijk. 'Er zijn te veel vrouwen en kinderen in dit hotel,' verduidelijkte hij. Andreas knikte en Hanno zag een glimlach op zijn gezicht, het soort dat van binnenuit komt, oprecht gelukkig en niet geheel gespeend van zelfingenomenheid. Toen hij weer ernstig keek, wendde hij zich tot de oudere man. 'Ik vrees dat ik uw boeken niet heb gelezen.' Hoewel zijn eerlijkheid ontwapenend was, flakkerde er een lichte ergernis bij de schrijver op.

'Er zijn andere dingen waar we over kunnen praten,' zei hij welwillend. 'Af en toe is het goed om uit te blazen na de immense concentratie die ik bij mijn werk moet opbrengen. Als ik er een tijdje niet aan denk – voor zover dat tenminste lukt – kan ik daarna weer helemaal fris verder.'

'Zullen we een strandwandeling maken?' vroeg Andreas. 'Ik kan mijn broer en neef er vast wel van overtuigen dat het wrak niet de moeite waard is om nog eens te bekijken.'

'Dat is een prima idee voor als het lekker weer is,' zei Hanno, 'maar god weet wanneer we weer een mooie dag krijgen. Nee, nee... we hebben al genoeg tijd verspild.' Hij kon er niets aan doen, het ontglipte hem, terwijl hij toch tactischer had willen zijn. Hij wilde zijn hand op het hoofd van de jongen leggen, maar trok hem snel terug omdat hij bang was gezien te worden.

'Wat u wilt.' Andreas had, met zijn gevoeligheid voor plaatsen en stemmingen, een zweem opgevangen van Hanno Altenburgs egoïsme en dat was een waarschuwing voor hem. Hij besefte dat hij voorzichtig moest zijn en zichzelf moest beschermen, dat deze man hem met zoete woordjes zou verleiden en dan zou verdwijnen als het schuim op de golven zodra er iets anders van hem werd verlangd. Maar de wind en de zee en zijn eigen fysieke begeerte maakten hem overmoedig en hij liet zich gaan.

'Moet je daar kijken!' riep Hanno. 'Die enorme golf daar, die op het punt van breken staat! Geweldig!' Toen Andreas zijn gezicht naar de zee keerde, blies de wind zijn haar opzij. Het was in Frankfurt voor het laatst geknipt en daardoor zo lang dat de schrijver, die zijn hoofd naar dat van Andreas had gebogen en met zijn linkerhand wees, het langs zijn wang voelde strijken. Hij bracht zijn mond dicht bij de tere oorschelp van de jongen en fluisterde 'ik hou van je', precies op het moment dat de golf dicht bij het einde van de pier omsloeg en er een wolk van waterdruppels hoog de lucht in stoof, zodat ze in een plaatselijke motregen stonden. Andreas schrok niet van die verklaring, maar bleef naar het water kijken en zei 'dank u', het enige antwoord dat hij kon bedenken.

'We kunnen afspreken in het paviljoen,' zei Hanno. 'Weet je waar dat is? De deur aan de zijkant, naast het buffet, is open. Ik ga er regelmatig naartoe om op de oude piano te spelen. Het is er stoffig maar romantisch, dat zul je zien. En niemand zal ons daar zien. Wanneer kun je komen?'

'Morgenochtend, na het ontbijt?'

'Eerder niet?'

'Wanneer dan?'

'Over een uur. We hebben de hele middag, het avondeten is pas om half acht.'

'De anderen zullen me missen.'

'Zeg dan dat je naar het dorp gaat.'

Andreas' hart bonkte alsof hij zojuist een grote fysieke prestatie had geleverd. Hij had iemand veroverd, voor het eerst! Zijn hart zwol van vreugde. Zoiets had hij nog nooit meegemaakt. Wat een gevoel van kracht gaf het hem! Als hij zich nu in de kolkende zee zou werpen, dacht hij, zou hij het onstuimige water overwinnen en er levend uit komen.

Hanno en de jongen gingen uiteen aan de rand van het terras. Ze schudden elkaar vormelijk de hand, alsof ze afscheid namen na elkaar toevallig tegen het lijf te zijn gelopen. Ook Hanno was opgewonden, zoals altijd bij zulke gelegenheden, maar zijn eigen gevoelens werden getemperd door leeftijd en ervaring. Hij wist dat het oplaaien van passie tussen twee minnaars bij hun eerste afspraakje een mooie, maar ook heel vluchtige emotie is. Hij keek al verder dan de ontmoeting in het paviljoen en slaakte een diepe zucht over het onvermijdelijke verlies dat hun beiden te wachten stond.

De meeste hotelgasten brachten het einde van de middag door in hun kamer of in een van de rustige gemeenschappelijke ruimtes. Andreas wist dat zijn afwezigheid zou worden opgemerkt als hij zomaar verdween. Het was al drie uur, dus hij moest nu echt een goed excuus verzinnen om een tijdje weg te gaan. Fräulein Gründlich vond dat de jongens al meer dan genoeg vrijheid genoten; hun veiligheid was haar tenslotte toevertrouwd, en die kon ze alleen garanderen als ze altijd wist waar de tweeling was.

Ernst zat in de leunstoel bij het raam een avonturenroman van Karl May te lezen. Zijn knobbelige knieën zaten onder de schrammen en korstjes. Ernst was iemand die zichzelf altijd sneed, zich met een hamer op zijn vingers sloeg en zijn broek openhaalde aan het prikkeldraad. Hij had er behoefte aan zijn fysieke moed te bewijzen en was vastbesloten om sterk en dapper te zijn. Zoals alle kinderen van Caroline was hij behept met verlegenheid, en zoals alle kinderen van Nathan miste hij het verlangen zich met anderen te meten. Hoewel de twee jongens uit elkaar waren gegroeid, hadden ze allebei nog steeds een grote, mysterieuze ontvankelijkheid voor wat de ander bezighield.

Ernst keek op toen Andreas de kamer binnenkwam. 'Je bent ergens op uit,' zei hij.

'Hoe bedoel je?'

'Je hebt iets nerveus over je. Zoals je de kamer binnenliep... Ik merk altijd meteen of je gewoon ontspannen bent of rondsluipt als een panter.'

'In afwachting van een prooi, bedoel je?'

'Nee. In afwachting of er iets gaat gebeuren.'

'Ernst?'

'Ja?'

'Ik wil je om een gunst vragen.'

Ernst zat roerloos in zijn stoel, want hij voelde dat het een gewichtig moment was. Maar Andreas deed zijn best om zijn opwinding niet te laten doorklinken in zijn stem of te laten opvlammen in zijn ogen.

'Het stelt niet veel voor. Ik wil naar het dorp om een souvenir te kopen voor mijn vriend Wolfgang.' Het maakte hem onrustig om te liegen. 'Maar je weet hoe Gründlich is, ze zegt waarschijnlijk nee als ik het haar vraag. Aan de andere kant wil ik niet dat ze zich zorgen maakt. Dus als ze naar me op zoek is terwijl ik weg ben, wil je dan tegen haar zeggen dat ik met een groep padvinders uit het andere hotel naar het scheepswrak ben gegaan? Maar alleen als ze naar me vraagt, zeg anders maar niets. Je kunt beter niet liegen als het niet nodig is.' Hij bloosde bij die laatste zin en was er volkomen zeker van dat Ernst geen woord geloofde van wat hij had gezegd.

Maar Ernst reageerde laconiek. 'Ben je op tijd terug voor het avondeten?' vroeg hij.

'Natuurlijk. Zó lang blijf ik niet weg.'

Verder vroeg Ernst niets. Hij was in gedachten alweer bij het avontuur van Winnetou. Pas veel later, toen het nerveuze gedrag van Andreas onderdeel was geworden van een patroon, ging hij erover nadenken. Op dit ogenblik was hij nog bereid zijn broer te geloven en vond hij het prima om hem te helpen. 'Veel plezier,' zei hij.

'Waarom zeg je dat?'

'Je gaat toch het dorp in? Hier is dat een avontuur. Kijk maar uit dat je niet onder de voet wordt gelopen door een op hol geslagen paard.'

Andreas sloop door de lange gangen van het hotel alsof hij werkelijk een panter was. Nu hij onderweg was, hoefde hij zijn opwinding niet langer te onderdrukken. Hij kwam niemand tegen. Hij liep door de lege eetzaal, waar de tafels al waren gedekt voor het avondeten. Een kelner zat in de hoek van de grote lounge te dommelen, want er had zich nog niemand gemeld voor de thee. Andreas liep in een kalm tempo over het gazon en door een dennenbosje. Voordat hij bij het paviljoen was, hoorde hij Hanno pianospelen. Het kwam terloops bij hem op dat Hanno geen goede pianist was. Andreas was muzikaal en vond het vanzelfsprekend dat zo'n oordeel bij hem opkwam. Wat hij niet herkende, was de gekunsteldheid van het geheel: Hanno Altenburg die zijn verleidingspoging voorbereidde.

Bij de deur, die op een kier stond, bleef Andreas even staan. Hij voelde paniek opkomen, maar die werd onmiddellijk gevolgd door een golf van begeerte. Hij glipte naar binnen en zag de schrijver, die het piepen van de deur had gehoord, over het klavier gebogen zitten. Het was theatraal, maar dat gaf niet; Andreas vond het wel gepast. De jongen deed de deur achter zich dicht en een groezelig schemerdonker vulde de ruimte. Met een zwierig gebaar beëindigde Hanno een slecht gespeeld loopje, en hij stond op van zijn pianokruk om zijn jonge minnaar te begroeten. Hij spreidde zijn armen en Andreas wierp zich erin.

Toen Andreas terug kwam kuieren van het paviljoen was het hotel weer ontwaakt. Moeders zaten kalm te praten in de serre, kinderen speelden rustige spelletjes, jongedames lazen tijdschriften of stonden in kleine groepjes te luisteren naar de harpist, die elke middag van vijf tot zeven dezelfde lichtvoetige, sentimentele muziek speelde. Andreas voelde zich een beetje dronken en was in de overmoedige stemming die alcohol teweeg kan brengen. Hij had wel willen springen en schreeuwen, maar in plaats daarvan liep hij achteloos door de openbare ruimtes van het hotel, zwaaide naar zijn zussen en nichten, die zaten te kaarten, en wandelde toen over het terras weer naar buiten, naar de rand van de zee. Hij trok zijn schoenen uit en liep blootsvoets verder. De zee was nog steeds woest, maar het water stond minder hoog; het gevaar dat het land onder zou lopen leek geweken. De ondergaande zon hield geen belofte in. Andreas stak zijn handen in het koude water en legde ze tegen zijn verhitte gezicht. Hij rook de eau de cologne van de schrijver en voelde diens handen en lippen nog op zijn zachte huid, die gloeide door de liefkozingen. Maar dat moest allemaal worden weggewassen. Andreas wreef het zoute, zanderige water over zijn wangen, nek en armen. Toen rende hij in een uitbarsting van panterachtige energie langs het strand tot zijn oren suisden en zijn rug bezweet was.

Hanno Altenburg, die aan zijn vaste tafeltje op het terras was gaan zitten en een aperitief had besteld, nam hem uit de verte op. Hij was voldaan en ook tevreden over zijn eigen generositeit. Hij had de jongen meer gegeven dan die ooit zou beseffen, had een man van hem gemaakt en hem laten ontdekken waartoe hij in staat was. Hanno beschouwde zichzelf als een sentimentele dwaas, iemand die altijd faalt en nooit het geluk heeft zijn gelijke te vinden. Hij was gek op Andreas – vanwege zijn jeugd, zijn schoonheid en de manier waarop hij zich aan hem had overgegeven – maar hij benijdde hem ook, om de vele jaren die hij nog voor zich had.

In de paar weken die er nog restten voordat Andreas weer naar school moest, ontmoetten ze elkaar bijna dagelijks. Aangezien Fräulein Gründlich hem niet had gemist, voelde Andreas zich veilig en bedacht hij geen leugens meer voor Ernst. 'Ik ga mijn wandeling maken,' zei hij simpelweg elke dag op het afgesproken tijdstip. Ernst sloeg geen acht op wat zijn broer deed. Hij was te zeer verdiept in zijn boeken, die hij thuis niet mocht lezen. Karl May was een productieve schrijver en de vakantie begon ten einde te lopen.

Andreas hoopte dat er geen langgerekte afscheidsscène zou zijn. Hij had de opwinding van liefde en begeerte gevoeld en genoten van de clandestiene liaison, maar met de koele scherpzinnigheid van de jeugd zag hij Hanno duidelijker dan Hanno hem. Hij begon zich te ergeren aan de romantische aanstellerij van de schrijver, zijn narcisme en ouwelijke gewoonten. Andreas verlangde ernaar terug te keren naar zijn ongecompliceerde dagelijkse leven.

'Kunnen we elkaar vanavond zien om afscheid te nemen?' vroeg Hanno Altenburg op de middag voor de dag dat ze naar Frankfurt zouden vertrekken. 'Misschien kunnen we een strandwandeling maken, het is zulk heerlijk zacht weer en de Melkweg is prachtig in deze tijd van het jaar. Ik heb een cadeautje voor je.' Ze zaten op het terras te schaken. Dat was een van de listen die Hanno had bedacht om gemakkelijker een gesprek met de jongen te kunnen voeren. 'Ik zal deze jongeman een spel leren om zijn intellect te scherpen,' had hij tegen Fräulein Gründlich gezegd, en ze was blij geweest dat zo'n beroemde man belangstelling voor Andreas toonde.

'Kom je dan naar buiten als de anderen slapen?' vroeg Hanno opnieuw, deze keer wat nadrukkelijker.

'Ja, natuurlijk,' verzekerde Andreas hem. Het zou een avontuur zijn, er kon nu niet veel meer misgaan en hij was heel goed geworden in doen alsof.

Om half elf wenste de schrijver een oervervelende oude dame goedenacht, kuste galant haar hand en zuchtte dat het hem speet. 'Ik kan niet buiten mijn wandelingetje voor het slapengaan, m'n beste,' zei hij.

Hij wachtte enigszins verkleumd bij een stel boeien die aan het eind van het plankenpad op hun kant lagen. Een paar wolken joegen snel langs de afnemende maan. Hij komt niet, dacht Hanno, maar toch bleef hij wachten. Hij had het cadeautje – een in eigen beheer uitgegeven boekje met een aantal van zijn erotische gedichten – in zijn jaszak. Op het schutblad had hij een cryptische opdracht geschreven. 'Zo zelfzuchtig kan hij toch niet zijn, hij móét gewoonweg komen,' zei Hanno tegen zichzelf terwijl hij met woedende verslagenheid naar het verduisterde hotel keek.

Maar Andreas, die half uitgekleed in zijn bed had liggen wachten tot Ernst in slaap zou vallen, was ingedommeld en hoorde niets meer van de klingelende bel van de boei op zee, en Hanno gaf zijn wake op.

Het begon al licht te worden toen Andreas wakker schrok en schuldbewust besefte dat hij zijn minnaar had teleurgesteld. Hij rende naar het raam en trok de gordijnen open, maar in het ochtendlicht hing een dichte witte mist en de treden vanaf het terras leidden nergens heen. Andreas ging weer naar bed en werd pas wakker toen Fräulein Gründlich kwam zeggen dat het bijna tijd was om te gaan.

Een paar weken later kwam de gedichtenbundel over de post, met een bitterzoet briefje waarin Andreas meer literaire hoogstandjes dan emotionele diepgang kon ontdekken.

Vroeg in het voorjaar van 1918 werd Edu's regiment teruggeroepen naar Duitsland. In januari van dat jaar had een staking van metaalarbeiders in Berlijn, die met de bekende hardvochtigheid door de regering was neergeslagen, zich naar andere steden verspreid. De arbeiders die bij wijze van straf werden overgeplaatst van de fabriek naar het leger, wakkerden onvrede aan bij de soldaten in het veld. De werkende bevolking had schoon genoeg van de oorlog, maar de keizer noch de generaals waren al toe aan het sluiten van vrede, en binnen de rechtse partijen hoopten sommigen nog net zo vurig als vroeger op expansie en hegemonie.

De troepen die naar Berlijn waren gestuurd, werden daar achter de hand gehouden om de verwachte revolutie de kop in te drukken. Edu was ten einde raad. Ofschoon hij een groot voorstander was van rust en orde, had hij geen zin in politiewerk en geen enkel verlangen om op burgers te schieten. Hij wilde alleen maar terug naar zijn eigen huis en zijn eigen tuin. Hij droomde steeds dat hij in het voorjaar, als de kastanjes in bloei stonden, door de Bockenheimer Landstrasse wandelde en de Palmengarten in liep, waar hij verdwaalde tussen het groen van de tropische jungle. Maar elke ochtend werd hij wakker in de armoedige kamer vlak bij het station waar hij was ingekwartierd.

In die herfstdagen was Berlijn een stad die heen en weer werd geslingerd tussen vertwijfelde vrolijkheid en onheilspellende dreiging. Flarden van vlaggen hingen aan de ramen, en de vrouwen droegen jurken gemaakt van oude avondjaponnen. Op straat wemelde het van de hoeren en de gewonden. Het groteske werd de norm, het dagelijks leven was volledig ontwricht. De wrange, cynische tekeningen van George Grosz waren geen overdrijving maar de onverbloemde waarheid. In de cafés kende iedereen de kunstenaar. Nadat hij door een militair tribunaal schuldig was bevonden aan hoogverraad, was hij bijna terechtgesteld en alleen dankzij de tussenkomst van Harry graaf Kessler gespaard gebleven.

Als Edu door de haveloze hoofdstad dwaalde, walgde hij van wat hij zag. Hij had het gevoel dat hij door de hel liep, niet de hel van de loopgraven maar de hel van een samenleving in verval, wat voor een man met Edu's fijnbesnaardheid bijna nog schokkender was dan oorlog. Bij elke stap schreeuwde zijn ziel: 'Hebben we hiervoor gevochten?' Net als vele anderen beschouwde hij de vertwijfeling en chaos die hij in de straten van Berlijn zag als een bedreiging voor alles wat hem heilig was.

Toen hij op een avond over de Kurfürstendamm liep, werd hij bespuugd door een hologige man die in een vierwielig karretje zat dat langs de stoeprand stond. Er lag een gescheurde legerdeken over de stompjes van zijn benen, en de stompjes van zijn armen zwaaiden in een hortend, afgemeten ritme door de lucht. 'Hufter!' riep de man Edu na. 'Kijk eens wat je me hebt aangedaan!' Op zijn borst prijkte een grote hoeveelheid medailles en tussen zijn dijen stond een tinnen beker.

Edu voelde de blikken van de andere voorbijgangers op zich rusten. In zijn uniform liep hij net zo in het oog als wanneer hij een gestreept gevangenispak had gedragen. In de koele avondlucht hing een atmosfeer van woede en vijandigheid. Hij zag mensen om zich heen grinniken en anderen hun voorhoofd fronsen. Nooit eerder was Edu het mikpunt geweest van zo veel openlijke minachting. Er hoeft maar één van die mannen de hand tegen me op te heffen of ze slaan me met z'n allen in elkaar, dacht hij. De klodder spuug was op een van zijn glimmend gepoetste cavaleristenlaarzen terechtgekomen. Edu was bang en tegelijk schaamde hij zich. Zijn officiersuniform, de glanzende laarzen en zijn gladgeschoren gezicht waren de merktekens van de winnaar. De stumper in het karretje had ongetwijfeld voor de oorlog al heel weinig gehad en nu was hij alles kwijt, zelfs zijn lichaam. In vergelijking met hem was Edu gezegend. Hij wilde zich verdedigen, maar wat kon hij zeggen? Terwijl hij van al die mensen wegliep, probeerde hij een antwoord te formuleren. Maar er was geen antwoord. Hij kon alleen maar vluchten.

Hij sloeg de dichtstbijzijnde hoek om en zwierf bijna een uur door het betere deel van de stad, waar grote appartementengebouwen, versierd met het krullerige stucwerk van de jugendstil, zwijgend, donker en bars naast elkaar stonden. Hij kende hier niemand, de stad zelf was hem vreemd. De enige die hem aansprak was een hoer die niet had verwacht dat de eenzame, knappe officier haar zou afwijzen. Maar Edu schudde zijn hoofd. De hoer begon hem onomwonden uit te schelden. Hij hoorde haar stem nog lang weerklinken door de lege straat.

Pas toen hij vermoeide voeten en een duf hoofd had, begon de hoon die over hem was uitgestort naar de achtergrond te verdwijnen. Het was tijd om naar huis te gaan, maar hij wist niet precies waar hij was. Hij kwam langs een paar kunsthandels en keek in hun met hekwerk beveiligde etalages, maar wat hij zag sprak hem niet aan, tot hij langs een zwak verlicht raam kwam waarin één schitterend schilderij tegen een zwartfluwelen achtergrond hing. Edu bleef staan en staarde ernaar. Het was heel lang geleden dat hij iets moois had gezien, maar nu pas besefte hij hoe steriel zijn leven de afgelopen jaren was geweest. Hij kon de signatuur in de rechter benedenhoek van het doek niet goed lezen, maar hij wist dat hij dit schilderij nooit meer zou 'kwijtraken', dat het hem altijd zou bijblijven, zelfs al zou hij het na vanavond niet meer aantreffen in deze etalage. Voor zover hij kon bepalen werd er een uitbundige dans afgebeeld. Maar hij werd eerder getroffen door de rauwe kleuren en gepassioneerde bewegingen dan door het thema. Zijn impressionisten verbleekten naast dit paars, blauw en rood, naast het vlammende geel en oranje. Edu stond een hele tijd tegen de ijzeren tralies geleund naar het werk te kijken voordat hij het adres van de kunsthandel in het notitieboekje schreef dat hij bij zich had.

Het duurde meer dan een week voor hij in de gelegenheid was terug te gaan naar de winkel. Toen hij eindelijk een beetje vrije tijd had, ging hij er onmiddellijk naartoe, bang dat alles een hersenschim was geweest, dat hij op het bewuste adres alleen een braakliggend terrein of een blinde muur zou vinden. Maar de kunsthandel was er, het schilderij hing nog in de etalage en deze keer zat de deur niet op slot. Toen Edu hem openduwde klonk er een belletje, net als in Jacobs winkel. De zaak bestond uit één vertrek met een kantoorgedeelte aan het eind, achter een boogvormige ingang met een kralengordijn, dat toen Edu binnenstapte licht bewoog en zacht rinkelde als theekopjes die op schoteltjes werden gezet. Aan alle muren hingen fantastische schilderijen. Edu keek er zo geconcentreerd naar dat hij zich nergens anders meer van bewust was. Hij schrok toen hij iemand hoorde vragen: 'Kan ik iets voor u doen?' Er was een corpulente man met een uilenbril van achter het kralengordijn tevoorschijn gekomen. Hij staarde Edu aan met de norse, spottende blik die kenmerkend was voor de Berlijners.

'Wie heeft dit gemaakt?' vroeg Edu.

'Emil Nolde,' zei de man. 'Komt u voor zijn werk? Het gebeurt niet elke dag dat ik bezoek krijg van een officier uit het leger van de keizer. Wat bent u, een kozak? O nee, ons leger heeft geen kozakken...'

Edu sloeg opzettelijk zijn hakken niet tegen elkaar, maar maakte een kleine buiging. 'Ik ben Eduard Wertheim uit Frankfurt am Main. Ik ben geïnteresseerd in kunst...' Hij aarzelde even. 'Ik ben een verzamelaar,' vervolgde hij toen.

De man stak zijn hand uit. 'Als jullie Nolde in Frankfurt niet kennen, dan lopen jullie een eind achter op Berlijn,' zei hij. 'Ik heet Levy.' Ze schudden elkaar de hand. Levy keek Edu doordringend aan. 'Wilde u iets kopen?'

'Ja.' Edu probeerde niet te laten merken dat de rechtstreekse vraag hem verraste.

'Dat is mooi. Ik hoop dat u geld hebt?'

'Ik heb net mijn traktement gekregen en er is niets anders om het aan uit te geven.'

'Heel mooi. Stuurt u geen geld naar huis, naar uw vrouw of mevrouw uw moeder?'

'Dat gaat u niets aan!'

'Dat is waar. Een gotspe, vindt u niet? Of kent u dat soort woorden niet?'

Edu besloot dat hij de onbeleefde vragen het best kon negeren. 'Wat kost het schilderij in de etalage?'

'*De dans rond het gouden kalf*? Een bijbels onderwerp. Zei u dat u contant geld had?'

Hij noemde een prijs die niet onredelijk klonk. Edu, die niet wist of hij hier kon afdingen, zweeg even en bekeek de andere schilderijen. Geen daarvan trof hem met dezelfde kracht als *Het gouden kalf*, maar er hing wel een mooi zeezicht waaraan hij bijna zijn hart verloor.

'Er wordt hier niet onderhandeld,' zei Levy. Edu zag dat zijn trui rafelde. 'Aan de andere kant, als u meer dan één schilderij koopt – twee of drie bijvoorbeeld – kunnen we misschien wel tot een andere prijs komen. Kwantumkorting, zoals we in de handel zeggen. Ik neem aan dat u in de handel zit, als u niet in dienst bent?'

Edu knikte. Hoezeer hij ook een hekel aan deze man begon te krijgen, hij kon zich niet losrukken. 'Laat maar eens zien wat u nog meer hebt,' zei hij, en Levy nam hem mee naar een kamer achter het kantoortje, waar rekken vol schilderijen stonden. Levy trok er zonder aarzelen bepaalde werken uit. Het leek alsof hij met magische precisie Edu's voorkeuren had ontleed. Alle doeken die hij naar voren trok, spraken Edu in mindere of meerdere mate aan. Na drie uur had Edu vier schilderijen gekozen en alles uitgegeven wat hij in zijn geldriem had.

'Ik zal iemand laten komen om u te helpen met het vervoer,' zei Levy.

De halve dag was verstreken en Edu had honger, maar hij was gelukkiger dan hij in jaren was geweest. Niets woog op tegen de gelukzalige roes die dit soort aankopen teweegbracht. En tot hij eindelijk naar huis mocht, zou hij in elk geval de schilderijen hebben om naar te kijken.

De jongen die verscheen om Edu te helpen de schilderijen naar zijn kamer te brengen was een jaar of zestien, schatte Edu. Hij droeg een lange zwarte jas over zijn kniebroek, een kraagloos wit overhemd dat hoog was dichtgeknoopt en op zijn kaalgeschoren hoofd de pet van een loopjongen. Het duurde even voor Edu zag dat hij slaaplokken had, want die had hij achter zijn oren geduwd. Hij zei heel weinig, maar uit zijn korte antwoorden op Edu's beleefde vragen bleek dat zijn Jiddisch beter was dan zijn Duits. Toen ze na twintig minuten lopen bij Edu's kamer aankwamen, gaf Edu hem een gouden muntje als fooi. De jongen was blij; kennelijk had hij zo'n royale beloning niet verwacht. Hij deed zijn best iets te formuleren. '*Er iz a jid?*' vroeg hij uiteindelijk. Edu begreep hem niet meteen. Jiddisch was een taal die hij eenvoudigweg weigerde te verstaan. Toen de vraag, na tweemaal te zijn herhaald, eindelijk tot hem doordrong was zijn eerste impuls om te ontkennen dat hij een 'jid' was, maar toen hij de slimme blik in de zwarte ogen van de jongen zag, wist hij dat de vraag eigenlijk een constatering was geweest. De jongen had hem aandachtig opgenomen, diep in zijn hart gekeken (of in zijn broek, bedacht Edu spottend) en een broeder herkend.

'Ik kan u alles bezorgen wat u wilt of nodig hebt,' zei de jongen, nadat hij het muntstuk zorgvuldig in zijn zakdoek had gewikkeld en die had dichtgeknoopt. Edu knikte afwezig. Hij wilde de deur achter de jongen dichtdoen en naar zijn aankopen kijken. 'Ik kan bijna overal aankomen. Zelfs aan een meisje.' Het klonk niet branieachtig, eerder verlangend, alsof het niet zozeer een aanbod aan meneer de officier was als wel een diepgevoelde wens.

Edu was zo verbijsterd over het voorstel, bijna een smeekbede, dat hij even aarzelde voordat hij het stijfjes afsloeg. 'Nee, nee, absoluut niet.'

'Mijn nichtje,' hield de jongen vol. 'Een Joods meisje. Ze is heel mooi. Ik hou u niet voor de gek.'

Ik heb nog nooit een Joods meisje gehad, dacht Edu.

'Ik zal haar vanavond brengen,' zei de jongen.

'Nee,' zei Edu. 'Vanavond niet.'

'Morgen?' De jongen gaf het niet op.

Edu haalde zijn schouders op in wat tot zijn afgrijzen een zeer Joods gebaar was. Hij voelde zich in het nauw gedreven. De jongen wilde hem een hand geven, maar bedacht zich en salueerde in plaats daarvan op een aandoenlijk kinderlijke manier. Toen rende hij met twee treden tegelijk de trap af. 'Wacht even!' riep Edu hem na, maar de jongen hoorde hem niet door het geklepper van zijn voeten op de stenen treden.

Toen hij de schilderijen had uitgepakt en tegen de muur had gezet, zodat ze gunstig werden verlicht door zijn twee lampen, bleken ze nog mooier te zijn dan in de galerie. Was het mogelijk dat de kleuren dieper waren geworden door zijn blijdschap dat ze van hem waren? Behalve de twee Noldes had hij een klein abstract werk van Franz Marc gekocht, en een vrouwenportret van Kirchner. Toen hij er lang genoeg naar had gekeken, pakte hij ze weer in. Er was geen ruimte om ze op te hangen en zijn hospita zou dat ook niet goedvinden. Bovendien wilde hij niet dat iemand van hier ze zag.

Edu streefde ernaar zo veel mogelijk afstand te houden tot zijn omgeving. Hij wilde dat er niets uit deze tijd in zijn geheugen bleef hangen. Elke avond stipt om tien uur, vlak voordat hij naar bed ging, streepte hij de dag door in de agenda met leren omslag die hij elk jaar met Kerst van zijn moeder kreeg. Als het onvermijdelijk was om met andere officieren te praten, gedroeg hij zich net zo kil en gereserveerd als zij. Hij hoefde nu niet meer hoffelijk of vriendelijk te zijn. Iedereen wist dat de vredesonderhandelingen vorderden, en Edu was er zeker van dat hij ogenblikkelijk zou worden ontslagen als er een wapenstilstand werd afgekondigd.

De avond na zijn bezoek aan Levy zat hij zich in zijn bedompte kamer af te vragen of de jongen inderdaad zou terugkomen met een jonge vrouw. Door de warmte van die dag was het benauwd geworden in de kamer, en hij zette allebei de ramen open om de koele avondlucht binnen te laten. Die voerde de stank van de stad mee en de geluiden van de binnenplaats, waar katten jankten, honden blaften en mensen tegen elkaar tekeergingen. De bewoners van deze buurt waren Edu net zo vreemd als die van een nederzetting op de Afrikaanse vlakte.

Hoewel hij aan de beloofde afspraak had zitten denken, schrok hij toen er op de deur werd geklopt. Hij overwoog om niet open te doen, maar toen er opnieuw werd geklopt, verzamelde hij al zijn moed en liet de jongen met de slaaplokken en zijn 'nichtje' binnen. De jongen was hetzelfde gekleed als de vorige dag. De jonge vrouw die hij bij zich had kon niet ouder dan negentien zijn en had een fijn, ovaal gezicht. Ze was niet mooi, maar haar trekken hadden nog de lieftalligheid van de jeugd. Ze droeg haar donkere haar in een losse wrong, zodat het haar oren bedekte. Ze had volle lippen en in haar donkere ogen stond pure, onuitsprekelijke angst te lezen.

'Dit is Friedl,' zei de jongen. 'Ze is heel zwijgzaam.' De jonge vrouw probeerde te glimlachen, maar dat lukte niet goed. Edu bedacht dat ze misschien doofstom was.

'Kan ze praten?' vroeg hij. 'Kent ze Duits?'

'Een beetje. Ze komt van daar...' De jongen gebaarde naar waar volgens hem het oosten moest liggen. 'Ze heeft het zwaar gehad onder de Russen. Maar ze mankeert niets. Ze is schoon. U kunt met mij afrekenen.'

Friedl ging stijfjes op de rand van de rode pluchen leunstoel zitten en drukte haar handen tegen elkaar tussen haar knieën, zodat haar rok een diep dal vormde. Haar schouders waren smal, de schouders van een kind, en haar jurk was dun en viel tot net over haar knieën. Haar houding deed Edu denken aan een meisje op een schilderij van Edvard Munch, maar haar gezicht aan zijn nichtje Emma, alleen alledaagser. Het had iets onevenwichtigs. Naast de angst zag hij ook zinnelijkheid en een onderworpenheid die Edu tegelijk ontroerde en opwond. Hij haalde wat papiergeld tevoorschijn.

'Ze is meer waard dan een gewone hoer,' zei de jongen, maar zijn stem klonk onvast. 'En haar broertjes en zusjes hebben honger. Haar moeder is dood en haar vader kan niet werken omdat hij ziek is...'

'Zo is het wel genoeg,' zei Edu. Friedls gelaatsuitdrukking was niet veranderd tijdens deze litanie. Zonder werkelijk te tellen pelde hij een paar bankbiljetten van de stapel. Hij dacht aan zijn huis, zijn familie en zijn schilderijen, en werd opeens woedend dat hij zich in een situatie bevond waaruit geen ontsnappen meer mogelijk was, geen manier om zich eerzaam terug te trekken. Met een gebaar alsof hij de jongen een klap ging geven, stak hij zijn hand met het geld naar hem uit en zei dat hij kon gaan.

'Hier woont ze,' zei de jongen, en hij gaf Edu een papiertje met een handgeschreven adres. Hij stopte het geld, dat hij met zijn ogen had geteld toen Edu het van het stapeltje pelde, in zijn achterzak en stormde weer met twee treden tegelijk de trap af.

Edu deed de deur achter hem dicht en ging op de slaapbank zitten, tegenover Friedl.

'Nou,' zei hij, 'wat zullen we eens gaan doen?' Hij wilde Friedl niet benaderen als een echte hoer. Ze keek naar de grond en haalde haar schouders op, met dat ergerlijke, typisch Joodse gebaar. Hij had de neiging haar vast te pakken en door elkaar te schudden om haar te bevrijden van al haar slechte gewoonten, maar zag meteen in dat dat geen goed idee was.

'Zal ik me uitkleden?' vroeg Friedl in een Duits dat Edu als puur Jiddisch in de oren klonk.

'Nee,' antwoordde hij, 'nog niet. We hebben tijd genoeg.'

Friedl keek naar hem en leek al haar moed te verzamelen. 'Ik heb honger,' zei ze. Het was voor het eerst dat ze hem echt aankeek.

'Ik neem je mee uit eten,' zei Edu, en hij stond meteen op om zijn hoed en jas te pakken, blij dat hij iets te doen had. Buiten overviel de avondkilte hen zo onverhoeds dat Edu huiverde en Friedl begon te klappertanden.

'Heb je geen jasje?' vroeg hij, en ze schudde haar hoofd. Hij trok zijn jas uit en hing die om haar schouders. 'Ik zal er een voor je kopen,' zei hij. Als er nog een winkel open was geweest, was hij er onmiddellijk naar binnen gestapt om de daad bij het woord te voegen.

Ze gingen naar een restaurant in de buurt waar Edu vaak at, en hij bestelde een maaltijd voor Friedl en een fles wijn voor zichzelf. Toen het bord werd gebracht, keek ze hem een ogenblik aan en begon gulzig te eten. Ze zag eruit als een tengere Siamese kat die zojuist een schoteltje met iets heerlijks voorgezet had gekregen. Terwijl Edu langzaam van de slechte wijn dronk, keek hij naar haar en ging er een bonte verscheidenheid aan gedachten door zijn hoofd. Allereerst was hij verbaasd over het feit dat hij hier zat. Hij moest opeens denken aan de keer, lang geleden, dat hij bij die afschuwelijke schilder op bezoek was geweest. Voor iemand als Edu, die zich alleen veilig voelde in een wereld die hij kende en onder controle had, was dit soort momenten zeldzaam, en hij kon zijn aanwezigheid in dit restaurant met Friedl alleen verklaren door aan te nemen dat hij behekst was, of bevangen door een soort koorts. Zelfs toen hij in zijn eentje in Amerika was, had hij zich nooit met zoiets bizars ingelaten. Hij had altijd zeker geweten dat wat hij moest leren – je kon het zijn educatie noemen – niet op straat of in de armen van een vrouw te vinden was. Hij betwijfelde zelfs of hij per se de liefde moest leren kennen om het soort man te worden dat hij wilde zijn. Tot op dit moment had hij nooit verlangd naar een romance of gevreesd voor zijn geestelijke gezondheid. Onder invloed van de goedkope wijn begon hij nu beide te doen.

'Mmm, lekker,' zei Friedl, en ze stopte het laatste stukje brood, waarmee ze het laatste likje jus van haar bord had geveegd, in haar mond.

'Wat zullen we nu gaan doen?' vroeg Edu.

Friedl sloeg haar ogen neer. Ze leek jonger dan Emma en zou eigenlijk nog moeten hoepelen in de straten van Berlijn.

'Hoe oud ben je?' vroeg Edu.

'Tweeëntwintig,' zei ze, en hij vroeg zich af of hij haar moest geloven.

'Kun je dansen?' Opnieuw dat Joodse schouderophalen. 'Ik vind het leuk om naar dansende mensen te kijken,' zei ze.

Toen ze terugliepen naar Edu's kamer, zag hij dat ze niet meer zo erg rilde, maar toch gaf hij haar zijn jas. Er liepen zo veel stelletjes rond dat niemand naar hen keek. Maar zij raakten elkaar niet aan, ze liepen naast elkaar, alleen hun adem vermengde zich.

Edu schonk brandewijn in de twee zilveren bekers die bij zijn leren reisset hoorden. Het was goede brandewijn, die hij op de zwarte markt had gekocht. Friedl raakte haar beker niet aan. Er viel niets te zeggen. Elke vraag die Edu had kunnen stellen was zinloos, want Friedl wilde niets loslaten en niets weten.

'Wil je mijn schilderijen zien?' vroeg hij, en tot zijn verrassing zei Friedl ja. Edu pakte ze alle vier uit en zette ze zo langs de muur dat ze het best uitkwamen. 'Het licht is vreselijk,' zei hij. 'Overdag kun je ze veel beter zien.'

Edu voelde de opwinding die het kijken naar schilderijen – zíjn schilderijen – altijd bij hem teweegbracht. Hij ging er op zijn hurken voor zitten en begon Friedl te vertellen wat hij zag. Hij praatte over kleur en compositie, hoewel hij wist dat hij deels onzin verkondigde. Dat kon hem niet veel schelen, want het waren woorden van liefde. Hij ratelde verder en keek niet naar Friedl totdat hij midden in een zin behoefte had aan een vorm van bevestiging. Toen zag hij haar spiernaakt op de slaapbank zitten. Ze had haar handen weer tussen haar bovenbenen geklemd en daardoor was de holte tussen haar schouders een donkere plek, maar Edu kon haar twee kleine witte borsten zien, de borsten van een meisje. Ze leek bijna in trance te zijn.

Edu borg voorzichtig de schilderijen op, kleedde zich uit, draaide het licht uit en bedreef de liefde met het zwijgende meisje. Friedls lichaam was soepel en koel, en ze lag heel stil. Ze vroeg niets van hem, kreeg geen orgasme en deed ook niet alsof. Toen Edu zijn hoogtepunt had bereikt en naast haar lag, likte ze aan zijn oor en begon een wijsje te neuriën dat klonk als een Slavisch wiegeliedje. 'Niet doen,' zei hij, en ze werd weer stil, doodstil.

Toen Edu ongeveer een uur later wakker werd, was het koud geworden in de kamer en lag Friedl in elkaar gekropen aan het voeteneinde te slapen. 'Ik moet je naar huis brengen,' zei Edu, en ze werd geluidloos wakker, zoals ze alles geluidloos deed. Ze kleedde zich aan alsof ze slaapwandelde en ging in de rode pluchen stoel op hem zitten wachten. Edu gaf haar een van zijn truien. 'Die mag je houden,' zei hij. De trui viel tot over haar heupen; de mouwen waren te lang en de schouders te breed.

'Wat is hij zacht.' Ze schoof de mouwen omhoog en bond de ceintuur van haar jurk over de trui.

Nu zag ze er bijna chic uit, en Edu constateerde dat ze een heel andere vrouw kon zijn, als ze zich daarop toelegde. Ze had gevoel voor stijl.

'Het is kasjmier,' zei hij, maar dat woord zei Friedl niets. Ze streek met haar hand over de wol en rook aan haar schouder. 'Hij ruikt naar jou,' zei ze.

Edu zag geen taxi, en daarom liepen ze snel door de straten. Aangezien Friedl de weg kende, hoefde Edu het papiertje met haar adres erop niet te raadplegen. Voor een oud appartementengebouw van zes verdiepingen bleef Friedl staan. 'Hier woon ik,' zei ze.

'Kom je me nog eens opzoeken?' vroeg Edu.

Friedl haalde haar schouders op. Hij pakte wat geld uit zijn portefeuille en stopte het in haar hand, maar ze liet het voor zijn voeten vallen en schudde haar hoofd. Edu raapte de bankbiljetten op. 'Neem het alsjeblieft aan,' zei hij. 'Voor het jasje dat ik je heb beloofd.'

'Je hebt me al betaald,' zei ze. '*Gut' Nacht.*' Edu hoorde haar voetstappen geleidelijk wegsterven op de trap.

Ongeveer een week later zag Edu haar – althans, dat dacht hij – in een kunstenaarscafé. Friedl, als zij het tenminste was, zat ingeklemd tussen twee slonzige bohémiens die verhit en druk gebarend aan het praten waren. Het café was stampvol en Edu kon dan ook niet naar binnen. Het tafereel speelde zich als een pantomime voor hem af. 'Je blokkeert de doorgang,' zei de uitsmijter. 'Je moet op je beurt wachten.'

Edu keek door het raam de rokerige ruimte in en zag Friedl net zo stil en ongrijpbaar tussen de twee mannen zitten als ze in zijn kamer was geweest. Na een paar minuten besloeg de ruit door de damp van zijn adem en zag hij niets meer. Toen het begon te regenen, ging Edu naar huis. De twee bohémiens deden hem weer denken aan de schilder op die zolder in Frankfurt. Franz Bleicher, zo heette hij. Edu had de naam nooit meer gehoord en hij betwijfelde ten zeerste of anderen dat wel hadden.

In de week daarna liep hij nog een paar keer langs het café, maar Friedl was er nooit. Hij hoopte dat de jongen langs zou komen, maar die vertoonde zich ook niet. Toen ging hij naar de kunsthandel, met het voornemen aan Levy te vragen of de jongen langs kon komen om te helpen met het versjouwen van een paar meubels. Maar Levy was ziek en Edu kon het niet opbrengen om inlichtingen in te winnen bij de vrouw die hem verving. Ten slotte nam hij het papiertje, dat hij had bewaard, en vond de straat met de naargeestige huurkazernes terug waar hij Friedl had achtergelaten. Maar niemand wilde hem informatie geven. De oude mannen deden alsof ze geen Duits verstonden en de jongere zeiden 'niet hier' of 'u bent verkeerd'. Waarschijnlijk dachten ze dat hij van de politie was, maar dat begreep Edu niet. Hij zag hun bebaarde, geringschattende gezichten en droop af, want hij wist dat ze hem minachtten maar was niet in staat daar iets aan te veranderen.

Een paar dagen later drong het nieuws van de matrozenopstand in Kiel door tot Berlijn. In het hele land brak oproer uit onder een bevolking die de oorlog beu was en om het aftreden van de keizer riep. Stad na stad viel in handen van de muitende matrozen, de fabrieksarbeiders en de soldaten die niet meer wilden vechten.

Zelfs Frankfurt werd kortstondig overgenomen door de Roden. Gelukkig vloeide er geen bloed. De bourgeoisie keek ongerust toe, ondanks het feit dat de toespraken van de revolutionairen doorspekt waren met de overbekende, versleten retoriek. 'Wij geloven in de waarheid, we vrezen haar niet,' zeiden ze. Helaas kregen ze geen steun van de bevolking en geen zeggenschap over de instituties. Het lukte hun niet de slag te winnen. In Berlijn, waar alles uiteindelijk werd beslist, kwamen de gebeurtenissen al snel tot een ontknoping. De keizer werd gedwongen af te treden en moest vluchten. De macht werd met tegenzin overgenomen door een sociaal-democratische regering, die zich tot de generaals wendde voor hulp om 'het bolsjewistische gevaar' te bestrijden. De wapenstilstand werd getekend. De oorlog was voorbij.

Kort daarna werd Edu uit de dienst ontslagen. Tegelijk met duizenden anderen ging hij naar huis. De reis duurde weliswaar vier dagen en hij moest het grootste deel van de tijd in het gangpad staan of op de grond liggen in de bagagewagen, maar toen stond hij eindelijk weer in de winterse tuin van zijn eigen huis, klaar om verder te gaan waar hij vier jaar eerder was opgehouden. De lampen waren aan, de butler begroette hem met een hartelijke handdruk, het dienstmeisje maakte een knicksje en er brandde een vuur in de haard. Hij kon zijn schilderijen aan de muren hangen en slapen zonder onzekerheid, angst of romantische waanideeën.

Als de school kort na één uur uitging, liepen Ernst en Andreas Wertheim bijna elke dag samen met Thomas von Brenda-Badolet naar huis. Na het warme middagmaal werden ze geacht hun huiswerk te maken, maar soms brachten ze een deel van de middag met zijn drieen door in de Palmengarten of wandelden ze door de Anlagen.

Het was een slechte winter. De vrede had wel een einde gemaakt aan de vijandelijkheden, maar niet aan de honger en ontberingen. Het leger der armen werd versterkt door honderdduizenden terugkerende soldaten, die bijna allemaal werkloos waren. De telgen uit de familie Wertheim waren zich net als andere rijke kinderen slechts vagelijk bewust van de gebeurtenissen en leefden hun leventje zoals ze dat altijd hadden gedaan. Wat er op tafel kwam, was iets minder copieus en ze moesten het een tijdje met een kleiner aantal bedienden doen. Hun leraren waarschuwden hen dat ze bepaalde pleinen en andere plaatsen waar het proletariaat samenschoolde beter konden mijden, want er was nog steeds kans op gewelddadigheden, maar zolang ze in het Westend bleven, veilig aan hún kant van de Taunusanlage en de Bockenheimer Anlage, konden ze ongestoord over straat lopen en genieten van de aanblik van de prachtige villa's.

Als de jongens voor het huis van de familie Wertheim aan de Guiollettstrasse bleven staan, nodigde Ernst of Andreas Tom vaak uit om mee naar binnen te komen. Hij weigerde altijd. Dat maakte hen onzeker, dus spraken ze er nooit over. Op een dag was het heel koud en daarom hadden ze snel gelopen. Bij het bordes van hun huis zei Andreas: 'Het is nog vroeg, wil je niet binnenkomen?'

Deze keer aarzelde Tom. 'Een paar minuten dan,' zei hij. 'Mijn ouders zijn vandaag niet thuis.'

'Als je wilt bellen om je gouvernante te vragen of je mag blijven eten...' begon Andreas, maar Tom schudde zijn hoofd. 'Nee, dat kan ik niet doen.'

Emma en Lene, die minder ver hoefden te lopen vanaf hun *Höhere Töchterschule*, een privéschool voor meisjes, waren al thuis en hadden zich net verkleed toen de drie jongens verschenen. Ze liepen elkaar in de hal tegen het lijf, en Andreas zag dat Lene begon te stralen en van plezier bloosde toen ze Tom zag. Hij begroette haar en bleef haar in de ogen kijken. Emma fronste haar wenkbrauwen en ook Andreas voelde zich buitengesloten.

'Wat doe jíj hier?' vroeg Lene.

'Je broers hebben me uitgenodigd.'

'Ik laat hem even mijn kamer zien,' zei Andreas. 'Hij kan niet lang blijven.'

'Goed, hou je vrienden dan maar voor jezelf!' antwoordde Lene met gespeelde nonchalance.

Op dat moment verscheen Fräulein Gründlich boven aan de trap en kreeg de gast in het oog. 'Wat leuk om je te zien, Tom,' zei ze, en wie niet gevoelig was voor subtiliteiten in iemands stem en gedrag had kunnen denken dat ze de moeder van de kinderen was. 'Misschien wil je de middagmaaltijd met ons gebruiken?' Fräulein Gründlich had altijd beseft dat Thomas von Brenda-Badolet niet de eerste de beste was.

'O, nee, dank u, dat gaat niet. Dat mag ik niet. Ik bedoel, ik moet altijd voor het eten thuis zijn.' Toms toon was zo hoffelijk dat de gouvernante naar hem glimlachte alsof hij haar een compliment had gemaakt. Ernst bedacht dat het geen wonder was dat moeders en dienstmeisjes dol op hem waren.

De drie jongens haastten zich naar boven, en toen Tom langs Fräulein Gründlich liep, schonk hij haar opnieuw een charmante glimlach.

'Blijf niet te lang spelen,' riep ze hun na. 'We gaan over twintig minuten aan tafel.'

‘We zijn te óúd om te spelen,’ zei Ernst verontwaardigd.

Ze gingen rechtstreeks naar de kamer van Andreas, waar ze het merendeel van hun schatten op bijna militair ordelijke wijze bewaarden. Tom bekeek alles wat hem werd getoond met beleefde aandacht. Hij was verrast en enigszins ontsteld over de vele bezittingen van zijn vrienden, maar zorgde ervoor dat niet te laten merken. Zijn vader huldigde het standpunt dat kinderen in spartaanse eenvoud moesten worden opgevoed, zelfs als ze in een omgeving leefden waar rijkdom vanzelfsprekend was, en Tom kreeg dan ook altijd maar één kerstcadeau, dat bovendien nuttig moest zijn.

Andreas had de elektrische trein aangezet en was net begonnen zijn verzameling tinnen soldaatjes uit te stallen, toen Lene zonder kloppen de kamer binnenstapte.

‘Vind je dat netjes, om zomaar binnen te vallen?’ riep Andreas geïrriteerd.

‘Ik heb een koekje bij me voor Tom,’ zei Lene. Zelf liep ze ook te kauwen.

‘Alleen voor mij?’ vroeg Tom. ‘En je broers dan?’

‘Die kunnen wel voor zichzelf zorgen,’ zei ze. ‘Ze weten waar de koektrommel staat.’

‘Ben je langer geworden sinds het afgelopen voorjaar?’ vroeg Tom. ‘Of alleen slanker?’ Hij besteedde geen enkele aandacht aan de trein of de soldaatjes.

‘Ik ben een beetje afgevallen,’ antwoordde Lene.

‘Met al die koekjes zit het er zo weer aan,’ zei Ernst.

‘Heb je gehoord dat mijn hond dood is?’ vroeg Lene aan Tom. ‘Hij is vergiftigd, we denken door een inbreker die gif in een stuk vlees heeft gedaan. Is het niet afschuwelijk? Ik ben blij dat ik er niet was en hem niet heb zien lijden. Van mama mocht ik met Kerst een nieuw hondje vragen, maar ik wil niet dat er weer zoiets vreselijks gebeurt. Papa heeft grote nieuwe sloten op alle deuren laten zetten.’

‘Tom heeft geen behoefte aan een verhaal over een dode hond,’ zei Andreas.

Hij zat in kleermakerszit tussen zijn spullen, terwijl Ernst vanaf de bank bij het raam naar Tom en Lene keek. Hij had Tom zijn geheime voorraad boeken van Karl May willen laten zien, maar wist dat die kans nu verkeken was. Lene probeerde Tom over te halen naar haar verzameling knuffelbeesten te komen kijken.

'Het is niet netjes om mee te gaan naar de kamer van een meisje,' zei Andreas, terwijl hij zijn soldaatjes weer in de dozen legde.

'Gründlich kijkt toe,' wierp Lene tegen. 'Haar deur staat open,' fluisterde ze. 'Ze hoort alles wat we zeggen.'

Tom liet zich plichtsgetrouw voorstellen aan de Steiff-dieren, stuk voor stuk, wat Lene met gespeelde ernst deed. 'Ze hebben heel verschillende persoonlijkheden,' zei ze. Omdat het winter was, hadden ze allemaal een trui aan, eigenhandig door Lene gehaakt. 'Toen ik nog klein was,' verduidelijkte ze. 'Jaren geleden.'

Maar al te gauw verscheen Fräulein Gründlich in de deuropening om haar te roepen voor het eten. Tom nam snel afscheid.

'Tot morgen op school,' zei hij tegen Ernst en Andreas.

Lene was achter hem aan gelopen naar de voordeur. 'Kom je nog een keer langs?' vroeg ze.

'Ik ga een keer met je wandelen door de Palmengarten,' zei hij, en hij rende naar huis, bang voor wat de gouvernante zijn ouders zou vertellen.

Die avond was er een groot gezelschap bijeen in het huis van Hannchen om Edu welkom thuis te heten. Ook de kinderen waren meegekomen, al beloofde het laat te worden. Ze bleven een tijdje bij de volwassenen zitten en daarna trokken de neefjes en nichtjes zich terug in de bibliotheek, waar ze hun eigen feestje vierden.

De volwassenen hadden de laatste goede flessen champagne van voor de oorlog opengetrokken. Alle genodigden waren er, zelfs Jacob, hoewel hij nog niet helemaal hersteld was. Elias en Bettina hadden de achtjarige Benno meegebracht, wat iedereen ten zeerste afkeurde. Hij werd overgelaten aan de zorg van het dienstmeisje, dat hem in de oude slaapkamer van Moritz in bed legde en daarna verderging met het lezen van de krant.

Het was kil in het grote huis, en Bruno moest de haard steeds opnieuw met kolen bijvullen.

'We zijn er allemaal weer,' zei Hannchen. 'Net als vroeger, goddank.'

Niemand sprak haar tegen. Ze was nog gezetter geworden en haar

haar was sneeuwwit, maar haar gezicht was net zo blozend en opgewekt als altijd. 'Ik hou van ál mijn zoons,' zei ze, terwijl ze haar glas champagne hief, 'maar ik moet toegeven dat ik Edu heel erg heb gemist.' Er klonk een soort snik door in haar stem, maar die onderdrukte ze moedig. 'Welkom thuis!' zei ze, en iedereen toostte op Edu.

Hannchen klopte Jacob op zijn knie en vertelde hem dat hij er goed uitzag. Ze informeerde naar Siegmunds amateurkwartet en vroeg Nathan of de kinderen van hun vakantie hadden genoten. 'Ze zijn alweer drie maanden thuis,' zei Nathan. 'Maar het heeft ze geen kwaad gedaan.'

'Dat zeg je altijd,' sprak Hannchen bestraffend. 'Je let helemaal niet op wat ze doen en hoe ze opgroeien. Het is schandalig!'

'Waarom vraag je het hun zelf niet?' vroeg Siegmund. 'Ze zijn vanavond allemaal hier.'

'Je weet best dat ze niet graag praten met een oude dame als ik,' zei Hannchen. 'En zelfs als ze wel iets loslaten, is het zelden erg verhelderend. Ik reken erop dat hun ouders me kunnen vertellen hoe het met ze gaat en hoe ze zich ontwikkelen. Per slot van rekening is Emma oud genoeg om te trouwen. Ik hoop dat je haar een beetje in de gaten houdt.' Dat laatste was tot Caroline gericht.

'Heb je de prachtige schilderijen gezien die Edu in Berlijn heeft gekocht?' vroeg Caroline haar.

'Uiteraard,' antwoordde ze. 'Ik was de eerste aan wie hij ze liet zien.'

De oude dame bleef het gesprek domineren. Het was een vrolijke en gezellige avond, maar af en toe vroeg Hannchen zich af waarom haar zoons en schoondochters niet meer over hun kinderen wisten te melden dan dat ze gezond en gehoorzaam waren en het goed deden op school.

Twee weken later deed Thomas von Brenda-Badolet zijn woord gestand en kwam langs in de Guiollettstrasse. Het was een zondagmiddag, en hij vroeg Caroline Wertheim toestemming om Lene de eerstvolgende zaterdag mee te nemen naar de opera. 'Dan is er *Die Zauberflöte*,' zei hij. 'Ik dacht dat Lene wel van Mozart zou houden.' Hij vertelde er niet bij dat hij nooit was vergeten hoe ze vijf jaar geleden verkleed als de jonge componist op zijn feestje was verschenen.

Caroline zei dat Lene *Die Zauberflöte* beslist heel mooi zou vinden en dat zij er geen bezwaar tegen had, maar dat ze voor de zekerheid aan haar man zou vragen of er geen andere plannen waren voor die dag. Ze verdween in Nathans studeerkamer, terwijl Tom op de met chintz beklede sofa in de woonkamer ging zitten en naar de grote schilderijen keek, waarvan het vernis zo donker was geworden dat de afbeeldingen moeilijk te onderscheiden waren.

'Waarom zou ik daar bezwaar tegen hebben?' vroeg Nathan aan Caroline. Hij had niet verwacht dat Caroline hem voor zo'n kleinigheid zou storen. 'Thomas von Brenda-Badolet komt uit een van de meest vooraanstaande families in Frankfurt.'

'Maar Lene is pas vijftien,' zei Caroline.

'*Die Zauberflöte* vormt geen gevaar voor haar eerbaarheid.'

'En Thomas?'

'Thomas al helemaal niet. Weet je dan niet dat jongens op die leeftijd de onschuld zelve zijn? Kijk maar eens naar die twee van ons. Je kunt je beter zorgen maken over de eerbaarheid van Thomas! Lene weet wat ze wil.'

Er werd dus toestemming gegeven en Lene was de hele week in de wolken.

'Wil je het rijtuig gebruiken?' vroeg Toms vader. Ze hadden een automobiel, maar de oude Von Brenda-Badolet, zoals hij door iedereen werd genoemd, liet die zo veel mogelijk in de garage staan en gebruikte hem alleen als het strikt noodzakelijk was. Hij was in de loop van de jaren steeds zonderlinger geworden. Twee van zijn zoons waren omgekomen in de oorlog. Tom had Andreas verteld dat zijn vader hem deed denken aan de oude vorst Bolkonski, de vader van vorst Andrej in *Oorlog en vrede*. Tom herkende voortdurend romanpersonages in zijn medemensen. Andreas besloot dat hij Tolstoj moest gaan lezen. Dat had Hanno Altenburg hem ook al aangeraden.

'Ik heb het rijtuig niet nodig,' zei Tom. 'We gaan alleen maar naar de opera.'

'Dan moet je niet verbaasd zijn als dat Joodse meisje teleurgesteld is,' mompelde de oude man.

'Zo is ze helemaal niet, papa,' zei Tom.

'Nonsens! Zo zijn ze allemaal. Vrouwen zijn uit op geld of het zijn vrome kwezels.' (Zijn vrouw had de onaangename gewoonte ontwikkeld al haar tijd aan kerkelijk werk te besteden. Zendingswerk voor de heidenen en armenhulp waren haar favoriete vormen van liefdadigheid. 'Ze lijkt op de vrouw van de oude consul Buddenbrook, van de tweede generatie,' zei Tom. Maar Andreas had het te druk met Tolstoj om nu ook nog aan Thomas Mann te beginnen.)

Tom stond eerbiedig tegenover zijn vader. Hij ondernam nooit een poging de man te overtuigen van de juistheid van zijn eigen meningen. Meestal onderging hij de eigenaardigheden van zijn ouders zwijgend. Ze hadden tevergeefs geprobeerd hem voor hun standpunten te winnen. Op zijn zeventiende was hij geestelijk en emotioneel al volledig onafhankelijk, maar dat liet hij nooit nadrukkelijk merken. Hij was tegen iedereen even hoffelijk, wat hem bij uitstek geschikt maakte voor de rol van verlichte achttiende-eeuwse man van de wereld, een personage – zoals hij als geen ander wist – uit *Die Wahlverwandtschaften*. Zo kwam je toch altijd weer bij Goethe uit.

Lene had haar favoriete avondjurk aan. Die was gevoerd, had een ceintuur die losjes om haar heupen viel, en kwam tot net boven haar enkels. Van Caroline mocht ze het parelsnoer dragen dat haar moeder op een veilige plaats voor haar bewaarde. Haar nieuwe jas, door de naaister gemaakt uit een jas van Caroline die uit de mode was, en de bijpassende hoed stonden haar fantastisch. Haar gezicht gloeide al van plezier toen Tom haar kwam halen, en hij vond dat ze er schitterend uitzag. Hij was trots dat hij haar aan zijn arm had en wist zeker dat iedereen naar hen omkeek. Ze liepen hand in hand door de Anlagen naar de opera. Ze wisten dat ze verliefd waren, maar waren nog te onervaren om dat uit te spreken en durfden dat misschien ook niet.

Tom had de vaste logeplaatsen van zijn ouders gekregen, waardoor ze zich heel volwassen voelden. 'Alsof we van koninklijken bloede zijn,' fluisterde Lene toen ze zich onder de guirlandes van verguld pleisterwerk op de zachte pluchen stoelen lieten zakken. Eigenlijk dacht ze niet dat prinsen en prinsessen te benijden waren. Ze hadden geen enkele vrijheid, en er was niets waar Lene in die tijd meer naar hunkerde dan vrijheid. Daar stond tegenover dat de ogen van de hele wereld op hen waren gevestigd, ze in paleizen woonden en overal met een koets naartoe werden gebracht. Ze was het wandtapijt in de studeerkamer van Toms vader nooit vergeten, en toen ze in de winkel van oom Jacob een boek had ontdekt waarin de hele serie van de 'Dame met de eenhoorn' stond, had ze net zolang gezeurd tot ze het mocht hebben en had altijd dat beeld voor ogen gehouden van het leven aan het hof. En Tom was de volmaakte prins, dat stond buiten kijf. Hij was extreem knap, met zijn ver uiteenstaande, diepblauwe ogen en zijn dikke bos blond haar – niet de kleur van stro, maar van honing – dat warrig boven zijn hoge voorhoofd wapperde. Hij droeg een zegelring met het wapen van zijn familie, die Lene af en toe zag glinsteren aan zijn slanke hand. Fräulein Gründlich zei altijd dat je iemands karakter en klasse kon aflezen aan zijn of haar handen.

'Heb je *Die Zauberflöte* weleens gehoord?' vroeg Tom. Lene schudde haar hoofd. 'Ik ook niet,' zei hij.

'Mama heeft me vandaag het verhaal verteld. Ze heeft het hele libretto tevoorschijn gehaald, zodat ik het kon lezen, maar dat werd me te veel!'

'Bij mij thuis ging het precies zo.' Tom pakte verrukt haar hand.

De zaalverlichting werd getemperd, de dirigent daalde af in de orkestbak, het publiek klapte en al heel snel klonk de ouverture. Daarna ging het doek open, en er ontsnapte Lene een verrast, gelukzalig 'oooh'. Het decor was oud en stoffig – tijdens de oorlog waren er helemaal geen nieuwe stukken geënsceneerd – maar nog steeds betoverend. En ze hoorde de ene na de andere bekende melodie. Lene had niet eerder beseft dat ze haar hele leven al omringd werd door muziek. Thuis werd er altijd gemusiceerd. Papa speelde kamermuziek met oom Siegmund en oom Jacob, de jongens studeerden dagelijks, en zij... zij moest echt weer piano gaan spelen. Misschien zou ze van papa weer les mogen nemen als ze beloofde serieus te studeren.

De handeling op het toneel was zo boeiend dat Lene en Tom op het puntje van hun stoel zaten. Al wisten ze dat het goed afliep, toch waren ze bezorgd over de geliefden en verafschuwden ze de kwade Koningin van de Nacht. Ze lachten om de panfluit spelende Papageno in zijn vogelveren. Ze wisten alleen niet zo goed wat ze moesten denken van Sarastro, met zijn diepe stem en priestergewaad. In een oogwenk was het pauze, en toen ze naar de lobby liepen, waren ze in gedachten allebei in het sprookjesland van de toverfluit.

'Wil je een glas orangeade?' vroeg Tom.

'Natuurlijk,' zei Lene. 'Dat hoort er toch bij als je naar de opera gaat?'

Het smaakte afschuwelijk en was zelfs niet echt oranje.

'Voor de oorlog was het ook al niet lekker,' zei Tom, en ze goten hun glazen leeg aan de voet van een potplant.

Bij de bar stond een groepje mensen naar hen te kijken.

'Is dat niet de zoon van de oude Von Brenda-Badolet?'

'Jazeker, en met een Joods meisje nog wel.'

'Ken je haar?'

'Ik geloof dat het er een van de Wertheim-kliek is.'

'Daar zit geld.'

'Dat is toch vaste prik?'

'Von Bre-Ba mag blij zijn!'

'Zou jíj een dergelijke relatie aanmoedigen?'

'Ik heb bepaalde principes, maar die kan ik opzijzetten als er financiële overwegingen meespelen.'

Er werd gelachen, maar het klonk onaangenaam.

'Lieve hemel, het zijn nog maar kinderen,' zei een van hen, een vrouw die naast Tom en Lene in de loge had gezeten en vertederd was door hun onschuld.

'Dat soort dingen begint vaak al in de wieg.'

'Vooral als er ambitie bij komt kijken.'

'Of geld.'

'Is dat dan niet hetzelfde?'

'Die Joden zijn allemaal strebers.'

'Ik heb nooit begrepen waarom ze dezelfde rechten hebben gekregen als wij.'

'En intussen zitten we er maar mooi mee.'

'Dit is weerzinwekkend,' zei dezelfde vrouw, en ze draaide zich om en liep weg. Haar man keek haar na. 'Let maar niet op die trut,' zei hij. 'Ze voelt zich heel wat. Haar vader was de kapper van Rothschild.'

Tom en Lene, die dachten dat iedereen naar hen keek omdat ze mooi en verliefd waren, hoorden het niet. Ze hoorden die avond geen enkel gesprek, alleen wat ze tegen elkaar zeiden. Ze keken naar de opera en luisterden ingespannen, en in de pauzes vertelden ze elkaar over hun vakantie. Tom was bij familie van zijn moeder geweest, in een afgelegen deel van Oost-Pruisen.

'Het is daar zo leeg dat het lijkt of je de hele wereld tot aan de horizon ziet liggen,' zei hij tegen Lene. 'Zelfs de kleuren zijn anders dan bij ons op het platteland. Het is alsof de aarde en de lucht de kleur uit het landschap persen.'

Het bracht hem enigszins in verlegenheid om deze indrukken, waarover hij lang had nagedacht, onder woorden te brengen en hij begon dan ook een beetje te stotteren, maar Lene luisterde blijkbaar graag naar hem. Daardoor lukte het hem om zijn verhaal netjes af te ronden en voegde hij er zelfs een spontane slotfrase aan toe.

'In zo'n streek word je opgeslokt door de uitgestrekte natuur, maar ook teruggeworpen op je eigen gedachten, en als die je in de steek laten of als je ze onuitstaanbaar triviaal en oppervlakkig vindt, kan het leven erg eenzaam zijn. De mensen daar zitten vast aan het ritme van de seizoenen, dat hun werk op het land bepaalt. Daar moet je tegen kunnen. Ik denk niet dat ik er geschikt voor ben. Weet je, ik heb me gerealiseerd dat ik het vreselijk zou vinden om niet meer in Frankfurt te wonen, niet meer gewoon naar de opera te kunnen gaan of de tram te kunnen nemen... Maar ik begrijp Tolstoj nu beter,' zei hij tot besluit.

Precies op dat moment ging de bel, en de twee keerden terug naar hun plaats.

Toen ze na de voorstelling van het operagebouw naar huis liepen, was de duisternis ingevallen en hing er een koude nevel over de stad. In dit licht had Frankfurt iets lugubers. Overal waren politieafzettingen en lag puin op straat. Nu het winter was en de bomen kaal waren, viel het troosteloze aanzien van de stad extra op en maakte een onheilspellende indruk. Lene huiverde. Het contrast met het warme, stralend verlichte operagebouw en het betoverende sprookjesland waarnaar ze waren meegevoerd was te groot. Tom sloeg zijn arm om haar heen en ze liepen dicht tegen elkaar aan met gelijke tred naar huis.

De familie Wertheim zat aan de thee toen ze binnenkwamen. Hannchen was er, en Tom en Lene waren zich bewust van de nieuwsgierige blikken van de volwassenen. Tom praatte gemakkelijk en beleefd met iedereen. Hij beantwoordde alle vragen die hem werden gesteld: wie welke rol zong en of er veel publiek was, hoe het oude decor eruitzag en of de Koningin van de Nacht de hoge noten wist te halen. Iedereen had wel iets op te merken, en op zeker moment stond Nathan op en speelde Papageno's aria *Ein Mädchen oder Weibchen* voor hen op de piano. Lene voelde zich een beetje opgelaten, want ze herinnerde zich de kille vormelijkheid bij Tom thuis, maar hij leek zich niet te storen aan alle drukte en aandacht, en ging naast Hannchen zitten om een kop thee te drinken.

'Wie zaten er bij jullie in de loge?' vroeg Caroline aan haar dochter.

'Ik kende ze niet,' zei Lene, 'maar Tom zei dat het volgens zijn vader parvenu's zijn, die rijk zijn geworden in de oorlog.'

Toen Tom uiteindelijk besloot dat hij echt niet langer kon blijven, nam hij net zo beleefd afscheid als hij iedereen had begroet, en Lene liep met hem mee naar de voordeur.

'Ik vind je familie aardig,' zei Tom. 'Ze zijn welbespraakt en hartelijk. Vooral je oom Jacob mag ik graag.'

Lene kreunde, maar toch was ze gevleid. Ze schudden elkaar de hand.

'Weet je nog dat ik je heb gekust voor het wandtapijt van mijn vader?' vroeg Tom.

'Natuurlijk! Dat zal ik nooit vergeten.'

'Nou... de volgende keer ga ik je weer kussen!' En Tom sprong lachend als een kwajongen de treden af, draaide zich nog een keer om, zwaaide en verdween om de hoek van de tuinmuur.

Die avond zat Lene lang voor de spiegel om haar haar te borstelen. Fräulein Gründlich kwam om de paar minuten even kijken of ze nog niet klaar was.

'Dus het was leuk, met Tom naar de opera?' vroeg ze. Het was niet de eerste keer dat ze die vraag stelde. 'Ik zie dat je ijdel begint te worden. Ik herinner me de tijd nog goed dat je zo je bed in dook, zonder de borstel ook maar eenmaal door je haar te halen.'

Fräulein Gründlich deed haar levenservaring op via de kinderen die ze onder haar hoede had. Zelf had ze niet de kans gehad om verliefd te worden, afgezien van haar kortstondige belangstelling voor Alois, dus vormde ze zich een idee over de liefde op grond van wat ze om zich heen zag. Ze verzamelde informatie uit boeken en kranten, roddels en bijgeloof, en interpreteerde die binnen de haar vertrouwde kaders. Ze maakte de vreugde maar ook het verdriet van de kinderen mee. Ze wilde hen troosten en hun raad geven, maar besefte heel goed dat deze jonge mensen waarschijnlijk al meer van dit soort dingen wisten dan zijzelf.

Lene, die nog na zat te genieten van de middag, was vanavond niet in de stemming om met Fräulein Gründlich te praten. De liefde had haar meegevoerd naar een andere wereld, ver weg van de dagelijkse beslommeringen en kernachtige stelregels van haar gouvernante. De schaarse heldere gedachten die ze had, helder genoeg om erover te praten, wilde ze met Emma bespreken.

Nadat ze Fräulein Gründlich nogal abrupt goedenacht had gewenst, deed Lene het licht uit en stapte in bed. Maar ze kon de slaap niet vatten en toen het, afgezien van het gesnurk uit Fräulein Gründlichs kamer, doodstil was in huis, sloop Lene op haar tenen de gang in om te kijken of er nog licht onder Emma's deur door scheen. Dat bleek zo te zijn en Lene klopte zachtjes aan.

'Binnen,' zei Emma, die haar al had verwacht. Ze lag in bed met een boek voor zich op de donsdeken. Lene ging in kleermakerszit op het voeteneinde zitten. Het viel Emma op hoe mooi ze was, nu haar haar woest rond haar gezicht krulde en haar wangen roze waren.

'Kom je met me praten over *Die Zauberflöte*?' vroeg Emma op schertsende, zusterlijke toon.

'O, Emma,' zuchtte Lene, 'Tom is zo anders dan de andere jongens die ik ken. Hij is alles waar je van droomt en wat iedereen romantische kletskoek vindt. Ik wil over hém praten.'

En toen begon ze te vertellen over haar middag met Tom. De opera, de zangers en de toeschouwers werden niet genoemd, behalve als achtergrond bij de beschrijving van haar gevoelens.

'Denk je dat ik op een dag met hem zou kunnen tróúwen?' vroeg ze uiteindelijk, en ze bloosde dat ze zoiets had durven vragen.

'Hij komt uit een oude en vooraanstaande familie,' zei Emma.

'Maakt dat iets uit?' Lene wist dat haar verontwaardiging gemaakt klonk, want die gedachte was ook bij haar opgekomen.

'Natuurlijk maakt dat uit, suffie. Als de wereld volmaakt was zou het geen verschil maken, maar in het echte leven spelen afkomst en privileges een rol. Ik hoop dat je dat niet gaat tegenspreken.'

'Hij komt niet alleen uit een goede familie, maar is nog knap ook.'

Lene probeerde sarcastisch te klinken, maar blijkbaar trof ze de verkeerde toon, want Emma leek het niet op te merken.

'Des te beter. Blond en blauwogig, een echte Germaanse god. Niet zo'n zonderlinge Jood.'

Lene hoorde woede in Emma's stem. Haar zus keek haar niet aan, maar zat met een gekwelde blik stijf rechtop in haar kussens, de donsdeken opgetrokken tot onder haar kin. Haar smalle gezicht, waar Lene haar vaak om had benijd, was in elk opzicht Joods, van de teint tot de fijne belijning van voorhoofd tot kin.

'Ik hou van zonderlinge Joden,' zei Lene recalcitrant.

'O, daarom ben je zeker verliefd geworden op Thomas von Brenda-Badolet?'

Daar had Lene niet meteen een antwoord op.

'Joden maken zich voortdurend belachelijk,' vervolgde Emma verhit. 'Ze zouden allemaal moeten verdwijnen.'

'Hoe kun je zoiets akeligs zeggen? Wil je dan dat wíj verdwijnen?'

'Ik wou dat we als ieder ander waren. Niet altijd anders, opvallend als onkruid in een bloemperk.'

'Ik vind niet dat we opvallen. We zíjn als ieder ander. Hier in Frankfurt in elk geval wel. We lopen niet in rare kleren en praten niet met onze handen.'

'Nee, dat weet ik wel, maar toch zien de christenen ons zo.'

'Alleen de domme christenen.'

'Nee, Lene, dat is niet waar. We zijn zo verwaand dat we hun minachting verdienen... Het uitverkoren volk! O, wat zou ik graag christelijk zijn!'

'Maar je bent wat je bent, dat kun je niet veranderen. Dat is net zoiets als je haar afknippen, een broek aantrekken en zeggen dat je een man bent.'

Emma draaide haar gezicht naar Lene en zag zichzelf in de spiegel van de toilettafel, die achter haar zus stond.

'Dat rotgezicht van mij,' zei ze met hartverscheurende verbittering, 'met die Joodse rotneus en dat weerbarstige Joodse haar...'

'Maar je bent juist mooi!' riep Lene uit, en ze klonk volledig oprecht. 'Je bent altijd mooier geweest dan ik. Ik benijd je mijn hele leven al!'

'Maar jij hebt Tom versierd...'

'Dat is gewoon zo gelopen, Emma. Je bedoelt toch niet dat je jaloers bent? Had jíj Tom eigenlijk willen hebben? Nee toch?'

'Nee, nee! Natuurlijk niet. Hij is nog maar een jongen en bovendien te zachtmoedig, bijna op een Joodse manier... Ik zou gewoon graag mijn huid afstropen en die van hen aantrekken. Snap je dat niet?'

Lene schudde haar hoofd. Ze snapte er niets van. 'Heb je dat weleens tegen papa of mama gezegd?'

'Nee. Hoe zou ik dat kunnen, Lene? Ik heb er nog nooit iets over gezegd, behalve nu tegen jou, en je mag er met niemand over praten.'

Lene was gevleid door het vertrouwen dat haar zus in haar stelde. Hoe graag ze ook over Tom wilde praten, ze wist dat Emma's gevoelens voorrang hadden, al was het maar omdat Emma op zo'n uitgesproken en heel eigen wijze ongelukkig was – wat had Thomas ook weer geciteerd uit Tolstoj? – terwijl haar eigen geluk de hele wereld vulde en, zoals ze in haar onschuld dacht, eeuwig zou duren.

'Zal ik je vertellen wat er van de zomer is gebeurd? Waarom ik eerder ben weggegaan van de boerderij? Niet uit heimwee.'

Emma's stem veranderde subtiel en werd vertrouwelijk, de juiste toon om bekentenissen te doen. Ze had voortdurend aan de vernederingen van die zomer gedacht, maar het niet kunnen opbrengen erover te praten. Nu was opeens het moment gekomen dat ze Lene het volledige, afschuwelijke verhaal wilde vertellen.

Ze begon te vertellen over Ilse Stauffer, die ze zeer gedetailleerd en liefdevol beschreef. Ze ging in gedachten terug naar de gebeurtenissen van die zomer en concentreerde zich op haar eerste indruk.

'Ze was het toonbeeld van vitaliteit en gezondheid, ik had nog nooit zo iemand ontmoet. Zelfs Fräulein Gründlich is bedorven door het stadsleven... door ons. En ze was op zo'n eenvoudige en natuurlijke manier gelovig. Ik was heel erg op haar gesteld,' zei Emma met een zucht. 'En zij ook op mij. Tot de dag dat ik zei dat ik niet meer terug kon naar de stal.'

'Waarom kon je dat niet?' Lene begreep onmiddellijk dat er diep in Emma's hart nog grotere geheimen schuilgingen.

'Ik... ik had daar iets akeligs meegemaakt, maar dat doet er niet toe.'

Lene besefte dat het geen zin had om aan te dringen.

'Niet lang daarna, in de week dat het steeds regende, werden we uitgenodigd bij de gravin in het landhuis,' zei Emma. 'Ik verheugde me erop, net als iedereen. Het zou het hoogtepunt van de zomer worden, en onze enige kans om die bijzondere vrouw te ontmoeten. Niet lachen. Ik weet dat je het onzinnig vindt dat ik respect heb voor dat soort aristocratische vrouwen, maar ze is helemaal niet zoals je zou denken. De boeren zijn dol op haar.'

'Vertel dat maar aan tante Eva!'

'Ach, tante Eva. Die is hopeloos. Maar luister. De gravin was alleraardigst en beleefd. Ze zei dat ze wilde dat we ons thuis voelden. Ze praatte uiterst vriendelijk met iedereen. Alleen...' Emma's stem brak bijna, maar ze vermande zich en sprak snel verder, 'ze zei geen woord tegen mij.'

'Vind je haar dan nog steeds zo geweldig?'

'Het was een misverstand. Ze spelen het spel volgens hun eigen strenge regels.'

'Vertel verder.'

'We gingen aan tafel, en ik werd in m'n eentje helemaal aan het uiteinde gezet. Tegen die tijd was het duidelijk dat ik als melaatse werd beschouwd.' Er ontsnapte Emma een snik. 'De meisjes merkten het natuurlijk allemaal, dat was onvermijdelijk. Ze wilden niet meer met me praten, geen van allen. Ze kozen allemaal haar kant, zelfs degenen die ik als vriendinnen beschouwde. Tegen de tijd dat we afscheid moesten nemen, gingen we in de rij staan om haar een hand te geven en een knicksje te maken, maar toen ik op haar af stapte, legde ze haar handen op haar rug, zodat ze me niet hoefde aan te raken, en zei: "Ik hoor dat jij de andere meisjes in de steek hebt gelaten." Ik stamelde iets. "Fräulein Stauffer heeft me verteld dat je weigert je toegewezen taken uit te voeren. Ze zegt dat je je plicht verzaakt. Meisjes zoals jij kunnen we hier niet gebruiken." Ik probeerde haar te vertellen dat ik ziek was geweest en dat ik niet tegen de stallucht kon, maar ze viel me in de rede. "Geen uitvluchten," zei ze. "We moeten God en ons vaderland dienen zonder ons te bekommeren om onze eigen verlangens. Maar als Jodin begrijp je dat misschien niet." Iedereen hoorde het, en ik kon alleen nog maar mijn hoofd schudden. Nee, nee! jammerde ik in gedachten. Maar ze zou toch niet hebben geluisterd, al was ik voor haar op mijn knieën gevallen. "Je vader heeft zijn geld zeker in de oorlog verdiend," zei ze, "over de ruggen van onze Dúítse jongens." "Mijn vader is advocaat," antwoordde ik, "en mijn oom is gewond geraakt bij Verdun." "Advocaten en pandjesbazen," sneerde ze. "Leer eerst maar eens wat plicht en eer inhouden!" En toen zweeg ze.

Ik ben naar Ilse Stauffer gegaan en heb gevraagd waarom ze de gravin zo'n verhaal over me had verteld, maar ze deed alsof ze van niets wist. "De gravin weet wat ze doet. Anders dan ik heeft ze veel ervaring met Joden. Een beetje tucht heeft nog nooit iemand kwaad gedaan. Wees blij dat ze je niet heeft weggestuurd."

Ik kon natuurlijk niet blijven. De anderen keerden zich tegen me. Ik werd de zondebok. Er doken steeds briefjes tussen mijn spullen op met een korte boodschap, zoals "doe je plicht, Jodin". Zodra ik de kans kreeg, ging ik naar het dorp om een telefoon te zoeken en mama te bellen dat ik naar huis wilde.'

Emma verborg haar gezicht in haar handen en liet eindelijk haar tranen de vrije loop. Ze huilde bitter en geluidloos. Lene, die er niet tegen kon om iemand zo verdrietig te zien, zat hulpeloos op het voeteneinde. 'Emma, alsjeblieft, niet huilen...'

Maar voor zichzelf had ze twijfels, vragen die zich opdrongen. Had Emma erom gevraagd? Had ze onbewust vernederd en buitengesloten wíllen worden? Waarom was ze niet boos? Was ze het in haar hart met die mensen eens? Lene bedacht wat ze zelf zou hebben gedaan, wat ze op dit moment zou willen doen. En alles in haar schreeuwde om wraak.

'Niet huilen,' zei ze. 'Het zijn afschuwelijke mensen die je tranen niet waard zijn. "Laat ze maar kletsen, ze weten niet beter," zou Fräulein Gründlich zeggen. Je moet het vergeten, Emma. Zet ze uit je hoofd.'

'Maar ik wilde zo graag dat ze me aardig zouden vinden,' snikte Emma.

Pas toen de klok in de hal middernacht sloeg, kwam Lene de kamer van haar zus uit en ging naar bed. Emma was intussen gekalmeerd en kon weer een glimlach opbrengen. Met donkere kringen van vermoeidheid onder hun ogen kusten ze elkaar goedenacht. Hun zwarte haar viel in warrige krullen over hun witte nachthemden. Ze leken veel op elkaar: twee oosterse prinsessen die aan een besneeuwde noordelijke kust waren aangespoeld.

De oorlog die het land had verzwakt en de vrede die slechts rancune had gebracht, werden gevolgd door een zware winter. Niet alleen Duitsland, maar de hele wereld werd getroffen door de Spaanse griep. Het was alsof een wraakzuchtige god verwoesting stuurde om een recalcitrant volk te kastijden. Miljoenen stierven, terwijl de winter van geen wijken wist; in elke familie waren doden te betreuren. Tante Berthe, die oud en kinds was, was de eerste die ging. Jacob lag twee weken ijlend in bed en niemand verwachtte dat hij in leven zou blijven. Gerda verpleegde hem met haar gebruikelijke zwijgende efficiëntie, maar zodra Jacob het kritieke stadium achter zich had gelaten, werd ze zelf ziek. Dat duurde slechts drie dagen en toen stierf ze, vroeg in de ochtend. Tijdens haar ziekte had ze niets gezegd. Ze verliet deze aarde net zo zwijgzaam als ze erop had rondgelopen. Jacob, die aan haar bed zat, was nauwelijks in staat uit zijn stoel te komen, maar dat kwam niet door zijn verzwakte fysieke toestand. Hij bleef ongelovig en met droge ogen zitten, terwijl hij haar hardop zijn liefde bezwoer en zich verontschuldigde voor zijn nalatigheid. Hij zat naast haar gedurende de kille uren van de dag en tot in de avond, toen het begon te sneeuwen. Hij nam de telefoon niet op en belde geen dokter, en uiteindelijk was het Siegmund die hem vond, om een uur of tien 's avonds.

Jacob regelde de begrafenis en ging er alleen naartoe. Hij verbood zijn broers te komen omdat hij bang was dat ze dat toch niet zouden doen, en op deze manier had hij de beslissing zelf genomen. Op haar steen liet hij haar naam zetten, en de zijne erachter. De enige andere inscriptie luidde IN LIEFDE. In het geheim kocht hij een graf naast het hare, hoewel het geen Joodse begraafplaats was, en borg een brief bij zijn papieren op waarin hij te kennen gaf dat hij naast haar begraven wilde worden.

Wekenlang, maandenlang zat hij thuis en wilde dat hij zou sterven. Maar hij wist niet hoe, en na een poos raakte hij de gedachten aan de dood kwijt en begon zonder verdriet of schuldgevoel aan Gerda terug te denken.

HOOFDSTUK 4

1923

Na de Eerste Wereldoorlog braken er roerige jaren aan. De gebeurtenissen volgden elkaar in koortsachtig tempo op en er heerste een tomeloze inflatie. Rosa Luxemburg en Karl Liebknecht werden in 1919 vermoord, de Fransen bezetten in 1920 het Ruhrgebied en op 6 april van dat jaar marcheerden ze met hun leger Frankfurt binnen. In 1920 werd ook de Nationaal-Socialistische Duitse Arbeiderspartij opgericht. Maar verreweg de ergste, meest onheilspellende gebeurtenis in die tijd was de dood van Walther Rathenau, de Joodse minister van Buitenlandse Zaken, die op 24 juni 1922 werd vermoord door een groep nationalisten die meenden het landsbelang te dienen.

Nathan Wertheim werd in die jaren steeds zwaarmoediger. Dat kwam niet doordat hij, zoals anderen van zijn stand, om het verleden treurde, maar doordat hij zich eenvoudigweg de tijd niet meer kon heugen dat hij nog gelukkig was, Caroline niet door angsten werd gekweld en er niet voortdurend crisissen en tragedies plaatsvonden.

Edu stortte zich met al zijn energie op het familiebedrijf. Hij probeerde zich van grote en kleine winsten te verzekeren en zich op markten te begeven die boven verwachting beloofden te groeien. De jongere generatie vermaakte zich over het algemeen wel, ook al kwam Frankfurt hun soms voor als een gevaarlijke, decadente stad. Maar die decadentie had hen wel bevrijd van de knellende banden van de conventies die er twintig jaar geleden voor zouden hebben gezorgd dat hun plaats vaststond: de jongens op kantoor, de meisjes wandelend in de tuin met parasols tegen de zon. De gedragsregels waren niet meer zo strikt, net zoals de kleding losser, eenvoudiger en nonchalanter was geworden.

Siegmund Wertheim zette zijn zorgeloze levensstijl voort; hij miste het vermogen om serieus na te denken en wist niet hoe hij zou moeten treuren. Jacob had echter genoeg gerouwd in de maanden na Gerda's dood.

Eva Süsskind betreurde het verleden helemaal niet. Ze was in Frankfurt teruggekeerd na een pelgrimstocht naar de Sovjet-Unie, en net als Lincoln Steffens was ze ervan overtuigd geraakt dat ze daar de toekomst had gezien en dat die veelbelovend was. Al haar dromen en verwachtingen concentreerden zich nu op het ideaalbeeld dat ze van haar reis had meegenomen. Ze ging op bezoek bij Caroline en zat op de bank, die onlangs opnieuw was bekleed met goudkleurig fluweel, Russische sigaretten te roken terwijl ze haar zus vertelde over de collectieve boerderijen en waterkrachtcentrales. Zoals altijd had ze een flodderige blouse aan met een blauwe rok van gekeperde stof, maar daarbij droeg ze nu een kleurige Russische boerensjaal om haar hals, waarmee ze pronkte met een mengeling van ijdelheid en trots.

In de Sovjet-Unie was haar praktische geest op slag en bijna instinctief onder de indruk geraakt van de stimulering van de technische ontwikkelingen, de socialistische gelijkheid tussen man en vrouw, de gedetailleerde gegevens over productie en modernisering en de geestvervoerende toespraken over de klasseloze maatschappij. Eva had nooit veel begrepen van de gecompliceerde verwikkelingen van menselijke relaties. Ze sloot om de haverklap innige vriendschappen en kon enthousiast vertellen over iemand met wie ze een uur over de tarweoogst in de Oekraïne had gediscussieerd. Nooit had iemand geprobeerd haar te kussen en zij had dat evenmin bij een ander gedaan. Ze was flink, betrouwbaar, goedhartig en had een scherp verstand – te scherp voor een vrouw, werd haar vaak verteld – maar ondanks haar intelligentie bleef ze naïef geloven in de goedheid van iedereen die haar omhelsde en haar 'kameraad' noemde.

Op een warme zomerdag aan het eind van de ochtend was ze op bezoek in de Guiollettstrasse, waar de deuren naar de tuin openstonden. Caroline staarde naar buiten en luisterde met een half oor naar haar zus. Het uitzicht werkte kalmerend. Het was niet alleen fraai en lieflijk, maar vooral vertrouwd. Caroline klampte zich vast aan het bekende met een verbetenheid waarachter Eva angst vermoedde. De zussen waren gespannen in elkaars nabijheid. Caroline ergerde zich aan de sigarettenrook van Eva en wapperde die weg. Bovendien vermoedde ze dat Eva zich niet vaak genoeg waste. Haar zus had de geur en het smoezelige voorkomen van iemand die niets gaf om persoonlijke hygiëne en kleding omdat er belangrijker zaken in de wereld bestonden.

'Wat je me over Rusland vertelt, interesseert me hoegenaamd niets,' viel Caroline plotseling feller uit dan ze van plan was geweest. 'Ik vind de Russen een vreemd, onbeschaafd Aziatisch volk. Ze zijn nog even wreed als onder de tsaar, die ze samen met zijn vrouw en kinderen zo bruut hebben vermoord. Je kunt mensen heus niet van de ene op de andere dag veranderen. Ook al hebben ze nu waterkrachtcentrales, daarmee zijn ze niet ineens beschaafde westerlingen geworden.'

'De tsaren hebben het volk eeuwenlang onder de knoet gehouden. Logisch dat het afgestompt is.' Eva had zich voorgenomen haar zelfbeheersing niet te verliezen. 'Maar in wezen zijn het aardige, hartelijke mensen en onder het socialisme van de sovjetregering kunnen ze hun goede aard weer vrijuit tonen. Ik geloof echt dat je mensen kunt veranderen als je hun levensomstandigheden verbetert.' Van enthousiasme ging ze harder praten. De kegel van haar sigaret viel op de bank en vormde een grijs ashoopje op de nieuwe fluwelen bekleding. Hoewel Caroline het wilde negeren, kon ze haar ogen er niet van afhouden. Eva, die de gekwelde blik van haar zus zag, veegde de as snel weg, maar die steeg in een wolkje op en verspreidde zich over het Perzische tapijt.

'De Franse Revolutie heeft de loop van de geschiedenis gewijzigd en de Russische Revolutie zal hetzelfde doen. Niemand kan die tegenhouden, niemand kan de boodschap naast zich neerleggen. "Ontwaakt, verworpenen der aarde! Ontwaakt verdoemden in hongers sfeer," zingen we. Dat is het lied dat de boeren en arbeiders in de hele wereld kennen. Je kunt de revolutie niet tegenhouden, die is onvermijdelijk. En zo hoort het ook.'

'Ik wil niet met je in discussie gaan,' zei Caroline. 'Ik weet te weinig van geschiedenis. Misschien is dat een tekortkoming. Je herinnert je toch wel dat ik nooit de namen kon onthouden van alle keizers die in de Dom bij de Römer zijn gekroond...'

'Geschiedenis is niet hetzelfde als de namen van keizers uit je hoofd leren!'

'Maar ik weet wel íéts en ben geïnteresseerd in de cultuur die Rusland te bieden heeft. De Hermitage schijnt vol prachtige schilderijen te hangen, en Moskou en Sint-Petersburg...'

'Die stad heet nu Petrograd...' onderbrak Eva haar.

'... moeten schitterende steden zijn.'

'Wat is er mooi aan een stad als de mensen die er wonen straatarm zijn? Mooie steden weerspiegelen de smaak van de heersende klasse, de hoven en prinsen. De rijke Griekse beschaving was het product van een maatschappij die er slaven op nahield.'

'Ik dacht dat de tsaar de slaven juist had bevrijd?'

'Pas in 1861. Dat bedoelde ik nou juist met de lange geschiedenis van onderdrukking onder de tsaren.'

'Heb je dan helemaal niets moois gezien?'

'Ja, ik zag mensen keihard werken aan een nieuwe wereld. Dát vond ik mooi!'

'Eva, hou in hemelsnaam op met die leuzen! Je lijkt wel een propagandamachine.'

'Ik vertel je alleen de waarheid. Waar ik ook kwam, ik werd er met open armen onthaald, omhelsd en gezoend. Als de mensen één brood hadden, deelden ze dat met mij en als ze maar een half brood hadden ook. Weet je wat ik heb meegemaakt toen ik in een volle tram door Moskou reed? Iemand maakte een antisemitische opmerking tegen een andere passagier. Hij noemde hem een vuile Jood. De conductrice, een vrouw dus, liet hem uitstappen en droeg hem over aan een politieagent, terwijl ze hem intussen de les las omdat hij moreel en wettelijk in overtreding was. Mijn Russisch was niet goed genoeg om het helemaal te volgen, maar er was een kameraad bij die voor me vertaalde wat ik niet begreep.'

'Dat is allemaal heel interessant,' zei Caroline. 'Ook die waterkrachtcentrales.'

'Ze zijn nog maar zes jaar bezig en liggen honderd jaar achter op het Westen. Hun prestaties zijn werkelijk enorm, op technisch en menselijk gebied.'

'Ik blijf van mening dat je de menselijke natuur niet kunt veranderen en ook een cultuur kun je niet in korte tijd hervormen.'

Eva drukte resoluut haar sigaret uit. 'Laten we daar niet over twisten. Jij hebt jouw opvattingen en ik de mijne. Maar ik blijf hopen dat ik nieuwe, frisse ideeën in je leven kan brengen. Je bent zo afgesloten van de buitenwereld dat je wel een gevangene lijkt in je eigen huis, maar ik vraag me af of je dat wel beseft. Als ze je ooit komen bevrijden, ervaar jij dat waarschijnlijk als het einde van je leven.'

'Je moet niet zo veel kritiek op me hebben,' zei Caroline verdrietig. Eva werd overspoeld door een golf van medelijden. Tegelijkertijd wilde ze haar zus door elkaar schudden, haar dwingen om de 'echte' wereld in te gaan, waar je in het gewoel van de menigte terechtkwam en op eigen kracht je weg moest zoeken. Caroline werd op haar beurt bevangen door de paniek waar ze altijd last van kreeg als ze zich door grote hartstochten bedreigd voelde. Haar adem stokte alsof er een hand op haar keel werd gelegd. Ze keek de zonovergoten kamer rond. Alles stond waar het hoorde te staan, en daardoor kon ze weer vrijer ademhalen. Zodra Eva was vertrokken zou ze wat valeriaandruppels nemen. Ze zou gaan liggen en rust nemen, met een dunne zakdoek over haar ogen. En wanneer ze voldoende ontspannen was, zou ze bloemen voor op de eettafel schikken en als het dan wat koeler was, ging ze verder met haar miniaturen.

Eva zag wel dat Caroline afwezig keek, maar stak toch een nieuwe sigaret op en wilde weer een spervuur van verhalen afsteken. Ze was twaalf weken in de Sovjet-Unie geweest, weken vol gebeurtenissen die tot een moralistisch sprookje konden worden omgesmeed, zoals het verhaal dat ze Caroline had verteld over de antisemiet in de tram. Het was Lene die ten slotte een einde aan hun tête-à-tête maakte door onverwacht bij de tuindeur te verschijnen. Tom stond vlak achter haar. Ze waren beiden buiten adem en kwamen haastig binnengelopen.

'Ga eerst eens rustig zitten,' zei Caroline. 'Tante Eva is op bezoek.'

'We hebben gefietst,' zei Lene. 'Ik zou u graag een kus geven, tante

Eva, maar ik ben helemaal bezweet. Tom kent u natuurlijk al. Het verkeer in de stad is moordend. We zijn zo snel mogelijk naar buiten gegaan, naar het Stadtwald, en hebben bier gedronken in de Oberschweinstiege, waar het vol zat met "proletariërs", zoals Tom arrogant beweerde. Neem ons niet kwalijk, tante Eva. Het is allemachtig warm.'

Lenes korte haar was achterovergekamd en werd op Indiase wijze op zijn plaats gehouden door een lange sjaal van dun katoen. Haar zongebruinde gezicht zat onder de sproeten, en ze droeg een mouwloze katoenen blouse en een kuitbroek. Op haar twintigste had ze iets jongensachtigs. Haar stemming schommelde tussen levendigheid en beschouwelijkheid. Het ene moment was ze aan het praten en lachen alsof er een wervelwind door de kamer ging, het andere moment verviel ze in een diep stilzwijgen. Tom vond haar soms lijken op een renaissanceportret van een jonge *contessa* die over haar schouder keek, een vrouw die zich bewust was van haar positie en schoonheid maar ongekunsteld was, sensitief, en zich afvroeg of de wereld wel goed in elkaar zat.

Tom had ook een kuitbroek aan en een overhemd waarvan het bovenste knoopje open was, maar aan niets in zijn kleding of houding was te zien dat hij een warme, stoffige fietstocht achter de rug had. Hij gaf Eva een hand en Caroline een handkus. Caroline voelde zijn adem even over haar hand strijken voor hij die weer losliet.

'Ik hoor dat u in Rusland bent geweest,' zei hij tegen Eva. 'Was het wat u ervan verwachtte?'

'Ja, zelfs meer dan dat.'

Ze had een onberedeneerde sympathie voor Tom, die altijd even charmant was en vrijwel geen vooroordelen leek te hebben. Hij was lang geworden – een hoofd groter dan Lene – en er was weinig voor nodig om een hartelijke glimlach op zijn gezicht te toveren. Toch was hij in werkelijkheid veel geslotener dan Lene en vertrouwde hij erop dat zijn flair en knappe uiterlijk hem door zijn sociale verplichtingen zouden loodsen.

Lene ging naast Eva op de bank zitten en omhelsde haar hartelijk. Caroline gebaarde dat Tom bij haar moest komen zitten in een van de gemakkelijke fauteuils.

'Praat jij maar met mij, terwijl Eva een kort of niet zo kort verslag uitbrengt van haar reis aan Lene.' Caroline sloeg haar ogen ten hemel en zei zacht, bijna fluisterend: 'Lieve help, ik wil niets meer horen over tractoren of dat soort zware machines. Hopelijk heb jij andere gespreksstof.'

'Daar kan ik wel voor zorgen,' zei Tom. Hij had de gewoonte om Caroline amusante verhalen te vertellen over kennissen of acteurs en zangers van de Frankfurtse theaters. Hij eiste niets van haar, want hij had lang geleden begrepen dat dat de manier was om haar genegenheid te winnen.

Lene probeerde rustig te blijven luisteren naar Eva's verslag over de Sovjet-Unie, maar het enthousiasme van haar tante vond bij haar al net zo weinig weerklank als bij haar moeder. Ze was echter dol op haar tante Eva, en daarom verborg ze haar ongeduld.

'Raad eens wat ik heb besloten,' onderbrak ze eindelijk Eva's verhaal. 'U zult wel trots op me zijn. Ik heb besloten kleuteronderwijzeres te worden en ben toegelaten tot het Pedagogisch Instituut. Over een kleine maand moet ik al beginnen. Ik ga met arme kinderen op een bewaarschool werken en daarnaast krijg ik les. Aan het einde van de studie moeten we een staatsexamen afleggen om het diploma te halen.'

'Wat geweldig,' zei Eva. 'Nou en of ik trots op je ben! En helemaal als ik een kleine rol heb mogen spelen bij je besluit om nuttig werk te doen. Ik heb er eigenlijk nooit aan getwijfeld dat mijn opvattingen sterk genoeg zijn om keizerrijken te gronde te richten, maar ik sta er versteld van dat één persoon door mij haar leven heeft veranderd.'

'Ze heeft haar leven nog niet echt veranderd,' zei Tom. 'Wacht maar tot ze een hele dag tussen die snotneuzen heeft doorgebracht.'

'Ik hoop dat ze beseft dat ze hard zal moeten werken,' zei Caroline, die een aspect van zichzelf in Lenes persoonlijkheid herkende: de neiging om het snel op te geven en zich te laten vallen in de zachte kussens van de lethargie zodra iets moeilijk begon te worden. Eva kreeg juist de indruk – en dat kwam beter overeen met haar eigen visie – dat het enthousiasme op het gezicht van haar nichtje een oprechte uitdrukking van diepe betrokkenheid was.

Lene was er als de kippen bij om de zienswijze van haar tante te onderstrepen en die van haar moeder te ontkrachten. 'Ik heb een paar colleges over sociologie aan de universiteit gevolgd en u zou verbaasd staan wat ik allemaal heb geleerd. Niet dat ik ooit een geleerde zal worden, maar ik weet zeker dat er grote veranderingen op komst zijn en wil iets goeds doen in deze wereld. Tom steekt er de draak mee.' Ze wierp een toegeeflijk kritische blik in zijn richting. 'Maar daar trek ik me niets van aan. We leven allemaal zo oppervlakkig – behalve u, tante Eva – en daar wil ik verandering in brengen. Tom gelooft er niet in, maar toen hij me een keer met de kinderen op de speelplaats in de Palmengarten zag spelen, moest hij toegeven dat ik een natuurtalent ben.'

'Die kinderen zagen er netjes en schoon uit,' zei Tom. 'Bovendien waren ze zo mak als lammetjes.'

'Ik weet zeker dat Lene goed is met kinderen,' zei Eva. 'Jij en ik moeten er binnenkort eens uitgebreid over praten.' Ze klopte op Lenes knie. 'Je hebt nog een heleboel te leren, maar ik kan je alvast vertellen welke fouten je moet vermijden. Als je zelf uit een heel andere wereld komt, kun je mensen die anders zijn gemakkelijk verkeerd begrijpen.'

'Al die verschillen zullen geleidelijk verdwijnen,' zei Lene.

'God behoede ons voor een dergelijke gelijkheid,' riep Caroline heftig uit.

'Nu we het toch over de Palmengarten hebben...' kwam Tom tussenbeide, hoewel niemand zich herinnerde dat het aan de orde was geweest. 'Lene en ik hebben kaartjes voor het concert van vanavond.'

'Hoe laat begint het?' vroeg Lene.

'Om zeven uur, geloof ik.'

'Dan moet ik vroeg eten. Zal ik dat tegen Anna zeggen?'

'Ze denkt natuurlijk weer aan eten,' zei Caroline. 'Weet je dat je er veel beter uitziet sinds je bent afgevallen?'

'Misschien kun je beter niet van tevoren eten, dan gaan we na het concert souperen,' stelde Tom voor.

'Hoe laat eten we vanmiddag?' vroeg Lene aan haar moeder.

'Op dezelfde tijd als altijd,' zei Caroline. 'Je vader zou kwaad worden als we daaraan morrelen.'

'Wie eten er mee?'

'We hebben vandaag geen speciale gasten. Eva blijft natuurlijk en Emma is er, na haar rit door het Stadtwald.'

'Ik heb er helemaal niet aan gedacht dat het Emma's paardrijdag is!' riep Lene uit. 'We hadden in het Stadtwald moeten opletten of we haar door het bos zagen galopperen.'

'Het Stadtwald is groot, hoor,' zei Caroline. 'Andreas komt niet. Hij zegt dat hij het te druk heeft. Misschien wil Tom wel blijven eten?'

'Ik heb mijn ouders beloofd thuis te komen,' zei Tom.

'Hoe gaat het met je vader?' vroeg Caroline.

'Elke week iets minder, maar hij klampt zich aan het leven vast met de kracht van een jonge worstelaar.'

'Niemand wil sterven,' zei Eva.

'Dat is niet waar,' zei haar zus. 'Veel mensen geven het gewoon op en laten zich langzaam wegglijden.'

'Of ze maken er zelf een einde aan,' zei Lene met een lichte huivering.

'Zo is mijn vader niet,' mompelde Tom. 'Hij is tachtig en lijdt aan aderverkalking. Soms is hij glashelder en een andere keer zo seniel dat hij zich niets meer herinnert van de oorlog of zijn gestorven kinderen. Alles wat na 1901 is gebeurd lijkt niet meer voor hem te bestaan, maar hij vergeet nooit mij de les te lezen over mijn zogenaamde onverantwoordelijke gedrag.'

'Je moet hem begrijpen en vergeven,' zei Caroline. Ze ging onaangename onderwerpen altijd te lijf met vaste formules, die ze uitsprak alsof het priesterlijke zegeningen waren. Ze dacht er nauwelijks over na, maar wilde duidelijk maken dat haar ideeën, al waren ze niet diepzinniger dan die van Frieda Gründlich, in elk geval even correct waren als de inrichting van haar huis.

'Waar is Fräulein Gründlich eigenlijk?' Tom wilde graag op een ander onderwerp overstappen. Praten over zijn ouders, en vooral over zijn vader, stemde hem somber en hij had een hekel aan somberheid. Toch hield hij wel van zijn vader, vooral omdat hij goede jeugdherinneringen aan hem had.

'Dat is ook toevallig,' zei Lene. 'Het lijkt wel of je mijn gedachten kunt lezen. De lieve schat is op vakantie. Naar huis, naar haar familie op de boerderij. Daar drinkt ze waarschijnlijk rauwe melk, eet volop verse groenten en gruwt bij de gedachte aan de troep die wij voorgeschoteld krijgen.'

'Anna doet haar best,' zei Caroline zachtzinnig.

'Als jullie het al moeilijk hebben met de inflatie, sta dan eens stil bij het karige voedsel waarmee de armen genoegen moeten nemen,' zei Eva.

'Denk je dat ze die voedselbonnen óóit nog eens afschaffen?'

'Daar is Emma,' zei Tom en hij stond op om haar te begroeten. 'Je komt precies op tijd om ons uit dit deprimerende gesprek te redden.'

'We hebben almaar naar je uitgekeken,' zei Lene, ervan overtuigd dat het waar was. 'Maar we zagen je nergens.'

Emma droeg rijkleren, handschoenen en een hoed. Alleen aan de blosjes op haar wangen was te zien dat het warm was. Haar lange haar had ze met een breed rood lint samengebonden. Ze had de rijzweep nog in haar hand. 'Raad eens wat ik heb meegemaakt.'

'Wat dan?' vroeg Lene zonder veel enthousiasme. Als haar zus iets had meegemaakt, waren het altijd dingen als de bevalling van een merrie.

'Ik heb een knappe cavalerieofficier ontmoet, en we hebben samen een uur door het verste, mooiste deel van het bos gereden. Het was zalig.'

'Geen wonder dat we je niet zagen,' zei Lene.

'Wie is hij? Hoe heet hij?' vroeg Caroline.

'Wacht, wacht,' zei Emma. 'Dat komt nog, maar laat ik jullie eerst het hele verhaal vertellen.'

'Ik heb je nog nooit zo opgewonden gezien.' Eva zei het met een ondertoon van spot. 'Wat wonderlijk dat de aanblik van een knappe man het hoofd van een verstandig meisje op hol kan brengen!'

Omdat Emma zichzelf zelden in het middelpunt van de belangstelling zette, was het duidelijk dat ze inderdaad iets bijzonders had meegemaakt. Erover vertellen gaf haar evenveel plezier als de ervaring zelf.

'Ik reed op de kastanjebruine ruin, een van mijn lievelingspaarden, die met de witte vlek op zijn rechtervoorbeen. Hij heet Onufri.'

'Wat een grappige naam,' zei Lene.

'Dus ik liep rondjes met hem in de manege, zoals ik meestal doe om warm te lopen voordat ik op pad ga, toen ik tumult bij de stal hoorde. Een van de stalknechten had grote moeite met Zwarte Duivel, een vals paard dat alleen door de grootste waaghalzen wordt bereden. Vrouwen mogen niet eens bij hem in de buurt komen. Hij steigerde en bokte als een paard in een wildwestshow. De staljongen kon hem blijkbaar niet rustig krijgen. Uiteindelijk pakte hij een stok en sloeg hem op zijn flank. Voor Zwarte Duivel was de maat toen vol. Hij trapte met beide achterbenen naar de jongen. Die zag ik met een bloedende hoofdwond op de grond vallen. Het was afschuwelijk, maar hij had erom gevraagd door het paard zo te slaan. Het arme dier!'

'Hoe kun je dat zeggen?' riep Eva uit.

'Wat?' vroeg Emma verbaasd.

'Dat de jongen erom had gevraagd. Was hij erg gewond?'

'Hoe moet ik dat weten? Ik ben hem niet uitgebreid gaan bekijken, dat had er nog bij moeten komen,' antwoordde Emma sarcastisch. 'Toen Otto het paard in bedwang had, hebben ze de jongen snel meegenomen. Ik denk dat Otto het leven van de arme stakker heeft gered.'

'Een dom beest blijft dom, vooral als het ook vals is. Maar een man... een jongen nog!' Eva kon het niet uitstaan als mensen sentimenteel over dieren deden.

'Is Otto jouw officier?' vroeg Lene.

'Ja, Otto Radowitz. Hij heeft Zwarte Duivel gegrepen voordat die de stalknecht nog erger kon toetakelen. Daarna heeft hij het paard gekalmeerd en een tijdje met hem rondgereden tot hij zo mak was als een lammetje. Ik sprak hem aan om hem te complimenteren, want er zijn weinig mensen die zo goed met dieren kunnen omgaan. Hij is kolonel.'

'Hoeveel arbeiders heeft hij neergeschoten?' vroeg Eva.

'Daar ga ik niet op in, tante Eva!'

'Het klinkt als een feuilleton uit een tijdschrift, geschreven door een dame met een lange gefantaseerde drievoudige achternaam,' zei Tom. 'Ik wist niet dat vrouwen in het echt nog steeds verliefd werden op knappe huzaren.'

'Ik ben niet verliefd,' zei Emma.

'Was hij in uniform?' wilde Lene weten.

'Natuurlijk! Anders wist ik toch niet dat hij officier was.'

'Hij had ook een bordje om zijn hals kunnen hebben: "Voorzichtig behandelen, ik ben officier!",' grapte Lene.

'Jullie lachen me allemaal uit.'

Caroline vond het tijd worden om in te grijpen. 'Jullie tweeën zouden vanmiddag bij oom Jacob langsgaan.'

'Maar oom Edu heeft ons op de thee gevraagd.'

'Dan gaan jullie meteen na het eten. Jacob neemt tegenwoordig lang pauze en gaat waarschijnlijk niet voor half vier naar de winkel. Jullie moeten de kip meenemen die Anna voor hem heeft gebraden, zodat hij vanavond iets bij de maaltijd heeft. Als je het aan hem overlaat vergeet hij gewoon te eten.'

'Ik kom je om half zeven ophalen,' zei Tom tegen Lene, en hij maakte aanstalten om te vertrekken. 'Trek iets moois voor me aan.'

'Ik loop even mee.' Lene stak haar arm door de zijne. Bij het tuinhek, waar hij zijn fiets had neergezet, ging ze op haar tenen staan en kuste hem op zijn wang.

'Denk je dat Emma eindelijk een amant heeft gevonden?' vroeg ze.

'Een Duitse legerofficier? Goeie genade, dat hoop ik niet!'

'Heb je gezien dat ze hunkert naar seks?'

'Naar liefde.'

'Naar seks, volgens mij.'

'Wat zegt ze tegen jou?'

'Tegen mij laat ze niets los.'

'Dat komt doordat je kattig en onaardig bent.'

'Ik denk ook dat ze onze verbintenis afkeurt.'

'Mag ik vragen waarom?'

'In het begin uit jaloezie, maar nu omdat ze je niet serieus genoeg vindt.'

'Ik dacht dat ik goed met haar kon opschieten.'

'Dat is ook zo, maar Emma is nu eenmaal heel kritisch.'

Tom stapte op zijn fiets en gaf Lene een kus op haar sproetige voorhoofd. 'Tot vanavond. Neem eerst maar een bad.'

Emma had haar kamerdeur open laten staan toen ze zich uitkleedde om in bad te gaan. Ze was bijna drieëntwintig en nog steeds zo mager als een lat. Haar zwarte haar reikte tot aan haar middel, maar meestal droeg ze het met een scheiding in het midden en samengebonden tot een zware, lage wrong, die werd vastgezet met grote schildpad haarspelden. Het effect was dat van een zwarte helm, die in een gracieuze lijn doorliep van haar voorhoofd naar haar nek en alleen het zachte oorlelletje liet zien.

Op deze leeftijd was ze op het toppunt van haar schoonheid. Overal bleven mannen staan om naar haar te kijken: in het theater, het museum, de winkels en op straat. Ze begreep niet waarom, maar nam aan dat het bij hun dierlijke natuur hoorde. Zelf hield ze haar rug kaarsrecht en keek strak voor zich uit, zodat ze een kille strengheid uitstraalde die mannen deed omkeren als ze dichterbij waren gekomen. Er werd gezegd dat ze op een engel leek, schitterend maar niet menselijk, of op een marmeren buste van Laurana, kunstig gehouwen uit koud gesteente. Ze had zich ontpopt als een uitstekende amazone, die vorstelijk op het dameszadel zat, recht als een liniaal, terwijl ze alleen met subtiele handbewegingen het paard bestuurde. En toch smeulde onder dat alles een vuur waarvan niemand kon voorspellen of het warmte of vernietiging zou brengen.

Toen Lene de deur van Emma's kamer zag openstaan, liep ze naar binnen en ging nonchalant in de met sits beklede stoel zitten. 'Vertel eens wat meer over je bewonderaar.' Ze hield van de paardenlucht die in Emma's kleren hing, hoewel haar zus die vies vond en haar kleding daarom altijd buiten liet luchten. Ook haar laarzen gingen meteen naar de kelder om ze door August te laten poetsen tot ze weer glommen als spiegels.

'Hij is slank en heeft grijsblauwe ogen. Er gaat een enorme kracht van hem uit, ook al is hij niet groot. Je voelt dat hij gespierd is, goedgeproportioneerd en sterk.'

'Hou je daarvan?'

'Ik hou niet van slappelingen.' Ze dacht terug aan het voorval in de manege en herinnerde zich hoe Otto het onhandelbare paard had getemd, dat zijn ogen had weggedraaid en glom van het zweet, behalve waar de stalknecht hem tot bloedens toe had geslagen.

'Hopelijk is hij niet alleen knap maar ook aardig.'

'Hij was heel galant. Toen hij zich voorstelde, maakte hij een buiging en na afloop van onze tocht kuste hij mijn hand.'

'Tom heeft gelijk, het klinkt als een verhaal uit een tijdschrift.'

'Tom drijft op zijn arrogante manier overal de spot mee. Dat is een slechte eigenschap en ik zou willen dat je die niet van hem overnam.'

'Heb je geen gevoel voor humor meer, Emma?'

'Ik hou er niet van uitgelachen te worden.'

'Niemand lacht je uit. We proberen ons alleen een voorstelling te maken van die merkwaardige ontmoeting. Waar komt je amant vandaan?'

'Oost-Pruisen.'

'Mijn hemel, een *Junker*. Denk je dat tante Eva gelijk heeft? Zou hij tijdens de revolutie op de arbeiders hebben geschoten?'

'Tante Eva is een naïeve dwaas. Wacht maar tot haar geliefde proletariaat zich tegen haar keert en haar aan stukken scheurt.'

'Ze heeft een hart van goud.'

'Zoals veel dwazen.'

'Wanneer zien jullie elkaar weer?'

'Ik weet het niet, maar hij heeft me gevraagd op welke dagen ik paardrij en dat heb ik verteld.'

'Stel je hem ook aan ons voor? Misschien kunnen we met z'n vieren naar het theater gaan, of gaan picknicken als hij niet van toneel houdt.'

'Waarom zou hij daar niet van houden? Hij lijkt me een ontwikkeld man, een "heer van de oude stempel", zou Gründlich zeggen.'

Emma zat op bed, naakt onder haar zijden kamerjas. Lene kon nog vaag de paarden ruiken.

'Maar zover is het nog lang niet,' zei Emma resoluut. 'Ik ga niet speculeren over wat er kan gebeuren, en ik wil het er niet meer over hebben. Nu ga ik in bad om de stallucht kwijt te raken.'

De eetkamer lag op het noorden en was daardoor de koelste kamer van het huis. Nathan kwam klokslag één uur thuis en het eten werd om half twee opgediend, zodat hij gelegenheid had de post door te nemen en de krant van die dag in te kijken. Als hij naar zijn studeerkamer ging, wierp hij altijd eerst een blik in de eetkamer en telde voor hoeveel mensen er was gedekt om een idee te krijgen wie hij kon verwachten. Vandaag stonden er vijf borden. Dat kon betekenen dat Andreas kwam eten, maar de stemmen die hem vanuit de woonkamer bereikten waren vrouwenstemmen en het schoot hem te binnen dat zijn schoonzus terug was uit Rusland. Eva, Caroline en zijn dochters, dat was vier, dus helaas zou hij weer de enige man aan tafel zijn.

Het was altijd een prettige afwisseling voor Nathan als Andreas kwam, want dan spraken ze over muziek. Andreas studeerde aan de universiteit en wilde musicoloog worden. Hij had al enkele recensies van concerten geschreven die door de *Frankfurter Zeitung* waren geplaatst. Zijn kennis van eigentijdse muziek was groter dan die van de meeste plaatselijke recensenten en bovendien was hij een uitmuntende stilist. Maar hij had geen ambities. Zijn leven schommelde heen en weer tussen apathie en rusteloosheid. Hij kon dagen in bed blijven liggen om plannen te maken die hij niet ten uitvoer bracht, en dan weer de straten afschuimen op zoek naar een ontmoeting die hem emotioneel raakte, een gevaarlijke extase waarin hij zich kon verliezen. Hij zou willen dat hij die extase ook in zijn werk kon vinden. Een of twee keer was hem dat gelukt, en toen had het hem in vervoering gebracht. Hij begreep wat het was om kunstenaar te zijn. Maar die momenten waren zo zeldzaam dat hij opnieuw de straat op werd gedreven, naar de troosteloze barretjes in de Altstadt. Zijn familie weigerde te accepteren dat hij homoseksueel was. Het zou hem geholpen hebben als ze het niet hadden beschouwd als iets wat angstvallig geheim moest worden gehouden uit angst voor wat de buitenwereld ervan zou zeggen. Zelfs Ernst, die naar de universiteit van Berlijn was gevlucht en daar ontevreden op de hele familie mopperde, reageerde geschrokken en ontwijkend als Andreas het onderwerp probeerde aan te snijden.

Lene, die zichzelf als vooruitstrevend en een kind van haar tijd beschouwde, had het eens aangestipt in een gesprek met Emma. Ze had gezegd dat ze dacht dat Andreas niet van vrouwen hield, en Emma had haar vagelijk gelijk gegeven, wat zelden voorkwam, maar ze had duidelijk geen zin gehad er dieper op in te gaan.

'Hij slaapt met mánnen,' had Lene gezegd. 'Ik probeer het me voor te stellen, maar dat kost me moeite.'

'Ik probeer het niet eens,' was Emma's reactie geweest. 'Mijn gedachten stoppen voor de drempel van die deur en die hou ik liever dicht.'

Nathan begroette de vier vrouwen met een flauwe glimlach en mompelde een welkom voor zijn schoonzus. Hij gaf Eva een hand, maar kuste haar niet. 'Hopelijk is het eten vandaag beter dan gisteren,' zei hij. Dat was zijn dagelijks weerkerende, droge commentaar.

'Het wordt pas beter als er meer voedsel te krijgen is,' merkte Caroline op. 'Maar met de inflatie mogen we al blij zijn dat we iets te eten hebben. Je neemt een kinderwagen vol bankbiljetten mee om zes eieren te kopen, maar in de winkel ontdek je dat je net genoeg geld hebt voor vier.'

'Je kunt het de boeren niet kwalijk nemen dat ze geen waardeloos geld willen aannemen,' zei Eva.

'Heb je de zwarte markt al geprobeerd?' vroeg Nathan naïef.

'Laat het gesjacher maar aan Pauline over,' zei Caroline. 'Mij zullen ze niet betrappen op handel met criminelen.'

'In Berlijn pakken ze de zwarthandelaren stevig aan,' zei Eva. 'En zo hoort het ook.'

'Kunnen we het over iets vrolijkers hebben?' vroeg Lene.

Nathan rook aan de kroketten die Liese ronddeelde. Anna had ze zo goed mogelijk op smaak gebracht door er veel gesnipperde bieslook uit de tuin in te doen en ze te omringen met bergjes peterselie. Ook waren er verse tomaten uit de tuin, hoewel die nogal eens ten prooi vielen aan dieven, en was er sla. Maar de broodjes waren donker en rubberachtig. Caroline brak er stukjes af en rolde ze tot kleffe balletjes, zonder in de gaten te hebben wat ze deed.

'Ik ben bang dat ik Eisenstein moet ontslaan,' zei Nathan. Hij nam kieskeurige hapjes van de kroket op zijn bord, terwijl hij die met wat smakeloze rijst probeerde te mengen.

'Waarom uitgerekend in deze moeilijke tijd?' vroeg Caroline.

'Deze tijd is voor iedereen moeilijk,' antwoordde Nathan op zijn gebruikelijke neerslachtige toon. 'Zoals de zaken ervoor staan denk ik niet dat ik hem kan houden. Hoe goed en nauwgezet ik mijn werk ook doe, toch wordt mijn praktijk niet groter maar kleiner. En Eisenstein begint oud te worden.'

'Hij is niet veel ouder dan u, papa,' zei Lene. 'Arme Eisenstein, wat moet hij dan?'

'Steun trekken,' zei Eva zacht.

'Ik probeer een andere baan voor hem te vinden,' zei Nathan. 'Misschien kan Edu hem wel gebruiken.'

‘Wat zouden we zijn zonder oom Edu?’ mompelde Emma. De anderen deden alsof ze het niet hadden gehoord, maar bij iedereen was dezelfde gedachte opgekomen.

‘Nu Edu compagnon is geworden bij de Goldschmidt Bank, zal hij wel een betrekking voor hem kunnen vinden,’ zei Caroline. ‘De zaken van je broer gaan voorspoedig, wat er ook gebeurt. Oorlog, revolutie, inflatie... niets lijkt hem tegen te kunnen houden.’

‘Wees blij,’ zei Nathan. ‘Daardoor hebben we allemaal te eten, hoe beroerd dat eten ook is.’

Er viel een stilte. Iedereen leek last van het warme weer te hebben. Caroline at vrijwel niets en speelde de hele tijd met haar brood. Haar handen waren erg wit en leken wel van ivoor, afgezien van de blauwe aderen die eroverheen liepen. Eva werd bevangen door medelijden met haar zus, maar kreeg tegelijkertijd de sterke aandrang om niets meer met haar te maken te hebben. Ze zou Caroline het liefst verbannen naar het verleden dat ze dacht voorgoed achter zich te hebben gelaten tijdens haar wekenlange reis door de Sovjet-Unie. Dáár lag de toekomst, weg met al die levende fossielen die zo vervuld waren van melancholie, decadentie en zenuwziekten. Eva verzonk in haar eigen mooie herinneringen aan de wandelingen met de arbeidersjeugd door de Taunus, waar ze volksliedjes zongen en rond het kampvuur dansten. Ze had van een hoge partijfunctionaris gehoord dat het politbureau hoopte dat de revolutie in Duitsland zou uitbreken op 7 november, de gedenkdag van de Russische Revolutie. Hoewel ze er niet helemaal in geloofde – intuïtief voelde ze aan dat het een illusie was – keek ze toch naar die dag uit.

Nathan verbrak de stilte. ‘Eisenstein is een prima kerel, betrouwbaar en fatsoenlijk. Ik zal mijn uiterste best voor hem doen. Edu heeft vast wel een oplossing voor iemand als hij. Zijn vrouw is ziekelijk en zijn twee zoons zijn nietsnutten.’ Hij zuchtte.

Als toetje kregen ze een gelige pudding, bespikkeld met stukjes gekonfijt fruit. Hij leek gemaakt van poeder, gruis en onbekende chemische stoffen.

‘Moeten we nog een boodschap aan oom Jacob overbrengen?’ vroeg Emma. Ze had haar pudding weggeschoven en popelde om van tafel te gaan.

'Zeg maar dat hij onze kaartjes mag hebben voor het recital van aanstaande woensdag, want dan worden we bij de familie Schlesinger verwacht.'

'Wat vervelend,' zei Nathan. 'Dat heb je me niet eens verteld. Kun je zo'n uitnodiging niet afslaan als we kaartjes voor een concert hebben?'

'Ik was het vergeten. Het is zomer en er is geen peil op te trekken wanneer er een uitvoering is. Tegen de tijd dat ik het besefte, was het te laat om de afspraak af te zeggen.'

'Ik ga liever naar het recital. Ik heb gehoord dat er een nieuw pianotalent optreedt, Manfred Solomon, een jongen van hier, al is hij in Polen geboren. Zeg maar tegen die verwaten Schlesingers dat we niet kunnen komen.'

'Dat ben ik niet van plan,' zei Caroline.

'In dat geval mag je alleen gaan, of in gezelschap van je zoon of een van je dochters. Ik wil dat concert niet missen.'

Caroline trommelde met haar vingers op tafel. Eva dwong zichzelf verder te dromen over de tocht met de 'Natuurvrienden' naar de Vogelsberg, de hoogste berg van de Taunus, waar ze de zonsopgang hadden gezien.

'Wilt u ons excuseren?' vroeg Emma. 'We hebben vanmiddag veel te doen, vooral als we ook nog bij oom Jacob langs moeten.'

'Ik zal de kip even bij Anna ophalen,' zei Lene. Ze had haar toetje bijna helemaal op en zag dat tante Eva haar bord ook leegat.

'Welke kip?' vroeg Nathan.

'Och, hemel,' zei Caroline. 'Dat wordt weer ruzie. Ga maar, kinderen... en kom niet te laat bij oom Edu.'

'Stuur jij die waardeloze broer van mij kip?' tierde Nathan. Hij was in woede ontstoken, al wist hij niet goed waarom. Jammer dat Andreas er niet was, want hij had als buffer kunnen dienen tegen de verwijten en het gezanik van al die vrouwen. Hij gaf Eva de schuld, maar durfde haar niet aan te vallen. 'Eerst zet je mij deze rommel voor en daarna vraag je de kokkin om kip voor Jacob klaar te maken, terwijl mijn broer net zo lief zaagsel eet zolang hij een fles wijn heeft om het mee weg te spoelen.'

'Wij eten ook kip,' legde Caroline vermoeid uit. 'Morgen, als je moeder en Edu komen eten, en Andreas ook. Ik dacht – neem me niet kwalijk, Eva – dat ik de hennetjes beter voor die gelegenheid kon bewaren. Het is Anna gelukt, vraag niet hoe, om er drie van de slager los te krijgen. Een ervan was beduidend kleiner dan de andere twee, dus dacht ik dat Jacob...' Carolines toon was smekend geworden. Emma en Lene hadden hun servet opgevouwen en in de zilveren servetring geschoven. Zachtjes slopen ze de kamer uit. 'Omdat Jacob niet bij ons kan of wil eten, dacht ik hem de kleinste kip te geven. Hij heeft niemand om boodschappen voor hem te doen en is vel over been. Volgens mij is hij nooit over Gerda's dood heen gekomen, of over het feit dat hij niet met haar is getrouwd voordat ze stierf, en dat vanwege de familie. Sinds zij er niet meer is, gedraagt hij zich steeds vreemder en excentrieker...'

'Gerda is al jaren dood. Ik vind dat geen reden om hem een kip te geven.'

Eva, die de ruzie tegen wil en dank bijwoonde, stond ook op van tafel. Ze kuste Caroline, die geen enkele aandacht aan haar schonk, pakte haar hand en fluisterde 'tot ziens' in haar oor om te laten zien dat ze solidair was, ook al stond ze op het punt weg te vluchten.

Emma en Lene waren beneden in de keuken. Ze misten Fräulein Gründlich, want als zij erbij was, maakten hun ouders tenminste geen ruzie.

'Papa is boos vanwege de kip,' zei Lene.

'Dat zal wel,' zei Anna. 'Vooral omdat hij de kroketten ook al niet lekker vond. Hoe was de pudding? Ik zag dat bijna niemand ervan heeft gegeten.'

'Eh,' zei Lene aarzelend, 'wel zoet.'

'Straks wordt het beter, als de appelpluk begint,' zei Anna. 'Benijden jullie Fräulein Gründlich niet daar op het platteland, hoe heet het ook alweer?'

'Sleeswijk-Holstein,' zei Emma.

'Vroeger dacht ik altijd dat je niet op het platteland moest wonen, maar na wat ik heb meegemaakt – en het wordt er niet beter op – weet ik dat niet meer zo zeker.' Anna wikkelde de kip in een schone oude theedoek en daarna in een geruit servet, legde hem in een mand en deed er ook nog maar een paar tomaten bij. 'Zeg tegen hem dat hij de mand een keer moet terugbrengen. Gaan jullie nu maar en pas op voor de wolf, net als Roodkapje.'

Lene en Emma liepen op hun gemak naar de Fahrgasse en het huis van oom Jacob. Toen ze langs de winkel kwamen, zwaaiden ze naar Alois, die bij de geopende deur een boek zat te lezen.

'Vroeger was ik ervan overtuigd dat hij met Fräulein Gründlich zou trouwen,' zei Lene, zodra ze de hoek om waren. 'Ik vraag me af wat ertussen is gekomen.'

'Dat heeft ze me een keer verteld,' zei Emma.

'Waarom jou wel en mij niet?' vroeg Lene gekrenkt.

'Misschien omdat ik ouder ben en ze dacht dat ik het beter zou begrijpen.'

'Maar je hebt het mij nooit verteld!'

'Het leek me niet gepast, en later heb ik er niet meer aan gedacht.'

'Hij heeft haar natuurlijk bedrogen!'

'Nee, het zat heel anders. Gründlich durfde uiteindelijk niet. Alois en zij gingen vaak samen uit en op zekere dag, toen ze een tocht met een rondvaartboot maakten over de Main, vroeg hij haar ten huwelijk. Eerst was ze in de zevende hemel, vertelde ze. Maar hoe meer ze erover nadacht – dat ze met hem op een kleine etage in Sachsenhausen, of erger nog in Niederrad of Rödelheim zou moeten wonen – des te onverstandiger kwam het hele plan haar voor. Ze gingen naar meubels kijken en Alois maakte haar duidelijk wat haar plaats in zijn leven, en in zijn keuken, zou worden. Ze dacht er hard over na, totdat ze op een gegeven ogenblik in paniek raakte bij het idee opgesloten te zitten op een etage in een voorstad, waar ze het soort leven zou krijgen dat haar moeder had en de muren op haar af zouden komen. Daarom verbrak ze de verloving en gaf als verklaring dat ze haar werk niet wilde opgeven. Is dat niet wonderlijk?'

'Heeft ze ook verteld hoe hij daarop reageerde?'

'Alois was stomverbaasd, en woedend natuurlijk. Hij begreep niet dat ze zich liever voor de Herrschaft wilde afsloven dan voor hem! Waarschijnlijk heeft hij haar bittere verwijten gemaakt. Ik denk dat hij haar nog een tijdje achterna heeft gelopen en toen iemand anders heeft gevonden. Dat is het hele verhaal.'

'Die goede lieve Gründlich! Straks zorgt ze, als een oude Russische kindermeid, ook nog voor mijn kinderen en kleinkinderen.'

'Ze voelt zich thuis in ónze wereld, snap je. Ik zou het verhaal aan tante Eva moeten vertellen om te horen wat zij erover te zeggen heeft.'

'Zij zou het triest vinden.'

Ze kwamen bij Jacobs huis en belden aan. Frau Köppening, die twee keer per week schoonmaakte en de was deed, kwam opendoen. Emma en Lene hadden een uitgesproken hekel aan de gezette vrouw, die haar werktijd voornamelijk besteedde aan kletspraatjes met Frau Strüpler, de vrouw van de huismeester. Jacob had niet door wat een bende het in zijn woning was. Het verval was geleidelijk ingetreden en in zijn eenzaamheid vielen hem de verwaarlozing noch de regelmatige diefstallen op. Frau Köppening wist dat Jacob geen aandacht aan haar schonk, dat hij haar omvangrijke, slonzige lijf niet zag en geen idee had welk huishoudelijk werk hij van haar kon eisen, dus deed ze niet meer dan het hoogstnodige.

'Ik doe zo weinig mogelijk zonder dat ik me bezwaard voel er geld voor te krijgen,' zei ze regelmatig tegen Frau Strüpler. Volgens haar was ze vol goede wil, Duitse ijver en properheid bij hem begonnen, maar zijn blinde, vervloekte onwil om rekening met haar te houden, zich om haar te bekommeren – als ze dood was zou hij het niet eens merken – had haar zo diep gekwetst dat ze zijn vijandin was geworden. Frau Köppening wist dat zijn twee nichtjes, allebei goedgekleed, knap en hoogmoedig, haar doorzagen en verafschuwden, maar dat kon haar niets schelen. Ook zij konden niet tot hun oom doordringen.

Jacob had hen niet verwacht. Hij zat aan zijn schrijftafel en maakte aantekeningen voor een artikel waarin hij iets wilde weerleggen wat in een wetenschappelijk filologisch tijdschrift werd beweerd.

'We hebben de kip voor u meegenomen,' zei Lene. Het schoot hem te binnen dat Caroline hem gisteren een kip had beloofd toen hij haar uitnodiging om te komen eten had afgeslagen. Wat zagen zijn nichtjes er jong en knap uit. Waarom nam hij ze nooit eens mee uit? Hij snoof het aroma van de kip op. 'Verrukkelijk.' Hij pakte een tomaat en zette zijn tanden erin. Het sap spoot eruit en liet een bloederige brij op het wetenschappelijke tijdschrift achter.

'Ik neem aan dat jullie vader boos was over die kip.'

De zussen keken elkaar aan.

'Als ik het niet dacht! Nathan wordt met de dag gieriger. Maar fijn om mijn twee nichtjes te zien. Dat zou vaker moeten gebeuren. Toen jullie broers nog klein waren, nam ik ze vaak mee uit lunchen bij de Schirn. Dan kochten we warme worst, zo uit de ketel en aten die in de Altstadt op. Ik moet jullie binnenkort eens mee uit eten nemen. De inflatie kan niet eeuwig doorgaan. Het spijt me dat jullie vader boos was over de kip. Hij ziet er heerlijk uit.' Jacob boog zich naar voren over zijn schrijftafel. Emma zag dat er nog wat tomatensap en een paar pitjes op zijn kin zaten. 'Ik zal de kip voor Frau Köppening verstoppen. Ze steelt.'

'Papa windt zich de laatste tijd over veel dingen op,' zei Lene sussend. 'Hij zegt dat hij Eisenstein moet ontslaan.'

'De arme man. Maar wat dan? Waar moet hij naartoe? Hij zal ergens in de vijftig zijn...'

'En zijn vrouw is ziek,' zei Lene.

'En zijn zoons zijn nietsnutten,' voegde Emma eraan toe. 'Maar papa zegt dat hij met oom Edu gaat praten om te kijken of die werk voor hem heeft.'

'Wat hebben jullie nog meer voor goed nieuws te melden?'

'Emma heeft een amant!'

'Nee maar!'

'Het stelt niets voor,' zei Emma. 'Luistert u maar niet naar Lene. Ze overdrijft altijd.'

'Een Pruisische legerofficier!' zei Lene. 'Ze wil het gewoon niet toegeven.'

'Ik was vanmorgen aan het rijden,' begon Emma, vastbesloten om het voorval in haar eigen woorden te vertellen. 'Hij hield een paard in bedwang dat door het dolle heen was geraakt omdat het door de stalknecht was geslagen. We hebben samen door het bos gereden. Dat is alles.'

Jacob had het zich gemakkelijk gemaakt in zijn oude kantoorstoel. Hij legde zijn voeten op de schrijftafel, boven op de aantekeningen voor zijn tegenartikel, en bekeek zijn nichten eens goed. De gordijnen waren dicht en er hing een geur waar Emma zich aan stoorde. Ze kon die niet precies thuisbrengen, maar wist alleen dat het bedompt rook, naar schimmel en ongewassen kleren.

Jacob zag dat ze de lucht opsnoof en zag ook dat ze dat niet wilde laten merken. Hij sloeg zijn handen in elkaar op zijn buik en richtte zijn aandacht op Lene, die kritiekloos de kamer rondkeek. Op haar gezicht lag een dromerigheid die haar beschermde. Emma had zo'n bescherming niet. Jacob had graag meer van haar gehouden en het zat hem dwars dat hij dat niet deed. Beide meisjes vond hij nogal onnozel. Het was trouwens tijd geworden om weer naar de winkel te gaan. Hij wikkelde de zijden sjaal die hij altijd droeg een paar keer om zijn hals. Ook daar zaten nu tomaatvlekken op en Emma had het waarschijnlijk gezien. Hij rook de frisse geur van rijp fruit. Frau Köppening sloop door de keuken.

'Tijd om naar huis te gaan, Frau Köppening!' riep hij, maar ze hield zich muisstil terwijl ze haar tweede lunch en een restje wijn wegwerkte.

'Mijn kip krijgt ze niet,' zei Jacob. 'Ik wacht net zolang tot ze weg is. Heb ik jullie er al voor bedankt? En je moeder en de lieve, betrouwbare Anna?' Hij had op luide toon gesproken, maar dempte ineens zijn stem. 'Frau Köppening is een heks, je moet heel voorzichtig met haar zijn. Ze heult met de vijand.'

'Waarom ontslaat u haar niet?' vroeg Emma. Ze begon zich steeds ongemakkelijker te voelen, zoals altijd wanneer er chaos door de kieren van de planken leek te kruipen. Het viel haar in dat ze Otto Radowitz vooral aantrekkelijk vond omdat hij zo'n verzorgde, ordelijke verschijning was en zo keurig gearticuleerd sprak, allemaal tekenen die wezen op een probleemloos leven, op kalme routine en een aangename zelfverzekerdheid.

'Daarvoor ken ik haar te goed,' zei Jacob. 'Ik ken al haar tekortkomingen en weet dat ze geen enkele eigenschap heeft die in haar voordeel spreekt. Nooit zal ze me verrassen door iets aardigs te doen. Een dergelijke beginselvastheid is zeldzaam en daarom alleen al bewonderenswaardig.'

'We moeten gaan,' zei Emma.

'Oom Edu verwacht ons op de thee,' verduidelijkte Lene.

Jacob kwam overeind. Frau Köppening stond in de deuropening met haar hoed op en jas aan, terwijl ze met haar tong langs haar tanden ging om te voelen of er nog maanzaadjes waren blijven steken. 'Ik ga,' zei ze.

'Hoe gaat het met jullie broers?' vroeg Jacob aan zijn nichtjes. Hij zei nooit 'tot ziens' of 'goedemorgen' tegen de huishoudster. Ze trok de deur hard achter zich dicht, maar Jacob vermoedde dat ze aan de andere kant bleef staan om het gesprek af te luisteren.

'Ernst schrijft sombere brieven,' zei Emma.

'Hij denkt erover naar Palestina te gaan,' voegde Lene eraan toe. 'Volgens hem is de situatie voor de Joden in Duitsland hopeloos.'

'Berlijn roept die gedachte bij mij ook altijd op.'

Ze gingen weg zodra Frau Köppenings zware voetstappen op de trap waren weggestorven. Jacob liep tot aan de winkel met hen mee. Later bedacht hij pas dat hij de kip op de schrijftafel had laten liggen, tussen de wetenschappelijke tijdschriften, het woordenboek en de papieren met tomaatvlekken.

Emma vond zelfs het warme zomerweer een welkome afwisseling na de bedompte woning.

'Goddank hebben we dat achter de rug,' zei ze, zodra ze afscheid van Jacob hadden genomen. 'Je moet toegeven dat hij elke keer als we bij hem op bezoek komen eigenaardiger is.'

'Hij is ongelukkig en eenzaam, de arme man.'

'Dat is geen excuus.'

Na een blik op hun horloge besloten ze in slentergang door de belangrijkste winkelstraat en de Goethestrasse te lopen. De bomen stonden vol in het blad, de vrouwen droegen vrolijk gekleurde jurken en er hing de gezellige sfeer van een middelgrote stad. Oom Edu had hen om half vier uitgenodigd. Ze hielden de tijd goed in de gaten, want als ze te vroeg kwamen vond Edu dat minstens even vervelend als wanneer ze te laat waren.

De grote bladeren van de kastanjebomen op de Bockenheimer Landstrasse lieten maar weinig zonlicht toe op de stoep, zodat de wandelaar nog sterker het gevoel kreeg dat hij gewijde grond betrad. De royale herenhuizen achter een omheining van siersmeedwerk met indrukwekkende, gesloten hekken, leken zich in verstilde houdingen te hebben opgesteld in de groene tuinen en zagen er nog voornamer, nog onaantastbaarder uit dan anders. De middagrust werd slechts door een paar auto's verstoord. Zelfs de tram leek zachter over de rails te glijden. Het luidst klonken de paardenhoeven van de wagens die af en toe langskwamen, een geluid dat herinneringen opriep aan de vooroorlogse jaren. Als je roerloos bleef staan, kon je de bijen in de tuinen horen zoemen. Een wandeling op dit uur langs deze laan liet je de bekoring voelen van wereldse bezittingen; je begreep dat ze het broze leven beschermden door er een aards paradijs voor aan te leggen.

De villa van oom Edu had een mansardedak en een renaissancefries van bloemen en slingers. Die ornamenten waren veel te overdadig voor het kunstzinnige oog van de jaren twintig, dat was beïnvloed door de nieuwe esthetiek van Bauhaus. Tom had Lene gewezen op alle lelijke uitwassen van het huis en had de klassieke voorgevels geprezen van Landhaus Rothschild verderop in de straat en Villa Leonhardsbrunn achter de Palmengarten, maar tevergeefs. Lene koesterde een diepe, blijvende liefde voor het huis van haar oom, ook al was die net zo verwerpelijk als haar voorliefde voor chocolade-eclairs barstensvol slagroom. Een hek van siersmeedwerk van de hand van de smid die ook het barokke rasterwerk op het mansardedak had gemaakt, gaf toegang tot de oprit voor auto's en rijtuigen. Voetgangers, zoals Lene en Emma, kwamen binnen door een kleiner hek, dat naast het grote hek stond en er een exacte kopie van was. Om toegelaten te worden moest je de bel luiden die aan de stenen post van de twee hekken hing, waarna Humboldt, de butler, je eerst keurend opnam door een raampje naast de voordeur. Humboldt was zeer streng. Als er geen bezoek werd verwacht, drukte hij soms de hele dag niet op de zoemer waarmee het hek openging.

Op deze warme tijd van de dag waren alle luiken van het huis gesloten om te voorkomen dat de schilderijen en wandkleden door het zonlicht zouden verschieten. Emma keek op haar horloge toen ze bij het hek aankwamen. Het was vijf voor half vier. Ze hadden nog tijd voor een rondje door de tuin. Humboldt liet hen binnen. Hij had al op de uitkijk gestaan en met een blik op zijn eigen zakhorloge geconstateerd dat ze nog vijf minuten door de tuin konden wandelen.

Zodra ze door het hek kwamen, werden de zussen bevangen door dezelfde opwinding en bewondering als bij hun allereerste bezoek, tien jaar geleden, toen Fräulein Gründlich hen had meegenomen naar het nieuwe huis. Tot Edu's trots en vreugde was zijn tuin een veelkleurig paradijs van zalig ruikende zomerbloemen, weelderig als een doek van Monet uit Giverny. Zoals altijd werden Lene en Emma tijdens hun wandeling over de grindpaden meegevoerd naar een andere wereld. Ze zagen een verbijsterende overvloed en verscheidenheid aan vormen en kleuren, maar toch was alles gerangschikt met de precisie van een militaire exercitie. Dat laatste aspect beviel Emma het best – alles op zijn plaats en van naambordjes voorzien, hoewel het geheel een natuurlijke, bijna toevallige indruk maakte – terwijl Lene zich vooral aangesproken voelde door de bloemenpracht.

Klokslag half vier werden ze binnengelaten en beantwoordden ze Humboldts groet met een paar vriendelijke opmerkingen. Onwillekeurig hadden ze beiden hun adem ingehouden toen ze vanuit de zonnige tuin in het donkere voorportaal kwamen. Edu's huis was bij aankoop van binnen al net zo'n samenraapsel van sierelementen geweest als van buiten, maar hij had het interieur veranderd volgens de adviezen van Elias, die vond dat niets mocht afleiden van de schilderijen en kunstvoorwerpen die Edu verzamelde. Elias was tegenwoordig eerste assistent van de directeur van het Städel.

Humboldt, gekleed in een piekfijn uniform met witte handschoenen, ging hun voor naar de salon. Dat jaar had hij zich aangesloten bij de prille, schijnbaar onschuldige NSDAP, de Nationaal-Socialistische Duitse Arbeiderspartij, en deed mee met de straatgevechten tegen de communisten.

Zoals altijd liet oom Edu de jonge bezoekers een paar minuten wachten voordat hij verscheen, modieus en gedistingeerd in een pak van Engelse snit met een gestippelde zijden das.

'Goedemiddag, lieve nichten van me,' zei hij, terwijl hij vanuit zijn studeerkamer rustig kwam aanlopen over de geluiddempende vloerbedekking in de hal. Zijn snor was keurig bijgewerkt (een barbier kwam hem elke ochtend scheren) en hij nam de enigszins prikkelende geur van eau de cologne mee naar de woonkamer. Als het niet regende, stond Edu voor dag en dauw op om paard te rijden in het Stadtwald. Op dat vroege tijdstip waren er alleen een paar arme wegwerkers buiten en lag de verse dauw nog op de weilanden aan de rand van het bos. Het was een uur waarin Edu genoot van de eenzaamheid en zijn gedachten ordende. De lichamelijke inspanning monterde hem op en als hij om acht uur op kantoor was, een vol uur voor de komst van Siegmund, was hij helder van geest en klaar om alle mogelijke zakelijke problemen te lijf te gaan.

Hij liet zich door Lene en Emma op zijn wang kussen, waarna hij tegenover hen plaatsnam in een Lodewijk XV-stoel en zijn nichten kritisch bekeek. Volgens zijn stellige overtuiging kon je aan het kiezen van een nette, smaakvolle jurk aflezen dat iemand een geordend leven leidde. Daarom liet hij nooit na hen terecht te wijzen als hij in hun kleding tekenen zag van vrijgevochtenheid, oudevrijsterschap of de verderfelijke invloed van de een of andere godsdienst uit de Oriënt of het Nabije Oosten die destijds in de mode waren.

'Jullie zien er vandaag prachtig uit,' zei hij, en zijn nichten keken elkaar lachend aan. Ze droegen beiden een eenvoudige jurk met een centuurtje, een geplooide rok die een stukje over de knie viel en een laag uitgesneden halslijn, waarboven ze het parelsnoer droegen dat ze van Edu hadden gekregen. Het geheel werd gecomplementeerd met witzijden kousen en platte pumps met een bandje over de wreef.

Edu zag hen naar elkaar glimlachen en het viel hem op dat die glimlach hun gezicht heel anders deed oplichten. Lene kreeg een uitdrukking van verbaasde ironie, alsof ze het allemaal niet zo serieus nam. Emma's glimlach verdreef de ergste spanning van haar alerte gezicht en toonde haar onschuld en haar verlangen om te behagen. Edu was zeer tevreden over de vooruitgang die al zijn nichten onder zijn toeziend oog hadden gemaakt, voor zover zijn broers en schoonzussen hem tenminste de kans daarvoor gaven. Hij wist zeker dat Siegmund en Nathan niet goed beseften wat een verrukkelijke schepsels ze hadden voortgebracht. Beiden hadden de opvoeding van de meisjes aan hun vrouw overgelaten en hun vrouw had die taak weer overgedragen aan de gouvernante. Edu maakte zich geen illusies over Caroline en Pauline, wat erop neerkwam dat hij hun slechte kanten scherper zag dan hun goede. Hij vond hen egoïstisch en weet de kortzichtige ideeën van zijn broers uitsluitend aan hun invloed. Hij was blij dat Jacob geen kinderen had. Wat Gottfried in Amerika aan nakomelingen had gekregen wist niemand.

'Wat hebben jullie vandaag gedaan?' vroeg Edu.

'Ik heb vanochtend paardgereden...' begon Emma.

'... en toen heeft ze een amant ontmoet,' vulde Lene aan. Ze voelde zich altijd wat onbehaaglijk onder de blik van oom Edu, omdat ze er nooit zeker van was of ze aan zijn hoge eisen voldeed. Zij was bijna altijd degene die een ladder in haar kous of een scheur in haar jurk had. Ze zou willen dat de thee gauw werd geserveerd, maar wist dat ook de minuten tussen hun aankomst en de binnenkomst van Marie, de dienstbode, met het theeblad zorgvuldig waren afgemeten.

'Ongetwijfeld een knappe officier,' zei Edu. Elk nieuwtje ging snel rond in de familie Wertheim.

'Hoe raadt u dat?' vroeg Emma ontdaan.

Edu glimlachte slinks. 'Ik weet altijd wat er in je omgaat, of het nu een wens voor Kerst is of een romantische bevlieging. Maar ik waarschuw je: pas op voor knappe officieren. Menige ongehuwde vrouw heeft haar hart aan een officier verloren en dat bitter moeten berouwen.'

'U plaagt me, oom Edu. Die tijd is voorgoed voorbij. Het leger is tegenwoordig nogal saai, zegt Otto.'

'Ik plaag je,' zei Edu, 'maar ik meen het ook. In het leger wemelt het van de wrede, domme mannen.' Toen hij Emma's ontzette gezicht zag, voegde hij eraan toe: 'Maar jouw Otto is natuurlijk heel anders.'

Marie verscheen om vijf voor vier. Eerst dekte ze de tafel met een wit kleed, daarna bracht ze een dienblad binnen waarop het zilveren theeservies stond en drie schalen met brood dat was belegd met gerookte zalm, ansjovispasta, zwarte kaviaar, komkommer, waterkers en gevulde eieren. Er was ook zoetigheid: petitfours, kleine eclairs, romige boterkoekjes en tompoezen. De borden waren van Nymphenburgporselein, met roze bloemetjes en een gouden rand, en de servetjes waren afgezet met fijne kant, pas gewassen en gesteven. Lene vond het bezoek zeer de moeite waard.

'Hoe bent u aan al die lekkernijen gekomen?' vroeg ze, terwijl ze een keus probeerde te maken tussen de zachtroze zalm en de glanzende donkere kaviaarkorrels, maar uiteindelijk allebei nam.

'Lijden de arme kinderen thuis honger?' vroeg Edu, met een sarcasme dat niet werd verzacht door bezorgdheid.

'In elk geval hebben we al tijden niet zoiets op tafel gehad,' riep Lene uit. 'Kaviaar!'

'Mama doet het helemaal niet slecht, gezien de omstandigheden,' zei Emma loyaal. Ze was geen liefhebber van calorierijk eten; op haar bord lagen geen boterhammen met kaviaar en gerookte zalm of frambozentaart met slagroom, zoals bij Lene, maar twee boterhammen met komkommer en één met waterkers. 'Wat ben je slank,' had Otto Radowitz gezegd, toen ze die ochtend naast elkaar reden. 'Net een donkere, ranke den.' Emma dacht aan zijn woorden terwijl ze slokjes nam van de warme, ongezoete thee. Er dreef een schijfje citroen op dat sterk rook naar de kruidnagels die in de schil waren gestoken, en Emma zag zichzelf weer in korte galop over het ruiterpad vol bladeren rijden. De paarden hadden in hetzelfde ritme gelopen, terwijl de ruiters de teugels losjes vasthielden en voelden hoe ze langzamerhand één werden met de snelheid en kracht van de dieren. Emma hoopte dat het Otto niet was opgevallen dat ze zo'n grote neus had en zich nerveus had gevoeld in zijn bijzijn. Maar ze reed goed en hij had op zijn formele, galante wijze geprobeerd haar daarmee te complimenteren. Ook had hij opgebiecht dat hij poëzie las en het doen voorkomen alsof dat een zeer slechte eigenschap van hem was.

'Er kan geen hap meer bij.' Lene zonk comfortabel weg in de kussens van de bank. 'Het was verrukkelijk.'

'Ik ben blij dat ik je van de hongerdood heb kunnen redden,' zei Edu. 'Je hebt kruimels op je jurk gemorst.'

Lene veegde ze weg.

'Fijn, nu liggen ze op mijn Chinese tapijt!'

'Goddank dat u over zo veel goed personeel beschikt, oom Edu.' Lene schonk hem een onbevreesde glimlach. Edu mocht haar omdat ze tegen hem in durfde te gaan. Hij wist dat ze te goed was opgevoed om echt onbeleefd te zijn. Zijn enige angst was dat ze zich zou verlagen tot een bohémienleven. De afkeer die hij daarvan had dateerde nog van zijn ontmoeting met Franz Bleicher, jaren geleden. Overal zag je tegenwoordig bohémiens. Je kon niet over straat gaan zonder groepjes jonge mensen tegen te komen die eruitzagen als zwervers, Italiaanse boeren of Russische anarchisten. Geen kostuum was hun te gek, geen stijl te extravagant. Vaak maakte hij zich zorgen dat Lene met Tom zou trouwen. Thomas was een aardige jongen en op zijn achtergrond was niets aan te merken, maar Edu wantrouwde zijn lome blik en zijn liefde voor boeken. Het leek hem iemand die nooit iets zou bereiken en tot op zijn sterfbed zou blijven geloven dat hij als dichter was geboren, ook al had hij alleen een stuk of vijf middelmatige verzen geschreven.

'Ik heb een verrassing voor jullie,' zei Edu. 'Of eigenlijk zijn het twee verrassingen, één voor mij en één voor jullie. Mijn verrassing is een schilderij dat ik kortgeleden heb gekocht en zo zal laten zien. Ik denk dat het jullie wel zal bevallen. De andere verrassing heb ik nog maar pas bedacht en die zullen jullie vast leuk vinden. Ik wil jullie uitnodigen om begin oktober een week met mij naar Venetië te gaan.' De meisjes slaakten verrukte gilletjes. 'Jullie zullen mijn gasten zijn, net als Julia en Jenny. Zij horen het morgen als ze op de thee komen. Ik zie dat jullie inderdaad enthousiast zijn.'

Ze klapten in hun handen en hadden hem misschien wel omhelsd als ze dat niet kinderachtig hadden gevonden.

'Venetië!' zei Lene. 'Daar zijn we nog nooit geweest.'

'Dat weet ik,' zei Edu. 'Die stad moet je gezien hebben, vooral als je jong en romantisch bent. Ik wil jullie ook nog een keer meenemen op een rondreis door Italië, een Grand Tour, om de mooiste plaatsen te bekijken: Florence, Napels, Pisa, Rome, Sicilië en nog veel meer. Het zou me voldoening geven te weten dat ik jullie de kunstschatten heb laten zien van het land waar, in Goethes woorden, de citroenbomen bloeien. Maar dat plan moet wachten tot er betere tijden aanbreken.'

'Dank u, oom Edu!' Emma was degene die nooit vergat zich dankbaar te betonen.

'Denkt u dat er gauw betere tijden komen?' vroeg Lene.

'De situatie kan nauwelijks slechter worden,' zei Edu. 'De regering zal nu toch echt de waarde van de munt op peil moeten houden. De inflatie is een grote klap voor de middenklasse. Hun spaargeld verdampt en hun pensioen wordt waardeloos... Maar kom, laten we over vrolijker onderwerpen praten. Waarom zouden jullie je mooie hoofdjes moeten breken over zakelijke kwesties? Voor jullie wordt wel gezorgd, wat er ook gebeurt. Daar zal ik op toezien.' De laatste woorden werden zacht, bijna onhoorbaar uitgesproken. De meisjes begrepen het niet helemaal, maar voelden zich gerustgesteld door zijn stellige toon.

'Papa zei vandaag dat hij Eisenstein moet ontslaan,' flapte Lene eruit. Ze negeerde Emma's waarschuwende blik dat ze daar niet over mocht praten.

'Mijn hemel, waarom? Eisenstein werkt al voor hem zolang ik me kan heugen!'

'Hij zegt dat zijn praktijk terugloopt. Er komen steeds minder cliënten.'

'Het lijkt wel of hij gedeprimeerd is,' zei Emma. 'Laten we het er niet over hebben.'

'De gegoede burgers gaan tegenwoordig naar iemand anders,' zei Edu. 'Ze houden van vlot, snel en modern. Ik moet maar eens met hem praten. We kunnen vast wel een paar cliënten voor hem strikken. Maar komen jullie eens mee om naar het schilderij te kijken.' Toen ze op het punt stonden de eetkamer te verlaten, draaide Edu zich glimlachend naar Lene om. 'Weet je zeker dat je genoeg hebt gegeten?'

'Ja, dank u.'

Het nieuwe schilderij hing in de eetkamer boven het dressoir. Het had een heel bijzondere kleur blauw.

'Weten jullie – kunnen jullie raden – wie het heeft geschilderd?'

De twee meisjes schudden hun hoofd.

'Het is van een moderne schilder,' zei Emma.

'Het is erg blauw,' zei Lene.

'Dat is allebei waar,' zei Edu. 'Maar langzamerhand moeten jullie ook de grote moderne kunstenaars kunnen thuisbrengen, niet alleen de oude meesters, die jullie ongetwijfeld wél kennen. Dit schilderij is van Henri Matisse.'

'Ik had het kunnen weten,' zei Emma.

'Volgende keer weet je het,' verzekerde Edu haar.

'Wat stelt het voor?' vroeg Lene. 'Ik herken een pot en bloemen, maar er is vast meer.'

'Alle schilderijen, alle goede schilderijen, gaan over meer dan alleen bloemen, een landschap of de geboorte van Jezus,' zei oom Edu. 'En dat geldt ook voor dit schilderij...'

De zussen hoorden hem zwijgend aan. Als Edu over zijn schilderijen vertelde werd hij een ander mens. Hoewel hij nooit op deze manier over een vrouw zou praten, leek het wel alsof hij de schoonheid van een geliefde ophemelde.

‘Kijk eens hoe ongelofelijk gevarieerd het blauw is, hoe diep en subtiel de penseelvoering. Dat vleugje lavendel daar vormt de kern van het schilderij. En zoals je ziet, heeft Matisse dezelfde kleur gebruikt als onderlaag voor de blauwe pot. Valt jullie dat ook op?’

‘Het is prachtig,’ zei Lene, die eerst een heel andere mening was toegedaan. ‘Als je er eenmaal aan gewend bent.’

‘Ergens in huis rinkelde een bel en Edu keek op zijn horloge. ‘Ik moet jullie wegsturen; het is al over vijven.’ Hij sloeg zijn armen om hun middel en bracht hen door de hal naar de voordeur. Toen ze langs de salon kwamen, zag Lene een vrouw op de bank zitten. Omdat ze haar gezicht had afgewend, was onder een grote zonnehoed alleen haar profiel te zien. Plotseling dook Humboldt op en hij deed zacht de deur van de salon dicht. Ze kusten oom Edu, bedankten hem en slenterden weg door de tuin. De zon stond nog steeds boven de kastanjebomen. De dahlia’s hingen zwaar aan hun stelen, verzadigd van kleur.

‘Ik geloof niet dat ik het schilderij mooi vond,’ zei Emma. ‘Het had iets onnatuurlijks, iets geforceerds, maar blauw is nooit mijn favoriete kleur geweest.’

‘Zag je die vrouw die op bezoek was?’

‘Welke vrouw?’

‘Daarnet op de bank in de salon. Je stond aan de andere kant van oom Edu, dus je kon haar niet zien. Ze zal wel te vroeg zijn gekomen, want oom Edu stemt zijn afspraken altijd goed op elkaar af. Humboldt sloot vlug de deur toen hij mij naar binnen zag gluren.’

‘Wie zou het zijn?’ vroegen ze op hetzelfde moment en met dezelfde intonatie. Ze schoten in de lach en liepen gearmd naar huis, terwijl ze bleven gissen wie die vrouw op Edu’s bank was geweest.

Lene had nauwelijks tijd gehad om te rusten en zich om te kleden of het was al half zeven en Tom stond voor de deur. Ze had de lange satijnen jurk aan die ze het liefst droeg. De vloeiende lijnen maakten haar langer en verhulden bovendien dat haar benen te dik waren bij de enkels. Dat was een familiekwaal. Zelfs de magere Emma had stevige benen. De jurk was goudkleurig als heldere sherry en had een smal ceintuurtje op heuphoogte. Ze droeg er de parelketting bij en had een beetje lippenstift opgedaan. Haar haar was naar achteren geborsteld, zodat haar V-vormige haargrens te zien was.

'Weet je nog dat ik je voor het eerst meenam naar de opera?' vroeg Tom.

'Ja, natuurlijk. We gingen naar *Die Zauberflöte*. Herinner jij je onze eerste wandeling nog in de Taunus?'

'In Saalberg raakte je zo opgewonden van het oude Romeinse fort dat je Romeinse geschiedenis wilde studeren en je voornam om je Latijn op te halen.'

'Daar is weinig van terechtgekomen.'

'Je moet wel een vakidioot zijn om Caesars veldtochten boeiend te vinden.' Tom lachte. 'We halen herinneringen op alsof we een bedaagd echtpaar zijn.'

Ze liepen gearmd door de zomerse avondlucht. Tom droeg een smoking en lakschoenen. Een zijden sjaal hing zwierig over zijn schouder. Ze vormden een knap stel en dat wisten ze. Hun tred was zelfverzekerd en hun liefde voor elkaar kwam gedeeltelijk voort uit die wetenschap. Ze waren zeer ingenomen met hun verschijning, de lange blonde jongeman met de blauwe ogen en het donkerharige meisje met de bruine ogen en het hartvormige gezicht.

'Na afloop gaan we naar café Rumpelmayer om een hapje te eten,' zei Tom. 'Eigenlijk gaan we weinig met andere mensen om. We zijn meestal samen, of zitten bij jullie in de tuin, bij je familie. We wandelen, fietsen, maken dagtochten langs de Main, maar we doen nooit iets met anderen.'

'Ik vind het fijn zo, jij niet?'

'Ik ook, Lene, maar we hoeven ons er niet toe te beperken. Het is goed als we af en toe met anderen omgaan, ook eens andere meningen horen en ideeën uitwisselen over het leven en de kunst. We zijn immers sociale wezens.'

'Sommigen meer dan anderen.'

'Je moet niet zo verlegen zijn.'

'Zo ben ik nu eenmaal.'

'Probeer het te overwinnen...'

'Hoor eens wie dat zegt! Jij bent nog meer aan je eigen gewoontes verknocht dan de leden van het hof van Versailles.'

'Laten we erover ophouden. Ik beloof je dat het een leuke avond wordt. Er komen daar veel theatermensen en journalisten van de

Frankfurter Zeitung, schrijvers, artiesten... je zult het zien.'

Lene greep zijn arm steviger vast en hij drukte haar hand tegen de zwarte mouw van zijn smoking.

Het was nog niet donker en de Palmengarten baadde in het blauwe schemerlicht dat in een stad aan de avond voorafgaat. Rijen Japanse lampionnen waren overal in het park tussen de bomen gespannen. Hun schijnsel was nog te zwak om het op te kunnen nemen tegen het vervagende daglicht, maar hun weerspiegeling danste vrolijk op het water van het meer en de eendenvijver. De orkestleden kwamen een voor een aanlopen om hun instrumenten te stemmen. Kelners schonken champagne voor het elegante publiek dat zich had geschaard rond de tafeltjes op de open veranda van het verenigingsgebouw. De champagne was Duits en van slechte kwaliteit, maar dat kon de betovering van de avond niet wegnemen. Dit was de laatste festiviteit van de zomer.

'Kijk eens!' riep Lene plotseling uit en ze wees naar de bijna purperen lucht boven de bomen. Daar hing de volle maan, wit en rond.

'Dat is geen echte maan, Lene,' zei Tom. 'Het is een decorstuk dat ze voor deze gelegenheid hebben opgehangen.' Bijna geloofde ze hem. Vuurvliegjes dansten langs de rand van het grasveld voor de halfopen muziektent en de lampionnen gaven nu duidelijk licht. De mensen namen hun plaatsen in. De kelners schonken geen champagne meer.

'Daar is ze weer!' riep Lene plotseling.

'Wat is er?' Tom schrok op.

Lene fluisterde in zijn oor: 'Niet meteen kijken, maar gluur straks eens naar de voorste rij. Daar zit oom Edu – natuurlijk – en naast hem... een onbekende vrouw die ik vanmiddag bij hem thuis heb gezien.'

'Wat is daar zo bijzonder aan?'

'Een onbekende, getrouwde vrouw met oom Edu!'

'Hoe weet je dat ze getrouwd is?'

'O, Tom, dat weet ik gewoon! Zo ziet ze eruit. Vrouwen van haar leeftijd en stand zijn bijna altijd getrouwd en ze lijkt me beslist geen oude vrijster.'

'Ben je niet aan haar voorgesteld?'

'Nee, ik heb haar maar een seconde gezien, in de salon.'

'Dan heb je in die ene seconde veel gezien.'

'Ik ben heel opmerkzaam.'

'Als het om oom Edu gaat.'

Op dat moment begon iedereen te klappen, want de dirigent was het podium opgekomen. Het was een man met een grote reputatie. Hij kwam nu regelrecht van de Bayreuther Festspiele.

'Ze zeggen dat hij beter is dan Hermann Scherchen,' zei Tom op gedempte toon.

'Onzin!' siste Lene terug, want alle jonge vrouwen in Frankfurt liepen weg met Hermann Scherchen.

Lene bleef reikhalzend de vrouw naast oom Edu in het oog houden. Het orkest was gereed, de dirigent hief zijn stokje en de bekende klanken van *Eine kleine Nachtmusik* stegen op in de avondlucht. Hoe mooi Lene het stuk ook vond, evenals de daaropvolgende *Frühlingssinfonie* van Schumann, ze kon er moeilijk haar aandacht bij houden omdat ze zo benieuwd was wie Edu gezelschap hield. Vastbesloten om het tweetal in de pauze op te zoeken, stond ze op zodra de dirigent zijn laatste buiging voor het applaudisserende publiek had gemaakt en baande zich een weg naar voren. Tom volgde haar op de voet. Edu stond midden in een groep toonaangevende Frankfurters, onder wie de burgemeester en de componist Paul Hindemith, wiens nieuwe stuk aan het slot van de avond zou worden gespeeld. Ondanks haar vastberadenheid kostte het Lene moeite om door de menigte heen te breken. Er is ellebogenwerk voor nodig om tot de betere kringen te worden toegelaten. Lene ontdekte toen – en dat zou haar altijd bijblijven – het verschil tussen wie bekend is en wie niet. Dat had deze keer niets te maken met de traditionele machtsattributen – het was immers de tijd van de Weimarrepubliek – maar ook in deze kring wemelde het van de kruiperige hovelingen en grijnzende hielenlikkers, en werd Lene genegeerd. Hoewel ze aantrekkelijk en goedgekleed was en in gezelschap van een knappe jongeman verkeerde, schonk niemand enige aandacht aan haar.

Uiteindelijk wist ze de blik van haar oom te vangen. Hij kwam naar haar toe, kuste haar en zei dat ze er charmant uitzag. Tom gaf hij koeltjes een hand. Edu had doorgaans weinig belangstelling voor de jongemannen die zijn nichtjes in het openbaar vergezelden. Hij had echter wel gezien dat Lene de vrouw in zijn gezelschap nieuwsgierig opnam, dus nam hij haar vriendelijk bij de hand om haar voor te stellen. 'Dit is Lady Samuel, een kennis van mij uit Engeland die op bezoek is in Frankfurt.'

Lene gaf de Engelse een hand en het ontging Edu niet dat de twee vrouwen elkaar grondig keurden. Op zulke momenten kon Lene plotseling een gereserveerde vrouwelijkheid aan de dag leggen. Ze vond Lady Samuel van een aristocratische schoonheid. Met een zweem van serene rust glimlachte de Engelse welwillend naar Lene. Het was duidelijk dat ze nauwelijks Duits sprak, maar graag iets aardigs had gezegd als ze daarvoor de woorden had kunnen vinden. Lene was meteen weg van haar. Ze voelde de spontane sympathie van een jonge vrouw voor de vermoedelijke geliefde van een van haar oudere familieleden. Lady Samuel leek de lichte *Schwärmerei* bij Lene te herkennen en zei iets wat klonk als 'hopelijk zien we elkaar weer'. Daarna wendde ze zich tot Edu om in het Engels voor te stellen dat ze naar hun plaats zouden teruggaan. Tom en Lene kwamen even later Elias en Bettina Süsskind tegen. Bettina was, zoals meestal, verstrooid of deed alsof ze verstrooid was. Ze bedacht vaak grappige, satirische rijmpjes, meestal naar aanleiding van evenementen, en sommige waren onder pseudoniem in de *Frankfurter Zeitung* gepubliceerd. Ze had een scherp verstand, maar was niet het type waarvoor een jonge vrouw als Lene adoratie kon voelen.

Het slotstuk van Hindemith werd met beleefd applaus ontvangen. Helaas had Lene na de pauze te veel om over na te denken, zodat ze de muziek nauwelijks hoorde.

Tom en Lene namen de tram naar café Rumpelmayer. De rijken zochten tegenwoordig hun vertier graag in de kroegen van de achterbuurten. Lene bleef vlak achter Tom lopen toen ze het drukke, lawaaierige café binnengingen. Ze was moe en wist zeker dat er geen enkele boeiende uitspraak over haar lippen zou komen.

Tom vond een tafel waaraan nog net genoeg plaats was voor hen beiden. Hij kende verscheidene aanwezigen en stelde hen voor, maar hun namen gingen net als het stuk van Hindemith Lenes ene oor in en het andere uit. De enige die haar aandacht trok was een tengere maar onooglijke man die voortdurend aantekeningen maakte in een blauw schrift en nauwelijks opkeek toen hij werd voorgesteld. Hij had dunnend haar, zijn onaantrekkelijke gezicht was fijnbesneden, bijna teer, en hij had de droevigste ogen die Lene ooit had gezien. Voor hem stond een asbak vol sigarettenpeuken, en daarnaast een glas met een smerig uitziend drankje dat brandewijn bleek te zijn en waar hij steeds een slok uit nam. Ineens schoten haar de woorden te binnen die Emma eens naar haar hoofd had geslingerd: 'zo'n zonderlinge Jood'. Tot op dat moment had Lene nooit precies geweten wat haar zus bedoelde, maar hier was dus zo'n zonderling. Hij heette Paul Leopold.

Er waren ook een schilder met leeuwenmanen, die onder de verfspatten zat alsof hij wilde laten zien wat zijn beroep was, een dichteres met een kort mannenkapsel die over zichzelf in de derde persoon sprak als Lulu, twee acteurs van de *Kammerspiele* en een man die zei dat hij toneelstukken schreef. Paul Leopold was journalist bij de *Frankfurter Zeitung*.

Tom bestelde een fles wijn en 'iets lichts' erbij zonder aan Lene te vragen wat ze wilde eten. Het was zo rumoerig dat je alleen de mensen naast je kon verstaan. Lene zat tussen de kunstenaar met de leeuwenmanen en Paul Leopold in. De kelner was nog niet weg of ze werden benaderd door een baardige figuur in korte broek. Hij zeulde een groene vlag over zijn schouder en probeerde hun een met de hand gedrukt tijdschrift te verkopen dat *Die Liebe* heette. De meeste mensen aan hun tafel stuurden hem met spottende opmerkingen weg, maar Paul Leopold haalde wat kleingeld uit zijn zak en kocht een exemplaar, waarna hij doorging met zijn dwangmatige schrijfwerk. 'Hij is een onschuldige dwaas,' mompelde hij, 'maar jullie zijn een stelletje laaghartige broddelaars.'

'Wie is die man?' vroeg Lene.

'Karlchen Wassmann,' antwoordde de journalist, alsof dat alles verklaarde.

'En wie is Karlchen Wassmann?' drong Lene aan.

'Een goed mens. Iemand die zijn eigen droom najaagt, geen vlieg kwaad doet, groenten eet en de liefde verkondigt. Ik zou eigenlijk eens een stuk over hem moeten schrijven. Hoe heette jij ook alweer?'

'Lene Wertheim.'

'Ben je hier alleen?'

'Nee, met Thomas daar...' Lene wees naar Tom, die druk in gesprek was met Lulu.

'Jullie zijn gekleed voor een betere gelegenheid,' zei Paul Leopold.

'We zijn naar een concert in de Palmengarten geweest,' verklaarde Lene, maar hij was alweer bezig met zijn aantekeningen.

'Hij werkt aan het belangrijkste filosofische boek van deze tijd,' vertelde de schilder.

'Onzin,' zei Paul Leopold.

'Wat schrijf je dan?' vroeg Lene.

'De belangrijkste roman van deze tijd.'

'Je vriend Tom lijkt op zo'n zwart-witte vogel op de Zuidpool,' zei de schilder. 'Hoe heten ze ook alweer?'

'Pinguïns,' zei Lene.

'Dandy's,' zei Paul Leopold, en de schilder liet een kakelend lachje horen. Lene dronk van haar wijn en probeerde een interessant onderwerp te bedenken waarover ze een gesprek kon aanknopen. De schilder, die al behoorlijk aangeschoten was, keek haar met onbeschaamde wellust aan. Paul Leopold sloeg een bladzijde om, schrapte een woord en vloog daarna weer met zijn pen over het papier. Een kelner bracht Lene een portie waterige, smakeloze kippenragout. Lene probeerde zich aan het eten te wijden, want niemand wilde met haar praten. De schilder had zich afgewend en voerde een geanimeerd gesprek met de toneelschrijver. Af en toe ving Lene een of twee woorden op – agitprop, stilering, Nieuwe Zakelijkheid – maar ze raakte de draad kwijt door het rumoer en de verdoving die haar na het tweede glas wijn beving. Iemand, ze wist niet wie, bleef bijschenken. Tom keek naar haar. Ze zag zijn lippen woorden vormen die ongetwijfeld lief en bezorgd waren bedoeld, maar ze voelde zich steeds meer in een isolement. Paul Leopold was weer aan een nieuw glas brandewijn begonnen.

'Heb je een sigaret voor me?' vroeg Lene en hij gaf haar een sigaret zonder op te kijken. Ze besefte dat ze in haar aangeschoten toestand niet zou moeten roken, maar er hing zo'n dikke walm boven de tafel dat ze dacht die te kunnen neutraliseren, zoals boswachters soms vuurtjes stoken om een felle bosbrand een halt toe te roepen. Bij het eerste trekje dat ze inhaleerde werd ze overvallen door misselijkheid en duizeligheid.

Op dat moment sloeg Paul Leopold zijn schrift dicht en verkondigde met luider stem dat hij voor vanavond genoeg had gedaan. Hij riep de kelner, bestelde een zwarte koffie met nog een brandewijn om die 'weg te spoelen' en nam meteen de leiding van het gesprek. Lene stond versteld van zijn metamorfose. Hij was een boeiend verteller. Van een klein voorval dat hij had meegemaakt, zoals de scheldpartij van een dronkenman op een deftige dame die haar hondje uitliet, kon hij een prachtig, fantasierijk verhaal maken, met dimensies die niet alleen Frankfurt, maar ook het hele land, de hele wereld en een enkele keer zelfs God in de hemel omspanden.

Zijn zonderlinge Joodse gezicht en gestalte hadden plotseling plaatsgemaakt voor die van een wijze, een profeet en een hofnar. Paul Leopold was verdwenen in zijn eigen spannende verzinsels. Zijn hand lag op Lenes arm en ze zag tot haar verbazing dat die breed en vlak was, met slanke vingers. De hand van een ambachtsman, niet van een talmoedist. Ze zat nog steeds aan de wijn en terwijl ze gefascineerd naar het verhaal van de journalist luisterde leek haar hoofd helder, maar zodra hij ophield met praten voelde ze zich hondsberoerd. Ze was blij dat ze hem hoorde zeggen: 'We hebben je te veel laten drinken, en morgenochtend, of vannacht al, zul je slecht over ons denken. Ik hoop dat je het ons kleine gezelschap niet kwalijk neemt en dat je een andere keer terugkomt, als je hebt geleerd matig met wijn te zijn. Dan trekt er misschien geen waas meer voor je mooie ogen tijdens onze interessante gesprekken. Breng de jongedame naar huis!' Dit laatste riep hij over tafel naar Tom, die tot zijn schrik besefte dat de journalist gelijk had. Hij stond meteen op en keek schuldbewust naar Lene, die probeerde kaarsrecht te blijven zitten.

'Laat maar wat geld achter voor de rekening,' zei Paul Leopold.

'Kom straks terug!' riep Lulu. 'We zijn hier tot de ochtend. Paul kan niet slapen voordat de zon opkomt.'

Lene kwam overeind en knikte naar iedereen. Ze had nog steeds een verstarde glimlach op haar gezicht. Bij binnenkomst had ze hoofden haar kant op zien draaien en gedacht een onuitwisbare indruk te kunnen maken met een paar schijnbaar eenvoudige gebaren, zoals de manier waarop ze het haar uit haar gezicht had gestreken. Nu waren aller ogen ook op haar gevestigd, maar voelde ze zich vernederd. Haar vertrek was lang zo glorieus niet als haar entree was geweest.

Op weg naar huis durfde ze geen woord te zeggen. Tom had in de buurt een rijtuig aangehouden en ze reden zwijgend door de zomernacht. Lene probeerde wanhopig de zure wijn en het smerige eten binnen te houden. Het leek een eeuwigheid te duren voordat ze bij de Guiollettstrasse waren. Ze sloot haar ogen en deed ze pas open toen ze Tom hoorde zeggen: 'We zijn er.'

Voor de deur wilde hij haar kussen, maar ze wendde zich af. Het rijtuig bleef op hem wachten.

'Ga je terug naar het café?' vroeg ze.

'Ik denk het wel,' antwoordde hij enigszins beschaamd.

'Lulu zou je het liefst op willen eten,' zei Lene met dubbele tong.

'Dan zit ik in haar buik als Jona in de walvis, tot ze me weer uitkotst.'

'Het woord "uitkotsen" wil ik niet horen,' zei Lene.

'Ik hou van je,' zei Tom. 'Dat is het enige wat telt.'

'Volgende keer ben ik een tijger. Dan sluip ik met fonkelende ogen stilletjes door het café en jaag ze allemaal de stuipen op het lijf.'

'Ga slapen, Lene.'

'Of misschien ben ik gewoon een gestreepte rode kat...'

'Welterusten, Lene, slaap lekker.'

Lene trok de deur zo zacht mogelijk achter zich dicht. Het was een zware deur, die steunde en kraakte en waarvan de sloten rammelden. Ze liep op haar tenen de trap op en zag dat de kamerdeur van haar moeder dicht was. Daarachter klonken stemmen, al even gedempt als het licht dat door de kier onder de deur viel. Zo veel rumoer was ongebruikelijk op dit late tijdstip. Haar nieuwsgierigheid won het bijna van haar misselijkheid. Ze bleef een ogenblik stilstaan op de bovenste traptrede en probeerde de gespannen stemmen achter de gesloten deur te volgen, maar toen de misselijkheid weer in golven kwam opzetten, besefte ze dat ze maar net genoeg energie had om haar kamer te bereiken en zich in het donker op bed te laten vallen. De dienstbode had het al opengeslagen en haar nachtjapon neergelegd, maar Lene viel geheel gekleed dwars over de witte lakens in een toestand van verdoving die op slaap leek. Een uur later werd ze wakker doordat haar maag van streek was. Ze haalde de wasbak precies op tijd.

Andreas had vorig jaar aan het begin van het herfstsemester niet ver van de universiteit een klein appartement gehuurd. Hij wilde zijn familie op enige afstand houden om zijn eigen leven te kunnen leiden, zonder zich steeds te moeten verantwoorden of verontschuldigen. Algauw had hij echter ingezien dat de paar straten die de Guiollettstrasse en de Sophienstrasse van elkaar scheidden lang niet genoeg waren om aan de hechte familiebanden te ontkomen. De benauwende belangstelling van de Wertheims voor elkaar hield niet op bij de drempel van hun huis, maar zou hem ongetwijfeld achtervolgen, zelfs al verhuisde hij naar een andere stad. Mama zat elke dag uren aan de telefoon. Ze sprak met Eva – alleen om later over haar zus te klagen tegen iedereen die dat wilde horen – en met Pauline. Ze belde dagelijks haar schoonmoeder, die het oude huis had verkocht vlak voordat de inflatie in volle hevigheid toesloeg en nu bij Edu inwoonde op een lichte, frisse etage. Eens per week had ze een gesprek met haar broer Jonah in Wiesbaden. Hij was met een niet-Joodse vrouw getrouwd en had zijn werk in het ziekenhuis opgegeven voor een lucratieve particuliere praktijk. Ze sprak Elias of Bettina minstens om de andere dag. En ze kon er niet onderuit om Edu te spreken, want hij wilde altijd weten wat de 'kinderen' deden. Andreas vond het ondraaglijk en verstikkend, maar het was niet eenvoudig om eraan te ontsnappen.

Hij had een niet erg gelukkige relatie gekregen met een jonge arbeider die bij een kolenbedrijf werkte. De wellust, onschuld en trots waarmee de jongeman zijn lichaam aanbood vond Andreas onweerstaanbaar. Het liet Heiner onverschillig wie hem met liefde omringde, liefkoosde en verwende. Hij hield er ook nog een hele ris meisjes op na. Andreas had geen idee hoe zijn vriend in de ondergrondse wereld van de homoseksuelen was beland. Daarover had Heiner hem veel verschillende verhalen verteld, maar geen enkel klonk geloofwaardig. Hij had er een handje van om de merkwaardigste leugens op te dissen, die tot het bittere eind te verdedigen en te gaan mokken als hij werd geconfronteerd met het bewijs dat hij pertinente onwaarheden had verteld. Het had een tijd geduurd voordat Andreas aan zijn leugens gewend was geraakt. In het begin had hij zich erover opgewonden, maar later had hij begrepen dat ook Heiners verzinsels onschuldig waren. Hij loog omdat de waarheid zo gewoontjes was, even saai als de arbeidersbuitenwijk waar hij was opgegroeid. Heiner kwam uit een gezin van negen kinderen, een jongen die niets voorstelde en geen aanzien had. Hij loog om zich te kunnen meten met de 'heren' die hem oppikten, hem trakteerden op een goede maaltijd en drank, en presentjes voor hem kochten.

'Man, kijk toch eens,' had hij gezegd toen hij Andreas voor het eerst naakt zag, 'wat een klein jodenpikkie.' Het was niet als belediging bedoeld, gewoon een opmerking in zijn onnavolgbare Frankfurtse dialect, waarna hij weer over iets anders begon. Hij was even oud als Andreas en daardoor leek hij eerder een vriend dan een prostitué, maar het wakkerde wel de machtsstrijd tussen hen aan. Andreas, die was opgegroeid in de beschutte kamers en tuinen van het Westend, had nooit een jongen uit de arbeidersklasse gekend voordat hij verliefd werd op Heiner.

Hij zette zijn studie in de muziek voort, maar merkte dat de affaire steeds meer van zijn tijd in beslag ging nemen. Als hij alleen was, kostte het hem veel moeite zich los te scheuren uit zijn dagdromen over Heiner of de monologen die hij tegen zijn afwezige geliefde afstak. Als hun laatste ontmoeting teleurstellend was verlopen, keerden zijn gedachten telkens terug naar de verwijten die hij Heiner zou maken over zijn wreedheid en gebrek aan tact. In de tijd dat hij de oneerlijkheid en ontrouw van zijn geliefde analyseerde, ging de middag over in de avond, of de nacht in de ochtend, en bleef zijn boek op dezelfde bladzijde openliggen.

Als hij met Heiner samen was, bracht hij deze thema's nooit ter sprake, want hij wilde ontzettend graag net zo vrij en onbekommerd zijn als zijn vriend. Bij de dag leven. 's Zomers in de rivier zwemmen en 's winters van een steile, gevaarlijke helling sleeën, zonder dat iemand zou vragen: 'Waar ben je geweest?' Zelf vroeg hij om de haverklap: 'Waar ben je geweest?' en was razend als Heiner loog of zei dat hij zich met zijn eigen zaken moest bemoeien.

Heiner wist dat hij Andreas ongelukkig maakte, hem kwelde en bedroog. Hij wist dat Andreas het volste recht had om boos op hem te zijn, maar hij kon het kinderachtige mokken en het meisjesachtige zuchten van zijn vriend niet uitstaan. Andreas zette hem ermee voor schut bij zijn vrienden en Heiner gaf veel om zijn vrienden. Hij was een gezelligheidsmens. Hij vond het vreselijk als Andreas hem voor zichzelf wilde houden en reageerde woedend als hij op uiterst vriendelijke manier werd terechtgewezen met argumenten waar Andreas dagenlang op had gebroed. Het was Heiners ouders in al die eenentwintig jaar nooit gelukt hem een schuldgevoel te bezorgen. Waarom zou Andreas daar dan wel in slagen?

Ze hadden vannacht gedronken in een café waar veel verlopen bohémiens van Frankfurt rondhingen. Er waren een paar homoseksuele bezoekers, maar het was niet uitsluitend een *schwule* bar. Andreas, die geen gebruik had gemaakt van zijn toegangskaart voor het concert in de Palmengarten en achterliep met zijn werk voor de zomercursus, was prikkelbaar en ontevreden. Op deze doordeweekse avond was het rustig in het café en het bier was weer een paar duizend mark duurder geworden.

'Eigenlijk moet ik naar huis om te werken,' mompelde Andreas, niet voor het eerst.

'Ga dan,' zei Heiner. 'Hou je kop en vertrek.'

Hij nam zijn glas bier mee naar een ander tafeltje, waar een meisje met Slavische trekken achter een leeg glas in een filmtijdschrift zat te bladeren. Andreas bleef alleen achter, terwijl Heiner met het meisje een gesprek over Charlie Chaplin en Anny Ondra aanknoopte en een drankje voor haar bestelde, dat hij door de barkeeper op rekening van Andreas liet zetten. Het meisje was weinig spraakzaam en bleef met kille, uitdrukkingsloze ogen nerveus naar Andreas kijken. Hoewel ze toestond dat Heiner een arm om haar heen sloeg, liet haar blik Andreas geen moment los. Hij was intussen opgestaan en zocht in zijn zakken naar voldoende biljetten om de rekening te kunnen betalen.

'Ga naar hem toe,' zei het meisje zo luid tegen Heiner dat Andreas het kon verstaan. 'Ga naar je vriend voordat hij begint te huilen.'

'Hij mag zijn hele leven huilen,' zei Heiner. 'Voor mijn part drijft hij op zijn tranen over de Main en de Rijn naar zee. Ik ben zijn nukken zat.'

Andreas wilde niet in zijn eentje vertrekken, maar ook niet blijven. Hij wilde Heiner meenemen naar zijn kamer en voor zichzelf hebben, niet alleen om hem aan te raken, uit te kleden en de liefde met hem te bedrijven, maar ook om zijn invloed aan te wenden en op hem in te praten tot hij zou ophouden met dat branieachtige gedrag. Als ze samen waren, waren ze meer elkaars gelijken. Dan waren Heiners verhalen minder aangedikt en begonnen ze naar de waarheid te neigen.

Hij liep naar de uitgang, met zijn gedachten bij Heiner en het meisje. Doordat hij niet goed uitkeek – of doordat de man met opzet zijn voet had uitgestoken – struikelde hij over het been van een bezoeker die onderuitgezakt op een stoel bij de deur zat. Hij viel op de grond, zijn bril schoof weg onder een tafeltje en het geld in zijn hand vloog alle kanten op. Het gebeurde zo onverwacht dat hij geen tijd had zijn val te breken. Hij kwam hard, onhandig en pijnlijk terecht. De mensen in het café lachten en Heiner, die nog met zijn arm om het meisje heen aan het tafeltje in de hoek zat, lachte het hardst van allemaal.

Andreas tastte onder de tafeltjes naar zijn bril en zijn geld terwijl het gelach om hem heen aanzwol. Plotseling werd hij woedend. Zodra hij zijn bril had gevonden, stond hij op en vloog Heiner aan. Hij kiepte hem van zijn stoel en ze rolden in een vechtende kluwen over de vloer, slaand, klauwend, bijtend en stompend waar ze elkaar maar konden raken. Andreas was echter niet opgewassen tegen de jonge arbeider. Als de barkeeper hen niet uit elkaar had gehaald en allebei op straat had gesmeten, was het voor Andreas slecht afgelopen.

'Basta,' zei Heiner, zodra hij op adem was gekomen. 'Je kunt m'n rug op. Ik heb er genoeg van. Zoek maar een andere speelmakker.'

Andreas was zo verstandig niet om vergeving te smeken, al had hij dat het liefst wel gedaan. Hij wilde Heiner niet kwijt. Meer dan ooit verlangde hij ernaar om met zijn vriend samen te zijn, naakt indiaantje te spelen, te worstelen en te doen alsof ze grote fysieke prestaties leverden. Maar Heiner streek zijn jasje glad, trok zijn schouders naar achteren, zette zijn pet stevig op zijn hoofd en slenterde weg. Hij draaide zich nog eenmaal om, maakte een obsceen gebaar, dat Andreas als uitnodiging opvatte, en liep in de richting van de spoortunnel en zijn huis.

'Laten we morgen na het werk afspreken,' riep Andreas hem na. 'Je krijgt iets van me.'

'Wat?'

'Wat je maar wilt.'

'Ik dacht dat je al iets in je hoofd had.' Heiner, die onder een straatlantaarn was blijven staan, met zijn borst naar voren zodat Andreas kon zien hoe strak het hemd eromheen spande, maakte aanstalten om verder te lopen. Andreas ging in gedachten snel zijn bezittingen na.

'Mijn ring!' riep hij. 'Je krijgt mijn ring!'

'Wat voor ring?'

'Een gouden ring met een kostbare steen.'

'Een diamant?'

'Nee, geen diamant. Ik weet niet wat voor steen, maar hij is groen.'

'Van wie is die ring?'

'Ik zeg toch dat hij van mij is.'

'Straks beweer je nog dat ik hem heb gestolen.'

'Dat doe ik niet.'

'Je moet zwart op wit zetten dat je hem aan mij hebt gegeven.'

'Dat is goed. Kom om vijf uur naar de Bockenheimer Warte.'

'Ik zal wel zien.'

Heiner verdween in het donker van de spoortunnel. Andreas hoorde zijn voetstappen nog een tijdje weerklinken. Toen was het stil.

Hij liep rechtstreeks naar huis om de ring te halen. De grote zwelling op zijn wang prikte en zijn ribben deden pijn. Hinkend door de maanverlichte straten, weg van de plaats van het ongelukkige treffen, voelde hij opeens een vaag maar aanhoudend onbehagen – pijn kon je het nauwelijks noemen – en de zekerheid, die tastbaarder was dan het onbehagen, dat hij door de kille hand van de dood was aangeraakt. Zijn knieën begaven het bijna van angst. Hij ging op de dichtstbijzijnde bordestrap zitten, maar schrok op toen hij voetstappen hoorde naderen en liep zo snel mogelijk naar zijn ouderlijk huis, verbaasd dat zijn benen hem konden dragen. Toen hij daar aankwam, rustte hij een tijdje uit bij het tuinhek dat toegang gaf tot de keukendeur. Hij wist zeker dat zijn ouders zouden slapen of uit zouden zijn, maar hun ruzie over de eetafspraak was ermee geëindigd dat ze hadden besloten thuis hun wonden te likken. Caroline had uiteindelijk toegegeven en nadat ze zich bij Frau Doktor had geëxcuseerd, had ze zich in haar kamer opgesloten met de mededeling dat ze last van hartkloppingen had. Ze had een paar valeriaandruppels genomen om tot rust te komen, maar kon de slaap niet vatten.

Nathan had zich als reactie op Carolines opwinding in zijn studeerkamer teruggetrokken om *Verval en ondergang van het Romeinse Rijk* te lezen. Dat boek had hij ter hand genomen omdat hij het oneens was met de heersende populariteit van Oswald Spengler en zijn boek *De ondergang van het Avondland*, dat hij het werk van een dilettant vond. Nathan putte veel genoegen uit Gibbons neiging om partij voor de Romeinen te kiezen tegenover het opkomende christendom. Vaak dacht hij met weemoed aan de hoop waarmee de Verlichting gepaard was gegaan en zou hij willen dat hij toen had geleefd, zelfs als het inhield dat hij dan in de Judengasse had moeten wonen. Misschien was hij wel bevriend geraakt met Börne. De laatste tijd had hij alleen nog plezier in lezen en muziek, activiteiten waarin hij kon opgaan om het pijnlijke heden te vergeten. Ooit was de wet een toevluchtsoord voor hem geweest, maar daarvan had hij genoeg gekregen. De wet was te vaak misbruikt. Dat gaf hem het gevoel dat die in de handen van gewetenloze beoefenaars of van een totalitair bewind een middel tot monsterlijk onrecht kon worden, beroofd van alle morele doeleinden. Hij was aan een artikel over dat onderwerp begonnen, maar dat vorderde langzaam en moeizaam, en met zijn gebruikelijke pessimisme betwijfelde hij of het ooit af zou komen.

Andreas was van plan geweest om geluidloos naar binnen te sluipen, de ring op te halen die hij van grootvader Wertheim had gekregen, zijn handen en gezicht te wassen, een schoon overhemd aan te trekken en ongemerkt weg te gaan. Hij wist dat Fräulein Gründlich op vakantie was. Voor een ontmoeting met Emma was hij niet bang, want hij vertrouwde haar en beschouwde haar als bondgenoot, en Lene was uit met Thomas von Brenda-Badolet.

Zodra hij zichzelf binnenliet, besefte hij echter dat zijn ouders thuis waren. Een minuut later hoorde hij zijn moeder angstig van boven roepen: 'Wie is daar? Wie is er net binnengekomen?'

'Ik ben het, mama,' antwoordde Andreas. Hij was halverwege de trap en zag dat de deur van haar kamer half openstond. 'Ik kom iets ophalen.'

'Op dit late uur?' vroeg ze. 'Kom binnen, dan kunnen we praten.

Wat is er aan de hand?'

Andreas kon haar door de deuropening zien. Ze lag in nachtkleding op haar chaise longue en zag hem niet.

'Ik kom zo, mama,' zei hij. 'Maar laat ik me eerst even opfrissen.'

Hij wilde koud water over zijn toegetakelde gezicht spoelen, zijn haar kammen en kijken of de rest haar kritische blikken zou kunnen doorstaan.

'Wat doe jíj hier?' vroeg Emma zo ontsteld dat Andreas onwillekeurig een kreet slaakte. 'Je hebt vast een slecht geweten, dat ik je aan het schrikken maak.' Ze keek hem oplettend aan. 'Je hebt gevochten! O, Andreas!'

'Ik heb niet gevochten.'

'Wie heeft je dan te pakken genomen?'

'Niemand, ik ben gevallen in een café.'

Emma trok een gezicht alsof ze hem niet geloofde.

'Ik moet naar mama,' zei hij, 'en eerst moet ik mezelf opknappen. Laten we een keer samen eten.'

'Wanneer? Ik heb je veel te vertellen.'

'Binnenkort.'

'Volgende week?'

'Dan moet ik een werkstuk inleveren, maar de week daarna. Dat beloof ik.'

Andreas gaf haar vlug een kus, fatsoeneerde koortsachtig zijn gezicht en kleding en ging in allerijl door zijn ladekast om de ring te zoeken. Hij vond hem in een groen leren doosje, dat hij diep in zijn zak wegstak. Omdat hij hevig transpireerde, sprenkelde hij wat eau de cologne over zijn nek en haalde nog een kam door zijn haar. Daarna ging hij naar zijn moeders kamer en trok de deur achter zich dicht. Het eerste wat ze zag was de bloeduitstorting in zijn gezicht.

'Mijn god!' riep ze uit. 'Hoe kom je daaraan?'

'Ik ben gestruikeld en gevallen.'

'Zo ziet het er anders niet uit. Je hebt gevochten!'

'Een beetje, met een vriend.'

'Als dat het werk van een vriend is, hoop ik dat je geen vijanden hebt.'

Andreas voelde zich klein worden. Hij werd altijd verrast door haar moederlijk inzicht. Hoewel Caroline vaak met haar gedachten elders was, had ze een grote opmerkingsgave. Soms drong ze rechtstreeks door tot een geheim dat de kinderen voor haar verborgen wilden houden.

'Ga even zitten,' zei ze. 'Je hoeft toch zeker niet meteen weg?'

'Ik moet een scriptie inleveren en weer aan het werk. Volgend weekend kom ik eten. Ik zweer het, maar zet me niet onder druk, mama. Daar kan ik niet tegen.'

'Je ziet er niet uit als iemand die aan een scriptie werkt. Als je tijd hebt om op de vuist te gaan met je vrienden, komt er van studeren weinig terecht. Haal je je examen in januari wel?'

'Stel dat ik het niet haal, wat dan?'

'Je weet het antwoord net zo goed als ik. Dan krijg je geen titel en moet je weer bij ons komen wonen. Je vader zal ongetwijfeld je toelage intrekken. Oom Edu...'

'Ik haal het wel, mama.'

Caroline keek naar hem, zoals hij daar in de stoel hing: mager, bleek en knap, een jongeman die snel blauwe plekken kreeg. Zijn haar zat op een onnatuurlijke manier tegen zijn hoofd geplakt. Hij hield zijn rechterhand in zijn zak en rook naar de straat.

'Dit zijn slechte tijden,' begon Caroline. Om haar zoon hing een vleugje van de goot. Al haar kinderen baarden haar zorgen. 'Zeg eens, Andreas,' zei ze, met haar handen zedig in elkaar geslagen op haar schoot, 'is het waar... wat er over je wordt gezegd?'

'Wat wordt er over me gezegd, mama?'

'Dat je... de voorkeur aan mannen geeft.'

'Ja, dat is waar, mama.'

Caroline keek hem heel even recht in de ogen om te zien of ze daarin iets kon ontdekken wat ze niet eerder had gezien. Andreas beantwoordde haar blik standvastig, zonder zijn gebruikelijke masker en zonder ironie. In zijn ogen blonken tranen. Ze zag nu dat zijn lippen opgezet waren, zijn wangen vol schrammen zaten en dat de zwelling paars werd.

'Zo kom je dus aan je verwondingen,' zei Caroline met zachte, hese stem. Ze schraapte haar keel. 'Ze hebben je oom Gottfried om minder naar Amerika gestuurd.'

'Voor mijn part sturen "ze" mij ook naar Amerika! Het kan me niet schelen. Hoe verder weg, hoe beter!'

'Voorzichtig, Andreas, wees alsjeblieft voorzichtig.'

Caroline was opgestaan en had zich naar het raam afgewend. Ze wilde haar gezicht voor Andreas verbergen en zich afschermen tegen nog meer onthullingen. Maar hij kwam naar haar toe en ze omhelsden elkaar. Toen ze hem zo stevig vasthield, besefte Caroline dat ze al tijden, ze wist niet hoelang, niemand meer in haar armen had gehouden: noch haar kinderen, noch haar man, haar zus of haar broers. De tranen stroomden over haar wangen. Opeens verlangde ze naar jonge kinderen om zich heen, naar kleinkinderen.

'Als je iets nodig hebt, vraag het me dan,' fluisterde ze in zijn oor. 'Wat het ook is, je krijgt het. Laat je niet... chanteren.'

Andreas kuste haar hand. De ring woog als een steen in zijn zak. Hij ging naar zijn kamer en gooide het lege groene leren doosje terug in de la. Toen hij naar zijn appartement ging, wist hij niet zeker of hij opluchting voelde of alleen de leegte die achterblijft als de dood zijn hand tijdelijk heeft teruggetrokken.

Diezelfde avond rinkelde bij Nathan heel laat de telefoon. Hij was ingedommeld met Gibbon op schoot en zijn hand als bladwijzer op de pagina. Aan de andere kant van de lijn klonk Edu's stem koel en kordaat. 'Het spijt me als ik je wakker heb gebeld, maar ik wilde je alleen spreken. Ik ben net thuis van het concert en een feest. Dit leek me een uitgelezen moment om je te telefoneren.'

'Ik zat nog te lezen,' zei Nathan.

'Het is mij ter ore gekomen dat je Eisenstein wilt ontslaan.'

'Ik heb te weinig werk voor hem, Edu. Mijn praktijk... dat weet je... misschien kan jij hem wel gebruiken.'

'Ik ben geen liefdadigheidsinstelling, Nathan, en de firma is geen bejaardenhuis voor gepensioneerde sukkels. Jij houdt Eisenstein aan en ik verhoog de dividenduitkering die je maandelijks van de firma ontvangt met vijftig procent. We hebben wat meevallers gehad. Voor wie kan lenen, zoals wij, is de inflatie geen ramp. Je leent goede marken en betaalt slechte terug. De zaken gaan voorspoedig. De handel met Amerika trekt aan en nu ik compagnon in de bank ben... ach, laat ook maar.'

‘Dank je, Edu, heel veel dank.’ Nathan had vaag de indruk dat hij droomde.

‘Geen dank. Vader heeft de wens uitgesproken dat al zijn zoons zouden delen in de winst van Wertheim en Zonen.’

‘Ik zal Eisenstein aanhouden tot hij oud genoeg is om met pensioen te gaan. Dat zal ongeveer over een jaar of zeven...’

‘Nathan, luister! Eisenstein laat me koud, maar het is belangrijk dat je kinderen goed verzorgd zijn. Begrijp je dat? Financieel gaat het misschien wel goed, maar de politieke situatie wordt voor ons steeds nijpender. Ik vrees dat de moord op Rathenau nog maar het begin is geweest...’

‘Ik werk aan een verhandeling over wet en moraal, die ik je graag wil laten lezen als ze af is.’

‘Succes ermee,’ zei Edu droog. ‘Nog een goede avond.’ En hij hing op.

Op een maandag halverwege augustus kreeg Hannchen onverwacht een brief van Gerald F. Worth uit New York. Terwijl ze de enveloppe met voorbedrukte naam en een adres aan Park Avenue bestudeerde, vroeg ze zich terloops en enigszins bezorgd af of het een bedelbrief van een onbekende zou zijn, of slecht nieuws uit een andere hoek. Pas bij de aanhef schoot haar te binnen wie Gerald F. Worth was. Onder het lezen viel het haar op dat hij een moeilijk leesbaar schuinschrift had gekregen en zijn taalgebruik formeel was geworden.

Lieve moeder,

Er is al twintig jaar verstreken sinds ik uit Frankfurt naar Amerika ben vertrokken. Op mijn brieven aan Edu heb ik nooit antwoord ontvangen, maar ik laat me door zijn onverzoenlijke houding niet langer beletten u te schrijven. Het is niet zo dat ik het slecht voor elkaar heb, integendeel. Ik ben zelfs een ‘doorslaand succes’, zoals ze dat hier in Amerika noemen. Ik ben lid van de beurs, zit in de directie van enkele private banken en ben mede-eigenaar van een cosmeticabedrijf. Alles bij elkaar geen slechte staat van dienst.
Ik ben getrouwd met een charmante vrouw en onze drie kinderen zijn een bron van vreugde en trots. Blanche, mijn vrouw, komt uit

een voorname Joodse familie uit New Orleans, waar we elkaar hebben ontmoet en zijn getrouwd. Haar vader heeft me op weg geholpen in dit land en me altijd als zoon behandeld. Hier wordt iemand niet zo snel om een kleine misstap veroordeeld. Maar ik zal het niet over vroeger hebben. 'Laat het verleden rusten,' zeggen ze hier.

Vlak voor de oorlog zijn we in New York gaan wonen. Ik heb in het Amerikaanse leger gediend (als trotse burger van dit geweldige land), maar ben niet naar het buitenland uitgezonden. Zodoende heb ik niet tegen Duitsland en mijn broers hoeven vechten, hoewel ik ook dan mijn plicht zou hebben gedaan.

Ik heb een goed leven, maar soms denk ik aan u, mama, en vraag ik me af hoe u het maakt. Hoe is het u al die jaren vergaan? Bent u gelukkig? Gaat u nog regelmatig naar de opera en de schouwburg? Ik zou heel graag iets van u vernemen. Ik weet dat u in het huis van mijn broer woont, maar verzoek u vriendelijk om hem deze brief niet te laten lezen. Ik begrijp niet waarom hij me nooit heeft vergeven, want ik heb hem geen kwaad gedaan. Maar u zou ik graag nog een keer zien voordat de dood ons voorgoed scheidt. Het zou fijn zijn als ik u kon bezoeken, mocht het lot mij naar Frankfurt brengen...

Uw zoon Gerald

Hannchen las de brief zorgvuldig. Meteen nadat ze hem uit had, en zonder de tijd te nemen om over de inhoud na te denken, vroeg ze zich bezorgd af wat ze ermee moest doen. Moest ze hem aan Edu laten zien? Kon ze dat eigenlijk wel doen? Haar jongste zoon, haar lieveling, was haar cipier geworden. Hoewel ze altijd zei dat ze 'niet meer was dan een gast in zijn huis', had ze op zulke momenten eerder het gevoel zijn gevangene te zijn. Edu wilde alles van haar weten: wat ze 's avonds at, hoe ze haar middagen besteedde, wat ze had gekocht en waarover ze had gedroomd. Hij zou vragen wat de post haar had gebracht en ze zou moeten antwoorden: 'Een brief van Gottfried.' Of niet? Stel dat ze zou zeggen: 'Een paar rekeningen en folders'? Zou hij het dan toch weten? Hield Humboldt, die haar twee keer per dag de post kwam brengen, soms bij wat ze allemaal ontving? Haar ergernis richtte zich op Gottfried, die de rust van deze aangename dag had verstoord. Als kind was hij al moeilijk geweest. Hij had harder gevochten en minder gehuild dan haar andere zoons. Hij had last gehad van verschrikkelijke driftbuien. Hannchen zag hem zoals hij vroeger was geweest, een jongen die op familiefoto's had weggekeken. Nog geen lachje op zijn gezicht.

Ten slotte koos ze voor een compromis. Ze vertelde Edu dat ze de brief met de ochtendpost had gekregen, maar liet hem niet lezen. Edu toonde geen interesse, wat Hannchen weer ergerde. 'Gottfried heeft het niet slecht gedaan,' zei ze. 'Hij is lid van de beurs, zit in de directie van veel banken en is eigenaar van een cosmeticafabriek.'

'En een opschepper is hij ook nog,' mompelde Edu. 'Bent u van plan contact met hem te houden?'

Hannchen wendde haar gezicht af. 'Daar heb ik nog niet over nagedacht,' loog ze.

'Hou maar een beetje afstand,' waarschuwde hij. 'Het is nog net zo'n schoft als vroeger. Eens een dief, altijd een dief.'

Na een week van diepgaand zelfonderzoek schreef Hannchen een brief aan Gottfried. Ze schreef zonder terughoudendheid en vroeg om foto's van zijn kinderen, maar eindigde met: 'Zet dat bezoek maar uit je hoofd. Ik ben een oude vrouw die nergens meer voor deugt. Ik zit hier maar in mijn mooie kamer in Edu's huis, te mijmeren in mijn schommelstoel in de zon.' Ze deed alsof ze zwak was en gaf Edu de schuld, maar ze had tenminste gereageerd. Niemand kon haar iets verwijten.

Emma's leven was van de ene op de andere dag veranderd. Lene had het bij het rechte eind gehad. Haar zus had een amant en was verliefd. Niemand had ooit een grotere plaats in haar leven ingenomen dan Otto. Ze ging nog steeds drie keer per week paardrijden, maar de rest van de week draaide om die drie dagen. Op zijn gespikkelde grijze ruin wachtte Otto haar altijd op en als ze naar hem toe reed, ging hij in de stijgbeugels staan en nam zijn hoed voor haar af. Het was dat jaar prachtig weer; de zomer hield aan tot ver in september. Samen galoppeerden ze door zonlicht en schaduw over de stille paden tot hun paarden glommen van het zweet. Daarna reden ze stapvoets tot ze een mooie plek onder een grote boom vonden, waar ze afstegen en zittend in het gras wat met elkaar praatten. Doordat ze volkomen vreemden voor elkaar waren, was er veel te vertellen.

'Wanneer krijgen wij het toonbeeld van Duitse mannelijkheid te zien?' vroeg Nathan een keer aan tafel. 'Je knappe jonge Siegfried?'

'Hij is niet jong,' zei Emma.

'O, nee?' Er was iets in Carolines vlakke toon en de doordringende blik waarmee die vergezeld ging dat Emma onzeker maakte.

'Nou ja, hij is ook niet óúd,' zei ze.

'Hoe oud is hij dan?'

'Achter in de dertig.'

'Heeft hij je dat verteld?'

'Nee, ik heb het niet gevraagd.' Dat was een leugen, want Otto had het wel tegen haar gezegd. In juli was hij vierenveertig geworden.

'Zijn er soms belemmeringen?' vroeg Nathan. 'Zo ja, vertel het ons dan. Ik vroeg me alleen af of we ooit met de man kennis mogen maken. Ik begrijp niet wat zijn leeftijd ermee te maken heeft.'

'Binnenkort, papa,' zei Emma.

Ze nam Otto op een regenachtige middag mee op theevisite. Anna had voor de gelegenheid veel werk gemaakt van een *Sachertorte* omdat ze ten onrechte veronderstelde dat de officier uit Oostenrijk kwam. Emma was te nerveus om er een hap van door haar keel te krijgen. Het bezoek was geen succes. Het gesprek verliep stroef, zonder warmte. Emma, die de zaak manmoedig probeerde te redden, ratelde in het wilde weg alsof ze aan het ijlen was. Nathan zei bijna geen woord. Caroline hoorde de officier uit over zijn ouderlijk huis en zijn familie. Ze kreeg te horen dat hij een oude moeder had aan wie hij zeer gehecht was. Hij had zijn land 'eervol' gediend in de oorlog en interesseerde zich niet voor politiek, maar was tegen alles wat 'radicaal' of 'extreem' was.

'Ik geloof in het mídden,' zei hij. 'In alles het midden.'

'Je moet maar eens kennismaken met mijn zus Eva,' zei Caroline.

'Dat zou me een genoegen zijn,' antwoordde Otto, hoewel hij besefte dat de opmerking, die in sarcasme was gedrenkt, iets anders betekende. Emma's hart kwam in opstand tegen haar familie en Otto zag de verontwaardigde blik die ze haar moeder toewierp. Hij herkende iets wat zij zich alleen vagelijk bewust was: haar ouders begrepen het geforceerde van haar liefde. Emma wilde dolgraag verzengd en gezuiverd worden door een withete vlam om er als herboren uit op te rijzen. Haar ouders vonden het echter onbegrijpelijk en daarom ongeloofwaardig dat die gevoelens weerklank bij Otto Radowitz hadden gevonden. Ze keurden hem af omdat ze meenden dat hij op haar geld uit was.

Caroline vond hem wel knap, maar onacceptabel. Hij was 'de vijand', zoals Nathan later opmerkte.

'Mijn kinderen hoeven niet per se met iemand van ons geloof te trouwen,' verklaarde hij tegenover Hannchen. 'Het zou zelfs een zegen kunnen zijn om iets van de Joodse *Angst* te verliezen waarmee we allemaal behept zijn. Zoals de zaken er nu voor staan, is de volgende generatie ons misschien dankbaar voor het verbreken van de band met "het uitverkoren volk". Maar' – hij pauzeerde even om zijn woorden meer nadruk te geven – 'een Thomas von Brenda-Badolet is tot daaraantoe; een Otto Radowitz, dat gaat te ver.'

'Ik heb Emma nog nooit zo zien stralen,' zei Hannchen.

Iedereen hoopte dat de reis naar Venetië de affaire zou doen bekoelen.

'Een week is veel te kort om haar los te weken,' zei Caroline toen ze op een zondagochtend met Edu telefoneerde.

'Het spijt me. Ik wist niet dat de vakantie ook bedoeld was om mijn nichtje van haar geliefde te scheiden, anders had ik de meisjes wel meegenomen op wereldreis,' bracht hij ertegen in.

'Misschien kun jij het uit haar hoofd praten,' zei Caroline. 'Ik verdenk hem ervan op haar geld uit te zijn.'

'Het is heel gemakkelijk om zijn financiële positie uit te zoeken,' zei Edu, en de volgende ochtend gaf hij meteen opdracht de kredietwaardigheid van Otto Radowitz na te gaan. Het rapport kwam een week later. Otto's financiële situatie gaf geen enkele aanleiding om hem als fortuinzoeker te bestempelen. De familie was niet rijk, maar bezat een winstgevend landgoed, zodat Otto als enig kind een aardig inkomen had naast zijn bezoldiging in het leger. Ook stond hij niet als gokker bekend. Edu gaf die informatie aan Caroline door. 'En zijn priveleven?' vroeg ze. 'Is hij ooit getrouwd geweest?'

'Dat hebben we niet uitgezocht,' zei Edu. 'We zijn geen detectivebureau.'

De daaropvolgende zaterdag namen Edu en zijn vier nichtjes de nachtexpres naar Venetië. Edu had twee tweepersoons- en een eenpersoonskamer in hotel Danieli gereserveerd. 'Gaarne gelegen op een bovenverdieping, met uitzicht op het water,' had hij geschreven, en zijn verzoek was ingewilligd.

'De eerste dag kun je het beter rustig aan doen,' zei hij, toen ze naar hun kamers werden gebracht. 'Zorg dat je eerst acclimatiseert, zoals je dat in de bergen ook doet.'

'Maar we hebben al zo weinig tijd!' zei Lene.

'Je komt vast nog weleens terug,' zei Edu. 'Je hoeft in deze ene week niet álle schilderijen in Venetië te bekijken.'

'We maken alleen een rondwandeling over de Piazza San Marco,' zei Julia.

'Met veel rustpauzes,' viel Jenny haar bij.

De jongedames vertrokken met reisgidsen in de hand. Ze hadden voor hun vertrek gezamenlijk een poging gedaan een beetje Italiaans te leren, maar Emma was de enige met een talenknobbel, dus kreeg zij de taak om de weg te vragen. '*Dove...*' begon ze elke keer met een Duits accent, de woorden duidelijk articulerend.

's Avonds aan de maaltijd brachten ze verslag uit aan oom Edu en hij genoot van hun tomeloze enthousiasme. Bij de *zuppa inglese* werd hij aan de telefoon geroepen. De meisjes gingen door met het eten van hun toetje.

'Wie zou dat nou kunnen zijn,' zei Lene.

'Wie denk je dat het is?' vroeg Jenny nieuwsgierig.

'Lene is er zeker van dat oom Edu een geheime relatie met een getrouwde vrouw heeft,' verduidelijkte Emma.

'Een vrouw van stand,' voegde Lene eraan toe.

'Vertel,' zei Julia, die een sigaret opstak nu Edu van tafel was gegaan. Julia was intelligent en fel. Door haar vermogen tot stilistische nabootsing leek haar literaire talent groter dan het in werkelijkheid was. Ze had gezworen nooit te zullen trouwen en had al een paar korte verhandelingen en stukjes aan provinciale dagbladen verkocht.

Lene vertelde wat ze wist. Omdat het niet veel was – een glimp door de geopende deur en een korte ontmoeting in de pauze tussen Schumann en Hindemith – moest ze het verhaal aandikken met gissingen en veronderstellingen. De nichten waren verrukt. Om Jenny's mond speelde een flauwe glimlach en Julia giechelde opgetogen. 'Als ze nu in Venetië is, moeten we de hele tijd op ons qui-vive zijn. Wat spannend! Mijn god, ik kan er misschien zelfs een verhaal van maken...'

'Sst...' fluisterde Emma. 'Hij komt eraan.' Julia drukte haar sigaret uit, maar Edu, die er een hekel aan had als vrouwen rookten, snoof de geur op en zei dat sigaretten de smaakpapillen verdoofden.

'Ik ben klaar met eten,' zei Julia bij wijze van verontschuldiging.

'Het is onbeleefd tegenover degenen die nog niet uitgegeten zijn,' sprak hij streng.

Julia kreeg een kleur. 'Het spijt me, oom Edu,' zei ze met gepaste nederigheid. Net als haar nichten ontbrak haar de moed om tegen hem in te gaan, maar anders dan zij gaf ze niet uit liefde maar uit berekening aan hem toe, ook al probeerde ze dat te verbergen. Ze zag veel duidelijker dan de anderen hoe afhankelijk ze van hem was.

De week in Venetië was onvergetelijk. Voor de meisjes was elk moment, van hun eerste wandeling naar de Piazza tot hun laatste tocht over het Canal Grande, vervuld met magie. Het was zacht weer en soms een beetje mistig, waardoor er een waas van melancholie over de stad hing.

De dag na aankomst namen ze de *vaporetto* naar San Giorgio Maggiore. Edu bleef in de kajuit, waar hij beschut was tegen de wind en het water, maar de meisjes gingen aan dek en slaakten gilletjes als de golven tegen de zijkant van de boot sloegen en hun gezicht nat sproeiden. Terwijl ze de Tintoretto's bewonderden, voor zover dat mogelijk was in het donkere koor, las Emma de beschrijving uit de baedeker voor. Daarna namen ze de lift naar het hoogste punt van de klokkentoren om uit te kijken over Venetië, dat zich voor hen uitstrekte.

Edu vergezelde hen niet op de klim naar boven. Hij wilde graag naar een tentoonstelling van zestiende-eeuwse Venetiaanse tekeningen in de bibliotheek naast de kerk, want hij had pas nog een tekening gekocht die aan een volgeling van Titiaan werd toegeschreven. Daar kwam hij Lady Samuel tegen, die met haar reisgezelschap ook naar de tekeningen was komen kijken. Edu bleek een welbespraakte gids te zijn. Elias zou trots op zijn vriend en leerling zijn geweest. Lady Samuel glimlachte sereen en vertrouwde haar vrienden toe dat de heer Wertheim een vermaard kunstverzamelaar was. Ze vroeg Edu of hij van plan was zijn nichtjes mee te nemen naar het eiland Torcello. 'Dat uitstapje bewaren we voor de laatste dag,' antwoordde hij. Lady Samuel vertelde dat ze de twaalfde-eeuwse mozaïeken 'gewoonweg magistraal' vond. Die had ze op haar vorige reis bezichtigd en de schoonheid ervan stond haar nog levendig voor de geest. 'Ik ken ze goed,' zei Edu.

Toen de nichten bij de bibliotheek kwamen, was Lady Samuel al met haar privévaartuig vertrokken om Il Redentore te bezoeken. 'Vandaag doe ik Palladio,' had ze Edu verteld toen ze de deur uit schreed naar de met gras begroeide binnenplaats. Daar was ze blijven staan om haar parasol op te steken, in het besef dat Edu haar gadesloeg.

De tijd vloog voorbij en de laatste dag brak aan. Lene had niet eens alle mensen op haar lijst een kaart gestuurd. Julia was nog niet op de helft van haar reisverslag. Alleen Emma verheugde zich op de terugkeer. In haar hotelkamer, die uitkeek over het Canal Grande, had ze Otto elke avond een lange brief geschreven. 'Ik zie je vast al voordat je deze brief krijgt,' schreef ze de voorlaatste avond. 'Morgen nemen we de vaporetto naar Torcello, waar een Romaanse kerk staat met mozaieken. Tussen de middag gaan we er picknicken.'

De dag die voor Torcello was gereserveerd, begon ongewoon warm en mistig voor de tijd van het jaar. Toen ze wegvoeren van de kade was het uitzicht nog wazig en leek het alsof ze op reis gingen naar een verloren werelddeel dat in nevelen was gehuld. Ze kwamen langs het eiland San Michele en hoorden misthoorns loeien van de schepen en sleepboten die de lagune doorkruisten. Van het dodeneiland kregen ze niet meer te zien dan een rij donkere cipressen; ze leken op spookachtige galjoenen uit de Venetiaanse geschiedenis. Pas na hun vertrek uit Burano verjoeg de zon de laatste mistflarden en straalde de ochtend in zijn volle gouden herfstpracht.

Ze waren de enigen die in Torcello uitstapten en toen de boot was vertrokken, bleven ze alleen achter in het stille, vlakke landschap. Zwijgzaam volgden ze het pad langs het kanaal. Oom Edu liep voor hen uit. Nog meer dan de meisjes verlangde hij ernaar op de plaats van bestemming aan te komen. Een enkele keer bleef hij staan om met zijn wandelstok naar het vredige landschap te wijzen. 'Kijk toch eens hoe mooi,' zei hij, hoewel hij kunst verkoos boven natuurschoon. Hij keek liever naar Turners schilderijen dan naar echte Alpendalen of stormachtige zeeën.

Een kwartier later kwamen ze bij het pleintje aan het einde van het kanaal. De kerk stond een stukje verderop. Ervoor lag een grasperk omringd door de restanten van beelden en gecanneleerde zuilen. Het gebouw leek nog ouder dan de Oudheid en er sprak een triomfantelijk soort desolaatheid uit. Edu en zijn nichtjes gingen naar binnen, waar de kille duisternis hun de adem benam. Het kostte een paar minuten om eraan te wennen en de mozaïeken op de muur te kunnen onderscheiden. Twaalf apostelen in witte gewaden stonden in een halve cirkel om de apsis, onder een langgerekte afbeelding van de Heilige Maagd, die in het zwart was gekleed. Op de tegenoverliggende muur bevond zich een gruwelijk visioen van hel en verdoemenis, dat leek te trillen in het stoffige zonlicht dat door de smalle ramen viel. Edu las hun op kalme, onbewogen toon voor, maar ze werden zo in beslag genomen door de folteringen van de verdoemden dat ze zijn verhaal niet goed volgden.

'Zullen we nu maar gaan lunchen?' vroeg oom Edu. Zijn stem riep hen terug naar de moderne beschaving, waarin demonen waren verjaagd, wonderen afgeschaft en de verworvenheden van de staat heilig verklaard.

'Als we terug zijn in Venetië moeten we niet vergeten een foto van ons te laten maken op de Piazza San Marco,' zei Edu, terwijl ze een picknickplaats zochten. Ze hadden een overheerlijke lunch van het hotel meegekregen en gingen aan een ruwhouten tafel zitten, in de schaduw van een vijgenboom met uitzicht op de oude kerk. Emma en Jenny pakten de kazen uit, de parmaham, de fles wijn en de knapperige broden. Er waren zoete tomaten, ingelegde olijven en als dessert blauwe druiven en verse groene vijgen.

'Het ziet er verrukkelijk uit!' riep Lene.

'Een smakelijke maaltijd, ook al is hij eenvoudig, is een van de grootste geneugten van het leven,' zei oom Edu. 'Het is een blijk van beschaving als iemand goed eten weet te waarderen.'

Zulke wijsheden debiteerde hij graag tegen zijn nichtjes, die als spiegels dienden waarin hij zijn eigen overpeinzingen later weerkaatst zou zien. Meer verlangde hij niet. Als hij naar hun hartsaangelegenheden moest luisteren, zou hij worden ingewijd in geheimen waar hij geen behoefte aan had.

Ze dronken wijn uit zilveren bekertjes en belegden het verse brood met pittige kaas. De plakjes parmaham waren zo dun als vloeipapier.

Toen ze de resten van hun picknick inpakten, kwam er een ander gezelschap aanlopen om de mozaïeken te bekijken. Lene en Edu herkenden Lady Samuel op hetzelfde moment.

'Ach,' zei Edu. 'Ik moet mijn oude vriendin even gedag gaan zeggen.'

'Zie je wel,' fluisterde Lene toen hij buiten gehoorsafstand was. 'Ik heb altijd gelijk. Zij is er ook.'

Tegen de tijd dat Edu terugkwam, was er geen kruimel van de picknick meer te bekennen en waren alle restjes zorgvuldig opgeborgen in de mand. De jongedames stonden klaar om terug te gaan. Als Edu de zelfvoldane glimlach op Lenes gezicht al opmerkte, schonk hij daar geen aandacht aan.

'Lady Samuel heeft gevraagd of ik met haar mee wil naar het Lido,' zei hij. 'Hopelijk vinden jullie het niet erg als ik vanavond uitga. Jullie kunnen veilig in het hotel blijven en ik neem aan dat jullie oud genoeg zijn om zonder mij te eten.'

Terwijl ze naar de kade slenterden om de vaporetto naar Venetië te nemen, ging Edu naast Emma lopen. 'Gaan jullie maar vooruit,' zei hij tegen de anderen. 'Ik wil mijn oudste nichtje even onder vier ogen spreken.'

Zodra hij haar bij de arm nam, had Emma geen oog meer voor het landschap maar was ze zich alleen bewust van Edu, van de snit van zijn pak, de lichte knopen, de das met de smalle rode strepen, de gebogen rand van zijn bolhoed. Ze keek naar zijn gezicht, maar dat kon ze moeilijker onderscheiden dan zijn kleding. Vandaag vond ze hem op haar vader lijken, en op Hannchen. Zijn neus was puntig en scherp geworden.

'Je moeder heeft me verteld dat je serieuze bedoelingen hebt met een man die je nog maar kort kent.'

Dat was het dus. Ze had het kunnen weten. Edu sprak het woord 'man' nadrukkelijk en, volgens Emma, met afschuw uit.

'Ik wil me niet met jouw leven bemoeien,' vervolgde hij, 'maar je moeder is oprecht bezorgd en je moet weten dat ik ook veel om je geef. We moeten ernstig over je toekomst nadenken. Hou je van die man?'

'O ja, heel veel,' antwoordde Emma. Ze vond het moeilijk haar kalmte te bewaren en werd bevangen door een gevoel van angst.

'Je klinkt heel zeker van je zaak, maar hoelang ken je...'

'Otto. We hebben elkaar in augustus ontmoet.'

'Pas twee maanden.'

'Bijna drie.'

'Dat is nog steeds niet lang. Hoe oud is hij?'

'Vierenveertig.' Emma wist dat liegen zinloos was.

'Ik word dit jaar veertig.'

'Dan zou u goed met hem kunnen opschieten.'

'Je moeder denkt dat je met... Otto wilt trouwen.'

'Daar hebben we nog niet over gesproken, maar ik zou het wel willen.' Emma vond het moedig en vastberaden van zichzelf dat ze er niet omheen draaide.

'Heb je over de gevolgen nagedacht?'

'Welke gevolgen?' Ze verkilde en haar handen voelden ijskoud aan.

'Al onze handelingen hebben gevolgen.' Edu wilde weer een preek houden, maar bedacht zich. Hij besefte dat hij zijn uiterste best moest doen deze belachelijke verbintenis tegen te houden. Vergeleken bij een Pruisische legerofficier was Von Bre-Ba een lot uit de loterij!

'Als je verliefd was geworden op een straatveger, zouden we je ervan kunnen overtuigen dat hij niet geschikt was,' ging hij verder, terwijl hij haar arm steviger vasthield. 'We zouden je kunnen verbieden met hem om te gaan, je een tijdje wegsturen en de man afkopen.'

Bedoelde hij dat als dreigement? 'Ik ben drieëntwintig,' zei Emma zacht.

'Je hebt een beschermd leven geleid en weet niet hoe gevaarlijk de wereld kan zijn. Een Pruisische officier' – hij zocht naar de juiste woorden – 'een kolonel in het Duitse leger is geen stalknecht met paardenmest onder zijn nagels. Maar toch zou ik niet willen dat je met zo iemand trouwt...'

'U kent hem helemaal niet! Het is een keurige en fantastische man!'

'Laat me uitspreken, Emma.'

'U bent onredelijk, het is niet eerlijk...' Wist Otto maar hoe moeilijk ze het had!

'Dat is niet waar,' hield oom Edu vol. 'Ouders en familieleden zijn verantwoordelijk voor hun kinderen. Ik zal niet met je in discussie treden of vertellen wat je moet doen. Ik wil je alleen waarschuwen. Ik wil er zeker van zijn dat je weet wat je te wachten staat in een dergelijk huwelijk, tussen mensen die zo verschillend zijn in achtergrond, leeftijd en levensstijl. Ik weet meer dan jij over Pruisische officieren. Ik heb vier jaar met ze in het leger gediend. Ze zijn een slag apart.'

'Otto niet!'

'Ze zijn wreed, kil en ongevoelig. Ze zijn antisemitisch en hebben al generaties lang oorlog gevoerd... "Bloed en ijzer," zoals Bismarck stelde. O, nee, Emma! Daar weet je niets van.' Edu sprak met zo'n vreselijke haat dat Emma haar handen over haar oren wilde leggen en haar ogen dichtdoen. Van het herfstlandschap, het mooie eiland, het kanaal, de bloemen en de kalme lagune was niets meer over; het zag er allemaal troosteloos en gehavend uit.

'We zijn bijna bij de kade,' vervolgde Edu op normale toon. 'Ik wil het onderwerp verder laten rusten.'

'U hebt genoeg gezegd,' zei Emma koel.

'Daar komt de vaporetto. We zijn net op tijd.'

De drie andere meisjes verdrongen zich rond Edu. Onder het maken van een paar flauwe grappen probeerde hij hen vrolijk en luchthartig de boot in te loodsen. Als enige buitenlanders stonden ze in het middelpunt van de aandacht.

Emma liep naar de achterplecht om alleen te zijn, maar haar zus en nichten kwamen als een schare beschermengelen achter haar aan. Ze keek omlaag naar het schuimende kielzog. Het water was aanlokkelijk. Wat zou het gemakkelijk zijn om onder het grijsgroene oppervlak te verdwijnen. Ze overwoog de voordelen van de dood, de verleidingen van de vergetelheid. Maar het moment ging voorbij. Ze voelde Lenes arm om haar middel en hoorde Jenny's gegiechel. Zelfmoord was meer iets voor dichters, en bovendien een slordige bedoening.

In Venetië gingen ze rechtstreeks naar de Piazza, waar oom Edu een fotograaf opdracht gaf een groepsfoto van hen te maken als herinnering aan deze reis. Duiven zwermden om hen heen en Emma, die vogels verafschuwde, moest haar tanden op elkaar zetten om het niet uit te gillen van angst. Ze dacht alleen maar aan de poten en snavels die haar gezicht konden openhalen. Edu beraadslaagde met de fotograaf. Hij betaalde, gaf hem een fooi en hun adres, noteerde zijn naam en toen was het gebeurd. De foto's arriveerden weken later, afgedrukt als ansichtkaarten met *Cartolina Postale Italiana* erop. Ze waren alle vijf omringd door een zwerm duiven. Emma hield zich stokstijf, alsof het water van de lagune zich boven haar hoofd sloot.

De volgende ochtend vertrokken ze. De jonge vrouwen wisten niet hoe laat oom Edu van het Lido was teruggekomen, maar hij stond op het afgesproken tijdstip met zijn bagage klaar om de trein te nemen. Hij sliep echter op doorreis door Italië en werd alleen even wakker toen ze de Zwitserse grens passeerden. In Luzern dronk hij zwarte koffie en in Basel ging hij met zijn nichtjes eten in het restauratierijtuig. Tegen de tijd dat ze in Frankfurt aankwamen was het al laat in de avond.

Caroline en Nathan wachtten hun dochters thuis op.

Nathan omhelsde hen. 'Hoe hebben jullie het gehad?'

'Ik hoop dat jullie oom Edu bedankt hebben,' zei Caroline.

'Natuurlijk,' zei Lene. 'En we sturen hem ook nog een mooie bedankbrief.'

'Het is fijn om weer thuis te zijn,' zei Emma en terloops voegde ze eraan toe: 'Zijn er nog boodschappen voor mij?'

'Je vriend Otto heeft gebeld,' zei Caroline. 'Hij wilde weten of je vanavond thuis zou komen.'

'O!' riep Emma blij en opgelucht. Plotseling leek het alsof ze heel die mooie reis door een waas van verlangen en eenzaamheid had ervaren. Er was geen moment geweest dat ze Otto niet had gemist. Het 'onderonsje' met oom Edu, dat haar eerst zo van streek had gemaakt, zag ze nu alleen als een aansporing om haar eigen weg te gaan. De vertrouwde huiselijke omgeving gaf haar moed. 'Ik moet hem terugbellen,' zei ze.

'Kan dat niet wachten?' vroeg Nathan. 'Je bent nog maar net binnen. We willen graag horen hoe de reis is geweest. Was het mooi?'

'Schitterend, schitterend,' zei Emma. 'Italië is een prachtig land, oom

Edu was geweldig en het eten was zalig. Vraag maar aan Lene.' Ze kon zich op dat moment met geen mogelijkheid iets speciaals herinneren.

'Ik heb nog nooit zo lang achter elkaar zo verrukkelijk gegeten,' zei Lene.

'Dan hoop ik dat je niet bent aangekomen,' zei Caroline, maar toen ze Lenes geërgerde gezicht zag, voegde ze eraan toe: 'Zo te zien niet.'

'We hebben heel veel gelopen, mama,' zei Emma.

'Ik kwam Tom vandaag in Jacobs boekwinkel tegen en hij zei: "Lene zou me elke dag een ansichtkaart sturen, maar ik heb er nog niet één gekregen." Dus heb ik hem verteld dat de Italiaanse posterijen abominabel zijn, en dat hij blij mag zijn als ze voor Kerst aankomen. Hopelijk heb je ze zelf gepost. Als je ze aan de portier geeft, stopt hij het geld voor de postzegels in zijn zak en gooit de kaarten in de prullenbak.'

Emma excuseerde zich en ging naar haar vaders studeerkamer om Otto te bellen. Haar hart bonsde als een bezetene. Ze had hem nooit eerder gebeld, of er zelfs maar bij stilgestaan dat hij zijn telefoonnummer aan haar had gegeven. Ze was er altijd van uitgegaan dat het vrijpostig was als een vrouw een man opbelde. Zodra hij de telefoon aannam, begreep ze dat ze hem had gewekt.

'Met wie spreek ik?' vroeg hij.

'Emma.'

Het leek hem moeite te kosten om wakker te worden. Ze hoorde dat hij de hoorn liet vallen, iets mompelde en hem vloekend opraapte.

'Emma,' zei hij. Haar naam ging half verloren in een geeuw.

'Weet je nog wie ik ben?' vroeg ze met een lachje.

'Ach, Emma. Bel je vanuit het buitenland?'

'Ik ben thuis,' zei ze. 'We zijn net aangekomen. Ik moest je bellen. Het spijt me dat ik je wakker heb gemaakt. Ik zal je niet langer ophouden.'

'Hoelang ben je weg geweest?'

'Tien dagen. Het lijkt wel een eeuwigheid. Ik heb je gemist.' Hoewel ze zich had voorgenomen om dat te zeggen, klonk het op dat moment ongepast. 'Wanneer zie ik je weer?' Ook dat had ze beter niet kunnen zeggen, maar het stond in haar draaiboek. Ze had er de hele reis over nagedacht en de woorden gerepeteerd, maar toen was hij er uiteraard niet bij geweest.

'Wanneer ga je rijden?'

'Morgen. Morgen lukt wel. De gewone tijd.'

'Natuurlijk, Emma. Fijn dat je terug bent.'

Ze hingen tegelijkertijd op. Emma schaamde zich. Ze had niet moeten bellen. Hij zou haar wel opdringerig vinden. Ze had het precaire evenwicht verstoord. Hij was zo'n punctuele man, zo nauwgezet in alles wat hij deed. Hij was eraan gewend voor zichzelf te zorgen en had verteld dat hij zelfs af en toe vrouwenwerk deed, omdat er in het leger niet altijd een oppasser was om je te helpen. Hij had het geleerd van zijn moeder, die een uitstekende huisvrouw was. Soms knipte hij met zijn vingers een strootje van haar rok of veegde wat stof van haar mouw. Hij had zelfs een keer een losse haarlok uit haar gezicht gestreken. En hij was zo precies! Als hij zei dat ze vierentwintig kilometer naar het front hadden gemarcheerd, kon je ervan op aan dat het zo was. Niet zesentwintig of drieëntwintig, maar vierentwintig. Waarom had ze hem gebeld?

De volgende ochtend werd ze vroeg wakker. Lene zat slaapdronken aan het ontbijt. 'Ik moet naar het Pedagogisch Instituut,' zei ze. 'Ze vonden het vervelend dat ik aan het begin van het schooljaar vrij wilde hebben om naar Italië te gaan. Nu vragen ze me te komen helpen in de dagopvang. Ik had niet gedacht dat ik zo snel al met kinderen moest werken,' verzuchtte ze klaaglijk.

'Het zal best goed gaan,' verzekerde Emma haar.

Ze was een vol uur voor de afgesproken tijd in de stal. Otto kwam als altijd om twee minuten voor tien. Hij gaf haar een handkus.

'Binnenkort moet je eens mee gaan jagen,' zei hij, zijn eigen gedachtengang volgend. Hij had nooit een hoge dunk van Italië en de Italianen gehad.

'Jagen?' vroeg Emma.

'De herfst prikkelt mijn jachtlust. Als ik thuis was, zou ik niet door zo'n saai bos hoeven rijden. Heb ik je al verteld dat we nog steeds op zwijnen jagen?'

'Ik heb je elke dag geschreven,' zei Emma.

'Ik heb niets gekregen.'

'Mijn moeder zegt dat de Italiaanse posterijen abominabel zijn.'

'Je had al die brieven moeten bewaren en ze in één keer moeten opsturen toen je over de grens was.'

'Ben je boos op me?'

'Natuurlijk niet. Waarom vraag je dat?'

'Ik voel een bepaalde spanning. Dat is vast mijn schuld.' Als Emma kibbelde met iemand op wie ze gesteld was, gaf ze zichzelf altijd de schuld van de onenigheid.

Ze stegen af op de gebruikelijke plaats, een kleine open plek waar een verweerde eik zijn schaduw wierp op een fluwelen bed van mos. De zon, die te warm was voor midden oktober, wekte de geuren van zoet gras en wilde bloemen. Emma en Otto zaten onder de lommerrijke boom, terwijl hun paarden in de buurt graasden.

'Het spijt me dat mijn brieven niet zijn aangekomen,' zei Emma tegen haar geliefde. Maar hij was in zijn eigen gedachten verzonken en begon weer over zijn verlangen om te jagen. Zij gruwde van het idee voor dag en dauw op pad te gaan om dieren af te schieten en 's avonds de bloederige karkassen mee naar huis te nemen. Ze wilde over Venetië praten, want ze had talloze feiten in haar geheugen geprent over het ontstaan en de groei van de stad, de hoogte van de klokkentoren, het aantal kerken en bruggen, en de afmetingen van de Piazza. Hoewel Otto misschien niet geïnteresseerd was in Tintoretto, zou hij toch zeker wel waardering hebben voor de vele feiten en cijfers die ze voor hem uit haar hoofd had geleerd. Maar hij besteedde zo weinig aandacht aan haar verhaal dat haar enthousiasme wegebde en ze naast hem haar tranen zat te verbijten.

'Ik heb nieuws voor je,' zei Otto. 'Ik heb het gehoord toen je weg was en wil het je al een tijdje vertellen, maar je bent vol van je eigen ervaringen. Het is vandaag moeilijk om tot je door te dringen.'

Otto had de vorige avond met een hoer doorgebracht. Toen Emma hem belde, had de vrouw dicht tegen hem aan gelegen, met haar hoofd op zijn borst.

'Wat voor nieuws?' vroeg Emma, die het ergste vreesde, maar niet wist wat dat zou kunnen zijn.

'Volgende maand word ik overgeplaatst. Dat bevel hebben we drie dagen geleden gekregen. Ons regiment wordt naar Weimar gezonden.'

'O, nee!' riep ze uit. 'Zeg dat niet! Zeg dat het niet waar is! We kennen elkaar nog maar net. Ik zal me zo alleen voelen. Wat moet ik doen? Alsjeblieft, Otto, ga niet!'

Hij was verbijsterd door haar felle reactie. Haar toon was dwingend, wanhopig. Het leek alsof ze zich aan hem wilde vastklampen, maar in plaats daarvan wrong ze haar handen en liet ze in haar schoot liggen. Dat fascineerde Otto. Ze wringt haar handen, dacht hij, en alleen dat onbelangrijke zinnetje bleef door zijn hoofd malen. Hij kon zijn ogen niet van haar witte knokkels afhouden. De aanblik ontroerde hem en stootte hem tegelijkertijd af.

'Ik ben van je gaan houden,' zei Emma, voordat ze zich kon bedenken. Toen het hoge woord eruit was, sloeg ze haar handen voor haar mond, alsof ze die met geweld dicht wilde duwen.

Otto was sprakeloos. Zijn angst voor haar bovenmenselijke zelfbeheersing verdween. Het leek of haar verklaring hem losser maakte en Emma zachter, meer geneigd tot overgave. Hij werd overmoedig bij het vooruitzicht en kuste haar vol op de mond waarmee ze zojuist haar liefde had verklaard. Emma, die overrompeld werd, reageerde onstuimig en samen zonken ze neer op de bemoste grond. Maar Otto wilde het niet bij een kus laten. Hij meende toestemming te hebben gekregen om haar te nemen, hier en nu, op deze open plek in het bos onder de lichtblauwe herfstlucht. Maar zodra Emma voelde dat Otto's hand haar rok omhoogtrok en aan haar ondergoed rukte, verstarde ze weer. Ze rook de aarde en de herinnering aan Christoph kwam bij haar boven. Otto's vingers beroerden haar huid. Emma probeerde zich uit alle macht aan zijn greep te ontworstelen. 'Niet doen, niet doen,' smeekte ze, nadat ze aan zijn zoekende mond was ontsnapt. 'Nee!' gilde ze, terwijl ze zich van haar ene op haar andere zij wierp om te ontkomen.

'Ik dacht dat je van me hield.' Hij dwong zichzelf tot ijzige kalmte en stond op. Het had het uiterste van zijn zelfbeheersing gevergd om haar niet te overweldigen. Hij geloofde niet dat er zoiets als verkrachting bestond, maar was bang dat Emma hem daarvan zou beschuldigen. Bleek van de inspanning zich te bedwingen wendde hij zich woedend af van de vrouw op de grond. Hij raapte een grote tak op, brak die doormidden en weer doormidden, en smeet de stukken zo ver mogelijk weg. De paarden werden schichtig, want ze schrokken van het lawaai.

Emma was rechtop gaan zitten, met haar armen om haar knieën geslagen. Er hingen plukjes mos en grassprietjes aan haar kleding. Haar haar was losgeraakt uit het lint. Ook zij had haar hartstocht moeten bedwingen en was teruggedeinsd voor de afgrond. Ze was bang voor haar eigen seksualiteit. Die zou misschien iets duisters en vreeswekkends in haar losmaken dat niet naar buiten mocht komen. Ze vroeg zich af of dat een aspect van haar Joods-zijn was. Waren die monsterlijke verleidingen een soort rasgebonden nachtmerrie die haar voor altijd zou achtervolgen?

'Je bent zo mooi,' zei Otto, 'en zo koppig. Ik heb nog nooit zo'n koppige vrouw ontmoet.'

Ze wist dat hij haar verwenste, maar ze wist ook dat haar weigering de enige troef was die ze in handen had. Als hij eenmaal haar demonen had gezien, als hij eenmaal tot haar duistere geheimen was doorgedrongen, zou hij haar beslist in de steek laten. Alleen in een huwelijk was ze veilig. Dan kon hij haar niet meer verlaten. Ze zou zich door hem laten temmen en voor altijd verlost zijn van haar erfenis.

Emma zag dat hij zijn zelfbeheersing terug had. Ze zag ook dat hij vastbesloten was haar te krijgen en daar alles voor overhad. Hij reikte haar de hand. 'Sta op,' zei hij. Zijn stem verried niets. Zijn gezicht was onbewogen. Emma liet zich door hem omhooghelpen en schoonkloppen. Ze voelde zich uitgeput.

Naast elkaar reden ze naar de stal. Geen van beiden zei iets. Otto wist dat hij voor een beslissing stond. Over enkele weken moest hij Frankfurt verlaten en helemaal opnieuw aan een andere stad wennen. Hij zou zijn kamers moeten inrichten, een kleermaker zoeken, een schoenmaker, restaurants, cafés en vrouwen. En als alles was geregeld, zou hij weer terugvallen in zijn bekende denkpatronen en de gebruikelijke kranten lezen. Bestond er nog een ander leven? Had hij een keus? Zou hij kunnen genieten van burgerlijke genoegens, van een huis dat werd bestierd door een mooie Joodse vrouw? Hij wierp een steelse blik op Emma. Haar profiel was betoverend. Ze zou haar schoonheid tot op hoge leeftijd behouden. En er zou een bruidsschat zijn, misschien wel een grote. Daardoor zou hij zich af en toe wat uitspattingen kunnen veroorloven en hoefde hij zich niet altijd te matigen. Bovendien had hij een glimp van haar onderdrukte hartstocht opgevangen. God weet wat ze hem nog te bieden had als die eenmaal was gewekt. Hij fantaseerde over haar in tientallen verschillende houdingen. Het ene na het andere beeld flitste door zijn hoofd. Hij spoorde zijn paard aan en galoppeerde hard voor Emma uit tot aan het eind van de weide, waar hij haar naast de piste opwachtte.

'Wil je mijn vrouw worden?' vroeg hij, maar toen ze hem stralend aankeek met een gezicht vol toewijding, voelde hij een steek van spijt.

'O, ik hoop dat het je ernst is!' riep ze uit.

'Het is niet mijn gewoonte iemand lichtzinnig de liefde te verklaren,' antwoordde hij, ook al besefte hij heel goed dat hij niet over liefde had gesproken.

'Natuurlijk wil ik je vrouw worden,' zei ze. 'Jij bent de eerste man van wie ik ben gaan houden.'

De volgende zaterdag bracht Otto een bezoek aan Nathan en vroeg om Emma's hand. Er was veel consternatie in de familie geweest, maar dat verzweeg Emma voor haar verloofde. Hij had daar geen enkel vermoeden van, want het was voor hem ondenkbaar dat een weldenkend mens er bezwaar tegen kon hebben hem als schoonzoon te krijgen. Toen Emma bij haar ouders aankondigde dat ze van plan was met de officier te trouwen, was er een verschrikkelijke scène gevolgd. Die had plaatsgevonden na het middagmaal, op de dag dat hij zijn aanzoek had gedaan. Caroline had haar gesmeekt om het eerst een jaar aan te zien. Nathan had gezegd dat ze haar leven zou ruïneren. Emma had bleek en beheerst tegenover hen gezeten en verteld dat ze zou weglopen als ze geen toestemming kreeg. Ze was vastbesloten met Otto te trouwen, zelfs als ze onterfd werd en met hem moest samenwonen op een enkele kamer in een saai, grauw garnizoensstadje bij de Poolse grens, wat het afschuwelijkste beeld was dat iedereen zich kon voorstellen. Ze zei ook dat Edu met haar had gepraat, dat ze zich verraden had gevoeld, verontwaardigd over zijn bemoeienis, en had overwogen een einde aan haar leven te maken. Haar ouders waren met stomheid geslagen. Ze konden niet anders dan toestemming geven.

De volgende dag werd Edu geraadpleegd. 'Wat kan ik doen?' verzuchtte Nathan.

'Zeggen dat ze geen rooie duit van je krijgt.'

'Dan loopt ze met hem weg, heeft ze aangekondigd.' Nathan zuchtte. 'Ze lijkt wel gek, zo bezeten als ze is van die man.'

Ook Edu kon geen oplossing bedenken. Emma had het pleit gewonnen.

Zaterdag was het bewolkt en koel. Nathan ontving Otto in zijn studeerkamer. Caroline zat in de salon. Emma was boven op haar kamer gebleven. De twee mannen zeiden weinig tegen elkaar. In zijn verbeelding zag Nathan zich in de rol van een negentiende-eeuwse pater familias, die van achter zijn bureau naar de deur wees en 'Eruit!' schreeuwde, terwijl de kolonel als een geslagen hond wegsloop in de regenachtige avond. Maar in plaats daarvan bleef hij roerloos zitten en besprak ongeëmotioneerd Emma's inkomen, haar bruidsschat en de plannen voor de bruiloft. Otto noteerde alles op een schrijfblokje en deed gedetailleerd verslag van zijn eigen financiële situatie, de hoeveelheid grond in Oost-Pruisen, zijn carrièreplannen en hoop op bevordering, en zijn huidige bezoldiging in het leger. Als het in zijn vermogen had gelegen, had hij misschien een poging gedaan om de stugge advocaat voor zich in te nemen, maar daarvoor miste hij de charme en de aanleg voor vleierij. Zonder zijn uniform was hij een onopvallende man geweest.

Otto was eerlijk, spaarzaam, vaderlandslievend en werkelijk niet op geld uit. Hij had Nathan recht in het gezicht kunnen kijken en dat tegen hem kunnen zeggen, maar hij nam de moeite niet. Laat de Jood maar denken dat het hem daarom ging. Hij trok een afwerend gezicht en hoopte dat het allemaal snel achter de rug was, ook de bruiloft, zodat zijn getrouwde leven kon beginnen, een al even geregeld leven als in het leger, maar met beter eten, comfortabeler huisvesting en elke avond het vooruitzicht op orgiastische vrijpartijen.

'Veel geluk,' zei Nathan, maar hij kon zich er niet toe zetten Otto een hand te geven. 'Zorg goed voor mijn dochter,' zei hij met melancholieke, hese stem.

Het huwelijk zou plaatsvinden in de week tussen Kerstmis en Nieuwjaar. Emma en Caroline begonnen meteen met de voorbereidingen. Ze kozen aankondigingskaarten uit bij de drukker en bezochten de restaurateur om het diner door te nemen. Ze maakten een afspraak met de naaister en Emma zocht de stof voor haar trouwjurk uit. Ze beraadslaagden over de bloemen bij de bloemist en bespraken de fotograaf. Otto had beloofd een appartement in Weimar te zoeken, dat Emma na hun huwelijksreis op haar gemak zou inrichten. Fräulein Gründlich had toegezegd te komen helpen als Emma daar behoefte aan had en te blijven zolang Emma dat wilde. Gründlich mocht Otto Radowitz al evenmin als de Herrschaft, maar stond zichzelf niet toe dat uit te spreken, omdat ze vond dat haar liefde voor de kinderen een zekere loyaliteit vereiste. Hoe zou Emma ooit haar hart bij haar kunnen uitstorten als ze wist dat zij, Frieda Gründlich, een van degenen was geweest die zich tegen het huwelijk hadden verzet? Als Lene een lelijk gezicht trok zodra de officier ter sprake kwam, wees Fräulein Gründlich haar vriendelijk terecht. 'Jij hebt geen idee wat ze voor elkaar betekenen,' zei ze. 'Een buitenstaander begrijpt niet wat geliefden voelen. We kunnen alleen hopen dat ze elkaar begrijpen.'

Emma ging bij oom Edu op de thee. Hij zinspeelde niet meer op hun gesprek in Torcello, maar liet haar zijn nieuwe aanwinst zien, een Byzantijns ivoren reliëf, en vertelde dat hij de blauwe Matisse aan het Städel had geschonken als eerbetoon aan Elias, die tegenwoordig onderdirecteur en beheerder van de moderne collectie was. Toen er geen druppel thee meer in de pot zat en Emma voor de derde keer een boterkoekje had afgeslagen, haalde oom Edu een enveloppe uit zijn zak en gaf die aan haar. Zijn postpapier van Engelse makelij was altijd van de beste kwaliteit en op de flap van de enveloppe stond in zwarte lettertjes zijn naam gedrukt.

'Dit is mijn huwelijksgeschenk voor jou,' zei hij. 'Het is een cheque voor een aanzienlijk bedrag, maar in Amerikaanse dollars en uitgegeven door een Amerikaanse bank. Ik raad je aan die op een veilige plaats te bewaren tot onze eigen munt stabiel is. Dat verwacht ik binnen een maand. Ik wens je veel voorspoed en hoop dat je gelukkig wordt.'

Emma knikte. Dat was een automatisch gebaar. Ze was eraan gewend met Edu in te stemmen.

'En vergeet niet dat je me altijd om hulp kunt vragen,' vervolgde hij. 'Daar hoef je je niet voor te schamen, want ik doe het graag. Het is mijn plicht.'

Emma bedankte hem, hoewel op haar gezicht te lezen stond dat ze niet dacht ooit hulp nodig te hebben.

'Er is één ding dat je me nooit mag vragen. Vraag nooit om geld voor je man! Als hij in de problemen zou komen door gokken, zakelijke verliezen of wat dan ook, kan dat me niet schelen. Hij moet weten dat hij geen beroep op mij kan doen. Als hij ergens een mooie kans denkt te zien om een smak geld te verdienen en het enige wat hij nodig heeft is een paar duizend aan beginkapitaal, zeg hem dan dat hij bij mij nul op het rekest krijgt.'

Hij wist dat het hard klonk. Emma had echter niet anders verwacht, dus was ze alleen geërgerd dat haar oom er ook maar een seconde aan had getwijfeld of ze zijn regels over dergelijke kwesties wel goed had begrepen.

De dag van het huwelijk brak aan. Het was een van die winterdagen waarop de wind draait en uit het zuiden warme lucht aanvoert, die zelfs boven de Alpen niet afkoelt tot winterse temperaturen. Toen Emma wakker werd, miezerde het en was het even zacht als in september.

'Een mooie trouwdag!' zei Lene toen ze elkaar bij het ontbijt zagen. De kerstboom stond nog voor de openslaande deuren in de woonkamer en in het hele huis hing de geur van sparrengroen, vermengd met die van kruidige kerstkoekjes. De zussen kusten elkaar. Ze hadden elkaar al een tijdje niet in vertrouwen genomen. Hun leven had op dat moment weinig raakpunten, maar ze wisten dat er een tijd zou komen waarin ze weer dichter bij elkaar zouden staan.

Lene zei nooit iets over Otto. Haar zwijgen hield een veroordeling in, en dat kon Emma niet ontgaan. Zelf was ze niet zuinig geweest met haar kritiek op Tom, maar al kon haar afkeuring grievend zijn, toch was die nooit zo onverbiddelijk als Lenes stilzwijgen.

Het huwelijksfeest zou 's avonds plaatsvinden. Aan het eind van de ochtend kwam Otto Emma afhalen voor de plechtigheid op het stadhuis, die alleen door een handvol mensen werd bijgewoond. Emma had haar nieuwe grijze mantelpakje aan, dat ze met Paulines hulp en advies had uitgezocht en dat deel uitmaakte van haar uitzet. Na de plechtigheid gingen ze naar Edu's huis, dronken champagne en aten kaviaar, en daarna gingen ze ieder naar hun eigen huis om te rusten.

Otto's oude moeder, een broos vrouwtje dat al seniel begon te worden en werd geplaagd door onverwachte vlagen van kinderlijke verwardheid, was naar Frankfurt gereisd met een zure begeleidster, een berooide adellijke dame van Poolse afkomst. Otto had hen ondergebracht in het Frankfurter Hof, waar hij ook een suite voor de huwelijksnacht had besproken.

Otto's enige genodigden, afgezien van zijn moeder en haar metgezellin, waren twee collega-officieren, die in hun schitterende parade-uniform als trotse pauwen afstaken tegen de donker geklede families Wertheim en Süsskind. Nathan en Caroline hadden de gastenlijst beperkt tot de naaste verwanten en alleen een uitzondering gemaakt voor Tom, die tegenwoordig als familielid werd beschouwd. Hij was in zijn vrije tijd vaker in de Guiollettstrasse dan thuis.

Het was 's avonds niet merkbaar afgekoeld en iedereen voelde zich beklemd. Otto bleef in de buurt van zijn moeder en de twee officieren weken niet van elkaars zijde. Lene was bij Tom en de neven en nichten klitten aan elkaar. In Emma's ogen leek het gezelschap opgedeeld in vijandige kringen die als olievlekken op een diepe, woelige zee dreven. Ze probeerde wanhopig van de ene naar de andere groep te gaan en vrolijk te kletsen, maar overal stuitte ze op beleefde glimlachjes die nauwelijks de sfeer van angst en onbehagen konden verhullen.

Emma begon haar familieleden de schuld te geven van het gevoel van beklemming, dat niet door de goede wijn en verrukkelijke hors-d'oeuvre kon worden verdreven. In haar verwrongen waarneming leken ze op de hatelijke karikaturen van Joden met haakneuzen, druk gebarend op het ritme van het zangerige Jiddisch dat ze spraken. Maar onwetend van hoe Emma hen zag praatten ze argeloos over koetjes en kalfjes, roddelden, bedienden zich van de hapjes en spoelden die weg met wijn. Toen het tijd werd om aan tafel te gaan, legden ze hun servetten uitgevouwen op schoot, brachten heilwensen uit, prezen het heerlijke eten en schepten hun borden vol met ganzenleverpaté, eend met een krokant korstje in sinaasappelsaus, verse forel met amandelen, beef Wellington, sla, erwtjes en zoete worteltjes, en dat alles verzorgd door een van Frankfurts beste restaurateurs.

'*Judenfrass!*' – Jodenvreten – kraaide de oude vrouw plotseling luid genoeg om door de meeste gasten aan tafel gehoord te worden. Ze had in de loop van de avond al een paar keer in zichzelf geschetterd als een merel die op een tak neerstrijkt, en met haar hand door de lucht gewapperd alsof ze braamtakken uit haar gezicht streek. De meeste mensen in haar nabijheid probeerden haar opmerking te negeren. Sommigen meenden al na een paar seconden dat ze haar verkeerd hadden verstaan. Maar Andreas, die rechts van haar zat, wist precies wat ze had gezegd. Hij wendde zich naar haar toe.

'Die opmerking moet u terugnemen,' zei hij kil.

'Hè?' kraaide de oude dame. 'Wat zei u?'

'Moeder!' waarschuwde Otto haar vanaf de andere kant van de tafel. Zijn stem klonk niet alleen streng, maar ook angstig.

'Joden!' riep de oude vrouw, en het hele gezelschap viel stil. 'Ze zijn de ondergang van ons land, laten ons volk van de honger omkomen, vreten zich vet als varkens.' Ze had slordig gegeten, zoals ouderen dat vaak doen, en het voedsel naar binnen gepropt als een achterbaks, hongerig kind. 'Kijk eens,' riep ze. 'Kijk eens...' En toen zweeg ze, want ze was vergeten wat ze had willen zeggen. Er zat een klodder jus op haar kin. De officieren glimlachten.

'Mijn moeder weet niet wat ze zegt' – Otto was van zijn stoel opgestaan – 'vergeef het haar alstublieft.'

'Neem haar mee uit dit huis,' zei Edu, terwijl hij zijn servet op tafel smeet. Zijn woede was als een ijzige wind. 'Ik duld zulke taal niet aan onze tafel. Het kan me niet schelen wie het zegt. Stuur haar weg.' Hij keek naar de officieren. 'Deze heren kunnen haar naar het hotel brengen.'

'Wat is er?' vroeg de oude dame, die nog aan het eten was. 'Wat heb ik gedaan?' Ze keek om zich heen met een boosaardige fonkeling in haar ogen.

'U moet naar huis,' zei Otto zacht tegen haar. 'U hebt zich niet netjes gedragen, en het wordt al laat voor u.' Hij legde haar zwarte sjaal om haar schouders en hielp haar overeind. Zijn twee vrienden stonden op en bogen stijf naar het hele gezelschap. De Poolse begeleidster, die de hele avond geen woord had gezegd, ontblootte haar gele tanden en glimlachte tegen haar opdrachtgeefster. 'Trekt u het zich niet aan,' fluisterde ze in haar oor. 'U spreekt de waarheid. Ze zullen het nog wel merken.'

'Ga!' riep Otto bars en hij liep terug naar de tafel, naar Emma, bij wie de tranen geluidloos over haar wangen stroomden. Haar trouwpakje was nat van het huilen.

'Ze weet niet wat ze zegt,' zei Otto. 'Ze is een seniele oude vrouw.'

Maar Emma bleef stil als een standbeeld zitten, terwijl de tranen op haar pakje bleven druppelen.

'Emma!' smeekte hij en hij knielde naast haar neer. 'Emma, vergeef het ons, alsjeblieft.' Iedereen aan tafel keek naar hem. 'Het heeft niets te betekenen. Ik hou van je.' Hij begroef zijn hoofd in haar schoot. De Joden aan de tafel keken hem onverzoenlijk aan. Het was nu heel duidelijk hoe ze over hem dachten!

Niet lang daarna brak het gezelschap op. Emma werd omringd door mensen die haar gelukwensten. Niemand zei iets tegen Otto. Ze omhelsden haar en fluisterden haar liefdevolle woorden in. Buiten regende het. Politiesirenes loeiden. Er hadden weer straatgevechten plaatsgevonden in de voorstad Bockenheim, de bruinhemden tegen de Roden, met schedelbreuken, bloedneuzen en gebroken glas als gevolg. Een zooitje jongeren op de vlucht zong ergens: '*Verreckt ist Walther Rathenau, die gottverdammte Judensau*' ('Gecrepeerd is Walther Rathenau, dat godvergeten Jodenzwijn').

Bij haar grijze reispakje droeg Emma haar parelsnoer en een bijpassende grijze hoed. Om haar hals had ze een zachtroze zijden sjaal gewikkeld. Fräulein Gründlich zei: 'Vergeet je regenjas niet.' Ze hield Emma in een stevige omhelzing. 'God zegene je. Ik kom gauw naar Weimar.'

'Ik ben bang,' zei Emma.

'Dat is iedere vrouw op haar eerste huwelijksnacht,' vertelde Fräulein Gründlich. 'Je bent niet de eerste en zult niet de laatste zijn.'

De koffers waren splinternieuw, een set van grijs leer, en haar initialen stonden erop: E.R-W, Emma Radowitz-Wertheim. Fräulein Gründlich gaf Emma een kus en omhelsde haar nogmaals. Het leek alsof ze haar niet wilde laten gaan.

In het Frankfurter Hof was de bruidssuite voor hen in gereedheid gebracht. Overal stonden bloemen en er was opnieuw champagne. Er stond een groot hemelbed, waarvan de witte lakens uitnodigend waren opengeslagen. Emma zette haar hoed niet af en hield haar regenjas om zich heen geslagen. Ze was op de rand van een fauteuil gaan zitten en luisterde naar haar bonzende hart.

Otto trok een fles champagne open, zodat de kurk tegen het plafond vloog en de wijn eruit bruiste over het servet dat hij zorgvuldig om de hals had gewikkeld. Hij schonk twee glazen vol.

'Ik niet, dank je,' zei Emma.

'Ik wel,' zei Otto. 'Heel veel champagne voor mij.' Hij dronk snel een paar glazen na elkaar. 'Ik heb lang gewacht,' zei hij. 'Zoals je weet, wordt daardoor het genot des te groter.' Hij liep naar Emma, enigszins aangeschoten, met de vanzelfsprekendheid en het gevoel van rechtmatigheid dat iemand op zulke momenten heeft.

'Trek je jas uit,' zei hij. 'Trek je schoenen uit en al je mooie nieuwe kleren.'

Emma bibberde. 'Ik geloof dat ik koorts heb.'

'Kleed je uit!' zei Otto, en hij trok zijn eigen kleren uit.

'Ik voel me niet lekker.' Emma klappertandde hoorbaar. Ze had haar armen om zich heen geslagen. 'Ik heb het koud, koud, koud,' zei ze. Ze voelde een steek van verlangen, maar huiverde tegelijkertijd van de vreselijke angst dat ze vertrapt en geplet zou worden, voor altijd geschonden. Otto, die naakt voor haar stond met zijn smalle schouders en cilindervormige lichaam, maakte een ongeduldig dansje.

'Kom, kom,' zei hij. 'Laten we spelen.' De aanblik van deze angstige jongedame vond hij verleidelijker dan die van een wereldse vrouw. Hij wist dat ze hem niet zou kunnen weerstaan. Uiteindelijk zou ze naar hem toe snellen, zoals alle anderen hadden gedaan, en kreten van genot slaken, zelfs als ze pijn had, want hij was een voortreffelijke minnaar.

'Ik ben ontzettend goed,' zei hij om haar aan te moedigen. 'Ik ken alle foefjes. Misschien kan ik niet meepraten over schilderijen in Venetië of architectuur in Rome, maar ik ben fantastisch in bed. Ik kan het iedere vrouw naar de zin maken en haar gek laten worden van verrukking.' Hij knielde neer en begon Emma's schoenen uit te trekken en daarna haar kousen. Hij moest heel hoog reiken om bij haar jarretelgordel te komen. Ze beefde.

'Wees voorzichtig,' smeekte ze. De tranen vloeiden weer.

'Huilebalk,' zei hij. 'Ik zal je knijpen, likken, bijten, met kussen overdekken en je met mijn mond bevredigen.'

Zijn penis was enorm groot geworden. Wat een kleine handen en voeten... dacht Emma en ze schreeuwde. Zijn vingers hadden, wriemelend als palingen in een emmer, haar schaamhaar bereikt en plukten eraan.

'Stil nu,' zei hij. 'Stil!'

In de uren daarna probeerde Otto Radowitz elke truc die hij kende op de snikkende Emma uit. Triomfantelijk bereed hij haar keer op keer, kreunend en zwetend van alle pogingen om haar op te winden, te laten reageren. Hij goot champagne over haar prachtige, tengere witte lichaam – als een berkenboom, zei hij – en daarna over zichzelf, en liet haar dat oplikken tot ze kokhalsde. Hij deed niets anders dan wat hij al honderd keer eerder had gedaan, maar wist niet wat hij deed. Hoewel hij evenzeer genot wilde geven als nemen, werkten zijn foefjes niet bij deze onervaren, angstige maagdelijke vrouw. Als hij naar Emma had geluisterd en voorzichtig was geweest, had ze misschien gereageerd. Dan had hij wellicht al haar liefde en verdrongen sensualiteit tot bloei en ontlading kunnen laten komen. Maar hoe heviger ze zich verzette, hoe meer ze huilde en hem smeekte op te houden, des te harder zweepte hij zichzelf op om zijn bedrevenheid, kracht en vernuft te tonen.

Toen hij eindelijk in slaap was gevallen, languit tussen de lakens, uitgeput, nat van het zweet en beneveld door de champagne, stond Emma op en waste zich. Als ze de kracht daartoe had gehad of een dodelijk wapen had bezeten, had ze hem misschien wel vermoord. Ze trok haar nieuwe schoenen, kousen, grijze pakje, hoed en regenjas aan en sloop weg uit het hotel. Alles deed haar pijn, alsof ze met kettingen was gegeseld. Om niet gezien te worden nam ze de personeelstrap, kwam langs slaperige bakkers en patissiers en verdween door de achterdeur van het hotel, waar de lucht van rottend afval hing. Het was bijna ochtend en het regende niet meer. Een roze gloed verlichtte de oostelijke hemel. Emma liep naar huis. Anna was als enige al op en zat met een kop warme koffie in de keuken. Ze hield van dit deel van de dag, waarin ze eerst het vuur aanstak en daarna een plan voor haar werkdag maakte. Tot haar verwondering werd er aangebeld, maar ze was niet bang, dus deed ze open. Daar stond Emma.

Later zou ze het verhaal steeds opnieuw vertellen. 'Het arme kind zag eruit als een geest,' zei ze dan. 'Ze viel huilend en jammerend in mijn armen. Ik moest haar vasthouden en troosten tot ik Gründlich kon waarschuwen. Daarna hebben we haar met z'n tweeën naar bed gebracht.'

In de loop van de ochtend kwam dokter Schlesinger en gaf haar een kalmeringsmiddel. Ze had geen letsel opgelopen en omdat ze weigerde te vertellen wat er was gebeurd, kon hij verder niets doen. Edu regelde dat het huwelijk nietig werd verklaard. Otto verdween, de huwelijksgeschenken werden teruggezonden en er werden vage verklaringen gegeven. Emma bleef het grootste deel van die winter in bed. Fräulein Gründlich bracht haar eten, de familie kwam bij haar op bezoek, maar pas in het voorjaar kon ze de ervaring uit haar hoofd zetten. Om de een of andere reden bleef haar alleen het beeld bij van Otto die knielde om haar schoenen uit te trekken. Al het andere had ze diep weggestopt.

Oom Edu gaf haar een aquarel van Cézanne. De dollars gingen terug naar de Amerikaanse bankrekening. De Duitse inflatie was een halt toegeroepen. Hitler zat in de gevangenis. Zeven november was allang verstreken zonder dat de door de communisten beloofde revolutie zich had voltrokken. Sommige mensen zeiden dat het ergste achter de rug was.

HOOFDSTUK 5

1928

Het was begin maart en buiten was het kil. Een dag eerder had het nog voorjaar geleken, maar nu stond er een koude, striemende wind uit het noordwesten. Lene zat bij het raam van haar slaapkamer op de tweede verdieping en keek uit over de tuin van haar ouders. Ze was acht maanden zwanger en haar huwelijk met Tom was geen succes. Ze waren drie jaar getrouwd en hadden die hele periode in het huis in de Guiollettstrasse gewoond. Nathan en Caroline hadden de ongebruikte opslagruimten en dienstbodekamers op de bovenste etage laten verbouwen tot een alleraardigst appartement. Anna was de enige bediende die nog inwonend was, en Fräulein Gründlich had nog steeds haar kamer op de eerste verdieping, die was uitgebreid met Lenes vroegere slaapkamer.

Fräulein Gründlich zag er nauwelijks een dag ouder uit dan toen ze voor de familie Wertheim was komen werken. De huid van haar ronde, open, tikje boerse gezicht was nog strak en glad, de lijntjes rond haar ogen waren fijn, en haar haar was weliswaar iets dunner geworden, maar was nog even bruin als altijd. Ze verheugde zich op de komst van Lenes baby. Haar eenvoudige christelijke geloof was niet aan het wankelen gebracht door haar jarenlange werk bij een nietreligieus Joods gezin, maar was juist verbreed en verrijkt met een goede smaak en stadse ruimdenkendheid. Ze bedacht vaak hoe blij ze mocht zijn dat de Almachtige haar ervoor had behoed te trouwen met Alois, die nog steeds voor Jacob werkte en intussen een klein, mager, afgetobd vrouwtje en een hele rits kinderen had.

Lenes appartement op de tweede verdieping was heel 'modern', met zorg ingericht volgens strakke lijnen, in de juiste verhoudingen en zonder allerlei tierelantijnen. Vaak vroeg ze zich af waarom dat functionalisme niet doorwerkte in de gecompliceerde, slordige manier waarop ze hun leven hadden ingericht. Op dat vlak heersten barokke wanorde en onrust.

Tom werkte bij een kleine maar prestigieuze uitgeverij die naam had gemaakt met het drukken van prachtige boeken in beperkte oplagen. Voordat hij op zijn huidige werkplek terechtkwam, had hij het met weinig succes in een aanzienlijk aantal andere branches geprobeerd. Zijn vader, die nog leefde, keurde zijn baan niet goed, maar zijn vader had nog nooit iets van Tom goedgekeurd. Hij had talloze pogingen gedaan een zakenman van zijn zoon te maken en dat pas opgegeven omdat hij er de energie niet meer voor had. Toen duidelijk werd dat Tom met 'dat meisje van Wertheim' ging trouwen, had de oude man hem bij zich geroepen.

'Ik heb er geen bezwaar tegen dat je met een Jodenmeisje trouwt,' had hij gezegd. 'Haar familie is achtenswaardig en vooral rijk. Ze wonen langer in Frankfurt dan wij. Maar daar gaat het nu niet om. Eduard Wertheim is een zeer bekwaam en vermogend man. Hij kan deuren openen en ik wil dat hij dat voor jou doet. Naar welke baan of studie ik je ook heb gestuurd, je bent altijd teruggekomen met de klacht dat het werk of het vakgebied je niet lag. Ik heb je een betrekking bij een bank bezorgd en een half jaar later was je er weer weg. Ik denk dat je niet eens hebt geleerd wat een hypotheek is. Als je met dat mooie meisje gaat trouwen, wil ik dat je er profijt van hebt. Vraag Eduard Wertheim om een baan.'

Tom schrok. Hij miste de ambitie die nodig was om een gewaagde stap te durven zetten.

'Vooruit!' zei zijn vader. 'Niet verlegen zijn. Je naam alleen al zou je kracht moeten geven. Je moet hem niet vragen, maar zéggen dat hij je een aanstelling moet geven, of bij een bank, waar hij veel invloed heeft, of als dat je niet ligt, bij de stoffenhandel. Ik kan me niet voorstellen dat míjn zoon zo weinig zakeninstinct heeft dat hij zich niet kan handhaven in het eenvoudigste baantje bij een handelsonderneming! Het enige wat je hoeft te doen is nauwgezet en eerlijk zijn en hard werken – want dom ben je niet – en voor je het weet ben je onderdirecteur. In de ambtenarij en de zakenwereld wemelt het van de mannen die het precies zo doen en een lang, productief leven leiden. Niemand hoeft zich daarvoor te schamen.'

Tom sprak met Lene, maar verder kwam hij niet. Lene zinspeelde erop tegen haar vader, die weer iets tegen Edu mompelde toen ze een keer samen lunchten. Edu nodigde Lene uit op de thee en vertelde haar dat hij niet van het Leger des Heils of de werkverschaffing was. Hij was niet zo cru tegen haar als hij tegen Emma was geweest, maar wel resoluut. 'Laat hem zelf een baan zoeken,' zei hij. 'Als ooit blijkt dat hij iets kan, zien we wel verder. Trouw met hem als je wilt. Je krijgt een bruidsschat en een inkomen, maar meer kan ik je niet beloven.'

Lene deed in algemene termen verslag van dit gesprek, waarbij ze de positieve kanten benadrukte en de negatieve toon afzwakte, en tegen de tijd dat de informatie tot de oude Von Bre-Ba was doorgesijpeld klonk het alsof zijn zoon een belofte was gedaan voor de toekomst, iets wat bijna zeker was en zou gebeuren als ze een paar jaar getrouwd waren.

Met haar dikke buik in een wollen jurk die haar logge lijf als een tent omhulde, zat Lene voor het raam en keek hoe de kale takken van de kastanjeboom stram heen en weer bewogen in de wind. Ze dacht na over haar huwelijk. Het leek wel of dat het enige was waar ze tegenwoordig over nadacht, vooral als ze alleen was. De baby schopte. Dat vond ze een heerlijk gevoel, want het betekende dat het kindje leefde. Als ze haar jurk ophees, kon ze haar buik van vorm zien veranderen en asymmetrisch of puntig zien worden door het bewegen van de baby. Ze vond het fijn om zwanger te zijn. Soms dacht ze zelfs dat ze liever zwanger was dan getrouwd. Dit had ze helemaal voor zichzelf. Al had ze het niet alleen gemaakt, ze koesterde het nu alleen. Ze droeg leven in zich, ze zou moeder worden. Alles wat ze ooit had gedaan zonk daarbij in het niet.

Eigenlijk had ze bar weinig gedaan. Ze had nog geen jaar op het Pedagogisch Instituut gezeten of er was haar verzocht te vertrekken. Het was een vreselijke vernedering geweest, en waarschijnlijk een van de redenen dat ze had besloten te trouwen. Al vanaf het begin had ze problemen met de studie gehad, en toen ze uit Italië terugkwam had ze zich buitengesloten gevoeld. Niemand wilde haar helpen of bijpraten, en het kostte haar moeite de aantekeningen van de gemiste lessen te krijgen. Ze werd meteen in het diepe gegooid en moest met kinderen werken, wat lastiger bleek te zijn dan ze had gedacht. Het waren belhamels, die altijd smoezelig waren en geen ontzag hadden. Althans, niet voor haar. Ze weigerden haar te gehoorzamen en waren niet in toom te houden. Ze kon gewoon niet tegen hen op.

Thuis sprak Lene er met niemand over, maar ze ging praten met tante Eva, die was verhuisd naar een van de moderne flatgebouwen voor arbeiders van Ernst May, een gebouw dat speciaal voor werkende vrouwen was ontworpen. Eva luisterde aandachtig en deed haar best om uit te leggen onder welke maatschappelijke omstandigheden deze kinderen opgroeiden. Lene knikte. Dat snapte ze allemaal best en ze had er alle begrip voor, maar...

'Is het weleens bij je opgekomen dat je misschien domweg geen aanleg hebt voor het onderwijs?' vroeg Eva.

Toen Lene enkele maanden later voor een examen zakte en door een zevenjarige tegen haar schenen werd geschopt, werd ze bij de directeur geroepen, die haar vriendelijk doch beslist meedeelde dat de faculteit het beter vond als ze haar studie staakte, zodat haar plaats vrijkwam voor iemand die 'meer kans maakt ten volle te profiteren van het onderwijsprogramma zoals dat door het Pedagogisch Instituut wordt aangeboden en na het voltooien van de studie capabel zal zijn de Duitse jeugd tucht, orde en plichtsbesef bij te brengen, waarnaar het instituut streeft'.

Al haar familieleden steunden haar en probeerden haar te troosten, maar zelfs hun liefste opmerkingen en voorzichtige rationele verklaringen konden niets afdoen aan haar gekwetstheid. Van al haar naasten was oom Jacob het meest praktisch in zijn hulp en steun. Hij stelde voor dat ze drie dagen per week bij hem in de boekwinkel kwam werken.

'Dan verdien je geld en doe je iets nuttigs,' zei hij. 'En wie weet kun je het vak leren.' Zijn aanbod werd dankbaar aanvaard. Lene had plezier in het werk en bleef het doen tot ze in verwachting raakte, maar het kon de knagende herinnering aan haar blamage niet helemaal verdrijven.

In de tijd dat ze parttime bij Jacob werkte, was ze kooklessen gaan volgen. Ze wilde zichzelf bezighouden en wist zeker dat dit niet op een mislukking zou uitlopen. Toen ze op een dag zonder veel hulp van Anna een waarlijk verrukkelijke ragout had gemaakt, vroeg haar vader: 'Gaan Tom en jij ooit nog eens trouwen?'

Lene haalde haar schouders op. Ze was met haar gedachten helemaal bij de ragout geweest.

'Hij zou een uitstekende kokkin krijgen,' zei Nathan.

De avond daarna zaten Tom en Lene op hun gebruikelijke plaatsen helemaal boven in de zaal van het operagebouw – de ouders van Tom hadden geen loge meer – te luisteren naar *La forza del destino*, terwijl ze stukjes chocola voerden aan de muizen die er bivakkeerden. 'Mijn vader vindt dat we moeten trouwen,' zei Lene.

'Is hij het niet eens met onze huidige regeling?'

'Ik geloof niet dat hij het als een regeling beschouwt.'

'O,' zei Tom. Een van de muizen at bijna uit zijn hand.

'Wat vind jij ervan?' vroeg Lene.

'Ik heb er geen bezwaar tegen.'

Iemand achter hen siste lang en hard om hun het zwijgen op te leggen. Een paar maanden later waren ze getrouwd.

De familie Wertheim, die nog niet helemaal over de vreselijke gebeurtenissen rond Emma's bruiloft heen was, keek vol vertrouwen uit naar die van Lene. Het werd uiteindelijk een eenvoudige, vrolijke aangelegenheid, eerder een kinderfeestje dan een bruiloft. De jonge mensen dansten, en Tom was net zo onderhoudend en hoffelijk als hij jaren geleden op zijn gekostumeerde feest was geweest. Lene was ontwapenend verlegen en straalde. Het feest duurde tot diep in de nacht. Niemand leek deze veilige haven te willen verlaten.

Toms ouders waren niet aanwezig; ze waagden zich niet meer buiten de deur. Het eens zo mooie herenhuis, waar ze alleen met hun bedienden woonden, was nooit meer het toneel van feestelijke ontvangsten. De grote balzaal was permanent in een sombere schemering gehuld: de gordijnen waren dicht, de grond was stoffig en er lagen witte lakens over het meubilair. Het oude echtpaar had al hun kinderen behalve Thomas begraven en wist niet altijd meer wie hij was.

En zo waren Tom en Lene naar het appartement op de tweede verdieping van de Guiollettstrasse verhuisd, en er waren vele uren op vele dagen dat Lene zich helemaal niet getrouwd voelde. Hoewel ze zelf een keukentje hadden, aten ze bijna altijd beneden mee. Lene was het recept voor de ragout vergeten. De werkster kreeg van Caroline wat extra betaald om het appartement eens per week een 'grondige beurt' te geven. Fräulein Gründlich was er nog steeds, en Lene bedacht dat ze een kind wilde.

Tom kon zich, vaag en vrijblijvend als altijd, niet voorstellen dat hij vader zou worden. Nu nog niet, in elk geval. Later misschien, als alles op orde was.

'Wat bedoel je daarmee?' vroeg Lene.

'De wereld is een chaos. Overal heerst onenigheid, de mensen zijn hysterisch en vliegen elkaar voortdurend in de haren. Ik vind het angstig om een kind – een kwetsbaar wezentje – op deze wereld te zetten.'

'Baby's kunnen wel wat hebben,' zei Lene, 'en er zijn vaker slechte tijden geweest.'

'Niet zoals nu.'

'Het lijkt altijd erger als je er middenin zit. Stel je voor dat je in de tijd van de Dertigjarige Oorlog leefde.'

'Dan had ik waarschijnlijk ook geen vader willen worden.'

'Maar je zou niet hebben geweten hoe je dat moest voorkomen!'

Lene was tot de conclusie gekomen dat Tom ongrijpbaar was. Hij bood vrijwel geen weerstand, het ene moment was hij er en het volgende niet, vluchtig als een rookpluimpje dat op een koele zomerochtend vriendelijk uit de schoorsteen van een boerderij kringelt. Als ze hem iets moest vragen over de boekhouding of hem wilde vertellen over haar zorgen, was hij weg. Als hij ergens geen zin in had, verdween hij. Zijn fysieke verschijning bleef misschien wel bij haar, maar zijn geest was gevlogen. Toch hield ze hem op een dag stevig vast, en vier maanden later begon haar buik dikker te worden en ging er leven in haar bewegen.

Hun sociale leven draaide steeds meer om het café. Ze hadden nu hun *Stammtisch*, hun vaste tafel, en een kring van vrienden die zich eromheen schaarden. Ze bevonden zich aan de periferie van Frankfurts intellectuele en artistieke elite: hun gezichten waren bekend, maar niemand wist precies wie ze waren. Lene was het nichtje van Edu

Wertheim, maar de schilder Max Beckmann kon nooit op haar achternaam komen. Haar man was knap en charmant, maar wat deed hij ook weer? Lene verveelde zich. Tom begon een boek te schrijven. Als hij in het café de plot en de personages met Lulu besprak, praatte Lene met Paul Leopold.

Lene keek op haar horloge. Nog geen tijd voor de lunch. Ze was dol op haar appartement. Alles had er zijn plaats, de stalen buizen van haar Breuer-stoelen glommen wanneer de zon van achter de wolken tevoorschijn kwam, en ze vond dat het handgeweven tafelkleed er warmer en luxueuzer uitzag dan het damasten kleed van haar moeder. De baby hield zich even rustig. Morgen was het Aswoensdag.

Dat betekende dat het vandaag *Karneval* was. Het jaarlijkse gemaskerde kunstenaarsbal van die avond beloofde bijzonder feestelijk te worden. Er was een jazzorkest ingehuurd dat naar men zei uit echte Amerikaanse negers bestond en de nieuwste muziek uit Harlem speelde. Lene en Tom hadden met hun vrienden afgesproken in het café en zouden daarvandaan met de hele groep naar het bal gaan.

Lene, die haar toestand niet kon verbergen, had besloten zich te verkleden als de maagd Maria die een plaats zocht in de herberg. Tom vond het een prima idee, maar weigerde Jozef te spelen. Na hevige discussies en het uitpluizen van een hele stapel boeken besloot hij als sultan te gaan. Daarvoor had hij een tulband en een kromzwaard nodig, een valse baard, meters stof voor een wijde pofbroek, een brede sjerp, een golvende cape, en niet te vergeten de hulp van Fräulein Gründlich. Lulu zei dat ze Sheherazade zou zijn. Paul verkondigde dat het allemaal onzin was en dat hij als zichzelf kwam.

Tom vond dat Lene op een ezel moest komen, zodat iedereen meteen begreep wie ze was, maar dat bleek onuitvoerbaar, dus besloot Lene een speelgoedezel van Steiff mee te nemen. Ze baseerde haar kostuum – een volumineuze blauwe mantel over een wit hemd en een warm, rood wollen gewaad – op de *Medici-Madonna* van Rogier van der Weyden uit het Städel. Eigenlijk vond ze de Madonna van Van Eyck veel mooier, maar die droeg een rode mantel en ze hadden geen rode stof in huis, terwijl Fräulein Gründlich wel een blauwfluwelen gordijn had gevonden, waarvan ze een statige mantel had gemaakt. Lene had een aureool uit goudpapier geknipt, op stevig karton gelijmd en er een wit lint aan vastgemaakt, dat ze om haar hoofd knoopte.

Frankfurt was die dag vol feestvierders. Ze paradeerden en hosten door de straten van de Altstadt als pierrots, clowns en minotaurussen. De bruinhemden die zich hier en daar onder hen mengden, vielen nauwelijks op in de schreeuwende, zingende mensenmassa.

Tom en Lene namen een taxi tot ver in de Altstadt. Een paar straten voor het café liet de chauffeur hen uitstappen, want daar werd het gedrang te erg om nog door te kunnen rijden. Hij schudde zijn hoofd over het gekostumeerde stel. 'Let maar goed op uw zwangere vrouw,' zei hij tegen Tom.

'Ze is maagd,' vertelde Tom.

Confetti dwarrelde over de feestvierders, en serpentines vlogen uit de ramen en krulden zich rond de papieren hoedjes en groteske maskers van de menigte. De mensen die geen masker droegen, hadden hun gezicht met felle kleuren beschilderd. Overal om zich heen zag Lene demonen, *Het laatste oordeel* van Torcello was tot leven gekomen. De afschuwelijke maskers bezorgden de dragers ervan een heerlijke anonimiteit. Lene wilde dat haar gezicht niet zo onbedekt was.

Ze had het café nog nooit zo rokerig, vol en lawaaierig meegemaakt. Paul Leopold zat met zijn eeuwige versleten donkere pak, gekreukte witte overhemd en zwierige vlinderdasje in de hoek in zijn schrift te schrijven, met een glas brandewijn en een kop koffie voor zich op tafel. Zijn vingers waren zwart van de inkt en hij leek zoals altijd op een aardmannetje.

Lene ging naast hem zitten. Zijn aanwezigheid gaf haar houvast. Hij was het middelpunt van het steeds wisselende gezelschap. Als hij er niet was braken er ruzies uit die niet gesust werden en werd iedereen chagrijnig van verveling. Paul keek even op van zijn schrift om te laten merken dat hij haar had gezien. Lene voelde zich alsof ze bij hem op audiëntie kwam. Tom was verstrikt geraakt in een drom bewonderaarsters. Zijn lange, rechte gestalte stak boven hen uit en zijn blauwe ogen contrasteerden eigenaardig met zijn snor van zwarte schoensmeer. Om hem heen klonk het gelach van de vrouwen op, en hun handen fladderden over zijn kostuum. Lulu's stem kwam boven alle andere uit.

'Goedenavond, Lene,' zei Paul. Hij stopte even met schrijven en hield zijn hoofd schuin alsof hij naar geluiden uit een andere wereld luisterde. Dat deed hij vaak.

'Wat hoor je?' vroeg ze.

'Ouverture Leonore nummer 3,' zei hij. 'Hoor je de trompet achter de coulissen?' Hij zong de noten volkomen zuiver, al was zijn stem schor van de drank.

'Ach, Beethoven!' zei hij, en toen hij Lene recht aankeek, zag ze dat zijn ogen bloeddoorlopen waren. 'Besef je wel dat er nazi's marcheren in het land van Goethe en Schiller?' fluisterde hij. 'En weet je wat ze zingen? Ze zingen een alleraardigst versje, en het gaat zo...' – hij verhief zijn stem maar een beetje – '"*Wenn das Judenblut vom Messer spritzt, dann geht's noch mal so gut!*" Fraai, hè?'

Zijn melodieuze Oostenrijkse tongval contrasteerde vreemd met de dreigende tekst. Paul Leopold zei altijd dat hij uit Wenen kwam, maar op een avond had hij Lene ergens in de loop van een beschonken monoloog bekend dat hij in een Joods gehucht in Galicië was geboren. 'Dit heb ik je nooit verteld en als je erover begint, ontken ik het,' had hij onmiddellijk daarna gegromd.

'En wat denk je dat de brave Duitse burger daarop zegt?' vroeg hij nu. 'Hij zegt: "Doe de deur dicht, Sieglinde, en zet de grammofoon wat harder. Zullen we een stukje van de Negende Symfonie beluisteren? *Alle Menschen werden Brüder.* Dát is het echte Duitsland, ons vaderland. Het andere gaat wel weer voorbij." En Sieglinde zegt: "Ik zou niet graag onder de bolsjewieken willen leven." En ze nemen nog een glas bier. Ze zouden zelfs Joods kunnen zijn, onze brave Duitse burgers.'

'Praat maar liever niet over zulke dingen,' zei Lene.

'Geloof jij ook dat het voorbij zal gaan?' vroeg hij.

'Er is altijd antisemitisme geweest.'

'En pogroms.'

'Maar...'

'Maar niet in Duitsland, wou je zeggen. Moeder Gods,' zei hij, 'je Joodse schoonheid is verbluffend. Misschien is het kind dat je draagt wel onze Verlosser.'

'Ik hoop dat het een meisje is,' zei Lene.

'Dat is de clou van een beroemde Jiddische mop. Zal ik hem vertellen?'

'Als hij grappig is.'

'Een journalist interviewt Maria. "Hoe vindt u het om de moeder van Here Jezus te zijn?" vraagt hij. Zegt ze: "Eerlijk gezegd hadden we op een meisje gehoopt."'

'Die is maar matig grappig,' zei Lene, maar ze glimlachte wel. Paul boog zich weer over zijn schrift en schreef verder. Hij vergat het café om zich heen en was weer terug in de mysterieuze en mythische wereld van zijn roman.

'Waarom ben jij niet verkleed?' vroeg Lene.

'Vind je niet dat ik er van mezelf al bespottelijk genoeg uitzie?'

'Je ziet er helemaal niet bespottelijk uit,' protesteerde Lene. Ze wilde zijn handen aanraken, maar doordat hij zijn armen over elkaar had geslagen, zaten ze veilig weggestopt.

'Wanneer komt de baby?' vroeg Paul.

'Dat kan elk moment gebeuren.'

'Waarom wil je een kind op deze wereld zetten?'

'Dat is een vraag die alleen een man kan stellen.'

'Krijg ik nu een feministische preek?'

'Van mij niet. Maar het was zo'n theoretische vraag dat ik het even niet kon laten. Het is prachtig om een kindje in je buik te voelen bewegen. Daardoor verliezen dat soort overwegingen hun betekenis. Ik denk steeds: als dit het enige is wat ik in mijn leven doe, is het toch de moeite waard. En ik geloof dat ik graag een meisje wil omdat alleen een meisje de dingen kan begrijpen die ik aan mijn kinderen zou kunnen doorgeven. Bovendien worden jongens altijd naar het front gestuurd. Weet je, Paul, ik kan nauwelijks bukken en ben bij de minste inspanning buiten adem, maar ik heb me mijn hele leven nog nooit zo goed en gezond gevoeld. En ik heb het idee dat ik onkwetsbaar ben. Dat niets mij of de baby kan deren. Ik ben zo dik als een koe en zo sterk als een os!'

Paul haalde zijn armen van elkaar om een nieuwe sigaret op te steken. Lenes aureool was naar achteren gezakt en hing bijna in haar nek. Tom en Lulu waren diep in gesprek aan het belendende tafeltje.

Terwijl hij door de papieren rommelde die onder en rond zijn schrift lagen, ademde Paul diep in en zei opeens: 'Weet je dat ik een vrouw heb?' Hij keek naar de inkt- en nicotinevlekken op zijn vingers.

'Nee,' zei Lene. 'Dat heb je nooit verteld. Waar heb je haar verstopt?'

'Ze zit in een sanatorium in Davos. Ze heeft tuberculose.'

'Ik had er niet mee moeten spotten. Het spijt me.'

'Het spijt mij ook. Maar daar hebben we geen van beiden iets aan. Als ze gezond was, waren we waarschijnlijk gescheiden. Maar ik kan haar niet verlaten zolang ze ziek is. Ik zit aan haar vast.'

'Waarom vertel je me dit juist nu?'

Paul keek haar nog steeds niet aan. 'Je hebt het nooit gezegd, maar ik weet dat je geen gelukkig huwelijk hebt. Door mijn schrijversinstinct merk ik bepaalde dingen en mijn minnaarshart bevestigt ze.'

'Je bent heel opmerkzaam.'

'Ik zou zo graag een beetje... humor? plezier? in je leven brengen, Lene. Maar ik vond dat ik je eerst over mijn vrouw moest vertellen.'

Paul hield zijn hoofd schuin en keek haar eindelijk aan, en Lene zag de onbeholpen genegenheid die hij achter een rookgordijn probeerde te verbergen.

Om een uur of elf was er een grote uittocht uit het café. Alle kroeggangers waren al een beetje aangeschoten. Hun gelach had iets schrils en hun bewegingen waren clownesk losjes. Lulu hing aan Toms arm. Hij leek slecht op zijn gemak en deed alsof hij niet sterk genoeg was om zich uit haar greep te bevrijden. Lene had een hekel gekregen aan Lulu, die met iedere man flirtte die ze tegenkwam en met iedere vrouw vertrouwelijkheden wilde uitwisselen. Ze roddelde over haar vriendinnen en ging zitten mokken als die haar op hun beurt met de nek aankeken. Maar wat Lene vooral boos maakte was haar valse onschuld, haar zogenaamde kinderlijke naïviteit. Ze klaagde dat anderen haar gebruikten, maar was altijd de eerste die een nieuwe weldoener vond, zich aan allerlei machinaties overgaf om een prijs in de wacht te slepen of aanbood een publieke voordracht te houden. Ze had tegen Tom gezegd dat Lene haar bij hun eerste ontmoeting had beledigd. Toen hij vroeg waarmee, had ze in de verte gekeken en gezegd: 'Ik wil het niet erger maken door erover te praten.'

Ze verlieten het café in een jolige stemming. Het was kil, het soort kilte aan het eind van de winter waardoor je weet dat de lente nog even op zich laat wachten. Tom was naar Lene gekomen om zijn arm door de hare te steken, hoewel Lulu zijn andere hand nog steeds vasthield. Lene had haar speelgoedezel in de hand – als ze erin kneep, balkte hij – en probeerde zo waardig mogelijk te lopen. Ze was boos op Tom, maar doordat haar gedachten bij Paul Leopold waren, hield haar boosheid niet lang stand.

Er waren nog steeds veel feestvierders op straat, maar door de snijdende wind minder dan eerst. De goten lagen vol vertrapte hoedjes, kapotte toeters en ontelbare kleurige papieren krulletjes van serpentines. Paul liep met zijn stapel papier en zijn schrift achteraan. Het gemaskerde bal werd in een grote zaal gehouden. Tot voor kort had er een restaurant in gezeten, gedecoreerd met driedimensionale taferelen, en hoewel de meeste daarvan waren weggehaald, hingen de schaduw van Napoleon en de geest van Hannibal er nog, wat de plek een surrealistische sfeer gaf. Het zwarte jazzorkest speelde de nieuwste Amerikaanse deuntjes en de verklede stellen hopsten op de nieuwste Amerikaanse dansen. Tom danste met Lulu en Lene zat met Paul Leopold aan de kant.

'Jij kunt beter niet dansen,' had Lulu tegen Lene gezegd. 'In jouw toestand kan dat slecht uitpakken.' De rol van onheilsprofetes was haar op het lijf geschreven.

'Paul houdt wel een oogje op je,' zei Tom. Als hij te veel gedronken had, wist hij haar nog gewiekster te ontglippen dan anders. Zijn glimlach was zo breed dat zijn gezicht erachter schuilging.

'Je echtgenoot is een slappeling en een idioot.' Lene schrok van die woorden. Pauls stem had scherp geklonken.

'Wat?' vroeg ze beduusd. Toen kreeg de woede de overhand. 'Dat mag je niet zeggen.'

Paul wist dat hij een vergissing had begaan. Hij wilde niet onvriendelijk overkomen. Hij wees naar een hoektafeltje en veranderde snel van onderwerp. 'Weet je wie dat is?' vroeg hij. 'Die man die verkleed is als ooievaar? Dat is Gareis, de tenor.'

'Ik zou mijn eigen moeder nog niet herkennen als ze hier rondliep als ooievaar.' Lene keek verwonderd naar de verzameling tweebenige beesten en andere wezens.

'Dat komt doordat jij in illusies gelooft,' zei Paul. 'Ik niet. Ik kan door elke vermomming heen kijken. Dat komt me uitstekend van pas, want daardoor ben ik een goede verslaggever. Ik kijk naar de poses, trucjes en gebaren van mijn vrienden en mijn vijanden. Ze houden me niet voor de gek door een masker op te zetten. Maar jij, m'n liefste, gelooft niet alleen in het goede en het ware, maar accepteert de wereld zoals die zich aan je voordoet. Je vormt je een oordeel – in eerste instantie, tenminste – op grond van wat je zíét. Neem mij nou. Dacht je toen je me voor het eerst zag niet: wat een afstotelijke Joodse dwerg, die Leopold? Ontken het maar niet! Ik zal het je niet kwalijk nemen, want ik weet dat je snel genoeg van mening bent veranderd. Dat is een van je aandoenlijke kanten, schone Helene. Je mist de trots waardoor mensen zich aan hun eerste indruk blijven vastklampen. Je neemt de tijd, net als de schildpad, maar geleidelijk kom je tot de juiste, dat wil zeggen, tot dezelfde conclusies als ik. En daarom zijn we voor elkaar geschapen.'

Lene voelde dat ze bloosde, maar ze wilde niet het soort vrouw zijn dat bloost. Voor Paul wilde ze een vrouw van de wereld zijn, al was haar niet helemaal duidelijk hoe ze die toestand moest bereiken. Op dat moment voelde ze een hand op haar schouder en toen ze opkeek zag ze een pierrot, helemaal in het wit, met grote zwarte pompons op de voorkant van zijn wijde pak. Zijn gezicht was prachtig krijtwit opgemaakt. Het was Andreas.

Lene stelde hem voor aan Paul Leopold, die hem een hand gaf en hem doordringend aankeek. Een andere gestalte, in het zwarte kostuum van een schoorsteenveger, stond achter Andreas maar werd niet voorgesteld.

'Is het geen fantastisch bal?' vroeg Lene.

'Waar is Tom?' was de wedervraag van Andreas.

'Die danst met Lulu.'

'Ik heb gehoord dat er vanavond narigheid komt.' Andreas maakte een gespannen indruk. 'Tom moet je snel naar huis brengen.'

'Wat voor narigheid?' Lene was eerder opgewonden dan bang.

'Nazi-narigheid.'

'Aha!' riep Paul uit, en hij herhaalde het akelige refrein dat hij eerder voor haar had gezongen.

'Maar er zijn hier toch niet alleen Joden?' zei ze met een geheel eigen logica.

'In hun ogen zijn we allemaal hetzelfde.' Paul spreidde zijn armen om de hele groep gekostumeerde kunstenaars en hun vrienden aan te duiden.

'Ga alsjeblieft naar huis, Lene,' drong Andreas aan. Maar het was al te laat. Op dat ogenblik was er tumult bij de deur. Eerst leek het alsof er alleen een nieuw groepje gemaskerden binnenkwam. Toen gilde er een vrouw, en de dansers weken langzaam uiteen voor de circa tien mannen in bruine overhemden, ieder met een rode band om zijn arm met een zwarte swastika in een ronde witte cirkel. De banden staken zelfs duidelijk af tegen de bontste kostuums op de dansvloer.

Een van de bruinhemden sprong op een tafel en schreeuwde dat het orkest moest ophouden met spelen. Langzaam en stuk voor stuk gehoorzaamden de musici. 'Doorspelen!' riep iemand in het publiek, en de trompettist blies een paar klaaglijke tonen de rokerige zaal in. De man op de tafel begon de menigte heftig toe te spreken. 'Wakker worden, Duitsers!' schreeuwde hij. 'Zweer je kwalijke gewoontes af.' Andreas legde zijn handen over Lenes oren, maar ze duwde die zachtjes weg.

Terwijl de man zijn leuzen bleef schreeuwen, kwam er plotseling beweging in de menigte. Misschien hadden de mensen achter hun maskers moed gevat, misschien putten ze kracht uit hun aantal en anonimiteit. Als een golf drongen ze naar voren. Degenen die vooraan stonden, gaven elkaar een arm en rukten op naar de nazi's. Een andere groep schaarde zich rond de musici – 'die oerwoudbewoners met hun ontaarde getrommel', had de aanvoerder van de nazi's gezegd – en het orkest begon weer te spelen, niet aarzelend maar op volle kracht. Het werd beschermd door een paar sterke mannen in bizarre kostuums, gewapend met stoelen.

Langzaam kwamen de andere feestvierders steeds dichterbij, en de nazi's deinsden achteruit. Een van hen hief een ploertendoder, die neerkwam op het hoofd van een jonge kelner in de frontlinie. Hij viel achterover. Niemand hoorde hem schreeuwen, maar velen zagen hem ineenzakken en vielen de bruinhemden aan, terwijl het orkest steeds scheller ging spelen, blues en marsmuziek, een Amerikaanse medley met talloze variaties.

De nazi's werden verjaagd. Gehavend en met blauwe plekken vluchtten ze een voor een de straat op.

'We komen terug!' riep hun aanvoerder. 'We komen terug uit naam van onze Führer. *Heil Hitler!*' Toen was hij verdwenen, alleen zijn pet bleef achter, vertrapt op de grond tussen de glasscherven en de gemorste wijn.

Op de dansvloer was de orde snel hersteld, maar er hing een donkere wolk van angst en uitputting over de carnavalsvierders. Ze waren allemaal ontzettend geschrokken en tot in het diepst van hun wezen geschokt. Langzaam dansten ze, als in een droom, op de laatste deuntjes van die nacht. Lene, Tom, Andreas, Paul, Lulu en de naamloze schoorsteenveger zaten rond een tafel, maar niemand zei een woord. Paul had vanaf het begin van het incident snel en onophoudelijk zitten schrijven.

'Wat doe je?' vroeg Lene.

'Het enige wat ik kan. Ik ben schrijver, en zodra ik iets zie of hoor, pak ik automatisch mijn pen en krabbel iets neer. Later ga ik het analyseren en nog later streep ik de helft weg.'

Tom legde zijn hand op Lenes arm. Het was weliswaar een aarzelend gebaar, maar het herstelde de intimiteit tussen hen. Lulu was in slaap gesukkeld. Andreas zat dicht naast de schoorsteenveger en Lene zag dat hun knieën elkaar raakten.

'Hoe voel je je?' vroeg Tom.

'Prima,' zei Lene. 'Ik ben niet eens moe.'

Het duurde lang voordat ze een taxi hadden gevonden. De dag brak aan. Het silhouet van de Dom tekende zich zwart af tegen de lichtgrijze lucht. Het was Aswoensdag. Hier en daar liepen vrouwen haastig naar de kerk om het askruisje op hun voorhoofd te ontvangen. Ze passeerden de laatste gekostumeerde feestvierders die op weg naar huis waren. In het ochtendlicht zagen ze eruit als de achterblijvers van een leger dat zich had teruggetrokken. Terwijl de stad om hen heen tot leven kwam, gewekt door klokgebeier, verdwenen de laatste gemaskerde geesten. De straatvegers namen hun plaats in, en even leek het alsof zelfs de bruinhemden met hun swastika's samen met de andere nachtspoken in rook waren opgegaan.

Nadat ze de gordijnen van de slaapkamer had dichtgetrokken tegen het licht, viel Lene in een diepe slaap. Ze had de donsdeken behaaglijk om zich heen getrokken en lag zo lekker dat ze niet wakker wilde worden, zelfs niet toen ze een stekende pijn in haar onderbuik voelde. Het was geen vreselijke pijn, maar wel anders dan anders, nieuw. Ze had nog nooit zoiets gevoeld, zelfs niet tijdens haar menstruatie. Ze was doodmoe en wilde alleen maar slapen, maar die rare pijn kwam en ging, kwam en ging. Ik hoop dat alles goed is met de baby, dacht ze, bij de herinnering aan Lulu's boze oog. Toen ging ze zitten en sperde haar eigen ogen open. 'Tom!' riep ze, en ze schudde hem door elkaar, maar hij kroop alleen maar dieper onder de dekens. 'De baby komt.' Ze dacht dat hij haar hoorde. 'Ik kom zo,' mompelde hij. Ze kleedde zich snel aan en ontdekte pas toen ze klaar was dat hij weer in slaap was gevallen.

Beneden, bij haar ouders, was de dag al begonnen. Caroline ontbeet op haar kamer, Fräulein Gründlich had net zes zakdoeken en een blouse gestreken en Emma gaf de planten water. 'Het is zover!' riep Lene. Binnen vijf minuten was ze met Emma in een taxi op weg naar het ziekenhuis. Enige tijd later verscheen Tom beneden, in een van zijn goede pakken, zijn haar netjes gekamd, zijn schoenen glanzend, zijn tanden gepoetst. 'Waar is Lene?' vroeg hij aan Fräulein Gründlich. 'Ze is toch niet zonder me vertrokken, hoop ik?'

Vier uur later werd het meisje geboren. Het was een gemakkelijke bevalling, al woog ze een fikse acht pond. Ze krijste hard en liep rood aan. Haar ronde, rimpelige gezichtje werd omlijst door een bos lichtbruin haar. 'Ze ziet eruit als een boze inboorling!' zei Edu toen hij haar zag. Lene moest lachen en drukte een kus op de zachte plek boven op het hoofdje van haar dochter.

Ze noemden haar Clara.

Lene gaf de baby drie maanden de borst. Het was een vrolijke en gelukzalige tijd voor haar. Ze zat in haar nieuwe Thonet-schommelstoel in de zonnige woonkamer van hun appartement, op slechts enkele meters afstand van haar ouders, Emma en Fräulein Gründlich, en keek hoe de baby tevreden aan haar plotseling voluptueuze borsten zoog. Ze was bang geweest dat ze niet genoeg melk zou hebben – de gouvernante had haar meer dan eens gewaarschuwd dat haar borsten te klein waren – maar die angst bleek ongegrond te zijn.

'Clara lijkt sprekend op Lene toen ze een baby was,' zei Hannchen elke zondag als ze op bezoek kwam. 'Afgezien van haar blonde haar en blauwe ogen,' merkte Emma dan op. Caroline liet zich nooit een kans ontnemen om het fotoalbum te halen, waar ze zich daarna aandachtig overheen bogen. Het mollige, rustige meisje was inderdaad het evenbeeld van Lene als baby. 'Haar vader heeft er weinig aan bijgedragen,' merkte Edu droog op.

Caroline stond erop dat er een kraamhulp werd ingehuurd om Lene te helpen. 'Ik betaal,' zei ze. Daarmee was de kous af en op een dag verscheen Schwester Adele, voorzien van uitstekende aanbevelingen. Van het begin af aan waren er problemen. Ze had niet verwacht een moeder aan te treffen die de borst gaf en deed haar best dat te saboteren. Maar Lene liet zich, koppig als ze was, niet intimideren. Schwester Adele had aanmerkingen op de voeding van de baby, woog haar voortdurend en beweerde dat ze niet genoeg aankwam. Ze beschuldigde Fräulein Gründlich van bemoeizucht en kreeg zelfs woorden met de goedhartige Anna omdat de maaltijden niet naar haar zin waren.

Toen Fräulein Gründlich zich op een dag in tranen had teruggetrokken in haar kamer, vertelde Caroline de kraamhulp met een zeldzaam vertoon van vastberadenheid dat ze die middag om vijf uur het huis moest hebben verlaten. Nadat Schwester Adele haar loon had gekregen – Caroline was zo genereus haar tot het einde van de week te betalen – vertrok ze woedend en zonder spijt te betonen. Toen ze weg was, ontdekte de familie dat haar kamertje vuil was en vol lag met nazitraktaten, waaronder een pamflet over de genetisch bepaalde minderwaardigheid van de Joden.

Lene tobde er een tijdje over. Toch boden de verkiezingen, die op 20 mei werden gehouden, reden tot voorzichtig optimisme. Hoewel de democratische coalitie licht verlies leed, kregen de socialisten 153 zetels in de Reichstag en de nationaal-socialisten maar 12. Helaas zouden ze bij stemmingen ongetwijfeld vaak worden gesteund door de nationalisten, die 73 zetels kregen. De dikwijls onvoorspelbare communisten hadden er 54. Het was heerlijk zacht lenteweer en voorlopig slaakten de meeste democratisch gezinden een zucht van verlichting en concentreerden zich op andere dingen. Maar Lene droomde voortdurend van bruinhemden die haar door de stad achtervolgden.

Op een keer schrok ze midden in de nacht met een luide kreet wakker.

'De nazi's komen,' huilde ze. Tom probeerde haar te troosten. 'Ze zitten achter me aan,' zei ze.

'Onzin,' vertelde Tom haar, 'wie zou jou iets willen doen?'

De volgende dag kwam hij er onder de middagmaaltijd op terug. 'Mijn vrienden op kantoor denken dat de rechtse partijen kunnen worden beteugeld zolang de economie gezond blijft. De nazi's en de communisten zullen elkaar in de haren vliegen en buiten westen slaan, en daar profiteren wij dan van, veilig achter onze tuinmuren.'

'Heb je er weleens bij stilgestaan hoe onzeker de situatie is?' vroeg Lene. 'Er hoeft maar iets te gebeuren of alles stort als een kaartenhuis in elkaar. Als ik naar de huismeester van oom Jacob kijk, of zijn werkster... Ze zijn zo boos. Ze denken dat de wereld slecht is omdat vrouwen korte rokken dragen en sigaretten roken. Bij het minste of geringste worden ze woedend. En van de nazi's mogen ze de Joden als zondebok gebruiken. Snap je dat niet, Tom?'

'Ze willen alleen hun zelfrespect terug. Ze zijn nooit over het verlies van de oorlog heen gekomen. Ze zijn volgzaam en willen graag dat iemand anders hun vertelt wat ze moeten denken en doen. Ik heb net zo'n hekel aan ze als jij, misschien nog wel meer. Ze zijn erop uit om ónze wereld te vernietigen, niet alleen de jouwe.'

'Maar wat moeten we doen?'

Tom haalde hulpeloos zijn schouders op.

'Emigreren!' riep Lene uit.

'Dat zou ik nooit kunnen,' zei Tom.

Lene praatte erover met Nathan. Ze zaten thee te drinken in de tuin. Clara lag te slapen in de kinderwagen, die in de schaduw van de kastanjeboom stond. Over de smeedijzeren tafel lag een schoon wit tafellaken. Caroline had pas nieuwe kussens voor de stoelen gekocht. 'Wat gaat er gebeuren, papa?' vroeg Lene.

'Ik wou dat ik het wist,' zei Nathan. Lene vond hem met de dag ouder en vermoeider lijken. 'Als je het mij vraagt, stevenen we op een dictatuur af. Kijk maar naar Mussolini! De toekomst zal worden bepaald door massabewegingen. De fascisten in het westen, de communisten in het oosten. Daar zullen we mee moeten leren leven.'

'Maar ze zeggen dat ze de Joden gaan vermoorden!'

'We hebben wel vaker pogroms meegemaakt. Naties zijn opgekomen en ten onder gegaan, maar de Joden bestaan nog steeds. Wij zijn het geweten van de wereld en niemand kan ons uitroeien.'

Toen kwam Caroline de tuin in en ging naast Lene zitten. Ze had haar aquarelverf meegenomen. De pioenrozen stonden in volle bloei en ze wilde hun pracht tegen het frisse lichtgroen van de struiken vastleggen.

'Ik weiger mijn kostbare tijd te verspillen aan politieke problemen,' verkondigde ze, en uit haar besliste toon bleek overduidelijk dat ze het meende.

'Het antisemitisme vergiftigt de Duitse psyche al tientallen jaren,' zei Nathan. 'Er is waarschijnlijk geen ander westers land waar de Joden zo'n belangrijke rol spelen in de nationale geschiedenis en tegelijk zo geminacht worden.'

'Ernst is nog steeds van plan om naar Palestina te gaan,' zei Lene. 'Hij denkt dat daar onze enige hoop ligt.'

'We wonen hier al sinds het begin van de zestiende eeuw,' zei Nathan. 'We zijn Duitsers. Wat hebben wij in Palestina te zoeken?'

'Je broer Ernst is een romanticus,' zei Caroline.

Met Emma viel er helemaal niet over de kwestie te praten. 'Het schuim der aarde!' riep ze uit. 'Gespuis, het is allemaal gespuis. Ik weet dat tante Eva dol is op het proletariaat, maar ze zullen zich net zo makkelijk tot het nazisme bekeren als tot het communisme. Je kunt ze niet vertrouwen. Ze geven de rijken overal de schuld van, maar het liefst zouden ze zelf rijk zijn. En weet je,' vervolgde ze, 'de Joden gaan zelf ook niet vrijuit. Ze zijn streberig. Je ziet ze overal, in de regering, het theater, de kranten. Waar je maar kijkt zie je Joden. Ze vinden zichzelf slimmer dan anderen, en misschien zijn ze dat ook wel, maar je hoeft het anderen niet zo in te wrijven.'

Lene wist niet om wie Emma zich kwader kon maken, de bruinhemden of de Joden. Ze besloot dat het beter was helemaal niet meer met haar zus over politiek te praten.

Tante Eva had haar eigen interpretatie en haar eigen antwoord op deze kwesties. 'Je moet niet vergeten dat het allemaal draait om de klassenstrijd,' zei ze tegen Lene toen ze op een zondagmiddag op bezoek was. Eva veranderde nooit. Haar kleding was altijd hetzelfde, haar haar was weliswaar wat grijzer, maar nog steeds kort met een pony, haar schoenen waren praktisch en stevig. Lene vond Eva's ernst en integriteit ontroerend en kwam voor haar op als anderen kwaad over haar spraken. De enige tekortkoming die ze bij haar tante kon ontdekken, was haar vaste geloof in de vervolmaking van de mens en een utopische heilstaat.

'Het zijn de lagere middenklasse, de militaristen en de rijke zakenlui die zich aangesproken voelen door het nazisme. De Communistische Partij probeert de arbeiders te mobiliseren, zodat de revolutie van links kan komen en niet van rechts.' Eva zuchtte. 'Vroeger dacht ik dat het makkelijk zou zijn. Ik dacht dat je de arbeiders alleen maar hoefde te laten zien wat hun positie in de kapitalistische maatschappij was en dat ze dan ogenblikkelijk in opstand zouden komen en de onderdrukker zouden verslaan. Maar zo makkelijk is het niet. En de fascisten zijn slim: door de Joden als zondebok aan te wijzen, leiden ze de aandacht af van de échte problemen. De arbeiders, die grote armoede lijden – ik hoop dat je dat beseft, Lene – roepen om brood, en de nazi's roepen terug: "De Joden hebben brood, ga het daar maar halen!"'

'Maar wat kunnen we beginnen?' vroeg Lene. Ze had Clara net de borst gegeven en hield haar nu tegen haar schouder. De baby was half in slaap, en Eva keek met zo veel genegenheid en verlangen naar haar dat Lene een steek van medelijden voelde voor de kinderloze oude vrijster die overliep van liefde en tederheid en van de hele wereld moest houden, omdat ze nooit een geestverwant had gevonden die haar behoefte kon vervullen.

'Als iedereen de linkse partijen steunt in plaats van almaar te willen bewijzen hoe patriottistisch hij is, kunnen we misschien één front vormen. Dat is de enige manier om ze te verslaan.' Eva's gezicht kreeg even een wanhopige uitdrukking. Maar wanhoop was geen emotie die ze toeliet. 'Wat er ook gebeurt,' zei ze, 'we mogen het niet opgeven.'

Clara liet een harde, gorgelende boer.

'Mag ik haar vasthouden?' vroeg Eva. Toen Lene het meisje in haar armen legde, wiegde ze haar zachtjes en kuste haar ronde gezichtje, en opnieuw werd Lene geroerd door de onbeholpen liefde van haar tante.

Jacob trok een lelijk gezicht toen hem naar de toestand in de wereld werd gevraagd. Lene was bij de boekwinkel langsgegaan op weg naar het theater, waar ze kaartjes ging halen voor een stuk van Ernst Toller. Jacob stak de draak met de nieuwe toneelschrijvers. Hij noemde hen salonsocialisten en beschuldigde hen ervan dat ze ideeën vervingen door slogans, en politiek belangrijker vonden dan talent.

'Kunstenaars zullen de wereld nooit veranderen,' zei hij. 'Vertel dat je vrienden maar namens mij. Soldaten en uitvinders, die veranderen de wereld. Kunstenaars krijgen na afloop opdracht een monument te maken. Het zijn individualisten die er net zo vaak naast zitten als iedereen. Als er een dictatuur komt, van welke politieke kleur dan ook, belanden zij het eerst in de cel.'

'Denkt u dat de nazi's aan de macht komen?'

'Misschien niet de nazi's, maar in elk geval het rechtse blok,' zei Jacob. 'De linkse partijen zullen hun winst niet weten te behouden. Als alles weer slechter gaat, als er genoeg mensen werkloos zijn, zal het evangelie van de nazi's net zo aantrekkelijk klinken als het christendom destijds voor de slaven van Rome. Een plek in de hemel en een eigen religie. Daar spelen ze graag de rol van martelaar voor. En met Hitler hebben ze meteen ook een messias.'

'Meent hij het, over de Joden?'

'Vast wel. Jodenhaat is altijd gemeend.'

'Maar... wat moet er dan van ons worden?'

'We zullen wel weer het getto in moeten. Voor jou is dat ingrijpender dan voor mij.'

'Niet als het Westend het getto wordt.'

'Het zal er hoe dan ook vol worden,' zei hij.

'Oom Jacob denkt dat we allemaal in een getto worden gestopt,' vertelde Lene aan Edu. Ze liepen op een vroege zondagochtend door het Städel.

'Mijn broer maakt altijd van die lugubere grapjes.'

'Heeft hij het mis?'

'Vermoedelijk niet. Hoewel gedwongen emigratie me waarschijnlijker lijkt. We kunnen maar beter overal op voorbereid zijn. Als links de macht overneemt, is dat ook geen pretje. Ik heb Wit-Russische vrienden die zijn gevlucht na de Oktoberrevolutie en hun verhalen zijn niet prettig, wat je tante Eva er ook van mag denken.'

'Toch is het anders als ze je geld afnemen om het aan de armen te geven dan wanneer ze je van alles beroven, misschien zelfs van je leven, omdat je Joods bent.'

'Dood is dood, lieve kind.'

Elias kwam naar hen toe. Hij had belangrijk nieuws voor Edu en wilde het effect ervan niet laten bederven door sombere overpeinzingen.

'Zo is het genoeg met al die nonsens,' zei hij. 'We moeten aan betere tijden denken, aan de wereld die we onze kinderen nalaten. Heb je gehoord dat er weer wat werken uit de collectie Hohenzollern-Sigmaringen te koop zijn?' Hij had zijn arm door die van Lene gestoken, alsof hij wilde voorkomen dat ze wegliep, maar zijn aandacht was op Edu gericht. 'De directeur probeert er een paar voor ons te bemachtigen – voor het Städel – maar daar is veel geld voor nodig. We boren al onze bronnen aan, en nog een paar extra.'

'Hoor ik bij "al onze bronnen" of bij "nog een paar extra"?' vroeg Edu.

'Waarschijnlijk bij allebei. We komen vast wel twee keer langs.'

'Is er een kans dat ik zelf ook ergens op kan bieden?'

'Waarom niet? Wij kunnen niet álles kopen. Maar we moeten wel zorgen dat we niet tegen elkaar opbieden. En eigenlijk vind ik dat al die kunstwerken in een museum thuishoren.'

'Dat zeg je toch niet tegen een verzamelaar!'

'Misschien zal jouw collectie op een dag ook in een museum terechtkomen, zodat de hele wereld ernaar kan kijken.'

'Denk je echt dat "de hele wereld" deze kunst weet te waarderen?' Edu gebaarde zwierig om zich heen. 'Winkeliers en kantoorbedienden en kinderen die zich te pletter vervelen?' Ze stonden in de zaal waar *De blindmaking van Samson* van Rembrandt hing.

'Ik denk dat ze het schitterend vinden,' zei Lene.

Een klein jongetje dat de hand van zijn moeder stevig vasthield, keek met open mond van verwondering naar het grootse, dramatische tafereel.

'Het is een erg barokke compositie,' zei Elias nogal afwezig.

'Een ideaal schilderij voor bloeddorstige kinderen,' stelde Edu vast.
'Ik vind het ook schitterend,' zei Lene.
'Uiteraard,' zei Edu. 'Het is een Rembrandt.'

Jonah Süsskind, die met zijn vrouw Hildegard en hun vier kinderen in Wiesbaden woonde, onderhield nauwelijks nog contact met zijn familie. De schuld daarvan werd vrijwel volledig bij zijn vrouw gelegd. Maar hoewel ze er bekrompen ideeën op nahield en zich buitensporig druk maakte over haar plaats in de hogere kringen van Wiesbaden, was dat niet genoeg om de verandering te verklaren – je kon het een totale ommekeer noemen – die zich in Jonahs leven had voltrokken. Behalve een succesvol huisarts, die de rijken en zwaarlijvigen, de genotzuchtigen en maaglijders behandelde die in groten getale naar Wiesbaden kwamen om te kuren, was hij ook een fanaat op het gebied van gezondheid en persoonlijke hygiëne. Hildegard en hij geloofden dat vitaliteit voortkwam uit vreugde en dat vreugde voortkwam uit een regime van koude baden, lange wandeltochten, zwemmen in bergmeren, conditietraining en krachtmetingen die bij voorkeur in de brandende zon werden gehouden. Ze wilden overal op voorbereid zijn, want ze vermoedden dat er een tijd zou komen waarin ze hun energie en discipline moesten tonen.

Bettina, de vrouw van Elias, die vaak niet serieus werd genomen omdat iedereen haar vooral vermakelijk vond, was het er niet mee eens dat alleen Hildegard de schuld kreeg. 'Hij is een vrij man,' zei ze. 'Hij heeft zijn eigen leven ingericht.'

'Hij wilde altijd al met een rijke vrouw trouwen en opgenomen worden in de hogere kringen,' bevestigde Eva.

'Toch is het volgens mij allemaal háár schuld,' zei Caroline. 'Ze heeft hem omlaaggehaald, naar haar niveau.'

'Hij zal niet makkelijk zijn om mee te leven,' zei Emma. 'Hij heeft geen respect voor vrouwen.'

'Laten we het over iets anders hebben,' stelde Nathan voor. 'Zolang hij gelukkig is als geslaagd arts in Wiesbaden, gerespecteerd door zijn patiënten en collega's...'

'Ik geloof niet dat hij gelukkig is,' hield Caroline vol. Emma vroeg zich af waarom ze zo nodig het laatste woord moest hebben.

Terwijl het voorjaar overging in de zomer en Clara met de dag vrolijker en molliger werd, werd de kloof tussen Lene en Tom steeds breder. Het was niet iets waar je de vinger op kon leggen, ze maakten nooit ruzie, maar het gebeurde net zo onherroepelijk en gestaag als het zwaarder worden van de baby. Hij was steeds langer achtereen van huis. Als hij dan weer verscheen, was hij net zo attent als altijd. Hij praatte met zijn schoonfamilie, gaf de baby een kus en glimlachte naar Lene. Soms hield hij Clara zelfs in zijn armen. Maar hij leek zich altijd afzijdig te houden en voordat je het wist was hij weer weg. Lene kon hem niet vasthouden. Hij zei dat hij een bloemlezing van hedendaagse Duitse poëzie samenstelde en naar alle uithoeken van het land moest reizen om met dichters over hun werk te praten. Vaak belde hij van kantoor om te zeggen dat het later werd. Lene, die zich nog steeds in de schoot van haar familie bevond, raakte gewend aan Toms afwezigheid. Ze kwam tot de conclusie dat het eigenlijk wel prettig was om alleen te zijn, want ze was toch nooit echt alleen.

Clara was goedlachs, kreeg kuiltjes in haar wangen, en iedereen was dol op haar. Lene ging vaak met Emma naar een concert of een tentoonstelling en zag haar nichtjes Jenny en Julia regelmatig. Ze gingen een weekend met zijn vieren naar Salzburg, en toen Clara de borst niet meer kreeg, brachten Emma en Lene een week in Sankt Moritz door. Elias en Bettina waren daar ook, samen met Benno, die nu achttien was en te zwaar, maar wel ongelofelijk intelligent. Ze maakten lange wandelingen en Lene dacht maar zelden aan Tom.

Toen ze weer in Frankfurt waren, waar Fräulein Gründlich voor Clara had gezorgd, een taak die ze zich niet liet afnemen, ontdekte Lene dat Tom het grootste deel van zijn kleren in zijn leren kofferset had gepakt en voor de zomer was vertrokken naar Weimar, waar zijn uitgever net een klein bijkantoor had geopend.

Caroline noch Nathan sprak met Lene over Toms verdwijning, als het dat tenminste was. Zelfs in hun onderlinge gesprekken hadden ze het er niet over. Alleen Fräulein Gründlich sneed het onderwerp aan toen Emma en zij op een dag met Clara in de kinderwagen door de Palmengarten liepen.

'Ik vind het niet goed dat ze zo apart wonen. Daar komt alleen maar ellende van.'

Emma was het niet met haar eens. 'Lene heeft geen man nodig,' zei ze op enigszins felle toon. 'Ze is volkomen tevreden met de situatie. Wat maakt het uit of Tom voorgoed vertrekt? Zolang Lene de baby, haar familie en het appartement heeft, hoeft ze zich geen zorgen te maken.'

Fräulein Gründlich had er spijt van dat ze iets had gezegd. Ze besefte dat Emma alles door de vervormende bril van haar eigen onfortuinlijke ervaring zag. Ze moest oppassen dat ze geen oude wonden openhaalde. Fräulein Gründlich dacht dat Emma zwakke zenuwen had. Ze stortte zich steeds meer op liefdadigheidswerk en besteedde haar tijd voornamelijk aan het bijstaan en opbeuren van zieken en blinden en het begeleiden van arbeidersvrouwen die in de steek waren gelaten door hun man of in elkaar geslagen door hun vriend. Elke liefdadigheidsinstelling in Frankfurt wist dat Emma altijd bereid was een royale schenking te doen.

Lene was al maandenlang niet meer in het café geweest, maar aan het begin van een zachte zomeravond besloot ze er een glas wijn te gaan drinken. Ze had Paul Leopold sinds het kunstenaarsbal niet meer gezien. Het was een heerlijke avond en niets deed meer denken aan de gure winter of de deprimerende aanblik van geweld. Lene liep onbevreesd door de straten van de Altstadt. Vrouwen stonden te roddelen bij de fonteinen, terwijl hun dochtertjes hinkelden op met krijt getekende hinkelbanen en hun mannen aan motorfietsen sleutelden of bier dronken bij de kroeg op de hoek. Lene voelde zich hier geen buitenstaander; ze aaide de kinderen over hun bol, glimlachte naar de vrouwen en knikte naar de mannen. In hun ogen was geen zweem van de verschrikkingen van die winter te bespeuren.

In het café heerste dezelfde kalmte. De deuren en ramen stonden open en de straat kwam op een vredige manier binnen, met de geur van geraniums en het gelach van kleine meisjes. Paul zat op zijn gebruikelijke plaats. Het was nog vroeg en hij was alleen. Lene liep rechtstreeks naar hem toe en haar glimlach was zo stralend dat hij die onwillekeurig beantwoordde. Hij wilde haar hand pakken om die te kussen, maar ze trok hem weg, liet zich in de stoel naast hem zakken en gaf hem een kus op zijn wang.

'Hou op met die Weense manieren,' zei ze. 'Je weet dat ik een hekel heb aan "*Küss' die Hand, Madame*".'

'Het is een charmante gewoonte uit een ander tijdperk, toen hoffelijkheid nog werd gewaardeerd.'

'Onzin,' zei Lene. 'Je romantiseert het. Juist zo'n cynicus als jij zou moeten weten wat een rotte appels er onder in die mand lagen. Lehár en Strauss en de Habsburgers. Je hebt toch wel van dokter Freud gehoord?'

'Ik had nooit gedacht dat ik die naam nog eens uit jouw mond zou horen, m'n kind.'

'Nou, ik geloof niet in al die onzin dat psychoanalyse mensen kan genezen, maar ik denk wel dat zijn ideeën over het onderbewuste waar zijn.'

'De goede dokter is ongetwijfeld blij dat Lene Wertheim uit Frankfurt am Main de deugdelijkheid van zijn theorieën erkent. Maar hij zou het zeker met me eens zijn dat hoffelijkheid nooit misplaatst of ouderwets is. Ik ben ervan overtuigd dat híj de hand kust van iedere mooie jonge vrouw die zijn kantoor binnenkomt.'

'Hoe gaat het met je werk? Waar ben je mee bezig?'

'Vertel eerst eens iets over jóú, je leven, je kind. Je bent mooier dan ooit!'

'Mijn dochtertje is mollig en aanbiddelijk.'

'En je leven?'

'Mijn leven is vrijwel hetzelfde.'

'Mollig en aanbiddelijk?'

'Rustig en saai.'

'En Tom?'

'Die zie ik niet veel.' Lene probeerde luchthartig en koel te klinken, maar ze kon een lichte trilling in haar stem niet onderdrukken. Ze durfde Paul niet aan te kijken, want ze wist dat hij haar onderzoekend opnam. 'Hij is veel op reis.'

'Met Lulu?'

'Waarom zeg je dat?'

Met zijn scherpe gehoor had Paul in Lenes stem de verrassing opgevangen, die aan schrik grensde, en hij besefte dat hij te veel had gezegd. Hij probeerde terug te krabbelen. 'Dat was een onnozele vraag.'

'Jij stelt nooit onnozele vragen,' zei Lene. 'Jij legt razendsnel verbanden en die kloppen bijna altijd. Nu je het hebt gezegd, kun je het niet meer terugnemen.'

'Het spijt me. Ik dacht dat je het wist.'

'Ik ben niet achterdochtig van aard.'

'Misschien ben je niet jaloers?'

'Dat zou kunnen.'

'Misschien hou je niet genoeg van Tom.'

'Ook dat kan waar zijn.'

'Laat je alles zoals het is?'

'Zolang er niets gebeurt.'

'Dat kan tot in lengte van dagen duren.'

'Laten we erover ophouden,' zei Lene. 'Ik wil liever horen hoe het met jou gaat.'

'Ik ben zo rijk als Croesus! Mijn boek verkoopt goed, ik word misschien naar de Balkan gestuurd, of ik ga naar Parijs... en als dat gebeurt, neem ik jou mee!' Hij wierp een handvol zilveren munten op tafel. 'Bestel de beste wijn. Leopold kwam, zag en overwon!'

'Ik zou dolgraag met je naar Parijs gaan.'

'Je kent me niet, Lene. Ik ben een wispelturig man.'

'Je hebt talent en humor.'

'Is dat genoeg voor je?'

Lene gaf geen antwoord. Buiten was het donker geworden. Het was nu druk en rumoerig in het café, en er begonnen mensen bij Pauls tafeltje langs te komen. Lene kon niet meer rustig met hem praten. Hij was een publieke persoon, de 'schrijver aan het cafétafeltje'. Lene zag de mensen verholen, nieuwsgierige blikken op haar werpen en bespeurde een voorzichtige welwillendheid. Het was duidelijk dat ze niet wisten hoe ze zich tegenover haar moesten gedragen. In de afgelopen paar maanden was hun beeld van Lene veranderd; zou dat nu weer veranderen? Lulu stond bij hen in hoger aanzien dan Lene. Lulu was dichteres, geen bourgeois meisje uit een goede familie. Aan de andere kant stond Paul in hoger aanzien dan Tom, misschien zelfs wel hoger dan Tom en Lulu bij elkaar, en als Lene met Paul omging, betekende dat dat ze als het ware tot het kringetje was toegelaten.

In het café werden hartsaangelegenheden net zo minutieus besproken als de romans van Proust of de muziek van Alban Berg. Lene merkte dat ze de plagerijtjes en de typische cafégesprekken had gemist. Ze genoot van haar nieuwe positie en beschouwde die als erkenning van haar intellect. Nu zag ze beter dan vroeger dat Paul onmisbaar was voor het 'toneelstuk' dat de groep leek op te voeren. Hij was de poppenspeler die de regie had, zijn anekdotes zetten de toon en bepaalden wanneer er werd gelachen. Hij was degene die van onderwerp veranderde of het gesprek een andere wending gaf. Als hij niets meer zei en zich weer aan zijn schrift wijdde, werd de stemming bedrukt. Er werd zachter en minder levendig gepraat.

Het was na middernacht toen Lene voor het eerst op haar horloge keek. 'Het is laat,' zei ze zonder veel overtuiging. 'Ik moet eigenlijk naar huis.' Ze dacht niet dat Paul zou aanbieden met haar mee te lopen, maar het kon nooit kwaad hem aan de test te onderwerpen.

'Hoe ben je van plan thuis te komen?' vroeg hij.

'Ik vind wel een taxi.'

'Ik ben blij dat je onafhankelijk bent,' zei Paul. 'Ik hou niet van vrouwen die aan me hangen.'

Lene stond op. 'Je bent lomp,' zei ze.

'Het spijt me. Dat is mijn afkomst weer. De Weners hebben de naam galant maar ook een tikje vlegelachtig te zijn.'

'Jouw vlegelachtigheid is even ver verwijderd van galanterie als Galicië van Wenen.'

'Touché,' zei Paul. 'Als je een half uurtje wacht, loop ik met je mee naar huis.'

'Ik geloof dat ik nu weg wil.'

Paul haalde haar in toen ze net de deur uit was. Hij had zijn papieren snel in een nieuwe leren aktetas gestopt. 'Het beste van het beste,' zei hij, terwijl hij erop klopte. 'Spul van klasse voor een schrijver van klasse. Weet je waar ik hem heb gekocht?'

'Je hoort je interesse voor "het beste van het beste" niet zo te etaleren,' vertelde Lene hem korzelig. 'Dat is vulgair.' Ze dacht aan wat Emma had gezegd over zonderlinge Joden en was opeens verdrietig.

'Ik kan niet zonder een mooie verpakking, mijn werk wel,' zei Paul, die naast haar liep. Hij was iets kleiner dan zij. 'Ik ben lelijk, in tegenstelling tot mijn werk. Mijn werk is waarschijnlijk het mooiste van Duitsland en Oostenrijk. Het heeft geen elegant omhulsel nodig. Maar mensen die me op straat tegenkomen weten dat niet. Daarom heb ik een dure aktetas.'

'En als een dief hem in de gaten krijgt?'

'Ik verlies hem nooit uit het oog. En als je zoals ik uit een land van dieven komt, laat je je niet zo makkelijk bestelen.'

De nacht werd bekroond door een volle maan. Die hing recht boven de Dom en haar zachte licht viel over de stad. Het gleed elk dakkamertje en elke tuin in, en glipte tussen de bladeren van de kastanjebomen door om in tere, trillende, poederachtige vlekken op de verlaten trottoirs te vallen. Paul en Lene liepen langs de Main tot bij de Anlagen, sloegen toen af naar het noorden en wandelden verder onder de bomen. Die nacht leek alles veilig. Zelfs de tippelaarsters maakten zo weinig geluid dat het leek of ze op blote voeten liepen. Paul en Lene raakten elkaar niet aan, maar liepen dicht bij elkaar, zo dicht dat Lene sigaretten en brandewijn en de frisgewassen geur van zijn witte overhemd rook. Op de hoek van de Guiollettstrasse bleven ze staan en kusten elkaar. Lenes lichaam, dat verstijfd was doordat ze zichzelf in bedwang had gehouden, ontspande, smolt en bloeide open. Er stroomde een hunkering door haar ledematen die heviger was dan ze voor mogelijk had gehouden. Ze sloeg haar armen om Paul heen en drukte zich tegen hem aan, terwijl ze bedacht dat ze wel maanziek leek, want ze had nooit geweten dat ze de beelden van seksueel genot kende die plotseling bij haar opkwamen.

'We kunnen naar mijn huis gaan,' fluisterde Paul. 'Dat is niet ver hiervandaan. En ik heb nog een fles goede wijn. Word je thuis verwacht?'

'Nee.'

'Weet je het zeker?'

'Had ik je nog niet verteld dat ik volwassen ben?'

Ze liepen gearmd verder naar Pauls huurkamer. Het kosthuis was een alledaags, compact gebouw achter een pasgeverfd ijzeren hek. Afgezien van zijn kleren, een typemachine en een wekker was er in de kamer niets wat Paul toebehoorde. Hij deed het licht niet aan. Lene zag alleen de maan aan de andere kant van het raam. Bij het matte, roomkleurige schijnsel kleedden ze elkaar uit en bedreven de liefde.

Het vermogen van Edu Wertheim was enorm gegroeid. Hij had verstandige transacties gedaan op de beurs, geen risico's genomen en gezorgd voor voldoende spreiding in zijn portefeuille. Ook de waarde van zijn kunstcollectie was gestegen, maar hij kocht alleen dingen die hij echt graag wilde hebben en lachte om de suggestie dat hij een koopjesjager was. Binnen de familie bleef hij op zijn beminnelijke, ironische manier de scepter zwaaien, en niemand vocht zijn beslissingen aan. Het was gemakkelijker om te doen wat hij zei en je over te geven aan de rustige ordening van zijn plannen. De enigen die zich aan zijn invloed onttrokken, waren twee van zijn neven: Ernst in Berlijn en Willy, de zoon van Siegmund, die wiskunde studeerde in Göttingen. Ze wisten dat zijn koele vormelijkheid tegenover hen werd ingegeven door teleurstelling en niet-ingeloste verwachtingen. Had hij gehoopt dat een van hen in zijn voetsporen zou treden en als een zoon voor hem zou zijn? Als dat zo was, zei hij er nooit iets over, maar de zweem van geringschatting in zijn stem als hij het over zijn 'twee geliefde schooiers' had, gaf Lene altijd de indruk dat de druiven zuur waren. Andreas ontkwam aan zijn afkeuring, misschien omdat hij in Frankfurt een bescheiden reputatie had opgebouwd als muziekrecensent, misschien omdat hij regelmatig op de thee kwam, onberispelijk gekleed en geurend naar citroenzeep.

Edu reisde veel. Hij ging naar Parijs voor de opera en naar Londen om zijn kleermaker, het theater en Lady Samuel te bezoeken, maar zoals veel Duitsers hield hij het meest van Italië. Terwijl Nathan en Caroline vegeteerden in een oersaai hotel in de Zwitserse bergen en Siegmund en Pauline met hun auto naar Monte Carlo en de renbaan van Longchamp toerden, bezocht hij Napels en Sicilië, waar hij over de ruines van tempels klauterde en zich liet rondrijden in hobbelende ezelwagens. Hij was altijd even zelfverzekerd en liep nooit een haaltje op in een van zijn mooie Engelse pakken of een krasje op zijn glanzend gepoetste schoenen.

In augustus 1928 nodigde hij Emma uit om met hem naar Florence te gaan. Sinds haar 'rampzalige ervaring', zoals het binnen de familie werd genoemd, had hij zich altijd extra om haar bekommerd. Edu had Julia ook meegevraagd, maar zij had een gecompliceerde verhouding met een tweederangsschrijver en Edu was bang dat die complicatie haar tot in Florence zou achtervolgen, dus had hij zijn uitnodiging in de vorm van een ultimatum gegoten.

'Als je je problemen oplost, mag je mee,' had hij tegen haar gezegd. 'Je weet dat je altijd welkom bent, maar ik ben geen voorstander van liaisons met getrouwde mannen, vooral niet als de vrouw in kwestie jong en ongehuwd is. Het hoort niet en maakt je alleen maar ongelukkig.'

Julia bracht Lene woordelijk verslag uit van het gesprek. 'Wat is hij toch hypocriet,' zei ze. 'We weten allemaal dat hij al jarenlang een relatie heeft met Lady dinges.'

'Maar die is niet jong en ongehuwd.'

'En hoe speel jíj het klaar?'

'Ik heb geleerd te zwijgen over dingen die niemand iets aangaan.'

Hannchen was de enige die met Edu over zijn privéleven sprak. De oude dame was vijfenzeventig en nog steeds vief, hoewel ze haar appartement in Edu's huis zelden uit kwam.

'Of je met haar trouwt of niet, je zult er hoe dan ook spijt van krijgen,' zei ze. Edu gaf geen antwoord, maar glimlachte en klopte haar op de hand.

Elias, Bettina en Benno gingen mee naar Florence, waar ze allemaal op kosten van Edu in Hotel Minerva logeerden. Daarvandaan bezochten ze dagelijks plaatselijke bezienswaardigheden. Met de baedeker in de hand maakten ze uitstapjes naar het platteland, en om Bettina een plezier te doen gingen ze een keer met de auto helemaal naar Pisa, dat tachtig kilometer van Florence lag. Ze had het Camposanto daar altijd overweldigend mooi gevonden en had een grappig gedicht in de *Frankfurter Zeitung* gepubliceerd over alle mogelijke souvenirs in de vorm van een scheve toren die te koop waren bij de stalletjes rond het grasveld eromheen. Ze maakte tekeningen van Duitse toeristen in hun lederhosen met de replica's in hun hand.

Benno, die van een mollige jongen was uitgegroeid tot een corpulente jongeman, wist de anderen met veel gehijg en gepuf bij te houden. Hij beklom de vele treden van de scheve klokkentoren, maar toen hij boven was knikten zijn knieën zo hevig dat hij moest gaan zitten. Hij deed zijn ogen dicht en leunde tegen de verweerde oude stenen, terwijl hij zich met zijn hoed koelte toewuifde.

'Je maakt je mooie linnen pak vuil!' riep Emma uit. 'Sta op, dan leg ik een zakdoek neer waar je op kunt zitten.'

'Die worden niet gemaakt in die afmetingen,' zei hij met een schaapachtige grijns. 'Help me alsjeblieft naar beneden.' Emma loodste hem de hele wenteltrap weer af. Hij was een van de weinige mannen die ze kende voor wie ze geen enkele angst koesterde, en ze klemde zich net zo stevig aan zijn arm vast als hij aan de hare. Giechelend van opluchting kwamen ze beneden aan. 'Dat nooit weer,' zei Emma.

Benno was in de voetsporen van zijn vader getreden en had kunstgeschiedenis gestudeerd. Nu hield hij zich in het Kaiser-Friedrich-Museum in Berlijn onledig met het verrichten van metingen aan het Pergamon-altaar, waarover hij een monografie aan het schrijven was. Hij had al meer woorden weggestreept dan hij had laten staan en was aan zijn vijfde versie bezig. Benno combineerde de hoffelijkheid en encyclopedische kennis van zijn vader met de verstrooide, geamuseerde houding van zijn moeder. Alleen zijn lichaam was van hemzelf. Hij leek niet gebukt te gaan onder zijn enorme gewicht, maar er eerder houvast aan te ontlenen.

Op een chic feest later in de week ontmoetten ze Bernard Berenson, de uitgeweken Amerikaanse kenner van Italiaanse schilderkunst. Hij was drieënzestig en klein van stuk. Zodra hij Emma in het oog kreeg, wilde hij aan haar worden voorgesteld. Ze was gevleid dat deze beroemde man belangstelling voor haar had en ze converseerden een tijdje in het Engels, een taal die Emma – 'lang geleden,' zei ze – op school had geleerd.

'Je beheersing van het idioom is verbluffend,' zei B.B. galant. Hij nodigde haar uit om bij hem op bezoek te komen, maar tegen die tijd had Emma de sater herkend in zijn fijnbesneden, bebaarde gezicht en ze sloeg de uitnodiging af. B.B. was er echter van overtuigd dat ze op haar weigering terug zou komen.

Hij praatte met Elias Süsskind over haar. 'Die jonge vrouw is werkelijk een schoonheid. Ik begrijp dat ze een nicht van Eduard Wertheim is?'

'Ze is ook mijn nicht,' zei Elias. 'De oudste dochter van mijn zus.'

'Betoverend, in één woord betoverend!'

'Wil je iets kopen of verkopen?' Elias mocht B.B. niet.

Het gezicht van de oudere man vertoonde slechts een zweem van de woede die in hem opwelde. Hij herinnerde zich dat de onderdirecteur van het Städel zijn toeschrijvingen een paar keer in twijfel had getrokken en altijd gelijk had gehad. Hij hoopte dat de man hem niet in de weg zou lopen bij zijn poging in de gunst te komen bij Eduard Wertheim en diens nichtje. Hij stelde een gezamenlijk uitstapje naar Siena voor. Ze zouden er een dagtocht van maken, twee auto's huren, lunchen op de Piazza del Campo en alle bezienswaardigheden bekijken, waaronder een paar die, zo liet B.B. doorschemeren, de meeste toeristen niet te zien kregen.

'Mijn neef komt morgen aan en brengt een vriend mee,' vertelde Edu hem. Hij had die ochtend een telegram van Andreas ontvangen. Hij hoopte dat de oudere heer zich niet overweldigd zou voelen door zo'n groot gezelschap.

'Ich bin Kummer gewöhnt,' – ik ben gewend aan problemen – zei B.B. met een ironisch lachje, om aan te geven dat hij alles wist over de valkuilen van familie-uitjes.

Het bleek die dag schitterend, typisch Italiaans weer te zijn. Er werd lang gepalaverd over de indeling van de auto's. B.B. manoeuvreerde zichzelf handig naast Emma, die had besloten met Andreas en zijn vriend mee te rijden. Kurt werd voorgesteld als componist, maar Emma had nog nooit van hem gehoord. Haar angst dat Andreas een onmogelijke figuur zou meebrengen bleek gelukkig ongegrond. Kurt was een keurige, zwijgzame jongeman van ongeveer dezelfde leeftijd als Andreas. Uit dankbaarheid voor dit vertoon van goede smaak voelde Emma zich geroepen extra aardig voor het stel te zijn. Ze praatte dan ook de hele reis van ruim een uur met hen tweeën, en B.B. zat in een hoekje te mokken.

Ze werden afgezet voor de Duomo, en de twee chauffeurs beloofden om half zeven terug te zijn. Nadat ze het gebouw van binnen en buiten hadden bezichtigd, daalden ze door de kronkelige straatjes af naar de Piazza del Campo. Nu en dan konden ze tussen de bakstenen huizen door al een glimp zien van de schelpvormige piazza met zijn hellende plaveisel. Toen ze er aankwamen, werden ze aangenaam verrast door de warmte van de ochtendzon en gingen even op een caféterras zitten om espresso te drinken. B.B. gaf een uiteenzetting over de plek die Siena innam te midden van de belangrijkste Italiaanse steden, terwijl Elias hem af en toe met een cynische opmerking in de rede viel.

Emma dronk nerveus van haar koffie en hoopte dat onderlinge onenigheden tot een minimum beperkt zouden blijven. Edu vond het vermakelijk om de groep gade te slaan; hij had er veel plezier in om te zien hoe al deze mensen met elkaar streden om aandacht, elkaar observeerden, beoordeelden en met woorden bestookten, en dat alles tegen de eeuwenoude achtergrond van de rozerode stenen waaruit de stad was opgetrokken. Bettina maakte aantekeningen in haar grote, onleesbare handschrift. Ze doorzag de subtiele manier waarop Edu de verhoudingen om hem heen orkestreerde en wist dat hij Elias weliswaar respecteerde maar vond dat hijzelf een streepje voorhad vanwege zijn geld en in zekere zin superieur was. Alleen met zijn drieën – Elias, Benno en zijzelf – konden ze tegen hem op.

Andreas, verliefd, was nog nooit zo gelukkig geweest. Hij ervoer de schoonheid van Siena met een bijzondere intensiteit, want hij zag haar weerspiegeld in de ogen van zijn geliefde. Hij wilde Kurt aanraken, maar was bang dat er dan een explosie zou volgen die hen allemaal van de aardbodem zou vagen. Hij nam de bezienswaardigheden gretig in zich op, en overal waar hij keek zag hij het gezicht van zijn minnaar.

Benno luisterde naar de discussie tussen zijn vader en Berenson. Hij vond het een amusant gesprek, maar tegelijk hield hij zijn oren open voor ideeën en informatie die hij in zijn geheugen kon prenten. Benno was altijd een toonbeeld van kalmte en zelfbeheersing geweest. Zijn ouders hadden hem van kinds af aan als een volwassene behandeld. Hij was een slechte leerling geweest door zijn weigering zich aan te passen aan de regels en taal van het klaslokaal, en daarom had zijn moeder hem een jaar van school gehaald en hem thuis privéles laten volgen. Zijn docenten waren verbijsterd over zijn enorme kennis, zijn medestudenten plaagden hem en werden boos als hij hen negeerde of met hen mee lachte. Hij stond open voor iedereen en elke ervaring, zijn nieuwsgierigheid kende geen grenzen. Hij nam ideeën tot zich zoals hij at: geestdriftig en hongerig.

Elias vond dat ze de fresco's van Ambrogio Lorenzetti en Simone Martini in het Palazzo Pubblico moesten gaan bekijken. B.B. maakte ontstemde geluiden, maar hij was in de minderheid en moest zwichten. Hij glimlachte naar Emma, die hem op haar beurt vriendelijk aankeek. Daaruit maakte hij op dat ze hem te hulp zou komen als hij in het nauw werd gedreven. Hij begreep dat hij haar moederlijke instinct zou moeten wekken.

Edu betaalde al hun kaartjes met een vanzelfsprekendheid die geen tegenspraak verdroeg. Niettemin was hij zich zeer bewust van de reactie van anderen op zijn gulheid. Hij merkte met voldoening op dat Kurt zich er ongemakkelijk bij voelde en dat B.B. er geen moment bij stilstond.

'Je moet kunstgeschiedenis bij me komen studeren,' zei B.B. tegen Emma terwijl ze naar de schilderijen keken.

'Geef je regelmatig college?'

'Nee, kindje, geen reguliere colleges. Ik heb een hekel aan ongewassen studenten. Ik neem een paar zorgvuldig geselecteerde enkelingen onder mijn hoede en laat ze profiteren van mijn jarenlange studie. Ze wonen in mijn villa en maken deel uit van mijn huishouden. Ik zou jou graag tot de uitverkorenen rekenen.'

Zoals B.B. had verwacht, was Emma gevleid en vond ze dat ze hem niet fair had behandeld. De sater was verdwenen, ze zag alleen nog de wijsgeer.

Na een ochtend tussen de grote kunstwerken hadden ze allemaal honger. Ze aten overheerlijk bij een eenvoudige *trattoria* op de Piazza del Campo en bleven lang aan tafel zitten.

'Wat gaan we vanmiddag doen?' vroeg Emma uiteindelijk.

'Misschien kunnen we ieder onze eigen gang gaan,' zei Elias. 'Ik moet iemand van het museum spreken.'

'Ik heb hier een vriend bij wie ik altijd mag binnenvallen. Wil je zijn Sassetta's zien?' B.B. richtte zich tot Emma, maar het was de bedoeling dat iedereen hem hoorde.

'De zogenaamde Sassetta's,' mompelde Elias; alleen Edu verstond hem.

'Zullen wij teruggaan naar de Duomo, jij, Benno en ik?' vroeg Bettina aan Edu. 'Museummensen vind ik saai, maar het graffito in de marmeren vloer van de Duomo verveelt nooit.'

'Jij mag het zeggen,' zei Edu, en hij wenkte de kelner. Hij betaalde de rekening met een paar grote lirebiljetten. Deze keer pakte B.B. halfhartig zijn portefeuille en mompelde: 'Ik betaal zelf,' maar zodra Edu zijn hoofd schudde, stopte hij hem snel terug. 'Ik trakteer,' zei Edu.

De kelner, die blij was met de vrijgevigheid van de Duitse heer, boog een paar maal, trok hun stoelen gedienstig achteruit en hielp de dames in hun jasjes. B.B. zag dat Emma een parelsnoer om haar gracieuze hals droeg. Hij voelde een sterke drang om haar naar zich toe te trekken en te kussen.

Ze liepen langzaam naar het huis van zijn vriend, de graaf met de Sassetta's. De deur werd opengedaan door een geüniformeerde huisknecht die een lang, gestreept voorschoot droeg. Hij vertelde hun dat de graaf nog lag te rusten maar over korte tijd weer op zou zijn. Terwijl ze wachtten, spraken B.B. en Emma zachtjes met elkaar, en de oude man complimenteerde haar opnieuw met haar vloeiende Engels.

'Je zou iets moeten doen met je talenknobbel,' zei hij. 'Heb je weleens overwogen vertaler te worden?'

'Daar heb ik het geduld niet voor,' zei Emma, 'en ook het literaire talent ontbreekt me. Ik kan alleen maar práten. Ik vind het niet prettig om lang te zwijgen, dus moet ik wel talen leren om me overal verstaanbaar te kunnen maken.'

'Schrijf je brieven?'

'Brieven? Natuurlijk schrijf ik brieven. Maar dat is niet hetzelfde als literatuur, in een brief kun je gewoon babbelen, alsof je tegen iemand praat.'

'Wil je me schrijven als je weer in Frankfurt bent?'

'Met alle plezier.'

De oude historicus gaf haar een kneepje in de hand. 'Niet ál zijn schilderijen zijn echt,' zei hij. 'Maar o, die Sassetta's!'

Toen kwam de graaf binnen. 'Ah, signore Berenson,' zei hij met een hoge, nasale stem. 'U hebt weer een prachtige jonge vrouw meegebracht om naar mijn schilderijen te kijken, mijn geliefde Sassetta's.'

Hij bood hun sherry aan in goudgerande glaasjes niet groter dan vingerhoedjes.

'Alleen de Sassetta's interesseren hem,' vervolgde de graaf. 'Ik vraag hem weleens om naar mijn andere kinderen te kijken, maar dan zegt hij zeer beslist: "Nee, nee, nee!"' Zijn imitatie van B.B. was uitstekend en Emma moest lachen.

B.B. bracht een toost uit op haar gezondheid en op de voorspoed van hun gastheer, en daarna liep hij, alsof hij thuis was, voorop naar een afgelegen studeerkamer. Hij bleef staan voor drie kleine paneeltjes waarop een heilige te zien was tegen de achtergrond van een kaal maar karakteristiek Toscaans landschap.

'Schitterend!' zei Emma.

'Ongekunsteld en charmant,' zei Berenson. 'Geen fantastische schilder, maar erg bekoorlijk. Je moet ook van de kleinere meesters kunnen houden.' Hij wendde zich tot de graaf. 'Wil je ze nog steeds niet verkopen?'

Emma had de indruk dat deze vraag altijd op dezelfde manier werd gesteld als de twee mannen elkaar zagen.

'Alleen een Amerikaan kan dat zo onomwonden vragen,' zei de graaf, en hij stootte een hinnikend lachje uit. 'Amerikanen denken dat alles te koop is. Als ze iets moois zien, willen ze het meteen hebben en als het aan de kasteelmuur vastzit, kopen ze het hele kasteel en brengen het steen voor steen over naar Chicago.'

Emma was ervan overtuigd dat dit deel van de conversatie routine was, een ingestudeerde tekst, tot aan de manier waarop de graaf 'Chicago' uitsprak: zorgvuldig articulerend, als een woord dat hij met veel moeite had geleerd. B.B. haalde zijn schouders op, wreef zich in zijn handen en glimlachte kwajongensachtig. Hiermee leek het onderwerp te zijn afgesloten. Het werd donkerder in de kamer en Emma zag de lucht boven de binnenplaats dieper blauw kleuren. Er sloeg een klok: het was zes uur.

'We moeten onze vrienden gaan opzoeken,' zei B.B. 'Deze charmante jonge vrouw is een nichtje van Edu Wertheim,' vertrouwde hij de graaf op terloopse toon toe. 'Ken je zijn naam?'

'Ach, natuurlijk!' De glimlach van de graaf trok als een blos over zijn gezicht. 'Heeft hij een Sassetta?'

'Ik geloof het niet,' zei Emma.

Een paar minuten voor half zeven waren ze weer bij de Duomo, en na een korte beraadslaging werden ze het eens over de indeling van de auto's voor de weg terug naar Florence. Edu en Bettina reden met Berenson en Emma mee, Benno en zijn vader met Andreas en Kurt. Edu luisterde beleefd naar B.B., die hoog opgaf van de graaf en zweeg over de Sassetta's. Bij een taxistandplaats zetten ze de oudere man af. Hij kuste Emma's handen.

'Kom aanstaande donderdag naar mijn villa voor de thee,' fluisterde hij. 'Er zullen meer bezoekers zijn, maar ik wil dat jij alleen komt. Ik stuur mijn chauffeur om je op te halen.' Hij knikte naar Edu en Bettina.

'*Piacere*,' zei hij, 'het was me een genoegen', maar het klonk als een verwensing.

Een paar dagen later, toen ze de Ponte Vecchio overstaken om de Pontormo's in de Santa Felicitakerk te gaan bekijken, merkte Emma dat ze alleen naast Edu liep en dat de anderen buiten gehoorsafstand waren. Ze vertelde hem over Berensons uitnodiging.

'Heeft hij alleen jou gevraagd?' vroeg Edu.

'Ja,' zei ze, maar omdat het zo kortaf klonk, vond ze dat ze zich nader moest verklaren. 'Er komen nog een paar andere mensen, zei hij, maar hij wil geen al te groot gezelschap.'

'Kijk maar uit voor hem,' waarschuwde Edu. 'Ik heb gehoord dat hij wel een jong blaadje lust.' Het ergerde hem dat hij niet was uitgenodigd. Ondanks al zijn pretenties was Berenson tenslotte alleen maar een ongemanierde Amerikaanse Jood. 'En vertel me naderhand hoe goed zijn schilderijen zijn,' zei Edu. 'Dan weet ik wat ik heb gemist.'

'Die Sassetta's van de graaf waren heel mooi,' antwoordde Emma. Ze was van mening dat ze B.B. iets schuldig was en vond Edu's irritatie kleinzielig.

'Ze zijn niet echt.'

'Wat?'

'De Sassetta's van de graaf zijn vervalsingen. Dat heeft Elias me verteld. Je weet dat ik zijn oordeel vertrouw. Hij zei dat het onduidelijk was uit welke tijd ze stammen. Mogelijk zijn ze wel oud, maar ze zijn niet van de hand van Sassetta en misschien zelfs niet van een leerling van hem.'

'O...' Emma probeerde zich te herinneren of er iets aan de schilderijen te zien was geweest waaruit ze dat had kunnen opmaken.

'Heeft die ouwe boef gezegd dat je moest proberen mij er een te verkopen?'

'Nee!' riep Emma iets te fel uit. 'Zoiets zou hij nooit doen. Ik heb ze horen praten, dat is alles.'

'Ze voeren ongetwijfeld altijd hetzelfde gesprek als er een nichtje van een rijk man op bezoek is,' zei Edu.

Emma had het enorm naar haar zin op de theevisite. B.B. had haar met zijn oude Bentley laten ophalen. De jonge Italiaan achter het stuur reed met veel zwier. Toen ze aankwam bij het huis, dat in de zonnige heuvels boven de Arno lag, bleken er heel wat genodigden te zijn, en Emma viel bij iedereen in de smaak. Alle anderen met wie ze in Florence was hadden er gemakkelijk bij gepast in de grote villa, maar zoals B.B. tegen Emma zei, had hij 'genoeg geleden onder het gezelschap van al die Frankfurtse Joden. Ik heb begrepen dat zelfs Goethes moeder zich over hen beklaagde.' Hij knipoogde naar Emma om duidelijk te maken dat het een grapje was, en ze vergaf het hem. Ze had alle begrip voor zijn verlangen om afstand te scheppen tussen zijn Joodse verleden en het kosmopolitische heden.

Hij had graag een divers gezelschap om zich heen en in de terrasgewijs aangelegde tuin en op de betegelde patio liepen gasten rond van alle mogelijke nationaliteiten. Emma's taalgevoel kwam haar goed van pas. Ze praatte met verscheidene knappe aristocratische Italianen en met een paar Amerikaanse studenten die de zomer in Florence doorbrachten, met adellijke Engelse dames, een steenrijk stel uit Boston en saaie professoren, die allemaal hetzelfde puntbaardje als Bernard Berenson bleken te hebben. Af en toe leidde B.B. haar bij de hand mee naar een hoek en vroeg haar wat ze van de gasten dacht.

'Mijn vrouw is jaloers op je,' vertrouwde hij haar toe. 'Dat is een heel goed teken. Het betekent dat ze denkt dat ik in je geïnteresseerd zou kunnen raken. Maak je geen zorgen,' vervolgde hij toen hij haar geschrokken gezicht zag, 'haar jaloezie is maar spel, op den duur raakt ze altijd op mijn vrienden gesteld.'

Emma was niet voorgesteld aan de vrouw van de kunsthistoricus. 'Ik zou haar graag willen ontmoeten,' zei ze.

'Mary heeft geen goede gezondheid,' zei hij met de gespeelde bezorgdheid van iemand die oud maar gezond is en verwacht nog veel ouder te worden. 'Ze vertoont zich even en verdwijnt dan weer naar bed. Je ziet haar een andere keer wel. Laat me je voorstellen aan iemand die je écht moet leren kennen.'

B.B. nam Emma mee naar een grote vrouw in een wijde jurk die plaats had genomen in een rieten stoel vol kussens en duidelijk van plan was daar de komende paar uur te blijven zitten. Ze rookte een sigaret uit een prachtig bewerkt sigarettenpijpje en droeg grote sieraden om haar hals, armen en vingers. Ze was zo'n opvallende verschijning dat Emma niet kon zeggen of ze mooi of lelijk was. Ze had geen charmante of vriendelijke uitstraling, maar leek ook niet onwelwillend te zijn. Ze wás er gewoon, zoals een berg er is. Je kon op haar gesteld zijn of niet, maar je kon haar niet negeren.

Mabel Hennessy Supino-Botti was ooit getrouwd geweest met een Italiaan van dubieuze afkomst. Niemand herinnerde zich hem, maar iedereen had verhalen gehoord over de stormachtige romance. Die had in elk geval niet erg lang geduurd. Mabel had er een ingewikkelde naam aan overgehouden en een villa, Villa Botti, die weliswaar groot en tochtig was maar een 'goddelijk' uitzicht had. De herkomst van haar geld was al net zo mysterieus als de afkomst van haar ex-man. Ze had geen Amerikaans fortuin geërfd, maar was ook niet afhankelijk van de goedgeefsheid van rijke vrienden. Ze verdiende in elk geval iets met de verhuur van kamers en appartementen in de villa. Ze kon goed met geld omgaan, maar het was duidelijk dat ze niet leefde van alleen de inkomsten van haar *pensione*. Om te beginnen hield ze te veel van lekker eten. Het hoogtepunt van een verblijf in haar villa waren de maaltijden. In de weekends stelde ze haar eetkamer open voor een select gezelschap. De gasten moesten weken van tevoren reserveren en ze weigerde vastberaden om ook maar in één reisgids te worden opgenomen.

Mabels Italiaans was bar slecht, maar ze sprak het met veel volume, overtuiging en gevoel. Emma mocht haar meteen. Ze vond Amerikanen heel open, waardoor je snel vriendschap kon sluiten, zonder alle verwikkelingen van een langdurige kennismaking. En Mabel zelf had zo'n sterke persoonlijkheid dat Emma, die kracht in een vrouw waardeerde maar er bij mannen niets meer van moest hebben, zich erdoor liet overrompelen.

De twee vrouwen praatten in het Engels en Italiaans met elkaar en wisselden informatie en opvattingen uit over allerlei onderwerpen. Ze ontdekten al snel hoeveel ze gemeen hadden, van hun mening over Italianen (gevat en beminnelijk, maar met onverklaarbare wrede trekjes) tot hun oordeel over de nieuwste populaire romanschrijvers. Beide vrouwen waren gretige lezers.

Mabel had haar vierde sigaret opgestoken. 'Ik rook te veel,' zei ze, 'en ik eet te veel. Maar het leven is kort en de verleiding groot. Je moet beslist eens bij me komen eten in Villa Botti. Je zult het heerlijk vinden. Kom aanstaande maandag.'

'We gaan zondag weg.'

'Kom dan morgen. Ik moet je nog een keer zien voordat je weggaat. Dan kunnen we een láng gesprek hebben. En je ziet eruit alsof je wel een stevige maaltijd kunt gebruiken. Er komt een bus tot op anderhalve kilometer van mijn huis. Ik stuur wel iemand met paard-en-wagen om je rond één uur op te halen.'

'Dat moet ik met mijn oom bespreken. Kan ik je morgenochtend bellen?'

'Lieverd, je moet echt zelfstandiger worden. Als je tot aan je dood aan je familie blijft hangen, zul je verwelken en verdorren. Families zuigen het levenssap uit alleenstaande vrouwen. Geloof me, ik kan het weten.'

'Als ik zelfstandig kon worden, zou ik dat zeker doen!'

'Niets is onmogelijk, als je het echt wilt. Ik zal het je leren, schat. Morgen om één uur!'

Ze draaide zich om en begon een gesprek met een van de studenten, zodat Emma geen gelegenheid had om antwoord te geven.

Toen Emma Edu over de afspraak vertelde, zei hij dat hij had gedacht dat ze misschien een laatste bezoek konden brengen aan de Santa Maria del Carmine om de fresco's van Masaccio en de Brancaccikapel nog eens te bekijken.

'Dat kunnen we morgenochtend vroeg doen,' zei Emma, maar Edu beweerde dan andere plannen te hebben.

'Je wordt wel erg zelfstandig,' zei hij, maar de vermaning werd enigszins afgezwakt door zijn ironische toon, zodat Emma het niet nodig vond zich te verontschuldigen.

Het bezoek was in alle opzichten gedenkwaardig. De villa lag op een heuveltje dat uitkeek over het dal van de Arno. Het schaduwrijke terras en de lichte, verzorgde kamers zonder veel opsmuk gaven het huis een tijdloze sfeer, alsof het gewijd was aan zalige, zinnenstrelende genoegens zonder verband met de dagelijkse realiteit. De kokkin deed haar reputatie eer aan, en Emma merkte dat ze met meer smaak at dan anders.

'Zit er een geheim ingrediënt in het eten?' vroeg ze.

'Alleen de magie van deze plek en de betoverende invloed van de eigenaresse.' Mabel, die een van haar volumineuze gewaden droeg, hield even op met roken om grote porties vitello tonnato, gegrilde paprika en rucolasalade te verorberen. 'Heb je geen zin om het komende voorjaar een maand te komen logeren?' vroeg ze. 'Het zou me plezier doen als je een van mijn vaste gasten werd.'

Opnieuw kreeg Emma het gevoel van vrijheid dat ze een dag eerder ook had gehad.

'En zeg nou niet dat je daar toestemming voor moet vragen, want daar wil ik niets van horen. Ik reserveer een kamer voor de maand maart en dan kom je gewoon. Zo eenvoudig is het.'

Ze zag dat ze Emma met nieuwe moed bezielde, dat de jonge vrouw iets verschrikkelijk angstwekkends had meegemaakt. Misschien was ze door haar ouders geslagen of had iemand haar verkracht. Dit scherpe inzicht was typisch Amerikaans. Mabel zag Emma niet met de Europese afstandelijkheid, als iemand die wordt bepaald door haar sociale klasse en nationaliteit.

'Ik zal je schrijven, van de winter, zodat je me niet vergeet. Ik heb het idee dat je het heerlijk gaat vinden. Je zult hier op je plaats zijn. En mijn prijzen zijn niet exorbitant. Vraag maar aan Bernard Berenson. En als je zoals veel vrouwen dat aanstellerige, geaffecteerde gepraat van hem graag hoort, kun je naar hem gaan luisteren wanneer je maar wilt.'

'Hij heeft me uitgenodigd voor zijn lessen.'

'Kijk maar uit voor die ouwe bok!'

'Zoiets zei mijn oom ook al.'

'Je moet duidelijk nog het een en ander leren. Van míj, welteverstaan. B.B. weet dat hij me niet dwars moet zitten.'

Aan het eind van de middag namen ze met een zoen afscheid van elkaar.

Toen Emma die avond met Andreas en Kurt in de bar van het hotel zat en van haar Fernet-Branca nipte, vertelde ze over de uitnodiging die ze had gekregen.

'Zal ik het doen?' vroeg ze. 'Ik zou het dolgraag willen.'

'Dan moet je het zeker doen,' vond Andreas.

'Maar ik wil niemand voor het hoofd stoten,' zei ze. 'Je weet dat papa en mama zich altijd voegen naar oom Edu. En hij schijnt te denken dat er iets twijfelachtigs is aan de mensen die ik hier heb ontmoet.'

'Dat is alleen omdat híj je niet aan hen heeft voorgesteld.' Andreas had zich verzoend met de wereld en kon objectief oordelen. Hij had nog nooit zo'n gelukkige liefdesrelatie gehad. 'Edu trekt graag aan de touwtjes. Ik vind dat je moet proberen van hem los te komen. Het feit dat hij geld voor je apart heeft gezet betekent niet dat je zijn marionet moet worden. Dat heeft hij gedaan omdat *Grosspapa* Wertheim hem dat heeft gevraagd...'

'Hij had minder gul kunnen zijn, daar zou niemand iets van hebben gezegd.'

'Maar zo is hij niet, dat weet je. Hij heeft een onbuigzaam geweten, en bovendien houdt hij van de macht die het hem geeft om geld uit te delen.'

'Hoe heet die vriendin van je, die Amerikaanse?' vroeg Kurt. Gesprekken over Edu verveelden hem.

'Mabel Hennessy Supino-Botti. Waarom?'

'Had je nog nooit van haar gehoord?' vroeg Kurt.

'Nee.'

Emma en Andreas keken allebei verbaasd, maar leken geen van tweeën te willen horen wat hij over haar te vertellen had. Kurt zag dat ze één front vormden en zelfs in hetzelfde ritme leken te ademen. Maar nadat hij tot nu toe de hele vakantie weinig had gezegd, kon hij dit stukje informatie niet voor zich houden. 'Ze is een notoire lesbienne,' zei hij.

Er viel een korte stilte.

'En waarom zou mij dat iets kunnen schelen?' vroeg Emma.

Kurt leek een beetje uit het veld geslagen. 'Tja, dat weet ik niet. Het is in elk geval niet aan míj om een moreel oordeel te vellen.' Hij had er spijt van dat hij erover was begonnen en verlangde ernaar Andreas weer voor zichzelf te hebben. Hij was jaloers op Emma. Het liefst zou hij willen dat de hele familie Wertheim in rook opging. Hij wilde nooit meer met hen op vakantie.

'Luister maar niet naar hem,' zei Andreas tegen zijn zus. 'Doe vooral wat je zelf wilt. Ik betwijfel of die vrouw een gevaar voor je eerbaarheid vormt.'

In een vlaag van genegenheid voor haar broer legde Emma een hand op de zijne. Hij duwde haar hand niet weg, maar tilde die voorzichtig naar zijn lippen en drukte er een kus op.

Die zomer werd Paul Leopold door de *Frankfurter Zeitung* naar Berlijn gestuurd om een serie artikelen te schrijven. De dag voor zijn vertrek belde hij Lene.

'Hoelang wist je al dat je wegging?' vroeg ze.

'Een paar dagen,' loog hij. 'Zo gaat het bij de krant. Je krijgt nog net de tijd om je koffers te pakken.'

Lene wist dat hij loog. Haar stem klonk ijzig. 'Ik wens je veel succes,' zei ze. 'Stuur me maar een ansichtkaart als je een minuutje kunt missen.'

'Weet je wat, kom me daar opzoeken,' opperde Paul in een opwelling. Hij hield er niet van om vooruit te denken.

'Waar moet ik dan logeren?'

'Bij mij in mijn hotel, waar anders?'

'Dat kan ik mijn ouders moeilijk uitleggen.'

'Waarom moet je altijd alles uitleggen aan je ouders?' De aanval was de beste verdediging, vond Paul, en bovendien ging aanvallen hem beter af dan zichzelf rechtvaardigen. 'Ik heb nog nooit iemand gekend die zo burgerlijk was als jij, m'n lieve kind,' zei hij. 'Burgerlijk' was het ergste scheldwoord dat hij kende. Hij had er vele vrouwen mee in tranen gekregen.

'Ik doe wat ik wil, maar ik vind het belangrijk om de schijn van fatsoen op te houden. Ik wil mijn ouders niet choqueren en ik wil op dit moment ook geen discussie met ze aangaan over de toestand van mijn huwelijk. Begrijp je dat niet?'

'Dat is zo hypocriet dat het verspilde moeite is om het te begrijpen.'

'Goed. Tot ziens dan, en veel plezier in Berlijn,' zei ze afgemeten.

'Dus je komt me niet opzoeken? Berlijn is een geweldige stad. Veel kosmopolitischer dan Frankfurt. Je zou die echt eens samen met mij moeten bekijken.'

'Ik laat het je wel weten.'

'Wanneer?'

'Als ik zover ben.'

'Ik hou van je, Lene, ook al ben je hopeloos burgerlijk.'

'Waarom moet je altijd alles relativeren, zelfs je liefde?'

Paul vertrok naar Berlijn met het vrolijke humeur dat een verandering van omgeving altijd bij hem teweegbracht. Wanneer hij ergens te lang bleef, stapelden probleempjes en ergernissen zich op, en als die zijn leven ingewikkeld begonnen te maken trok hij graag verder. Hij had conflicten met sommige collega's, hij had schulden gemaakt... kortom, het was tijd om Frankfurt achter zich te laten. Hij hoopte dat er snel iets op zijn pad zou komen waardoor hij nooit meer terug hoefde.

Maar hij stuurde Lene om de dag een ansichtkaart vol cryptische mededelingen. Fräulein Gründlich kon ze niet ontraadselen, maar ze telde de kaarten uit Berlijn en die uit Weimar, en die laatste konden de eerste in aantal niet evenaren.

'Gaan jullie scheiden?' vroeg ze op een dag aan Lene, en Lene antwoordde onmiddellijk dat ze dat niet wist.

'Je kunt wat jullie hebben nauwelijks nog een huwelijk noemen.' Fräulein Gründlich probeerde zo kalm en zachtaardig mogelijk te klinken.

'Ik heb er nog niet met Tom over gesproken,' zei Lene, 'en hij niet met mij. Dus probeer ik er niet aan te denken.'

Fräulein Gründlich was de eerste die ze vertelde dat ze van plan was naar Berlijn te gaan.

'Ik ga bij Ernst op bezoek,' zei ze.

'En bij de afzender van de kaarten?'

'Bij hem ook.'

Ernst was verrast toen Lene hem belde. Hij kwam nog maar zelden naar Frankfurt, maar schreef korte brieven aan zijn moeder en af en toe een kaart aan de andere familieleden. De meeste berichtjes die Lene van hem kreeg stonden vol adviezen over wat ze moest lezen over het zionisme en het Duitse antisemitisme.

'Ik kom naar Berlijn,' vertelde ze hem op een zondagavond over de telefoon.

'Wat leuk.' Hij klonk behoedzaam. 'Wat is de aanleiding?'

'Ik wil gewoon even weg uit Frankfurt.'

'Midden in de zomer? Waarom ga je dan niet naar de kust of de bergen?'

'Ik heb een afspraak met een vriend in Berlijn.'

'Dat is natuurlijk iets anders. Waar is je echtgenoot gebleven? Je hébt toch nog een echtgenoot?'

'Die zit in Weimar.'

'Maar jij komt naar Berlijn.'

'Ik wil hem niet overvallen in Weimar.'

'Daar kan ik inkomen. Ik hoop dat hij jou niet overvalt in Berlijn.'

'Waarschuw me maar als hij eraan komt. Ik zeg tegen mama dat ik naar jou ga.'

'Ik hoop dat je weet wat je doet. Wie is die vriend van je?'

'Een journalist. Hij heet Paul Leopold.'

'Ik heb artikelen van hem gelezen. Hij is intelligent. Gefeliciteerd. Laat het me weten als je gaat scheiden.'

'In dat stadium ben ik nog niet.'

'Hij is zeker getrouwd?'

'Hoe weet je dat?'

'Ik wist het niet, het was een vraag. Maar de rest kan ik wel raden. Hij kan zeker niet bij haar weg omdat ze krankzinnig is?'

'Ze heeft tb.'

'Nou, dan was ik warm. Het klinkt ideaal.'

'Je zult hem wel ontmoeten, en ik denk dat je hem mag.'

'Ik kan je net zo goed vertellen dat ik ook verliefd ben, en jij zult haar ongetwijfeld ontmoeten, maar ik weet niet zeker of je haar mag.'

'Hoe kun je zoiets zeggen? Ik vind het fantastisch dat je iemand hebt gevonden...'

'Je dacht toch niet dat ik... net als Andreas was?'

'Helemaal niet. Ik vond je te serieus, te veel met je neus in de boeken en altijd maar bezig met politiek.'

'Miriam deelt mijn politieke overtuigingen, maar boeken worden steeds minder relevant voor mijn leven. Ik denk dat we binnenkort naar Palestina gaan. Hoe gaat het met mama? En met papa?'

'Papa is somber en trekt zich steeds meer in zichzelf terug. Mama zondert zich af om te schilderen. Ze brengt één uur per dag met de baby door, schrijft erover in haar dagboek, en dan doet ze de deur achter zich dicht en gaat bloemen en droomlandschappen schilderen. Papa laat de baby voor het avondeten paardjerijden op zijn knie. Dat is het enige moment dat ik hem zie glimlachen. Het lijkt wel of ze allebei in innerlijke ballingschap zijn gegaan.'

'Als het zo doorgaat moeten ze misschien wel echt in ballingschap. Zeg dat maar tegen ze.'

'Ze zouden nog liever doodgaan.'

'Ze zullen niet blij zijn met Miriam.'

'Ze zullen niet genoeg aandacht aan haar schenken om tot een oordeel te komen. Waarom zeg je de hele tijd dat niemand haar zal mogen?'

'Ze komt uit Polen. Mijn geliefde is een *Ostjüdin*.'

'Paul is ook een Ostjude!'

'Is hij er open over?'

'Zelden.'

'Miriam is er niet alleen open over, maar is er zelfs trots op. Ze heeft mijn leven veranderd, Lene.'

'Spreek je tegenwoordig Jiddisch?'

'Nee, maar ik ben wel Hebreeuws aan het leren.'

'Je wordt toch niet orthodox?'

'Absoluut niet. Maar het lijkt me niet slim om alleen Duits te spreken als je in Tel Aviv aankomt.'

'Mag ik mee?'

'Je zou hard moeten werken, Lene. Het is geen vakantieland. Je moet er echt uit overtuiging naartoe gaan, anders red je het niet.'

'Waarom denk je dat ik hard werken erg vind? Dat ik het nooit heb hoeven doen, zegt nog niet dat ik het niet kan.'

'Dat weet ik wel. Je hebt kookles gehad, dus je zou als kokkin aan de slag kunnen. Maar... voor driehonderd mensen in een kibboets?'

'Ik zie je vrijdag, Ernst. Ik neem 's ochtends de trein en bel je vanuit mijn hotel.'

'Afgesproken. Doe de groeten aan Andreas en zeg dat hij me moet schrijven. Sjalom!'

'Wat zeg je?'

Maar Ernst had opgehangen.

Emma kwam vol verhalen over Bernard Berenson en Mabel Hennessy Supino-Botti terug uit Florence. Lene had haar in lange tijd niet zo opgewekt gezien. De twee zussen zaten tot diep in de nacht te praten. Lene wilde iets over Paul zeggen, zijn naam toevallig laten vallen en vertellen dat ze hem in Berlijn zou opzoeken, maar de juiste gelegenheid deed zich niet voor en daardoor kon ze de woorden niet over haar lippen krijgen. Was ze bang dat Emma het zou afkeuren?

Emma hoorde Lene niet uit over haar plannen. Ze was tevreden met de uitleg die ze had gekregen en blij met het vooruitzicht een tijdje voor Clara te zorgen. Ze was dol op het mollige meisje en had verrassend veel geduld met haar. Heimelijk had ze het idee dat ze een veel betere moeder zou zijn dan Lene, want Lene liet zich gemakkelijk afleiden door andere zaken; ze vond mannen belangrijker dan haar kind.

De treinreis naar Berlijn verliep rustig. Lene had een boek meegenomen, maar zat het grootste deel van de tijd naar buiten te kijken en te dromen over het weekend dat voor haar lag. Paul had de naam van zijn hotel opgegeven en haar gezegd een taxi te nemen vanaf het station. Ze verwachtte niet dat hij haar bij wijze van verrassing van de trein zou afhalen, maar ze keek toch naar hem uit en voelde een steek van teleurstelling toen hij er niet was. Ze liep zelfs even het restaurant in voor het geval dat hij daar een biertje was gaan drinken. Ze merkte dat ze zich hem niet kon voorstellen op het perron van een station, maar wel aan de glanzend gewreven tafel van een restaurant, met zijn schrift en zijn glas onder handbereik. Maar daar was hij ook niet.

Ten slotte gaf Lene het op en hield een taxi aan. Zodra ze zich midden in de drukke, bedrijvige, lawaaierige stad bevond, was ze over haar lichte teleurstelling heen. Ze was hier al jaren niet meer geweest en was vergeten dat Berlijn zo anders was dan Frankfurt, dat het een wereldstad was, met een enorme verscheidenheid aan mensen en overal om je heen de herrie van auto's en trams en de kreten van straatventers die allerlei dialecten spraken, smeuïg, muzikaal en doorspekt met gevloek en gelach.

Dit was echt een stad voor een rendez-vous. Lene kon zich niet voorstellen dat ze een afspraak met Paul zou hebben in een landelijk dorpje, dat ze de liefde met hem zou bedrijven tussen de berken in het bos of in een ouderwets hotel aan zee. Paul hoorde thuis in deze grote, bruisende stad, waarin ze samen met hem wilde opgaan. Het was misschien maar voor even – ze zag in dat het niet blijvend kon zijn – maar het zou intens en onvergetelijk zijn. Ze gaf de taxichauffeur een buitensporige fooi en had de aanvechting hem te vertellen waarom. Dat durfde ze niet, maar hij wierp haar zo'n veelbetekenende blik toe dat ze dacht dat hij het misschien had geraden.

Ze had alleen een klein koffertje bij zich. Ze droeg haar parelketting, en om haar hoofd had ze een dunne zijden sjaal gewikkeld. De sproeten op haar gezicht kwamen duidelijk uit, waardoor ze jong en flink leek als een plattelandsmeisje, al droeg ze de smaakvolle, op elkaar afgestemde kleding van een keurige jongedame uit Frankfurt am Main. Paul zat aan een tafeltje onder de kleurrijke luifel van het caféterras op haar te wachten. Hij was alleen en omgeven door zijn gebruikelijke parafernalia: papieren, schrift, sigaretten, glazen, flessen, bierviltjes en een asbak.

Ze omhelsden elkaar en Lenes hart bonsde alsof het uit haar ribbenkast zou barsten. 'Laten we gelijk naar boven gaan,' fluisterde ze in Pauls oor. 'Ik heb je zo gemist, ik wil meteen met je naar bed!'

'Wat zijn dat voor manieren,' zei hij schertsend. 'Moet je haar zien, net aangekomen uit de provincie, een jonge vrouw van goeden huize, met parels om haar hals en schoenen die bij haar handtas passen, en wat zegt ze tegen me?'

'Laten we naar bed gaan!'

'Niet eens "Hallo, hoe is het met je?"'

'Hallo, Paul, hoe is het met je?'

'Uitstekend, lieverd.' Hij streek haar over haar wang en ze voelde zijn aanraking door haar hele lichaam.

Paul stuurde de piccolo met Lenes koffertje naar zijn kamer. 'Eén alinea nog,' zei hij tegen haar. 'Alleen nog tot onder aan de bladzijde, en dan ben ik voor eeuwig de jouwe. Ik zal een sherry voor je bestellen. Drink die braaf op en zeg niets tot je ziet dat ik mijn schrift dichtsla.'

Lene ging naast hem zitten en keek naar de drommen mensen die op deze namiddag aan haar voorbijtrokken. Het was prettig om van haar sherry te nippen en zich zo dicht bij Paul te voelen. Uiteindelijk draaide hij de dop op zijn pen, legde zijn papieren recht, ging tegen de rugleuning zitten en keek haar aan. Zijn ogen waren bloeddoorlopen en zijn bewegingen traag en behoedzaam, als van een heel oude man. 'Fijn om je te zien,' zei hij. 'Bedankt dat je bent gekomen.'

Lene had een moment van onzekerheid die aan paniek grensde. Ze was alleen. Stel je voor dat er iets zou gebeuren. Niemand zou haar te hulp komen. 'Je ziet er niet goed uit,' zei ze.

'Dat is niet leuk om te horen,' zei hij. 'Maar je hebt natuurlijk gelijk.' Zijn glimlach was theatraal, alsof hij toneelspeelde. 'Ik hou het hier niet meer uit,' zei hij. Lene dacht dat hij bedoelde dat hij Frankfurt miste.

'Je hoeft toch niet zo lang meer te blijven?' vroeg ze. 'Voordat je het weet ben je weer in Frankfurt.'

'Je begrijpt me verkeerd,' zei hij, en hij sloeg een half glas calvados achterover. 'Het gaat niet om Berlijn, ik walg van Duitsland. In Berlijn zie ik het duidelijker dan in Frankfurt. Dat is een van de problemen met jouw geboorteplaats: je kunt er oogkleppen dragen. Dit is het hart van Pruisen, vergeet dat niet. Wat hier gebeurt, zal tot in alle uithoeken van het land gevolgen hebben. Hier zijn Karl Liebknecht en Rosa Luxemburg vermoord, liefste, niet ver van waar we nu zitten. En Walther Rathenau. Overal loeren sluipmoordenaars op hun slachtoffers. Het is een angstaanjagende plek, opwindend maar angstaanjagend. In Berlijn kan ik de toekomst niet ontlopen, hoe graag ik dat ook wil, en daar word ik neerslachtig van. In mijn roman kan ik wegvluchten, maar mijn krantenartikelen bieden geen uitweg. Daarin houd ik de mensen een spiegel voor, en wat ik de wereld laat zien is lelijk. Zelfs de kunst. Ik dacht dat het me niet zou raken, dat mijn spiegel alles kon weerkaatsen en dat er niets zou achterblijven. Maar er blijft een afdruk achter die ik niet kan uitwissen. Ik wil weg, Lene. Ik wil naar het buitenland.'

'Is je iets overkomen? Ik bedoel, ik heb je nog nooit zo verontrust meegemaakt. Is er iets gebeurd?'

'Als je bedoelt of ik in elkaar ben geslagen of ben opgepakt, nee. Zo dramatisch is het niet. Maar er gebeurt elke dag wel iets. Ik observeer. Dat is mijn werk. Ik ben alleen en ik observeer, en ik zie geweld en haat. Ik weet niet wat ik moet beginnen. Ik schreeuw het uit, maar niemand gelooft me. Mijn verslagen worden briljant genoemd, maar ze veranderen niets. Ze worden gelezen, er wordt over gesproken, en de sluipmoordenaars gaan gewoon door met plannen smeden voor de toekomst van Duitsland. Je hebt de puissant rijken en de straatarmen, en die zullen zich verenigen om Europa te veroveren en de Joden uit te roeien... Haat is het sterkste bindmiddel dat er is. Geloof je me niet?'

'Ik begrijp je niet.'

Paul pakte Lenes hand, hield die vast, kneep erin tot ze een kreet van pijn gaf en boog zich zo dicht naar haar toe dat ze de drank in zijn adem rook alsof die uit haar eigen mond kwam.

'Als jij het niet eens begrijpt, hoe kan ik het anderen dan uitleggen? Het is een afschuwelijke tijd!' riep hij. 'Breng jezelf in veiligheid!'

Lene merkte wel dat hij vreselijk bang was, maar er was niets aan deze zonnige dag waar ze zijn angst mee in verband kon brengen. Ze geloofde nog steeds dat de uitslag van de verkiezingen betekende dat het gevaar was geweken. Ze dacht dat links groter was dan rechts. Zoals bijna iedereen liet ze zich leiden door hoop. 'De Weimarrepubliek is een kaartenhuis,' zei hij. 'En dat stort in als het een beetje aan het schudden wordt gebracht door de wereldgebeurtenissen.'

'Volgens mij drink je te veel,' zei Lene.

'Snap je niet waarom?'

Ze zag tegelijkertijd het rood in zijn ogen, het trillen van zijn mond, zijn handen die de hare omklemden, en vuur aan de overkant van de straat. 'Kijk!' riep ze, maar het was alleen de reflectie van de zon in de ramen, een oranje gloed in de stadse schemering. Maar het zag er nog steeds uit als vuur, zelfs toen ze wist dat het dat niet was, en de klank van Pauls stem bleef in haar hoofd hangen nadat zijn woorden waren vervlogen. Ook zij was opeens weer bang, en de stad kwam haar niet meer bruisend voor.

'Drank is de oplossing,' zei hij, en opeens klonk hij dronken. 'Calvados is de toverdrank, de sleutel tot mijn innerlijke rust. Als ik dat drink, wordt de spiegel weer glad en schoon en kan ik werken. Lene, ik moet mezelf blind maken voor de toekomst! Dat lukt alleen met alcohol. Als ik uitwijk...'

'Waar wil je dan naartoe?'

'Dat weet ik niet. Als ik nuchter ben kan ik er niet over nadenken, en als ik dronken ben wíl ik er niet over nadenken. Parijs, misschien.'

'Het is bij jou altijd Parijs, hè? Waar gaan we vanavond heen? Heb je plannen gemaakt voor mijn bezoek?'

'Allerlei plannen,' zei hij. 'We gaan ergens eten en dan naar mijn stamcafé, zodat je mijn vrienden kunt ontmoeten, mijn lotgenoten.'

'Ik ben niet naar Berlijn gekomen om de hele avond in een café rond te hangen,' zei Lene. 'Is er niet ergens een toneelstuk? Of een concert?'

'Niet midden in de zomer. Alleen de armen zijn er nog, en die schreeuwen leuzen in de straten. Je zult nog heel wat theater te zien krijgen.'

'En wie zitten er in het café?'

'Mijn beroemde vrienden, mijn drinkmaten, de enige intelligente mensen die hier zijn. Denk niet dat je me kunt redden, want ik ben een hopeloos geval. Ga maar bij je broer op bezoek als je de heilsoldate wilt uithangen. Praat met hem over zíjn obsessies. Laat mij met rust.'

Hij sloeg zijn handen voor zijn gezicht en Lene had de indruk dat hij huilde, maar hij maakte geen geluid. Even later trok hij een zakdoek uit zijn zak en snoot zijn neus. 'Laten we naar boven gaan,' zei hij, en hij liep met zijn kromme benen in kleine pasjes naar de lift. Hij had er moeite mee de sleutel in het slot te krijgen, en toen hij bij het bed kwam, liet hij zich voorover vallen en viel als een blok in slaap.

Lene ging naast hem zitten en keek hoe het daglicht langzaam verdween. Ze belde niet naar Ernst. Ze wist niet wat ze tegen hem moest zeggen.

Toen Paul wakker werd, was het donker. Lene zat aan het bureau te lezen bij het licht van een kleine lamp. Binnen de kortste keren had hij zich opgeknapt. Een warm bad, een schoon overhemd, een nieuw pak, en hij was klaar. Hij omhelsde Lene, verzekerde haar dat hij van haar hield en toverde een glimlach op haar gezicht. Ze hadden allebei honger en liepen door de zomerse avondlucht naar Kempinski om daar te gaan eten.

Paul bestelde een dure, overheerlijke maaltijd. Hij kende de kelner en wist precies wat er op de menukaart stond. Lene herkende de dandy in hem, zag zijn gouden manchetknopen en had het gevoel dat hij een vreemde was. Hij kwam uit een andere wereld, opgejaagd door duistere herinneringen, gekweld door onzekerheid. Hij koos de beste wijn. Ze zaten lang aan tafel en Lene liet zich weer inpalmen door zijn verhalen. Ze dacht dat ze van hem hield. Ook al was hij een vreemde voor haar, toch begeerde ze hem.

Paul vertelde verhalen over zijn jeugd en over de tijd dat hij in het Oostenrijkse leger had gediend. Het waren verzonnen verhalen, maar hij vertelde ze zo overtuigend dat Lene erin geloofde. Er doken flarden van Sjolem Aleichem op in zijn relaas, maar Lene had nog nooit van de schrijver gehoord. Paul wist dat hij haar met verhalen terug kon winnen. Tegen de tijd dat hij de tweede fles wijn leeg had, was hij officier in het keizerlijke Oostenrijkse leger en vertelde van gebeurtenissen die waren ontleend aan Kleist.

Het was al laat toen ze het restaurant verlieten. 'Laten we gaan lopen,' zei Lene. 'De frisse lucht zal ons goeddoen.'

'Ik loop nooit,' zei Paul hooghartig, en hij maakte een paar danspasjes voor haar. 'We nemen een taxi.'

Het café was klein en het was er drukkend warm. De tafeltjes buiten waren blijkbaar alleen bedoeld voor toeristen, want de stamgasten zaten allemaal binnen. Er ging gejuich op toen Paul verscheen, en een paar mannen keken verlekkerd naar Lene. Het was een ruiger gezelschap dan ze in Frankfurt gewend was. Er waren bijna geen vrouwen bij, en Paul was de enige die een das droeg. Kennelijk maakte iemand een schunnige opmerking over haar, tenminste, dat maakte ze op uit Pauls plotselinge razernij, want zelf had ze het niet gehoord. 'Ik daag je uit tot een duel!' schreeuwde hij. 'Laat ik dat nooit meer horen, of je gaat eraan!' En hij schudde de man door elkaar. Maar zo snel als zijn woede was opgekomen was die ook weer verdwenen. Paul glimlachte minzaam en bestelde voor iedereen cognac.

'Ik neem koffie,' zei Lene. 'Dat zou voor jou ook beter zijn, na al die wijn.'

'Ik moet me ontspannen,' zei Paul. 'Als ik koffie ga drinken, ben ik binnen de kortste keren op van de zenuwen.' Lenes moed zonk haar in de schoenen. Ze voelde geen enkele begeerte meer en wilde alleen nog maar naar huis.

Paul werd bijzonder spraakzaam. Hij sloeg voortdurend zijpaden in, maar wist toch steeds weer op het onderwerp terug te komen. Lene zat zwijgend naast hem, diepongelukkig en hunkerend naar slaap. Ze merkte nauwelijks wat er om haar heen gebeurde. Uiteindelijk excuseerde ze zich. Niemand schonk er aandacht aan. Ze vond een wc achter in de gang, waar een stel in innige omhelzing tegen de muur gedrukt stond. De wc stonk, maar Lene gebruikte hem toch. Het stel in de gang wiegde heen en weer toen Lene weer langskwam. De rok van de vrouw was tot aan haar buik opgetrokken. Toen zag Lene dat de man zijn broek naar beneden had en dat zijn witte blote billen zichtbaar waren onder zijn jasje. Even leek de combinatie van seks en ontbinding Lene wel opwindend, maar dat was een vluchtige gedachte. Toen beving haar de angst voor wetteloosheid en het instorten van de gevestigde orde. Ze liep naar buiten, maar de straat was ook bedreigend. Een bliksemflits verlichtte de hemel. Ze wist niet waar ze was.

Vanuit een telefooncel belde ze Ernst. Hij lag al in bed. 'Ik heb me zorgen over je gemaakt,' zei hij. 'Je zou me bellen als je in Berlijn aankwam. Waar ben je?'

'In de een of andere kroeg,' zei Lene. 'O, Ernst, het is hier afschuwelijk!' Ze klonk als een klein meisje. Toen dacht ze aan Clara en wist weer wie ze was.

'Wil je dat ik je kom halen?' vroeg hij, maar het was duidelijk dat hij nog half sliep en hoopte dat ze zijn aanbod zou afslaan.

'Het is genoeg dat ik je stem heb gehoord,' zei Lene. 'Kan ik morgen langskomen?'

'We wilden jullie voor morgenavond te eten uitnodigen.'

'Van Paul weet ik het nog niet, maar ik kom zeker.'

'Is alles echt in orde?'

'Ja, ja.'

'Waar ben je precies?'

'Ik heb geen idee. Maak je geen zorgen, Ernst. Welterusten!'

Toen ze weer bij hun tafeltje kwam, was Paul bezig aan een betoog over de desintegratie van Duitsland. 'Ik heb mijn Oostenrijkse paspoort,' riep hij. 'Ik kan vertrekken wanneer ik wil.'

Zijn vrienden werden ongedurig. Hij verried zichzelf door zijn dubbele tong en bleef in herhaling vervallen.

'Ik ga naar Parijs,' zei hij. 'Of naar Amerika. Kennen jullie Amerika? Lene – ah, daar ben je – wil je mee naar Amerika?'

Lene schudde haar hoofd.

'Ze laten je er nooit in,' zei een van zijn vrienden.

'Je zou er doodongelukkig zijn,' zei een ander. 'Geen koffiehuizen, geen keizerlijke pracht en praal. Democratie.'

'Amerika is het land van de toekomst,' zei Paul. 'Over vijftig jaar is de wereld verdeeld tussen de Sovjet-Unie en de Verenigde Staten. Let op mijn woorden.'

'Tegen die tijd zijn we allemaal dood.'

'Ik zal veel eerder sterven dan jullie,' zei Paul. 'Aan een kapotte lever. Maar ik zal vanuit de hemel – die sprekend op het Habsburgse Rijk lijkt, dat weet ik zeker – naar beneden kijken en zien hoe de Russen en de Amerikanen elkaar bevechten. De Russen zullen de Revolutie proberen te verkopen, en de Amerikanen hun jazz en kapitalistische prullen. En daar zal iedereen op afrennen. Prullen verkopen beter dan een ideologie.'

'En wat verkopen de bruinhemden?'

'Haat, en prullen die zijn gemaakt van Joods bloed.'

'Laten we alsjeblieft naar huis gaan, Paul,' smeekte Lene.

'Heb je Kafka gelezen?' vroeg Paul.

'Nee.'

'Dat zou je moeten doen. Je zou je gerieflijke, burgerlijke Joodse thuis moeten verruilen voor de Parijse boulevards en een boek van Kafka meenemen. Dan zou je in mijn achting stijgen. Maar wat hoeft een aardig meisje uit Frankfurt te weten van de gevangenis van de geest en de ketenen van de bureaucratie?' Hij wendde zich tot de anderen. 'Mijn meisje komt uit Kafka!' riep hij uit. 'Ik bedoel... ze komt uit Frankfurt...'

'We gaan naar huis,' zei Lene, terwijl ze opstond. 'Nu meteen. Ik in elk geval wel. Als jij wilt blijven, ga ik naar mijn broer.'

Paul zette zijn hoed op. Hij leek zich nauwelijks bewust van wat hij deed. 'Rustig maar,' mompelde hij. Zijn vrienden hadden zich afgewend om hem niet te hoeven zien. Hij kwam plechtig overeind en maakte een buiging. Nu vertoonde hij het klassieke gedrag van een dronkaard uit een toneelstuk. Hij kuste de beringde handen van hem onbekende vrouwen en beet voor de grap in hun diamanten. Een ervan sneed zijn lip open en hij proefde bloed. Hij keek Lene wezenloos aan. 'Wat is er gebeurd?' vroeg hij.

Ze voelde zich opeens sterk en capabel, en liep naar buiten om een taxi aan te houden. 'Ik ben de man! Ik zorg voor een taxi!' riep Paul. Hij wankelde achter Lene aan en stond op het trottoir met zijn armen te zwaaien, maar er was geen taxi te zien. Lene liep naar de dichtstbijzijnde hoek. Op het moment dat ze een taxi zag naderen, rende er een groep jongemannen met bruine hemden langs haar heen. Ze duwden haar ruw opzij en Lene zag dat ze stenen in hun handen hadden. Ze zongen iets. Lene ving maar een paar woorden op. '... Judenblut... Messer... spritzt...'

Lene was in de goot in een plas water gestapt en nu zaten haar lichtbeige schoenen onder de modder. Ze hield de taxi aan. Voor het café blokkeerde Pauls waggelende gestalte het trottoir. De bruinhemden wierpen zich op hem. Ze deden het bliksemsnel; ze hadden hem uit de verte al gezien en waren geoefend in straatgevechten. Lene had geen tijd om iets te roepen. Ze sloegen hem neer, schopten hem, ranselden hem af en waren even snel weg als ze gekomen waren. Hun aftocht ging vergezeld van glasgerinkel, want ze gooiden stenen door de ruiten van winkels en bedrijven die gesloten waren maar geen ijzeren hekwerk voor de ramen hadden.

Lene rende naar Paul om hem te helpen. Hij zat kreunend op de stoeprand. Zijn pak was vies en er stak één witte, knokige knie door een scheur in zijn broek. 'Ik ben dood,' zei hij.

Lene zag dat de taxi door wilde rijden. 'Wacht!' riep ze, maar hij reed langzaam verder. Ze greep de kruk en trok het portier open. 'Als je niet blijft staan, houd ik me vast en moet je me door de straten sleuren,' schreeuwde ze. 'Wil je dat?'

De chauffeur remde. 'Ik bemoei me niet met politiek,' zei hij. 'Ik wil er niets mee te maken hebben. Ik moet mijn brood verdienen en dat is al moeilijk genoeg zonder me met politiek in te laten. Als je Joods bent, heb je pech. Ik wil geen problemen.'

Maar hij hield halt. Hij hielp hen niet, maar hij reed ook niet weg. Hij keek strak voor zich uit terwijl Lene Paul op de achterbank hielp. Er had zich een groepje mensen om hen heen verzameld. Ook zij staken geen hand uit. Achter de ruiten van het café waren gezichten te zien, maar niemand kwam naar buiten.

De hele weg terug naar het hotel zat Paul zwijgend met zijn hoofd tegen de leuning te hijgen en aan de scheur in zijn broek te plukken. Lene betaalde de chauffeur, die haar niet aankeek en meteen wegreed toen het portier dicht was. Paul kroop de trap op. Hij wilde niet dat iemand hem zag. Lene volgde hem naar boven. Eenmaal in zijn kamer ging hij bevend op de rand van het bed zitten, volledig ontnuchterd.

'Zie je dat ik gelijk heb?' vroeg hij. 'Geloof ome Paul nou maar. Geen moeite is hem te veel om zijn lessen aanschouwelijk te maken. De Duitser is een monster, een monster dat van orde houdt, wat hem des te gevaarlijker maakt. Zijn monsterlijke praktijken verricht hij keurig volgens de principes die hem met de paplepel zijn ingegoten. Hij haat vrijheid.'

Hij stak zijn hand naar Lene uit. 'Hou mijn hand vast,' zei hij. 'Ik heb je veel te vertellen.' Hij had zijn waardigheid hervonden en praatte nu duidelijk. 'De Duitser weet niet wat hij met vrijheid moet beginnen. Hij is er bang voor. Vrijheid brengt verantwoordelijkheid met zich mee. Hij wil zich kunnen verschuilen in knechtschap, zodat hij niet de schuld krijgt van wat er misgaat. "Kijk maar wat er gebeurde toen we de Joden rechten gaven," zegt hij. "Ze hebben het land overgenomen." Iedereen die wanhopig smacht naar vroegere gloriedaden verlangt automatisch terug naar het vroegere kwaad. De kracht van de nazi's is dat ze die droom over een zuiver, volmaakt verleden combineren met inzicht in toekomstige massabewegingen. Ze beseffen dat de opofferingsgezindheid van het volk bij uitstek geschikt is voor de doeleinden van de staat.'

Toen hij was uitgepraat, zweeg Lene. Hij kleedde zich waardig uit en sloeg haar hulp vriendelijk af. Toen hij naakt was, zag hij eruit als een broze, bleke geestverschijning. Dat ontroerde Lene en ze vielen in elkaars armen. Nadat ze de liefde hadden bedreven stond Paul op en ging naar de badkamer. Lene hoorde hem braken. Toen liet hij het bad vollopen, waste zich grondig en kwam tevoorschijn in een witte zijden pyjama. Het enige wat er aan hem te zien was, was een bloeduitstorting in zijn gezicht.

De volgende ochtend sliep Paul uit, maar Lene stond kort na zonsopgang op. Ze ging naar beneden, kocht een krant en ontbeet in haar eentje in de eetzaal van het hotel. Ze las de krant aandachtig en verwachtte bijna een artikeltje te vinden over de mishandeling van Paul Leopold, maar dat was er natuurlijk niet. Er waren helemaal geen berichten over geweld op straat. Paul had gelijk gehad. 'Het gebeurt te vaak om nog te melden,' had hij gezegd. 'De kranten brengen het níeuws. En crimes passionnels, die zijn altijd geliefd.'

Lene ging weer naar boven. Paul sliep nog. Ze kon het niet opbrengen naar hem toe te gaan. Haar afkeer werd gewekt door de lucht van zijn adem en door zijn gezicht met de grote blauwe plek, dat werd scheefgedrukt door het kussen. Ze wilde niet bij hem in de kamer blijven. Op een velletje hotelpapier krabbelde ze een briefje dat ze op Pauls schone overhemden legde. 'Ben naar het museum. Terug voor de lunch.' Dat leek haar tegelijk duidelijk en vaag genoeg. Ze had geen idee waar ze naartoe ging, ze wist alleen dat ze niet langer in één kamer wilde blijven met de verfomfaaide gestalte van haar minnaar.

Het was een warme zomerdag en de lucht was helder na de onweersbui, die ook de nachtmerrie van de vorige avond leek te hebben verjaagd. Toen ze over de Kurfürstendamm wandelde, voelde Lene zich vrij en avontuurlijk. In de drukte zag ze veel gezichten met een glimlach. Als ze de blik van een ander ontmoette, was die meestal bewonderend omdat zij zo straalde, of ronduit flirterig, maar nooit kwaad of provocerend. Berlijn zag er schoon en welvarend uit. Lene ging niet naar het museum, maar stapte in een bus die een rondrit maakte langs de bezienswaardigheden. Het was over tweeën toen ze terugkwam in het hotel. Paul zat in het café met zijn paperassen om zich heen. Hij had donkere kringen onder zijn ogen en zijn gezicht was bont en blauw, maar zijn overhemd was schoon en zijn pak onberispelijk, en hij had een rood vlinderdasje om. Naast zijn koffie en het restant van zijn croissants stond zijn tweede glas brandewijn.

'Pijnbestrijding,' zei hij, en hij hief het glas naar Lene. 'Hoe was het museum?'

'Daar ben ik niet geweest.'

'Maar op je briefje stond...'

'Ik ben van gedachten veranderd.'

'Hoor eens, Lene' – Paul zette zijn zachtaardigste, liefste stem op – 'het spijt me van gisteravond. Ik weet dat ik te veel heb gedronken. Ik was vast heel vervelend. Ik weet dat ik je avond heb bedorven en daar wil ik me voor verontschuldigen. Ik zal het goedmaken. Geloof me en vergeef het me.'

'Je zit nu al te drinken,' zei Lene. 'Je moet niet beloven dat je je zult beteren als je de ochtend na een drinkgelag niet eens nuchter kunt blijven!' Ze besefte dat ze als Emma klonk en dat was pijnlijk. Maar ze wist dat ze zijn zoete woordjes moest weerstaan. Ze wist dat ze zich uit alle macht moest verzetten tegen de neiging te zwichten voor zijn smeekbede.

'Het is geen ochtend en ik heb niet beloofd dat ik me zou beteren. Zoiets zou ik nooit doen. Ik heb alleen gezegd dat het me spijt van gisteravond en dat je recht hebt op compensatie. Niet goed, geld terug.'

'We moeten allemaal ons lesje leren.'

'Dus het was een "lesje" voor jou? Dan ben ik toch nog van nut geweest.'

'Zo... hardvochtig bedoelde ik het niet.'

'Maar je bént hardvochtig. Je hebt geen idee hoe het is om míj te zijn, om elke ochtend wakker te worden met het afschuwelijke besef dat je nog steeds melaats bent, dat je nog steeds leeft en niet veranderd bent en altijd dezelfde zult blijven. Als ik het niet zo helder zag, zou het minder erg zijn. Maar er is niemand die het scherper ziet dan ik. Ik drink om mezelf te verblinden. Jij kunt het onmogelijk begrijpen. Dat kan niemand. Ik ben alleen redelijk veilig als ik schrijf. Maar ik kan niet de hele tijd schrijven. Ik moet ook naar de wereld kijken – en naar mijn afstotelijke, miezerige zelf – om te weten wat ik de krantenlezer moet vertellen. Mijn fantasieën zet ik om in fictie – dat is mijn hoop op onsterfelijkheid – maar niemand wil mijn fictie lezen. Iedereen wil mijn feiten lezen. Mijn krantenartikelen worden "onovertroffen" genoemd...' Hij keek Lene recht aan met zijn diepliggende ogen. Plotseling zag ze dat hij lange, donkere wimpers had. 'Wees blij dat je bent wie je bent,' zei hij, 'en ga bij me weg... zo snel mogelijk.'

'Ik wil niet bij je weg,' zei Lene, maar terwijl het over haar lippen kwam wist ze al dat het niet waar was. De wens om Paul te verlaten was in het donker van de voorgaande nacht gevormd en sindsdien gestaag gegroeid. Lene had gemerkt dat ze een grondige afkeer had van de wanorde waarin hij ronddwaalde, en nu ze dat eenmaal had erkend, kon ze alleen nog maar vluchten.

'Ernst heeft ons uitgenodigd voor vanavond en ik heb gezegd dat we er rond half zeven zouden zijn.'

'Ik heb het druk, Lene. Twee deadlines, en zoals ik me nu voel, zal ik niet hard opschieten. Ik dacht dat we later op de avond naar het theater zouden gaan. Dat wilde je...'

'Je was er zo vaag over, en ik heb het Ernst beloofd. Hij wil zijn verloofde aan me voorstellen.'

'Ga dan zonder mij, ik geef de kaartjes wel terug.'

'Misschien kunnen we bij het theater afspreken.'

'Weet je wat, neem míjn kaartje ook maar mee, dan kun je met Ernst naar het theater gaan. Ik vind het niet erg. Ik heb meer dan genoeg te doen.' Hij wilde het gesprek graag beëindigen. 'Doe wat je wilt,' zei hij bruusk. 'Ik moet aan het werk.'

Lene bestelde een lichte lunch, een schotel met fijne vleeswaren. Ze nam er een glas rode wijn bij. Terwijl Paul snel zat te schrijven, dacht ze aan Tom. Hem had ze nooit zo plichtsgetrouw of gepassioneerd zien werken. Hij leek altijd op zoek te zijn naar een excuus om zijn werk terzijde te schuiven. Hij was snel ontmoedigd, deed alleen het absoluut noodzakelijke en zat het grootste deel van de dag te dromen. Ze kon niet bij Paul blijven, maar kon ook niet terug naar Tom. Ze wilde een man die liefde had voor zijn vak, maar ook een ordelijk leven leidde. Een man die iets deed waar ze bewondering voor kon hebben, maar met beide benen op de grond stond. Vroeger had ze gedacht dat hij knap moest zijn, daarna had ze geloofd dat genialiteit genoeg was.

De peuken hoopten zich op in Pauls asbak en het aantal brandewijnglaasjes groeide. Lene was slaperig geworden van de wijn. Ze excuseerde zich en ging naar boven om even te gaan liggen. Het kamermeisje had intussen schoongemaakt. Geen wonder dat Paul graag in hotelkamers woont, dacht Lene.

Toen ze uit haar dutje ontwaakte, zag ze dat het over vijven was. Ze waste haar gezicht, trok de schone jurk aan die ze had meegebracht en bestelde zwarte koffie op haar kamer.

Beneden lagen twee kaartjes voor het theater met een briefje van Paul. 'Moest ergens naartoe,' had hij geschreven. 'Zie ik je vanavond laat? Liefs, Paul.'

Lene nam een taxi naar het adres dat Ernst haar had gegeven. Hij woonde tamelijk ver van de binnenstad, in een Joodse buurt voor de lagere middenklasse. In de taxi bereidde Lene zich geestelijk voor op de ontmoeting met hem en zijn vriendin. Ernst was doctor in de rechten, maar was niet van plan als jurist te gaan werken. Hij was docent aan de universiteit, maar vanwege zijn politieke overtuiging was er geen zicht op bevordering. Hij leek zijn verleden te zijn vergeten en verloochende zijn maatschappelijke klasse, want hij was vol van het zionisme, en ongeduldig, zelfs bijna lomp tegen iedereen die een andere mening had dan hij. Nathan wist niet wat hij met hem aan moest. Hij weigerde in te zien hoe iemand – laat staan een van zijn eigen kinderen – kon geloven in de noodzaak van een Joods vaderland.

'Ik zou het kunnen begrijpen als je een arme Russische gettobewoner was die in de Tsjerta moest wonen, alleen Jiddisch sprak en met de verkoop van vodden de kost moest verdienen. Als het de enige manier was om te ontkomen aan je armoedige leefomstandigheden, de verstikkende orthodoxie van je omgeving en het venijnige antisemitisme van de boeren tussen wie je woonde, zou ik het snappen,' schreef hij. 'Maar als Duitse Jood kun je met je leven doen wat je wilt. Je bent vrij. Je hébt al een vaderland.'

Lene had Ernst verdedigd tegenover haar vader, die telkens ditzelfde wijdlopige, kritische betoog herhaalde. Edu was voorzichtiger met zijn oordeel, maar hij vond het dom van zijn neef een doctorsbul te vergooien om kippen te gaan voeren in de woestijn. Nu Lene op deze zomeravond met een taxi door Berlijn reed, wist ze niet zeker of ze zelf helemaal geloofde in haar vurige verdediging van Ernst. Ze begreep zijn koppige verzet tegen Nathan en zijn verlangen om te leven van de opbrengst van het land; was dat trouwens niet een idee dat de Duitsers ook altijd propageerden? Aan de andere kant kon ze zich niet voorstellen dat iemand van haar familie, zelfs Ernst niet, de grond zou bewerken of graan zou zaaien. En ze zag hem ook niet met een geweer bij een nederzetting langs de grens staan om die tegen de Arabieren te verdedigen.

'Hier is het,' zei de taxichauffeur. Hij was voor een haveloze huurkazerne blijven staan, van het soort dat kort na 1880 in heel Duitsland was gebouwd om woonruimte te creëren voor de ambachtslieden en winkeliers die in groten getale naar de steden waren getrokken. Ernst woonde op de bovenste verdieping. Lene was blij dat ze schoenen met platte hakken aanhad.

'Door al die trappen blijkt vanzelf wie onze ware vrienden zijn,' zei Ernst, die zijn zus op de overloop stond op te wachten.

'En je weet zeker dat mensen die wat ouder of slecht ter been zijn jullie nooit meer komen opzoeken,' zei Lene.

Ze omhelsden en kusten elkaar. Ernst sloeg zijn armen om haar heen. Het voelde als een verademing. Had iemand haar ooit zo stevig aan zijn borst gedrukt? Hij rook naar tandpasta, frisgewassen kleding en een schoongeboende huid. Ze zou zonder aarzelen met hem naar Palestina gaan.

'Kom binnen en maak kennis met Miriam,' zei Ernst.

De woning bestond uit een zitkamer en een kleine slaapkamer, net groot genoeg voor een tweepersoonsbed. De plafonds volgden de schuinte van het dak en als je door de ramen keek, zag je alleen maar lucht. De wc was in de gang. In de hoek van de woonkamer bevond zich een fornuis, en daar stond Miriam met een schort voor te proeven van de soep die ze aan het klaarmaken was.

De twee vrouwen keken elkaar een kort ogenblik aan, en toen stapte Miriam, nadat ze haar handen aan haar schort had afgeveegd, naar voren en omhelsde Lene, die een ogenblik verstijfde. Het was niet haar gewoonte zo vrijmoedig te zijn, en al helemaal niet tegenover een vreemde. Maar in Miriams sterke armen voelde ze haar weerstand smelten, dus beantwoordde ze haar kus.

Ze hadden elkaar razendsnel ingeschat en gezien hoeveel ze verschilden. Toch hadden ze meteen sympathie voor elkaar opgevat. Als ze soldaten op het slagveld waren geweest, hadden ze volledig op elkaar vertrouwd.

'Ik ben zo blij dat ik je eindelijk leer kennen,' zei Miriam. 'Ernst praat meer over jou dan over de rest van zijn familie bij elkaar.'

'Ik moet zeggen dat hij over jóú heel zwijgzaam is,' zei Lene. 'Ik zou bijna denken dat hij je wil beschermen tegen onze familie. Sommigen van ons zijn akelig kritisch.'

'Miriam heeft geen bescherming nodig. Ze kan heel goed voor zichzelf zorgen,' zei Ernst. 'Hoewel het waar is dat onze familie angstaanjagend kan zijn. Maar ik geloof eerder dat ik mezelf wilde beschermen.'

'Hebben jullie trouwplannen?'

'Volgend voorjaar willen we trouwen, voordat we op alia gaan.'

'"Op alia gaan"?'

'Naar Palestina gaan. We willen emigreren.'

'Dus jullie gaan echt?'

'Absoluut,' zei Miriam, en Lene zag dat zij en Ernst een fiere, liefdevolle blik wisselden. 'Dan ben ik klaar met mijn opleiding, heb ik mijn diploma en kan ik me daar echt nuttig maken.'

'Wat doe je?'

'Ik ben leidster, gespecialiseerd in kinderen die nog niet naar de kleuterschool gaan. Jij hebt toch ook een opleiding gevolgd om met kinderen te werken?'

'Niet echt.' Lene keek naar haar broer en geneerde zich dat ze haar mislukking moest opbiechten. 'Ik ben wel begonnen, maar heb het nooit afgemaakt. Eerlijk gezegd ben ik niet erg ver gekomen. Heeft Ernst dat niet verteld?'

'Hij vertelt alleen de goede dingen.'

'Ik kon geen orde houden,' zei Lene. 'Uiteindelijk kreeg ik het verzoek te vertrekken. Het is een van de dingen in mijn leven waar ik niet graag aan word herinnerd.'

'Het is nooit te laat om zoiets weer op te pakken. Vaak hoef je alleen wat volwassener te zijn om succes te hebben waar je eerder hebt gefaald.' Miriam had een licht accent. Ze was kleiner dan Lene en had een dikke bos kort zwart krulhaar. Haar benen waren gespierd, net als haar armen, en ze had volle borsten. Ze droeg sandalen en geen make-up. Onder het praten dekte ze de tafel voor drie personen.

'Dat is waar,' zei Lene. 'Maar ik ben het type dat het alleen onder dwang in een baan uithoudt. Ik vrees dat ik bij de gemakzuchtige rijken hoor.'

Er viel een korte, ongemakkelijke stilte.

'Heb je het naar je zin in Berlijn?' vroeg Miriam.

Plotseling dacht Lene weer aan Paul. 'Niet echt,' zei ze.

Miriam keek verrast. Ze had een positief antwoord verwacht. De meeste mensen waren dol op Berlijn. Zijzelf ook. Ze woonde er nu vijf jaar en wist dat ze de stad zou missen als ze naar Palestina gingen. Ze maakte zich geen illusies: het zou daar niet gemakkelijk voor hen worden. Ze waren stads-Joden in hart en nieren.

'Er is gisteravond iets vervelends gebeurd,' vertelde Lene. Ernst had sherry in lage, brede glazen geschonken, het soort dat je in goedkope huishoudzaken kunt kopen, terwijl Miriam een gevlochten wit brood sneed. 'Paul is in elkaar geslagen door een groep gespuis.'

'Nazi's?' vroeg Ernst.

Lenes eerste impuls was om het te ontkennen, maar toen zei ze met een diepe zucht ja.

'Dat gebeurt aan de lopende band,' zei Ernst.

'Laten we aan tafel gaan,' stelde Miriam voor. Ze diende een stevige groentesoep en een kaasplateau op. Tussen de stukken wortel en kool dreven kleine matseballetjes.

'Ik had het wel interessant gevonden om Paul Leopold te ontmoeten,' zei Ernst. 'Is hij erg toegetakeld?'

'Nee, dat was niet het akeligste,' zei Lene. 'Het was de willekeur van hun aanval. Die jongens renden gewoon uitzinnig door de straten, zonder dat iemand ze een strobreed in de weg legde. Ze gooiden ruiten in, sloegen mensen tegen de grond en beukten op auto's in. En niemand deed iets. Niemand kwam Paul te hulp. Iedereen keek toe. Het was net of ze in het theater naar een voorstelling keken.'

'De mensen voelen zich machteloos,' zei Miriam.

'Het geweld van de nazi's appelleert aan een diepgewortelde behoefte van de Duitsers,' zei Ernst. 'Het liefst zouden ze het zelf doen, maar dat durven ze nog niet. Ze wachten op toestemming, tot iemand zegt: "Het is goed, ga jullie gang maar, het is toegestaan om Joden in elkaar te slaan."'

'Je blijft er zo onbewogen onder,' zei Lene.

'Wij hebben onze houding bepaald. We gaan naar Palestina. Al lachen anderen ons uit, wij denken dat dat de enige uitweg voor de Joden is. Ik hoop dat we naderhand niet "zie je nou wel" hoeven te zeggen, maar ik ben bang dat alles precies zo zal gaan als wij voorspellen.'

'Jullie zijn de enigen die ik ken die kalm blijven onder de omstandigheden.'

'Dat komt doordat we een ideologie hebben, een overtuiging.'

'Tante Eva heeft ook een ideologie en een overtuiging.'

'Maar die is niet compleet. Het belangrijkste aspect ontbreekt: het feit dat ze Joods is.'

'Jullie zijn heel vastbesloten. Jullie praten alsof niets anders ertoe doet.'

'Zo is het ook,' zei Miriam.

'Je relatie met Paul Leopold is toch niet serieus?' vroeg Ernst. 'Het is een fantastische journalist, maar hij schijnt niet erg honkvast te zijn.'

'Hij is getrouwd, zoals je weet.'

'Dat zou jou er niet van weerhouden het serieus te nemen.'

'Ik blijf niet bij hem.'

'Ben jij nog getrouwd?' vroeg Miriam.

'Ja,' zei Lene. 'Ik geloof het wel.'

Miriam keek haar verbaasd aan.

'Mijn zus staat bekend om haar onvermogen de realiteit onder ogen te zien,' zei Ernst. Hij doopte grote hompen brood in zijn soep, en Miriam keek met plezier en trots toe hoe hij at. 'Ik betwijfel of ze ooit een serieus gesprek over de toestand van haar huwelijk heeft gehad, met Tom of wie dan ook.'

'Tom praat er ook niet graag over,' zei Lene. 'We zijn min of meer vanzelf in ons huwelijk verzeild geraakt, dus neem ik aan dat het ook vanzelf weer zal eindigen.'

'Trouwen is makkelijker dan scheiden,' zei Ernst. 'En dat vertel ik je niet als je broer maar als jurist.'

Als toetje serveerde Miriam honingcake en verse perziken met bruine suiker en dikke room. Ze had iets bezadigds en moederlijks, en in reactie daarop was Ernst resoluter geworden, barser. Hij had iets lomps gekregen, maar dat wilde Lene niet zien.

'Ik heb twee kaartjes voor een toneelstuk,' zei ze. Het was al acht uur.

'Voor wie?' vroeg Ernst met zijn mond vol cake.

'Eigenlijk waren ze voor Paul en mij. Maar hij zei dat ik een van jullie mee moest nemen.'

'Laat Ernst maar gaan,' zei Miriam.

'Laat Miriam maar gaan,' echode Ernst.

'Zullen we met z'n drieën thuisblijven?' vroeg Lene. Ze vond het opeens gezellig hier. Ze hadden duizend-en-een dingen om over te praten.

'Het is zonde om de kaartjes niet te gebruiken,' zei Miriam. 'Misschien dat een van de buren ze wil hebben.'

'Echt iets voor Miriam om daaraan te denken,' zei Ernst. 'Ze heeft het boerenverstand om niets weg te gooien en van alles nog iets anders te maken.'

'Ik ben niet opgegroeid in een huishouden waar zo veel kon worden verspild als bij jullie...'

'Even vragen of de Zemlinski's erheen willen.' Ernst nam de kaartjes mee en verdween in de gang. Ze hoorden zijn voetstappen snel de trap af rennen.

'Denk je dat je ouders boos worden als we gaan trouwen?' vroeg Miriam aan Lene. Ze keek haar met haar open, intense blik strak aan, en daarom kon Lene geen ontwijkend antwoord geven.

'Waarschijnlijk wel,' antwoordde ze. 'Hoewel "boos" niet het goede woord is. Mijn ouders worden zelden boos. Ze zullen geërgerd zijn, ze zullen verongelijkt doen, mijn vader zal misschien zelfs een lange preek houden waarin hij tot op de letter een wetenschappelijke verhandeling over het onderwerp zal citeren om daarmee te bewijzen dat jullie huwelijk nooit kan slagen. Maar hij zal niet razen en tieren, en mijn moeder zal alleen zuchten. Dat betekent niet dat ze geen rancune zullen koesteren, maar jullie zijn straks ver weg, dus wat maakt het uit?'

'Ik wil niet het gevoel hebben dat ik tussen Ernst en zijn familie ben gekomen. Ik heb mijn milieu zo volledig achter me gelaten dat ik niet verwacht ooit terug te kunnen keren. Maar dat is niet goed. In de samenleving waar ik vandaan kom is het onvermijdelijk, maar ik wil dat juist veranderen. In Erets Jisraël zullen wij en onze kinderen niet uit elkaar groeien, daar zullen we allemaal in de moderne wereld leven. In een heel oud land, maar in de moderne wereld, dat is het mooie eraan!'

Ernst kwam hijgend binnen nadat hij de trap weer op was gerend. 'Ze waren opgetogen,' zei hij. 'Het zijn arme studenten,' verduidelijkte hij Lene. 'Ze kunnen nooit ergens naartoe, behalve als het gratis is, en de meeste gratis dingen zijn ofwel slecht van kwaliteit of schaamteloos propagandistisch: je denkt dat je naar een poëzievoordracht gaat en dan blijk je op een bijeenkomst over morele herbewapening terecht te zijn gekomen.'

De uren daarna zaten ze geanimeerd te praten. Ten slotte zei Ernst: 'Ik moet je naar huis brengen, Lene. Morgen gaan we met een stel kinderen uit onze jeugdgroep een uitstapje maken, en dat betekent dat we bijna bij het krieken van de dag op moeten.'

‘Ik wil niet terug naar het hotel,’ zei Lene.

‘Blijf dan hier,’ zei Miriam. ‘Je kunt op de bank slapen. We hebben zo vaak iemand te logeren.’

‘En Paul?’ vroeg Ernst.

‘Ik ga mijn spullen ophalen voordat hij wakker wordt en dan laat ik een briefje voor hem achter. Waarschijnlijk is hij zo dronken dat hij me niet eens mist.’

‘Ik mag die zus van je wel,’ zei Miriam toen ze in bed lagen, achter de gesloten deur van hun kleine kamer. Het was een warme nacht en ze sliepen naakt. Hoog boven hen rommelde de donder.

‘Ik vraag me af hoe het haar zal vergaan,’ zei Ernst terwijl hij met zijn vinger over Miriams schouder streek.

‘Hoe bedoel je?’ vroeg ze.

‘Joodse meisjes van goeden huize hebben het tegenwoordig niet makkelijk. Ze hebben niet geleerd te overleven.’

‘Ik dacht dat Lene anders was dan de anderen.’

‘Welke anderen?’

‘De rest van je familie. De mensen van wie je niet wilt dat ik ze leer kennen.’

‘Je mag ze vast niet, dat heb ik je al gezegd.’

‘Maar ik mag Lene. Je bent alleen maar bang dat zij mij niet mogen.’

‘Ik wil niet dat ze zich met mijn leven bemoeien, dat is alles.’

‘Denk je dat je een ander mens wordt als je niets met ze te maken hebt?’

‘Ja.’

‘Maar dat is niet zo. We dragen onze geschiedenis en familie als een soort bagage met ons mee, tot aan het graf. Ik denk dat je niet wilt dat ze kennis met me maken omdat je je voor me schaamt. Diep in je hart twijfel je over je keuze voor mij en door mij in een ander vakje op te bergen, gescheiden van je familie, voorkom je een conflict.’

‘Er is helemaal geen reden voor een conflict.’

‘Wat een absurde opmerking! Onze achtergrond botst in alle opzichten. We mogen dan allebei Joods zijn, we zijn in totaal verschillende werelden opgegroeid. Jij veilig achter die tuinmuur tussen zoetgeurende bloemen, ik op een binnenplaats vol vuilnis.’

‘Je overdrijft.’

'Ik gebruik een metafoor, maar die klopt wel.'

'Als we naar Palestina gaan, is dat allemaal opgelost. We beginnen helemaal opnieuw. Allebei nieuwkomers in een vreemd land.'

'Ik hoop dat je het allemaal niet door een roze bril bekijkt. Naar Palestina gaan moet geen vlucht voor de werkelijkheid worden.'

'Dat besef ik heus wel.'

Ernst klonk geïrriteerd, maar Miriam hield vol. 'Vroeg of laat zul je je familie onder ogen moeten komen. Zo niet, dan neem je het conflict met je mee.'

'Het is laat, Miriam.'

'Ik zou graag de kans krijgen ze te laten zien wie ik ben. Lene vond me best aardig, geloof ik. Misschien vinden zij dat ook wel.'

'Je bent erg zeker van jezelf.'

'Maar jij niet... Is dat het?'

'Als we nu niet gaan slapen, zijn we morgenochtend niets waard,' zei Ernst, en hij keerde zich van haar af en ging zo ver mogelijk bij haar vandaan liggen. Hij sloot zijn ogen en deed zijn best om de gedachten in zijn hoofd stil te zetten, te smoren in slaap.

'Ik wil niet dat je iets doet waar je de rest van je leven spijt van zult hebben, dat is alles,' fluisterde Miriam.

'Welterusten,' zei hij zo beslist dat het nors klonk. Even later hoorde hij haar regelmatig ademhalen en wist dat ze sliep.

Paul Leopold was naar het theater gegaan om Lene op te halen, had gezien dat ze er niet was en was teruggekeerd naar het hotel om op haar te wachten. Hij verlangde naar haar gezelschap, en toen ze niet kwam opdagen, had hij zijn heil gezocht bij een fles calvados en was de hele nacht wakker gebleven en heel dronken geworden. Toen hij zijn ogen niet meer kon openhouden, had hij zich met al zijn kleren aan uitgeput op bed laten vallen, en zo vond Lene hem toen ze 's ochtends om een uur of negen de kamer binnenstapte. De aanblik van de lege fles en de verfomfaaide gestalte bevestigde haar ergste vermoedens. Ze pakte snel haar leren koffertje en ging naar het station om op de trein naar Frankfurt te wachten. In het briefje dat ze voor hem achterliet, stond alleen: 'Je had gelijk. Ik ga bij je weg.'

Paul keerde nooit meer terug naar Frankfurt. Een week na Lenes vertrek ging ook hij naar het station en nam de trein naar Praag. Daarvandaan zou hij nog enige jaren scherpzinnige verslagen naar de *Frankfurter Zeitung* sturen.

Edu Wertheim bracht elk jaar vier weken in Baden-Baden door, van eind augustus tot de eerste dag van de herfst. Ook hier nodigde hij soms een of meerdere van zijn familieleden uit om hem een paar dagen of een week gezelschap te houden. Hij ging daar nogal grillig mee om, zodat je nooit van tevoren wist of je een uitnodiging zou krijgen en zo ja, of die voor een weekend of een hele week in augustus of september zou zijn.

In de zomer van 1928 zegde Nathan, die met zijn gezondheid sukkelde, zijn gebruikelijke vakantie in Grindelwald af, omdat de Zwitserse bergen geacht werden slecht voor het hart te zijn. Caroline was teleurgesteld en klaagde er – uiteraard in bedekte termen – tegen iedereen over. Ze zei tegen Edu dat het zeer betreurenswaardig was dat die arme Nathan in de warme stad moest blijven en dat ze zich afvroeg hoe het nu met de vakantie van Anna moest. Fräulein Gründlich ging in augustus altijd naar huis. Bovendien kon ze niet koken en zou het een belediging zijn het haar te vragen. Lene had haar eigen leven en het zou onredelijk zijn van haar te verwachten dat ze de maaltijden klaarmaakte. Het kwam geen moment bij Caroline op dat ze zelf voor het eten zou kunnen zorgen.

'Ik snap wat je bedoelt,' zei Edu uiteindelijk, en de woordenstroom droogde op. Wel wachtte hij nog drie dagen voordat hij hen uitnodigde. 'Jullie zijn twee weken mijn gast,' zei hij. 'Als jullie langer willen blijven, moeten jullie dat zelf betalen.'

Na haar bezoek aan Berlijn was Lene zwijgzaam en somber. Ze hield zich van iedereen afzijdig en ging vaak met Clara in de kinderwagen wandelen in de Palmengarten. Het meisje kon nu zitten en keek met levendige interesse om zich heen. Ze maakte grappige geluidjes en zwaaide met haar armpjes. Ze lachte veel en speelde verstoppertje achter haar dekentje. Elke ochtend was ze een uur bij Caroline, die pas na tienen opstond, en daarna haalde Lene haar op en nam haar mee naar buiten.

'Hoe gaat het met Ernst?' vroeg Caroline haar.

'Goed,' zei Lene. 'Volgens mij is hij heel gelukkig met zijn vriendin. Hij is van plan met haar te trouwen.'

Caroline schudde haar hoofd. 'Ik wou dat in elk geval één van mijn kinderen een verstandig huwelijk sloot.'

'Ernst zal het waarschijnlijk het beste doen van ons vieren,' zei Lene. 'Miriam is echt heel aardig.'

'Zij is de oorzaak of het gevolg van zijn dwaze idee om naar Palestina te gaan. Hoe dan ook, ze is duidelijk niet een van ons.'

'Dat hoeft ook niet, als Ernst maar gelukkig met haar is.'

'M'n lieve kind, geluk is niet blijvend als geliefden niets gemeenschappelijks hebben.'

'Binnenkort zijn ze samen in hun Palestijnse vaderland. Me dunkt dat dat iets gemeenschappelijks is,' zei Lene.

Fräulein Gründlich was de enige die wist dat Lene naar Berlijn was gegaan om Paul Leopold te zien. Lene vertelde haar precies wat er was gebeurd. Het was voor haar een opluchting erover te kunnen praten, en Gründlich sprak nooit een oordeel uit. 'Op een dag vind je de ware,' was alles wat ze zei.

'Ik heb de sfeer in Baden-Baden nooit prettig gevonden,' vertrouwde Nathan zijn broer Edu toe toen ze samen lunchten, zoals ze eens per week deden om zakelijke en familieaangelegenheden te bespreken. 'Al die beverige oudjes, die kwijlende grijsaards.' Opeens besefte hij dat hij ondankbaar klonk. 'Ik vergeet bijna dat ik zelf oud begin te worden,' zei hij. 'Binnenkort ben ik net zo.'

'Je hoeft niet te gaan,' zei Edu droog. 'Ik kan je reservering nog ongedaan maken.'

'Het spijt me, Edu, neem me alsjeblieft niet kwalijk. Het is niet dat ik je uitnodiging niet op prijs stel...'

'Wat is het dan wel?'

'Ik zie de toekomst heel somber in. Ik tob over het land, mijn kinderen, mijn gezondheid. De dood heeft aan de deur geklopt. Soms denk ik dat ik hem zou verwelkomen, maar ik weet dat het een lafhartige uitweg is.'

Edu voelde zich altijd ongemakkelijk als er over de dood werd gepraat. Hij gedroeg zich alsof de dood een geslachtsziekte was, die je kon ontlopen door fatsoenlijk te leven en je niet in te laten met prostituees. Dat Nathan er toch over wilde praten, beschouwde hij als zwelgen in zelfmedelijden. In dat opzicht leek Edu sprekend op Hannchen, en dat kon Nathan niet uitstaan. De oude dame woonde nog steeds tevreden, zwaarlijvig en opgewekt op haar etage in het huis van Edu, waar ze de dood vrolijk en met succes op afstand hield. Ze zei tegen Nathan dat zijn klachten allemaal tussen zijn oren zaten en schreef hem kamillethee en lichaamsbeweging voor. Ze begaf zich alleen buitenshuis om op vakantie te gaan. Ze dronk te veel koffie en besmeerde haar brood te dik met boter, maar had nog steeds uitgesproken meningen, die over een krakende telefoonlijn ten beste werden gegeven. 'Ik ben vijfenzeventig,' zei ze, 'dus heb ik het recht om anderen raad te geven, ook al heb ik het mis.' Edu zorgde ervoor dat ze Baden-Baden bezocht in periodes dat hij er niet was. In augustus ging ze met haar dienstmeisje naar Travemünde.

'Je moet beslist een weekendje bij ons langskomen,' zei Edu tegen Lene toen Nathan en hij waren uitgepraat. 'Julia komt ook, als ze zich lang genoeg kan losrukken van haar huidige minnaar. Ze heeft rust nodig. Volgens mij kiest ze met opzet mannen die haar verdriet en problemen bezorgen.'

Dat had Lene ook vaak gedacht.

'Ik zou me eigenlijk de rest van de zomer aan Clara moeten wijden,' zei Lene. Het kalme leventje dat ze leidde sinds haar terugkeer uit Berlijn beviel haar eigenlijk wel. Edu had het onderwerp Berlijn zorgvuldig gemeden.

'Dat is een mooie gedachte, en het is lovenswaardig dat je zo'n goede moeder bent, maar ik weet dat Emma zich erop verheugt de baby een tijdje voor zichzelf te hebben. Je hoeft je dus niet op te offeren.'

Edu wist zijn familieleden altijd te betrappen op de huichelarijtjes die ze zich permitteerden, had het altijd door als ze niet oprecht waren of zich bescheidener of zorgzamer voordeden dan ze waren.

Emma had de leiding gekregen over de vrijwilligsters in het *Frauenspital*, het vrouwenziekenhuis. Het had eigenlijk een betaalde baan moeten zijn, maar Emma was er zo afkerig van om geld te verdienen met haar werk dat ze aanbood haar salaris aan een goed doel te schenken. Daarom mocht ze van de directeur aanblijven zonder vergoeding, en Eva ging boos tegen haar tekeer. 'Vrouwen hebben het al moeilijk genoeg zonder dat mensen als jij voor niets gaan werken.'

'Ik wil niemand iets verschuldigd zijn,' zei Emma. 'Op deze manier ben ik vrij om te doen en laten wat ik wil. Ik kan over mijn eigen tijd beschikken en heb geen verplichtingen.'

'Geen wonder dat vrouwen slecht betaald worden, als ze in de rij staan om voor nop te werken. Je bent geen haar beter dan een stakingsbreker.'

'O, tante Eva, laat me in hemelsnaam met rust.' Emma beende de kamer uit.

Emma schreef elke week naar Bernard Berenson en naar Mabel Hennessy Supino-Botti. Ze had de gave alledaagse gebeurtenissen uit een saai leven op schrift te transformeren tot een aaneenschakeling van amusante belevenissen.

'Stel je mijn verbazing voor,' schreef ze dan bijvoorbeeld, 'toen ik opeens knoflook rook op de kraamafdeling. De lucht bleek afkomstig te zijn van een jonge vrouw die haar borsten ermee insmeerde om het toeschieten van de melk te stimuleren. Die arme baby!' Mabel en B.B. waren allebei verrukt van hun nieuwe vriendin en maakten plannen voor haar bezoek in het voorjaar.

Mensen die voor de oorlog in Baden-Baden waren geweest, beweerden dat de stad nooit meer zo stijlvol zou worden als toen. Destijds arriveerden er gezinnen in afgehuurde treinrijtuigen met een groot gevolg aan bedienden en zo veel bagage dat er meerdere paard-en-wagens aan te pas moesten komen om hen van het station naar het hotel te brengen. De hotels deden in pracht en praal niet onder voor paleizen en werden dan ook af en toe bezocht door koninklijke logés. In enkele van de beste hotels zag je nooit Joden. Er was altijd een hele stoet bedienden aanwezig en overal waar je keek zag je diamanten schitteren.

Nu zag het er grauw en sjofel uit; het meubilair van de hotels was versleten, het personeel ongemanierd, en het wemelde er van de Joden. Het tafelzilver was minder zwaar en het glaswerk minder dun, de bloemen op de tafels waren minder vers en de toon die de kelners aansloegen was onbeschaamd. Zelfs de artsen waren veranderd. Ze waren minder optimistisch. Over al die dingen werd voortdurend geklaagd, maar toch gingen de mensen er weer naartoe zodra ze zich het konden veroorloven.

Edu, die politieke tendenzen om zich heen eerder aanvoelde dan de meesten van zijn tijdgenoten, vond dat de gesprekken die hij in Baden-Baden opving dit jaar een nieuw, gevaarlijk aspect vertoonden. Er werden opvattingen verkondigd met een verbitterd, nationalistisch trekje. Mannen hadden het niet alleen maar over 'die goede oude tijd', maar ventileerden allerhande ideeën over de beste manier om ernaar terug te keren. Er werd gemompeld over de noodzaak om Duitsland te zuiveren van 'vreemde' elementen en gefluisterd over wapens en legers en de onvermijdelijkheid van een nieuw Duits Rijk in plaats van de huidige 'geamputeerde' staat, zodat de grenzen verlegd konden worden naar hun 'natuurlijke' positie.

Deze en andere opinies werden vooral geventileerd door niet-Joodse zakenlui en bankiers. Hoewel ze zich tegenover Edu nog steeds hartelijk en zelfs respectvol gedroegen, walgde hij van hun praat. Hij nam een paar van zijn Joodse vakbroeders apart om hun te vragen hoe zij erover dachten. Een of twee waren het met hem eens, maar de rest vond dat hij overdreven pessimistisch was, overgevoelig of simpelweg niet realistisch. 'We moeten ons nu eenmaal aanpassen,' zeiden ze. Het was gemakkelijk om zijn waarschuwingen te negeren, want hij was overduidelijk een man die de tijdgeest niet begreep.

Lady Samuel had besloten twee weken in Baden-Baden door te brengen in de periode dat Edu er verbleef. Ze logeerde in hetzelfde hotel, het beste van de stad. Lady Samuel kwam elke zomer naar het vasteland en vertoefde een paar weken hier en een paar weken daar, waarbij ze haar tijd verdeelde tussen vermaak en cultuur. Ze reisde per auto, met haar chauffeur en haar kamenierster. Het meisje zat naast de chauffeur voorin, en zij op de achterbank met haar witte keeshondje. Ze keek voortdurend strak uit het raam, alsof ze verwachtte dat het landschap een geheim zou prijsgeven. In werkelijkheid keek ze uit naar interessante bezienswaardigheden, kerkjes en dorpen die verborgen lagen in het landschap, vergeten kastelen boven meanderende rivieren, eenvoudige plattelandsrestaurantjes in een schilderachtige omgeving.

Lady Samuel had Edu niet verteld dat ze de eerste twee weken van september in Baden-Baden zou zijn. Ze wist dat hij er in die periode altijd was, maar deze zomer was haar gemoedstoestand zeer wisselend geweest en ze had doellozer en afweziger rondgereisd dan in andere jaren. Lag het aan het politieke klimaat of aan haar naderende 'overgangstijd'? Ze wist het niet. Ze hoopte dat Edu, van wie ze hield met alle warmte die haar koele Engelse hart kon opbrengen, haar de hand zou reiken en haar gezelschap en genegenheid zou bieden in een fase van haar leven waarin ze aan beide behoefte had.

Op hun ochtendwandelingetje kwamen ze elkaar schijnbaar toevallig tegen in het Kurpark. Lady Samuel had haar keeshond aan de lijn en Edu was alleen, met in de ene hand een wandelstok en in de andere een pasverschenen biografie van Walther Rathenau, geschreven door Harry graaf Kessler. Hij was van plan een bankje op te zoeken langs een van de paden op de helling en daar een tijdje te gaan zitten lezen in de frisse ochtendlucht. Aangezien hij haar niet verwachtte, herkende hij haar pas op het laatste ogenblik.

'Dorothea!' riep hij uit, tegelijkertijd beduusd, blij en geschrokken. Hij hield niet van verrassingen. Zij daarentegen was er dol op en was zeer tevreden dat het haar was gelukt hem op deze bijzondere manier tegen het lijf te lopen. Ze glimlachte haar oogverblindende glimlach, die was bejubeld door premiers en schilders, door winkelbedienden en koningen, en ze kusten elkaar niet zonder passie.

'Wat doe jij hier?' vroeg Edu. In gedachten begon hij onmiddellijk zijn hele programma voor de komende dagen om te gooien, en het lukte hem niet helemaal het zweempje ergernis van zich af te schudden dat hem had beslopen toen hij haar herkende.

'Ik hield het niet langer uit in de bergen,' zei ze. 'Ik voelde me dik, lelijk en lomp als een boerin. Ik moest wel hierheen komen, om mezelf te hervinden en me weer goed te voelen.'

'Waarom heb je me niet laten weten dat je kwam?'

'Ik wist tot op het laatste moment niet zeker óf ik zou komen,' loog ze. 'Ik heb een tijdje overwogen naar Marienbad te gaan.'

'Ik had mijn tijd met genoegen zo ingedeeld dat ik die helemaal met jou kon doorbrengen.'

'Dat wilde ik niet. Ik wilde je verrassen. Ik wilde dat we elkaar spontaan zouden tegenkomen...'

Ze wandelden ruim een uur arm in arm door het park, terwijl ze gezellig met elkaar praatten. Edu vergat zijn ergernis. Het hondje liep aan een blauwe lijn achter hen aan. Aan zijn halsband hing een piepkleine Union Jack.

Een uur voor de lunch waren ze terug in het hotel en in de lobby namen ze afscheid. Edu ging naar zijn kamer en Lady Samuel naar de hare. Ze hadden afgesproken 's middags samen thee te drinken. Dorothea zette haar hoed af, trok haar handschoenen uit en ging op bed zitten. Haar gezicht gloeide en ze was onrustig. Na een paar minuten stond ze op en liep naar het bureau, waar wat boeken op slordige stapels lagen. Ze waren allemaal nieuw, daarom lag er een zilveren papiermes naast om de pagina's los te snijden. Dorothea pakte het ene na het andere boek op, koos uiteindelijk een dun bandje – een verzameling korte verhalen van D.H. Lawrence – en schreef iets op het schutblad. In plaats van de lift te nemen liep ze de twee trappen op naar Edu's suite. De deur stond op een kier en ze stapte zonder kloppen naar binnen.

'Ik heb de verhalen bij me waar je om vroeg,' zei ze op onnatuurlijk luide toon, en meteen daarna deed ze de deur achter zich dicht en wierp zich in Edu's armen.

Die avond bij het diner stelde Edu haar voor aan Nathan en Caroline. 'Dorothea is een oude vriendin,' zei hij. 'Ik heb haar uitgenodigd de maaltijden met ons te gebruiken zolang ze hier is.'

Lady Samuel zag dat de blik in Carolines zachte ogen argeloos en neutraal was, terwijl Nathan haar opnam als een ziekenhuispatiënt die aan de hoofdverpleegster wordt voorgesteld.

'Edu heeft me veel over u beiden en uw gezin verteld,' zei ze uiterst vriendelijk in het Engels met haar licht hese stem. 'Ik ben zo blij dat ik u eindelijk leer kennen. Eigenlijk hebben we elkaar al eens eerder ontmoet,' vervolgde ze glimlachend. 'Jaren geleden, kort na de dood van mijn echtgenoot, graaf Samuel. Hij was vaak in Frankfurt voor zaken, net als mijn broer Dicky, die eigenaar was van de firma Simon & Seligmann. Je kunt wel zeggen dat ik bijna een *Frankfurterin* ben, zo veel aangename uren heb ik er doorgebracht.'

'Ach ja,' zei Nathan. 'Dan heb ik uw broer gekend. Ik wist alleen niet dat het uw broer was.'

'Dus dát is de connectie,' mompelde Caroline.

'Morgen komen de meisjes.' Edu veranderde van onderwerp. 'Twee van mijn nichtjes,' verduidelijkte hij Dorothea. 'Helene, de jongste dochter van Nathan en Caroline, en Julia, een dochter van mijn broer Siegmund. Julia is de intellectueel van de familie.'

'Ze schrijft,' zei Caroline.

'En tamelijk goed ook,' vulde Nathan aan.

'Vind je dat echt?' vroeg Edu. 'Ik heb altijd de indruk dat ze opzettelijk provocerend is. Ze doet in elke zin wel een prikkelende uitspraak om te laten zien hoe modern en choquerend ze kan zijn. Behalve dat ze op een slimme manier informele uitdrukkingen gebruikt om het hedendaagse taalgebruik weer te geven, is ze niet bijster origineel. Dat geldt trouwens voor veruit de meeste schrijfsters.'

'Ik heb haar korte verhalen altijd goed gevonden,' zei Caroline. 'Ze is misschien niet origineel, maar ze heeft een scherpe blik.'

'Het is te hopen dat ze die niet op jou laat vallen, zodat je op een dag in een van haar verhalen figureert,' zei Edu.

'Dat is het eeuwige probleem,' zei Lady Samuel. 'Ik ken heel wat schrijvers en zorg er altijd voor dat ik ze niet tegen de haren in strijk.'

'Dat is geen garantie dat ze je niet zullen portretteren,' zei Nathan. 'Dan schrijven ze gewoon: "Ze deed altijd reuze haar best me niet tegen de haren in te strijken."'

'En Helene?' vroeg Lady Samuel. 'Heb ik haar niet al eens ontmoet?'

'Waar zou dat geweest kunnen zijn?' vroeg Caroline.

'In Venetië?'

'Nee,' zei Edu.

'In de Palmengarten. Bij een concert. Natuurlijk. En wat doet Helene?'

'Ze ontplooit haar talenten in vele richtingen,' zei Edu.

'Ze houdt van eten,' zei Caroline. Nathan wierp haar een geërgerde blik toe.

'Dat is heel mooi!' zei Dorothea. 'Geef mij maar mensen die met plezier eten. Ze zijn meestal opgewekt. Mensen die goed voedsel niet kunnen waarderen zijn gevaarlijker. Dat zijn vaak fanatici.'

'Gaat u vanavond naar het concert in de Kursaal?' vroeg Caroline aan Lady Samuel.

'Als Edu me uitnodigt.'

'Uiteraard ben je mijn gast,' zei Edu.

Caroline, die opkeek van haar gestoomde garnalen, zag dat hij de Engelse een blik vol genegenheid toewierp.

'Wat is het nieuws uit Frankfurt?' vroeg Nathan. 'Jij leest de krant, Edu, ik niet.'

'De oorlogsveteranen hebben een grote demonstratie voor de republiek gehouden,' zei Edu. 'Ik heb gehoord dat het een overweldigend succes was. Ik geloof dat er tachtigduizend mensen meeliepen, en langs de kant stonden nog veel meer toeschouwers te juichen. Volgens de krant zwaaiden veel demonstranten met vlaggen uit '48.'

'Misschien is er nog een sprankje hoop,' zei Nathan. 'Een linkse coalitie lijkt me onze enige kans.'

'Als er een wereldwijde financiële crisis uitbreekt, kunnen we het vergeten,' zei Edu. 'Dan komen de nazi's meteen aan de macht.'

'Hoe gaat het in Engeland?' vroeg Caroline aan Lady Samuel.

'Wij hebben geen problemen,' antwoordde Dorothea luchthartig. 'Niet van rechts en niet van links. De Britten hebben een lange traditie van vrijheid... in tegenstelling tot de Duitsers.'

Daarna bleef het stil aan tafel. Zodra ze haar dessert ophad, excuseerde Lady Samuel zich. 'Ik ga me kleden voor het concert,' zei ze. 'Het was me een groot genoegen met jullie kennis te maken.'

Edu bleef nog even aan tafel zitten en rookte een sigaar.

'Hou je van haar?' vroeg Caroline opeens.

'Dat gaat je niets aan.'

'Het is geen ongepaste vraag,' merkte Nathan op. 'Ik heb me nooit met andermans leven bemoeid. Ik houd mijn opinies voor me, maar ik heb wel degelijk belangstelling – zij het in beperkte mate – voor het doen en laten van mijn naaste familieleden.'

'Je klinkt pedant,' zei Edu.

'Ik heb niet vaak de kans om pedant te klinken, dus gun me dat voor deze keer. Pedanterie is straks misschien wel het enige pleziertje dat ik op mijn oude dag nog heb.'

'Laten we geen ruzie maken,' zei Caroline. 'Het spijt me dat ik een indiscrete vraag heb gesteld. Hoe dan ook, ik vind je vriendin een bijzonder mooie vrouw.'

'Dank je,' zei Edu, en hij vroeg zich af waarom hij zo absurd blij was met het compliment.

Nadat hij van tafel was gegaan, wendde Caroline zich tot Nathan. 'Ik geloof echt dat hij van haar houdt. Als hij met haar trouwt, zijn we hem kwijt, daar kun je van op aan.'

'Hoe bedoel je?'

'Dan zal ze tussen hem en de rest van de familie komen.'

'Ik denk niet dat hij met haar gaat trouwen.' Nathan voelde zijn hart ongelijkmatig en pijnlijk kloppen. 'Ik moet even gaan liggen,' zei hij.

Lene en Julia kwamen de volgende dag vroeg in de middag aan. Ze besloten naar het hotel te lopen. Ze droegen grote hoeden om hun gezicht tegen de zon te beschermen en waren allebei gebruind, want ze hadden die zomer vaak in de Main gezwommen, zodra het weer het toeliet. Hun meeste vriendinnen waren getrouwd en leefden traditioneel, waardoor er een kloof was ontstaan tussen hen en de twee jonge vrouwen, de ene ongetrouwd en de andere weliswaar getrouwd maar alleen nog voor de vorm. Zij tweeën konden met elkaar praten over dingen die niemand anders zou hebben begrepen. Lene begon haar dag het liefst zonder plannen en wachtte wat er op haar pad kwam. Julia was goed gezelschap voor haar. Zij moest hard werken voor een beetje onafhankelijkheid, want de druk vanuit de familie om haar te dwingen zich te conformeren was erg groot. Ze twijfelde vaak aan haar talent en op die momenten werd ze altijd weer verliefd, maar zelfs daarbij speelde haar verzet tegen haar familie een cruciale rol.

Julia voelde zich van alle kanten belaagd door mensen die wilden dat ze haar carrière opgaf. Rudi, haar huidige minnaar, deed niets anders dan haar werk bekritiseren en haar in het openbaar vernederen. Ze stond machteloos tegenover hem, want aangezien ze nooit naar haar familie had geluisterd als ze haar waarschuwden voor dit soort mannen, had ze niet geleerd zich ertegen te wapenen. Door haar opstandigheid koos ze altijd de verkeerde man. Rudi was de laatste in een lange reeks ontrouwe minnaars. Hij kon met haar over literatuur praten – hij was toneelschrijver – en haar proza tot op de laatste komma analyseren, maar hij was volslagen gewetenloos en dacht alleen aan zijn eigen carrière. Hij wilde niet dat ze schreef, hij wilde dat ze zijn vrouw was. 'Jij hebt niet genoeg talent,' zei hij, of: 'De wereld zal je een stuk dankbaarder zijn als je voor mij zorgt dan wanneer je derderangsboeken blijft schrijven.'

In de trein had Julia dit allemaal aan Lene toevertrouwd, waarbij ze haar best deed niet te huilen. Rudi was een klootzak, maar ze hield van hem en miste hem vreselijk. Hij was boos op haar omdat ze hem een weekend alleen liet.

Lene had haar eigen zorgen, maar haar nicht was zo verdrietig dat ze geen kans kreeg erover te beginnen. Ze had een brief van Tom in haar zak, een brief die ze nog maar één keer had gelezen, die ochtend, toen hij was bezorgd. Tom had de brief de dag ervoor in Weimar opgesteld en gepost, en hij schreef – uiteraard in poëtische, bloemrijke taal – dat hij verliefd was op een ander. Het nieuws had Lene gekwetst, al was het maar omdat het nu duidelijk en ondubbelzinnig op een velletje blauw postpapier stond en haar noodzaakte haar eigen gevoelens en gedrag onder ogen te zien. Het had ervoor gezorgd dat ze opeens vurig en vol jaloezie van Tom hield. Ze was gewend geraakt aan haar vrijgezellenbestaan en kon Paul Leopold, nu hij uit haar leven was verdwenen, in het juiste perspectief zien, maar Toms bekentenis vond ze verschrikkelijk. De brief ritselde in haar zak als ze liep.

Toen ze bij het hotel aankwamen, werden ze genegeerd door de piccolo's, die niet gewend waren dat gasten midden op een warme dag lopend arriveerden. 'Denken ze soms dat we hoeren zijn?' fluisterde Julia hard. Maar zodra Lene vertelde dat ze nichtjes waren van Eduard Wertheim, sprong de hele staf in de houding en werd er snel een piccolo gevonden om hen naar hun kamers te brengen.

In de suite stond een boeket nazomerbloemen op hen te wachten, en er lag een briefje van Edu. 'Welkom! Kom om vier uur naar het terras voor de thee.' Ze fristen zich op in de badkamer, een en al glanzende tegels en marmer, met een immens bad met geelkoperen kranen in de vorm van zwanenkoppen.

'Wat heerlijk decadent,' zei Julia. 'Als het niet zo banaal was, zou ik een verhaal schrijven over Baden-Baden. Hier staat de tijd stil en wordt de dood ontkend. Er wordt je het eeuwige leven beloofd, als je maar goed voor jezelf zorgt. Al die gebouwen zijn zo schitterend majesteitelijk... En allemaal met hetzelfde doel. Ons idee van de hemel is een Romeins bad, een marmeren villa of een achttiende-eeuws paleis, zoals Versailles...'

'Ik geloof dat Versailles in de zeventiende eeuw is gebouwd.'

'Doe niet zo pietluttig. Ik heb het over illusies! Ik ben dol op pracht en praal en schone schijn. Het is bijna genoeg om Rudi te vergeten. Weet je wat hij zei?'

'Nee.'

'"Neem me mee", dat zei hij. Het lef!'

'Ik had oom Edu's gezicht weleens willen zien.'

'Hij had het niet hoeven weten. Ik had Rudi in een goedkoop hotel kunnen onderbrengen om hem stiekem te ontmoeten...'

'Het is niet zo makkelijk om iets onder oom Edu's neus te doen zonder dat hij het merkt. Hij is net een speurhond, hij ruikt het gewoon.'

'Lene, heb ik je al eens verteld dat Rudi's moeder de naaister van mijn moeder was?'

'Nee. Maar ik dacht dat je dit weekend niet aan hem wilde denken.'

'Je hebt gelijk, dat wil ik ook niet. Maar dit is zo toevallig en grappig. Mama ging er heel vaak heen, naar dat afschuwelijke krot in de Kaiserhofstrasse. Ik ben een of twee keer met haar mee geweest. De kinderen die op de binnenplaats speelden waren zo grof in de mond en vies! En Rudi was een van hen! Ik durf te wedden dat hij onder mijn rok heeft gekeken toen ik met mama de trap opliep. Hij weigert kennis te maken met mijn ouders.'

'Willen zij hem wel ontmoeten?'

'Nu hij een bekend toneelschrijver is geworden wel, natuurlijk.'

Stipt om vier uur liepen ze het terras op in frisgewassen blouses en schoon ondergoed. Ze voelden zich net kinderen. Lene vroeg zich af of ze dat gevoel nog steeds zouden hebben als zij vijftig waren en oom Edu zeventig.

Lady Samuel en haar hondje aten allebei een stukje *Streuselkuchen*, taart van kruimeldeeg.

'Daar komen mijn beeldschone nichtjes,' zei Edu.

'Kijk nou wie er naast hem zit,' fluisterde Lene zachtjes.

'Zijn geliefde!' zei Julia. 'Nieuwe verwikkelingen in mijn verhaal. Nu móét ik het wel gaan schrijven!'

Ze schudden Dorothea de hand en kusten Edu op zijn wang. Hij had hun blik van verstandhouding gezien. 'Hebben jullie elkaar al eens ontmoet?' vroeg hij.

'Vijf jaar geleden in Frankfurt,' antwoordde Lene.

'Je hebt een uitstekend geheugen,' zei Lady Samuel.

'Wij vinden alles wat met oom Edu te maken heeft reuze interessant,' zei Julia. 'En Lene heeft het over niets anders.'

Zowel Lene als Edu wierp Julia een woedende blik toe, maar ze had er plezier in het enfant terrible te spelen.

'Ik ben heel blij met al jullie aandacht,' zei Dorothea. 'Jaloezie is altijd vleiend.'

'Hoe is het in Frankfurt?' vroeg Edu. 'Hebben jullie de demonstratie van de veteranen gezien?'

'Het was aangrijpend,' zei Lene. 'En wat een opkomst! Ze droegen vlaggen van de revolutie uit 1848, en de nazi's hebben zich afzijdig gehouden.'

'Hier laten Hitlers sympathisanten zich niet onbetuigd,' zei Edu. 'Overal vang ik hun verderfelijke praatjes op.'

Ze spraken over de laatste nieuwtjes binnen de familie, over boeken, theater en muziek. Edu vroeg naar Clara en wilde weten hoe Julia vorderde met haar nieuwste boek. 'Geef me een seintje als je de Nobelprijs krijgt,' zei hij. Lady Samuel nam nauwelijks aan het gesprek deel. Ze leek vaag geamuseerd te luisteren, maar was met haar gedachten elders. Ze was er niet aan gewend genegeerd te worden, en haar Duits was niet goed genoeg om de nuances te begrijpen die het gesprek interessant maakten.

Om half zes voegden Nathan en Caroline zich bij hen. Lene, die haar vader een paar dagen niet had gezien, vond dat hij er slecht uitzag. Ze probeerde het toe te schrijven aan de zonnige, lichte omgeving, zo anders dan de achtergrond waar ze hem meestal tegen zag, maar toch maakte ze zich zorgen.

Lady Samuel zuchtte hoorbaar. Het zou onbeleefd zijn om nu weg te gaan, maar ze begon hoofdpijn te krijgen. Haar hondje was ook onrustig. Ze had hem te veel Streuselkuchen gegeven en hij liet voortdurend winden. Lene omhelsde haar ouders.

'Is er nog iets interessants gebeurd in Frankfurt sinds ons vertrek?' vroeg Nathan.

Lady Samuel was bang dat ze opnieuw een beschrijving van de veteranenbetoging zou krijgen, maar Lene had kennelijk andere dingen aan haar hoofd. 'Ik heb vandaag een brief van Tom gekregen,' zei ze. Stel je voor dat haar vader binnenkort dood zou gaan. Ze kon maar beter eerlijk zijn en deze onplezierige kwestie meteen aansnijden, dan was het achter de rug. Ze was niet van plan geweest het eruit te flappen, dat was zomaar opeens gebeurd. 'Hij houdt van iemand anders.' Ze was ook niet van plan geweest te gaan huilen, maar kon haar tranen niet bedwingen. Ze rolden over haar wangen, en diep uit haar binnenste welde een snik op.

Lady Samuel maakte van de gelegenheid gebruik om op te staan en zich te excuseren. Haar hondje kefte zenuwachtig.

'Jullie willen dit vast onder elkaar bespreken,' zei ze. 'Edu, zie ik je later nog?'

'Ja, natuurlijk.' Hij stond op uit zijn stoel, nam haar handen in de zijne en kuste ze.

Nathan leek aanstalten te maken om op te staan, maar kwam alleen stijfjes een stukje naar voren. 'Heb je de brief bij je?' vroeg hij aan Lene.

'Hij zit in de zak van mijn andere rok,' zei Lene. 'Wat moet ik doen?' Nu iedereen van het slechte nieuws op de hoogte was, hoefde ze niet meer te huilen.

'Hem negeren,' zei Julia.

'Niemand heeft jou om advies gevraagd,' reageerde Edu.

'Ik vind het heel erg voor je, lieverd,' zei Caroline, 'maar je had het kunnen zien aankomen. Het was geen verstandige regeling die jullie tweeën hadden.'

'Het is nu te laat om het daarover te hebben,' zei Nathan.

'Je moet van hem scheiden,' vond Edu.

'Maar hij heeft niet om een scheiding gevraagd, hij heeft alleen bekend dat hij verliefd is. Misschien is het maar tijdelijk...'

'Ik zou er maar van uitgaan dat het niet tijdelijk is,' zei Julia somber.

'Ik zal alles regelen,' beloofde Edu. 'Hij zal er niet makkelijk vanaf komen. Geef mij die brief maar, dan ga ik ermee naar mijn advocaat en bedenken we hoe we het gaan aanpakken.'

'Hou jij nog van hem?' vroeg Julia.

'Ja, en dat zal wel altijd zo blijven,' antwoordde Lene. 'Zo ben ik nou eenmaal. Maar we zijn van elkaar vervreemd en hij is zo ver weg... Ik kan me hem nauwelijks meer voor de geest halen.' Het was een absurde situatie. Ze veegde haar tranen weg. Nu de anderen hun rol allemaal op zich hadden genomen, had ze het gevoel dat het goed zou komen. Oom Edu klopte haar op de knie. 'Het is beter zo,' zei hij.

Bij het avondeten zaten Lene en Julia met Nathan en Caroline aan tafel. Lady Samuel en Edu aten samen. Hij vertelde haar alles wat hij wist over Lenes huwelijk met Tom, hoewel ze er niet naar had gevraagd.

'Het is hier vreselijk warm,' zei Dorothea na het eten. 'Zullen we een ommetje maken? Ik ga even een trui halen.'

Ze wandelden door de tuin van het hotel. Boven hen stond een volle maan. Edu keek naar Dorothea's gezicht; in het zachte schijnsel leek ze jonger en mooier dan ooit.

'Je lijkt op een heldin van Shakespeare,' zei hij tegen haar.

'Zolang het maar niet Lady Macbeth is,' antwoordde ze.

'Ik zou graag met je willen trouwen,' flapte hij eruit, net zo abrupt als Lene Toms ontrouw bekend had gemaakt.

'Hoe kom je daar ineens bij?' Jarenlang had Dorothea verwacht dat hij zich zou uitspreken, maar het was niet bij haar opgekomen dat maanlicht hem uiteindelijk het noodzakelijke zetje zou geven. Net die dag had ze geconcludeerd dat een huwelijk er nooit van zou komen en was daar tot haar verrassing opgelucht over geweest.

'Ik wil het je al heel lang vragen,' zei hij.

'Maar je hebt het nooit gedaan.'

'Er waren altijd obstakels...'

'En nu niet?'

'In deze tijd moeten we keuzes maken... Wie weet wat de toekomst brengt?'

'Wil je me strikken als verzekering voor de toekomst?'

'Dat is geen aardige manier om het te formuleren. Ik vond het zo'n bijzonder toeval dat je hier onaangekondigd verscheen. Een soort teken. Misschien is dit wel voor het laatst dat we op deze manier bijeen kunnen zijn. Hier, bedoel ik.'

'Je bent een pessimist. En waar zouden we dan gaan wonen?'

'In Frankfurt, maar alleen totdat ik alles heb geregeld voor ons vertrek.'

'En dan?'

'Dat hangt ervan af. Ik zou dolgraag in Italië willen wonen, maar daar zijn de fascisten aan de macht en zal het ook slecht aflopen. Zwitserland is de enige veilige plek.'

'Zwitserland? Ik heb een hekel aan de Zwitsers! Het is een volk van hotelhouders. Voor iets anders deugen ze niet.'

'Het is ook een volk van bankiers. Daardoor zal het er altijd veilig zijn.'

'Zou je niet in Engeland willen wonen?'

'Hoe graag ik er ook kom, nee, ik zou er niet willen wonen. Ik vind het klimaat vreselijk. Bovendien zal Engeland ook naar de knoppen gaan. Duitsland is verloren. Vroeg of laat zullen de nazi's aan de macht komen en dan beginnen ze een oorlog om het Verdrag van Versailles te wreken en om Engeland en Frankrijk te veroveren. De kans dat de arbeiders naar de communisten luisteren is verkeken. De nazi's hebben hun hetzelfde te bieden, plus de Joden als zondebok. En hun verhaal geeft geen hoop op wereldwijde verbroedering, het is bekrompen, Teutoons en makkelijk te begrijpen, net als alle bekrompen ideologieën...'

'Edu?'

'Wat is er?'

'Nu even geen verhandelingen over politiek! Je hebt me toch ten huwelijk gevraagd?'

'Ik hoop dat je ja zegt.'

'Nee, Edu. Ik zeg geen ja. Ik heb al die jaren van je gehouden. Ik wacht al zo lang op deze vraag, langer dan ik graag toegeef. Ik denk dat we veel gemeen hebben. We zouden een fantastisch paar zijn geweest. Maar ik denk ook dat het te laat is. Het juiste moment is verstreken. Ik ben blij dat ik hierheen ben gekomen, want dat heeft me de kans gegeven om je gade te slaan te midden van je naasten, je familie. Ik heb je urenlang met hen zien praten – god, het lijken wel wéken – en ik heb besloten dat ik niet met je kan trouwen. Er is naast hen geen plaats in je hart voor mij. Ze zouden me vermorzelen. Misschien zou ik in hetzelfde huis kunnen wonen als je moeder – ik neem aan dat je haar meeneemt als je naar Zwitserland verhuist – maar je moeder is, en vergeef me de metafoor, alleen het topje van de ijsberg. Je hebt broers, schoonzussen, nichten en neven. Die doen allemaal een beroep op je...'

'Ik zou ze vragen daarmee op te houden.'

'Dat kun je helemaal niet, je moedigt ze juist aan. Je hebt er behoefte aan. Je vindt het normaal dat je hun leven bestiert...'

'Hun leven bestiert?'

'Jazeker. Je gaat Helenes scheiding toch regelen, of niet? Ik zie hoeveel je van die jonge vrouwen houdt en ik zou nooit gelukkig met je kunnen zijn als ik je liefde met hen moest delen.'

'Het zijn kinderen, meisjes nog maar! Lief en charmant natuurlijk, en ik hou veel van ze, maar alleen als hun oom. Bedoel je dat je jaloers bent?'

'Ja, misschien ben ik dat wel. Maar je houdt jezelf voor de gek als je denkt dat het kinderen zijn. Dat zijn het niet. Het zijn jonge vrouwen die dol op je zijn, hun beste jurk voor je aantrekken, met je flirten, zich voor jou parfumeren... ook al trouwen ze of hebben ze romances of krijgen ze kinderen. De kleine Clara zal de traditie ongetwijfeld in de volgende generatie voortzetten. Ik kan en wil niet met ze wedijveren om een plaats in je hart.'

'Heb je hier lang over nagedacht?'

'Nee. Maar ik heb er díép over nagedacht. De afgelopen vierentwintig uur heeft het me volledig in beslag genomen.'

'Wil je je besluit niet nog eens rustig overwegen? Ergens anders misschien, hier ver vandaan?'

'Nee, Edu. Ik weet zeker dat het het beste is. Voor ons allebei, denk ik.'

'Dat betreur ik.'

'Er valt niets te betreuren. Als de maan eenmaal onder is en je me weer in het felle daglicht ziet, denk ik dat je zult erkennen dat we beter niet kunnen trouwen. Ik wil ons contact niet verbreken. Daarvoor hou ik te veel van je. We kunnen elkaar blijven zien, maar onze levens zullen in hun eigen baan blijven cirkelen.'

Ze kusten elkaar, en deze keer was het geen hartstochtelijke kus maar een tedere uiting van wederzijdse genegenheid. De begeerte ontbrak niet volledig, maar was voor het ogenblik getemperd.

'Zal ik je eens iets vertellen?' vroeg Dorothea. 'Die "meisjes" van jou hebben ons jarenlang in de gaten gehouden en over ons gekletst. Ik heb het altijd al gedacht.'

'Daar heb ik nooit iets van gemerkt.'

'Natuurlijk niet. Mannen hebben geen oog voor dat soort dingen. De zaken die jij ziet en in je geheugen opslaat zijn allemaal min of meer concreet: geld op de bank, woorden op papier. Maar ik verzamel andere informatie. Een blik, een zinswending, dingen die zich niet laten vertalen in feiten. Maar als ik ze allemaal bij elkaar optel, kan ik er van alles uit afleiden.'

Die avond namen ze heel laat afscheid van elkaar, en Dorothea nam haar boekje van D.H. Lawrence mee. De volgende dag maakte ze plannen voor haar vertrek en binnen een etmaal reed ze weer in haar Rolls-Royce over de landweggetjes, deze keer in de richting van de Rijn, naar Frankrijk. De chauffeur en de kamenierster zaten voorin en het keeshondje zat naast haar op de achterbank. Ze tuurde uit het raam, op de uitkijk naar mooie vergezichten.

Niemand, Nathan noch Caroline, Lene of Julia, had enig vermoeden dat er iets was voorgevallen tussen Edu en zijn geliefde. Ze keerden ieder op hun tijd terug naar Frankfurt en namen hun leven weer op. Hier en daar veranderde wel iets, maar die veranderingen waren niet wereldschokkend en leken geen blijvende gevolgen te hebben. Waarom verlangde Lene dan zo terug naar die nazomerdagen in Baden-Baden? Ze stonden in haar geheugen gegrift als beelden van het paradijs. Het was, zei Edu, een heel bijzondere zomer geweest.

HOOFDSTUK 6

1933

Nathan Wertheim overleed in januari 1933. Omdat hij stierf in een periode van ernstige politieke onrust, greep zijn dood de familie veel meer aan dan wanneer hij in minder bewogen tijden zou zijn gestorven. Nathan had, op enkele dagen na, het nieuws gemist dat Adolf Hitler door Hindenburg tot rijkskanselier was benoemd.

'Godzijdank is hem dat bespaard gebleven,' bleef Siegmund in de rouwtijd herhalen.

'Wat had het voor verschil gemaakt?' vroeg Caroline. 'Hij zag het al aankomen.' Ze huilde als ze 's avonds alleen in bed lag, maar in gezelschap was ze beheerst en ongeëmotioneerd.

'Iedereen heeft jarenlang gedacht dat het een boze droom was, die vanzelf over zou gaan,' zei Edu. Hij was met zijn hele huishouden, inclusief Hannchen, verhuisd naar een villa buiten Zürich met uitzicht op het meer. Hannchen Wertheim had nauwelijks iets van de verandering gemerkt. Zwak en bleekjes zat ze in haar oude stoel in de nieuwe kamer, als een pop waaruit langzaam zaagsel wegloopt. Elke dag leek er minder van haar over te zijn. Ze was niet altijd helder, maar haar hart bleef kloppen en haar huid hield haar bijeen, zoals het taaie vlies om een ei. De artsen zeiden dat ze één of meer beroertes had gehad. In tegenstelling tot zijn moeder miste Edu Frankfurt en zijn geliefde huis, dat hij had verkocht, verschrikkelijk. De taal van de Zwitsers werkte op zijn zenuwen, maar hij wist dat hij er veilig was.

Toen verwacht werd dat zijn broer niet lang meer te leven had, ging hij terug naar Frankfurt. Hij sloeg Carolines aanbod om bij hen te logeren af en verbleef in het Frankfurter Hof, waar hij door het raam een paar demonstraties van goedgeorganiseerde nazibenden kon gadeslaan. Het hakenkruis was nu alomtegenwoordig. Het was bitterkoud en de grond ging schuil onder een vuile laag bevroren sneeuw.

Het huis in de Guiollettstrasse verkeerde in deplorabele staat. Tijdens Nathans ziekte had niemand meer aandacht aan het onderhoud besteed. De tuin was niet bijgehouden en zag er verwilderd uit, zelfs midden in de winter. De rozenstruiken werden verstikt door vergeeld onkruid en niemand had de moeite genomen ze in jute te wikkelen. Het pleisterwerk schilferde van de tuinmuur, waardoor de brokkelige bakstenen bloot kwamen te liggen. Het prikkeldraad boven op de muur was al zo verroest dat het geen insluipers meer tegenhield. Het verval stemde Edu vreselijk treurig. Hij deed zijn uiterste best het te negeren, maar zelfs de lucht die hij inademde vervulde hem met angst.

Lene woonde met Clara, een mollige vijfjarige wildebras met een mooi, rond gezichtje en een pagekapsel, op de bovenetage, en Fräulein Gründlich zorgde nog steeds voor hen, sorteerde het linnengoed, verstelde de lakens, stopte hun sokken en maakte pannenlappen uit schoon maar onherstelbaar gescheurd beddengoed. Anna zwaaide nog steeds de scepter in de keuken en eens in de week kwam er een *Putzfrau* voor het zware huishoudelijke werk.

De dood had lang in dit huis rondgewaard, zodat er in elke kamer de medicinale geur van zijn aanwezigheid hing. Dokter Schlesinger had Nathan in diens laatste uren als vriend en arts zorgzaam bijgestaan, zoals hij dat alle voorgaande jaren had gedaan. Hij sloot Nathans ogen en keek een poosje naar Nathans gezicht, dat er veel ouder uitzag dan dat van een man van zestig. Daarna ging hij naar Caroline om te zeggen dat het voorbij was. Omdat ze toch niet kon slapen, zat ze in de woonkamer te wachten. Het was vroeg in de ochtend. Edu was net binnengekomen en liet haar na een korte omhelzing alleen naar Nathan gaan. Toen hij naast Emma op de bank ging zitten, pakte ze zijn hand en hield die vast.

'Hoe moet het nu met mij?' vroeg Caroline bij terugkomst met toonloze stem.

'Maak je geen zorgen,' zei Edu. 'Je bent gezond, je hebt je kinderen nog en ik behartig jullie geldzaken. Als het ergste verdriet achter de rug is, wil ik je overhalen om uit Frankfurt te vertrekken.'

'Dat bedoel ik niet,' zei ze. 'Ik ben na al die jaren de kunst verleerd met mensen om te gaan. Niemand begrijpt me nog en ik begrijp anderen niet meer. Wie luistert er nu naar mijn rare verhalen? Wie vergeeft me nu al mijn tekortkomingen?'

Edu wist daar geen antwoord op. Hij liep weg om zijn broers te telefoneren en liet het aan Emma over haar moeder op te vangen. Eerst belde hij Jacob.

'Zeg jij het tegen mama?' vroeg Jacob.

'Ja, maar niet door de telefoon,' zei Edu. 'Dat doe ik als ik terug ben in Zürich.'

'Soms benijd ik de doden,' zei Jacob. 'Zij weten niet wat er allemaal gaande is.'

'Ik vind dat je weg moet uit Duitsland.'

'Ik ben te oud om ergens anders opnieuw te beginnen, Edu. Ik wacht het einde hier in Frankfurt af.'

'Dat kan sneller komen dan je denkt. Als Hitler en zijn aanhangers hun macht eenmaal hebben gevestigd, zijn wij verloren. Hitler heeft tienduizenden volgelingen en een goedgeolied apparaat waarmee hij elke maatregel kan doorvoeren en al zijn tegenstanders kan uitschakelen.'

'Hou maar op,' zei Jacob. 'Ik heb zelf jarenlang voorspeld dat het verkeerd zou aflopen, maar nu het bijna zover is, voel ik alleen onmacht en een soort opluchting.'

De hulprabbijn van de synagoge kende de familie alleen oppervlakkig. Hij vroeg aan Edu wanneer hij voor het laatst een dienst had bijgewoond. Hoewel het ogenschijnlijk een informatieve vraag was, vatte Edu het als een verwijt op en eiste hij de rabbijn zelf te spreken. Toen hij hoorde dat die een week afwezig was, draaide hij zich om en liep weg. Siegmund handelde alle afspraken rond de begrafenis verder af. Het was in ieders herinnering de eerste keer dat Edu iets niet tot een goed einde bracht.

Lene bleef op de ochtend van de begrafenis in bed, en toen Fräulein Gründlich kwam zeggen dat ze zich moest aankleden, zei ze dat ze niet ging. Ze zat rechtop in bed, met de lakens opgetrokken tot haar kin, en vertelde iedereen afzonderlijk dat ze niet zou gaan.

Oom Edu kwam haar toespreken. 'Het is je plicht.'

'Papa zou het begrepen hebben,' antwoordde ze koppig.

'Je gaat niet voor hem maar voor ons,' zei Edu.

Clara, die de zwarte gestalten in haar moeders kamer zag, hun stemmen hoorde en hun verdriet en verwarring voelde, begon hard te huilen. Ze rende naar Lene en begroef haar gezicht in het beddengoed, dat naar haar moeder rook, naar de nacht en de troost van vergetelheid. Lene vond het goed dat Clara bij haar in bed kroop en hield haar vast terwijl het meisje haar gezicht in de holte van haar moeders hals legde, het zachte plekje tussen haar oor en sleutelbeen, en huilde tot haar nachtjapon nat was van de tranen.

'Ik blijf bij mijn dochter,' zei Lene.

Toen ze allemaal waren vertrokken, was het heel rustig in huis. Lene liet Clara bij haar in bed liggen en vertelde haar wat ze zich nog kon herinneren van de sprookjes van Hans Christian Andersen.

Anna droeg haar nette zwarte jurk naar de begrafenis. De oudere vrouwen van de familie Wertheim gingen gehuld in zwarte sluiers, terwijl de mannen brede rouwbanden om hun mouwen hadden en zwarte hoeden droegen. Jacob liet zich niet van zijn voornemen afbrengen om vanaf de synagoge in het Westend tot aan het oude Joodse kerkhof aan de Rat-Beil-Strasse achter de lijkkoets aan te lopen. De zwarte auto's reden er stapvoets achteraan.

Terwijl de lijkstoet zich een weg baande door de besneeuwde straten van Frankfurt, vergaapten de kinderen zich aan Jacob achter de koets. Sommigen gooiden sneeuwballen naar hem. De lucht was grauw en de enige kleur die ze onderweg zagen was het rood van de nazivlaggen, die uit ontelbare ramen van de leigrijze appartementengebouwen hingen. De witte cirkels rond de zwarte vleugels van de swastika waren witter dan de sneeuw zelf. De rouwenden probeerden ze te negeren. Er stond geen wind en de vlaggen wapperden niet, maar vormden een cynisch decor voor de begrafenisstoet.

De rabbijn hield een mooie toespraak. Dat moest zelfs Edu hem nageven. Hij sprak niet zozeer over Nathan Wertheim, die hij nauwelijks had gekend, als wel over een Joodse Frankfurter die was overleden in de dreigende dagen van januari 1933. Hij vermeldde de Judengasse, waaruit Nathans familie hoopvol was weggetrokken, met achterlating van hun geloof, om plaats te nemen aan de Duitse eettafel, deel te hebben aan de Duitse samenleving en te geloven dat ze volwaardige Duitse burgers waren geworden. De rabbijn vroeg zich af of het land evenveel van deze man had gehouden als deze man van zijn land. Bij die woorden ontstond er wat onrust in de groep; mensen die hun handen hadden gevouwen, lieten ze vallen en schuifelden met hun voeten. Onder de aanwezigen waren enkele niet-Joodse collega's van Nathan en een jeugdvriend van hem, een bekende rechter.

De rabbijn zei dat een paar goede mensen niet meer voldoende waren om het land weg te trekken van de rand van de afgrond waaraan het stond, klaar om de sprong naar de dictatuur te nemen. Hij waarschuwde dat ze weer terug zouden keren naar de beperkingen van de Judengasse als de haat en onverdraagzaamheid die de 'bruine horden' verkondigden het land in zijn greep zouden krijgen, maar dat het deze keer veel erger zou zijn dan wat Nathans voorouders hadden meegemaakt. Er werd gehuild bij zijn woorden, maar de zwartgesluierde gezichten van de vrouwen verrieden niet door wie.

Staande aan het open graf konden ze niet zien wat er aan de andere kant van de muur op straat gebeurde. De begraafplaats leek gestold in een toestand van winterse duisternis, de sneeuw langs de paden was nog maagdelijk wit en de grafstenen waren als ankers die de doden voor eeuwig op hun plaats hielden. Allen voelden zich voor dat moment omgeven door de rust van de dood. Dit stuk Joodse aarde, dacht Edu, zal er nog zijn als de hakenkruizen zijn verdwenen, maar dat troostte hem niet.

De rabbijn besloot zijn toespraak met de woorden dat Nathan Wertheim de toekomst bespaard was gebleven die hun allen wellicht te wachten stond. Hij hoopte dat de familie zich gesterkt voelde door zijn nagedachtenis. Toen keek hij meelevend om zich heen en bad '*El Malee Rachamiem*' en sprak de kaddisj uit.

De kist werd neergelaten in de aarde en op het moment dat hij de grond raakte, slaakte Caroline één enkele gil. Het was een onbeheerste, doordringende kreet als de roep van een wild dier op die stille, winterse begraafplaats. In de verte, ver achter de muur, klonk marsmuziek. De mannen schepten om de beurt aarde op de kist, de vrouwen hielden elkaar vast, en toen de rabbijn zijn boek dichtdeed en de rouwenden een hand gaf, wisten ze dat het afgelopen was en dat ze uit de beschutte dodenakker weer de straat op moesten.

Edu bedankte de rabbijn en betaalde hem, uiteraard discreet, want hij was eraan gewend om af te rekenen. Ze liepen over het hobbelige, niet bijgehouden terrein van de oude begraafplaats door de sneeuw, die vlekken achterliet op de zwarte kousen van de vrouwen en de broekomslagen van de mannen. Links van hen lag de bakstenen muur die de afscheiding vormde met het orthodoxe gedeelte, een verwilderd stuk grond waar de gedenkstenen scheef in de aarde staken maar in hun trotse afzondering getuigden van grotere vroomheid. Het rumoer op straat was nu duidelijker te horen, een mengeling van kreten, liederen en stampende laarzen. De beheerder tuurde door een gaatje in het gesloten toegangshek.

'Ga hier maar niet naar buiten,' zei hij. 'Ze zijn door het dolle heen en schreeuwen om Joods bloed. Ze vallen u misschien aan. Ik breng u naar de uitgang van het christelijke kerkhof. Daar valt u niet op en de auto's kunnen u daar komen ophalen.'

Door de ijzeren spijlen van het grote toegangshek zagen ze de bruinhemden op straat lopen. De menigte begaf zich haastig en in wanordelijke groepjes naar de Eckenheimer Landstrasse om zich aan te sluiten bij een grotere mars naar de Römerplatz, waar ze triomfantelijk over heel Frankfurt zouden uitschreeuwen dat hun Führer was bevorderd tot leider van het land. '*Sieg Heil!*' riepen ze. Het was te horen tot in de verste uithoeken van de begraafplaats. 'Sieg Heil!' donderde het door de winterse straten, en die kreet riep uitzinnige vreugde op bij wie daarin geloofden en gruwelijke angst bij wie dat niet deden.

De rouwenden liepen achter elkaar of in tweetallen over de lanen van de Frankfurtse begraafplaats en namen zijpaden die al weken, misschien maanden, niet meer waren betreden, in elk geval niet meer sinds de laatste warme dagen van het najaar. De beheerder kende de begraafplaats op zijn duimpje, al even goed als de stad. Hij was een geboren Frankfurter en woonde in een huisje naast het gesloten hek, samen met zijn huishoudster, een goede christenvrouw, die gewetensvol zijn koosjere maaltijden bereidde en op sabbat het licht voor hem aanstak. Hij zei altijd dat hij de voorkeur aan de begraafplaats gaf boven de stad van de levenden. Dat was zijn favoriete grap, maar vandaag leek hij het te menen.

De familie wist veilig de Guiollettstrasse te bereiken. Anna diende het eten op dat ze van tevoren had klaargemaakt en Emma ging boven bij Lene kijken. Haar zus lag nog in bed en sliep met haar arm om Clara heen. Het meisje lag dicht tegen haar moeder aan, zodat haar steile blonde haar zich had vermengd met Lenes donkere lokken. Emma kuste moeder en kind, en liet ze doorslapen.

Het eten werd nauwelijks aangeraakt en iedereen sprak zo zacht dat het wel fluisteren leek. Anna en Fräulein Gründlich zaten samen in de keuken, verenigd in hun bezorgdheid over het gezin dat ze jarenlang hadden gediend. Ze voorvoelden dat er slechte tijden voor hen aanbraken, ook al zou Duitsland feestvieren en jubelen. Anna, die op de socialisten stemde, verafschuwde de nazi's omdat ze inzag dat hun heerschappij op onderdrukking was gebaseerd. Fräulein Gründlich, die op de Deutsche Zentrumspartei stemde, was bang voor de nazi's omdat ze inzag dat er bij hen geen ruimte voor religie was, alleen maar voor verering van de staat. Beiden wisten, omdat ze goede mensen waren die goedheid in anderen herkenden, dat het onmogelijk was een fatsoenlijke wereld te scheppen op basis van haat. Als de Putzfrau kwam, negeerden ze haar. Zij hoorde bij degenen die 'een plaats onder de zon' verlangden en het land wilden 'zuiveren'. 'Ik ben niet voor niets schoonmaakster,' wauwelde ze terwijl ze op handen en knieën de vloer boende en de mensen vervloekte die eroverheen liepen.

In huis zijn we voorlopig tenminste veilig, dacht Andreas, toen hij de deur achter zich dichtdeed. De rechter hoopte nog steeds dat de nieuwe verkiezingen het tij zouden keren. Een oude zakenpartner van Edu dacht dat de maatregelen die de kanselier had voorgesteld weer ingetrokken zouden worden als het land over de crisis heen was. Zelfs enkele Joden beweerden dat je beter kon afwachten en dat paniek nergens goed voor was. Maar Andreas was bang. Of het nu kwam door de winterse kou of door het gevoel van dreiging, hij was verkleumd. Hij stond bij de radiator en wreef in zijn handen om ze warm te krijgen. Hij bedacht dat het misschien verstandig was om weer terug te keren naar zijn ouderlijk huis. Dat idee had bij hem postgevat toen hij naast het open graf stond. De donkere aarde had hem herinnerd aan de tuin in de Guiollettstrasse. Hij keek door de ramen van de woonkamer, zag de verwaarlozing en nam zich voor de tuin op te knappen.

'Ik denk dat ik weer hier kom wonen,' zei hij tegen Emma.

Edu schonk cognac in en maakte met iedereen een praatje. Hij had de familie al een paar jaar niet meer bijna voltallig bijeen gezien. Alleen Ernst, die in Palestina zat, ontbrak.

'De toestand is ernstig,' zei Eva Süsskind tegen hem. 'Links is in verwarring en veel kameraden vluchten naar Rusland.'

'Waarom vertel je dat aan míj?' vroeg Edu. Eva oogde afgetobd en oudevrijsterachtig met haar korte haar, dat al behoorlijk grijs was geworden, en een overdaad aan haargroei op haar kin. Zelfs bij haar eenvoudige zwartwollen jurk, die naar mottenballen en zweet rook, droeg ze haar onafscheidelijke Russische sjaal. Maar Edu was ineens onder de indruk van wat hij als haar onschuld zag. Hij was tot in het diepst van zijn ziel geschokt door de gebeurtenissen van die dag en kon voor één keer begrip opbrengen voor deze vrouw met haar dwaze overtuigingen. 'Ga jíj naar Rusland?' vroeg hij.

'Nee...' Ze aarzelde even. 'Ik heb een tijdje geleden met de partij gebroken. Niet met mijn overtuigingen,' voegde ze er haastig aan toe, 'alleen met de organisatie. Ik was het met te veel dingen oneens en ze dulden geen tegenspraak van mensen als ik, van niemand, denk ik. Ze zijn autoritair, en ik laat me door geen mens bevelen. Ik vond het afschuwelijk dat ze in november met de nazi's meededen aan de staking van het openbaar vervoer. De politie joeg op de Roden en sloeg ze in elkaar, maar liet de bruinhemden ongemoeid.'

'Zoals je weet, heb ik geen sympathie voor mensen die zich door de politie laten opjagen, van welke kleur dan ook. Je hebt de Communistische Partij wel opgegeven, maar ik krijg niet de indruk dat je de handhavers van wet en orde nu meer waardeert.'

'Die "handhavers", zoals jij ze noemt, worden steeds meer een instrument van de fascistische staat, dat zich aan geen enkele wet houdt en de orde handhaaft met terreur.'

'Spui je die onzin nog steeds, Eva?' Jonah Süsskind, die voor de begrafenis uit Wiesbaden was overgekomen, zag er slank en gezond uit. Hij was de enige die zich ruimschoots te goed had gedaan aan Anna's eten en wekte niet de indruk zich ook maar ergens zorgen over te maken. 'Ik vind dat de democratische regering te tolerant is geweest,' voegde hij eraan toe.

'Waar is je vrouw?' vroeg Eva. Edu trok zich terug. Hij had Jonah nooit gemogen.

'Ze kon niet komen. Er kwam iets tussen.'

'Hitler zeker?'

'Bespaar me je gevit, Eva,' zei Jonah korzelig. 'Ik ben hier om mijn zwager de laatste eer te bewijzen, niet om ruzie met jou te maken.'

Eva's misprijzende blik kon hem niet ontgaan. 'Arme Nathan,' zei hij, om op een ander onderwerp over te gaan. 'Aandoeningen van de bloedvaten zijn hoogst onplezierig. Ik hoop dat ík zo'n einde niet meemaak. Begon hij kinds te worden?'

'Absoluut niet.' Eva kon aan de klank van zijn stem horen hoe hij zijn rijke patiënten in het kuuroord toesprak. 'Dat was een akelige toestand vandaag,' vervolgde ze, want ze wilde niet dat hij er al te gemakkelijk vanaf kwam.

'Wat bedoel je?'

'Dat gespuis bij de begraafplaats, de nazi's.'

'Hun onvrede is gerechtvaardigd.'

'Hun methoden niet.'

'Misschien hebben we een sterke man aan het roer nodig.'

'Het lijkt alsof ik je vrouw hoor praten. Heb je geen eigen mening meer?'

'Je moet toegeven dat het land in de tijd van de republiek hopeloos rondzwalkte. Als ik me goed herinner, wilde je die toen zelf omverwerpen.'

'Ik geloof in een revolutie om de onderdrukten te bevrijden, een revolutie met idealen en ideeën waardoor de arbeiders zeggenschap krijgen over hun eigen lot. Het enige doel is democratie en gelijkheid.'

'Zo zou je Hitlers revolutie ook kunnen omschrijven.'

'Alleen als je een aanhanger van hem bent.'

'Dat zijn er miljoenen.'

'Jij ook?'

'Doe niet zo raar, Eva. Maar je moet toch toegeven dat het de Joden geen goede naam bezorgt dat ze zulke machtsposities bekleden als in de republiek.'

'Wat is er met jou gebeurd, Jonah? Ik kan je niet meer volgen. Je klinkt als een buikspreekpop. Is je vrouw...'

'Laat haar erbuiten, Eva. Ik heb mijn eigen mening. Daar heb ik recht op. Ik kijk anders tegen dit land aan dan jij. Ik woon niet in een grote industriestad, maar deel de visie van de echte Duitsers dat de stad een poel van zonde is, waar anarchisme en degeneratie welig tieren. We moeten terug naar de waarden van de voorindustriële maatschappij.'

'Je kunt de klok nooit terugdraaien.'

'Ik zie Ernst nergens.' Jonah stapte weer op een ander onderwerp over. 'Waarom is hij er niet?'

'Ernst zit in Palestina. Wist je dat niet?'

'Niemand vertelt mij ooit iets,' zei Jonah klaaglijk. 'Ik ben verstoten door mijn hele familie. En waarom? Omdat ik mijn hart heb gevolgd en met een arische ben getrouwd.'

'Ik denk eerder dat zij ons heeft verstoten.' Eva werd overvallen door een diepe afkeer van haar broer.

'Je hebt haar altijd verkeerd begrepen en alles wat ze doet verkeerd uitgelegd. Ze is een vrouw uit duizenden.'

'Ik hoop voor jou dat je gelijk hebt.' Eva zag Benno aankomen, wendde zich plompverloren van Jonah af en haakte haar arm door die van haar neef. 'Kom, vertel eens hoe het met je gaat.'

Benno was nog steeds te dik, hij rookte te veel en was kortademig. Ook was hij nog even warhoofdig als het om praktische zaken ging. Hij besefte terdege dat het aan zijn briljante geest te danken was dat hij geen vermaningen hoefde aan te horen. Jonah, die zijn gezin nooit meenam naar familiebijeenkomsten in Frankfurt, dacht ineens vol genegenheid aan zijn eigen kinderen. Hij was zich ervan bewust dat ook Benno het product van een gemengd huwelijk was en vond zijn neef een slechte aanbeveling voor een dergelijke verbintenis.

'Ben je nog bezig met het Pergamon-altaar?' vroeg Eva.

'Ik moest ermee ophouden,' antwoordde Benno. 'Een oudere collega beweerde dat ik in zijn vaarwater zat. Nu bestudeer ik de invloed van de Oudheid op Duitse kunstenaars aan het einde van de achttiende eeuw, een fascinerend onderzoeksgebied.'

Benno wilde het Eva haarfijn uitleggen, maar ze onderbrak hem haastig. 'Wat vind je van de politieke situatie?'

Hij keek verbaasd.

'Met betrekking tot de Verlichting of de Franse Revolutie?' Hij zag Eva's verbijsterde blik. 'O, je bedoelt de huidige toestand, de nazi's... Ik weet het eigenlijk niet. Ik denk niet dat ze op mijn terrein veel kwaad kunnen.'

Jacob, die bleek zag van zijn koude, eenzame tocht, kwam op dat moment bij hen staan, waardoor hij voorkwam dat Eva een uitgebreid betoog ging afsteken.

'Was het vandaag niet vreselijk?' vroeg hij. Jacob was graatmager en liep uitgesproken krom, maar hij was taai als perkament, zoals hij zelf beweerde. Hij was een nachtmens geworden en liet de winkel bijna uitsluitend over aan zijn trouwe hulp Alois.

'Benno denkt dat hij veilig is in zijn ivoren toren,' zei Eva duidelijk geërgerd.

'Hij zal het wel merken. Wacht maar tot mijn huismeester de trappen van het museum bestormt. Laatst stond hij op de binnenplaats verwensingen te schreeuwen. Hij houdt precies bij wie de swastika hijst en wie niet. Hij speelt de baas over het hele pand. Ik moet mijn eigen vuilnis buitenzetten. Een oudere heer tegenover mij in de gang – Elfenbein, een keurige, vriendelijke man – kreeg onenigheid met de vrouw van de huismeester en toen heeft ze naar hem gespuugd.'

Jacob was in zijn eenzaamheid op een bepaalde manier moedig geworden. Hij had Edu's hulp afgeslagen en leefde zo zuinig van zijn inkomen dat hij er zelfs in slaagde elke maand een klein bedrag te sparen.

'Mag ik u een dezer dagen eens komen opzoeken?' vroeg Benno. 'Ik heb een paar interessante stukken over de kring rond Füssli in Rome gevonden en moet ze doornemen met iemand die goed op de hoogte is van de esthetische theorieën van zijn tijdgenoten.'

'Ik wil mijn kennis graag met je delen,' zei Jacob. 'De tijd is rijp om ons met wetenschappelijke zaken bezig te houden, niet met politiek.

Zorg alleen dat je de vrouw van de huismeester niet tegenkomt.'

'Ik probeer de houding van de achttiende-eeuwse Duitse kunstenaars tegenover de klassieken te vergelijken met die van eerdere schilders. Neem Elsheimer...'

'In godsnaam, Benno, kom terug op aarde!' riep Eva uit. 'We zitten midden in een politieke catastrofe.'

'Daar kan ik niets aan veranderen,' zei Benno. 'Dus kan ik me net zo goed in de achttiende eeuw verdiepen. Iemand moet dat toch doen. Dictators komen en gaan, maar het licht dat we op het verleden kunnen werpen, blijft branden en daarmee geven we waarheden die geen heerser ooit kan ontkennen door aan de komende generaties.'

'De "waarheden" waarover je het hebt, zijn niet absoluut. Ze zijn een product van de politiek, die ze verdraait en geweld aandoet.'

Benno keek onthutst. 'Het zal allemaal wel weer tot rust komen. Deze regering is niet blijvend.'

'Ik hoop dat je gelijk hebt.' Andreas was bezig aan zijn derde glas cognac. Zijn angst was gezakt, hij had het niet koud meer en zijn hartslag was weer normaal. Nu kon hij praten over wat hij had gezien. 'Die betogingen zijn zo griezelig omdat ze ons iets vertellen over de menselijke aard. Ze zijn een vorm van barbaarsheid die we met oudere, primitieve tijden associëren, maar die plaatsvindt onder onze eigen ogen, in de twintigste eeuw in Frankfurt, in het land van Schiller, Goethe en Beethoven.'

'Let maar eens op hun taal en liederen,' zei Jacob.

'Ik heb gehoord dat Hitler meer van Wagner houdt,' zei Benno.

'We zullen ongetwijfeld op een götterdämmerung getrakteerd worden,' zei Andreas. 'Duitsers houden van opofferingen, van het gevoel dat ze door een grotere macht worden meegesleept en handelen zonder eigen wil.'

'Allemaal abstract geklets,' zei Eva. 'Discussie in plaats van actie.'

'Wat kunnen we doen?' vroeg Jacob.

'Stil, daar komt tante Caroline,' zei Benno.

Caroline had een zucht van verlichting geslaakt toen de voordeur achter iedereen dichtging en ze weer thuis was tussen haar vertrouwde spullen. Hier kon haar niets overkomen, dacht ze. Ze zou nooit meer weggaan.

'Ik had de werkster vandaag verwacht,' zei Caroline. 'Maar ze is er niet.'

'Het huis ziet er netjes uit,' zei Eva.

'Waar is mijn kleindochter?' vroeg Caroline. 'Mijn kleine Clärchen?'

'Bij Lene. Ze liggen boven te slapen.'

'Lene was niet op de begrafenis,' zei Caroline. 'Weet iemand waarom?'

Er viel een schuldbewuste stilte; iedereen probeerde een goede reden voor Lenes afwezigheid te bedenken.

'Ze kon het niet aan,' zei Jacob ten slotte.

'Dat begrijp ik wel,' zei Benno. 'De dood is beangstigend, vooral als hij samengaat met de moordlustige kreten van dat tuig.'

'Als Lene iets moeilijk vindt, geeft ze het op en wacht tot iemand haar komt redden,' zei Andreas.

'Ik moet een nieuwe Putzfrau zoeken,' verzuchtte Caroline. 'Dat zal niet meevallen in deze tijd.'

Toen kwam Lene binnen met Clara aan haar hand. Ze hadden beiden nog een blos op hun wangen van het slapen. Het meisje had een gesmokt jurkje met gele bloemetjes aan, gemaakt van soepele stof. Lene droeg een lavendelkleurige rok en dito blouse met een lage V-hals, gecombineerd met een mouwloos vestje. Tussen de in het zwart geklede vrouwen sprong ze eruit als iemand van een andere wereld. Eva had de indruk dat ze haar dochter vasthield alsof ze bescherming van haar verwachtte. Clara was helemaal niet verlegen en keek stralend om zich heen.

'Mag ik haar even?' vroeg Caroline, en het meisje rende naar haar grootmoeder toe, die knielde om haar te omhelzen.

'Opapa is er niet meer,' zei Clara. 'Dat heb ik van Fräulein Gründlich gehoord. Ze zegt dat hij niet terugkomt, maar dat ik hem in de hemel weer zal zien.'

Caroline knipperde de tranen weg die haar in de ogen sprongen. Toen ze zich hernomen had, kuste ze het meisje op haar wang. 'Ik moest van opa zeggen dat hij veel van je houdt.'

'Ik wil hem zien, maar ik denk dat ik nog niet naar de hemel ga,' zei Clara tegen haar oma. Daarna probeerde ze zich uit de omhelzing los te wringen. 'Ik haal mijn papier en potloden om een tekening van opapa in de hemel te maken en dan doe ik net alsof ik erheen ga.'

'Misschien word je later wel kunstenaar,' zei Emma.

Pauline hield het meisje tegen toen ze de kamer uit wilde glippen en kneep haar in de wang. Alles wat ze deed was overdreven. 'Ik zou dolgraag zo'n kleinkind willen als jij,' zei ze. 'Ik wil gewoon een kleinkind! Maar op mijn eigen kinderen hoef ik daarvoor niet te rekenen.'

'U weet dat ik u best een kleinkind wil geven,' zei Julia, 'maar u staat erop dat ik eerst moet trouwen.'

Clara wist aan haar oudtante te ontkomen, rende naar boven en kwam terug met een schetsboek en een handvol kleurpotloden.

'Je moet maar eens een portret van haar laten maken,' zei Edu tegen Lene. 'Ik betaal, op voorwaarde dat je het door een goede schilder laat doen.'

Clara kon de schaal met koekjes op de salontafel niet voorbijlopen zonder er een paar tegelijk te pakken.

'Prop jezelf niet vol,' zei Lene.

'Je wilt toch niet op oom Benno lijken,' fluisterde Emma tegen haar nichtje.

'Ik vind oom Benno aardig, maar ik kan niet op hem lijken,' zei Clara. 'Hij is een man en ik ben een meisje, dus ik word later een vrouw.'

'Een dame, hoop ik,' zei Emma.

'Moet een dame jurken dragen, tante Emma?'

'Meestal wel.'

'Dan wil ik dat niet worden. Ik wil mijn blauwe pak altijd aan.'

'Ik vind de jurk die je aanhebt veel mooier.'

'Hij kriebelt. Mijn pak is mooi en zacht.'

Ze had het pak van Andreas gekregen. Het was een trainingspak in klein formaat, lichtblauw om de kleur van haar ogen goed te laten uitkomen. De broek had elastiek in het middel en bij de enkels, en in het jasje zat een rits. Clara was dol op de rits.

'Als je in het voorjaar met mij naar Italië gaat, mag je elke dag in je pak spelen, maar aan tafel en als er zondag bezoek is, dragen we een jurk.'

Lene had ermee ingestemd dat Clara in mei met Emma mee mocht op haar voorjaarsreis naar Italië. Emma ging regelmatig logeren bij

Mabel Hennessy Supino-Botti en haar bezoek werd elk jaar langer, zodat ze daar in het voorjaar een maand en in de herfst twee maanden verbleef. Ze wilde die bezoeken voor geen goud opgeven. Dat was de belangrijkste reden dat ze geen betaalde baan nam.

Tussen de twee vrouwen was een hechte vriendschap gegroeid, hoewel Emma het lesbische aspect ervan afwees, maar dat was subtiel, niet opdringerig en gehuld in vage toespelingen. Emma had begrip voor het liefdesleven van haar vriendin, maar huiverde bij het idee van fysieke liefde tussen vrouwen. De gedachte overal aangeraakt te worden, de vochtige lippen en hete adem van de hartstocht te voelen, het lichaam van een ander te ruiken – dat alles deed haar huiveren. En toch begreep ze de problemen, jaloezie en hoon die met Mabels levenswandel gepaard gingen en luisterde ze geduldig naar haar klachten. Ze voelde zich prettig en veilig te midden van vrouwen. Ze vertelde Mabel een keer dat volgens haar alleen een man het verhaal over de Hof van Eden bedacht kon hebben. Het diende om vrouwen op hun plaats te houden en voor altijd als onbetrouwbaar te bestempelen. Mabel had gelachen met haar volle, welluidende Amerikaanse mannenlach, die bij Emma altijd beelden opriep van de stad Mahagonny van Brecht. Ze had Emma op de knie geslagen en haar aangeraden haar mening over zulke zaken voor zich te houden als ze de toelage van oom Edu niet wilde kwijtraken. Emma vond het vervelend als haar vriendin de spot dreef met haar familie, maar ze fronste alleen haar wenkbrauwen en veranderde snel van onderwerp.

Ze wilde Clara dolgraag, ontzettend graag bij zich houden, want ze hield van kinderen en zou er eentje hebben geadopteerd als oom Edu haar dat niet had afgeraden. Daarom stortte ze al haar moederlijke gevoelens over haar nichtje uit. Ze vond dat Clara verwaarloosd werd door haar moeder, die als ze niet verliefd was er wel naar hunkerde het te worden. Onlangs had ze weer een 'interessante' man ontmoet, een Jood. Emma hield haar hart vast. Manfred Solomon was pianist en had het heftige temperament van een musicus. Als Lene er met hem vandoor zou gaan – en Emma vermoedde dat haar zus dat zou doen – wat moest er dan van Clara terechtkomen? De pianist, een egocentrische man, zou wellicht weigeren om Lene met haar dochter te delen. Emma geloofde dat het tijd werd om Clara van haar moeder los te weken en de zorg grotendeels over te nemen.

Dit waren natuurlijk zomaar wat losse gedachten, want Emma durfde zelden toe te geven dat ze haar zus een slechte moeder vond.

Haar overpeinzingen werden onderbroken door Edu. Ook hij dacht aan Lene. Hij was diep gekwetst door haar weigering de begrafenis bij te wonen en zocht koortsachtig naar een aannemelijke verklaring.

'Ik heb gehoord dat je zus een nieuwe aanbidder heeft,' zei hij tegen Emma. Ze knikte en hoopte dat hij niet naar haar mening zou vragen. Ze voelde zich schuldig over haar eigen gedachten. Het leek alsof hij haar had betrapt.

'Ik hoop dat het niets wordt,' ging Edu verder. 'Ik heb de jongeman ontmoet toen hij in Zürich speelde. Hij had verzocht aan me voorgesteld te worden en deelde me brutaalweg mee dat hij verliefd was op mijn nicht. Ik was verbijsterd! Het lijdt geen twijfel dat hij bijzonder getalenteerd is, maar als persoon is hij onuitstaanbaar. Hij deed alsof Lene al van hem was. Ik dacht: straks informeert hij nog naar haar bruidsschat.'

'Lene laat niet veel over hem los,' zei Emma. Dat was waar. Lene geloofde niet dat iemand haar hartsaangelegenheden begreep en hield haar liefdesleven geheim. Emma en zij spraken eindeloos over andere zaken, maar nooit daarover.

'Hij gedroeg zich alsof we oude vrienden waren en pretendeerde dat we op gelijke voet met elkaar staan en bij dezelfde groep horen.'

'Manfred is in Frankfurt opgegroeid.'

'Daar heeft hij me uitdrukkelijk op gewezen, maar hij komt eigenlijk uit Polen. Als ik me goed herinner, waren zijn ouders straatarm en konden hem niet onderhouden, dus toen zijn talent werd ontdekt hebben ze hem gewoon aan de hoogstbiedende verkocht. Dat was Alexander Buchsbaum – de grootste parvenu die ik ken – en zo is hij als jongen in Frankfurt terechtgekomen. Maar hoe heeft je zus hem leren kennen?'

'Ik denk bij Andreas. Zijn huis is een ontmoetingsplaats geworden voor alle musici in Frankfurt. Hij organiseert muzikale avondjes...'

'Woont hij nog met die... man?'

'Kurt? Ja. Kurt is heel aardig.'

'Ongetwijfeld.' Edu kwam abrupt terug op Lene. 'Probeer je zus die affaire uit haar hoofd te praten. Ze is pas dertig, heeft een prachtige dochter en familie die van haar houdt. In de huidige politieke situatie zullen Joden als Manfred Solomon in Duitsland moeilijk een carrière kunnen opbouwen en hij lijkt me geen type om de liefhebbende echtgenoot te spelen als het met zijn werk tegenzit.'

'U kent Lene goed genoeg om te weten dat ze zich nauwelijks iets laat zeggen.'

Edu gaf haar gelijk. 'Dat is waar. Daarom moeten we allebei onze invloed aanwenden.'

'Ik mocht Tom altijd graag,' zei Emma weemoedig. 'Hij was een prettige huisgenoot.'

'Zo prettig was hij anders niet toen ik de scheiding met hem moest regelen. Hij had allerlei noten op zijn zang.'

'Hij wilde toestemming om Clara te zien.'

'Van wie heb je dat gehoord?'

'Van hemzelf.'

'Hij wilde ook onder de verplichting uit om alimentatie voor zijn kind te betalen. Die twee dingen gaan nu eenmaal niet samen.'

'Daar weet ik niets van.'

'Des te beter. Je weet uiteraard wel dat je vader de laatste jaren niet meer in staat was zijn eigen zaken te behartigen. Ik heb zijn financiën moeten regelen. Ik heb Eisenstein met pensioen gestuurd. Ik heb de huur van zijn kantoor betaald. Nu moet ik nog een oplossing voor zijn secretaris zien te vinden en de laatst overgebleven cliënten van zijn overlijden op de hoogte stellen. Waarom mensen nog bij hem kwamen is me een raadsel.'

'Hij was op zijn eigen manier heel goed in zijn vak.'

'Dat is me bekend, maar hij heeft zijn vrouw en kinderen te veel de vrije teugel gelaten. Hij heeft je moeder laten zwelgen in artistieke vaagheid – ze wenst nog steeds niet lastiggevallen te worden met praktische zaken – en zijn zoons geen leiding gegeven. En het spijt me het te moeten zeggen, maar hij had voet bij stuk moeten houden toen zijn dochters... een verkeerde verbintenis wilden aangaan.'

Emma kreeg een kleur. Ze verdroeg het nog steeds niet dat er op die ongelukkige ervaring werd gezinspeeld, maar Edu merkte haar onbehagen niet op.

'In zekere zin ben jij de verstandigste,' zei hij. 'Daarom zeg ik dit tegen jou. Met jou kan ik praten. Jij laat je het hoofd niet meer op hol brengen door mannen die lieve woordjes in je oor fluisteren.'

Emma kon haar oom niet meer aankijken. Ze voelde een wond in haar binnenste opengaan. Oom Edu hield minder van haar dan van Lene. Waarom had ze dat niet eerder gemerkt? Hij was jaloers omdat Lene een nieuwe minnaar had. Hij hield er heel andere gedachten op na dan ze altijd had aangenomen. Mannen waren walgelijk, allemaal kikkers! En vrouwen verdroegen dat alleen omdat er soms een enkeling in een prins veranderde, maar dat was het niet waard. De wond deed veel pijn.

Julia kwam bij hen staan zonder er erg in te hebben dat ze het gesprek onderbrak. 'Wat een afschuwelijke dag,' zei ze. 'En ik had toch al nachtenlang niet geslapen.'

Edu keek naar haar en Emma zag dat hij haar mooi vond, vooral nu ze er gekweld en enigszins bleek uitzag. Ze had een roman geschreven over haar liefdesaffaire met Rudi, en die was gunstig ontvangen.

'Was het niet symbolisch vandaag?' vroeg ze. 'Die ongeregeldheden tijdens de begrafenis van oom Nathan? Ze laten ons niet eens onze doden begraven.'

'Onzin,' zei Edu. 'Je fantasie slaat weer eens op hol. De toestand is al erg genoeg zonder dat jullie schrijvers die aandikken.'

Iemand had hem een avant-gardistisch blaadje gestuurd waarin een verhaal van Julia stond. Hij had gemeend zichzelf erin te herkennen. Omdat hij daar nu niet bij stil wilde staan, draaide hij zich om en ging op zoek naar Elias. Zijn opzettelijke grofheid was Julia niet ontgaan.

'Hij heeft mijn verhaal gelezen,' zei ze tegen Emma, 'en hij vergeeft het me nooit.'

Ze had, zoals gewoonlijk, niet over de gevolgen nagedacht. Ze had gehoopt dat haar succes een goede indruk op hem zou maken. Nu voelde ze zich verward en onzeker, alsof ze voor een peilloze afgrond stond waar ze elk moment in kon vallen.

'Heb je over hem geschreven?' vroeg Emma. 'Dat was dom van je.'

'Laten we het er niet meer over hebben,' zei Julia. 'Ken jij het gevoel dat je dood wilt zijn, maar bang bent om dood te gaan?'

'Ik snap niet wat je bedoelt.'

'Jullie zijn allemaal eender. Daar heb je oom Jacob. Voordat hij vertrekt wil ik hem even spreken.'

Ze liet Emma alleen bij het raam achter. Emma trok de gordijnen dicht. De kamer werd kleiner, de lampen gaven meer licht. Lene stond met Edu te praten. Clara zat aan haar voeten op de grond en speelde mikado. 'Je wordt vies,' riep Emma nerveus.

Julia pakte Jacob bij de arm. 'Ik heb oom Edu beledigd,' zei ze.

'Goed zo,' zei Jacob. 'Het zal tijd worden. Wat heb je tegen hem gezegd?'

'Niet door iets wat ik heb gezegd. Ach, laat ook maar, u begrijpt het toch niet.'

'Gaat het wel goed met je?'

'Nee, maar dat komt wel weer, als ik bij de rand van de afgrond vandaan ben. U weet dat ik hoogtevrees heb.'

'Wil je niet gaan liggen? Boven is vast een bed voor je en Caroline zal wel valeriaandruppeltjes hebben.'

'Rust helpt niet,' zei Julia somber. 'Wilt u een glas brandewijn voor me halen?'

Emma zag dat Clara's knieën vuil waren geworden van het knielen op het vloerkleed. 'Sta op,' zei ze. 'Sta op.' Ze trok Clara mee. De mikadostokjes knapten onder haar voeten. Het meisje begon te huilen.

'Laat haar met rust,' zei Lene.

'Ze wordt smerig,' zei Emma.

'Ik moet de Putzfrau ontslaan,' verzuchtte Caroline.

Clara, die onenigheid in de stemmen van de volwassenen opving, ging nog harder huilen. 'U hebt de stokjes gebroken!' jammerde ze.

'Ik koop wel nieuwe voor je,' zei Emma. 'Stil maar. We gaan naar boven en dan lees ik je een verhaaltje voor.'

'Ik wil niet mee naar boven. Ik wil bij mammie blijven.'

'Je bent een stoute meid,' zei Emma. Ze zat op het randje van een stoel en raapte de gebroken mikadostokjes op. Clara hield haar moeders rok vast.

Julia dronk de brandewijn die Jacob haar had gebracht alsof ze een vreselijke dorst moest lessen.

‘Hoe gaat het met je vriend Rudi?’ vroeg Jacob.

‘Hij is mijn vriend niet meer. Een goede toneelschrijver, maar een beroerde geliefde. Brecht vond zijn laatste toneelstuk heel goed, maar hij kan het niet opgevoerd krijgen. Iedereen is bang en vertrekt. Ze verlaten het zinkende schip. Mijn zus Jenny heeft zich laten dopen.’

Jacob zocht Jenny tussen de vele familieleden. Ze zat alleen in een hoekje voor zich uit te staren. Haar broer Willy stond in de buurt. Hij las een boek dat hij uit de boekenkast had gepakt.

‘Zijn we geen eigenaardig stelletje?’ vroeg Julia.

‘Willy is vreselijk mager,’ zei Jacob. ‘Zet hem naast Benno en ze lijken op een tekening uit *Max und Moritz*.’

‘Hij is net weer ontslagen,’ vertelde Julia. ‘Papa legt de hele tijd geld neer om hem een baan te bezorgen. Dan mag hij blijven werken tot papa’s geld op is en vliegt er weer uit. Maar hij is best gelukkig met zijn doelloze leven. Hij deelt wat muntjes uit aan arme kinderen en speelt op zijn blokfluit.’

‘Denkt Jenny dat het helpt?’

‘Wat?’

‘Dat ze gedoopt is.’

De brandewijn had het gewenste effect op Julia. Ze keek niet langer in de gapende afgrond. Misschien, dacht ze, was die wel opgeschoven naar de andere kant van het raam.

‘Ik geloof dat ze verliefd is geworden op de predikant die haar heeft bekeerd. Zou het niet grappig zijn om een geestelijke in de familie te hebben?’

‘Nee, absoluut niet.’

‘Kijk nou eens, dat domme wicht. Geen greintje verstand in haar hoofd. Ze zit alleen maar mooi te wezen. Ik heb een hekel aan haar.’

‘Zonde van je energie.’

‘Oom Edu vindt haar reuze charmant.’

‘Mijn broer zit je vandaag wel dwars.’

‘Hij beoordeelt vrouwen alleen op hun buitenkant.’

‘Dat doen de meeste mannen.’

‘Maar hij voelt zich zo superieur.’

‘Ook dan kan hij nog wel van een mooi gevormde enkel of een paar pronte billen houden.’

'U bent niet zo.'

'En je ziet wat ik daarmee ben opgeschoten. Ik ben niet de oom die de harten van zijn nichtjes sneller doet kloppen, of ze – en dat is de keerzijde – van woede laat stampvoeten.'

De avond was gevallen en er was een bitterkoude wind opgestoken. Overal brandden vuren en buiten op straat klonk nog de kreet 'Sieg Heil', maar de ijzige wind deed die verstommen voor de ochtend aanbrak en veranderde het water in de Gerechtigheidsfontein voor de Römer in een ijsklomp.

De familie bleef tot heel laat bijeen in het huis aan de Guiollettstrasse. Niemand waagde zich naar buiten, de kou in, waar de wilde kreten weerklonken van de bruinhemden die de straten onveilig maakten. Maar het ochtendlicht bracht geen troost.

Ernst, die zijn naam in Uri had veranderd zodra hij in Palestina was aangekomen, vernam het nieuws van zijn vaders dood via een telegram van Edu. Miriam en hij zaten in hun hut aan het middagmaal.

'Mijn vader is overleden,' zei hij.

'Gecondoleerd. Moge hij rusten in vrede.' Ze stond op en omhelsde hem.

'Niet doen,' mompelde hij, terwijl hij zich lostrok. 'Ik krijg geen lucht meer.'

'Wat is er dan?'

Hij boog zich over het telegram. 'Alleen oom Edu zou zoiets kunnen sturen. Luister maar: "Helaas moet ik je meedelen dat Nathan Wertheim vanmorgen is overleden. Zijn dood doet ons allen veel verdriet."'

'Wat had hij anders kunnen schrijven?' vroeg Miriam. 'Wat kun je überhaupt in een telegram zetten?'

Hij haalde zijn schouders op.

'Ik geloof dat je iemand anders de schuld van je gemengde gevoelens probeert te geven,' zei ze.

'Je hebt me goed door.'

'Daarom ben je toch met me getrouwd?'

Terwijl zij de tafel afruimde, ging hij naar buiten. Het was een gure winterse dag. Regenwolken hingen boven de bergen in het oosten.

Hij liep naar de oever van het Meer van Tiberias. Dit was het rustige jaargetijde in de kibboets. Hoewel er altijd wel klussen te doen waren, begon het plantseizoen pas over een paar weken.

Ernst had al geweten dat hij zijn vader niet meer levend zou teruggzien toen hij vlak voor zijn emigratie thuis afscheid kwam nemen. Dat idee had hem bedrukt, maar hij had het uit zijn hoofd gezet. Er was niets belangrijks gezegd; ze hadden als vreemden met elkaar gesproken. Zelfs Lene had een gereserveerde indruk gemaakt. Emma had nauwelijks iets tegen hem gezegd, en Andreas, die wel tot een gesprek bereid was, kwam niet verder dan het ophalen van herinneringen. Ernst was blij geweest dat hij kon vertrekken. Edu had hem op theevisite ontboden. Van hem had hij een dikke cheque gekregen en een heleboel wijze raad. 'Hij klonk als Polonius,' had Ernst tegen Lene gezegd. 'Zo dom en dwaas is hij anders niet,' had ze tegengeworpen. 'Maar hij doet net zo gewichtig,' had hij geantwoord.

Hij slenterde langs de waterkant. De vissersboten waren allemaal veilig afgemeerd en de lucht hing als een grijze koepel boven de Golanhoogten. Een uur later kon het in de bergen onweren of sneeuwen of ging de zon ineens schijnen. In deze tijd van het jaar wist je dat nooit. Wat een vreemd land was het toch!

Meestal slaagde hij erin het verleden naar een verre uithoek van zijn geest te verbannen. Hij werkte keihard. Zijn handen waren ruw en vereelt als die van een arbeider en zijn armen en schouders even sterk als die van een sjouwer. Soms, als hij in de spiegel keek, herkende hij zichzelf niet meer. Was hij echt opgegroeid in het Westend van Frankfurt en had hij werkelijk zijn gezicht weerspiegeld gezien in het gepoetste zilveren theeservies van zijn moeder?

Hij besloot dat hij diezelfde dag nog een brief naar huis moest schrijven, maar aan wie moest hij die richten? Miriam zou hem aanraden te beginnen met 'Lieve familieleden', maar wat hij zich herinnerde was niet zozeer een familie, maar een plaats, een sfeer, een gemoedstoestand. Het was een ander land en de verwanten die er woonden leken op schimmen. Nee, dacht hij, niet op schimmen maar op mummies. Zo zag hij hen. Hij zou hun ieder afzonderlijk moeten schrijven, met uitzondering van Emma. Hij had geen idee wat hij tegen haar moest zeggen. Zij had de keuzes die hij had gemaakt het hevigst bekritiseerd en akelige dingen tegen hem gezegd. Daar wilde hij niet aan terugdenken. Hij herinnerde zich de wandelingen door de Palmengarten en de boekwinkel van oom Jacob. Hij kon de sparren van de kerstmarkt op de Römerplatz en de geur van dampende worstjes bijna ruiken. Hij dacht aan de zomer in Travemünde en de vreemde schrijver, wiens naam hem was ontschoten, die Andreas waarschijnlijk had verleid. De man was later betrokken geweest bij het een of andere schandaal en had zelfmoord gepleegd. Was de geaardheid van Andreas soms aan die ervaring te wijten? Op welk punt was het met hen allen misgegaan?

Hij liep door de sinaasappelgaard, langs eucalyptusbomen en pasgeplante bananenbomen. Donderslagen rommelden boven de Syrische bergen, maar aan de westkant van het meer verscheen alweer een streep helderblauwe lucht. Een tractor kwam aanrijden over de onverharde weg die naar de prikkeldraadversperring om de kibboets leidde.

'Hé, Uri! Hallo!' riep de bestuurder boven het lawaai van de ratelende motor uit. 'Wat doe jij hier?' Zijn Hebreeuws klonk onbeholpen door de brouwende 'r' van de '*jekkes*', de geminachte Duitse Joden. Ernst zwaaide naar hem. 'Een eindje wandelen,' riep hij.

'Wees voorzichtig!' De man droeg een geweer over zijn schouder. Hij was drukker geweest in Leipzig.

Ernst knikte. Het was waar dat je hier voorzichtig moest zijn. Hij deed er niet verstandig aan zonder bewaking te ver door te lopen. Met tegenzin draaide hij zich om en vond een onopvallende plek naast de vissersboten, vanwaar hij uitkeek op Tiberias aan de overzijde van het meer. Hij schreef de brieven aan zijn familie in een kasboekje dat hij altijd op zak had.

Tegen de tijd dat hij terugkwam in hun hut, scheen de zon. Miriam was teruggegaan naar het kinderhuis waar ze werkte. Ze had een stuk honingkoek en een glas rode wijn voor hem achtergelaten op de schone tafel. Ernst zuchtte. Waarom had hij niet voldoende aan haar liefde? Waarom kwam dit mooie land hem nog altijd zo vreemd voor? Waarom miste hij de Duitse winter nog steeds, en de stille bossen van zijn geboorteland?

Ernst schreef de brieven stuk voor stuk over. Toen hij daarmee klaar was, liep hij naar buiten, waar de zon scheen, naar het stuk grond dat in orde werd gemaakt voor de aanplant van een nieuwe boomgaard. Hij trok stenen uit de aarde tot de zon onder begon te gaan en er een koude mist uit het meer opsteeg. Zijn geest was verdoofd van vermoeidheid, zodat hij het verdriet niet meer zo hevig voelde.

Op 27 februari ging het gebouw van de Reichstag in Berlijn in vlammen op. De politie arresteerde een zwakbegaafde jonge Nederlander, Marinus van der Lubbe, die de brandstichting onmiddellijk bekende en in verband werd gebracht met de communisten. Dat gaf de nazi's een goed excuus om op grote schaal af te rekenen met hun linkse tegenstanders. Niet alleen communisten, maar ook socialisten en vakbondsbestuurders werden bij duizenden gearresteerd, hun kranten werden verboden en hun kantoren leeggehaald. Het was een goedvoorbereide operatie om de oppositie een slag toe te brengen waarvan ze zich voor de verkiezingen in maart niet zou kunnen herstellen. Zelfs zonder eigen kranten en met hopeloos verzwakte organisaties kregen hun tegenstanders het niettemin voor elkaar om te verhinderen dat de nazi's een meerderheid in de Reichstag kregen. Maar uiteindelijk konden ze niet voorkomen dat Hitler genoeg stemmen kreeg om de Machtigingswet door te drijven die hem tot dictator maakte. Hij had nu het hele regeringsapparaat in handen. Dat was het einde van de Weimarrepubliek.

Een paar avonden later stond Eva Süsskind bij Jacob voor de deur. Ze had hem niet van tevoren gebeld, maar kwam onaangekondigd langs. Jacob zat aan zijn gebruikelijke maal van roggebrood met ganzenvet en een hardgekookt ei. Er stonden een pot zwarte koffie en een schaal vol appels op zijn schrijftafel. Het blad was bezaaid met kruimels, eierschalen en vetvlekken.

Eva belde ongeduldig aan en Jacob keek door de kier van de deur, die met een ketting was beveiligd. Strüpler, de huismeester, viel hem de laatste weken steeds lastig. Hij liet Eva binnen, opgelucht dat zij het was. 'Wat voert je hierheen?' vroeg hij.

'Ik heb je hulp nodig.'

'Dat dacht ik al. Zit je in moeilijkheden?'

'Nog niet. Ik ben niet zo belangrijk, maar veel van mijn vrienden wel. We moeten verschrikkelijk voorzichtig zijn. Daarom kom ik langs op een tijdstip dat je huismeester waarschijnlijk aan het eten is. Ik ga je iets vragen wat gevaarlijk voor je kan zijn, dus wil ik dat je me eerlijk antwoordt. Je mag weigeren als je er niet bij betrokken wilt raken.'

'Ik heb weinig te verliezen.'

'Dan zal ik het je vertellen. Een goede vriendin van mij is dakloos. Ze heet Lore, maar haar achternaam zeg ik niet. Ze kan niet terug naar haar eigen huis omdat de nazi's het overhoop hebben gehaald en naar haar uitkijken. Ze hebben een buurvrouw bijna bewusteloos geslagen toen die hen om twee uur 's nachts niet binnen wilde laten. Lore is nu bij mij, maar we denken dat mijn woning ook in de gaten wordt gehouden. Kun jij haar in huis nemen?'

'Is ze communist?'

'Maakt het uit?'

'Nee. Misschien. Niet echt.'

'Prima. Ze is trouwens geen communist, alleen erg actief in het verzet tegen Hitler. Ze zit al in de vakbeweging sinds ze lid werd van de Arbeiterjugend. Daar heb ik haar leren kennen. Je vergist je als je denkt dat de nazi's alleen op communisten jagen. Ze zullen de hele oppositie uitroeien.'

'Hoelang moet ze hier blijven?'

'Hopelijk niet langer dan een week. We zijn bezig haar naar het Saargebied te krijgen, en van daaruit misschien naar Nederland, Zwitserland of Frankrijk, maar we moeten papieren voor haar regelen en hebben geen ervaring in het ondergrondse verzet. We hebben nooit echt geloofd dat het zover zou komen. De communisten zijn waarschijnlijk als enigen goed genoeg georganiseerd en voldoende fanatiek om het in een lange periode van onderdrukking vol te houden. Zíj hebben de Sovjet-Unie achter zich.'

'En jullie hebben alleen je goede hart. Maar Eva, zorg alsjeblieft dat Strüpler haar niet ziet. Als hij ook maar iets vermoedt, komt hij meteen met zijn SA-maten aanzetten. Hij wacht alleen nog op een goede aanleiding.'

'Ik zal voorzichtig zijn. We hebben het plan al uitgewerkt. Ik kom morgen om dezelfde tijd en zorg dat niemand me ziet. Daarna moet jij

’s avonds laat de stad ingaan om Lore op te pikken, die gekleed zal zijn als tippelaarster en zich zo zal gedragen.’

‘Strüpler weet dat ik geen hoeren mee naar huis neem.’

‘We hopen dat hij het niet in de gaten heeft. De vermomming is voor als dat toch gebeurt of als anderen jullie zien. Even later vertrek ik in Lores kleren. Dan denken ze dat je weer alleen bent. Er komt verder toch niemand meer bij je binnen?’

Hij schudde zijn hoofd. ‘Frau Köppening komt al een tijdje niet meer.’

‘Waarom niet?’

‘Ze zei dat ze niet voor Joden wilde werken.’

‘Ik laat wat oude kleren achter van het soort dat een Putzfrau zou kunnen dragen. Lore kan ze aantrekken en als het nodig is doen alsof ze je werkster is.’

Het was jaren geleden dat Jacob gedecideerd was opgetreden, jaren geleden dat hij iets maatschappelijk nuttigs had gedaan. Het vooruitzicht om mee te doen met een samenzwering, al was het maar even, maakte hem opgewonden. Zou hij werkelijk kunnen ontsnappen aan de stagnatie, de passiviteit waarin hij was weggezakt na Gerda’s dood, alweer zo lang geleden?

‘Wil je iets eten of drinken?’ vroeg hij Eva.

‘Nee, dank je.’ Geroerd door de bereidwilligheid waarmee hij zijn hulp had aangeboden, gaf ze een kneepje in zijn hand. Ze zag er afgetobd en sjofel uit. Jacob wilde haar graag ter wille zijn. In al die tijd dat hij haar kende was hij nooit bijzonder vriendelijk tegen haar geweest. Net als de rest van de familie had hij aangenomen dat Eva zelfverzekerd en tevreden haar eigen gang ging, dat ze geen genegenheid nodig had en dat haar politieke betrokkenheid voortkwam uit een duidelijke keuze, waarvan ze nooit afweek. Hij liep met haar mee naar de deur, maar kon zich er niet toe zetten haar een kus te geven.

‘Tot morgen om dezelfde tijd.’ Eva haastte zich de trap af op haar schoenen met gummizolen.

Jacob zat tot diep in de nacht aan zijn schrijftafel en dacht na over de verantwoordelijkheid die hij op zich had genomen, het armzalige beetje heldendom dat hem was aangeboden.

Eva kwam op de afgesproken tijd. De familie Strüpler luisterde naar een radiotoespraak van de Führer, die hun alles beloofde waar ze zo lang tevergeefs naar hadden gehunkerd: wraak voor de dolkstoot in de rug en het Verdrag van Versailles; een afrekening met de degeneratie en de schande van Weimar, die Joodse republiek; geen muziek meer die klonk alsof er vodden werden verscheurd of een stapel kisten kletterend omviel; geen schilderijen meer waaraan je niet kon zien wat ze moesten voorstellen; geen boeken meer met subtiele spitsvondigheden, vol ironische en spottende persoonsbeschrijvingen; geen beledigingen meer van het vaderland. Herr Strüpler balde zijn vuisten. Dit was een man naar zijn hart, een man die zijn taal sprak.

Jacob was verbluft door Eva's uiterlijk toen ze zijn appartement betrad. Eerst herkende hij haar niet eens. Haar kleren waren veel te groot en ze droeg een heleboel lagen over elkaar. De felle kleuren en de klokhoed waren ook eigenaardig. Eva droeg nooit hoeden.

'Dit zijn Lores kleren,' zei ze. 'Ik heb er zo veel mogelijk over elkaar heen aangetrokken.' Ze had een groot pakket in bruin pakpapier bij zich, waar een touw omheen was gewikkeld. 'En dit is haar koffer. Zo valt die op straat minder op.' Het pakket was beplakt met gestempelde postzegels en er stond een verzonnen adres op.

'Draagt ze altijd zulke vrolijke, gebloemde jurken?' vroeg Jacob. Hij had zich tot nu toe nog geen moment afgevraagd wat voor vrouw het was.

'Ik zou het niet weten,' zei Eva. 'Op zulke dingen let ik nooit.'

Om middernacht ging Jacob naar beneden. Het was een inktzwarte nacht en de straatlantaarns gaven niet meer dan een dof schijnsel. Drie straten verderop was een kroeg die tot heel laat openbleef en bekendstond als een verzamelplaats voor hoeren. Jacob ging naar binnen. Er zaten nog maar weinig mensen. Hij voelde zich slecht op zijn gemak, want hij hoorde hier niet en wist zeker dat het aan hem te zien was. Twee hoeren zaten aan een tafeltje bij de deur. Een andere vrouw zat alleen aan een tafel achterin. Ze steunde op haar ellebogen en voor haar stond een flesje chianti. Dat was het teken. Jacob ging naar haar toe. Hij zag dat ze veel te strakke kleren droeg. Ze had een vriendelijk rond gezicht, dat overmatig met poeder en rouge was bedekt. Ze leek op een kind dat zich voor de grap had verkleed, niet op een straatmadelief. 'Bent u de dame uit Rödelheim die me is aanbevolen door groenteboer Lustig?' moest hij haar vragen. Hij zei precies wat hem was opgedragen en voelde zich voor gek staan.

'Ja,' antwoordde de vrouw. 'Ik ben de dame uit Rődelheim. Gisteren sprak ik groenteboer Lustig.'

Dat was het afgesproken antwoord. Jacob ging bij haar aan tafel zitten en bestelde een glas appelwijn. Eva had gezegd dat hij niet meteen met Lore moest vertrekken, maar eerst iets met haar moest drinken en doen alsof hij aangeschoten raakte. 'Gedraag je zo gewoon mogelijk,' had Eva gezegd.

Lore begon het gesprek. Ze babbelde gezellig over haar bezoeken aan de kapper en haar tochten naar de Taunus. Ze had een duidelijk Frankfurts accent, waarmee ze Jacob onmiddellijk voor zich innam. Na een minuut of tien stond ze een beetje wankel op en zei: 'Als u even wilt afrekenen.' Jacob gehoorzaamde en ze hing aan zijn arm toen ze de deur uit liepen. Alleen de hoeren keken hen na.

Lore zweeg de hele weg naar Jacobs huis, maar klemde zich stevig aan hem vast en hij besefte ineens dat ze bang was. Haar geklets in de kroeg was een nerveuze reactie geweest. In de gang en het trappenhuis was niemand te zien en de lichten bij de familie Strüpler waren uit. Eva had zitten dommelen in de fauteuil en schrok wakker toen Lore en Jacob binnenkwamen. 'Goddank, het is gelukt,' zei ze met tranen in haar ogen. Jacob zette thee en ze spraken nog ruim een uur zacht met elkaar.

Hij had geprobeerd de 'logeerkamer' zo goed mogelijk op te ruimen, zodat Lore er kon slapen. De dozen met papieren die op het bed hadden gestaan, stonden nu opgestapeld in de gang. Hij had zelfs een beetje ruimte in de kledingkast gemaakt en een stoel ontdaan van stapels boeken en tijdschriften. Hij had schone lakens gevonden en ze samen met een handdoek en washandje op de met zijde gevoerde, doorgestikte donsdeken gelegd. Eva en Lore ruilden achter de gesloten deur van kleren en toen ze weer tevoorschijn kwamen, zag Jacob Lore voor het eerst in haar ware gedaante.

'Ik kan maar beter geen "klant" tegenkomen,' zei Eva met haar lachje vol zelfspot. 'Die valt ter plekke dood neer als hij me ziet tippelen, met mijn uiterlijk.'

'Des te beter, dan laten ze je met rust,' zei Lore. Ze was een jaar of veertig en zelfs in deze omstandigheden straalde ze in haar gebloemde jurk een natuurlijke opgewektheid uit. Ze had het bed al opgemaakt en enige orde in de kamer geschapen. 'Wees voorzichtig,' zei ze tegen Eva. Ze trok haar dicht tegen haar hoge boezem en gaf haar een afscheidskus.

Toen Jacob de volgende ochtend wakker werd, moest het eerst tot hem doordringen dat hij niet alleen was. Hij rook dat er koffie werd gezet en kon zich niet meer te binnen brengen wat voor dag, maand of jaar het was, zelfs niet of hij zich in zijn eigen huis bevond, totdat het besef doorbrak dat hij een logee had en alles op zijn plaats viel.

Lore was vroeg opgestaan en had de benodigdheden gevonden om het ontbijt klaar te maken. Ze had zelfs de keukentafel voor Jacob gedekt en de vaat gedaan. Ze liet de gordijnen voor de ramen dicht en liep voorzichtig op vilten pantoffels. Toen ze klaar was, wachtte ze op hem, lezend in een van de boeken die ze in haar kamer had gevonden. Er werd één keer aangebeld. Ze deed niet open, maar hield haar adem in totdat de onbekende bezoeker verdwenen was.

Jacob was een fractie van een seconde geërgerd toen hij zag dat Lore zomaar haar gang was gegaan in zijn keuken. Hoe durfde ze zich te bemoeien met de chaos die hij in vijftien jaar tijd had geschapen en daar in een enkele ochtend orde in te brengen? Maar toen hij naar haar vriendelijke, openhartige gezicht keek en de sterke koffie rook, vergaf hij het haar. Ze begon niet tegen hem te praten en hij zag dat ze rekening hield met zijn behoefte om 's morgens stil te zijn en niet gestoord te worden.

In de daaropvolgende twee weken hield Lore zich op de achtergrond, behalve 's avonds laat als ze zich vrij voelden om rustig met elkaar te praten in de grote kamer, veilig achter de dikke gordijnen. Jacob ontdekte dat Lore iemand was die elk probleem op haar pad resoluut aanpakte. Ze vluchtte niet weg in abstracties, maar zag alles met een nuchtere blik. Zelfs haar belezenheid – ze kende het werk van Bebel en Lenin, Hegel en Marx – had haar niet in het minst pedant gemaakt. Ze hield op een vanzelfsprekende manier van mensen. Nadat ze nog maar drie dagen bij hem had gelogeerd, was zijn hele huis op een subtiele manier veranderd. En het vreemde was dat hij het fijn vond.

Op 1 april werd er in het hele land een boycot van Joodse bedrijven afgekondigd. Met borden en plakkaten werd de bevolking opgeroepen om zich te verdedigen tegen het wereldjodendom dat 'uit was op de vernietiging van Duitsland'. Jacob had Alois opgedragen de winkel die ochtend gesloten te houden, dus bleef het metalen hek dicht. In de loop van de dag werden er rotte eieren en verf tegenaan gegooid en geüniformeerd gajes bekladde het metaal met de woorden DOOD AAN DE JODEN. Alois maakte het hek de volgende dag schoon, hoewel een voorbijganger represailles aankondigde.

Frau Strüpler stond op de binnenplaats onder de ramen van de Joodse huurders te schelden en dreigde met huisuitzetting. Hoewel ze daarover geen zeggenschap had, genoot ze van het idee dat ze eindelijk een hele bevolkingsgroep kon schofferen. Jacob waagde zich alleen na het invallen van de avond naar buiten. Alois bracht levensmiddelen voor hem mee en Lore liep onhoorbaar op blote voeten rond om het huishouden te doen. Eva kwam om de paar dagen langs, maar had geen opwekkend nieuws.

Half april bracht ze ineens de benodigde papieren en was Lore vrij om te vertrekken. Ze zaten in de schemering in Lores kamer, waar je de lucht kon zien zonder gezien te worden. Het water van een korte voorjaarsbui liep gorgelend door de goten.

'Wat ga je doen?' vroeg Jacob.

'Kameraden opzoeken en vragen of ze werk voor me hebben.'

'Waar ga je naartoe?'

'Ik heb een treinkaartje naar een plaats in het Saargebied, maar daarna weet ik het nog niet. En jij?'

'Hoezo?'

'Blijf je hier om naar de verwensingen van Herr Strüpler en zijn vrouw te luisteren?'

'Wat moet ik anders?'

'Vluchten! Denk je dat het bij het ingooien van een paar etalageruiten blijft? Ga, nu het nog kan, voordat ze je naam op een lijst hebben gezet en je bij de grens tegenhouden. Je hebt geen gezin om je zorgen over te maken en bent niet arm. Je redt je wel.'

'Ik ben de afgelopen vijftien jaar nooit langer dan een paar dagen van huis geweest. Ik kan al mijn spullen niet zomaar achterlaten.'

'Kijk naar mij. Ik reis alleen met dit koffertje. Zijn je bezittingen je meer waard dan je leven?'

'Het is maar de vraag wat mijn leven waard is zonder alles wat het omvat en waardoor het wordt omvat.'

Lore kende de huizen van het Westend, niet alleen van buiten maar ook van binnen. Haar moeder was kokkin geweest en haar vader timmerman. Een enkele keer had haar moeder haar op Kerstmis of Pinksteren meegenomen naar het huis van haar werkgevers. Ze waren aardig tegen haar geweest, maar Lore had heel goed beseft dat ze haar niet zagen zoals ze was. Hetzelfde probleem had zich op school voorgedaan. Omdat ze intelligent was, had ze een beurs gekregen, maar haar klasgenoten hadden haar beoordeeld op grond van haar kleding, en de leraren hadden gezegd dat ze haar plaats moest kennen. Daardoor was ook haar blikveld beperkt. Ze kreeg alleen de kristallen kroonluchters te zien en de restjes te eten. Jacob was de eerste uit die andere wereld die niet tot een karikatuur was verstard. Ze bekeek de gegoede klasse opnieuw door zijn ogen en begreep plotseling welke valstrik die voor haar kinderen zette, zelfs voor iemand als Jacob die zich aan zijn milieu had ontworsteld, maar niet aan de bijbehorende veronderstellingen. Zijn verleden lag, net als zijn linnen servetten, in een la te verkommeren.

'Maar als iemand me uit dit hok weg kan krijgen, ben jij het wel,' zei Jacob.

Zijn bekentenis was voor hen allebei een schok. Jacob had de avond tevoren bedacht dat het vreemd was hoe snel hij eraan gewend was geraakt weer een vrouw in huis te hebben. Maar terwijl hij in bed lag en naar haar ademhaling in de andere kamer luisterde, had hij onderkend dat ze niet zomaar 'een vrouw in huis' was, maar de warme, hartelijke Lore, die gebloemde jurken droeg en was ondergedoken voor de nazi's. Hij zou willen dat ze bleef, ook al bracht ze hem in gevaar. Hij vermoedde dat hij verliefd op haar was geworden. Maar samen vluchten was natuurlijk onmogelijk. Hoe zou hij de weg kunnen vinden in de onbekende straten van een onbekende stad, waar niemand hem kon verstaan? Ze zouden in smerige pensions moeten wonen en ruziemaken over de huur.

'Ik ben je dankbaar voor je gastvrijheid,' zei ze. 'Toen Eva voorstelde dat ik hier kon logeren, was ik bang voor moeilijkheden, maar nu ik je heb leren kennen, ben ik blij dat ik ben gekomen.'

'Dacht je dat ik je zou opeten, net als de wolf in Roodkapje?'

'Nee, dat niet, maar ik dacht dat ik misschien... Ik was niet bang dat je me zou verraden, maar wel dat je misschien misbruik van de situatie zou maken.'

Jacob dacht voor het eerst sinds tijden aan Gottfried. Het schoot hem te binnen hoe vrijpostig zijn broer naar winkelmeisjes had gekeken. Dat had hij altijd verschrikkelijk gevonden.

'Lore!'

'Wees voorzichtig,' zei ze. 'Ik denk dat ik weet wat je wilt zeggen...'

'Lore, mijn goede, nieuwe vriendin, voordat je weggaat moet ik je vertellen dat ik erg gesteld op je ben geraakt. Ik durf zelfs te zeggen, ik geloof echt... dat ik van je hou.'

Ze keek hem stralend aan. 'Daar ben ik blij om,' zei ze. 'Blij dat je van me houdt, blij dat je het tegen me zegt. Ik ben tot dezelfde conclusie gekomen: ik hou van jou.'

'Je klinkt zo gelukkig!'

'Het is toch heerlijk om verliefd te zijn?'

'Nu, in deze tijd?'

'Beter nu dan nooit. We staan toch nog niet aan de rand van de kuil in afwachting van onze executie, of wel?'

Jacob had al heel lang geen omgang gehad met een vrouw voor wie hij tederheid voelde. Af en toe had hij een prostituee bezocht, maar zijn verlangen was blind geweest en had niets te maken gehad met de vrouw die bij hem was. Hij had alleen verlost willen worden van een zeurende pijn, zoals hij ook een steenpuist zou opensnijden. Nooit had hij een hoer mee naar huis genomen. Nu voelde hij zich bezwaard door de slechte gewoonten die hij in zijn eenzame jaren had aangenomen. Hij was bang dat zijn lichaam lelijk was, dat zijn adem stonk en zijn nagels vuil waren. Hij kon zich niet voorstellen dat Lore niet op die manier naar hem keek en dat liefde haar waarneming had veranderd. Maar toch vond hij de moed om op te staan en haar te kussen. Toen ze zijn kus beantwoordde, werd hij overmand door een tederheid en hartstocht die hem weer jong maakten.

Ze beminden elkaar in de logeerkamer. Ze schoven de gordijnen dicht voor het raam dat uitkeek op de voorjaarshemel. De hele nacht lag voor hen en het leek of ze alle tijd van de wereld hadden, die ze ten volle benutten.

Eva kwam langs aan het einde van de volgende ochtend. 'Ik dacht dat je al weg zou zijn. Je moet er zo snel mogelijk vandoor,' spoorde ze Lore aan. 'Veel mensen vertrekken, omdat niemand weet hoelang dat nog mogelijk is.'

Het viel Jacob op dat ze niets merkte van de liefde die tussen Lore en hem was opgebloeid. Eva was bezorgd en verstrooid. Dat het gezicht van haar vriendin straalde van blijdschap beschouwde ze als een blijk van Lores opgewekte karakter.

'Morgen vertrek ik met de eerste trein,' zei Lore. 'Ik sta eerder op dan Herr Strüpler en ben voor dag en dauw weg.'

Jacob pakte Lores hand. 'Zullen we het haar vertellen?'

'Wat?' vroeg Eva.

'We houden van elkaar,' zei Lore.

Pas toen zag Eva het ook. Ze gaf hun beiden een zoen.

Die nacht bedreven ze weer de liefde en vroeg in de ochtend namen ze afscheid van elkaar. Ze hadden een romantische overeenkomst gesloten. Over een maand zouden ze elkaar weerzien bij de kathedraal van Straatsburg, om precies te zijn op 13 mei om twaalf uur onder de klok van het zuiderportaal bij de *Synagoge*. 'Dat is het beeld van de geblinddoekte vrouw,' had Jacob gezegd, 'met de gebroken staf, die de tafel der wet in haar hand houdt.'

Tegen die tijd, meenden ze, zouden ze meer duidelijkheid over hun toekomst hebben. Hun liefde had dan de toets van hun eenzame overpeinzingen doorstaan. Bij de kathedraal, als ze die tenminste zouden bereiken, konden ze besluiten hoe het verder moest.

Manfred Solomon was ter wereld gekomen als Mosje, een naam die zijn ouders uitspraken als *Meisj*. Ze woonden in het Poolse deel van Litouwen, hadden acht kinderen, van wie zes jongens, en waren straatarm. Zijn vader was schoenmaker. Zijn moeder probeerde brood op de plank te houden door soms als keukenhulp bij rijke Joodse kooplieden te werken. Het was een onvoorstelbaar hard bestaan. De winters duurden eindeloos en de kinderen hadden altijd honger. Manfred Solomon kon de honger nooit meer vergeten, omdat die een geestelijke component had en dus veel verder reikte dan alleen een lege maag. 'We hadden overal gebrek aan,' vertelde hij Lene, 'maar vooral aan plezier. De honger sloeg alles dood. De kinderen huilden de hele tijd en de volwassenen maakten ruzie.'

Hij sprak niet graag over zijn jonge jaren, maar toen hij eens een boek doorbladerde met foto's van Joodse dorpen in Oost-Europa, dacht hij weer aan zijn jeugd. 'Ik kan me niet herinneren dat ik ooit heb gelachen of een zonnige lucht heb gezien, ook al moeten er dagen zijn geweest dat het niet regende of sneeuwde. Nooit waren er pleziertjes, zelfs niet het vermaak waar ook arme Joden van konden genieten. Geen spelletjes met Poerim, geen draaitollen op Chanoeka, geen trouwfeesten. Ik kan me nauwelijks herinneren dat er muziek werd gemaakt, terwijl muziek me bijblijft, zelfs als ik al het andere vergeet. Was er een orkest op het dorpsplein? Misschien, want ik hoor nog een paar marsdeuntjes. Joodse muzikanten in een bedompte zaal? Ik hoor het gekras van violen. De voorzanger die zijn gebeden reciteerde in de synagoge? Ik hoor een hartverscheurend nasaal gejammer.'

Zijn muzikaal talent was op jonge leeftijd aan het licht gekomen. Er was geen geld om een instrument te kopen en niemand die een viool aan de jongen kon lenen, maar in een van de werkhuizen van zijn moeder stond een piano. Ze nam hem mee, zodat hij stiekem de kamer in kon glippen waar de piano stond en erop kon spelen. De koopman, of zijn vrouw, hoorde hem een keer en slaakte verbaasde kreten. Er volgden opgewonden beraadslagingen. Het kind werd gezoend, gewassen, geknuffeld en kreeg voortaan les van iemand uit Vilnius die eens per week aan huis kwam om de rijke jongens en meisjes piano te leren spelen. Hoewel zijn ouders er niet voor hoefden te betalen, brachten de dames het zijn moeder in rekening door haar extra hard te laten werken. Ze hielden nu eens hier en dan weer daar een zloty in, en verwachtten dat de arme vrouw hun dankbaar zou zijn. De pianoleraar was de enige die geen beloften afdwong en geen 'rente voor zijn investering' vroeg. Hij had onmiddellijk onderkend dat de jongen een groot talent bezat. Hij besteedde zo veel tijd als redelijkerwijs mogelijk was aan het wonderkind en gaf als eerste toe dat hij hem maar tot op zekere hoogte iets kon leren. 'Vanaf het moment dat zijn vingers de toetsen aanraakten, wist hij meer en speelde hij beter dan ik!' riep de man uit. Na verloop van tijd vond hij een andere leraar voor Mosje en trof voorbereidingen voor zijn 'ontsnapping'.

Om al die redenen hadden zijn broers en zussen, evenals de andere pianoleerlingen, een hartgrondige hekel aan hem. Hij werd het mikpunt van wrede pesterijen. Alleen zijn moeder schonk hem genegenheid en liefde.

Op elfjarige leeftijd werd hij naar Vilnius gestuurd om zijn lessen te vervolgen. Hij woonde bij een Joods gezin dat gewoonlijk jongens in huis nam die naar de jesjieve gingen. Het was aan weerskanten een ongelukkige regeling. Mosje was van huis uit niet gewend zich strikt aan de religieuze geboden te houden en Reb Farbstein kon geen waardering opbrengen voor het muzikale talent van zijn kostganger.

Het leek bijna voorbeschikt dat Alexander Buchsbaum tijdens een zakenreis Vilnius aandeed en de jongen hoorde spelen. Buchsbaum had geen zoons, alleen een dochter. Toen de pianoleraar hem voorstelde aan de begaafde Mosje Solomon, begreep Buchsbaum meteen hoe hij zowel een mitswe, een goede daad, kon verrichten als voor een zoon kon zorgen. Hij ondernam de reis van honderd kilometer naar Mosjes ouders en was ontsteld over het naargeestige platteland, de primitieve wegen en de afschuwelijke armoede van zijn geloofsgenoten.

Toen hij aanbood om Mosje in Duitsland groot te brengen – hij liet 'Duitsland' klinken als 'het paradijs' – waar hij de beste leraren zou krijgen, een huis, warme kleren, genoeg te eten en voor elke gelegenheid een paar schoenen, grepen zijn ouders die kans met beide handen aan. Dat was tenminste het verhaal dat Alexander Buchsbaum altijd vertelde.

De werkelijkheid was echter – en Manfred Solomon kon zich die ingrijpende gebeurtenis haarfijn herinneren en dacht er altijd aan als zijn pleegvader het verhaal van zijn adoptie vertelde – dat zijn ouders diepbedroefd waren geweest bij het idee dat ze hun kind kwijtraakten. Ze beseften dat het voor altijd zou zijn. Welke kans maakten ze als ze ooit hun ouderlijke rechten wilden laten gelden en het moesten opnemen tegen de welbespraakte *Daitscher*, die rijke en machtige man? Ze huilden bittere tranen, omdat ze wisten dat Mosje hun nooit zou mogen schrijven, dat hij hen nooit zou opzoeken of laten overkomen, hoe rijk en beroemd hij misschien ook werd. Voor hen was hij al net zo verloren als wanneer hij door het leger van de tsaar was opgeslokt en uitgespuwd in de Japanse Zee. Ondanks het verhaal dat het kind was 'gekocht', een verhaal dat Edu van Alexander Buchsbaum zelf had gehoord, was er geen geld aan te pas gekomen.

De scène die Manfred zich nog herinnerde alsof die in zijn hart stond gegrift, speelde zich af toen hij afscheid van zijn ouders nam. Buchsbaum was weggegaan om in zijn rijtuig te wachten ('Mijn god, wat stinkt het hier,' had hij gezegd), zijn vader zat met hem aan de keukentafel en zijn moeder, die nooit zat, leunde tegen het fornuis terwijl de tranen over haar wangen stroomden. De andere kinderen waren allemaal naar buiten gestuurd, maar de grootste keken door het raam naar binnen. 'Meisj,' had zijn vader gezegd in zijn *Litvisje* Jiddisch, dat Buchsbaum de jongen snel afleerde: 'Ik doe dit voor jou omdat ik weet dat je het ver zult schoppen, maar denk niet dat ik je graag laat gaan. Ik weet dat we je nooit meer terug zullen zien. Voor ons is het alsof je gestorven bent en we sjivve moeten zitten. We houden van je, maar kunnen je niet het onderricht geven dat nodig is om iets met je grote talent te doen. Daarom laten we je gaan, maar het doet ons veel verdriet.'

Zijn moeder snikte en klemde haar handen ineen voor haar borst.

'Ik weet niet wat voor leven je in Frankfurt krijgt,' ging zijn vader verder. 'Het enige wat ik over die stad weet is dat de familie Rothschild ervandaan komt. Maar je zult genoeg te eten hebben, goede kleren en een piano voor jou alleen. Buchsbaum zal je vast wel goed behandelen, want hij is geen wreed man. Hij zal je waarschijnlijk vertellen dat Mosje geen geschikte naam is voor zijn zoon, dat die lachwekkend klinkt als de gojim hem uitspreken, en hij zal voorstellen om die te veranderen. Dat is goed, ook al ben je vernoemd naar je grootvader zaliger gedachtenis. Maar behoud je familienaam en laat die niet veranderen. Zoals je weet is het de naam van een grote, wijze koning van Israël. Bovendien wil ik, als ik over twintig jaar nog leef en de krant opensla en iets over een groot pianist lees, weten of ze mijn zoon bedoelen.'

Toen het rijtuig wegreed, zei Buchsbaum: 'Kijk eens om, mijn jongen. Ze zwaaien je uit.' Maar hij draaide zich niet om. Een vloed van tranen zat opgesloten in zijn binnenste.

Alexander Buchsbaum had de achtergebleven kinderen een handvol muntjes toegeworpen, zodat ze in de modder naar hun schat moesten zoeken. Mosje werd veranderd in 'Manfred' en onder die Duitse naam trad hij op in alle concertzalen van Europa, maar indachtig zijn vaders wens veranderde hij geen letter aan zijn achternaam.

Lene had Manfred leren kennen, zoals Emma aan Edu had verteld, tijdens een van de muzikale zondagmiddagen die Andreas bij hem thuis organiseerde. Deze maandelijkse bijeenkomsten waren vooral bestemd om jonge musici de kans te geven te spelen, gehoord te worden door medemusici en te experimenteren met hedendaagse muziek. Sinds Andreas vaste muziekrecensent bij de *Frankfurter Zeitung* was geworden, kwam hij in aanraking met alle belangrijke Duitse musici. Door zijn relatie met Kurt, een vrij onbekende maar uitgesproken avant-gardistische componist, legde hij zich vooral toe op het kweken van belangstelling voor moderne muziek. Paul Hindemith was een vaste bezoeker van de bijeenkomsten, evenals Hans Wilhelm Steinberg, die in de Opera van Frankfurt de première had gedirigeerd van *Mahagonny* van Brecht en Weill. Ook Klemperer, Scherchen, Schnabel, Serkin, Morini, Gareis, Slezak, Schönberg, Dessau en Huberman waren er allemaal geweest en hadden hun naam in het gastenboek geschreven dat op een tafel in de gang lag.

Lene was een trouw bezoekster van deze muzikale middagen. Ze hield van de gezellige sfeer en genoot van de muziek. Als zus van Andreas nam ze een bevoorrechte positie in en leerde al snel alle musici kennen die er 'kind aan huis' waren. Emma kwam af en toe, maar beweerde dat ze hoofdpijn kreeg van die nieuwe muziek. Julia had eens een bijzonder onaangename man meegenomen, die door Kurt was verzocht om te vertrekken, en daarna vertoonde ze zich zelden meer. Benno kwam als hij eraan dacht en Jenny als ze niets beters te doen had. Willy nam zijn blokfluit en muziek mee in de hoop dat hem werd gevraagd mee te doen.

Lene ging op den duur koken voor de bezoekers, zodat de bijeenkomsten bijna even bekend werden vanwege de maaltijden als vanwege het nieuwste twaalftonige trio. In de verfijnde, licht geëxalteerde sfeer die rond Andreas, Kurt en hun homoseksuele vrienden hing, voelde Lene zich prettig en vermetel. Prettig omdat het de wereld van Andreas was, waar ze niet buitengesloten werd; vermetel omdat ze zich tussen mensen bewoog die niet voldeden aan de burgerlijke fatsoensnormen. De mannen waren kalm en ontspannen en gedroegen zich niet overdreven vrouwelijk en vilein. Andreas wilde op straat net zomin nagewezen worden als flikker als dat hij herkend wilde worden als smous.

Vorig jaar winter was Manfred Solomon op een zondagmiddag uitgenodigd om een paar pianosonates van Schönberg ten gehore te brengen. Hij was niet erg bekend in Frankfurt. Ook al was hij er opgegroeid, hij had door zijn aan discipline onderworpen jeugd geen contact gehad met leeftijdsgenoten in het Westend. Lene kon zich niet herinneren dat ze hem ooit persoonlijk had ontmoet, hoewel ze hem had horen spelen en had gezien bij concerten in het operagebouw en het museum. Omdat hij een plaatselijk idool was geworden, was ze bij voorbaat tegen hem ingenomen. Ze wist zeker dat het succes hem naar zijn hoofd was gestegen en dat hij arrogant zou blijken te zijn. Ze had geen idee dat hij wist wie zij was.

Manfred speelde voortreffelijk. Hij was tweeëndertig jaar, begon erkenning te krijgen en werd elk seizoen beter, sterker en zelfverzekerder. Hindemith was er ook en complimenteerde hem van harte.

Het was zo'n grijze zondag waarop het licht nauwelijks verandert en de dag bijna ongemerkt overgaat in de avond, maar de stemming onder de gasten was uitstekend. De muziek was prachtig, Lenes eten was heerlijk en de mensen waren opgewekt. Manfred stond in het middelpunt van de belangstelling. Hij had een middelmatig postuur en de lange, sterke handen van een pianist. Zijn hoofd leek nog groter dan het al was omdat hij een enorme bos zwart haar had, 'als Struwwelpeter,' zei Lene. Hij had een knap gezicht met een hoog voorhoofd en besefte dat hij ijdel was, maar dacht dat hij zijn ijdelheid kon verdoezelen door er grapjes over te maken.

Hij had Lene met zijn blik gevolgd vanaf het moment dat ze binnenkwam en wachtte af tot ze zich aan hem zou voorstellen. Dat deden de meeste vrouwen. Maar ze bleef ergens achteraan met Kurt staan praten. Manfred werd ongeduldig, wendde zich abrupt af van zijn gesprekspartner en riep naar Lene. 'U daar, waar ken ik u van, *gnädige Frau*? Waar heb ik u eerder gezien?'

'Ik ben Lene, de zus van Andreas. Ik weet niet waar u me van kent. Misschien hebt u me in de stad zien lopen.'

'Is dat je beroep?'

'Alleen in het weekend.'

Manfred kon niet uitmaken of haar antwoord humoristisch was bedoeld. 'Ach, Lene! Dan ben jij degene die dat heerlijke eten maakt waaraan we ons maagzuur te danken hebben.'

Hij glimlachte innemend om deze keer duidelijk te maken dat hij een grapje maakte, maar Lene kon zulke kwetsende kwinkslagen niet waarderen. Ze begreep overigens wel dat Manfred de spot met haar dreef omdat hij zich onthand en verlegen voelde. Kennelijk was hij er niet aan gewend op een normale manier met mensen te praten.

'Je hebt prachtig gespeeld,' zei ze.

'Wedden dat je dat tegen alle pianisten zegt?' luidde zijn weerwoord.

Hij zag meteen dat ze boos was om die ondoordachte opmerking. De blik die ze hem toewierp voelde aan alsof ze hem een klap gaf.

'Als je zo over me denkt, heeft dit gesprek geen zin. Het is niet mijn gewoonte om iedereen zonder onderscheid complimenten te geven.'

Ze liep plompverloren weg, baande zich een weg door de menigte en ging naar de keuken. Hij kwam achter haar aan.

'Neem me niet kwalijk dat ik zo gevat deed,' zei hij. 'De woorden ontsnappen me vaak voordat ik er erg in heb.'

Ze fronste haar wenkbrauwen, maar hij zag dat het geen teken van boosheid was, eerder een poging om serieus te blijven kijken.

'Wil je vanavond met me uit?' vroeg hij. 'We kunnen naar de film. Dat vind ik heel ontspannend na een concert, vooral een Amerikaanse film. Als ik een zwaar werkschema heb, ga ik twee of drie middagen per week naar de bioscoop. Dat helpt me de muziek even te vergeten.'

'Mag je die wel vergeten?'

'Zolang ik nog weet wat ik moet spelen als ik aan de piano zit kan het geen kwaad. Ga je mee?'

'Als ik eerst naar huis kan om mijn kleine meid naar bed te brengen. Ik heb haar beloofd dat ze me nog zou zien als ik terugkwam van Andreas. Soms neem ik haar mee naar een concert of het museum. Het is grappig om het commentaar van een vijfjarige te horen. Maar natuurlijk houdt ze het meest van de dierentuin en de dinosaurusbotten in museum Senckenberg. Ze krijgt ook nooit genoeg van de heilige martelaren in het Städel...'

'Ik ga altijd naar het Städel om de Rembrandts te bewonderen,' zei Manfred. Dat was zijn standaardantwoord. Hij sprak te veel onbekenden om elke keer iets origineels te bedenken. Maar zodra hij die woorden had gezegd, besefte hij dat Lene erop in zou gaan.

'Welke vind je het mooist?'

'Je weet wel, dat grote doek.'

'*De Nachtwacht*?'

'Die bedoel ik.'

'Maar *De Nachtwacht* hangt in Amsterdam.'

Manfred Solomon was zo sportief om te lachen. 'Als je me een rondleiding geeft, beloof ik dat ik nooit meer zo'n flater zal slaan.'

Er was ineens een intense aantrekkingskracht tussen hen beiden ontstaan. Lene wilde Manfred op zijn nummer zetten, maar zich tegelijkertijd warmen aan zijn felle gloed. Deze man kon wel duizend of meer mensen betoveren door slechts zijn handen heen en weer te laten gaan over de toetsen van de piano! Manfred was juist gecharmeerd van haar koppige verzet om niet in zijn ban te raken.

'Hoe laat zal ik je ophalen?' vroeg hij.

'Acht uur.'

'Mooi, dan hebben we tijd genoeg.'

Hij noteerde haar adres en knoopte een gesprek aan met Kurt. 'Wat kun je me over haar vertellen?' vroeg hij, en Kurt vertelde hem wat hij wist.

'Ik ga met Manfred Solomon naar de bioscoop,' zei Lene tegen Emma toen ze thuiskwam.

Emma las Clara een verhaaltje voor. Ze vertrok haar gezicht van afschuw. 'Die vreselijke man!'

'Mag je hem niet?'

'Als ik hem op een feest zie, loop ik altijd met een grote boog om hem heen. Hij is egocentrisch en lomp.'

'Pas op met wat je zegt. Misschien ga ik met hem trouwen.'

'Hou je me voor de gek?'

'Een beetje, maar ik mag hem graag. Nu nog zorgen dat hij dat niet te snel merkt. Ik heb er genoeg van alleen te zijn. In dit huis lopen veel te veel vrouwen rond.'

'Hoe moet het dan met Clara?'

'Het zou geen kwaad kunnen als ze een vader had.'

'Maar ze hééft een vader.'

'Die ziet ze nooit.'

'Is dat zíjn schuld soms?'

Lene gaf geen antwoord.

'Ik wil met alle plezier voor Clara zorgen,' zei Emma.

'Dank je,' zei Lene, maar ze had niet echt geluisterd.

De boycot van Joodse bedrijven op 1 april was nog maar het begin. De volgende stap was dat de Joden van alle overheidsambten werden uitgesloten. Daarna werden andere maatregelen van kracht. Tegelijkertijd versterkte de dictatuur de greep op de staat en maakte een einde aan de vrije vakbonden. In mei werden er duizenden boeken verbrand door studenten van de universiteit van Berlijn. De *Frankfurter Zeitung* schreef dat het een 'actie' was tegen de 'on-Duitse geest'. De lijst van schrijvers bevatte een keur aan grootheden en bijna-grootheden op het gebied van de moderne Duitse literatuur, van Schnitzler en Freud tot Remarque, Heinrich Mann en Stefan en Arnold Zweig.

Emma bereidde haar verblijf met Clara in Florence voor. Het meisje was er opgewonden van. Ze was er zich vaag van bewust dat de volwassenen in die tijd altijd ernstig keken en met hun gedachten elders waren. Daarom vond ze het fijn op reis te gaan. Edu had hen in zijn brieven herhaaldelijk aangespoord om ook te emigreren. En nu liep Andreas het risico ontslagen te worden.

Emma had haar bagage al de avond tevoren gepakt, want dat deed ze graag ruim op tijd. Fräulein Gründlich had de meeste kleren van Clara netjes opgevouwen in twee koffers van Lene gelegd. Alleen Clara's reistasje – van haar persoonlijk – moest nog worden ingepakt. Ze probeerde te beslissen wat erin moest. Voor dat doel had ze haar favoriete speelgoed om zich heen gelegd en ze stopte nu eens dit en dan weer dat in haar tas. De teddybeer moest in elk geval mee, net als haar doos kleurpotloden en het schetsboek met de blauwe omslag. Elke ochtend zat ze bij oma haar eigen tekeningen te maken, terwijl oma aan het schilderen was. Maar ze had ook speelgoed dat minder belangrijk was, waarover nog geen besluit was genomen. Clara stak de blikken bus met knikkers in haar tas naast de teddybeer, maar vroeg zich vervolgens af of ze haar beer wel in zo'n kleine ruimte mocht persen. Misschien moest ze hem vasthouden. Dan had ze genoeg plaats voor haar knikkers. En als ze het houten treintje onderin legde en het prentenboek ernaast, was er nog ruimte voor haar rubberbal en kon ze ook nog de kleine dierentuindieren meenemen, die het fijn vonden in de houten trein te rijden.

Vanuit de verwaarloosde tuin dreef de geur van jong gras en vochtige aarde door de open ramen naar binnen. Andreas was langsgekomen om de avondmaaltijd met hen te gebruiken. Sinds de dag van zijn vaders begrafenis was hij niet meer zo bang geweest. Frankfurt hing vol borden en spandoeken waarin de bevolking werd opgeroepen om de verordeningen van de nieuwe regering na te leven. De verschrikkelijke leuzen die voorheen 's nachts heimelijk door gespuis op de muren werden gekalkt, verschenen nu als officiële berichten in zwarte gotische letters die teruggrepen op het oude keizerrijk. Nergens was meer een spoor te bekennen van de duidelijke, rechte letter uit het Weimartijdperk. Rondzwervende troepen bestaande uit kaderleden van de SA en SS, die voorheen ondergronds actief waren geweest, beheersten de straten. De revolutie was in een fase waarin de overwinnaars hun macht nog niet stevig hadden gevestigd en daarom meedogenloos moesten zijn. Pas als elke vorm van tegenstand was neergeslagen, kon het tuig teruggeroepen worden en de stad weer zijn normale aanblik krijgen. Daarna zouden de wreedheden achter gesloten deuren plaatsvinden, in kelders en gevangenissen.

Andreas droeg een wollen trui, maar rilde ondanks het voorjaarsweer. Sinds Nathans begrafenis had hij zijn terugkeer naar de Guiollettstrasse week na week voor zich uit geschoven. Elke ochtend hoopte hij op een teken dat het beter zou worden en elke avond verdoofde hij zijn angst met een snufje cocaïne. Hij kon het niet over zijn hart verkrijgen om zijn vriend alleen te laten. Kurt was een *Mischling*, voor de helft Joods, en zat daarom in een soort tussenpositie. Hij smeekte

Andreas om bij hem te blijven en Andreas, die van hem hield, had hem dat beloofd.

Aan de pioenstruik zaten dikke knoppen en de ongesnoeide rozen klommen weelderig tegen het latwerk en de muur op. Jacob had beloofd na het donker langs te komen. Hij was afscheid gaan nemen van Siegmund en Pauline, die deze avond naar Frankrijk zouden afreizen. Willy en Jenny bleven achter om de bedienden te helpen met het inpakken en opslaan van hun bezittingen. Hun ouders hadden kaartjes voor de nachttrein naar Parijs gekocht en tegen iedereen gezegd dat ze op vakantie gingen. Waar ze uiteindelijk naartoe zouden gaan stond nog niet vast. Edu drong erop aan dat ze ook naar Zürich kwamen, maar Siegmund gaf de voorkeur aan Londen. Hij had altijd een zwak voor de Engelsen gehad.

Het familiebedrijf was omzichtig en met hulp van een goede jurist aan arische compagnons 'verkocht', maar Edu gaf er nog leiding aan vanuit een kantoortje in het centrum van Zürich. Hij was ook nog steeds mededirecteur van de bank, die was gefuseerd met een Zwitserse private bank. De wereldwijde crisis was funest voor de stoffenhandel, maar door zijn slimme, behoudende manier van leidinggeven wist Edu de verliezen tot een minimum te beperken. 'Kleding hebben mensen altijd nodig,' zei hij. Zijn wollen stoffen vonden nog steeds in tal van landen aftrek om verwerkt te worden tot mantels, broeken en jasjes voor de gegoede klasse.

Lene had de middag doorgebracht bij Manfred Solomon in zijn appartement in de Beethovenstrasse. Ze had hem een keer gevraagd of hij het huis had gekozen vanwege de straatnaam. Volgens Manfred had hij voor het grote dilemma gestaan te moeten kiezen tussen de Mendelssohnstrasse en de Beethovenstrasse. Uiteindelijk had hij Beethoven gekozen omdat de woonkamer veel groter was. Hij had inderdaad een enorme kamer, waarin niets anders stond dan een vleugel en een divan. Lene zat altijd uren op de divan en luisterde naar hem als hij aan het studeren was. Als dat was afgelopen gingen ze soms met elkaar naar bed.

In vervolg op de naziboycot van Joodse bedrijven kwam er een verbod voor Joodse artiesten om op te treden in Duitse schouwburgen en concertzalen. De snelheid waarmee de decreten werden ingevoerd was verbijsterend en beangstigend. Honderden acteurs, musici en andere uitvoerende kunstenaars verloren hun baan. Het personeel van musea, scholen en universiteiten werd gedecimeerd. Toen al zijn concerten werden afgelast was Manfreds reactie dat hij acht, tien, soms zelfs twaalf uur per dag ging studeren. Hij had besloten zijn interpretatie van alle pianosonates van Beethoven te herzien.

'Ik word gek als ik niet blijf werken,' zei hij tegen Lene. Zijn manager had het land verlaten om elders recitals en concerten voor zijn Joodse musici te organiseren, maar de markt werd overstroomd door emigranten en het was nog steeds crisis.

Andreas was erg afgevallen en zag er nu uit zoals Emma eruit had gezien toen ze een jonge vrouw was: triest, bleek en gekweld. Hij kon niet stilzitten, bewoog zich met bruuske gebaren en draaide zich bij elk geluid razendsnel om.

Daarentegen was Caroline weggezakt in een verdoving waaruit ze zelden ontwaakte. Een gesprek, gerinkel van borden of het dichtslaan van een deur, niets kon haar uit haar mijmeringen halen. Soms keek ze op en stelde een vraag, maar daaruit kon je niet altijd opmaken waar ze met haar gedachten was.

'Ik ga niet weg,' zei ze, toen Jacob de kamer binnenkwam. Hij had alleen 'goedenavond' gezegd.

'Hoe was het met tante Pauline en oom Siegmund?' vroeg Lene.

'Ze zijn nerveus, zoals iedereen.'

'Je kunt me niet dwingen weg te gaan,' herhaalde Caroline.

'Ik blijf bij u,' zei Andreas. 'We doen alle deuren op slot en gaan nooit meer naar buiten.'

'Hoe moet het verder met Anna en Fräulein Gründlich?' vroeg Jacob. 'Ze zullen binnenkort te horen krijgen dat ze niet voor Joden mogen werken.'

'Daar zullen ze zich nooit bij neerleggen!' zei Emma.

'Ze zullen wel moeten.'

'Ik hou het hier niet meer uit!' riep Lene. 'Dit land lijkt wel één grote gevangenis. Ik wil weg!'

'Waar wil je naartoe?' vroeg Emma. 'Je kunt niet als een zigeunerin je spullen pakken en vertrekken.'

'Ik kan naar Palestina gaan, net als Ernst.'

'Alsjeblieft, Lene, wees eens serieus.'

'Ernst plukt sinaasappels, woont in een hutje en eet samen met een heleboel andere bruinverbrande arbeiders met vieze nagels uit één metalen pan,' zei Andreas, wiens spottende stem nog schriller klonk dan anders. 'Dat zou ik niet overleven!'

'Natuurlijk wel,' zei Lene streng.

'Maar dat wil ik niet,' antwoordde Andreas kalm. 'Ik sterf nog liever met mijn gezicht tegen het koude raam van mijn gevangenis, mijn eigen huis gedrukt, dan tussen vreemden te moeten leven in een naargeestig land onder de eindeloos brandende zon.'

'Dat begrijp ik niet,' zei Emma. 'Niet dat ik er zelf zou willen wonen, maar het klinkt alsof je van plan bent je eigen glazen in te gooien.'

'Allemaal clichés,' zei Caroline.

'Manfred zegt dat ze Joodse cultuurgroepen oprichten die het optreden van musici en acteurs gaan verzorgen...'

'Ik zei toch dat we allemaal terug moeten naar het getto,' zei Jacob. 'Daar worden we elke avond opgesloten en op nationale feestdagen mogen we ons gezicht niet in het openbaar vertonen. We moeten een speciale hoed op en afstand doen van ons onroerend goed.'

'Daar kan ik mee leven,' zei Andreas.

'Jouw soort gaat naar de gevangenis,' merkte Jacob droog op.

'De tuin moet bijgehouden worden,' zei Caroline. 'Waar is de tuinman toch gebleven? Als de winkels weer opengaan, moet ik meekraprood kopen. Help me herinneren.'

'Waarom zijn we eigenlijk bij elkaar?' vroeg Lene. 'Ik dacht dat er een speciale reden voor was.'

'Ik geloof dat ik ook door het chromaatgeel en Pruisisch blauw heen ben,' mijmerde Caroline.

'Hou op, mama!' zei Emma kwaad. 'U weet best dat het nergens op slaat. Let toch eens op wat er aan de hand is. Onze toekomst staat op het spel.'

'Edu heeft ons alleen gelaten,' zei Caroline. 'En vergeet de gebrande siena niet.'

'Zodra het kan, gaan Manfred en ik hier weg,' zei Lene.

Emma en Clara namen de trein naar Florence. Die was veel groter en langer dan de treinen die Clara kende van de uitstapjes naar de Taunus. Er waren mannen in witte jasjes die naar haar glimlachten en vroegen: 'Waarmee kan ik je van dienst zijn?' Tante Emma en zij hadden een coupé voor hen alleen, en de stoelen waren van zacht pluche. Clara zat met haar teddybeer naast zich uit het raam te kijken. Tante Emma las een boek en vroeg af en toe of Clara honger had en of ze het fijn vond om samen met de trein naar Florence te gaan. Dat vond Clara een domme vraag. Natuurlijk was het fijn! Ze vond het erg spannend en het speet haar toen het zo donker werd dat ze niets anders meer zag dan de voorbijschietende lichtjes en de weerspiegeling van haar eigen gezicht. Maar ook de restauratiewagen was een belevenis, omdat je werd bediend terwijl de trein met enorme snelheid voortraasde en alles schudde en weggleed – er zat een rand om de tafels om te zorgen dat het er niet af viel – en omdat de kelners de volgeladen dienbladen op één hand rondbrachten alsof ze acrobaten waren.

Na het eten gaf tante Emma de steward opdracht hun bedden op te maken en hij veranderde de coupé in een slaapkamer door in een handomdraai de banken om te keren en een deel van het plafond te laten zakken. Clara moest haar nachtjapon zittend op bed aantrekken voordat ze zich tussen de schone witte lakens kon laten glijden.

Tante Emma leek al net zoveel van de reis te genieten als haar nichtje. Tot Clara's verbazing werd ze om de zoveel tijd geknuffeld, niet altijd tot haar genoegen. Emma's kussen waren onhandig en gehaast, haar omhelzing was onbeholpen door gebrek aan ervaring. Ze had haar liefde nooit op een fysieke manier kunnen uiten. 'U bent zo hoekig,' had Clara een keer gezegd, toen haar tante haar veel te hard tegen zich aan trok.

De volgende ochtend werd Clara wakker in Italië, waar alles er heel anders uitzag dan in Frankfurt. Ze zat met haar gezicht tegen het raam gedrukt en haar tante moest haar streng aansporen om zich aan te kleden. Daarna moesten ze ook snel ontbijten, omdat tante Emma bang was dat ze hun station zouden missen. Clara zei dat ze zich niet graag haastte, waarop haar tante vreemde klakkende geluiden maakte en met haar vingers op tafel trommelde. Clara zag dat ze boos was. Toen ze haar warme chocolademelk niet mocht opdrinken, was ze bijna in tranen. Ze renden min of meer naar de coupé, maar daar moesten ze met hun mantel aan en hun hoed op nog heel lang wachten tot de trein in Florence aankwam.

Emma wist een kruier te strikken voor al hun bagage. Ze sprak een rap Italiaans dat Clara fascinerend vond, want ze leek er een heel ander iemand door te worden. Haar tante was nerveus en geagiteerd omdat de kruier traag was en de taxi die haar gewoonlijk naar Villa Botti bracht, nergens viel te bekennen. Clara stond op de stoep voor het station en drukte haar teddybeer tegen zich aan, terwijl Emma tirades afstak tegen de Italianen. Twee grote tranen blonken in Clara's ogen en rolden over haar wangen.

'Wat is er in vredesnaam met jou aan de hand?' vroeg Emma. 'Er is geen reden om te huilen. Als je bij me in de buurt blijft, gebeurt er niets. Stel je niet zo aan.'

Toen ze eindelijk veilig en wel in een taxi zaten, kon Emma weer rustiger ademhalen. Ze kuste haar nichtje. 'Het spijt me, schatje, maar die Italianen halen het bloed onder mijn nagels vandaan. Ik ben dol op ze, maar...'

'Wat een snoepje!' zei Mabel Hennessy Supino-Botti toen Clara haar met een keurig knicksje begroette en een hand gaf. Ze kuste het kind op haar bolle wangen en Clara vond haar omvangrijke lichaam zachter dan dat van haar tante.

Emma liet Clara door de dienstbode naar haar kamer brengen en liep arm in arm met Mabel naar het terras. Clara hoorde haar kwinkelerende lach en de lagere bromstem van Mabel. Het was donker en koel in het huis, dat was ingericht met zware meubelen, felgekleurde bloemen en bonte spreien. De muren waren witgekalkt en hingen vol oude foto's. Clara was blij even van haar tante verlost te zijn. Wat de dienstbode tegen haar zei kon ze niet verstaan, maar haar gebaren waren expressief. Ze bracht haar een kom fruit en liet haar alleen om haar bagage uit te pakken.

Clara zette haar speelgoed op de toilettafel, ging voor het raam zitten en probeerde de vreemde omgeving goed in zich op te nemen. Vooral de huizen waren heel anders dan in Frankfurt. Hier hadden ze allemaal rode daken en zandkleurige muren. Eindelijk kon ze het kleurpotlood gebruiken waar ze thuis niets aan had omdat deze zandkleur er bijna niet voorkwam. Het dienstmeisje droeg een kruis om haar hals, een gouden kruis aan een dun gouden kettinkje en Clara wilde er ook zo eentje. Ze dacht aan haar armband, haalde die uit het met zijde beklede doosje en deed hem om. Ze zou tante Emma vragen of ze net zo'n kruisje mocht hebben als de dienstbode.

Na de middagrust kwam Mabel haar halen. Ze was behangen met kralenkettingen, hangers en zilveren sieraden, maar Clara zag geen kruis. Tante Emma wachtte beneden op hen. Ze zat tussen een groep vrouwen die levendig met elkaar aan het praten waren, en weer merkte Clara die vreemde, verwarrende verandering bij haar op. Ze sprak Engels, en dat klonk weer heel anders dan Italiaans. Het leek alsof er andere muziek werd gespeeld. Hoewel ze Clara overdreven betuttelde, was ze er vooral op gericht haar vriendinnen te vermaken. Clara kreeg plotseling heimwee naar haar moeder, Fräulein Gründlich en de zonnige slaapkamer van haar oma.

'Is het hier niet schitterend?' riep tante Emma in het Duits, op de geëxalteerde toon die ze hier vanzelfsprekend leek te vinden. 'Zulk weer hebben we thuis nooit.' Ze wees naar de diepblauwe lucht en de oleander die vol hing met roze, witte en paarse bloemen. 'Dit vind ik het mooiste jaargetijde in Florence. O, kon ik hier maar wonen.' Zo praatte ze normaal nooit tegen Clara. Het meisje zag dat alle vrouwen naar haar keken. Haar lip trilde licht, maar ze wilde niet huilen. Het was een geluk dat Mabel haar in het oog kreeg en bedacht dat ze beziggehouden moest worden. Na Emma's toestemming te hebben gevraagd nam ze het meisje mee naar beneden, naar de keuken waar de dienstbode het zilver poetste, en vroeg haar of ze met Clara naar de schuur wilde wandelen om naar de koeien, varkens en kippen te kijken. Op het landgoed woonde een pachtboer, waardoor de bewoners van het huis werden voorzien van verse melk, boter en eieren, en groenten uit eigen tuin. De kroppen sla waren al groot, de tomatenplanten stonden in bloei en aan de courgettestengels zaten enorme gele bloemen. Clara mocht de koeien over hun zachte roze neus aaien en de biggetjes zien, die tevreden aan de gezwollen tepels van hun moeder lurkten. Er waren zelfs een ezel en een groot oud trekpaard. De boer zette Clara op de rug van het paard en liet haar een rondje om het erf rijden. Zijn kleinkinderen stonden verlegen in de deuropening van de langgerekte, lage boerderij en bekeken haar nieuwsgierig. Ze ontdekten dat ze van alles over Clara konden zeggen tegen Concetta, de dienstbode, zonder dat het meisje het verstond. Ze glimlachte alleen, alsof ze doof was. Toen een van de jongens haar een scheldwoord toeriep, kreeg hij een klap van Concetta, maar Clara bleef onverstoorbaar glimlachen.

Emma voelde zich altijd meteen thuis zodra ze Mabels vrolijke Amerikaanse gezicht zag.

'Je bent weer aangekomen,' zei Emma.

Maar Mabel liet alleen haar ongekunstelde Amerikaanse lach horen. 'Ik heb een interessante groep mensen in huis,' zei ze. 'Voor mij is dit een goede tijd. De mensen van lager allooi blijven door de crisis weg.'

Emma was geliefd en gerespecteerd bij Mabels gasten en vriendinnen. Veel van hen namen aan dat Clara haar dochter was, wat ze als een compliment beschouwde. Ze begon te denken dat het meisje werkelijk bij haar hoorde.

'Hoe is het met B.B.?' vroeg Emma aan Mabel.

'Hetzelfde als altijd: humeurig, gewiekst en charmant als hem dat uitkomt.'

'Ik moet hem opzoeken.'

'Hij zegt dat hij idolaat is van je brieven.'

'Ik probeer hem amusante verhalen te sturen.'

Die avond belde ze B.B. Hij kraaide van blijdschap en zei dat ze meteen de volgende dag moest komen.

'Ik logeer hier met mijn nichtje,' zei Emma.

'Je weet dat ik niet tegen kleine kinderen kan,' zei B.B. 'Je zult haar bij Mabel moeten achterlaten.'

Florence sprankelde in de meizon. Emma had de taxichauffeur opgedragen om langzaam te rijden, zodat ze volop kon genieten van de tocht, die eerst door de stad voerde en daarna naar Fiesole. Bernard Berenson kuste haar hand. Zijn eigen handen waren zo koud als de dood. Hij droeg een witwollen vest en een deken om zijn schouders. Zijn baardje was spierwit, maar zijn donkere ogen straalden.

'Je brieven zijn een bron van genot,' zei hij. 'Je hebt het zeldzame talent om kleine dagelijkse voorvallen om te smeden tot grote avonturen.'

'Het wordt steeds moeilijker in Duitsland iets leuks te vinden om over te schrijven. Mijn oom Eduard is geëmigreerd en mijn vader is gestorven nadat ik je voor het laatst heb gezien.'

'Gecondoleerd. Was hij oud?'

'Pas drieënzestig.'

B.B. klakte meelevend met zijn tong. Het deed hem genoegen dat er iemand was overleden die jonger was dan hij.

'Vindt jouw oom Eduard niet dat je hem in ballingschap moet volgen?' informeerde hij.

'Hij vindt dat we allemaal moeten uitwijken, maar mijn moeder en mijn ene broer – degene die nog in Frankfurt woont – weigeren hem serieus te nemen. Mijn zus zal waarschijnlijk met haar geliefde vertrekken. Zelf denk ik erover naar Florence te verhuizen.'

'Wat een fantastisch idee. Je weet dat ik al jaren probeer je over te halen om hier te komen wonen. Je bent nooit bij me komen studeren en nu ben ik helaas te oud. Ik kan alleen nog bezoek ontvangen van dames die me opvrolijken, maar voor lesgeven is mijn gezondheid te zwak.'

'Hoe zit het met de fascisten?'

'Het zijn een stel boeven. Maar ik laat ze met rust en zij vallen mij niet lastig. Antisemitisme ligt de Italianen niet, vechten ook niet en ze hebben geen animo voor politiewerk. Daarom is het zo'n feest om hier te wonen.'

Hij zweeg even. 'Maar van Amerikaanse vrienden hoor ik natuurlijk wel dat ze door regeringsfunctionarissen voor me worden gewaarschuwd. Ik weet dat ze me in de gaten houden. Ik heb mijn antifascistische ideeën nooit onder stoelen of banken gestoken. Ze vertellen de Amerikanen dat ik seniel ben. "Laat je niet met hem in," zeggen ze.'

Hij gniffelde. Als het om zijn leeftijd ging, was hij bijzonder ijdel. 'Ik ben van plan tot het einde bij mijn volle verstand te blijven. Maar vertel eens over de kunstcollectie van je oom. Ik heb er veel goeds over gehoord. Als ik jonger was, zou ik gaan kijken, desnoods zonder uitnodiging, maar reizen is tegenwoordig geen pretje. De wereld valt in handen van het gepeupel en er is geen ruimte meer voor mensen als wij.'

Emma begon Edu's kunstwerken vrij nauwkeurig op te sommen, maar B.B. raakte al snel verveeld.

'Te veel modernen,' zei hij. 'Is er een catalogus?' Emma dacht van niet. 'Zonde, zonde. Zeg dat maar namens mij. Ik weet zeker dat hij geen Sassetta heeft,' zei hij met een boosaardige twinkeling in zijn bruine ogen. 'Hij had die van de graaf moeten kopen. Dom van hem dat hij die zijn neus voorbij heeft laten gaan.'

'Hij hoorde dat het vervalsingen waren.'

'Van die dikke jongeman zeker! Zo'n typisch Duitse kamergeleerde!'

Met wat vleierij kreeg Emma de bejaarde man weer aan het glimlachen. B.B. vergat zijn irritatie en klopte op haar knie. Hoewel hij haar niet meer begeerde, vond hij haar nog steeds knap. En het was heerlijk geadoreerd te worden.

Ook al hield Emma veel van haar nichtje, toch liet ze haar meestentijds over aan de zorg van de dienstbode, en Clara begon het naar haar zin te krijgen en zich zelfs enigszins thuis te voelen. Ze raakte bevriend met andere kinderen en leerde een paar woorden Italiaans. Soms miste ze haar moeder, maar niet vaak, meestal 's morgens als ze wakker werd en de zon een lange gele rechthoek op haar beddensprei wierp.

Tijdens het eten zat ze naast haar tante Emma op een stoel met een kussen, alsof ze een kleine boeddha was, en at met smaak. Ze wijdde zich met zo'n overgave aan de maaltijd dat Mabel er steeds met genoegen naar keek. Op mooie dagen aten ze buiten. Dan viel het gefilterde zonlicht door de vijgenboom en lichtte haar zachte blonde haar op. Op zulke momenten dacht Emma: ze lijkt op haar vader; je zou niet zeggen dat ze Joods is. Als enig kind had Clara er nooit moeite mee om alleen te zijn.

Na het middagmaal was het tijd voor een dutje. Ook al sliep ze zelden, ze hield van het rustuur. Ze was helemaal alleen, het was stil in haar kamer en zolang ze geen lawaai maakte, kon ze spelen zoveel ze wilde. Soms kon ze zelfs dingen doen die verboden waren en dat vond ze leuk.

Op een middag kwam Emma haar precies om drie uur halen. 'We gaan vandaag naar de stad. Kom snel mee.'

Ze hadden een geweldige middag en bezochten de Galleria degli Uffizi. Clara zag daar een grote veldslag en een naakte vrouw in een zeeschelp van wie het haar alle kanten uit woei. Toen ze genoeg hadden van de schilderijen, gingen ze naar de Piazza della Signoria, waar ze een verrukkelijke coupe met chocolade-, vanille- en citroenijs aten. Er liep een venter rond met ansichtkaarten, Florentijnse vlaggetjes en zijden wandkleden met gouden kwastjes.

'Niet naar die rommel kijken,' zei Emma streng. 'Als je een souvenir wilt kopen, gaan we naar een echte winkel en kun je daar iets moois uitzoeken.'

'Mag ik een ketting met een kruisje, zoals Concetta?' vroeg Clara.

'Lieve hemel, hoe kom je daarbij?' Emma begon hard te lachen. 'Dat dragen alleen dienstbodes, vooral Italiaanse. Ze laten het door de paus zegenen. Zoiets wil je toch niet?'

'Waarom niet?'

'Je bent niet katholiek,' zei Emma.

Ze namen de bus terug, en terwijl de volwassenen keken hoe de zon achter de Toscaanse heuvels onderging, tekende Clara na wat ze zich van het museum kon herinneren. Ze maakte een tekening van de vrouw in de schelp (ze hadden een ansichtkaart van haar gekocht) en gaf haar een kruisje om haar hals. Het gezelschap lachte goedmoedig en prees haar. 'Wat kan jij goed tekenen!' zeiden ze.

Ze zaten aan de avondmaaltijd – Clara was trots dat ze mee mocht eten met de volwassenen – toen Concetta Emma kwam vertellen dat er telefoon uit het buitenland voor haar was. Even voelde Emma een ijskoude steek van paniek, maar ze kreeg Lene aan de lijn, die opgewekt klonk.

'Waar ben je?' vroeg Emma. 'Is alles in orde?'

'Ja, uitstekend. Ik zit in Zürich en ben net bij oom Edu geweest. Ik moet je de groeten van hem doen. Het is fijn om uit Duitsland weg te zijn. Hoe gaat het met mijn Clärchen?'

'Ze heeft het geweldig naar haar zin. Vandaag zijn we naar het museum geweest. Clara was erg lief en heeft genoten van de schilderijen. Iedereen is dol op haar, vooral de dienstbode. Maar wat doe jij in Zürich?'

'Manfred geeft er een concert. Ze hebben een klein tournee voor hem kunnen organiseren. Daarom bel ik je ook. Volgende week zitten we in Rome en woensdag is er een concert in Florence. Dan kan ik jullie allebei zien. Is dat niet fijn?'

Daar was Emma nog niet zo zeker van.

'Heb je de aanplakbiljetten voor het recital niet gezien?' vroeg Lene.

'Nee.'

'Ik zal Manfred zeggen dat hij contact moet opnemen met zijn Italiaanse manager. We willen niet dat hij voor een lege zaal speelt. Mag ik Clara even gedag zeggen?'

'Hoe is het met mama?'

'Toen ik wegging, was alles goed. Ik verheug me erop je te zien. Ik heb wat smeuïge roddels voor je; verhalen die ik alleen aan jou kwijt kan. We zitten trouwens in het Excelsior. Ik zal kaartjes voor je achterlaten.'

Emma riep Clara. Het meisje liet zich niet gauw opjagen. Toen Emma kwam aangerend om haar op te halen, veegde ze net haar mond af. 'Snel, opschieten. Je moeder is aan de telefoon.' Emma trok haar met ongepaste haast van tafel. 'Ze is wat ongeduldig van aard,' zei Mabel tegen een Amerikaanse uit Philadelphia.

'Mammie, mammie,' kwebbelde Clara door de telefoon. 'Waar ben je?'

Lene hield een heel verhaal en Clara luisterde met zo'n verzaligde glimlach dat Emma verteerd werd van jaloezie.

'Niet te lang,' zei ze. 'Het kost veel geld.'

'Mammie komt!' zei Clara. 'Ze komt volgende week met Manfred.'

'Je moet hem meneer Solomon noemen,' zei Emma. 'Zeg maar gedag.'

Het meisje maakte het geluid van kusjes in de hoorn. 'Ik hou ook van jou, mammie, en ik mis je heel erg. Mag ik naar het concert?'

'Nee, nee, nee,' beet Emma haar toe. 'Dat wordt veel te laat voor je.'

'Mammie zegt dat het mag!' pruilde Clara. Ze wist intuïtief hoe ze haar moeder en tante tegen elkaar kon uitspelen.

'Ik wil haar nog even spreken,' zei Emma. 'Dat meen je niet. Weet je wel hoe laat een concert hier begint?' vroeg ze Lene. 'Het kind is niet gewend zo laat op te blijven en het is nog een heel eind terug.'

'Ze kan desnoods bij ons in het hotel blijven slapen,' zei Lene. 'Maak je toch niet zo druk. Je neemt zulke dingen veel te serieus. Laat haar een middagslaapje doen, dan kunnen we met z'n tweeën iets ondernemen. Ik verheug me zo om je in Florence te zien. Herinner je je onze reisjes met oom Edu nog? Daar moet ik de hele tijd aan denken. Maar genoeg. *Ciao!*'

Clara was de eetkamer binnengehuppeld. 'Mijn mammie komt, hoera, hoera!' neuriede ze. Het hele gezelschap glimlachte omdat ze zo blij was.

Emma kwam achter haar aan. Ze glimlachte ook, maar gespannen. Er was inbreuk gemaakt op haar wereld. Ze had gedacht dat deze plek van haar was, dat zij het hier voor het zeggen had. Dat gevoel had ze nergens anders, en al helemaal niet in Frankfurt, waar ze zelfs in het ziekenhuis bekendstond als Emma Wertheim, de nicht van Eduard Wertheim, directeur van Wertheim en Zonen, de vrouw van, je weet wel, dat 'onzalige' huwelijk.

In Florence, in Villa Botti, had ze daar geen last van. Het was of ze dan in een andere huid kroop. Ze had Clara meegenomen in de hoop dat het meisje Frankfurt zou vergeten, haar moeder en het wereldje dat ze kende, behalve alles wat met haar tante Emma te maken had. Ze dacht dat kinderen kort van memorie waren, maar dat werd weersproken door Clara's verrukte gezicht en de juichkreet 'Mijn mammie komt!'. De rest van de avond was Emma er met haar aandacht niet bij en ze las Clara voor het slapengaan maar een kort verhaaltje voor.

'Bent u boos op me?' vroeg het meisje. Emma kreeg tranen in haar ogen en gaf Clara een stevige knuffel. 'Natuurlijk niet. Ik hou van je.'

Clara telde de dagen af en algauw was het woensdag. Om één uur belde Lene op. Clara had zitten eten op het terras, maar rende naar de telefoon.

'Hallo, lieverd,' zei Lene.

'Mammie, mammie, mammie!'

Emma's gezicht was pijnlijk vertrokken. 'Ga nou maar naar je kamer om een dutje te doen,' zei ze. 'Anders mag je niet mee naar het concert.'

'Van mijn moeder hoeft dat niet,' zei Clara. 'En mijn moeder is de baas.'

Hardhandiger dan ze van plan was geweest griste Emma de hoorn uit haar handen. 'Lene, heb jij tegen het kind gezegd dat ze niet hoeft te slapen?'

'Natuurlijk niet,' zei Lene vrolijk. 'Ze moet wel slapen, maar als het niet lukt willen we haar het concert niet afnemen. Kom je nog naar me toe?'

'Wil je dat?'

'Natuurlijk, daar heb ik op gerekend. In de tijd dat Manfred zíjn dutje doet ben ik zo vrij als een vogel. Maar we gaan eerst nog een hapje eten, iets lichts. Het concert begint om negen uur. Als hij moet spelen houdt Manfred zich strikt aan zijn dagindeling, anders kon ik je uitnodigen voor de maaltijd, maar op zulke dagen wil hij er geen vreemden bij.'

'Ben ik een vreemde?'

'Ach, je snapt wel wat ik bedoel,' zei Lene luchtig.

'Waar zullen we afspreken? Als je me tenminste echt wilt zien. Het is een heel eind rijden naar de stad en weer terug.'

'We gaan niets vermoeiends doen, gewoon wat kletsen. Is dat geweldige café op de Piazza della Signoria er nog? Weet je nog dat oom Edu daar altijd met ons afsprak? "Klokslag vijf," zei hij dan.'

'En of ik dat nog weet! Zonder mij zouden Julia en jij geen enkele keer op tijd zijn gekomen! Herinner je je nog die keer dat jullie de trein hadden gemist?'

'Jij stond op tijd op het station, terwijl wij nog steeds door de stad zwierven. Was het in Arezzo?'

'Ik geloof het wel. Ik ging alvast de trein in om daar op jullie te wachten en een coupé vrij te houden, zodat we bij elkaar konden zitten...'

'... en voordat je er erg in had, ging de trein rijden, terwijl wij nog een eind verderop etalages aan het bekijken waren...'

'Ik was woedend, maar ook bezorgd. Dat moet je niet vergeten. Ik wist zeker dat het niet goed zou aflopen met jullie twee in Arezzo, maar oom Edu kwam niet meer bij van het lachen...'

Emma voelde de oude liefde voor haar zus terugkomen. Ze bedacht dat ze met niemand ooit zo'n hechte band had gehad. Er was niemand met wie ze zo goed kon opschieten.

Toen ze elkaar in het café zagen, huilden ze bijna van blijdschap. De volgende paar uur kletsten ze achter elkaar door, onderbroken door lachbuien. Zelfs Manfred Solomon, die in hotel Excelsior lag te slapen met een zwart masker over zijn ogen en doppen in zijn oren, kon geen schaduw tussen hen in werpen.

Clara was bang dat ze 's middags niet zou kunnen slapen. Ze wist dat ze dan vanavond moe zou zijn en onder het concert zou indommelen en dat tante Emma zou zeggen: 'Zie je wel.' Ze kneep haar ogen dicht en probeerde niet aan slapen te denken. Toen Concetta haar om vijf uur kwam wekken, sloeg ze haar ogen open in het prettige besef dat het was gelukt. Ze had het warm onder de dekens en haar ogen zaten nog half dicht. Waarom werd je 's middags altijd heel anders wakker dan 's morgens? Na een middagdutje bleef je veel langer soezerig.

Tante Emma, die net was thuisgekomen, lag nog te rusten. Daarom zat Clara 's avonds alleen te eten in de kamer waar ze anders ontbeten. Concetta hielp haar in een van de mooie Florentijnse jurken die tante Emma voor haar had gekocht en toen kwam haar tante ook, gekleed in een lange japon.

Het was behoorlijk druk in het concertgebouw – de aanplakbiljetten waren op tijd opgehangen – en Emma wachtte zichtbaar nerveus in de hal op Lene, die zoals altijd te laat was. Emma keek de hele tijd op haar horloge en maakte het klakkende keelgeluid waar Clara een hekel aan had. Haar moeder was nooit zo ongeduldig en Clara keek verlangend uit naar haar komst. Ze kon niet weten dat Lene traagheid inzette als wapen tegen Emma's agitatie.

Toen haar moeder de trap af kwam, zag Clara haar onmiddellijk. Ze rukte zich los uit de greep van haar tante en rende naar haar toe. 'Hier ben ik, mammie!' riep ze, en ze wierp zich in de armen van Lene, die haar optilde en tegen zich aan drukte. 'Je weegt wel een ton!' zei ze lachend.

Het was fijn om haar moeders omhelzing te voelen. Hoe aardig iedereen ook was en hoeveel tante Emma ook van haar hield, toch was er maar één bij wie ze zich volkomen veilig en geborgen voelde. De Italianen glimlachten naar moeder en kind. 'Je bent laat,' merkte Emma op, maar ze zei het rustig. Ze zag dat Lene een zilveren ketting droeg in plaats van haar parels. 'Die heb ik van Manfred gekregen,' zei Lene, toen ze haar zus zag kijken. 'Mooi, hè?' 'Ik hoop dat je je parels veilig hebt opgeborgen,' zei Emma.

Ze zochten hun plaatsen op en snel daarna doofden de lichten. Manfred Solomon kwam het toneel op. Het publiek applaudisseerde en hij boog een paar keer naar alle kanten. Daarna was hij lang bezig om de pianobank op de juiste hoogte te stellen. Hij wachtte tot de zaal volmaakt stil was en stortte zich met een donderend akkoord op het eerste stuk.

Lene zat op het puntje van haar stoel, met haar handen gebald in haar schoot. Ze ontspande pas toen Manfred halverwege het eerste deel was en had laten horen dat hij goed in vorm was. Clara zat met grote ogen naast haar. Ze was nog nooit 's avonds bij een concert geweest en het was voor het eerst dat ze Manfred ergens anders hoorde spelen dan thuis op zijn eigen vleugel. Soms nam hij haar dan op schoot, speelde kinderliedjes voor haar en zette haar vingers op de toetsen tot ze 'Al mijn kleine eendjes' kon spelen. Ze deed erg haar best om wakker te blijven.

In de pauze mocht het meisje met haar moeder mee naar de kleedkamer. Emma bleef in de foyer om met mensen van de Amerikaanse gemeenschap te praten. Hoewel iedereen vol lof was over de pianist, liet Emma niet merken dat ze hem kende.

Clara zat op een hoge kruk in de kleedkamer en keek hoe Manfred zijn overhemd uittrok om een schoon aan te trekken en Lene hem met een handdoek droogwreef.

'Hoe ging het?' vroeg Manfred aan Lene.

'Heel goed.'

'Ik speel niet graag in deze zaal,' zei hij. 'Kwamen de lage tonen goed door op de plaats waar jij zat?'

'Die klonken een beetje dof.'

'Dat dacht ik al,' zei Manfred. 'Maar speelde ik goed?'

'Uitmuntend.'

Hij besteedde nauwelijks aandacht aan Clara, maar ze was volmaakt tevreden met haar plaatsje op de kruk bij haar moeder en Manfred Solomon.

'Verveelt deze muziek je niet?' vroeg hij. Clara schudde haar hoofd.

'Ik heb vanmiddag een dutje gedaan,' vertelde ze, alsof dat alles verklaarde.

'Goed zo,' zei Manfred en hij ging verder met zijn toilet maken. Hij sprenkelde eau de cologne over zijn hals en gezicht en keek heel lang in de spiegel. Hij gaf Clara bij het afscheid een aai over haar hoofd en glimlachte veel oprechter dan wanneer hij zich tot het publiek richtte.

'*Cinque minuti*,' riep de man die op de deur klopte. 'Jullie moeten gaan,' zei Manfred tegen Lene. Het leek of hij hen niet meer kende. '*Hals- und Beinbruch*,' zei Lene, en ze gingen terug naar de foyer. Clara hield haar hand stevig vast.

'Omama zegt altijd dat ik niet zo lang in de spiegel mag kijken,' zei Clara.

'Maar jij hoeft niet op te treden voor honderden mensen,' zei Lene. 'Hoe zou je het vinden als Manfred je vader werd?'

'Daar moet ik over nadenken,' zei Clara. 'Is mijn eigen vader dood?'

'Nee, maar hij is verhuisd en woont ver bij ons vandaan. Niet tegen tante Emma zeggen.'

'Over mijn vader?'

'Nee, over Manfred. Beloof je dat?'

Clara knikte heftig. Nu had ze een geheimpje met haar moeder waarover ze kon nadenken als ze zich eenzaam voelde. Ze was niet vaak eenzaam, maar tante Emma begreep haar soms helemaal niet.

Tijdens de tweede helft van het concert dommelde ze een paar keer in, maar het publiek riep zo hard om een toegift dat ze wakker werd en heel hard voor Manfred klapte.

'Ik kan maar beter meteen met haar naar huis gaan,' zei Emma toen de zaal leeg begon te lopen.

'Ga je niet mee naar de kleedkamer?'

'Daar is het altijd zo'n gedrang.'

Clara klemde zich vast aan de jurk van haar moeder. 'Laat dat,' zei Emma. Het meisje dacht aan haar geheim. 'Dat gaat u niets aan,' flapte ze eruit, maar ze kreeg meteen spijt toen ze het gekwetste gezicht van haar tante zag.

'Niet zo brutaal,' siste Emma. Ze kreeg even het vervelende gevoel dat ze Clara niet aardig vond.

'Dat was niet lief van je,' zei Lene zacht tegen Clara, en tegen Emma: 'Manfred verwacht ons. Artiesten zijn daar bijzonder gevoelig voor. Ze weten altijd precies wie er wel en niet zijn geweest.'

Manfred wilde Emma's hand kussen, maar die trok ze snel weg. 'Nee, nee, nee,' zei ze, alsof het gebaar al niet duidelijk genoeg was. Lene ging op een bankje zitten tussen Manfreds doorweekte hemden en overhemden. Hij ontving hen in een lichtgrijs kasjmieren jasje, dat hij van Lene had gekregen.

Op de terugweg sliep Clara als een blok.

'Je zus mag me niet,' zei Manfred tegen Lene, toen ze pasta met scampi aten in een restaurant in de buurt van het concertgebouw.

'Het heeft niets met jou te maken,' zei Lene.

'Dat is nauwelijks een troost. Ik denk trouwens dat je je vergist.'

'Ze houdt niet van mannen en niet van Joden, en jij bent allebei.'

'En ook nog eens musicus.'

'Inderdaad.'

'Ze mocht je eerste man wel.'

'Niet toen ik met hem trouwde, alleen met terugwerkende kracht.'

'Omdat ze hem met mij vergelijkt.'

'Dat zei ik niet.'

'Dat liet je doorschemeren.'

'Ze zit verstrikt in haar angsten.'

'Jij bent heel anders. Wonderlijk dat twee zussen zo veel van elkaar kunnen verschillen.'

'Ik ben de jongste en het is me altijd gelukt om er lief en snoezig uit te zien. Emma was onbeholpen. En toen kwam ook nog die geschiedenis met Otto Radowitz.'

'Jij bent mooi, sterk en hartelijk. Ik kan niet meer zonder jou, Lene. Je moet altijd bij me blijven. We gaan weg uit Duitsland. Ik ken geen angst zolang ik weet dat jij in de buurt bent.'

Hij kuste haar. Lene wist dat iedereen keek, maar het kon haar niet schelen.

De zondag na het concert maakten Emma en Clara hun vaste ochtendwandeling. Omdat het koel weer was en ze stevig doorliepen, raakten ze verder van Villa Botti verwijderd dan gewoonlijk. Ze volgden een weg die door de olijfgaarden slingerde. Toen ze een bocht om kwamen waar de weg plotseling afdaalde, stuitten ze op het hek van een ommuurde tuin. Daarachter stond een stenen huis. De groene luiken waren gesloten, wijnranken klommen tegen de zijmuren op en de tuin was in verregaande staat van verwaarlozing. Een paar knoestige dennen reikten tot over de muur en toen Emma zich omdraaide om te kijken waar de weg naartoe ging, zag ze het dal van de Arno in de ochtendzon liggen.

'Vind je het niet mooi hier?' vroeg ze Clara. Het meisje werd overspoeld door een golf van liefde. Ze waren hier helemaal alleen en hadden een geheimzinnig huis ontdekt.

'Er hangt een bordje op de deur,' zei Clara. 'Kunt u zeggen wat er staat?'

'Te koop of te huur,' las Emma. Op dat moment zag ze zichzelf met verrassende zekerheid in het huis wonen. 'Dat wil ik hebben,' fluisterde ze en ze wist dat ze een nieuw richtpunt in haar leven had gevonden. 'En jij mag bij mij wonen, voor altijd.'

Een salamander rende over de stenen naar zijn schuilplaats.

'Alleen?'

'Misschien met Fräulein Gründlich.'

'En mammie en Manfred Solomon?'

'Die kunnen op bezoek komen als Manfred in Florence moet spelen.'

Clara was op de terugweg erg stil.

'Waar denk je aan?' vroeg Emma.

'Ik wil bij mammie en Manfred wonen.'

Emma schudde haar hoofd en maakte een klakkend geluid.

'Ik wil dat Manfred mijn vader wordt.'

'Maar je hebt al een vader.'

'Die zie ik nooit.'

'Dat ligt niet aan hem. Hij houdt heel veel van je.'

'Aan wie ligt het dan?'

'Je moeder en hij hadden ruzie.'

'Hebben ze dat nooit goedgemaakt?'

'Nee, nooit.'

'Kwam die ruzie door Manfred?'

Emma schrok van haar vraag. 'Dat niet.' Ze wist dat je niet tegen kinderen mocht liegen, maar wilde deze gelegenheid benutten. 'Vind je Manfred Solomon aardig?' vroeg ze.

'Ja. En u, tante Emma?'

'Ik vind zijn pianospel heel mooi.'

'Als hij bij ons komt wonen, kan ik altijd bij mammie blijven.'

'Wie heeft dat gezegd?'

'Mammie.'

'Als hij met je moeder gaat samenwonen, vindt hij het misschien wel fijn dat jij bij mij blijft.'

'Waarom?'

Emma negeerde haar vraag. 'Zou dat niet leuk zijn?' vroeg ze opgewekt. 'Wij samen in dat mooie huis. Ik laat het piekfijn opknappen en je krijgt een kamer helemaal voor jou alleen. Misschien kunnen we je papa uitnodigen op bezoek te komen en dan organiseren we een feest voor hem.'

'Ik hou niet van feesten,' snikte Clara ineens. 'Ik wil naar huis! Ik mis mijn kamer en Fräulein Gründlich en omama...'

'Je moet doen wat de volwassenen het best voor je vinden,' zei Emma, 'en hou alsjeblieft op met huilen.'

Clara begreep dat ze Emma op de een of andere manier boos had gemaakt met haar tranen. De dag die zo mooi was begonnen, was helemaal bedorven.

Toen Emma over het huis vertelde bleek Mabel het heel goed te kennen. Ze was op de hoogte van alle wetenswaardigheden van haar buren in een omtrek van vijftien kilometer. 'Dus ze hebben eindelijk besloten het van de hand te doen,' zei ze. 'Het zou fantastisch zijn als je mijn buurvrouw werd, zelfs al verlies ik er een logee door.' In een opwelling wilde ze haar vriendin kussen, maar ze dacht op tijd aan Emma's krampachtigheid. 'Ik ken de eigenaars. Zal ik zeggen dat je belangstelling hebt? Dat bespaart je de makelaarskosten, tenzij je die natuurlijk aan mij wilt geven.' Ze lachte alsof ze een grapje had gemaakt.

'Ik weet hoeveel ze ervoor vragen,' vertelde Mabel de volgende middag. 'Het is een schappelijke prijs, en als je het niet hebt, kun je huren met de mogelijkheid van koop. De crisis is niet voor iedereen slecht,' gniffelde ze.

Die avond belde Emma oom Edu. Hij gaf haar uitgebreid advies. Hij was sinds jaren niet meer zo in haar geïnteresseerd geweest. Hij zei dat ze het huis met een betrouwbaar iemand moest bezichtigen en rapport aan hem moest uitbrengen. 'Als we besluiten dat het een goede investering is, kun je dertig procent onder de vraagprijs bieden.'

In een paar weken tijd was het rond. Mabel kende een architect die volgens haar goed werk leverde en eerlijk was. Zijn raming van de kosten om het huis op te knappen klonk redelijk, maar Edu zei tegen Emma dat het tweemaal zo duur zou worden omdat alle Italianen dieven waren. Mabel beaamde dat. Emma bood dertig procent onder de vraagprijs en kocht het huis, met een lening van Edu, voor vijftien procent meer dan de eigenaars hadden verwacht te krijgen. Mabel streek van twee kanten een paar duizend lire op.

'Vertrek zo snel mogelijk uit Frankfurt,' zei Edu, 'en probeer je moeder en Andreas mee te krijgen.'

Op de ochtend voor de dag van zijn vertrek naar Straatsburg, waar hij Lore zou ontmoeten, werd Jacob laat wakker. Hij stond op met lichte hoofdpijn, maakte zoals altijd zijn ontbijt klaar en dacht aan Lore, wat hij sinds haar afwezigheid voortdurend had gedaan. Het vervulde hem met grote droefheid dat dit zijn voorlaatste dag in Frankfurt was, in het huis waar hij bijna twintig jaar had gewoond. Hij pakte nu eens dit en dan weer dat voorwerp op, zette het weer neer en mijmerde of hij er ruimte voor had in zijn koffer. Er waren nog een paar zaken die hij moest regelen voordat hij kon vertrekken.

Hij had uit voorzorg niemand, behalve Eva, op de hoogte gebracht van zijn plannen. Als hij veilig de grens over was, zou hij Andreas bellen. De kostbaarste boeken en belangrijkste papieren had hij opgeslagen in de kelder van het huis aan de Guiollettstrasse onder het mom dat Herr Strüpler had beloofd zijn appartement te schilderen. Alois was officieel eigenaar van de boekwinkel geworden. De overdracht was tot stand gekomen met hulp van een vroegere bankemployé van Edu, die betrouwbaar en eerlijk was. Er stond genoeg geld op een Zwitserse bank om hem van een redelijk inkomen te voorzien. Zijn woning zag eruit als altijd en hij was van plan zijn koffer pas op het laatste moment in te pakken.

Jacob probeerde zich te concentreren op wat hij die dag nog te doen had. Hij moest voor de laatste keer langs de boekwinkel en was van plan zijn zilveren theeservies naar Caroline te brengen. En Eva wilde hem nog zien. Ook zij had besloten het land te verlaten. Ze kende een scheikundige in Parijs, die ze wilde opzoeken om te kijken of hij haar aan werk kon helpen. Zo niet, dan zou ze gaan afwassen of wc's schoonmaken. 'Zie je er niet tegen op?' had Jacob gevraagd. 'Daar denk ik niet over na,' had ze gezegd. 'Ik heb me altijd weten te redden. Maar ik zal Frankfurt missen.'

Jacob werd in zijn overpeinzingen gestoord door een ruwe stem en hard gebonk op de voordeur. Niemand klopte ooit op die deur. Beneden zat een bel en boven nog een met daarnaast een koperen naamplaatje. Zijn buurman was op een avond geboeid afgevoerd, maar nadien was het rustig geweest in het gebouw. Er werd harder gebonkt en de stemmen klonken luider. Jacob stond langzaam van tafel op. Toen hij zijn hand uitstak naar zijn gouden sigarettenkoker – hij had die zien glimmen en besloten hem in de zak van zijn kamerjas te steken, al wist hij niet goed waarom – gooide hij zijn halfvolle kop koffie om. Het bruine vocht liep over de krant, waarna het werd opgezogen door de vloeiroller vol inktvlekken.

Er stonden vier mannen voor de deur. Ze waren niet in uniform, maar droegen allemaal een hakenkruis op hun revers.

'Ben jij Jacob Wertheim?' vroeg de jongste van de vier.

'Ja.'

'Is er nog iemand in huis?'

'Nee,' zei Jacob. 'Ik woon alleen.'

'Maar je ontvangt bezoek?'

'Zelden of nooit.' Jacob hield de sigarettenkoker vast. Die zat diep in zijn zak, en was glad en plat. De mannen drongen naar voren, maar raakten hem niet aan. Hij kon hun adem ruiken.

'De huismeester zegt dat je aan de lopende band vrouwen ontvangt.'

'Dat liegt hij,' zei Jacob. De mannen stonden allemaal in de deuropening en hij was automatisch achteruitgestapt, ook al had hij hen niet willen binnenlaten. 'Ik heb een paar familieleden van het vrouwelijk geslacht,' zei hij. 'Misschien bedoelt Strüpler die wel.'

'Herr Strüpler,' zei een grote kerel, 'en geen geintjes.'

Ze duwden hem opzij. Jacob was zich er pijnlijk van bewust dat hij nog in pyjama liep en sloffen aan zijn voeten had. Dat maakte hem kwetsbaar, bijna alsof hij naakt was. Het liep al tegen twaalf uur. Hij zag een vierkant stuk van de hemel door het raam aan het einde van de gang en zette elke zinnige gedachte uit zijn hoofd. In plaats daarvan concentreerde hij zich op het lichtblauwe vierkant, want hij had het gevoel dat hij niet gekwetst kon worden zolang hij niet nadacht. Hij praatte in het wilde weg tegen de mannen, die met hun rug naar hem toegekeerd alle kamers van zijn appartement doorzochten. 'Er is niets te vinden,' ratelde hij. 'Kijk gerust. Ik heb niets en ik verberg niemand. Ik bemoei me niet met politiek. Dat weet Strüpler... Herr Strüpler best.'

'Kop dicht,' zei de jongeman.

Jacob klemde uit alle macht zijn sigarettenkoker vast. Er stond niet eens werk van Karl Marx tussen zijn boeken. Hij had geen wapens. Er was geen enkele reden hem te arresteren. Maar ze hadden natuurlijk geen reden nodig. Mensen als hij wilden dat maar niet beseffen. Hij begon te transpireren.

De mannen haalden zijn hele appartement overhoop. Ze maakten niets stuk, maar openden alle laden, smeten de inhoud op de grond, trokken boeken van de planken, gooiden stoelen om en haalden kasten leeg. Ze rukten de lakens van zijn bed, het beddengoed uit de linnenkast en de kussens van de bank. Ze vonden helemaal niets, als ze al werkelijk naar iets op zoek waren. Ze handelden automatisch, alsof het een routineklus was, uitsluitend bedoeld om rommel te maken en hem te waarschuwen. Toen ze klaar waren, waren ze buiten adem. Jacob hoorde hen hijgen. Uiteindelijk gingen ze om hem heen staan, scholden hem uit en zeiden dat ze een andere keer terug zouden komen. Ze noemden hem een paar keer 'Saujud', Joods zwijn, en dat woord nestelde zich in Jacobs hoofd. Hij wist dat ze hem nog steeds te pakken konden nemen, dat ze zich op het laatste moment konden omdraaien om hem neer te schieten of met hun knuppels bewusteloos te slaan. Maar ze vertrokken. Het was maar een waarschuwing geweest.

'Herr Strüpler houdt je in de gaten,' zei de jongeman. 'Als hij zegt dat je je met verdachte zaken bezighoudt, kun je hem maar beter geloven. Je bent niet zo slim als je denkt. Jouw tijd komt nog.'

Ze deden de deur open en Jacob zag dat de deur van het appartement aan de overkant van de gang ook openstond. Het huis was ontruimd en er waren schilders aan het werk. Herr Strüpler stond achter de deur en rekte zijn hals om te zien hoe het was afgelopen. Jacob omklemde nog steeds zijn sigarettenkoker in de zak van zijn kamerjas.

'Dag, Herr Strüpler,' riep hij, 'hoe gaat het met u?' De huismeester verdween uit het zicht.

Pas toen de deur met een klap dichtsloeg, voelde Jacob een vreselijke angst opwellen. Flarden van wat er zojuist was gebeurd vlamden op in zijn geest, tot hij door een golf van opluchting werd overspoeld. Het drong tot hem door dat hij hevig had getranspireerd. Zijn sloffen kleefden aan zijn voeten en er hing een dierlijke geur om hem heen. Hij ging thee zetten en besloot zijn woning pas de volgende ochtend te verlaten. Er was nog maar één ding dat telde: hij moest dit land ontvluchten.

Met slechts één koffer bij zich stapte hij op 12 mei in de avondtrein naar Straatsburg. Hij had zijn winterjas aan, ook al was het een warme, zonnige dag. Er was niemand om hem uit te zwaaien. Eerst had hij Frankfurt niet willen verlaten; nu wilde hij er nooit meer terugkomen. Hij had nog niet bedacht wat hij moest doen als Lore er niet zou zijn.

Iets voor negen uur kwam hij in Straatsburg aan. Het was donker en hij moest vijftien uur zien te overbruggen. Hij dwaalde door de buurt rond het station, zocht nogal ongericht naar een hotel en keek tegelijkertijd naar Lore uit. Hij hoopte haar eerder dan de afgesproken tijd tegen het lijf te lopen, hoopte dat ze misschien ook door de stad zwierf en naar hem uitkeek. Hij durfde niet helemaal naar de kathedraal te lopen. Gewoonlijk was hij niet bijgelovig, maar in zijn angst lette hij op alles wat een voorteken zou kunnen zijn. Een klok sloeg eerst tien en daarna elf uur. Het schoot hem te binnen dat hij beter snel een kamer kon zoeken voor de nacht. In de lobby van het eerste hotel waar hij naar binnen ging stond een tafel vol vlekken waar vliegen overheen kropen. Hij liep meteen weer weg.

Aan de overkant lag een ander hotel. De lobby stond vol zware meubelen en het rook er naar goedkope sigaren. Maar er waren geen vliegen, misschien wel door de rook. Jacob vroeg om een kamer. De man achter de receptie scheen doofstom te zijn. Hij schoof hem een formulier toe en een pen om het in te vullen. Jacob gaf een verzonnen naam en adres op, maar zette wel 'Frankfurt am Main' bij de woonplaats. Zonder naar zijn paspoort te vragen overhandigde de man hem een sleutel en wees naar de lift. Jacob kon zijn kamer niet meteen vinden, want er zat geen logica achter de nummering. Hij kreeg het gevoel dat hij opgesloten zat in het soort doolhof dat Franz Kafka had kunnen bedenken. Buiten adem en met een versnelde hartslag vond hij ten slotte de goede deur op de bovenste verdieping van het hotel.

De kamer was niet vies en ook niet brandschoon. De lakens waren fris, maar versleten. Hij kleedde zich in het donker uit zodat hij niet in de verleiding zou komen om rond te kijken en viel binnen een paar minuten in slaap. Zijn wekker stond afgesteld op negen uur 's morgens.

Hij lag vast te slapen toen de wekker ging. Terwijl hij zich uit de diepe, droomloze toestand probeerde omhoog te werken, dacht hij: dit is de grote dag. Zijn mond was droog van opwinding. Laat haar alsjeblieft komen. Voor het eerst sinds Lore en hij gescheiden waren, werd hij door twijfel bekropen.

Hij waste zijn gezicht en poetste zijn tanden bij de kleine wastafel in de hoek van de kamer, waarin hij ten slotte ook urineerde. Hij wilde niet de gang op om een wc te zoeken. Daarna legde hij zijn toiletspullen en pyjama weer in de koffer. Afgezien van de gekreukte lakens vertoonde de kamer geen tekenen meer van zijn aanwezigheid.

Het ontbijt werd opgediend in een kale donkere hal aan twee lange tafels waarover zeildoek lag. Het brood en de croissants waren verrassend lekker en de boter was vers. Jacob at zoveel dat hem een extra portie in rekening werd gebracht. Hij bedacht dat hij de vorige avond niet had gegeten. Toen hij de rekening had betaald en op zijn horloge keek, was het tien uur. Nog twee uur wachten. Hij besloot zijn koffer naar het station te brengen en af te geven bij het bagagedepot.

Hij nam de tram en toen hij zijn koffer had weggebracht, was het nog niet eens elf uur, dus besloot hij te voet naar de kathedraal te gaan. Rond half twaalf stond hij op het plein. De warme meizon was heel aangenaam en de aanblik van de kathedraal bracht hem in zo'n jubelstemming dat hij zou willen zingen. Minutenlang stond hij daar, koesterde zich in de zon en keek naar het magistrale bouwwerk dat als een bovenaardse berg oprees tegen een oneindige, blauwe hemel. Plotseling raakte hij in paniek en haastte zich naar het zuiderportaal. Misschien was Lore ook wel te vroeg en moest hij opschieten. Maar op de treden onder de bijzondere klok stapten alleen duiven rond.

Synagoge en *Ecclesia*, de Zegevierende Kerk, stonden aan weerszijden van het portaal. *Ecclesia* hield een miskelk in de ene en een kruis in de andere hand, en keek strak naar de meelijwekkende figuur tegenover haar. Hoe oneindig veel mooier en verfijnder vond Jacob de geblinddoekte *Synagoge*! Zou het symbool van de bedroefde maagd de beeldhouwer meer hebben ontroerd? Had de vorstelijke Kerk, met een kroon op haar hoofd en een rechte rug, soms minder sympathie bij hem opgewekt dan haar verslagen zuster?

Jacob keek weer op zijn horloge. Het was tien voor twaalf. Stel dat ze niet kwam. Hoelang zou hij op haar moeten wachten? Waar moest hij dan naartoe? Hij zou in Straatsburg blijven en een week lang elke dag terugkomen, zich vastklampend aan zijn hoop. In elk geval zou hij niet naar Frankfurt terugkeren.

De gedachte aan zelfmoord kwam bij hem op. Hij besefte dat die al dagen door zijn hoofd spookte. Het idee was zowel beangstigend als geruststellend. Toen zijn buik rommelde, drong het tot hem door dat hij een wc moest zoeken. Hij keek het plein rond, maar er was geen openbaar toilet en de restaurants zagen er gesloten uit. Er was alleen een souvenirwinkel open. Hij liep de kathedraal in. Ook hier waren ansichtkaarten te koop, maar er was natuurlijk geen toilet. Wie had ooit van een gotische kathedraal met een toilet gehoord? Hij moest er zowaar om lachen en ging op een van de harde houten banken zitten in de hoop dat de kramp zou overgaan, maar zijn ingewanden bleven rommelen. Hij liep weer naar buiten. Het was bijna twaalf uur. Nog geen teken van Lore. Achter de bomen bij het kanaal zag hij een barok gebouw liggen. Het was een museum. Daar zouden ze toch zeker wel een wc hebben?

Jacob kocht een kaartje en liep voorzichtig naar binnen. Om niet op te vallen bekeek hij eerst een paar kunstwerken in de hal voordat hij schuchter aan een bewaker vroeg waar het herentoilet was. De man zei dat hij naar boven moest. De kleine, merkwaardig gevormde ruimte bevond zich op de eerste verdieping. Toen hij zich had ontlast, voelde hij zich bijzonder opgelucht. De wereld had weer haar vertrouwde aanzien gekregen. Hij stond op het punt naar buiten te gaan, toen de klok twaalf uur sloeg. Zonder te rennen liep hij zo snel mogelijk het museum uit en de trap af, maar eenmaal buiten rende hij wel. Ineens waren overal mensen, die op de treden samendromden om naar de klok te kijken. Hij zag haar pas op het laatste moment. Lore riep zijn naam. Ze omhelsden elkaar en hielden elkaar zo stevig vast dat hun hartslag één werd.

Ze namen de eerstvolgende trein. Lore had ook maar één koffer bij zich, maar had brood, kaas en een fles Elzasser wijn meegenomen, die ze tijdens de reis naar Amsterdam nuttigden. Het landschap van Frankrijk, België en Nederland vloog aan hen voorbij maar ze zagen het niet. Ze hadden alleen oog voor elkaar.

Ze trouwden zo snel mogelijk na aankomst. Amsterdam zat vol Duitse emigranten en ze vonden een kring van bekenden met wie ze een nieuw leven konden opbouwen. Ze huurden een etage in een pand aan een van de grachten, vlak bij de Jodenbuurt. Toen ze daar hun intrek hadden genomen, belde Jacob Alois om te vragen of hij een paar boeken wilde opsturen. Van Alois vernam hij dat Herr Strüpler een week na zijn vertrek de Gestapo in zijn appartement had gelaten. Al zijn boeken en papieren waren naar de binnenplaats gebracht en in brand gestoken. Het vuur had om zich heen gegrepen en het gebouw bijna in lichterlaaie gezet, zodat de brandweer gewaarschuwd moest worden. Er was een partijfunctionaris in Jacobs appartement getrokken.

In december, toen de eerste sneeuwstormen door Midden-Europa joegen, kreeg Hannchen Wertheim een ernstige hersenbloeding. Omdat Zürich bedolven lag onder een pak sneeuw, kon Edu niet op tijd hulp krijgen. Tegen de tijd dat de dokter kwam, was zijn moeder al overleden.

In haar spullen vond Edu een ongeopende brief uit Amerika. Hij keek op het poststempel: 22 januari 1930. De brief was in het Engels opgesteld en niet erg lang. Edu las hem snel door. De afzendster was Blanche Worth, die zichzelf voorstelde als 'de schoondochter met wie u nooit hebt kennisgemaakt' en zonder omhaal of sentimentaliteit vertelde dat haar man Gerald een paar maanden daarvoor na een sprong uit het raam van zijn kantoor om het leven was gekomen. Bijna zijn hele fortuin was verdampt in de beurskrach van 1929 en die klap was hij niet te boven gekomen. Het verlies van zijn geld leek hem in de kern van zijn bestaan te treffen, schreef Blanche, en hij zonk steeds dieper weg in wanhoop. 'Het lijkt me niet meer dan juist dat ik u op de hoogte breng,' ging ze verder. 'Hij was uw zoon. Ik weet niet en hoef niet te weten wat er tussen u en hem is voorgevallen, maar ik voel me verplicht u te informeren over zijn dood. De kinderen en ik zijn diepbedroefd. Hij was een goede echtgenoot en vader.'

Edu droeg de brief nog een paar dagen bij zich en borg hem daarna diep weg in zijn bureau. Hij kon het niet over zijn hart verkrijgen hem weg te gooien.

HOOFDSTUK 7

1938

In 1938 sloten de nieuwe directeuren van het Städel – Elias was vijf jaar eerder ontslagen – de zalen met moderne kunst en viel de collectie uiteen. Het was een van de mooiste van Duitsland geweest en daar had Edu Wertheim met zijn schenkingen veel aan bijgedragen. Vijfenzeventig moderne kunstwerken, voornamelijk van expressionisten, werden naar het buitenland gestuurd om te worden geveild. Edu's blauwe Matisse ging naar een Amerikaanse verzamelaar. In hetzelfde jaar werden alle Joodse bedrijven onteigend. Het was niet meer voldoende een arische stroman te hebben. In mei begonnen de massa-arrestaties. In augustus moesten Joden de naam Israel of Sara in hun paspoort laten opnemen.

Caroline en Andreas Wertheim woonden nog steeds in het huis in de Guiollettstrasse. Hun leven werd beheerst door de waanzin van Caroline. In de loop van de voorgaande winter had ze ervoor gekozen te vluchten voor de oprukkende schimmen en was haar realiteitszin verdwenen. Andreas zag haar toestand als een nauwkeurige afspiegeling van de wereld buiten hun afbrokkelende tuinmuren. Het huis zelf was verwaarloosd. Aan de straatkant waren de luiken permanent gesloten. Kinderen staken over om er niet langs te hoeven lopen en wendden hun blik af. Ze zeiden dat het er spookte en beweerden dat er binnen iemand gilde en dat ze geesten hadden gezien in de tuin. Het verhaal ging dat er een Joodse heks woonde, samen met lachende duivels die de hele nacht op botten van niet-Joodse kinderen zaten te kluiven. Als de heks je aankeek, veranderde je in een levende dode. Dan verloor je de controle over lichaam en geest en viel je in de klauwen van haar Joodse boeman, die zijn slachtoffers folterde door ze in stukken te snijden, het bloed uit hun aderen te zuigen en hen te roosteren voor zijn avondmaal.

Alleen Anna vertoonde zich nog buiten. Ze deed de boodschappen, kookte en hield het huis schoon. Niemand had haar kunnen bewegen daarmee op te houden. Ze werd rechtstreeks door Eduard Wertheim betaald. Haar nicht, die in de Kaiserhofstrasse woonde en bij wie ze vaak op bezoek ging, was haar enige vriendin. Alle andere mensen die ze had gekend keerden haar de rug toe of waren zelf gearresteerd of vertrokken. Anna was er rotsvast van overtuigd dat ze moest volhouden, dat dit voorbij zou gaan, en dat ze alleen door nu haar geweten te volgen later, in betere tijden, zichzelf onder ogen kon komen. Ze geloofde niet in de hemel, maar wel dat God haar rechter was.

Fräulein Gründlich vergezelde Lene en Clara op hun reizen met Manfred Solomon en bracht het schooljaar samen met het meisje door in het huis van Emma, net buiten Florence, waar Clara naar een particuliere meisjesschool ging. Er was zoveel te zien en te doen en het leven van de gouvernante was zo verweven geraakt met dat van haar werkgevers, dat ze nauwelijks tijd had om haar vaderland te missen. In haar geheugen was een beeld van Frankfurt gegrift dat ze nooit kwijtraakte. Het was een helder en mooi beeld van een bruisende, zonnige stad waar zelfs de nachten door vuurwerk werden verlicht. De veengebieden uit haar jeugd stonden haar minder duidelijk voor ogen: een sombere omgeving vol stugge boeren die hun handen stevig vouwden in gebed. Ze dacht niet graag terug aan die verweerde, tandeloze gezichten, maar af en toe verschenen ze in haar dromen.

In 1933 was Andreas weer bij zijn moeder gaan wonen. Kurt woonde nog in het appartement dat uitkeek over de Main. Als onbesneden Mischling kon hij zich handhaven in een soort schimmig bestaan, waarin hij ternauwernood werd getolereerd. Hij werkte als kelner in een restaurant en componeerde nog steeds muziek, ook al was die per definitie verboden. Hij hoopte het vol te houden tot er betere tijden aanbraken. Hij was ervan overtuigd dat er in een oorlog afgerekend zou worden met de nazi's en daarom mocht die van hem beginnen.

Omdat hij bang was aangegeven te worden als homoseksueel, leefde hij celibatair. Hij flirtte zelfs met vrouwen, maar kon het niet opbrengen met hen naar bed te gaan. Er waren genoeg vrouwen die met een dergelijke regeling wilden instemmen, maar hij leefde voortdurend in angst te worden verraden.

Tot maart 1938 had Andreas een baantje gehad bij de Kulturbund Deutscher Juden, die dapper probeerde Joodse musici, acteurs en schilders aan het werk te houden. Hij hielp bij het organiseren van concerten voor een Joods publiek in de synagoge in het Westend. Steeds meer Joden waren echter geëmigreerd: musici naar Palestina met Bronislaw Huberman, de violist, en Hans Wilhelm Steinberg, de dirigent, en acteurs naar Hollywood en New York. Veel communisten waren naar Rusland gevlucht, waar ze vervolgens slachtoffer werden van Stalins zuiveringsacties. Maar op zeker moment was emigreren moeilijker geworden, want welk land ter wereld wilde zo veel Joodse vluchtelingen opnemen?

In Frankfurt waren de bankjes in het park verboden terrein voor Joden, net als de badhuizen, de theaters en de scholen. De Joden werden steeds onzichtbaarder voor hun stadgenoten, die al snel ontdekten dat je je om die schimmen beter niet kon bekommeren. 'Als je van niets weet, kan je ook niets gebeuren,' werd het motto van de brave burger. En het was niet zo moeilijk om te geloven dat het leven mooi en zonnig was, want dat werd op elke straathoek verkondigd. Op de aanplakbiljetten zag je altijd dezelfde lachende gezichten en de orkestjes speelden vrolijke deuntjes. Kon je het de mensen kwalijk nemen dat ze niet achter de coulissen keken en niet aan gesloten deuren luisterden of ze kreten van angst hoorden?

Andreas had weer de gewoonte opgevat om vele uren per dag piano te spelen. Als hij niet speelde, dacht hij dat hij de beul aan de poort hoorde kloppen. Hij speelde meestal als de schemering viel en Caroline lag te slapen, uitgeput van een doorwaakte nacht en een hele dag werken aan haar duistere, ondoorgrondelijke schilderijen van gestaltes die kronkelden in de kwellingen van de dag des oordeels. Andreas was dik geworden, bleek en vlezig als iemand die nauwelijks beweegt en nooit frisse lucht krijgt. Hij was log en futloos, en liep met een wandelstok. Vanwege een raadselachtige pijn in zijn rug kon hij niet goed rechtop staan. Hij wilde niet weg uit Duitsland, maar kon niet uitleggen waarom hij bleef. Edu had steeds weer getracht hem over te halen en had beloofd een tehuis voor Caroline te zoeken, maar Andreas zat alleen maar voor zich uit te staren naar de verwilderde tuin en nam pillen tegen de pijn. Brieven beantwoordde hij niet en na een tijdje maakte hij de telefoon onbruikbaar. Al zijn familieleden waren gevlucht, op één na. Dat was Jonah Süsskind.

Jonah kwam af en toe naar Frankfurt om te zien hoe het met Caroline ging. Hij schreef haar geneesmiddelen voor en gaf Andreas morfine. Hij praatte nooit over zijn vrouw en kinderen, zei nooit iets ten nadele van het regime, maar hij was zorgzaam voor zijn zus en neef. Hij was bang dat zijn vrouw hem zou verlaten, en die angst bracht hem ertoe voor haar te kruipen. Als hij haar probeerde te paaien met een cadeautje of een attentie, zag hij de minachting in haar ogen. Gesteund door de overtuiging dat ze tot een superieur ras behoorde, was ze gespierd geworden, en mooier dan ooit. Ze zwom, zonnebaadde, deed aan gymnastiek en was ongelofelijk sterk. Het merendeel van Jonahs patiënten wilde niet meer bij hem komen. Soms smeekte hij andere artsen – de paar die hij nog vertrouwde – om hem patiënten te sturen. Hij had zelfs abortussen uitgevoerd, maar daar was het regime op tegen, en het zou slecht met hem aflopen als hij, een Jood, werd betrapt op het weghalen van het ongeboren kind van een arische vrouw.

'Waarom blijft u in Duitsland?' vroeg Andreas hem.

'Ik weiger te zwichten,' zei Jonah. 'Als dit voorbij is, ben ik er nog om de brokken op te vegen. Denk je dat de mensen die als ratten het zinkende schip ontvluchten ooit nog terug mogen komen?'

'Ik heb niet de indruk dat het schip zinkt. Volgens mij stoomt het met volle kracht vooruit en zal het binnenkort de wereld veroveren.'

'Onzin,' zei Jonah. 'Misschien proberen ze grondgebied terug te winnen dat ze zijn kwijtgeraakt of de Duitssprekende volken te verenigen, maar daar blijft het bij.'

'Het verbaast me hoe goed u zichzelf voor de gek kunt houden,' zei Andreas.

'Als de Joden zich anders hadden gedragen...' begon Jonah, maar Andreas viel hem in de rede. 'Ik wil het niet horen,' zei hij. 'We doen het toch nooit goed.'

'Ik ben er trots op dat ik in de Grote Oorlog voor mijn land heb gevochten,' zei Jonah, 'en ze hebben mijn inzet beloond. Tegen leden van de Reichsbund jüdischer Frontsoldaten zijn geen maatregelen genomen.'

'En kan het lidmaatschap van die organisatie u beschermen tegen uw vrouw?' vroeg Andreas.

'Hou je mond!' schreeuwde zijn oom. 'Ze houdt van me! Ze heeft het heel zwaar.'

Caroline zag haar eigen demonen. Ze geloofde heilig in een samenzwering om haar van haar huis en bezittingen te beroven. Ze was niet van plan een stap buiten de deur te zetten, zei ze, want dan werd het huis in brand gestoken. 's Nachts werd ze op de gekste tijden wakker en liep ze alle kamers na op zoek naar sporen van vuur. Ze was er zeker van dat de geluiden in de radiatoren afkomstig waren van mannen die brandbommen plaatsten. Ze wist dat er een complot was om haar tot waanzin te drijven. Onder de dode bladeren in de tuin en in de wijnflessen in de rekken in haar kelder groeiden slijmerige witte slakken. Ze kregen speciaal voedsel, zodat ze uitgroeiden tot gigantische monsters die waren afgericht om langs haar benen naar boven te kruipen, haar baarmoeder in, en langs haar armen omhoog naar haar oksels en in haar haar en dan door haar oren naar binnen, haar hoofd in. Soms had ze het gevoel dat haar hersenen al werden aangevreten, dat er kleine stukjes weg waren geknaagd. Op een nacht zag ze Hitlers gezicht door het raam en gooide er een fles parfum naartoe. De ruit ging aan gruzelementen en de koude buitenlucht stroomde naar binnen en nam regendruppels mee. De volgende dag moest Anna een dik stuk karton voor het gat plakken.

Andreas, die wist dat zijn moeder in al haar gekte gelijk had, sloeg haar met toenemende melancholie gade. Ze wáren in gevaar, dat stond vast. Ze waren stelselmatig beroofd van al hun rechten en konden zich tot niemand wenden, want geen enkele rechter was bereid hun verweer aan te horen. Ze waren geen staatsburgers meer, ze bestonden niet, en toch werden ze stuk voor stuk geteld, want de galgen moesten worden opgericht.

Carolines stemming sloeg met de dag en soms met het uur om. Er waren momenten dat ze geen tegenspraak duldde en andere momenten dat ze een vlaag van razernij kreeg als je met haar instemde. Een paar keer dreigde ze Andreas aan te vallen.

Jonah zei dat het schizofrenie was en niet behandeld kon worden. 'Ze moet eigenlijk worden opgenomen,' vertelde hij Andreas.

'Ik kan haar niet laten opsluiten,' zei Andreas. 'Niet in deze tijd. Ze zullen haar doden, dat weet ik zeker.'

'Het is mogelijk dat ze een poging doet zichzelf te doden, of jou...'

'Dat risico neem ik, maar ik wil het niet op mijn geweten hebben dat ik haar heb opgesloten. Weet u, als ze enigszins helder is – en die momenten beginnen heel zeldzaam te worden – kijkt ze me opeens aan en zegt: "Zet me niet achter de tralies." Het is geen wanhopige uitroep en het is niet bedoeld om medelijden te wekken. Het lijkt meer op een bevel. Dan zit ze kaarsrecht en is haar gezicht niet zo verwrongen als anders. Soms smelt mijn hart en voel ik me weer een klein kind. Dan zou ik mijn hoofd wel in haar schoot willen leggen en huilen...'

'Ik meen het serieus, Andreas. Het is geen loos dreigement. Ik heb veel patiënten gezien die er zo aan toe waren. Ze zijn volkomen onvoorspelbaar.'

'Mama lucht haar woede meestal door tekeer te gaan,' zei Andreas. 'Ze raast en tiert en vloekt, maar die nacht dat ze het raam kapot heeft gegooid omdat ze dacht dat ze Hitler zag, is de enige keer dat ze echt gewelddadig is geweest.'

'Het kan morgen gebeuren of pas over een maand.'

'En er was een aanleiding om dat raam kapot te gooien. Ik hoorde vreselijke geluiden uit haar kamer komen en ontdekte dat de radio aanstond en dat ze naar een propaganda-uitzending had geluisterd. Goebbels stond te schreeuwen en er brulden duizenden mensen terug. Hebt u dat weleens gehoord, het gebrul van duizenden?'

'Ja.'

'Volgens mij heeft dat haar gewelddadige gedrag veroorzaakt. Ik heb de radio weggehaald.'

'Je blijft het maar rationeel benaderen. Ik zeg je dat het zo niet werkt. Je moet zelf geestesziek zijn om te weten wat een geestesziekе gaat doen, want ze trekken zich niets aan van onze logica. Hun wereld is niet de jouwe en wordt niet geregeerd door dezelfde wetten...'

Jonah was die dag vreselijk moe. Hij kon zijn eigen betoog nauwelijks volgen. Hij benijdde Andreas, die in zijn ogen een gemakkelijker weg had gekozen: Carolines waanzin had iets verhevens, terwijl de haat van zijn eigen vrouw boosaardig was, zoals het gedrag van een misdadiger. Ja, dacht hij, Hildegard is een misdadiger. Maar aan die gedachte had hij niets, want zijn situatie werd er niet gemakkelijker door. Hij hield van haar.

'Mensen die geestesziek zijn, leven in een andere wereld,' vervolgde hij mechanisch. 'Ze houden zich aan hun eigen regels en hebben een eigen systeem om de raadsels om hen heen te ontwarren...'

'Zo zou je Duitsland onder de nazi's ook kunnen beschrijven,' zei Andreas. 'Hebt u al eens aan zelfmoord gedacht?'

'Dat is een laffe uitweg,' zei Jonah.

'Maar hebt u eraan gedacht?'

'Ik heb een gezin. Een vrouw en vier kinderen.'

'Dat is geen antwoord op mijn vraag.'

'Ik heb eraan gedacht.'

'En...'

'En dat is alles. Ik heb het overwogen. Maar zolang ik nog een sprankje hoop zie...'

'Ik zie helemaal geen hoop meer, maar toch... toch kan ik niet serieus over zelfmoord nadenken. Ik heb het geprobeerd, maar de gedachte blijft door mijn vingers glippen. Ik zit alleen maar te wachten tot er iets gebeurt. Het lukt me niet om het scheermes daadwerkelijk op mijn pols te zetten, de benodigde pillen bij elkaar te zoeken of te leren hoe ik een pistool moet bedienen.'

Jonah keek op zijn horloge. Het was een ouderwets zakhorloge dat nog van zijn vader was geweest.

'Tijd om naar huis te gaan,' zei hij. 'Ik heb Hildegard beloofd iets mee te nemen uit Frankfurt. De gepekelde tong uit de Fressgass' is de beste die er is, zegt ze.'

Hij stond op. Hij bewoog als een oude man, en Andreas vermoedde dat ook hij met de ogen van een dode naar de wereld keek.

'Laat het me weten als er iets verandert,' zei Jonah. 'Ik laat wat kalmerende middelen achter. Heb je nog iets anders nodig?'

'Ik geloof het niet.'

'Het is moeilijk om aan medicijnen te komen,' zei Jonah.

'Ik kan u vertellen waar de bars zijn waar je letterlijk alles kunt krijgen.' Andreas glimlachte.

'Niet meer,' fluisterde Jonah. 'De regering is tegen alles wat zondig is.'

Andreas deed de deur achter zijn oom op slot en schoof er een grendel voor. Hij had in alle ramen metalen tralies laten maken, en ijzeren hekwerken achter de deuren. Toen Caroline de werklui ermee bezig had gezien, was ze naar de kamer van Andreas gekomen om hem erop aan te spreken. 'Je maakt een gevangene van me!' schreeuwde ze.

'Ik doe het om mensen búíten te houden,' legde hij geduldig uit, 'niet om u binnen te houden.' En hij liet haar zien hoe de sloten werkten en dat ze de deuren open kon maken wanneer ze maar wilde. De ramen waren natuurlijk een ander verhaal. 'Een gevangenis is en blijft een gevangenis,' mompelde ze. 'We zitten in de val, hoe je het ook wendt of keert.'

Ze had haar schilderskiel aan, maar behalve lijnolie en verf rook Andreas ook haar lichaamsgeur.

'U zou zich echt af en toe moeten wassen, mama,' zei hij zachtmoedig, en hij pakte haar hand. Caroline draaide zich om en bekeek zichzelf in de ovale spiegel, alsof haar spiegelbeeld haar wijzer kon maken over haar properheid.

'Vroeger was ik mooi,' zei ze, en ze streek met haar knokige handen, die onder de verfvlekken zaten, over haar grauwe wangen. 'Nu ben ik Joods.'

'U bent altijd allebei geweest,' zei Andreas.

'Vroeger was jij een jongen,' mijmerde Caroline. 'Wat ben je nu? Je bent toch geen meisje?'

'Ik ben een man.'

'Een echte man? Je hebt geen vrouw!'

'Oom Jacob heeft ook geen vrouw.'

'Maar hij heeft wel iemand gehad die het goedvond dat hij zijn ding in haar stak.' Ze keek Andreas met een scherpe, vogelachtige blik aan. Haar ogen schoten heen en weer. 'Of doe jij dat ook met Kurt? Steek je je ding in hem?' Ze giechelde. 'Is Kurt je vrouw?'

'Zo is het genoeg, mama. Ik wil er niet met u over praten. Niet nu.'

'Je zegt altijd tegen me dat het genoeg is, en "niet nu". Vooral als ik iets heb gezegd wat waar is. Gekken worden niet geacht de waarheid te zeggen. Denk je dat ik gek ben?' Ze verhief haar stem. Andreas zette zich schrap. Maar ze zei alleen: 'Ik ben gek, weet je dat? g-e-k. Net als Emma. Weet je dat Emma ook gek is?'

'Nee, dat wist ik niet, mama.'

'Ze kon er niet tegen dat die man, Otto, zijn ding in haar stak. Dus is ze non geworden.'

'Waar hebt u het over?'

'Ze is c-h-r-i-s-t-e-l-ij-k.'

'Dat is onzin.'

'Het is waar, let op mijn woorden. Ze wilde niet Joods zijn, omdat ze niet aan het kruis genageld wilde worden. Eerst dacht ze dat Otto haar zou ontjoodsen, maar ze ontdekte dat hij zijn christelijke ding ín haar wilde stoppen. Daarom heeft ze net zolang gekrijst tot hij haar liet gaan. Ze had liever het lichaam en het bloed, zei ze. En dat kan niet als je Joods bent.'

'Hoe weet u dat allemaal?'

'Dat vertellen mijn stemmen me. Ze praten de hele winter tegen me vanuit de kale takken van de kastanjeboom.'

'En in de lente en de zomer?'

'Dan praten ze via de bijen.' Ze legde haar vinger op haar lippen. 'Als je stil bent, kun je ze horen. Maar dan moet je heel stil zijn.'

Een paar weken later vroeg Anna op een zaterdagmiddag aan Andreas of ze wat vroeger weg mocht. Ze had vriendschap gesloten met de schoenmaker die in de Kaiserhofstrasse op dezelfde overloop woonde als haar nicht. Het was een weduwnaar. Een nette, fatsoenlijke man die haar besluit om voor de familie Wertheim te blijven werken toejuichte. Hij wilde nog bij daglicht naar de verjaardag van een oude vriend die in Königstein woonde en had haar meegevraagd. Andreas gaf haar met alle plezier toestemming. 'Ik zorg dat de maaltijd voor u en uw moeder klaarstaat,' zei Anna. Ze had categorisch geweigerd samen met hen in de eetkamer te eten. Andreas had het haar meer dan eens gevraagd, maar ze was onvermurwbaar. 'Ik ben te oud om nieuwe kunstjes te leren,' zei ze. 'En denk maar niet dat u me er een plezier mee zou doen. Ik ben tevreden zoals het nú is. Ik blijf liever gewoon alleen eten, beneden, in mijn knusse keuken.'

Toen Andreas laat in de middag beneden kwam, zag hij dat Anna de tafel voor twee had gedekt en een briefje voor hem had neergelegd waarop precies stond waar hij het koude vlees en de aardappelsalade kon vinden en hoe hij de soep moest opwarmen. Hij ging zijn moeder roepen, maar kreeg geen antwoord. Hij klopte een paar maal op haar gesloten deur. Hoewel hij haar hoorde rondlopen, kwam er geen reactie. Hij liep weer naar beneden, zette een grammofoonplaat op en ging aan tafel. Caroline weigerde vaak om te komen eten en sloop op de raarste tijden de keuken in om zich vol te proppen met noten, wortelen of kaas. Ze had een keer een heel brood achter elkaar opgegeten.

Andreas had een heleboel platen gekocht, en de beste grammofoon die hij had kunnen vinden. Als hij alleen at, luisterde hij altijd naar muziek. Door zich met een uiting van beschaving bezig te houden kon hij het gevoel onderdrukken dat hij zijn eten gedachteloos naar binnen schrokte als het eerste het beste dier. Die avond at hij zijn koude vleesschotel bij de klanken van Artur Schnabel die *Les adieux* speelde, een pianosonate van Beethoven, toen hij Caroline de trap af hoorde komen. Ze stapte de eetkamer binnen, en hij zag dat ze een bebloed laken om zich heen had geslagen.

'In tegenstelling tot wat je misschien denkt,' zei ze, 'is dit geen bebloed laken. Het is een laken dat ik karmijnrood heb geverfd. Vind je het mooi?'

'Ik zit te eten, mama. Kom bij me zitten en eet ook een hapje.' Hij was gewend geraakt aan het bizarre gedrag van zijn moeder en haar theatrale uitdossingen. Hij zag niet dat ze een schaar in haar hand hield alsof het een dolk was. En zelfs toen het hem opviel, kwam het nog niet bij hem op dat hij zich er zorgen om moest maken. Hij at verder. Schnabel was bij het rondo aangekomen en Andreas had zijn aandacht bij de muziek. Pas toen Caroline naar hem uitviel, drong tot hem door dat hij in gevaar was. Ze had haar hand geheven en de schaar blikkerde tussen haar vingers. Hij sprong opzij. 'Wat doet u?' riep hij uit.

'Ik heb je door!' zei ze. 'Jij zit in het complot tegen mij. Dat heb ik daarnet pas ontdekt, toen ik mijn lijkwade maakte. De stemmen in de bomen hebben het me toegefluisterd. Ze hebben me verteld dat je hoofd vol propaganda zit. De nazi's hebben het in je eten gestopt en in je kamer gespoten. Anna is hun instrument. Zij heeft jou ertoe aangezet de tralies te installeren en je hebt haar aanwijzingen opgevolgd.'

'Anna is zo onschuldig als een pasgeboren baby!' riep Andreas uit. 'En ik heb je al gezegd dat de tralies bedoeld zijn om mensen búíten te houden. Ik neem je nu meteen mee naar buiten voor een ommetje, zodat je kunt zien dat je niet opgesloten zit.'

'Ze hebben de honden voor een dag teruggeroepen,' zei Caroline, en ze kwam opnieuw op Andreas af. Ze was ongelofelijk sterk. Hij worstelde met haar en draaide haar hand om tot de schaar op de grond viel. Hij schopte hem onder de tafel. Caroline gilde lang en doordringend. Het geluid kwam boven de sonate van Beethoven uit en bleef lang in de kamer hangen. Toen begon ze te huilen.

Ze liet het laken vallen en sloeg haar handen voor haar gezicht. Met haar nagels krabde ze haar wangen open. 'Ik kan niet terug!' huilde ze. 'Ik ben verdwaald. Als ik de goede weg had genomen en de wei had gevonden, was ik nu misschien bloemen aan het plukken. Maar ik ben hier en word belaagd door stemmen die nooit zwijgen. Ze vertellen me geheimen en strijken langs mijn oor en dringen door tot in het binnenste van mijn hoofd. Je moet me helpen, Andreas! Ze zeiden dat ik je moest vermoorden, maar eigenlijk zat ik achter hén aan.'

'Ik wil u geen kwaad doen,' zei hij. 'Ik hou van u. Ik ben de enige van uw kinderen die bij u is gebleven. U moet me geloven en vertrouwen. Niemand anders kan u helpen. Ze zijn allemaal weg. Ze hebben voor zichzelf gezorgd. Laten wij voor elkaar zorgen.'

Hij ging naar de gangkast om een oude jas te halen, sloeg die om haar schouders en nam haar mee naar haar kamer. Ze was kalm en huilde niet meer. Andreas zorgde dat ze iets innam en bracht haar naar bed. Hij trok de donsdeken over haar heen en opnieuw ving hij haar ongewassen geur op. Toch kuste hij haar en bleef bij haar zitten tot hij hoorde dat haar ademhaling rustig en gelijkmatig was. Toen ging hij naar zijn eigen kamer, deed de deur op slot en las een boek tot hij merkte dat hij begon te knikkebollen.

Een paar uur later werd hij badend in het zweet en gedesoriënteerd wakker. Hij liep naar het raam om het open te zetten en zag het sikkeltje van een nieuwe maan. Heel even was hij gelukkig. Hij was vergeten waar hij was, en de hemel zag eruit als die boven Travemünde. Hij dacht dat hij het gebulder van de branding hoorde. Maar het was het water dat in de badkamer over de rand van het bad stroomde. Caroline had een scheermes gevonden en haar polsen doorgesneden. De sneden waren niet erg diep en Andreas verbond haar polsen, maar er bleef wel bloed in het witte gaas sijpelen. De rest van de nacht zat hij naast zijn moeder en luisterde, terwijl zij de stemmen mompelend antwoord gaf.

De volgende ochtend glipte hij het huis uit naar een telefooncel en belde Jonah. Jonah kwam zo snel mogelijk en zei dat er nu nog maar één plek voor haar was.

'Je moet haar echt laten opnemen,' zei hij. 'Het zou volkomen onverantwoord zijn om haar hier te houden. Ook al is de situatie ongunstig, dat is nog geen reden om zo'n groot risico te nemen.'

Het kostte hem twee dagen om een sanatorium te vinden dat Caroline wilde opnemen. De meeste zeiden dat ze vol zaten als ze hoorden dat het om een Joodse vrouw ging. Uiteindelijk kon ze terecht in een privékliniek in de Taunus, die een exorbitant hoog bedrag voor haar verzorging vroeg.

'Ik neem haar alleen maar op omdat ik jou al zo lang ken,' zei de directeur tegen Jonah, die samen met hem medicijnen had gestudeerd. Caroline Wertheim werd onder een schuilnaam toegelaten, al werden de verblijfkosten overgemaakt van een Zwitserse bankrekening op naam van Eduard Wertheim.

Toen de ambulance haar kwam halen, was ze verstard in de houding van een middeleeuwse martelaar. Ze zag alleen het verblindende licht van een schitterende zon en hoorde de stemmen een dans des doods doen op de zonnestralen. Ze moest heel goed luisteren om de afscheidswoorden te horen die haar broer, haar zoon en haar kokkin, de enige getuigen, in haar oor prevelden.

Op 25 juli vaardigde de regering een berufsverbot voor Joodse artsen uit. Op 30 september van dat jaar zouden hun vergunningen verlopen en niet worden vernieuwd.

'Tja,' zei Hildegard Süsskind tegen haar man, 'wat ga je nu doen?' Ze had de kinderen naar kampen van de Hitlerjugend gestuurd, die als motto 'kracht door vreugde' hadden. Ze waren ingeschreven als raszuivere ariërs. Hildegard was van plan Jonah te verlaten, maar was bang dat ze haar bezittingen zou kwijtraken. Ze hoopte dat Hitler alle Joodse eigendommen zou confisqueren, want dan kon ze alles meenemen wat haar rechtmatig toekwam en hoefde ze zich over Jonah geen zorgen te maken. In haar vriendenkring gingen geruchten over plannen om de Joden in getto's te huisvesten, het liefst in Polen, zodra dat grondgebied weer in Duitse handen was.

Hildegard wilde niets liever dan het vaderland dienen. Ze zou alleen willen dat ze het gemakkelijker vond om afscheid van Jonah te nemen of hem aan te geven bij de Gestapo. Als de Joden zo slecht waren als Hitler zei, was het aan hem om de noodzakelijke stappen te nemen om het land van hen te verlossen. Het was te veel gevraagd om een dergelijke taak aan gewone burgers over te laten!

Hildegard was een sprekend voorbeeld van iemand uit haar maatschappelijke klasse. Ze was verliefd geworden op Jonah toen hij als held terugkeerde uit de oorlog. Destijds was hij heel anders geweest dan hoe ze zich een Jood had voorgesteld, en heel anders dan de man die nu tegenover haar stond. Toen had ze niet geweten dat hij zijn land had verraden, had aangezet tot losbandigheid, aanstootgevende tafereIen had geschilderd en obscene boeken had geschreven. Als ze nu naar hem keek, huiverde ze van morele afkeer.

Omdat hij lid was van de bond van Joodse oorlogsveteranen, had Jonah tegen beter weten in gehoopt dat de storm aan hem voorbij zou gaan. Toen op 25 juli het berufsverbot werd afgekondigd, ging hij met al zijn militaire paperassen, zijn onderscheidingen en eervolle vermeldingen naar de commissie die werkvergunningen verleende. Hij werd uitgelachen.

Het was weekend en de kinderen waren thuisgekomen, bruin en gezond, stralend van levenslust en vol verhalen, die ze hun moeder vertelden zonder Jonah aan te kijken. Ze wisten dat hij geen arts meer was. Dat had Hitler verordend. Het getuigde van kracht en vaderlandsliefde om hun pasopgedane haat jegens hun vader te laten blijken. Toen Lieselotte, de jongste, zei dat de Joden de schuld waren van de Duitse nederlaag, kon Jonah het niet meer verdragen en gaf haar een klap in haar gezicht. Zoiets had hij nog nooit gedaan. 'We moeten Duitsland Jodenvrij maken!' schreeuwde het kind.

Op dat moment voelde Jonah iets in zijn binnenste onherroepelijk breken. Het was niet zijn hart, maar iets fragielers; als arts wist hij hoe sterk het hart was. Hij dacht daadwerkelijk het geluid van brekend kristal te horen en voelde zich een ogenblik duizelig, alsof het versplinteren van wat het ook was zijn evenwichtsgevoel had aangetast. Hij liep rond de tafel, sloot zijn kinderen een voor een in de armen en vroeg hun om vergeving. Ze lieten zich omhelzen, maar wendden hun blik af en bleven onbeweeglijk zitten. Geen van hen liet zich door zijn aanraking vermurwen. Hildegard zag het met een afkeurend gezicht aan. In haar ogen had Lieselotte niets verkeerd gedaan. Door haar woede over Jonahs gedrag kon ze zich eindelijk van hem losmaken.

Die avond vroeg ze hem wat hij van plan was. 'Zo kunnen we niet leven,' zei ze. 'Je hebt geen enkele mogelijkheid meer om hier je vak uit te oefenen. Misschien zou je bij je eigen mensen moeten gaan wonen – in Frankfurt, niet hier – en voor hen moeten gaan werken.'

'Is dat je enige reactie?'

'Hoe zou ik anders moeten reageren?'

Jonah haalde zijn schouders op.

'Het is allemaal voor ons eigen bestwil,' zei ze. 'Het zal ons land veel heil brengen. Onze Führer wil het zo.' Ze sprak geen gewoon Duits meer. Dat was Jonah al eerder opgevallen. Er bestond een soort bureaucratische kromspraak waar ze zich graag aan overgaf. Ze deed haar best een taal te spreken die vrij was van vreemde smetten. Op die manier kon ze alles schrappen wat haar qua klank of idioom deed denken aan voorbije tijden, voorbije liefde. Ze had geen medelijden. Ze minachtte hem ook niet. Voor haar leek Jonah op een gestalte die in een film geblinddoekt naar zijn executie wordt geleid. Het kon echt zijn, maar hoe moest je dat weten? Daarna verscheen dan het woord EINDE.

'Waarom ga je niet naar het buitenland?' vroeg Hildegard.

'Met tweeënhalve mark op zak? Meer mag je niet meenemen.'

'Je hebt connecties. Carolines schoonfamilie is steenrijk. Vraag die om hulp.'

'Ik heb nooit gedacht dat ik hier weg zou moeten,' zei Jonah. 'Het is echt nog nooit bij me opgekomen.'

'Maar ik weet nog steeds niet wat je gaat doen.'

'Ik heb dit niet zien aankomen. Ik geloofde niet dat het zou gebeuren. Wat kan ik doen?'

'Ik zal je vertellen wat ík ga doen, dan kun je daarna zelf een besluit nemen. Ik neem de kinderen mee naar mijn ouders in Altona. Daar kunnen we een nieuw leven beginnen. Niemand hoeft iets van ons verleden te weten. Ik kan de kinderen daar grootbrengen zoals ik wil. Jij zet ons geld op mijn naam. Ik wil niet dat de regering het confisqueert. Anders wordt het je binnenkort toch afgenomen.'

'Hoe kom jij aan je informatie en wie heeft je geadviseerd?' Jonah had haar nog nooit zo resoluut gezien. Hij had altijd alles geregeld en haar een vast bedrag aan huishoudgeld gegeven. Hij had nooit vermoed dat ze over dit soort dingen nadacht, en nu was ze ineens een keiharde zakenvrouw geworden.

'Ik heb met mijn vader gepraat. Ik volg zijn raad op. Ik had mijn eigen belangen al veel eerder veilig moeten stellen. De hemel mag weten met wat voor louche Joodse zaakjes jij je hebt ingelaten.'

Jonah begreep wat ze zei, maar er was toch iets in haar woorden wat hem ontging. Hij dacht dat het misschien één grote list was, dat ze een ingewikkeld plan had bedacht om hem te redden.

'Ik ben niet veranderd,' zei hij. 'Ik ben twintig jaar lang een goede echtgenoot en vader geweest. En trouw.' Hij ging iets harder praten. 'Ja, ik ben trouw geweest en ik heb hard gewerkt. Ik heb gezorgd dat het ons aan niets ontbrak...' Hij voelde zijn stem breken. Ze mocht hem niet zien huilen, dus draaide hij zich om en zei geen woord meer.

Even voelde Hildegard wroeging. Toen slikte ze haar medelijden en schuldgevoel weg. Ze moest sterk zijn. Ze moest haar kinderen uit de duisternis naar het licht voeren. De Führer had haar ter verantwoording geroepen. Ze haalde zich zijn gezicht voor de geest, stelde zich voor hoe miljoenen zijn naam brulden, hoorde het gebulder van de stemmen in haar oren. 'Sieg Heil!' riepen ze. Hildegard draaide zich abrupt om en liep de kamer uit.

De volgende ochtend waren zij en de kinderen vertrokken. Geen van hen was afscheid komen nemen. Jonah had de hele nacht aan zijn bureau gezeten, totdat hij tegen de ochtend met zijn hoofd op zijn armen in slaap was gevallen.

Lene verwachtte haar tweede kind. Ze was in 1935 met Manfred Solomon getrouwd, toen ze allebei het gevoel hadden dat hun relatie de interne stormen kon doorstaan en een bolwerk was tegen de stormen buiten. Manfred bleek grote behoefte te hebben aan een echtgenote. Hij leidde graag een ordelijk, regelmatig leven. In zijn turbulente jonge jaren had hij de virtuoze pianist uitgehangen, compleet met een woeste haardos en een open puntboord à la lord Byron als omlijsting van zijn stuurse gezicht. Maar zoals zijn pianospel was gekalmeerd en cerebraler was geworden, was ook zijn temperament tot bedaren gekomen. Een vrouw aan wie Lene een voorbeeld van zijn handschrift had gestuurd om het te laten analyseren, had haar verteld dat hij onzeker was. De vrouw had nog veel meer geschreven, waardoor Lene zich genoodzaakt voelde de brief helemaal onder in haar hutkoffer te verbergen. Ze vroeg zich af of het door zijn onzekerheid kwam dat hij zo hechtte aan zijn burgerlijke gewoontes. Hij was een groot bewonderaar van Thomas Mann, die volgens hem beschikte over alle deugden en geen van de gebreken van een 'groot kunstenaar'.

Ze waren bij Mann op bezoek geweest in zijn villa buiten Zürich, en Manfred liet geen gelegenheid voorbijgaan om daarover te praten. Hij was diep onder de indruk van de schrijver, van de manier waarop zijn vrouw hem bewierookte en van het idyllische, volmaakt geregelde leven dat hij leek te leiden. Op Lene had het bezoek minder indruk gemaakt. Zij vond de adoratie van Katia Mann getuigen van weinig karakter. Het was een val waar ze zelf niet in wilde lopen. Ze hoopte dat ze te kritisch en oprecht was om een man te aanbidden, al was hij nog zo geniaal. Na een gestrand huwelijk en een verbroken relatie wilde ze voorzichtig zijn. Ze zag de donkere kant van Manfred en was er beducht voor, voor de driftbuien uit zijn kindertijd die hij had geprobeerd achter zich te laten. Ze wist dat ze nooit al zijn verlangens zou kunnen vervullen, maar die leken hem juist begeerlijker te maken dan alle andere mannen die ze had gekend. En zijn duistere hartstochten werden verhuld door zijn immense talent. Daar praatte Lene nooit over, maar het was een belangrijk aspect van de aantrekkingskracht die de pianist op haar had. Ze vond het prettig om te merken dat de roem van Manfred Solomon op haar afstraalde, om te horen dat anderen over haar spraken als zijn vrouw. Ze werd bewonderd en daar hoefde ze geen enkele moeite voor te doen. Ze had het nooit aangenaam gevonden om benijd te worden om haar rijkdom of schoonheid – dat vond ze geen verdiensten – maar had plezier in de afgunst van mensen die vonden dat ze erg had geboft met haar geniale man.

Het was hard werken om de vrouw van Manfred Solomon te zijn. Op hun reizen moest ze alles regelen, zijn bediende en manager in één persoon zijn, zijn opkomst voorbereiden en de boel opruimen na zijn laatste buiging. Ze moest leren niet op het verkeerde moment kritisch te zijn. Hij wilde haar mening graag horen, maar niet in het heetst van de strijd, nooit meteen na een concert. In de pauze stond ze klaar met een handdoek en aan het eind van het concert met een glas wijn. Het eerste jaar was het leuk. Later werd het een verplichting, maar de glans ging er nooit helemaal af, en zijn pianospel bleef een bron van genot voor haar.

Als thuisbasis hadden ze Parijs gekozen, waar ze een groot gemeubileerd appartement huurden, compleet met vleugel. Ze waren alleen naar Duitsland terug geweest om alles officieel te regelen en toe te zien op het inpakken van hun spullen in speciale houten kisten die in een magazijn in Parijs werden opgeslagen. Als ze rondreisden, woonden ze in hotels. Lene beschouwde Duitsland als een afschuwelijke gevangenis en de Duitsers als verfoeilijke cipiers. Vooral Frankfurt was in haar ogen doordrenkt van het kwaad, want ze kon het de stad niet vergeven dat ze in ballingschap moest leven. Als ze de sentimentele liedjes hoorde waar ze als kind zo van had gehouden en die ze Clara nog had geleerd, liedjes over soldaten die afscheid namen van hun geliefde, over dorpjes en hun plaats in het hart van een zwerver, drukte ze haar oren dicht en sprongen er tranen van woede in haar ogen. In de liederenbundels die ze had ingepakt waren vele bladzijden gewijd aan liedjes over de *Heimat*, het vaderland, waar de reiziger vervuld van *Heimweh* naar terugverlangt. Ze walgde ervan, behalve van *Die Loreley*, het lied waarvan de schrijver bij Berlijns decreet uit het Duitse geheugen was gewist. In plaats van H. Heine stond er nu 'auteur onbekend'.

Manfred Solomon, die sentimenteler was dan Lene en minder zeker wist of hij zichzelf wel Duitser mocht noemen, deelde haar woede niet. Hij voelde zich niet tot ballingschap gedwongen door de gebeurtenissen, aangezien hij al vele jaren een balling was. Bovendien deed hij zijn best om niet aan politiek te denken. Hij speelde piano en studeerde zijn muziekstukken in. Als hij daarmee klaar was, restte er weinig tijd voor andere dingen. Hij nam nooit deel aan de verhitte discussies van zijn geëmigreerde collega's, want hij vond de dingen waarover ze zich druk maakten van weinig praktisch belang en verdacht sommige ervan communist te zijn.

In de zomer van 1938 was hun verblijf in Parijs een constante bron van ergernis geworden. Manfred en Lene hadden allebei een hekel aan de Fransen en vonden de angst en malaise van de andere vluchtelingen deprimerend. Sinds de Anschluss van Oostenrijk in maart had zich een hele stroom Oostenrijkers bij de ontheemde Duitsers in de Franse hoofdstad gevoegd. De emoties liepen hoog op, er braken ruzies uit, en de combinatie van de zomerhitte en de minachtende houding van de Fransen maakte de heersende verbittering en angst er niet minder op.

Manfred had voor hen allemaal een visum voor Amerika aangevraagd. Er was hem een baan beloofd bij een kleine katholieke meisjesschool net buiten New York. Het salaris was belachelijk laag en Manfred wist dat er misbruik van hem werd gemaakt, maar het was in elk geval werk en dat had je nodig om de Verenigde Staten binnen te komen. Manfred was duidelijk niet geschikt voor het leraarsvak, en al helemaal niet als hij ongetalenteerde jonge vrouwen les moest geven, maar een baan was een baan. Het schoolbestuur was er trots op dat het de betrekking aan een arme vluchteling had aangeboden.

Clara en Fräulein Gründlich waren nog in Florence. Emma had beloofd met het meisje naar Parijs te komen om bij Lene te logeren terwijl ze op de visa voor Amerika wachtten, maar Emma verzon steeds andere uitvluchten. Zo leek het haar verstandiger om haar nichtje in deze onzekere tijden de zekerheid van een bekende omgeving te gunnen. Ze stelde zelfs voor dat Lene en Manfred eerst woonruimte zochten en alles regelden voordat ze Clara lieten overkomen. Ze gaf haar zus duidelijk te kennen dat het onverantwoord was om een klein kind mee te slepen op zulke ongewisse avonturen. Ze zinspeelde er zelfs op dat Manfred niet de ideale kandidaat was voor de rol van stiefvader.

De communicatie verliep over de telefoon of via de post. De zussen schreven elkaar minimaal twee brieven per week en belden elkaar elke zondagochtend. Het schooljaar was afgelopen, maar Emma had een onderwijzeres geregeld die Clara thuis Engelse les gaf, zodat de overgang naar een Amerikaanse school gemakkelijker voor haar zou zijn. Maar doordat de nieuwe taal geen enkel verband hield met haar dagelijks leven, verveelden de lessen haar. Bovendien was ze bang voor de onderwijzeres, een van Emma's 'probleemgevallen', een verarmde Engelse die haar werk als cheffin van een reisbureau had moeten opgeven doordat ze zware artritis had en zich nauwelijks meer kon bewegen. Clara, die een levendige fantasie had, zag mevrouw Johnson als een boosaardige persoon die er een voorliefde voor had in het holst van de nacht kinderen te folteren. Het maakte niet uit dat Fräulein Gründlich haar vertelde dat de vrouw arm was en hulp nodig had en Emma haar intelligentie en het belang van de lessen benadrukte, Clara vond ze vreselijk, en de woordjes die ze elke avond in haar kamer in haar hoofd stampte, leken de volgende dag spontaan uit haar geheugen te verdwijnen als ze naast mevrouw Johnson zat en haar misvormde vingers over de bladzijden van het eerste leesboek zag kruipen.

Hoewel Lene een hekel aan confrontaties had, belde ze Emma de eerste zondag van augustus op met het vaste voornemen te eisen dat haar zus Clara diezelfde week nog naar Parijs bracht. De verbinding was niet erg goed.

'Kom je vrijdag?' vroeg ze, nadat ze hun gebruikelijke vriendelijkheden hadden uitgewisseld.

'Weet je zeker dat je haar daar wilt hebben?' vroeg Emma. Haar stem beefde, maar dat kon ook door de onbetrouwbare telefoonlijn komen.

'Waarom zou ik haar in hemelsnaam niet willen hebben?'

'Het zal bij jullie wel bloedwarm zijn.'

'Niet warmer dan in Florence.'

'Wij zitten buiten de stad, het is hier lekker.'

'Maar we kunnen elk moment een oproep krijgen om te vertrekken. Stel dat dat gebeurt terwijl Clara er niet is?'

'Dan kan ik haar altijd in de herfst nog komen brengen... of misschien volgend voorjaar.'

'Volgend voorjaar kan het wel oorlog zijn. Ze zeggen dat het gaat gebeuren, dat het onvermijdelijk is.'

'Hier is Clara veilig. Italië gaat geen oorlog voeren.'

'Dat weet je helemaal niet. Je weet niets. Alleen dat je Manfred niet mag...'

'Hoe moet het dan als jullie in september nog niet zijn vertrokken en het schooljaar begint weer?'

'Ze is pas tien. Van een paar weken of zelfs een paar maanden zonder school zal ze niets krijgen. We kunnen altijd nog een huisonderwijzer zoeken.'

'Al dat reizen, al die verwarring en onzekerheid zouden wél slecht voor haar kunnen zijn. Je wilt de werkelijkheid niet onder ogen zien.'

'Wil ík de werkelijkheid niet onder ogen zien? Volgens mij ben jij degene die je ogen ervoor sluit. Een kind hoort bij haar moeder.'

'Dat hangt ervan af... Een kind heeft liefde nodig.'

'Wil je zeggen dat ik niet van mijn kind hou?'

'Niet zoveel als ik!'

Er was veel ruis op de lijn, maar toch hoorde Lene de smekende toon van haar zus. 'Jij krijgt nóg een kind, Lene... Ik heb alleen Clara maar!'

Lene schrok van de rauwe wanhoop in haar stem. Ze kon dit niet meer aanhoren. 'De verbinding is vreselijk slecht. Ik kan je nauwelijks verstaan. Hoor eens,' riep ze, 'ik schrijf je! We kunnen vast wel een oplossing bedenken. Misschien kun jij ook naar Amerika komen. Ja, dat is een idee. Kom gewoon met ons mee.'

Pas nadat ze had opgehangen drong de essentie van het gesprek tot haar door. Emma wilde Clara bij zich houden, nu en misschien wel voor altijd! Emma hield van haar, had altijd van haar gehouden en zou haar niet opgeven. Lene liet zich achterover in de versleten stoel zakken en sloeg haar handen voor haar ogen. In haar buik bewoog de baby kalm en zachtjes.

Het appartement was niet alleen lelijk maar ook donker. Het enige voordeel van die duisternis was dat je het afzichtelijke meubilair niet goed zag. Manfred had de vleugel gezien toen ze hier voor het eerst kwamen kijken en dat was het enige wat hem interesseerde. Hij zat nu in de aangrenzende kamer te spelen. De hoorn van de telefoon lag weer op de haak en goddank zweeg het toestel. Lene was bang geweest dat Emma terug zou bellen. De gekwelde stem van haar zus weerklonk nog steeds in haar hoofd. Manfred bleef maar spelen. Meestal genoot Lene als Manfred oefende. De muziek vrolijkte haar altijd op, en in de beslotenheid van hun eigen woning was het alsof die speciaal voor haar was bedoeld, alsof hij de liefde met haar bedreef door haar zijn muziek te schenken. Als ze in de donkere concertzaal tussen honderden andere bezoekers zat, dacht ze altijd vergenoegd dat de anderen Manfreds optreden misschien aangrijpend vonden, maar nooit zouden weten hoe het voelde om zijn hart te horen kloppen als hij op haar lag en haar met kussen overdekte. Als hij studeerde, vatte ze dat niet op als de liefdesdaad zelf, maar als een cadeau, een soort voorspel, zoals een man bloemen en een dichtbundel meeneemt voor de vrouw van wie hij houdt.

Maar vandaag, in de drukkende hitte, tussen het ongastvrije meubilair, klonk de muziek dreigend als tromgeroffel van een leger dat ten strijde trok. Lene liep de aangrenzende kamer in. Manfred hield niet op met spelen, sterker nog, hij keek niet eens op. Hij werd volledig in beslag genomen door zijn spel en was zo geconcentreerd dat hij in trance leek te zijn. Zijn hoofd lag in zijn nek en zijn ogen waren bijna dicht. Lene hield haar adem in. Ze wilde hem niet storen, al likte de koude tong van de paniek aan haar hart. Ze liep naar een stoel in de hoek van de kamer waarin ze vaak naar hem zat te luisteren, maar lette niet goed op en botste tegen een laag tafeltje. Er viel iets met een harde klap op de grond. Het leek wel of Manfred midden in een noot ophield met spelen. Hij tilde zijn handen van de toetsen en liet ze niet meer zakken. Verschrikt keek hij om zich heen, als een man die is gewekt uit een diepe, aangename slaap. Toen stond hij op en er trok een donkere wolk van woede over zijn gezicht.

'Wat doe je hier?' schreeuwde hij, terwijl hij de klep van de vleugel dichtsmeet. Zijn stem was harder dan de muziek van daarnet, zelfs harder dan het geluid van de dichtslaande klep. Lene had hem nog nooit zo boos meegemaakt.

'Wat wil je van me?' krijste hij met een stem die zo hoog was als die van een vrouw. 'Ik heb toch gezegd dat je me nooit mag storen als ik studeer. Nooit, hoor je me? Nooit! En al helemaal niet met lawaai, plotseling, als een insluiper, als een dief...' Hij was niet in staat een samenhangende zin te formuleren.

'Is er iets gebeurd?' vroeg hij. Hij probeerde zich te beheersen. 'Is de oorlog uitgebroken? Hebben ze Hitler vermoord?'

'Nee, nee, nee,' zei Lene. 'Alsjeblieft, vergeef het me. Het was niets bijzonders. Een gesprek dat ik met Emma heb gehad. Ik heb haar net gesproken.' Hij had haar zo bang gemaakt dat ze bijna was vergeten waar ze zich zorgen over maakte.

'Kon dat niet wachten?' vroeg hij, en zijn stem klonk weer vrijwel normaal. 'Wat kan er zo belangrijk zijn aan een stom gesprek met je zus, dat je hier komt binnenvallen terwijl ik aan het spelen ben?'

'Emma wil Clara houden,' zei ze. 'Ze wil haar van me afpakken. O, Manfred, wat moet ik doen?'

Opeens herkende Manfred zijn vrouw. Hij zag dat het Lene was die voor hem stond. Lene in een dunne, zomerse positiejurk, met haar donkere haar uit haar gezicht gekamd en haar ogen vol tranen.

'Het spijt me,' zei Manfred. 'Ik had niet door dat jij het was. Ik schrok van je. Ik heb je toch gezegd dat nooit te doen?'

'Ik weet het, ik weet het.' Ze kon haar tranen niet meer inhouden en wierp zich aan zijn borst.

'Het spijt me,' fluisterde hij, terwijl hij haar dicht tegen zich aan drukte om haar snikken te doen bedaren. Hij keek over haar hoofd naar de vleugel en hoopte dat hij niets had beschadigd toen hij de klep zo hard dichtsloeg. Straatgeluiden klommen langs de gevel omhoog en sijpelden de kamer binnen. De taal was onbegrijpelijk. Zelfs het getoeter van de auto's klonk Frans.

'Vergeef me,' zei hij. 'Ik was zo verdiept in mijn werk. Vergeef me alsjeblieft.'

'Ik moet naar Florence,' zei Lene met een stem die nog beefde van het huilen en werd gedempt door zijn schouder. 'Ik ga haar zelf halen. Ik hoop dat je het niet erg vindt.'

'Zolang de arts ermee instemt. Je moet je gezondheid en die van de baby niet op het spel zetten. Vergeet niet dat je zwanger bent.'

'Dat zal ik niet zo snel vergeten.'

‘Ik dacht dat je bang was om te reizen?’

‘Alleen als het naar Duitsland is. Maar Italië is zelfs onder de fascisten nog vrij gemoedelijk. Ik zou misschien ooit bang kunnen worden voor de Fransen, maar niet voor de Italianen.’

Hij kuste haar gezicht en proefde haar zoute tranen. ‘Mag ik nu weer aan het werk?’ vroeg hij.

Zijn hand lag op de vleugel. Lene zou willen dat hij met haar mee naar buiten ging, het warme zonlicht in, weg uit het naargeestige appartement. Ze hunkerde naar een ijsje, iets zoets en romigs, en zou graag samen met hem aan een tafeltje zitten om het op te eten. Maar hij had zich alweer teruggetrokken in de wereld van de muziek. Hij was er – zijn ene hand lag nog in haar nek – maar tegelijk was hij er niet. Zo ging het altijd. Een deel van zijn kracht werd haar onthouden, was gereserveerd voor zijn werk en daarom niet voor haar beschikbaar.

Lene ging alleen naar buiten en at een coupe mokka-ijs met een zware, bitterzoete chocoladesaus. Ze zat onder het dichte bladerdak van een boom aan een drukke boulevard en probeerde die te zien door de ogen van iemand als Pissarro. Vroeger, toen ze als toerist in Parijs kwam, was ze dol op de stad geweest, maar nu benauwde die haar. De grote, lange huizenblokken waren te kolossaal en leken te veel op elkaar. De mensen waren onvriendelijk en kortaf. Ze deden geen enkele moeite om haar schoolfrans te verstaan. Lene bracht haar tijd alleen of samen met andere vluchtelingen door, al voelde ze voor de meesten van hen weinig sympathie en had ze geen vrienden gemaakt.

Het geluid van Manfreds piano leek haar te achtervolgen. Ze had zich vaak afgevraagd waarom de buren nooit klaagden. Misschien waren de muren dik, misschien waren alle omwonenden doof of werkten ze overdag, als Manfred oefende. Lene luisterde of ze haar moedertaal hoorde. Dat was de enige reden dat ze in de vluchtelingencafés kwam. Ze had er behoefte aan af en toe Duits te horen spreken, al was het maar om enige verbondenheid te blijven voelen met de mensen om zich heen.

Het was halverwege de middag en er was bijna niemand. De meeste vroege bezoekers kwamen voor de kranten. Ze verslonden elke gedrukte regel, vaak in een paar verschillende talen, op zoek naar een aanwijzing, een nieuwsfeitje waaruit ze een beetje hoop konden putten. Lene bestelde een espresso. Ze voelde zich net als vroeger in Frankfurt te midden van de bohémiens. De meeste mensen die haar passeerden als ze doorliepen naar achteren, kenden haar en knikten haar toe. Er kwam maar zelden iemand bij haar zitten. Ze hoorde niet bij de intellectuelen, want ze was een huisvrouw, een zwangere vrouw, de echtgenote van Manfred Solomon. Ze hield zich niet bezig met politiek, zoals haar tante Eva, die vlakbij woonde en nog steeds betrokken was bij diverse linkse groeperingen, waar opgewonden werd gediscussieerd en met de vuist op tafel werd geslagen. Lene had over geen enkel onderwerp een uitgesproken mening.

Er lag een Franse roman op haar schoot. Die had ze altijd in haar handtas, zodat ze overal iets te lezen had. Het boek vormde een beschermend schild, maar haar Frans werd er nauwelijks beter door, wat wel de bedoeling was.

Een schaduw viel over haar tafeltje en over de bladzijde van haar boek, en bleef daar. Lene mompelde de woorden van een onbegrijpelijke zin en probeerde ze eerst in het Frans goed uit te spreken en daarna te vertalen. 'Lene!' zei een bekende stem, en ze keek op in een gezicht dat ze kende maar niet meteen kon thuisbrengen.

Paul Leopold pakte haar hand, die op haar boek had gelegen, en drukte er een kus op. Dat oude, vertrouwde gebaar! Hij kwam naast haar zitten, verkrampte even en begon te hoesten in een grauwe, voddige zakdoek. Hij keerde zich van haar af, zodat Lene de kans kreeg een neutraal gezicht te trekken en het ongeloof te verbergen dat erop te lezen had gestaan. Terwijl hij de andere kant op keek, nam ze hem op. Zijn kleren waren zoals altijd tiptop in orde, schoon, geperst en van de beste kwaliteit. Maar ze pasten niet meer bij de man die ze droeg. En toen hij uitgehoest was en haar aankeek, zag ze dat zijn gezicht getekend was door ziekte: zijn oogleden waren zo gezwollen dat zijn ogen nauwelijks te zien waren, zijn snor, die eens keurig verzorgd was, leek nu op een haveloze borstel, en zijn haar lag dun en sliertig als het laatste lange gras in de winter over zijn klamme, bleke voorhoofd.

'Paul,' fluisterde Lene.

Hij glimlachte, nog steeds met piepende ademhaling. 'Die godvergeten hooikoorts,' zei hij, en door zijn glimlach zag Lene heel even zijn gezicht van vroeger terug. Hij wenkte de kelner en bestelde iets te drinken.

'Breng er maar twee... twee dubbele!' riep hij hem na. 'Het gaat helemaal niet goed met me,' zei hij, maar zijn toon was luchtig.

'Ben je net aangekomen?'

'Ik heb rondgereisd. Her en der. Na de Anschluss van Oostenrijk... Laten we het er maar niet over hebben. Hoe is het met jou?'

'Ik ben zwanger. En getrouwd.'

'Het was me niet opgevallen. Je weet dat mijn vrouw dood is?'

'Hoe zou ik dat moeten weten?'

'Ze was aan de beterende hand. We dachten allemaal dat ze zou herstellen. Ze was niet bedlegerig meer. Toen ze de stad in ging dachten de verpleegsters dat ze probeerde weg te lopen. Ze belden me, ik ging erheen en ze bleek er verbazend goed uit te zien. Ik ben drie dagen bij haar gebleven, het was net als vroeger, en toen ben ik weer weggegaan. Twee weken later werd ik gebeld. Ze was dood. Ze had 's nachts in haar slaap een bloeding gekregen en was gestikt. Gesmoord in haar eigen bloed.'

Het was duidelijk dat hij het verhaal al vele malen had verteld. Hij dronk zijn eerste glas snel leeg, maar deed iets langer over het tweede. Zijn handen beefden nu minder. Hij riep de kelner. 'Ik kan net zo goed een fles nemen,' zei hij. 'Je bent dik,' vervolgde hij tegen Lene.

'Ik ben zwanger,' zei ze. 'Je hebt niet geluisterd.'

'Dus je hebt een vader gevonden. Dat is wat je wilde. Wie is de gelukkige?'

'Manfred Solomon.'

'De pianist?'

'Ken je hem?'

'Ik heb van hem gehoord. Muziek is niet mijn sterkste punt.' Hij schonk zich een vol glas calvados in. 'Ik heb wat in te halen,' zei hij. 'Het is al drie uur en ik ben nog nuchter. Dat kan niet goed gaan. Daar ga ik van beven en dan ziet onze akelige wereld er nog vreselijker uit.'

'Ik meen me te herinneren dat je altijd al dacht dat de toestand hopeloos was.'

'Ik heb ontdekt dat er graden van hopeloosheid zijn. Zowel in mezelf als daarbuiten. Je hebt de hopeloosheid van drie uur 's nachts en de hopeloosheid van drie uur 's middags, om maar te zwijgen van zeven uur 's ochtends. Op dat tijdstip helpt niets meer. Je hebt de hopeloosheid als de nazi's de macht grijpen in Duitsland en de hopeloosheid als Duitsland de macht grijpt in Oostenrijk...'

'Je ziet er niet goed uit, Paul.'

'Dat is nauwelijks nieuws, maar toch bedankt voor de informatie.'

'Je drinkt te veel...'

'Ik wist wel dat ik op jou kon rekenen voor mijn morele verheffing. Ik heb je al gezegd dat ik heel ziek ben.' Hij dronk gretig. 'Hoe kom je erbij om een kind op deze wereld te zetten?' vroeg hij.

'We gaan naar Amerika.'

'Dat is geen antwoord, lieve schat. Ik geloof niet in Amerika. Amerika is een zinsbegoocheling, en als je ernaartoe gaat, word je van je zinnen beroofd. Ik heb vrienden die erheen zijn gegaan en me melancholieke brieven schrijven. Ik schrijf per kerende post terug dat ze zich daar gelukkig mogen prijzen, dat Europa tot de ondergang gedoemd is. Als reactie verhangen ze zich met een laken in hun hotelkamer. Hollywood, New York, wat een afschuwelijke plaatsen om je laatste adem uit te blazen. Als je dan toch moet sterven, zou je dat in elk geval in deze stad moeten doen, waar het zonlicht glinstert in de Seine en de bomen lustig ruisen boven de hoofden van mooie meisjes. Dat is het laatste wat ik wil zien voordat ik de stoel onder me vandaan schop.'

'Het klinkt alsof je erover hebt nagedacht.'

'Ik denk voortdurend aan de dood. Maar ik zal geen stoel omver hoeven te schoppen, de natuur zal me te hulp komen. Mijn lever is bijna kapot. God hoeft me maar een klein zetje te geven. Ik hoop alleen dat Hij me eerst mijn boek laat afmaken.'

'Schrijf je nog steeds romans?'

'Heb je daar nog steeds je twijfels over?' Paul keek haar ernstig aan. 'Ik weet wat ik doe. Ik heb ontdekt dat ik geen verslag kan uitbrengen van de huidige gebeurtenissen. Die zijn zo verschrikkelijk dat ze zich niet meer laten interpreteren. Ik ben aan dit boek begonnen op de dag nadat de moffen Wenen binnenmarcheerden. Ze werden begroet door tienduizenden van mijn landgenoten, die allemaal uitzinnig van vreugde met een hakenkruisvlag zwaaiden. Ik daarentegen moest in het holst van de nacht vertrekken, met de laatste trein, en kon alleen de kleren meenemen die ik aanhad. Tijdens die reis heb ik ingezien dat wat ik wil zeggen alleen door middel van fictie gezegd kan worden, dat onze situatie alleen naar waarheid beschreven kan worden in de vorm van een allegorie.'

'Waar gaat je boek over?'

'Daar wil ik niet over praten.'

Lene keek beledigd. 'Na zo'n lange inleiding wil je me niet eens het onderwerp vertellen?'

'Het onderwerp is het menselijk tekort,' zei hij gewichtig. 'Het boek gaat over een klein hoekje van de wereld, een hoekje dat ik ken. Het wordt een "historische" roman, maar meer wil ik er niet over zeggen.'

'Ik verbaas me over je. Jíj, de man die altijd overal over praatte, met een leven dat draaide om cafés, waar alleen maar werd gepraat! Maar ik zie dat je nog steeds naar het café komt.'

'Een van de redenen dat ik er niet over peins naar Amerika te gaan is het gebrek aan cafés in dat land. Je hebt gelijk, praten is voor mij altijd iets natuurlijks geweest, natuurlijker dan slapen zelfs. Vertel eens, Lene, ben jij niet bang om je moedertaal kwijt te raken? Denk je dat je in Amerika kunt wennen aan een nieuwe taal nadat je, wat is het, zo'n vijfendertig jaar je oude taal hebt gesproken?'

'Ik ben geen schrijver. Zelfs geen prater. Ik ben moeder en echtgenote, en Manfred spreekt via zijn muziek. Zelfs als hij voor de Hottentotten zou spelen...'

'Uiteraard!' riep Paul Leopold spottend uit. 'Manfred Solomon, de pianist, spreekt de universele taal. Hij mag dan dom zijn, iedereen begrijpt hem.'

'Volgens mij ben je jaloers, Paul.'

'Volgens mij heb je gelijk, Lene.'

Intussen was de fles calvados halfleeg. Het begon drukker te worden in het café.

'Ik moet mijn vrienden en landgenoten gaan opzoeken,' zei Paul. 'Op dit tijdstip verwachten ze dat ik bij ze kom zitten om ze te amuseren. Je bent natuurlijk welkom.'

'Voor mij wordt het tijd om naar huis te gaan. Manfred is klaar met studeren en ik moet het avondeten klaarmaken.'

Paul kwam moeizaam overeind. Aan zijn bewegingen was duidelijk te zien dat hij heel ziek was. Hij trok wit weg en hield zich even aan de stoel vast, maar daarna verscheen de ironische glimlach weer op zijn gezicht. 'Küss die Hand,' zei hij, en hij tilde Lenes hand in een vloeiende beweging naar zijn lippen.

Lene liep de straat uit, maar haar tred was langzaam. Ze had geen zin om terug te gaan naar het donkere appartement. Ze zou Manfred vragen of hij haar mee uit eten nam.

Al snel besefte ze dat ze verdwaald was. Moe en gespannen hield ze een taxi aan. Ze gaf de chauffeur een adres en pas toen hij het herhaalde, drong het tot haar door dat het Eva's adres was.

Eva was thuis en zat brieven te schrijven. 'Kom binnen, kom binnen, kind,' begroette ze Lene. Ze was oprecht blij haar te zien. Eva woonde in een gemeubileerde kamer in het huis van een goede Franse vriend. Ze had nauwelijks bezittingen en een baan die ver onder haar niveau lag, maar haar kennissenkring was enorm groot en er ging geen dag voorbij dat ze niet minstens een stuk of tien mensen zag. 'Ik ga even koffie voor je zetten,' zei ze.

'Doe geen moeite,' zei Lene, en opeens ontsnapte haar een lange, lage, kinderlijke snik. Eva keek haar geschrokken aan en sloeg meteen haar armen om Lene heen.

'Stil maar, kom maar hier,' zei ze. 'Vertel me eens wat eraan scheelt. Dat doet iedereen altijd.'

'Het was een afschuwelijke dag,' zei Lene een beetje schaapachtig. 'Eerst had ik een gesprek met Emma, die Clara bij zich wil houden, toen heeft Manfred tegen me geschreeuwd zoals nog niemand dat ooit heeft gedaan, en daarna liep ik in een café Paul Leopold tegen het lijf, en hij zag er meer dood dan levend uit. En ten slotte ben ik verdwaald en kwam ik hier terecht. Wat moet ik doen, tante Eva?'

'Waaraan precies?'

'Aan de situatie met Clara. Paul kan ik niet redden, en met Manfreds driftbuien zal ik moeten leren leven.'

'Ik vind niet dat vrouwen moeten "leren leven" met het getier van hun man.'

'Ik geloof dat ik haar zelf maar moet gaan ophalen uit Florence.'

'Als je maar niet met een boze kop gaat. Je zou je kunnen vergissen.

Weet je zeker dat ze haar wil houden?'

'Ze zei dat ze meer van haar hield dan ik.'

'Arme ziel.'

'Ze is nooit jouw favoriet geweest.'

'Daarom kan ik nog wel met haar te doen hebben. Ze heeft zo'n droevig leven. Ze denkt dat het kind haar houvast zal geven. Laat Clara niet bij haar achter, want dan wordt ze misschien uiteindelijk net zo onderdanig als Emma.'

'Emma onderdanig?'

'Ja, ze heeft een serviel karakter. Ze laat zich graag overheersen door anderen. Ze heeft nog nooit ergens goed over nagedacht, ze neemt de schutkleuren aan van de mensen om haar heen.' Eva zuchtte. 'Zal ik met je meegaan?'

'Nee, dank u, tante Eva. Ik kan het wel aan. Maar ik zal uw raad ter harte nemen.'

'Het spijt me slecht nieuws over Paul Leopold te horen,' zei Eva. 'Hij was een fantastische journalist. Toen hij voor de *Frankfurter Zeitung* schreef, sloeg ik geen artikel van hem over. Wat is er met hem aan de hand?'

'Hij is in ballingschap.' Pas nadat ze het had gezegd, besefte Lene hoe waar het was.

'We zijn allemáál in ballingschap,' zei Eva.

'Wat zal er van ons worden?' vroeg Lene.

'We kunnen het ons niet veroorloven daarover te piekeren. We moeten simpelweg zorgen dat we uit handen van de beul blijven en proberen zo veel mogelijk anderen te redden. Ga jij nou maar rustig weg om je baby te krijgen. Als het oorlog wordt, zal er zo veel dood om ons heen zijn dat elk teken van leven een zegen is.'

'Denkt u dat het oorlog wordt?'

'Ik weet het wel zeker. Maar laten we het daar nu niet over hebben. Ik heb iets leuks te vertellen: gisteren heb ik een brief van Lore gekregen. Jacob en zij komen het volgende weekend een paar dagen naar Parijs. Ik dacht dat we allemaal met elkaar konden eten om dat te vieren. God weet wanneer we daar weer de kans voor krijgen.'

Lene kwam laat thuis. Manfred deed een dutje op de bank en was niet boos op haar. Hij had spijt van de scène die hij had gemaakt, en ze gingen naar een bistro in de buurt en aten daar in alle rust.

De zaterdag daarna kwamen Jacob en Lore rond het middaguur aan. Eva had lang gezocht naar een restaurant dat geschikt was voor hun familiereünie. Ze wilde dat het een gedenkwaardige dag zou worden, want ze was ervan overtuigd dat dit gezelschap nooit meer op deze manier bijeen zou komen. Ze kocht een album met rozen op de omslag, waarin iedereen een dichtregel of wens kon schrijven, en vroeg Julia haar camera mee te nemen en te zorgen voor voldoende rolfilm.

Het restaurant waar ze bijeenkwamen, in een voor hen gereserveerd achterzaaltje, was van een vriend van Eva's huisbaas, een onverzettelijke, eigenzinnige Parijzenaar die in de Spaanse Burgeroorlog aan de kant van de republikeinen had gevochten. Ze waren met zijn zevenen: Julia Wertheim, Benno Süsskind, Lene en Manfred Solomon, Eva en de eregasten.

Ze kregen *saucissons* met een scherpe mosterdsaus en een voortreffelijke koude prei-aardappelsoep met een exotisch vleugje kerrie. Er was een frisse groene salade, een lamsbout die heerlijk naar knoflook geurde en daarbij *petits pois*, aardappeltjes uit de oven en een uitstekende rode wijn. Als dessert kregen ze meringues en fraises des bois.

Lore en Jacob namen alle gasten voor zich in. Ze droegen hun geluk als een stralenkrans. Lene had haar oom nog nooit zo in harmonie met zijn omgeving gezien. Hij was de stroefheid uit zijn eenzame jaren kwijt, zijn lach was helderder en zijn glimlach zachtmoediger. Hij leek voor het eerst in zijn leven volkomen op zijn gemak. Iedereen was gecharmeerd van Lores oprechtheid en warmte. Vooral Lene mocht haar heel graag.

'U ziet er jaren jonger uit!' zei Julia tegen Jacob.

'Dat komt allemaal door mijn vrouw,' antwoordde hij. 'En weet je, ik heb nog nooit in mijn leven zo hard gewerkt. Ik doe de boekhouding van haar vluchtelingenbureau, ik heb Nederlands geleerd, ik kan koken en ik ben een nieuwe, kleinere boekenverzameling aan het opbouwen. Als de nazi's Nederland niet binnenvallen, is mijn leven definitief ten goede gekeerd.' Hij pakte Lores hand. 'En zelfs als we weer moeten vluchten, zijn dit zulke gelukkige jaren geweest dat ik er voorgoed op kan teren, wat er ook gebeurt.'

Julia had de gewoonte de mensen om zich heen langdurig en aandachtig aan te kijken. Ze was zich ervan bewust dat zij er ouder uitzag dan ze was. Ze rookte te veel en had te veel ongelukkige nachten achter de rug. Ze was mager, maar maakte zich voortdurend zorgen over haar figuur en ging op een streng dieet zodra ze ook maar een kilo aankwam. Haar haar was rood geverfd en kroezend, en haar mascara was uitgelopen. In Duitsland was haar werk verboden, wat haar een zeker cachet gaf, maar ze had al geruime tijd geen serieus boek meer geschreven en liep in Parijs achter haar zoveelste minnaar aan. 'Neem hem maar niet mee,' had Eva tegen haar gezegd. 'Dat was ik helemaal niet van plan,' had Julia bits geantwoord.

Benno was met zijn ouders naar Zwitserland verhuisd. Elias Süsskind was conservator van de collectie tekeningen bij het Kunstmuseum Basel; Benno legde de laatste hand aan een artikel getiteld 'De opleving van het neoclassicisme: wat is de reikwijdte?' en deed daarvoor onderzoek in Parijs. Het zou in Engeland gepubliceerd worden. Eva vond het verbazingwekkend dat er in Europa nog mensen rondliepen die zich verdiepten in obscure wetenschappelijke onderwerpen. Benno was nog steeds dik en goedhartig, en zijn pak was onveranderd gekreukt en flodderig. Hij was heel enthousiast over het restaurant. 'Dit moet ik onthouden,' zei hij. 'De volgende keer dat ik in Parijs ben, ga ik hier zeker weer eten.'

'Denk je dat er een volgende keer is?' vroeg Lene.

Benno keek verbaasd. 'Ik heb een nieuw project in gedachten,' zei hij, 'en daarvoor zal ik een tijd in het Louvre moeten doorbrengen. *De slag bij San Romano* van Uccello...'

'O, Benno!' riep Julia uit. 'Daar hebben we het niet over. Het wordt misschien oorlog!'

'Oorlog zal het einde van Hitler betekenen,' zei Benno, 'maar dat kan wel even duren.'

'Dus je hebt toch enig benul van de wereld om je heen,' zei Eva.

'Laten we over vrolijke dingen praten,' zei Lene. 'We zijn hier niet om te jeremiëren, maar om te vieren dat Jacob en Lore vijf jaar getrouwd zijn!'

'Verder valt er niet veel te vieren,' zei Lore. 'We kunnen onze ogen niet sluiten voor wat er in de kranten staat. En over de ergste dingen schrijven ze niet eens.'

'Voordat het voorbij is, zal Hitler een grootschaliger götterdämmerung hebben uitgevoerd dan ooit eerder is vertoond,' zei Jacob.

'Hoe bedoel je?' Manfred was uit zijn overpeinzingen opgeschrokken door het woord götterdämmerung.

'Uiteindelijk zal hij zich ongetwijfeld tegen Rusland keren en Napoleons fout herhalen. De Wehrmacht zal bevriezen. Ik kan jullie het hele scenario geven. Eerst Tsjechoslowakije, dan Polen en ten slotte moedertje Rusland.'

'En zullen de geallieerden dat laten gebeuren?' vroeg Lene.

'Tot hij hén aanvalt. Hier heeft niemand zin in oorlog, de Fransen wanen zich veilig achter hun Maginotlinie. En Engeland heeft in de oorlog van 1914 een hele generatie verloren. Ze zullen proberen oorlog te voorkomen door concessies te doen aan Hitler.'

'Dan begaan ze een grote fout,' zei Eva.

'Een museum in Amerika heeft me een baan aangeboden,' zei Benno. 'Zal ik ja zeggen?'

'Natuurlijk, dat moet je doen,' zei Lene. 'Wat een vraag, Benno. Er zijn mensen die smeken om een baan daar om maar te kunnen emigreren.'

'Maar het is zo'n weinig erudiet land...'

'Waar is het museum?'

'Iets met Brooklyn, aan de oostkust, in de buurt van Boston, geloof ik. Boston schijnt een beschaafde stad te zijn.'

'Ik zou er dolgraag naartoe willen,' zei Julia. 'Je moet zeggen dat je getrouwd bent en mij meenemen, Benno.'

'Ik heb ze alle informatie over mezelf al gestuurd...'

'Het was maar een grapje.' Maar Julia's lach werd weersproken door haar strakke gezicht. 'Ik zou trouwens echt heel graag naar Amerika willen. Het is er nog woest en onherbergzaam. Hier ligt alles in puin. Het gaat niet goed met mijn werk, sterker nog, het gaat helemáál niet. Ik ben zesendertig en nooit getrouwd. Ik heb geen kinderen en geen enkele hoop om die nog te krijgen. Niemand wil met me trouwen...'

'Je bent schrijfster,' zei Eva. 'Dat is een prachtig beroep, en je hebt je vrijheid...'

'En het is nooit te laat om te trouwen,' zei Lore.

'Mijn werk is niet goed. Het krijgt geen lovende recensies. Ergens is het misgegaan... Kon ik mijn leven maar volledig omgooien!'

'Recensenten zitten er vaak naast,' zei Manfred. Hij verveelde zich. Afgezien van Edu vond hij Lenes familieleden nogal oninteressant. Hij trommelde met zijn vingers op tafel om ze los en soepel te houden voor een moeilijke passage in de cadens van het *Keizersconcert*. Er viel een stilte.

'Er komt een dominee voorbij,' zei Lore.

Jacob had de laatste wijn in de glazen geschonken. 'Laten we een toost uitbrengen,' zei Eva. 'We drinken op Jacob en Lore en op hun vijfde trouwdag. En we moeten niet vergeten iets in het album te schrijven. Neem foto's, Julia, neem ons allemaal samen en apart, en zorg dat je de camera goed stilhoudt.'

Behalve Lore en Jacob stond iedereen op en hief het glas.

'Dat jullie altijd gelukkig mogen blijven,' zei Manfred, die vond dat hij er talent voor had de juiste woorden te kiezen.

'Dat jullie vredig en harmonieus mogen samenleven,' zei Julia, en in haar ogen blonken tranen.

'Dat jullie het einde van deze waanzin mogen meemaken,' zei Eva, 'en de dageraad van een betere wereld.'

'Dat jullie op een dag mogen terugkeren naar huis, naar Frankfurt,' zei Lene, 'samen met ons allemaal, en ontdekken dat het nog steeds de stad is die jullie in je hart meedragen.'

'Daar drink ik op,' zei Benno.

Ze dronken hun glazen leeg, schreven in het album en lieten zich fotograferen. Het laatste zonlicht van de dag viel naar binnen. 'Snel, een foto!' riep Eva. 'We moeten het allemaal vastleggen.'

Die zondag belde Emma zoals elke week met Lene. Hun gesprek draaide nadrukkelijk om het feestje voor Lore en Jacob. Emma wilde elk detail horen en reageerde geërgerd toen Lene zich niet kon herinneren wat iedereen aan had gehad.

'Is dat zo belangrijk?' vroeg Lene.

'Nee, natuurlijk niet,' zei Emma, 'maar het zou leuk zijn om te weten. Het hoort bij de beschrijving die je me moet geven. Dan kan ik het allemaal voor me zien...'

'Ik weet nog wel wat we gegeten hebben,' zei Lene, en ze moesten allebei lachen. De sfeer tussen hen leek weer goed. Geen van beiden zei een woord over de kwestie waar ze allebei aan dachten.

'Tussen haakjes,' zei Lene net voordat ze zouden gaan ophangen, 'ik kom je opzoeken in Florence. Donderdag neem ik de trein.'

'Waarom?' vroeg Emma.

Lene kon het niet opbrengen de waarheid te zeggen. 'Om jou te zien,' zei ze, 'en Clara. Ik wil graag even weg uit Parijs.'

'En Manfred dan?'

'Die oefent voor een concert, zoals altijd.'

'Vindt hij het niet erg als je weggaat?'

'Hij verwacht een oude bekende uit Frankfurt.'

'Een man of een vrouw?'

'Een vrouw, geloof ik.'

'Wees voorzichtig, Lene.'

'Niemand kan mijn plaats innemen. Ik hoef niet bang te zijn voor andere vrouwen.'

'Goed, tot ziens dan.'

Lene hing op, blij dat het gesprek niet op ruzie was uitgelopen.

De reis duurde lang, en het was warm en druk in de trein. Lene probeerde niet meer aan haar zorgen te denken en het nerveus fladderende gevoel in haar binnenste te onderdrukken. Vlak onder dat gevoel schuilde paniek, wist ze. Ze concentreerde zich op het geluid van de ratelende wielen, probeerde het boek te lezen dat ze bij zich had en keek uit het raam. Haar medepassagiers zagen er opgejaagd uit. Waren het vluchtelingen of kwam het doordat ze hen zag door de ogen van iemand die zelf ontheemd was? Op de stations maakten de samendrommende mensen een geteisterde en onrustige indruk, alsof er elk moment een oproer kon uitbreken. Ze was bang dat ze platgedrukt zou worden en haar baby zou verliezen. Toen ze in Florence aankwam, had ze het zo benauwd dat ze dolblij was Emma te zien, die haar aan het eind van het perron stond op te wachten, en bijna besloot niet moeilijk te doen over Clara. Ze wierp zich in de armen van haar zus en meteen kalmeerde haar hartslag.

De chauffeur die voor zulke gelegenheden werd ingehuurd, bracht hen naar het huis buiten de stad. Emma had een Amerikaanse auto, een Ford, en ze kon hem zelf besturen, maar als ze de stad in moest liet ze zich liever door iemand anders rijden. Lene en zij praatten onafgebroken en vol genegenheid met elkaar tijdens de rit naar de villa, die door Emma La Favorita was genoemd, en Lene merkte dat ze ontspande en zich weer prettig ging voelen. Toen ze voor het huis stopten, was het of iets haar toefluisterde: 'Blijf hier!' Waarom zou ze eigenlijk niet hier blijven, op deze mooie plek, waar ze een moeder voor haar kinderen kon zijn en een zus voor Emma, terwijl ze zich allemaal lieten koesteren door Fräulein Gründlich, die hen in de schaduw op de veranda stralend stond op te wachten? Waarom zou ze Manfred niet verlaten? De gedachte vloog haar even naar de keel, en ze bloosde geschrokken van haar eigen onbezonnenheid. Hoe kon ze zoiets denken? Kwam het doordat ze wist dat haar hier een onaangename taak te wachten stond en ze daartegen opzag, of was het een glimp van een echt verlangen, dat zich voor het eerst openbaarde?

Fräulein Gründlich, die bruin was geworden en er goed uitzag, kon haar tranen niet bedwingen toen ze tegenover Lene stond. Ze omhelsden elkaar.

'Je ziet er fantastisch uit, fantastisch,' herhaalde ze steeds, alsof ze zichzelf gerust wilde stellen.

'Het is fijn om u te zien,' zei Lene. 'Het voelt of ik thuiskom.'

Bij die woorden snikte Fräulein Gründlich het uit. Ze had het niet naar haar zin in Italië. De mensen hier maakten haar aan het schrikken met hun grote gebaren en harde, schreeuwerige stemmen. Ze wilde dolgraag weg om zich te vestigen in het veilige Amerika, een land dat ze dacht te begrijpen. Clara had samen met Fräulein Gründlich haar Engelse huiswerk gemaakt en zo hadden ze beiden al iets van de taal opgestoken. Emma had hen geholpen en ze kenden al aardig wat zinnetjes.

Lene legde haar hand op de schouder van de gouvernante. Ze was te moe om te huilen. 'Waar is Clara?' vroeg ze.

'Hier ben ik, mammie!' Clara had in de tuin bloemen voor haar moeder geplukt en het tafereel bij de deur van achter een oleanderstruik gadegeslagen. Ze voelde dat er een zekere spanning hing, dus rende ze zo snel mogelijk naar Lene en drukte zich uit alle macht tegen haar aan. 'Als je niet oppast, pers je de baby eruit,' zei Lene, maar de onstuimige liefdesbetuiging van haar dochter was als verzachtende balsem. Ze had zich vaak afgevraagd of Emma haar misschien toch de liefde van haar kind zou kunnen afpakken. Op haar slechtste momenten was ze bang dat Clara tegen haar zou zeggen: 'Ik wil bij tante Emma blijven.' Deze krachtige omhelzing verjoeg al haar twijfels. Ze kreeg medelijden met Emma en probeerde opnieuw een andere oplossing te bedenken. Misschien kon ze haar zus inderdaad overhalen mee te gaan naar Amerika.

'Voorzichtig, doe je moeder geen pijn,' zei Emma, en haar stem klonk scherp. 'Laten we hier niet in de warmte blijven staan.' Ze ging de anderen voor naar de woonkamer, waar het dienstmeisje met haar handen ineengeslagen voor haar gesteven witte schort stond te wachten en vriendelijk naar Lene glimlachte.

'Breng de koffer van mijn zus naar boven,' zei Emma tegen haar. 'En haal iets kouds voor ons te drinken.' Theresa begreep dat haar mevrouw verdrietig was en was niet gepikeerd over het barse bevel. Er ontbreekt een man in dit huishouden, dacht ze. Als er een man in huis was, zou dat voor iedereen beter zijn.

Emma had het huis prachtig gerestaureerd. Elke keer dat Lene het zag, werd de bewondering voor de goede smaak van haar zus groter. En het was niet alleen een kwestie van smaak, besefte ze, maar ook van een zeker talent om die smaak te vertalen in praktische oplossingen. Als je het huis binnenstapte, voelde je je meteen op je gemak, ook al was de bewoonster zelf een lastige oude vrijster. Lene dacht soms dat Emma een geheime kamer moest hebben waar afgrijselijke martelwerktuigen stonden, die ze gebruikte om haar woede te koelen op onschuldige wezens uit de diepste krochten.

De uren daarna week Clara niet van haar moeders zijde. Ze zat naast haar op de bank terwijl de volwassenen praatten. Haar knieën waren geschaafd van het klimmen in bomen en het rennen en stoeien met de boerenkinderen uit de buurt. Dat laatste wilde Emma niet hebben, maar Fräulein Gründlich weigerde het haar te verbieden. Ze genoot ervan om het meisje met anderen te zien lachen en spelen. Het arme kind, dacht ze vaak, zo alleen op de wereld, zonder echt ouderlijk huis, zonder zusjes en broertjes, zonder grootouders om haar te verwennen. En dan was ze ook nog een Mischling.

De zon was al iets van zijn kracht kwijt en begon aan de westelijke hemel oranje te kleuren toen Clara de volwassenen eindelijk in de rede viel. Ze had niet echt geluisterd, maar hoorde wel dat het gesprek een scherpe toon begon te krijgen en wist dat het tijd werd om haar moeder mee te tronen. 'Kom eens!' zei ze, en ze trok aan Lenes hand. Ze liepen naar buiten en Clara liet haar moeder trots de tuin zien, en het uitzicht als je achterin stond.

'Ga je me meenemen?' vroeg Clara.

'Natuurlijk,' zei Lene. 'Waarom zou ik anders hier zijn?'

'Om op bezoek te komen?'

'Ik kom jou ophalen, zodat we klaar zijn om naar Amerika te gaan als we onze papieren krijgen.'

'Komen er ook papieren voor mij en Fräulein Gründlich?'

'Ja, die hebben we aangevraagd.'

'Maar hoe weet je of ze die echt geven?'

'Dat doen ze heus wel, Clärchen, maak je geen zorgen.'

'En als onze papieren niet komen, ga je dan toch weg?'

'Alleen als we zeker weten dat die van jullie onderweg zijn. Dan zouden we tante Emma kunnen vragen je met de boot te brengen.'

'Dus je laat me niet achter?'

'Dat zou ik nooit doen!'

'Ik hou wel van tante Emma, maar ik wil bij jou zijn.'

Lene drukte een kus op haar kruin, de plek waar haar haar alle kanten op wervelde, als water in een draaikolk.

'Tante Emma mag bij ons komen logeren, maar ik wil niet dat ze de hele tijd bij ons blijft, want ik wil alleen met jou zijn. En ik wil de nieuwe baby zien als die komt. Tante Emma is niet zo aardig tegen me als jij hier bent.'

'Dat verbeeld je je maar, Clärchen. Tante Emma houdt heel veel van je. Ze is alleen nerveus van aard.'

'Fräulein Gründlich zegt dat ze veel aan haar hoofd heeft, maar jij hebt ook van alles aan je hoofd en jij bent niet nerveus.'

'Ik weet het beter te verbergen, dat is alles,' zei Lene met een lach.

'Ik heb tante Emma tegen Fräulein Gründlich horen zeggen dat Manfred niet aardig tegen me zal zijn.'

'Dat is onzin,' zei Lene boos. 'Ze heeft niet het recht om dat te zeggen. Ten eerste is het niet waar, en ten tweede hoort ze niet over dat soort dingen te praten als jij erbij bent.'

'Ze zegt het niet als ik erbij ben,' zei Clara, en ze bloosde van schaamte. 'Ik hoorde het door de deur van tante Emma's zitkamer. Ik was niet van plan te gaan luisteren, maar ik liep erlangs en toen hoorde ik dat ze het over óns hadden. Vertel het haar alsjeblieft niet, mammie! Beloof me dat je het niet vertelt!'

'Kalm maar, Clărchen. Ik zal het haar niet vertellen, echt niet. Waarom ben je daar zo bang voor?'

'Dan vindt ze me achterbaks en wordt ze kwaad op me. Ze vindt het niet leuk als ik je dat soort dingen vertel.'

'Ik doe alsof ik het nooit heb gehoord. Ik denk er niet eens meer aan.'

Clara was zo overstuur dat Lene op een van de stenen bankjes langs het tegelpad ging zitten en haar op schoot nam, hoewel ze daar als tienjarige eigenlijk te groot voor was. En Clara legde haar hoofd tegen Lenes schouder en huilde tot al haar verdriet was weggespoeld.

'Is tante Emma weleens onaardig tegen je, lieverd?' vroeg Lene.

'Soms is ze ongeduldig, maar Fräulein Gründlich zegt dat het door haar zwakke zenuwen komt en dat ik het me niet moet aantrekken omdat ze er niets aan kan doen. Dus dat probeer ik, ook als ze tegen mensen schreeuwt.'

'We gaan snel naar Amerika, wij allemaal en de nieuwe baby. Nog heel eventjes, goed?'

Clara knikte. Lene trok de linnen zakdoek uit de zak van haar positieblouse en veegde het gezicht van het meisje droog. De tranen hadden vuile vegen op haar ronde wangen achtergelaten.

'Ik moet je wat vertellen, mammie.'

'Wat dan?'

'Tante Emma gaat elke week naar de kerk.'

'Heus waar?'

'Niet tegen haar zeggen dat ik het heb verteld, hoor. Ze heeft me een paar keer meegenomen.'

'Wat voor kerk?'

'Waar alle Amerikanen naartoe gaan. Toen ik tante Emma vroeg of ik wel mee mocht, zei ze dat ik niet echt Joods was. Is dat waar?'

'Je vader is niet Joods, maar ik wel. Wij allemaal, Emma ook, en Manfred en oma en oom Andreas. Oom Ernst herinner je je waarschijnlijk niet eens, maar die woont in Palestina.'

'Dat is het land van de Bijbel. Daar heeft de predikant het de hele tijd over, zegt tante Emma. Hij sprak Engels en ik verstond hem niet, dus heeft ze me niet meer meegenomen. Maar elke zondag vertelt ze me de verhalen die ze in de kerk hoort.'

'Over God?'

'En ook over Jezus.'

Lene zuchtte diep. 'Het is tijd om te gaan,' zei ze.

Die mededeling was voor meer dan één uitleg vatbaar, en even dacht Clara dat ze op stel en sprong naar Parijs zouden vertrekken. 'Ik moet nog gedag zeggen,' zei ze.

'Dat heeft geen haast,' zei Lene, en ze liepen hand in hand over het tuinpad.

'Tante Emma zegt dat het rustgevend is om naar de kerk te gaan,' vertelde Clara, die spraakzaam was geworden nu het niet meer over geheimen maar over feiten ging, en ze verslag kon doen van kleine, dagelijkse voorvallen. Ze was weer volkomen gelukkig, nu ze had uitgehuild op haar moeders schouder en had opgebiecht wat haar dwars had gezeten. Lene zou willen dat de taak die haar wachtte net zo gemakkelijk volbracht kon worden. 'Ze zegt dat ze graag naar de kerk gaat om naar de prachtige verhalen te luisteren en mooie liederen te zingen. Ze hoort de preken ook graag. Daarin vertellen ze je dat je goed moet zíjn en goed moet dóén. Maar ik vond het saai.'

Lene luisterde maar met een half oor. Ze merkte dat ze diep geschokt was over Clara's onthullingen. Ze vond het verontrustend om zich Emma voor te stellen in een kerk, terwijl ze aandachtig naar de clichés van een anglicaanse geestelijke luisterde. En nog verontrustender om te horen dat ze het met iedereen over Manfred had. Als ze met Gründlich over hem praatte, deed ze dat vast ook met Bernard Berenson, die alles wat hij hoorde zou doorvertellen aan iedereen die bij hem zijn opwachting kwam maken. Lene bleef even op het hoogste punt van de tuin staan, vanwaar je de heuvels en de bergen in de verte kon zien. Clara, die naast haar stond, reikte bijna tot haar schouder. Soms was haar gezicht sprekend dat van haar vader, hoewel iedereen altijd zei dat ze op Lene leek. Haar blauwe ogen had ze van Tom, de helderheid en kleur, maar de oogleden en de melancholisch zware wenkbrauwen leken duidelijk op die van Lene.

‘Waar zijn jullie geweest?’ vroeg Emma toen ze de grote woonkamer binnenkwamen, die aan de westkant op de tuin uitkeek. Lene had het gevoel dat Emma hen had gadegeslagen.

‘We hebben een wandelingetje gemaakt naar het einde van je prachtige tuin,’ zei ze. ‘En daar hebben we een tijdje zitten praten.’

‘B.B. heeft gebeld terwijl jullie weg waren. Hij zou het erg leuk vinden om je te zien. “Je weet dat ik dol ben op mooie vrouwen,” zei hij. Hij is nog verbazend kwiek voor iemand van over de zeventig.’ Intussen was Emma bloemen in een vaas aan het verschikken. Ze haalde de uitgebloeide ertussenuit, brak hier en daar een bloem af of voegde een takje groen toe. ‘En de postbode heeft net een telegram voor je bezorgd. Uit Parijs. Het zal wel van Manfred zijn. Je bent nog maar nauwelijks weg of hij laat alweer van zich horen.’

‘Hij mist me.’

‘Hij mist je goede zorgen. Je hulp en je kookkunst. Zo zijn alle mannen, dat weet je best. En jij geeft eraan toe door hem vreselijk te verwennen. Op een dag zul je daar spijt van krijgen.’

‘Ik wou dat je me geen adviezen over mijn huwelijk gaf.’

Lene vroeg zich af hoe ze ooit kon hebben gedacht dat ze met haar zus zou kunnen samenleven. Ze pakte het telegram en ging het in een hoek bij het raam zitten lezen. Manfred liet haar weten dat hij van haar hield.

‘Het is tijd voor Clara’s bad,’ zei Emma.

‘Nu al?’ vroeg Lene.

‘Ze gaat hier vroeg in bad, zodat ze schoon is voor het avondeten.’

‘Ze is geen baby meer, Emma. Ik vind haar erg volwassen geworden. Ik neem aan dat je haar ook met de volwassenen mee laat eten?’

‘Als er geen bezoek is.’

Clara zat met haar benen te bungelen op een stoel die zo dicht mogelijk bij die van haar moeder was geschoven. Ze voelde zich nu veilig en wist dat alles wat ze tegen haar tante zei door haar moeder zou worden gesteund.

‘Ga in bad,’ zei Emma streng.

‘Dat hoef ik niet!’ antwoordde Clara brutaal.

‘Zeg jij het haar,’ zei Emma met bevende stem.

‘Doe alsjeblieft wat tante Emma zegt.’ Lene haalde haar hand door

Clara's haar. 'Ga naar boven. Fräulein Gründlich zit ongetwijfeld op je te wachten. 's Lands wijs, 's lands eer.'

'Wat is er wijs aan vroeg in bad gaan?' vroeg het kind.

'Het is altijd wijs om je aan te passen aan de plaatselijke gewoontes,' zei haar moeder met een glimlach. 'En blijkbaar gaan ze hier vroeg in bad.'

Clara huppelde de kamer door en na een laatste uitdagende blik op haar tante verdween ze naar boven.

Fräulein Gründlich zat in haar kamer te naaien. Vroeger zou ze het vernederend hebben gevonden om iets te doen waarvoor anderen waren aangesteld. Ze was geen kokkin of wasvrouw, geen kamermeisje of naaister. Aan die stelregel had ze lang vastgehouden. Maar toen ze Lene had zien koken en Emma had zien helpen met het poetsen van het zilver, had ze beseft dat ook zij haar strikte regels moest aanpassen. Ze deed haar best zo veel mogelijk te helpen – in allerlei dingen werd je na verloop van tijd beter, merkte ze – en hield alleen voet bij stuk als het op koken aankwam. Ze vond dat haar werkgevers minder te verliezen hadden dan zij. Voor hen was het zoiets alsof prinsessen boerin gingen spelen, terwijl het voor haar een duidelijke daling op de maatschappelijke ladder betekende. Nog even en ze zou net zo worden als haar stugge voorouders, met eeltige handen en een afgestompte geest. Ze besteedde nog steeds minstens een half uur per dag aan haar geestelijke ontwikkeling, of het nu Clara's Engelse lessen waren of een goed boek.

'Ik moet in bad,' kondigde Clara aan. Ze was graag bij Fräulein Gründlich. Doordat het leven van de gouvernante zich niet buitenshuis afspeelde, begreep ze alles beter dan andere volwassenen. Ze concentreerde zich op huiselijke details en had altijd in de beschermde omgeving van de kinderkamer geleefd, met kinderen en het andere huispersoneel als gezelschap. Ze kon niet goed opschieten met Theresa, maar de onmin tussen hen werd nooit uitgesproken, want ze verstonden elkaars taal niet.

'Was het gezellig met je moeder?' vroeg Fräulein Gründlich. Ze borg haar naaiwerk zorgvuldig weg en bond het schort voor dat ze altijd droeg als ze het meisje in bad deed. Het was bij geen van beiden ooit opgekomen dat het misschien tijd werd dat Clara zelfstandig in bad ging; daarvoor genoten ze allebei te veel van het ritueel. De gouvernante ging op haar knieën op het matje voor het grote ouderwetse bad zitten en zette de kranen open. Ze strooide wat badzout in het stomende water en wachtte vervolgens rustig af terwijl Clara zich uitkleedde. Haar armen en gezicht waren gebruind, haar knieën waren vuil en haar benen zaten onder de schrammen. Ze had een welgevormd lichaam waar ze zelf tevreden mee was, al was ze nog aan de mollige kant. Ze dartelde rond, waarbij ze stiekem steeds even in de spiegel keek tot haar spiegelbeeld in de damp verdween. Fräulein Gründlich schrobde haar stevig met een washandje met seringenzeep. 'Au!' zei Clara toen er zeep in haar oog kwam.

'Je weet toch dat je je ogen dicht moet houden,' zei de gouvernante vermanend.

Toen Clara schoon was, hield Fräulein Gründlich het grote witte badlaken voor haar op terwijl ze wachtte tot het kind uit het bad was geklommen. Ze wikkelde haar in de dikke badstof en wreef haar droog tot Clara's huid tintelde en ze helemaal roze was.

Om half acht verschenen ze samen in de eetkamer. Emma maakte een geagiteerde indruk en had aanmerkingen op Theresa. Lene zweeg nors. Clara en de gouvernante merkten allebei dat de sfeer gespannen was. Omdat het volgens Fräulein Gründlich ongezond was om in een dergelijke stemming voedsel tot je te nemen, probeerde ze onder het eten met Clara over ditjes en datjes te praten, maar het meisje bleef strak naar haar moeder kijken.

Het dessert was een overheerlijke perziktaart, een specialiteit van de kokkin die werd gemaakt met verse, rijpe perziken uit de boomgaard achter de olijfbomen.

'B.B. verwacht ons zondag voor het diner,' zei Emma toen Theresa de espresso serveerde.

'O ja?' antwoordde Lene op afwezige toon.

'Het is een grote eer om door B.B. te worden uitgenodigd voor de zondagse maaltijd,' zei Emma. 'Ik ben er ook maar een paar keer bij geweest, maar het zijn altijd galadiners. Het is leuk voor je om dat een keer mee te maken.'

'Ik ben hier zondag niet meer,' zei Lene.

'Hoe bedoel je? Ik dacht dat je minstens een week zou blijven. Je zei...'

'Ik heb besloten dat ik niet zo lang kan blijven. Ik moet terug naar Manfred. Hij is helemaal alleen, en bovendien kunnen we elk moment iets over onze visa horen.'

'Je krijgt een telegram van je man en weet niet hoe snel je naar hem terug moet rennen,' zei Emma. 'Ik snap niet waarom je eigenlijk bent gekomen. Wat stond er voor belangrijks in dat telegram? Een datum voor jullie overtocht naar Amerika?'

'Het telegram heeft er niets mee te maken,' zei Lene. 'Dat was hoogstens een geheugensteuntje, wat ik soms nodig heb om me eraan te herinneren waar mijn plaats is.'

'De plaats van de vrouw is thuis,' zei Emma met al het sarcasme dat ze in zich had.

'Geen ruzie maken,' zei Fräulein Gründlich, maar ze besefte op hetzelfde moment dat ze geen invloed meer op hen had.

'Mijn plaats is bij mijn man,' zei Lene. 'En verder wil ik er niets over horen.'

Maar Emma kon het niet opgeven en ging, gedreven door haar demonen, een strijd aan waarvan ze wist dat die bij voorbaat verloren was. 'Je man is een parasiet,' zei ze met zachte stem, alsof haar nichtje, dat met grote angstogen naar haar keek, haar alleen zou horen als ze schreeuwde. 'Hij is met je getrouwd om een slavin te hebben. Het is walgelijk om te zien...'

'Genoeg!' zei Lene, en ook haar stem was zacht.

'Laat me alsjeblieft uitpraten. Hij is met je getrouwd omdat hij je kan uitbuiten en omdat je geld hebt. Dat weet ik zeker. Zijn adoptievader heeft hem niets nagelaten omdat hij hem niet vertrouwde. Hij heeft alles vermaakt aan liefdadigheidsinstellingen. Dat heeft oom Edu me verteld, en je weet dat oom Edu weliswaar een roddelaar is, maar uiteindelijk altijd gelijk blijkt te hebben. Manfred heeft je geld gewoon nodig!'

'Emma...' zei Fräulein Gründlich waarschuwend.

'Ik verbied je verder te gaan,' zei Lene. Ze voelde woede opborrelen die haar als een bulderende kreet dreigde te ontsnappen. Maar de aanblik van Clara, die met trillende onderlip diep in haar stoel zat weggedoken, gaf haar de kracht om die in te slikken. Ze balde haar handen tot vuisten om zich ervan te weerhouden haar zus een klap te geven.

Een boosheid van jaren raasde door haar heen. Lang geleden had Emma haar ook eens zo getergd. Ze wist niet meer waar en wanneer het was geweest, het enige wat ze zich herinnerde waren haar woede en Emma's gezicht, vertrokken tot een masker van arrogantie en minachting. In tegenstelling tot Fräulein Gründlich zag Lene niet dat er angst schuilging achter het vertoon van bravoure.

'Laat me met rust,' siste Lene. 'Hoor je me? Ik wil niet hebben dat je mijn man zwartmaakt en kwaadspreekt over mijn huwelijk. En ik wil niet hebben dat je mijn kind afpakt!'

'Hou op!' riep Fräulein Gründlich uit. 'Clara hoort jullie.'

'Neem haar mee naar boven,' zei Emma.

'Nee,' wierp Lene tegen. 'Ze mag ons horen. Ik leid mijn eigen leven, zonder adviezen van jou. Wie denk je wel dat je bent, om me die leugens te vertellen?' Ze was kwaad genoeg om voor het eerst datgene te willen zeggen waarmee ze haar zus het meest zou kwetsen. Ze begon Otto's naam te articuleren. Ze wilde hem gebruiken om wraak te nemen voor haar eigen gekrenktheid. Maar ze kon het niet. Op het laatste ogenblik wist ze dat het inzetten van dit ultieme wapen een wreedheid was waartoe ze niet in staat was. Ze slingerde Emma een lelijk woord naar het hoofd. Maar het was alleen maar een woord.

'Ik breng het kind zelf wel naar boven,' zei Emma. 'Je taalgebruik is schandalig.'

'Ik weet zeker dat ze zoiets in haar leven wel vaker zal horen.'

'Daarom hoeven we er hier nog niet mee te beginnen. Dit is mijn huis.' Emma stond op en pakte Clara bij de arm. Het meisje probeerde zich los te trekken, maar Emma hield haar hand als een bankschroef om Clara's pols geklemd. 'Je doet me pijn!' riep Clara, hoewel ze eigenlijk geen pijn voelde, alleen de onwrikbare greep van haar tantes koele hand.

'Ik doe je geen pijn en dat ga ik ook niet doen als je me gehoorzaamt,' zei Emma. 'Je bent een akelig, ondankbaar kind.'

'Mammie zegt dat ik mag blijven,' zei Clara.

'En ik zeg dat je naar boven gaat.' Emma probeerde haar nichtje uit haar stoel te sjorren, maar het kind hield zich slap en liet zich zwaar als een zak aardappels op de grond zakken. Emma zette zich met haar magere lijf schrap en begon haar met een furieuze kracht naar de hal te sleuren. 'Laat me met rust!' krijste Clara. 'U bent mijn moeder niet! U kunt me niet vertellen wat ik moet doen! Ik wil bij mijn moeder blijven! Ik haat u!'

Emma gaf haar een harde oorvijg. Clara's gejammer zwol aan tot een gil. Ze genoot van de scène die ze maakte en besefte een ogenblik dat ze toneelspeelde. Ze had de klap wel degelijk gevoeld, maar zij had haar tante veel meer pijn gedaan. Toen werden haar gedachten overstemd door haar eigen geschreeuw.

'Laat haar los,' zei Lene, maar Emma had haar greep al laten verslappen. Clara krabbelde overeind en dook naar haar moeders schoot. Ze drukte haar gezicht tegen Lenes dikke buik en huilde terwijl haar moeder haar over het hoofd streek. Emma was de woonkamer in gelopen en ging daar zitten, in het donker. Het gezicht van Fräulein Gründlich drukte machteloosheid uit. Lene nam haar dochter mee naar boven, naar haar kamer, en bleef daar zwijgend zitten. Clara kleedde zich uit en trok haar pyjama aan. De avond rook naar zomer, naar gemaaid gras en een veelheid van bloemen. Clara was heel moe. 'Ik hou van je, mammie,' fluisterde ze. Ze voelde zich van binnen schoongewassen door haar tranen, en er zoemde een triomfantelijk gevoel door haar heen. Ze was te jong om mededogen te hebben.

Lene bleef bij het bed zitten tot Clara in slaap was gevallen. Ze miste Manfred. In de stille slaapkamer dacht ze aan wat ze had gedaan en ze kreeg wroeging. Emma's leven was leeg in vergelijking met het hare. Ze had man noch kind en werd gekweld door onvervulde dromen. Lenes woede vervloog. Ervoor in de plaats voelde ze medelijden. Maar dat kwam alleen doordat zij de overwinning had behaald.

Beneden zat Gründlich bij Emma, die met droge ogen strak voor zich uit keek. De oude gouvernante hield Emma's hand vast en mompelde woordjes die klonken als het gekoer van een duif. Ze had altijd geweten hoe ze troost moest bieden.

Twee dagen later stapte Lene samen met Clara en Fräulein Gründlich op de trein naar Parijs. Clara was een beetje bang dat haar tante een scène zou maken, maar dat deed ze niet. Ze huilde niet eens. Ze zei alleen: 'Vergeet me niet.' Toen de trein langzaam het station uit reed, riep Clara naar haar tante: 'Kom ons opzoeken in Amerika!' Emma liep snel met de trein mee tot ze die niet meer kon bijhouden. Ze zwaaide en wierp Clara een kus toe. Het meisje bleef naar haar kijken tot de trein een bocht maakte en ze uit het zicht verdween.

Diep in zijn hart, in een verborgen hoekje, had Manfred gehoopt dat het zijn schoonzus Emma zou lukken Clara bij zich te houden. Daar voelde hij zich schuldig over, maar hij had helemaal geen ervaring met kinderen en wist niet wat hij tegen zijn stiefdochter moest zeggen. Hij was ervan overtuigd dat ze in zijn hart kon kijken en zijn geheim zou ontdekken. Ook het vooruitzicht zijn eigen kind ter wereld te zien komen joeg hem angst aan, en daarom had hij de neiging Lene te ontlopen, alsof ze een bom onder haar rok had.

Later zouden ze allemaal op de maand augustus terugkijken als een leegte, een gat in hun leven tussen het verleden en de toekomst. In werkelijkheid zette iedereen in die tijd gewoon zijn of haar dagelijkse routine voort. Alleen schoven ze elke gedachte aan de toekomst voor zich uit en werd alles wat ze deden overschaduwd door de kwelling van het wachten op de visa. Manfred studeerde langer dan anders, Fräulein Gründlich en Clara gingen steeds weer naar het Louvre en Lene zat in de bedompte woonkamer van hun appartement Franse romans te lezen.

Op 29 augustus, een maandag, kwamen de visa. Om half tien 's ochtends belde het Amerikaanse consulaat. Die avond dronken ze champagne tot ze er duizelig van waren en de wereld om hen heen leek te draaien. Ze moesten al hun zaken in krap drie weken regelen, want ze hadden een overtocht geboekt op de *Nieuw Amsterdam*, die op 17 september uit Boulogne zou vertrekken.

Lene belde oom Edu om hem het goede nieuws te vertellen. Al haar pogingen om Andreas te bereiken waren tevergeefs.

'Kom me gedag zeggen voordat je weggaat,' zei Edu. 'God weet of en wanneer we elkaar ooit nog zullen zien. Ik betaal je reis. Maar laat het kind en je man in Parijs achter.'

Lene gaf geen antwoord. De opmerking trof haar niet als tiranniek en zelfzuchtig, tot ze die tegen Manfred herhaalde.

'Wat een afschuwelijke man is je oom toch,' zei Manfred. 'Je gaat toch zeker niet op zijn uitnodiging in?'

'Eerlijk gezegd was ik wel van plan om naar hem toe te gaan.'

'Na wat hij heeft gezegd?'

'We kunnen geen van allen in de toekomst kijken. Ik heb veel aan hem te danken; wij allemaal, trouwens.'

'Ik niet. Ik kan me heel goed redden zonder hem. En jij bent nu mijn vrouw en hebt hem niet meer nodig.'

'Hoe denk je dat ik aan het geld kom om Gründlich te betalen?'

'Ik ben blij dat je erover begint. Ik geloof echt niet dat we haar nodig hebben...'

'Ík heb haar nodig. En niet alleen heb ik haar nodig, ik hou van haar. Wat zal er van haar worden als we haar achterlaten? Ze is te oud om werk te vinden, en de nazi's zullen het haar moeilijk maken vanwege haar verleden met ons. Wat er ook gebeurt, ik neem haar mee naar Amerika.'

'Maar zoals je net terecht opmerkte, hebben we geen idee hoe het daar is...'

'Het heeft geen zin om ons daarin te verdiepen tot we er zijn. En het kan nooit kwaad als oom Edu ons steunt. Ik ga morgen naar Zürich.'

Edu's chauffeur kwam haar bij het station ophalen om haar naar Edu's huis in Küsnacht te brengen, een randgemeente van Zürich. Het was warm en drukkend. Er stond geen zuchtje wind, wat zeldzaam was in dat deel van het land. Daardoor drong de koele lucht van de gletsjers niet tot in de dalen door en was het water in de meren lauw en vlak als een spiegel.

Edu verwelkomde haar met een kus. Hij had zijn huis in Frankfurt hier zo goed mogelijk herschapen. Zijn boeken, schilderijen en gobelins hadden ongeveer dezelfde plaats gekregen, in de tuin bloeiden dezelfde bloemsoorten, de familiefoto's stonden in dezelfde volgorde op zijn bureau als vroeger. Hij schonk een glas sherry voor haar in uit zijn kristallen karaf. Lene was zich bewust van één groot verschil, dat een schaduw wierp over het geheel, en dat was de stilte van het platteland. In de Bockenheimer Landstrasse had je altijd het gevoel dat je in de stad was. Buiten het hek was er verkeer en de muren rond de tuin grensden aan andere tuinen. Op een winteravond twinkelden de lichtjes van Frankfurt tussen de kale bomen door, en in de zomer hoorde je de sirenes van politiewagens en ambulances en het geklingel van de trams. Maar hier in Küsnacht, aan de oever van het Meer van Zürich, was alles doordrongen van de stilte van de provincie. Tussen de weg en het toegangshek lag een weide, en in het noorden een bos. Om de tuin stond een heel hoge stenen muur waar glasscherven op waren gemetseld. Hier en daar glinsterde het water van het meer tussen de statige beuken door. Lene had het gevoel dat ze was aangespoeld op een onbewoond eiland. Ze wist niet zeker of ze dat prettig of beangstigend vond. Edu leek vastbesloten zich de rest van zijn leven te wijden aan het stilzetten van de tijd. Hij hield toezicht op de dienstmeisjes, de kokkin en de tuinlieden en ging elke dag naar zijn kantoor in Zürich voor zaken.

'Ik vind het fijn om je te zien,' zei hij tegen Lene. 'Je ziet er uitstekend uit. Zwanger zijn doet je kennelijk goed.'

'In mijn hart ben ik een natuurmens,' zei Lene. Edu liet haar een landschap van Cézanne zien dat hij pas had gekocht. Het was een onvoltooid werk, en Lene had het gevoel dat de schilder op elke penseelstreek uren had gezwoegd. 'Ik vind het niet mooi,' zei ze. 'Het is me te intens.'

'Hoe bedoel je?' Edu hoorde niet graag kritische opmerkingen over zijn aankopen.

'Ik heb het gevoel dat zijn worsteling iets onmenselijks heeft gehad,' zei Lene. Ze zag een laatdunkend trekje verschijnen rond de mond van haar oom. 'Neem me niet kwalijk, oom Edu, maar ik ben de laatste tijd heel gespannen en dat beïnvloedt mijn reacties. Ik put geen troost uit iets wat eruitziet als een gevecht.'

'Heb je nog iets van Andreas gehoord?'

'Af en toe komt er een onsamenhangende, slordig geschreven brief. Ik denk dat zijn vriend Kurt bij hem woont. Waarom blijft hij in Duitsland?'

'Ik heb mijn best gedaan hem hierheen te halen, maar voor zover ik kan zien is hij vastbesloten niets te ondernemen wat in zijn belang zou zijn.'

Edu keek Lene niet aan toen hij dit zei. Ze vroeg zich af of hij uitvluchten verzon om zijn geweten te sussen. Het was geen faire gedachte en daarom zette ze die zo snel mogelijk uit haar hoofd.

'En mama?' vroeg Lene.

‘Ze zit nog steeds veilig in het sanatorium. God weet hoe lang dat zal duren. Ik heb gehoord dat de nazi’s een euthanasieprogramma willen opzetten om het land te ontdoen van parasieten...’

‘Misschien zou ze beter af zijn als ze dood was.’

‘Het is niet aan mij om dat te zeggen.’

Opnieuw werd Lene zich bewust van zijn kille persoonlijkheid.

‘Fräulein Gründlich maakt zich voortdurend zorgen over Andreas. “Mijn arme jongen,” zegt ze steeds. Ze schrijft hem wekelijks.’

‘Het is een goed mens, Lene. Ik ben blij dat ze bij jou is.’

Het gesprek verliep stroef, alsof ze een toneeltekst oplazen of wisten dat ze werden afgeluisterd.

‘Ze denkt dat Andreas alleen in Duitsland blijft omdat hij niet bij Kurt weg wil,’ zei Lene.

‘Als dat waar is – en dat is heel goed mogelijk – zou het niet voor het eerst zijn dat zoiets gebeurt. Soms wou ik dat ik zo’n grote liefde had gekend!’

Lene wendde haar blik af. In het westen hadden donkere wolken zich dreigend samengepakt. Het dienstmeisje, dat een zwarte jurk met een wit schortje droeg en een gesteven kapje op haar hoofd had, maakte een knicksje en kondigde aan dat het eten klaar was.

Ze gingen zitten aan een tafel die eigenlijk te groot was voor twee personen. Lene kon het gevoel niet van zich afzetten dat ze een rol in een toneelstuk speelde.

‘Ik voel me hier nog niet thuis,’ verzuchtte Edu terwijl hij zijn knapperige broodje in tweeën brak. De wijn was uitgelezen en in de soep was een snufje saffraan te proeven.

‘Mijn lieve Lene,’ zei hij, en zijn stem klonk tederder dan ze ooit had meegemaakt. Het dienstmeisje bracht de salade en Edu zweeg tot ze de kamer weer uit was. Er stonden tranen in zijn ogen. Lene had niet gedacht dat hij in staat was zo veel emotie te tonen.

‘Het is zwaar om in ballingschap te leven,’ zei hij. ‘Ik ben al jaren geleden vertrokken, maar naarmate de toestand daar slechter wordt grijpt het me steeds meer aan. En het einde is nog niet in zicht. Mijn eigen veiligheid is beschamend. Ik doe mijn best anderen te helpen om uit te wijken...’

Lene wilde dit helemaal niet horen. Het was een litanie die naar haar idee alleen een echo was van wat Edu in zijn eenzaamheid en schuldgevoel tegen zichzelf had gezegd.

'De Zwitsers zijn niet echt geneigd me daarbij te helpen... maar dat mag ik eigenlijk niet hardop zeggen.'

Het dienstmeisje bracht de koude zalm, de versbereide mayonaise, de krieltjes en de gebakken tomaten binnen.

'De zalm is fantastisch,' zei Lene. 'Uw eten is nog net zo lekker als vroeger. Het lukt u altijd weer om een goede kokkin te vinden.'

'Wist je niet dat ik het allemaal zelf klaarmaak?' vroeg Edu, en door zijn ironische glimlach was hij voor haar weer zichzelf, de man die alles nog steeds onder controle had.

'Kon ik jullie maar allemáál hierheen halen,' zei hij. 'Dan zou ik zelfs echtgenoten en kinderen tolereren. Maar ik zie dat je het niet prettig vindt als ik sentimenteel word. Het spijt me, Lene, ik heb me laten verleiden tot de kwaal van de ouderdom. En ik ben nog niet oud genoeg om me die luxe te kunnen permitteren.'

De frambozen voor het dessert kwamen uit de tuin, en de crème fraîche van de boerderij verderop langs de weg. Het viel Lene op dat het schortje van het dienstmeisje gevlekt en gekreukt was.

'Geef je uniform aan de wasvrouw,' zei Edu, en in zijn Frankfurtse accent klonken monotone Zwitserse klanken door, hoewel hij niet echt het plaatselijke dialect sprak. De vrouw knikte. 'In vele opzichten een onaangenaam land,' zei Edu in het Engels. 'Ik ga een dutje doen. Dat zou jij ook moeten doen, in jouw toestand. We zien elkaar om half vier voor de thee.'

Er kwamen beelden van vroeger bij Lene boven: ze zag zichzelf aanbellen bij het hek in de Bockenheimer Landstrasse, terwijl Emma op haar horloge keek of ze op tijd waren.

'Ik zorg dat ik er stipt om half vier ben,' zei ze. Edu maakte een kleine buiging in haar richting. Heel even leek hij sprekend op zijn broer Nathan.

'Het zou beter zijn als mama niet meer leefde,' zei ze.

'Ze heeft een erg sterk hart.'

Toen ze alleen in haar kamer zat, met uitzicht over het meer, hoorde Lene de regen die met het onweer was meegekomen tegen het raam kletteren. Het meer was zwart geworden, maar het onweer dreef over naar het zuiden; even verderop, voorbij de weide, zag ze alweer blauwe lucht. Lene had graag gehad dat het was gaan donderen en bliksemen, zodat ze zich had kunnen verschuilen voor het geweld van een onweersbui. Ze zou het liefst in bed kruipen en de dekens over haar hoofd trekken, maar daar was nu geen reden voor, en als ze het toch zou doen, zomaar, dan zou ze die neiging misschien niet meer in de hand kunnen houden en er te veel aan toegeven.

Ze wilde niet domweg afwachten tot de klok verder was gekropen; daar was ze te nerveus voor, en haar maag te vol. Ze zat in de oude kamer van Hannchen Wertheim, te midden van de spulletjes van haar oma. Ze deden haar denken aan Frankfurt, aan thuis. Kon ze nog maar één keer teruggaan! Lene glipte als een dief de kamer uit en de trap af. Ze had het gevoel dat ze in de gaten werd gehouden door de Zwitserse bedienden, maar ze kon niet langer in het kamertje blijven. De telefoon stond in Edu's studeerkamer op de eerste verdieping. Die was niet moeilijk te vinden. Lene ging aan het bureau zitten, hoewel ze wist dat het niet netjes was en dat Edu boos zou worden als hij haar daar zag. Fluisterend gaf ze haar eigen nummer in Parijs op, terwijl ze haar best deed niet te kijken naar de brieven die er lagen of het opengeslagen grootboek. Ze draaide zich om en staarde naar de muur terwijl ze wachtte tot de telefoon in het appartement overging en daarna tot er werd opgenomen. Fräulein Gründlichs stem klonk ver weg en aarzelend. 'Hallo? Hallo?' zei ze.

'Ik ben het, Lene. Is alles goed?'

'Hier is alles prima,' zei de gouvernante, die nog steeds ver weg klonk, maar minder aarzelend. Ze was altijd bang dat ze een Fransman aan de telefoon zou krijgen. 'Meneer Solomon is er niet,' zei ze. Ze sprak snel om geen geld te verspillen. 'Hij komt pas vanavond thuis, zei hij. Clara is er ook niet. Ze is bij haar vriendinnetje Yvette gaan spelen, beneden. De moeder is thuis, dus ik dacht dat ik haar wel kon laten gaan. Hoe is het met je oom Eduard?'

'Net als altijd, hij ziet er alleen ietsje ouder uit en is een fractie milder geworden. Maar hij doet me aan Frankfurt denken en daar word ik verdrietig van. Ik kan het idee niet uit mijn hoofd zetten om morgen naar het station te gaan en tegen beter weten in een kaartje naar Frankfurt te kopen, over te stappen in Basel en naar huis te gaan. Ik wil

Andreas zien, ik wil bij mijn moeder op bezoek. Ik zou zelfs wel terug willen naar Tom. Ik wil niet naar Amerika! Ik ben bang voor Amerika!'

'Doe geen domme dingen, kind,' zei Fräulein Gründlich. 'Het zou vreselijk zijn als je daar in de problemen kwam. Je bereikt er niets mee om jezelf in gevaar te brengen. Beloof je dat je verstandig zult zijn? Je hebt een baby om aan te denken, en Clara...'

'Emma zou zich meteen over haar ontfermen als ik er niet meer was.'

'Ze heeft haar eigen moeder nodig. Hoe is het weer daar? Hier is het heel warm en er is voorlopig geen zicht op regen.'

'Bij ons is net een onweersbui overgedreven.'

Lene hoorde de traptreden kraken. 'Ik moet ophangen,' zei ze. 'Ik kom morgenavond laat thuis. Doe Manfred de groeten, en Clara ook.'

Het dienstmeisje stapte de kamer binnen. Ze had nu een lichtblauw uniform aan. Een ogenblik stond ze Lene aan te kijken, weifelend of ze iets zou zeggen.

'Het spijt me dat ik u heb gestoord,' zei ze ten slotte. 'Ik hoorde iets in Herr Wertheims studeerkamer en wist niet dat u het was.'

'Ik ben klaar,' zei Lene. 'Ik moest naar huis bellen.'

'Beneden in de keuken is een telefoon. Herr Wertheim is erg strikt in die dingen.'

'Dat weet ik,' zei Lene. Daarna liep ze naar beneden om een ommetje door de tuin te maken. De zon scheen weer, en ze ging op een bankje zitten en keek heel aandachtig om zich heen, maar zag alles versluierd door haar onrust. De boomtoppen bewogen in de wind, waardoor de bladeren van zilver in grijs veranderden en weer terug.

Bij de thee was er bezoek, en 's avonds nam oom Edu haar mee naar een concert in Zürich. 'Ik zou het fijn vinden om je altijd bij me te hebben,' zei hij in de auto terug naar Küsnacht. 'Eigenlijk heb je nooit de juiste metgezel gehad.'

De volgende avond kwam Lene aan in Parijs. In haar handtas zat een enveloppe met tweehonderd Zwitserse francs, gekregen van Edu.

Op de dag dat ze naar Boulogne vertrokken was het fris en helder. Later zou Lene zich die dag ook herinneren als winderig, want ze zag in gedachten steeds weer de Franse driekleur vrolijk wapperen op alle stations langs de route naar zee. Er hing al een zweem van herfst in de lucht. Clara was opgewonden omdat ze de zee voor het eerst zou zien en stelde zich grote, deinende golven voor, want daar had ze in boeken over gelezen. Het zou een teleurstelling voor haar worden. De drukke haven van Boulogne lag zo vol schepen dat je nauwelijks water zag. Bovendien lag Engeland vlak aan de overkant, dus was er geen sprake van hoge golven of een vrije horizon. De *Nieuw Amsterdam* daarentegen was immens, en dat maakte de ontgoocheling een beetje goed. Clara had nooit gedacht dat een schip zo groot kon zijn; het leek wel een dorp, en het lag zo ver weg in de haven dat ze er met een kleinere boot naartoe moesten varen. Nergens waren zeilboten te bekennen. Clara had steeds de *Niña*, de *Pinta* en de *Santa María* in haar hoofd gehad, want daarover ze had geleerd toen ze les kreeg van de invalide Engelse lerares die haar '*I am, you are, he, she and it is...*' had geleerd.

De *Nieuw Amsterdam* overtrof ook de verwachtingen van Fräulein Gründlich. Bij de eerste aanblik besefte ze dat ze naar een plek gingen die echt heel ver weg was, naar een ander werelddeel, aan de overkant van een uitgestrekte oceaan. Ze werd opeens gegrepen door de opwinding die reizigers bevangt als ze een avontuurlijke tocht gaan maken. Die eeuwenoude roes voelde Fräulein Gründlich nu ook, en ze trok Clara dicht tegen zich aan toen ze op het dek in het felle zonlicht stonden en omkeken naar de kust.

'Het wordt echt heel spannend,' zei ze tegen het meisje. 'Verheug jij je er ook zo op?'

Clara gaf de gouvernante een zoen op haar wang. De wind blies haar haar door de war.

'Mag ik vlechten als we in Amerika zijn?' vroeg Clara. 'Of mijn haar heel kort laten knippen?'

'Laten we even afwachten hoe de andere kinderen het daar dragen.'

Clara en Fräulein Gründlich deelden een passagiershut niet ver bij die van Lene en Manfred vandaan. Hun hut had een echte patrijspoort en was precies zoals Clara in films had gezien: klein, spaarzaam ingericht, en alles was er met bouten aan de grond bevestigd. Er waren twee kooien boven elkaar, als een stapelbed. 'Mag ik alstublieft in de bovenste slapen?' vroeg ze, en Fräulein Gründlich vond dat een uitstekend idee.

‘Denkt u dat we storm krijgen? Ik wil graag echte golven zien,’ zei Clara.

‘Ik hoop het niet,’ antwoordde Fräulein Gründlich. ‘Geef mij maar de golven op het witte doek. Ik hoop op een kalme overtocht.’

Clara was te opgewonden om te kunnen slapen. Ze bleef maar uit de patrijspoort kijken, in de hoop in het donker nog ergens een glimp van op te vangen. Bij Southampton zag ze hoe kranen alle hutkoffers en bagage in netten aan boord takelden en hoorde ze het droevige geloei van de misthoorns. De volgende ochtend, toen ze eindelijk op open zee waren, ontdekte Clara tot haar verbazing dat het enorme schip ineens veel kleiner leek als je aan de reling stond en alleen maar de uitgestrektheid van zee en lucht zag, met soms een ander schip aan de horizon, een stipje op de lijn die de blauwe zee van de blauwe lucht scheidde. Clara zocht een dekstoel op en ging in haar dagboek schrijven. Daarin wilde ze de belangrijke dingen vastleggen, zoals de fantastische spelletjeszaal waar je kon flipperen en tafelvoetbal spelen, en het zwembad op dek D, waar water overheen klotste zodra het schip een beetje schuin ging. Clara vroeg zich af wat er zou gebeuren als er iemand overboord viel en achterbleef in het witte kielzog. Dingen die ze zag en niet onder woorden kon brengen, tekende ze. Wat haar het meest fascineerde, waren de lucht en de horizon, die elkaar overal om haar heen raakten en er elke keer anders uitzagen, afhankelijk van het licht en het tijdstip, maar die ze noch in beelden noch in woorden kon weergeven.

Clara en Fräulein Gründlich dwaalden over het schip alsof het een dorp was. Ze kwamen bij de kinderbewaarplaats, waar meisjes in witte uniformen op een groot aantal baby’s pasten, en gouvernantes met een verpleegsterskap probeerden een praatje met elkaar aan te knopen, hoewel ze allemaal een andere taal spraken. ‘Het lijkt wel de toren van Babel,’ zei Fräulein Gründlich. Ze bemoeide zich niet met de kindermeisjes. Ze was veel ouder dan de meeste en hun aanwezigheid vervulde haar met een mengeling van trots en onbehagen.

Voor Clara was de reis een soort vakantie in een luxueus hotel. Er werden voortdurend allerlei activiteiten georganiseerd: pingpongen, biljarten en kansspelletjes, zoals wedstrijden waarbij schildpadden hun weg door een doolhof moesten zoeken. Lene en Manfred zag ze nauwelijks. Lene kwam haar wel elke avond welterusten zeggen, zelfs al moest ze daarvoor een feest in een van de schitterende salons verlaten, en als ze dan zwierig kwam aanlopen om haar te knuffelen en een nachtzoen te geven, leek ze wel een prinses die in het holst van de nacht was afgedaald uit haar kasteel. Het maanlicht dat door de patrijspoort naar binnen viel, reflecteerde in haar ketting van parels en diamanten. Als Clara op haar lag te wachten, gaf ze zich over aan dagdromen en stelde zich voor dat ze een personage was uit een film die ze had gezien of een boek dat ze had gelezen. Vaak fantaseerde ze dat ze een weeskind was, moederziel alleen, of een arm keukenmeisje dat toekeek bij de schitterende feesten van de rijken. Het keukenmeisje was eigenlijk natuurlijk beter af dan die rijke mensen, want zij had geen last van al dat uiterlijk vertoon en al die conventies. Soms stelde ze zich voor dat ze door haar flamboyante vader werd gered van verwaarlozing, maar vaker was zij degene die hem redde uit het ziekenhuis waar hij lag, verbrand, blind en door iedereen vergeten. Doordat ze haar ideeën ontleende aan de kinderfilms die ze zag, had ze romantische denkbeelden over hoe het zou zijn om arm of een weeskind te zijn. Het kwam nooit bij haar op dat zij, Clara, elke dag heerlijk te eten kreeg.

Op hun vierde dag op zee werden de golven heel hoog, en het schip stampte en rolde zo erg dat iedereen zeeziek werd. Waar je ook liep, de grond leek omhoog te komen, en veel mensen bleven dan ook in hun hut. Fräulein Gründlich was in haar kooi gekropen. Clara had nergens last van en voelde zich daardoor superieur. Toen de gouvernante van uitputting was ingedommeld, ging het meisje rondlopen door de gangen van het schip, die zo langzamerhand bekend terrein voor haar waren. Ze ging op zoek naar de plek diep in de buik van het schip waar zich misschien verstekelingen verscholen. Maar in plaats daarvan vond ze de filmzaal. Die was bijna leeg, maar het scherm lichtte verleidelijk op, en daarom glipte ze naar binnen. Dat mocht eigenlijk niet, want het was geen kinderfilm.

Clara ging op een van de achterste rijen zitten. Al snel zat ze gebiologeerd te kijken. De film speelde duidelijk in Amerika, want je zag een stad met brandtrappen, precies zoals ze die op foto's van New York had gezien. Er kwamen een heleboel jongens met smoezelige gezichten in voor, en een knappe jongeman en een mooi meisje, die op het uiteinde van een pier met elkaar praatten, in een stad die inderdaad New York bleek te zijn. Clara verstond niet veel van wat er werd gezegd, maar ze volgde de handeling gretig en prentte zich elk gebaar en elk detail van het decor in het geheugen.

De volgende dag was de zee kalmer, maar het waaide nog steeds hard. Fräulein Gründlich hoorde het nieuws als eerste. 'We zijn langs de rand van een zware orkaan gevaren,' vertelde ze Clara. 'Ze zeggen dat die in Amerika vreselijk veel schade heeft aangericht. We hebben geluk gehad dat wij alleen de rand hebben meegepakt. Hoewel het voor mij al te veel was.' Ze voelde zich nog steeds beverig en stond onvast op haar anders toch stevige benen.

Tegen middernacht legde de *Nieuw Amsterdam* aan in de haven van New York. Clara werd wakker toen de bekende geluiden van de scheepsmotoren en het vertrouwde stampen van het schip wegvielen. De stilte werd alleen verbroken door de luidruchtige bedrijvigheid aan wal. Er waren weer kranen aan het werk, en stuwadoors schreeuwden dingen in een andere taal. Maar door de patrijspoort was nauwelijks iets anders te zien dan olieachtig water waar afval in dreef. Ze had zo gehoopt op een glimp van het Vrijheidsbeeld, de aanblik van wolkenkrabbers, het silhouet van New York vanaf zee. Hiervoor hoefde ze Fräulein Gründlich niet wakker te maken. Clara pakte haar dagboek en bij het licht van het lampje boven haar kooi schreef ze: 'Onze reis is geëindigd in New York. Het enige wat ik kan zien is het vieze water van de haven, maar morgenochtend zal de zon voor ons allemaal opgaan boven een gloednieuw land.' Tevreden ging ze weer slapen.

Op 28 oktober vaardigde de nationaal-socialistische regering een verordening uit waarbij alle 'staatloze' Joden werden uitgewezen. Op 7 november werd Ernst vom Rath, de derde secretaris van de Duitse ambassade in Parijs, neergeschoten door de zeventienjarige Pools-Joodse student Herschel Grynszpan, wiens ouders – Poolse staatsburgers die sinds 1914 in Hannover hadden gewoond – als gevolg van de verordening over de grens waren gezet. Dit voorval vormde het excuus, als dat al nodig was, voor de pogrom die de geschiedenis is ingegaan als de Kristallnacht, de nacht van de gebroken ruiten. Vom Rath stierf pas op 9 november, op de dag dat de nazi's de Bierkellerputsch van vijftien jaar eerder in München wilden herdenken. Het samenvallen van die twee gebeurtenissen was voor iedereen die het horen wilde het signaal dat het hun vrijstond ernst te maken met de terreur tegen de Joden.

Die nacht stond vrijwel elke synagoge in Duitsland in brand. De ramen van Joodse winkels werden ingeslagen. Er werden eenennegentig Joden vermoord, meer dan zevenduizend Joodse zaken geplunderd en verwoest, en zesentwintigduizend Joodse mannen gearresteerd en naar de concentratiekampen van Dachau, Buchenwald en Sachsenhausen gebracht. De straten lagen vol met de scherven van duizenden ramen.

Jonah Süsskind had het nieuws van Vom Raths dood op de radio gehoord. Hij was thuis en dacht aan zijn kinderen, waarbij hij het ene moment zijn vrouw vervloekte en het volgende vurig hoopte dat ze terug zou komen. Hij dronk meer dan hij at, maakte zijn dagelijkse wandeling en scharrelde wat rond in de tuin. Daar was om deze tijd van het jaar niet veel te doen, maar hij wist altijd wel een reden te verzinnen om naar buiten te gaan, waar hij controleerde of de rozenstruiken goed waren ingepakt in jute en of de compostlaag in de bloembedden dik genoeg was. Een Joodse collega had geopperd dat hij een visum moest aanvragen voor een ver land, waar hij als verpleegkundige kon werken in de tijd dat hij zich op het examen voorbereidde om zijn oude beroep te mogen uitoefenen. Dat had hij echter resoluut van de hand gewezen. Hij bleef zich vastklampen aan het idee dat Hildegard terug zou komen om hem te redden of in elk geval een goed woordje voor hem zou doen bij de autoriteiten. Hij had wat spaargeld waar ze de hand niet op had weten te leggen, en door af en toe heimelijk een vroegere patiënt te helpen kon hij net rondkomen.

Toen hij het bericht hoorde, wist hij dat er iets verschrikkelijks stond te gebeuren. Hij was geobsedeerd geraakt door het idee dat de meest logische stap het in ere herstellen van de getto's zou zijn. Het leek hem helemaal niet moeilijk om de Joden die er in en rond Frankfurt nog over waren weer naar de Altstadt te laten verhuizen, naar het gebied waar de Judengasse eens was geweest. Daar zouden ze in een gesloten gemeenschap kunnen leven, alleen verantwoording verschuldigd aan elkaar en buiten het zicht van de rest van de bevolking. Binnen die gemeenschap zag hij voor zichzelf een rol als arts weggelegd. Hij zou zijn patiënten gratis behandelen en alleen vragen om een dak boven zijn hoofd en brood op tafel. Toen hij Andreas eens in vertrouwen had genomen over deze fantasie, had die hem verbijsterd aangestaard en verkondigd dat hij zich nooit zou laten opsluiten binnen de muren van een getto.

De avond viel en in Wiesbaden leek alles rustig te zijn. Jonah liep van het ene naar het andere raam, op de uitkijk voor jongens van de Hitlerjugend die zijn tuinmuur al een paar keer met leuzen hadden beklad en langs waren gemarcheerd onder het zingen van liederen vol haat. Uren verstreken zonder dat er iets gebeurde.

Jonah woonde in een rustige straat in een nette woonwijk. Hij zat te soezen in zijn studeerkamer toen de eerste geluiden hem bereikten. Groepen vandalen zwierven over straat, gewapend met knuppels, stenen, blikken benzine, lappen en lucifers. Eerst sloegen ze ramen in, daarna stichtten ze brand. Jonah werd wakker door de herrie van het gespuis en het licht van een vuurzee. Vonken vlogen rond door de koude nachtelijke lucht en er hing al snel een schroeilucht over de stad. Jonah wist niet dat het de synagoge was die in brand stond, maar merkte wel dat het vuur niet werd geblust.

Pas na middernacht werd de hemel weer zwart en kwamen de sterren van achter de rookwolken tevoorschijn. De telefoon ging. Jonah nam automatisch op. De stem aan de andere kant van de lijn was schor. 'Ze hebben de synagoge platgebrand,' bracht de man moeizaam uit, 'en ze trekken door de stad om Joden op te pakken, hun winkels te vernielen en ruiten in te slaan. Breng jezelf in veiligheid!'

'Met wie spreek ik?' vroeg Jonah, maar er was al opgehangen.

Op dat moment besefte Jonah dat hij geen beleefde brief zou krijgen waarin hem werd verzocht zich op het stadhuis te melden om ondergebracht te worden in het Frankfurtse getto. Toen de klop op de deur kwam, was hij er klaar voor. Hij was niet bang voor de dood en als arts wist hij hoe hij pijnloos kon sterven.

Er werd harder geklopt, geschreeuwd en met knuppels tegen het hout geslagen. Jonah vulde de injectiespuit, een handeling die hij duizenden malen had verricht. Hij deed het licht uit en draaide de deur van zijn studeerkamer op slot. Toen bond hij het smalle rubber slangetje om zijn bovenarm en trok het strak met behulp van zijn tanden, zodat hij zijn rechterhand vrij had. De ader werd donkerder, dikker en zwol op. Behendig stak Jonah de naald erin, drukte de spuit leeg en liet het slangetje los. Een melodieus getjilp weerklonk door zijn hoofd, een geluid als van zangvogels op een vroege lenteochtend. Hij dacht aan de melodie van het tweede deel van de *Pastorale* van Beethoven. Hoorde hij daar een hobo of een fluit? Misschien wel allebei. Toen werd de muziek overstemd door een hard geruis, als van een waterval. Het gebulder werd steeds harder, tot hij niets anders meer hoorde. Dit is zo slecht nog niet, dacht hij, maar ik zou het frisse water wel op mijn tong willen voelen. Daarna verloor hij het bewustzijn.

Toen hij door de mannen van de SA werd gevonden, was hij al dood. Daar waren ze zo kwaad over dat ze alles in de studeerkamer kort en klein sloegen. Ze vonden niets van waarde in het huis. Een schilderijtje, een zicht op Frankfurt door Johann Friedrich Morgenstern, werd de volgende dag door de buren weggehaald. Niemand eiste de dode op en hij werd afgevoerd naar de Joodse begraafplaats om ter aarde te worden besteld door de begrafenisvereniging. Die plaatste een klein gedenkteken, dat wegroestte en de oorlog niet overleefde.

Andreas luisterde niet naar de radio, alleen nog naar zijn platen. Na een bezoek van de Gestapo was Kurt bij hem ingetrokken. In het appartement met uitzicht op de Main woonde nu een partijbons. Anna, die nog steeds voor hen zorgde, ook al was dat voor haar gevaarlijk, bracht hun al het belangrijke nieuws.

'Ik denk dat dit de druppel is die de emmer doet overlopen,' zei ze, toen ze had gehoord dat Vom Rath was neergeschoten. 'Nu zijn ze niet meer te stuiten. Ze beweren dat ze altijd gelijk hebben gehad over de Joden. Overal waar je komt, hoor je hun gebrul. "De Joden brengen ongeluk," zeggen ze steeds weer opnieuw. Geen wonder dat de mensen het gaan geloven. Het is een nachtmerrie.'

Haar ronde gezicht was gerimpeld geworden. Je begon te zien dat ze niet jong meer was, maar ze peinsde er niet over met pensioen te gaan.

'Ik wil niet dat u iets overkomt,' zei Andreas. 'Ik wil u geen ongeluk brengen.'

Anna wuifde zijn ongerustheid weg. 'Ik heb uw oom Edu beloofd dat ik voor u zou zorgen.'

'O ja? Dat heb ik nooit geweten.'

'Hij doet al het mogelijke om u te beschermen. Ik wou dat u uitweek. Waarom moet u per se blijven?'

'Dat weet u. Ik kan niet weggaan zonder Kurt en er is niemand om hém te helpen.'

Anna zuchtte. Ze had nooit van zichzelf verwacht dat ze een dergelijke relatie nog eens zou begrijpen en accepteren. Maar de twee mannen hadden haar hart veroverd. Ze waren hoffelijk in de omgang en vastbesloten hun waardigheid te behouden. Ze lazen elkaar voor en leidden een teruggetrokken leven. Er waren geen restaurants waar ze konden gaan eten en nauwelijks winkels waar ze boodschappen konden doen, en ze konden niet in de Anlagen op een bankje gaan zitten. Maar ze hielden vol en dachten niet verder dan de dag van vandaag.

Het geluid van brekend glas drong niet door tot Andreas, verschanst achter zijn muren, en kwam niet boven de muziek uit die hij draaide. Hij zag de synagogen niet branden. De nabijgelegen Westend-synagoge bleef verrassend genoeg gespaard. Hij ging zoals altijd naar bed achter geblindeerde ramen en afgesloten deuren.

De volgende dag had Anna meer nieuws. 'Ze zeggen dat de Joden een schadevergoeding moeten betalen. Dat heb ik op straat gehoord. Het schijnt dat de brandweer geen vinger heeft uitgestoken om de branden te blussen, en dat er veel Joden zijn opgepakt. Ik heb op straat een groepje gezien dat werd afgevoerd. Ik weet dat het Joden waren. Ik herkende meneer Horowitz en meneer Ettinger. Dat beeld zal ik nooit meer kwijtraken. De mensen stonden erbij en keken ernaar. Sommigen juichten zelfs. Er is hier geen hoop meer. Andreas' – ze had hem nooit eerder bij zijn voornaam genoemd – 'u moet vertrekken!'

'Wat kunnen ze nog meer doen?'

'Ze kunnen u doden.'

'Wat zou daar het nut van zijn?'

'U moet niet over "nut" praten. Als er haat in het spel is, gaat alle redelijkheid overboord.' De oude vrouw was zachtmoedig, maar ook pienter. 'Ze pakken je alles af wat ze maar kunnen en dan word je afgedankt als een stuk vuil. Ze zien Joden niet als mensen. Ze doen wat ze willen en zorgen ervoor dat niemand tegen hen in durft te gaan. Mijn neef heeft eens luidkeels geprotesteerd tegen dat gespuis en hij werd in elkaar geslagen. Breng uzelf in veiligheid!'

Andreas pakte haar hand en kuste die. Het was een gebaar dat tegelijk teder en hoffelijk was. Anna bloosde.

'Laten we afwachten wat er gebeurt,' zei hij.

Van haar broer gescheiden door zesduizend kilometer land en water schonk Lene op diezelfde dag, 10 november, in het New York Hospital het leven aan een jongetje. Er waren geen complicaties, de bevalling verliep probleemloos. Het kind woog negen pond, had het zwarte haar van zijn vader en krijste er krachtig op los. Hij werd Peter Nathan Solomon genoemd. Er was enige discussie geweest over de naam. Manfred wilde de ijdelheid van een beroemde dirigent strelen door het jongetje naar hem te vernoemen, maar Lene had geweigerd. 'Het is een lelijke naam,' zei ze, 'en ik geloof niet in hielenlikken.'

'Je geeft niets om mijn carrière,' zei Manfred, maar toch was hij trots op zijn rood aangelopen zoontje met de sterke longen.

Een maand later, kort voor Kerstmis, overleed Paul Leopold in een ziekenhuis in Parijs aan de complicaties van een galblaasoperatie. Lene hoorde het van Eva, die haar een brief schreef.

> We wisten allemaal dat hij ziek was, maar niemand besefte hoe ziek. Nu zeggen ze dat zijn lever kapot was. Hij had niet in leven kunnen blijven, zelfs niet als de operatie aan zijn galblaas goed was afgelopen. Maar ik vermoed dat er allerlei verschillende oorzaken zijn voor zijn dood, waarvan zijn lever er maar één is. De betreffende arts staat bekend als een kwakzalver. Ze geven hier niets om ons en wilden hem niet door een van onze eigen mensen laten behandelen, omdat die geen vergunning zou hebben. Op een avond is Paul in het café in elkaar gezakt en per ambulance naar het dichtstbijzijnde ziekenhuis gebracht. De volgende dag hebben ze hem opengemaakt en daarna heeft hij nog bijna een week geleefd. Hij kreeg veel

bezoek, maar de chirurg is nooit bij hem komen kijken en de verpleegsters hielden zich doof voor iedereen die vond dat de chirurg gewaarschuwd moest worden. Ze beweerden dat Paul uitstekend genas. En later beweerden ze juist dat hij te ziek was geweest om te herstellen. Ze haalden hun schouders op, zoals de Fransen dat zo goed kunnen, en zeiden: '*Mais oui, monsieur est un ivrogne!*' Meneer is aan de drank; alsof dat alles verklaarde.
Ze waren harteloos en wreed. Hij heeft veel geleden. Ze deden er niets aan. Als hij erge pijn had en om hulp riep, brachten ze hem water en aspirine. Hij schreeuwde steeds weer dat hij naar 'huis' wilde, maar niemand wist precies wat hij daarmee bedoelde. Hij had geen huis. Hij stierf op de donkerste dag van het jaar, toen de zon op het laagste punt stond. Er is een korte begrafenisplechtigheid geweest en daarbij was de hele vluchtelingengemeenschap aanwezig om afscheid van hem te nemen. We weten allemaal dat er dagelijks tragischer sterfgevallen zijn in de concentratiekampen in Duitsland, maar hij leek symbool te staan voor al onze beproevingen. We zijn ballingen. Ze zeggen dat hij dood wilde, dat hij er niet tegen kon buiten Oostenrijk te moeten leven, dat hij met heel zijn hart rouwde om de ondergang van zijn geliefde land, eerder dit jaar. Ik weet het niet. Ik geloof niet zo in dat soort verklaringen. Ze zijn te romantisch naar mijn smaak. Bovendien leefde Paul altijd al in ballingschap. Dat was zijn natuurlijke toestand. Hij heeft nooit hoop gekoesterd.
Lenin keerde zegevierend terug naar Rusland, zíjn ballingschap was tijdelijk en dat wist hij. Paul wist dat er voor hem nooit een plek zou zijn om naar terug te keren. Hij was te cynisch geworden om in een politieke oplossing te geloven.
Daarin verschil ik van hem. Ik geloof dat de verworpenen der aarde – en dat worden er steeds meer, zolang Hitler aan de macht blijft – wel degelijk zullen ontwaken. Er is veel werk te doen. Het zal een lange weg zijn, maar we moeten ons ervoor inzetten. Hitlers rijk zal geen duizend jaar standhouden. Daar ben ik van overtuigd.

Lene borg de brief op en vertelde Manfred er niets over. Ze was alleen thuis geweest toen Fräulein Gründlich haar de brief kwam brengen en had hem een paar maal gelezen. Wekenlang kon ze hem niet uit haar gedachten zetten en droomde ze bijna elke nacht van Paul Leopold. 'Je ziet er niet goed uit,' zei Manfred. 'Misschien moet je stoppen met borstvoeding geven.'

HOOFDSTUK 8

1939-1945

De eerste jaren in Amerika waren moeilijk voor Manfred Solomon, en daardoor ook voor zijn gezin. Zijn carrière, die in het Europa van vóór de nazi's net goed op gang was gekomen, liep vast in wat hij spottend 'het land van de onbegrensde mogelijkheden' noemde. Zonder zijn baan als muziekleraar op de kleine katholieke universiteit in New Rochelle en de maandelijkse cheque die Lene van Edu kreeg, hadden ze het niet gered. Nu lukte het Lene om de illusie in stand te houden dat haar leven nauwelijks was veranderd. Maar het belangrijkste was toch dat ze waren ontkomen.

Na hun aankomst woonden ze een maand in een hotel in West 81st Street. Daarvandaan ging Lene, zwanger en wel, op pad om een geschikte woning te zoeken. Haar keuze viel op een appartement in East 82nd Street op de hoek van Madison Avenue. Het was groot genoeg voor hen allemaal plus Manfreds Bechstein-vleugel. Er was een eigen kamer voor Fräulein Gründlich en een kinderkamertje voor de baby, die nog geen week na hun verhuizing geboren werd en in een gloednieuwe Amerikaanse wieg werd gelegd toen Lene met hem uit het ziekenhuis kwam.

De rest van hun meubilair arriveerde in enorme kisten, en Clara keek verbaasd en opgetogen toe bij het uitpakken. Al haar geliefde bezittingen, die ze niet meer had gezien sinds ze uit Duitsland waren vertrokken, kwamen weer tevoorschijn. Toen de tapijten werden neergelegd en de meubels op hun plaats werden gezet, kreeg het grote, pasgeverfde appartement langzamerhand iets vertrouwds, en uiteindelijk leek het alsof ze alleen het uitzicht niet uit Frankfurt hadden meegenomen. Het marmeren tafeltje met de geëmailleerde schaal waarin Lene haar sleutels altijd bewaarde, stond op zijn vaste plek in de hal. Clara's slaapkamer was ingericht met het houten en chromen meubilair in Bauhausstijl dat Lene in 1932 had gekocht, toen ze had besloten de kamer van het meisje onder de hanenbalken in de Guiollettstrasse met Emma's hulp een opknapbeurt te geven.

Clara rende steeds naar haar moeder om alle schatten te laten zien die ze terugvond, en voor de dag om was had ze haar kamer precies naar haar zin ingericht en alles een plekje gegeven, tot aan het koptische wandkleed dat oom Ernst haar uit Palestina had gestuurd. Ze voelde zich veilig en tevreden. Zelfs het uitzicht op Madison Avenue beviel haar, want ze keek graag naar de bedrijvigheid op straat.

Lene had Manfred de deur uit gestuurd, zodat hij geen last had van de drukte. Hij mopperde altijd dat hij een 'huis vol vrouwen' had, maar verwachtte wel liefde en toewijding van hen en kreeg die ook. Toen hij terugkwam, waren de verhuizers weg en was alles bijna op orde. Lene zat in de slaapkamer een sigaret te roken, met een doek om haar hoofd en in een huisjurk die strak om haar buik spande, en keek naar de ondergaande zon boven het Metropolitan Museum. Manfred, die langs de open deur liep, zag haar zitten. 'Wat zie je er heerlijk slettig uit.' Ze staarde hem glazig aan; ze was zo opgegaan in haar dagdroom dat het leek alsof ze in trance was geweest.

'Maar je hebt ook iets van een heilige,' vervolgde Manfred. 'Een onweerstaanbare combinatie.'

Hij deed de deur achter zich dicht, kwam naar haar toe en kuste haar in haar nek. Als hij geen optredens had, vlamde zijn begeerte altijd heviger op. Hij stak zijn hand in de halsopening van haar jurk en betastte haar borsten. 'Ik heb altijd een zwak voor dienstmeisjes gehad,' fluisterde hij, in een variatie op Wilhelm Busch, die min of meer hetzelfde had gezegd. Hij wreef met zijn wijsvinger over haar tepel. 'Ik hou van je.'

'Niet nu,' zei Lene. 'Ik heb het veel te druk.'

'Ik hou nu van je en ik zal altijd van je houden.'

'Clara kan elk moment binnenkomen. Laat me toch.'

'Je bent koel tegen me geworden sinds we hier zijn.'

'Maak me alsjeblieft geen verwijten. Zie je niet hoe ik eruitzie? De baby...'

'Er is altijd wel iets!' Manfred stormde de deur uit. Hij sloot zichzelf op in zijn kamer en kwam pas tevoorschijn toen hij werd geroepen voor het avondeten. Die avond ging hij alleen naar de film.

De geboorte van zijn zoon vrolijkte hem aanzienlijk op. Hij had verwacht dat hij alleen trots zou zijn, maar hij liep keer op keer de kinderkamer in om te kijken naar de baby, die op zijn buik lag te slapen, met zijn zwarte krullen zacht tegen zijn enigszins rode voorhoofd gekleefd. Een paar maanden lang vergat Manfred dat zijn carrière in het slop was geraakt. De muziek die hij speelde was romantisch en lyrisch. Hij ging bij andere musici op bezoek om samen kamermuziek te maken.

Op 15 maart 1939 vielen de Duitse troepen Tsjechoslowakije binnen.

Lene ontwikkelde een angst voor tunnels en andere ondergrondse ruimtes. Die kwam ineens opzetten toen ze op een dag in de metro zat, op de Lexington Avenue-lijn. Plotseling werd ze overmand door de zekerheid dat de trein, die met razende snelheid naar het noorden denderde, zou worden verpletterd doordat de weg boven hen instortte. En toen de metro bij een halte tot stilstand kwam, voelde Lene zich zo slap dat ze een vriendelijk ogende oudere man vroeg of hij zijn zitplaats aan haar wilde afstaan. Ze beet op haar lip om niet te gaan gillen, en met haar ogen dicht en haar handen om haar tas geklemd wachtte ze haar dood af. Bij de halte van 86th Street rende ze in paniek de trein uit en kalmeerde pas door de frisse lucht en de onbelemmerde aanblik van de hemel. Daarna nam ze liever de bus dan de ondergrondse. Toen ze een keer naar New Jersey moest, raakte ze midden in de Lincoln Tunnel in paniek. Uit angst voor herhaling ging ze op de terugweg maar tot Hoboken en nam daarvandaan een taxi over de George Washington Bridge. Dat kostte een klein vermogen, en Manfred berispte haar dan ook om haar angst. 'Gewoon je tanden op elkaar zetten en er niet aan toegeven,' zei hij. 'Ik heb het zwaarder dan jij en ik bezwijk ook niet onder de wanhoop. Het zijn maar onbeduidende, irrationele angsten.'

'Dit is míjn wanhoop,' zei Lene, maar Manfred begreep haar niet.

Hij bleef steeds langer aan de piano zitten. Soms bonkten de buren ongeduldig op het plafond of de vloer. De muziek werd minder lyrisch en onwelluidender. Hij maakte ruzie met een paar van zijn oude kennissen. Ook zij waren terneergeslagen en hadden veel aan te merken op Amerika.

Manfred ging tweemaal per week voor een halve dag met de trein naar New Rochelle. Hij liep vanaf het station naar zijn werk en terug, een afstand van een paar kilometer, en werd al snel een bekende verschijning voor de winkeliers aan North Avenue. Zijn leerlingen vreesden hem vanwege zijn pedante, autoritaire houding. Hij hield niet van lesgeven en vond de meisjes, die geen enkele discipline of interesse hadden, karakterloos en nietszeggend. 'Ons pasgeboren zoontje heeft meer temperament,' mopperde hij tegen Lene. Maar de school vroeg hem vaak om een recital te geven, en hoewel het publiek voornamelijk uit medevluchtelingen bestond, werden zijn optredens steeds drukker bezocht, wat hij een hoopvol teken vond.

Zijn recital in de Town Hall in Manhattan – dat hem geld kostte, want de meeste kaartjes werden weggegeven – werd bijgewoond door de derde recensent van *The New York Times*, die Manfreds spel 'magistraal' en 'van tijd tot tijd briljant' noemde, maar dat positieve oordeel nuanceerde door te beweren dat het 'teutoons' was. Aangezien hij dat in het voorjaar van 1940 schreef, toen de Wehrmacht razendsnel door Frankrijk oprukte, was de kans niet groot dat de recensie Manfred bewonderaars zou bezorgen.

Fräulein Gründlich en Clara daarentegen hadden geen enkele moeite zich aan het nieuwe land aan te passen. 'Zie je wel, ik heb het je gezegd, dit land is geknipt voor kinderen en bedienden,' zei Manfred sarcastisch tegen Lene.

Fräulein Gründlich ontdekte al binnen een half jaar hoe vriendelijk de Amerikanen waren. Als ze op haar vrije dagen naar de film ging of zondagavond in haar eentje bij Schrafft's at, waren er altijd mensen die een praatje met haar aanknoopten. Ze kreeg steevast te horen dat ze 'zo'n aardig gezicht' had, of 'zo'n hartelijke glimlach', en al snel had ze een groepje kennissen. Deze vrouwen, voornamelijk weduwen en vrouwen die nooit getrouwd waren geweest, vonden het feit dat ze gouvernante was geen reden om op haar neer te kijken. Sommigen hadden voor de telefoondienst gewerkt of waren verkoopster geweest in een warenhuis, anderen hadden nooit een baan gehad en leefden van het pensioen van hun man, zodat ze elk dubbeltje moesten omkeren en maar net konden rondkomen. Fräulein Gründlich leerde canasta – ze had altijd al een zwak gehad voor kaartspelletjes en kende tientallen variaties van patience – en zat met haar nieuwe vriendinnen regelmatig om de kaarttafel. Omdat zij hen niet thuis kon ontvangen, ging ze altijd bij een bakker langs en nam een taart mee, en soms haalde ze ook een fles kirsch, waar ze dan aan het einde van de avond uit kleine glaasjes van dronken.

Clara ging naar een openbare school, waar ze de jitterbug leerde dansen en honkbal speelde. Haar ouders wonden zich vaak op over de oppervlakkigheid van het Amerikaanse onderwijs. De leerlingen kregen Latijn noch Grieks, er was geen enkele aandacht voor schoonschrijven en er werd buitensporig veel tijd besteed aan dingen als tekenen, schilderen, tulpenbollen planten en butterscotch-brownies bakken.

Op een dag kwam Clara thuis met een negenenhalf voor een opstel met de titel 'Mijn reis naar Amerika'. Ze kwam binnenstormen om haar moeder het goede nieuws te vertellen. Het was de eerste keer dat ze zo'n hoog cijfer haalde voor een Engels opstel.

'Wat is dit?' vroeg Lene, en ze wees op de plek boven aan het vel papier waar Clara haar naam had geschreven. 'Hier staat "Claire Badolet". Volgens mij is je voornaam Clara en je achternaam Von Brenda-Badolet. Ik geef toe dat het een lange naam is, maar wel een heel gedistingeerde. Waarom heb je die veranderd?'

Clara/Claire bloosde. 'Ik dacht niet dat je het erg zou vinden,' zei ze. 'Het is zo lastig... Amerikanen hebben nou eenmaal niet zulke namen.' Toen ze zag dat haar moeder volledig van haar stuk was, schrok ze. 'Wil je dat ik het terug verander? Als je dat echt wilt, zal ik het doen.' Had ze iets verschrikkelijks gedaan?

De aanblik van de nieuwe naam had Lene geschokt. Het leek haar aanmatigend of zelfs opstandig om zoiets te doen. Net zoiets als het contact met je familie verbreken of van huis weglopen. Kon het zijn dat Clara – Claire – zoiets overwoog? Dat ze ongelukkig was? Lene keek haar aan en probeerde het vertrouwde gezicht te peilen om een glimp op te vangen van iets onbekends. Maar ze zag alleen een vragende en ongeruste uitdrukking.

'Is dat alles, Clărchen?' vroeg Lene. 'Heus waar? Vertel je me de waarheid? Ben je niet ongelukkig?'

'Ik wil net zo zijn als de anderen,' zei Clara. 'Ik wil niet dat ze naar me kijken alsof ik een zonderling ben. Janice noemde me laatst een "vluchteling". En ik wil mijn vlechten laten afknippen. Mag dat, mammie? Mag ik kort haar?'

'Je haar laten knippen is niet zo'n grote stap als het veranderen van je naam.'

'Omdat je haar weer aangroeit?'

'Omdat je naam een band met je verleden is, met je vader.'

'Maar hij is ver weg. Hij komt er nooit achter.'

'Als iets verkeerd is, is het ook verkeerd als niemand erachter komt.'

'Dat weet ik wel.' Ze bloosde weer. Fräulein Gründlich zei dat je oogstte wat je zaaide.

'Ik zeg niet dat je papa het erg zou vinden, maar ik wil wel dat je weet wat je doet, dat is alles. Het is een grote stap,' legde Lene uit.

'Dat snap ik wel,' zei ze, terwijl ze zich afvroeg of dat echt waar was. 'Maar mijn manier van leven verandert,' vervolgde ze bijdehand. 'Ik ben Amerikaans aan het worden. Jij bent ook veranderd. Je bent met Manfred getrouwd. Je wilde niet je hele leven met mijn vader doorbrengen.'

'Wat volwassenen doen is iets anders,' zei Lene. 'Ik zal je er op een dag meer over vertellen, als je ouder bent.'

'Soms wou ik dat Manfred mijn echte vader was.' Het meisje ontweek de blik van haar moeder en keek uit het raam, naar de overkant van de straat.

'Hij houdt van je als van een dochter, Clara. Maar je vader houdt ook van je, vergeet dat niet. Je hebt geluk, want je hebt twee vaders!'

'Mag ik mijn nieuwe naam houden? Hoef ik hem niet terug te veranderen? Mag ik Claire Badolet heten?'

'Claire Badolet...'

'Vind je dat niet mooi klinken?'

'Dat wel, ja. Mag ik je dan Clara blijven noemen?'

'O, mammie!' Claire was zo blij haar zin te krijgen dat ze haar moeder stevig omhelsde en als een klein meisje haar gezicht tegen haar moeders schouder drukte. Er ontsnapte haar een zucht.

'Is er iets?' vroeg Lene.

'Nee, helemaal niet! Alleen dat ik zoveel van je hou. Niemand begrijpt me zo goed als jij.' Hoewel haar Engels intussen vloeiend was, bleef ze thuis Duits spreken. Dat was voor haar nog steeds de taal om over vertrouwelijke dingen te praten, over haar vreugde en verdriet.

Op dat moment kwam Manfred de woonkamer binnen, en hij bleef even staan en keek naar moeder en dochter. Hij voelde zich buitengesloten door hun omhelzing. Ze vormden een ijzersterk paar. Claire was niet zo mooi als haar moeder, maar had iets heerlijk ongecompliceerds en was altijd vrolijk. Hij hield van allebei, maar meer van ieder apart dan van hen samen.

'Stoor ik?' vroeg hij.

'Helemaal niet,' zei Lene. Ze gaf haar dochter een tikje op haar billen, en het meisje liep de kamer uit om Fräulein Gründlich te gaan vertellen dat ze voortaan bij haar nieuwe naam genoemd wilde worden.

'Ik moet iets met je bespreken,' zei Manfred. 'Het is een serieuze zaak, dus wil ik niet dat iemand ons stoort.'

'Laten we dan naar jouw kamer gaan. Als we de deur dichtdoen, komt er niemand binnen.'

Ze zaten tegenover elkaar, Manfred op zijn stoel met rechte leuning, Lene in de gerieflijker fauteuil. Ze had een knoop in haar maag, vlak onder haar ribbenkast. Een 'serieus gesprek' met Manfred betekende altijd dat hij overwoog iets te ondernemen waar zij ongetwijfeld op tegen zou zijn. Hij had veel vrije tijd en een groot deel daarvan bracht hij zoek met het bedenken van plannen en projecten om zijn carrière vooruit te helpen. Aangezien hij niet praktisch van aard was, ging het meestal om onbesuisde ideeën die in elkaar waren geflanst van snippers informatie, afkomstig van vrienden en kennissen.

'Ik ben eruit, ik weet wat ik nodig heb om carrière te maken in dit land.'

'Wat dan?' vroeg Lene wantrouwig.

'Een goede impresario.'

'Maar je hebt een impresario.'

'Goldschmidt, een vluchteling, net als wij, een man met Europese ideeën en principes, zonder contacten en zonder de Amerikaanse – hoe noemen ze dat? – "knowhow". Die directheid van de taal bevalt me wel.'

'Maar hij is altijd een vriend van je geweest.'

'Dat heeft er niets mee te maken. Hij helpt mijn carrière niet verder.'

'Dus je wilt bij hem weg?'

'Ja.' Manfred trommelde met zijn linker ringvinger op de armleuning van zijn stoel. Hij was altijd bezig die sterker te maken. 'Ik heb gehoord dat ene Samitzky de beste impresario van Amerika is. Hij is de grote man op dit gebied, en als híj me wil hebben, is mijn carrière verzekerd.'

'Ga je met hem praten?'

'Ik heb hem al gebeld.'

'Dat heb je helemaal niet verteld.'

'Ik wilde horen wat hij te zeggen had, voordat ik het met jou besprak. Ik was bang dat jij per se zou willen dat ik bij Goldschmidt bleef.'

'Ik mag Goldschmidt inderdaad graag, maar ik begrijp best dat je vindt dat je een Amerikaanse impresario nodig hebt.'

'Een Amerikaans-Joodse impresario van Oost-Europese afkomst. Dat schijnt het beste te zijn. Die mannen zijn gehaaid en intelligent en hebben weinig scrupules. Ze zijn zakelijk en houden van kunst.'

'En is Samitzky zo'n man?'

'Dat zeggen ze.'

'En wat zei híj, toen je hem sprak?'

'Ik heb hem niet zelf gesproken, maar zijn secretaresse, een bemoeiziek mens. Ze zei dat hij het druk had en dat ik een afspraak moest maken om hem te kunnen spreken. Ze vertelde ook dat hij een "volle stal" had. Zo zei ze het letterlijk! Dat is toch niet te geloven? Een stal, alsof je het over paarden hebt. Ze behandelen musici, kunstenaars, hier in het land van de onbegrensde mogelijkheden als beesten!'

'Wat ben je nu van plan?'

'Ik ga met hem praten. Maar eerst wil ik jou vragen iets voor me te doen.'

'Wat dan?' De knoop in haar maag werd groter.

'Ik wil dat je oom Edu om vijfduizend dollar vraagt.'

'Waarvoor in hemelsnaam?'

'Geld opent deuren, zoals ze hier zeggen.'

'Wil je Samitzky geld bieden?'

'Ze zeggen dat in Amerika alles en iedereen te koop is. Ik ga het proberen.'

'Maar dat is omkoping!'

'Zo noemen ze het hier niet. Het is een gift. En als ik eenmaal succes heb, verdien ik het in honderdvoud voor hem terug, en dan kan hij me terugbetalen als hij wil. Dus eigenlijk is het alleen een voorschot op toekomstige verdiensten...'

'Toch lijkt het me verkeerd.'

'Je weet niet waar je het over hebt, Lene. Dit is Amerika. Je moet je overdreven Europese gewetensbezwaren opzijzetten. Zeg tegen Edu dat het een lening is. Dat die essentieel is voor mijn carrière en dat mijn carrière essentieel is voor jouw levensgeluk. Als ik niet werk, verdien ik geen geld. Het komt niet door een gebrek aan talent – dat moet hij goed begrijpen – maar doordat de omstandigheden hier dusdanig zijn dat ik me eerst moet aanpassen voordat ik mijn weg kan vinden.'

'En als hij weigert?'

'Hij zal niet weigeren. Niet als je het hem op de juiste manier vraagt. Maar als jíj niet in me gelooft, als je geen vertrouwen meer in me hebt, als je denkt dat dit een luchtkasteel is, dan hoef je niet de moeite te nemen het hem te vragen. Dan moet je het maar vergeten en je erbij neerleggen dat je getrouwd bent met een mislukkeling. Stuur me dan maar op pad om een baantje te zoeken als tramconducteur of postbode.'

Manfred was zeer geagiteerd. In gedachten had hij het allemaal zo zorgvuldig uitgewerkt dat de helderheid en logica ervan voor hem onomstotelijk vaststonden. Door Lenes aarzeling kwam het hele plan op losse schroeven te staan.

'Doe je het of niet? Er zijn maar twee mogelijke antwoorden, ja of nee. Wat wordt het?'

'Ik wil erover nadenken.'

'Ik moet het volgende week weten.'

'Vanwaar die haast?'

'Als je eenmaal hebt besloten dat je iets gaat ondernemen, moet je het niet voor je uit schuiven.'

Die nacht lag Lene heel lang wakker. Ze kon het gevoel niet van zich afzetten dat het verkeerd was om iemand smeergeld te bieden, hoe je het ook noemde. En ze was bang dat oom Edu woedend zou worden en beledigd zou zijn dat zij dacht dat hij aan zoiets wilde meewerken. Maar ze was nog banger dat Manfred in zijn onbeteugelde ambitie en zijn blinde verlangen carrière te maken tot het uiterste zou gaan om te zorgen dat ze toegaf aan zijn wensen. En met Manfred moest ze leven; oom Edu zat duizenden kilometers ver weg.

Daarom schreef ze een brief waarin ze behendig in het midden liet wat er precies met het geld zou gebeuren, maar duidelijk maakte wat het beoogde doel was: Manfreds carrière in Amerika van de grond helpen. Edu schreef een brief vol afkeuring en morele verontwaardiging terug. Hij zei dat hij niet beschouwd wenste te worden als de geldschieter van de familie, dat hij zijn plicht vervulde op de manier die hijzelf juist achtte en dat hij er niet was om aangetrouwde familieleden van de financiële ondergang te redden of zijn nichtjes in staat te stellen zich over te geven aan dwaze uitspattingen of een losbandig leven. Hij zei dat het een lening was en dat hij geen rente zou vragen als hij het geld binnen vijf jaar terugkreeg.

Manfred maakte een afspraak met de impresario. Hij nam knipsels mee van recensies uit Europa.

'Die stukken kan ik niet lezen,' zei de man nors. 'Berg ze maar weer op. Wat heb je híér gedaan?'

Manfred vertelde over zijn baan en de paar recitals die hij had gegeven. Hij had de recensie van zijn concert in de Town Hall uit *The New York Times* niet meegebracht.

'Ik heb ergens gelezen dat je teutoons speelt,' zei Samitzky. Hij gebaarde naar een kleine vleugel die in de hoek van zijn luxueus ingerichte kantoor stond. 'Laat eens iets horen.'

Manfred ging zitten, en met het woord 'teutoons' in zijn achterhoofd speelde hij een etude van Liszt en een polonaise van Chopin.

‘Heel goed, heel goed,’ zei Samitzky, en hij zwaaide met het peukje van zijn sigaar, ‘maar er zijn tientallen pianisten die heel goed zijn. Het wemelt in dit land van de heel goede pianisten. Vooral sinds Hitler. Je moet beter zijn dan heel goed voordat ik je wil hebben. Alleen de allerbesten komen bij mij aan boord.’ Hij stootte een kil lachje uit om zijn eigen kwinkslag.

‘Ik hoor bij de allerbesten. Dat hebben de Duitse recensenten gezegd.’

‘De Duitse recensenten zijn op dit moment bezig Europa te verwoesten en de Joden te vervolgen. Praat me niet van Duitse recensenten. Ik vind je niet goed genoeg voor mij. Misschien over een paar jaar, maar nu nog niet. Ga naar huis en studeer!’

‘Ik heb hier een cheque,’ zei Manfred. ‘Een cheque van vijfduizend dollar.’

‘Ik ben blij dat je niet arm bent,’ zei Samitzky. ‘Arm zijn is ellendig. Geloof me, ik kan het weten.’

‘De cheque is voor u.’ Manfred besefte dat hij zich niet op dit moment had voorbereid. Hij had aangenomen dat het gesprek een andere wending zou nemen. Hij had verwacht dat Samitzky hem zou vragen: ‘Wat heb je me te bieden?’

In plaats daarvan vroeg hij: ‘Voor mij? Hoezo voor mij?’

‘Een geschenk,’ zei Manfred. Hij merkte dat hij in zijn verwarring de juiste Engelse woorden niet kon vinden. ‘Ik wil u deze cheque geven,’ zei hij. ‘Die is voor u. Zodat u mij aan boord neemt, zoals u dat noemt.’

Samitzky keek alsof hij Manfred niet begreep. Manfred haalde de cheque uit zijn portefeuille en liet die aan de impresario zien.

‘Verdomd als het niet waar is,’ zei hij. ‘Het is niet te geloven. Die schlemiel probeert me om te kopen!’

‘Omkopen? Hoe bedoelt u, omkopen?’ De angst sloeg Manfred om het hart. Samitzky was blijkbaar furieus. Hij had duidelijk iets fout gedaan. ‘Ik heb gehoord dat u een zakenman bent, en een zakenman kent de waarde van geld. Ik had begrepen dat ik in Amerika een impresario kon kopen. Ik heb ook betaald om een recital in de Town Hall te geven...’

‘Weg, mijn kantoor uit!’ schreeuwde Samitzky. ‘Ik wil je nooit meer zien! Denk je dat ik te koop ben, als de eerste de beste hoer?'

Hij stond laaiend van woede achter zijn enorme bureau en wees naar de deur. 'En neem die cheque van je mee,' riep hij, terwijl hij het papiertje achter de pianist aan gooide. Het dwarrelde even door de lucht en kwam neer op het Perzische tapijt. Manfred bukte zich om het op te pakken, stopte het in zijn zak en boog naar de kleine, dikke man. 'Als ik iets verkeerds heb gedaan, spijt het me zeer,' zei hij. 'Ik was me er niet van bewust.'

Manfred liep urenlang door de straten van de stad. Hoewel hij wist dat hij Lene uiteindelijk onder ogen moest komen, wilde hij nog niet naar huis. Het was een warme, drukkende dag. Hij keek niet goed waar hij liep en botste tegen mensen op.

'Uitkijken, makker,' zeiden ze. 'Sorry,' mompelde hij.

Hij dwaalde zo lang rond dat hij ten slotte in Harlem bleek te zijn beland. Hij zag alleen maar zwarte gezichten om zich heen en voelde zich meer dan ooit een vreemde, een buitenstaander. Wat is dit toch een primitief land, dacht hij.

Vlak voor het avondeten kwam hij thuis.

'Ik heb me zorgen gemaakt,' zei Lene. 'Heeft het gesprek al die tijd geduurd?'

'Ik wil er liever niet over praten.'

'Ging het niet goed?'

'Ik wil er niets over zeggen!'

'Ik was al bang dat het geen goed idee was,' zei Lene, meer tegen zichzelf dan tegen hem.

'Geen woord meer!' Manfred pakte een asbak van de salontafel en smeet die in een hoek van de kamer. Hij viel aan gruzelementen en liet een beschadiging achter op de muur. Claire, die in haar kamer huiswerk aan het maken was, zette haar radio harder, zodat het geluid daarvan – Red Barber deed verslag van een wedstrijd van de Dodgers in de verlenging – de ruzie overstemde. Fräulein Gründlich tilde Peter op en wiegde hem op haar schoot. Ethel, de kokkin, rammelde luidruchtig met potten en pannen en begon een negrospiritual te neuriën.

Lene ging de brokstukken opruimen. Ze huilde en wilde niet dat Manfred dat zou zien. Wat moet ik doen, wat moet ik doen, dacht ze vertwijfeld, want ze besefte heel goed dat Manfreds woede net als een bliksemschicht verwoestingen kon aanrichten. Ze was bevreesd voor zichzelf en voor haar kinderen. Ze dook weg in de hoek en verzamelde de kleinste scherfjes in haar handpalm. Als je recht uit dit raam keek, kon je het zachte meigroen zien van de bomen die in de kloostertuin aan de overkant van 82nd Street stonden. Verder was er alleen maar steen en baksteen. Het was een vreemd, hard land. Maar Manfred had zijn vergissing – die ze meteen als zodanig had moeten herkennen – aan zichzelf te wijten, niet aan dit land. Lene werd overmand door een vreselijke, brandende schaamte voor Manfred, voor wat hij had gedaan. Ze had hem moeten tegenhouden, dus was het ook haar schuld. Ze was medeplichtig. Maar ze hield van hem!

Het duurde twee dagen voordat Manfred weer tegen haar sprak. Lene stuurde het geld zonder commentaar terug naar oom Edu.

Het sanatorium waar Caroline Wertheim sinds 1938 was opgenomen, lag op ongeveer een uur rijden van Frankfurt. Op de eerste dag van elke maand stuurde Eduard Wertheim de directeur, *Sanitätsrat* Hodler, een cheque voor haar verzorging.

Midden in de zomer van 1940 kreeg Edu een brief van dr. Hodler met het verzoek 2045 Reichsmark over te maken 'voor diensten ten behoeve van Frau Caroline Wertheim, die is overgeplaatst naar een andere instelling, waar ze naar wij hopen de zorg zal krijgen die bij haar toestand past'. Edu vroeg om een gespecificeerde rekening. Hij hield er niet van geld te betalen als hij niet precies wist waar het voor was. Dr. Hodler schreef terug dat er gedurende haar laatste maanden in zijn tehuis niet nader omschreven 'bijzondere uitgaven' voor Frau Wertheim waren gedaan, en dat er na haar vertrek herstelwerkzaamheden moesten worden uitgevoerd, aangezien ze, zoals Herr Wertheim heel goed wist, vaak zeer gewelddadig gedrag vertoonde. Ook op de dag van haar overplaatsing was ze volkomen onhandelbaar geweest. Verder hoopte hij dat het Herr Wertheim zou behagen iets bij te dragen aan het kerstfonds voor het personeel.

Edu droeg zijn juristen op de overplaatsing te onderzoeken, maar het enige wat ze wijzer werden, was dat bepaalde 'hopeloze' gevallen op 7 juli nogal plotseling waren afgevoerd, op last van de Rijksdienst voor Verplegings- en Verzorgingsinstellingen. De brieven van de juristen aan het ministerie bleven lang onbeantwoord. Pas een jaar later kwam er een officiële mededeling dat Caroline Sara Wertheim, geboren Süsskind, op 10 juli 1940 was overleden aan 'hartzwakte' in een niet nader genoemde instelling ergens in Duitsland. Edu werd verzocht een extra bedrag van driehonderd Reichsmark te betalen om de kosten van haar begrafenis te dekken.

De juristen adviseerden Edu de rekeningen niet te betalen. Ze vonden dat er sprake was van nalatigheid van de kant van dr. Hodler, omdat hij patiënten had laten overplaatsen naar andere, niet bij name genoemde instellingen. Hij stond per slot van rekening aan het hoofd van een particulier instituut; Frau Wertheim was niet opgenomen geweest in een openbaar gesticht. Edu bedankte hen en ging naar huis om zijn familieleden op de hoogte te stellen van Carolines dood.

Er waren zeldzame momenten geweest dat Caroline volledig helder was. Op die momenten ging ze scherpzinnige en venijnige gesprekken aan met de verpleegsters. Ze vloekte als een bootwerker, maar wat ze tussen de vloeken door zei was volkomen samenhangend. Soms moesten de verpleegsters om haar lachen, zo amusant waren haar verhalen. 'Mijn zwager is zo rijk als Croesus,' zei ze meer dan eens. 'Hij betaalt ons allemaal om voor hem door het stof te gaan. En we doen het nog ook! We zijn brave kindertjes, die nooit mopperen of klagen. Hij betaalt iedereen, weet je. Ik durf te wedden dat hij zelfs de duivel betaalt.' Ze wierp de verpleegster die het bed opmaakte een sluwe, zijdelingse blik toe. 'Je kent de duivel toch wel?' vroeg ze. 'Hij heet Adolf Hitler, H-i-t-l-e-r, en hij wil ons allemaal dood hebben.'

'Kom, kom, Frau Caroline,' zei de verpleegster. 'U moet niet zo fantaseren. Onze Führer is een fantastische man, die alleen aan het landsbelang denkt. U houdt toch van uw vaderland?'

'Vaderland... moederland... kinderland, ik hou van allemaal,' zei Caroline, 'maar ik heb ze niet meer. Geen vader, geen moeder, geen kinderen. Die zijn me allemaal afgepakt door mijn zwager. Op bevel van Hitler. Het probleem is dat ik niet snap waarom. Dat is altijd het probleem,' zei ze, en ze verhief haar stem. 'Waarom, waarom, waarom?' Ze begon te gillen, zoals ze vaak deed als haar verhalen eindigden in een vertwijfelde vraag die ze niet kon beantwoorden.

Soms vertrouwde ze de verpleegsters toe dat ze een zoon had die 'met mannen neukt' en een dochter die 'met Maarten Luther neukt', en dat haar jongste een onbevlekte maagd was die een baby had gekregen op dezelfde manier als de gezegende Moeder Gods. Sommige verpleegsters moedigden haar aan er meer over te vertellen en plaagden haar met haar onthullingen. Maar Caroline merkte het altijd wanneer haar woordenstroom zich tegen haar begon te keren, en dan draaide ze haar gezicht naar de muur en werd stil, terwijl ze roerloos bleef zitten en strak naar een plek op het behang keek die volgens haar een plattegrond van de hemel was. Soms kromde ze zich langzaam, alsof ze een dans opvoerde, en bevroor ze in houdingen die emoties leken weer te geven, vreselijke angst of walging. Zo'n houding hield ze dan urenlang vast, haar ogen zo leeg als die van een marmeren beeld. Ze hoorde het getrippel van muizen achter de plinten en het geluid van een vleeszaag die door bot ging. En als ze bang werd, als ze – vaak in één verblindende flits – doorzag dat er geen antwoorden of redenen waren, dat ze werd vervolgd en gestraft voor een monsterlijk vergrijp dat haar bevattingsvermogen te boven ging, begon ze te jammeren en krijsen en wild om zich heen te slaan, en bonkte ze tegen de hemelse plattegrond op haar muur tot de ziekenoppasser haar een dwangbuis aandeed.

Dr. Hodler was niet blij geweest toen de verordening uit Berlijn kwam dat alle 'ongeneeslijken' moesten worden overgebracht naar een openbare instelling. Hij verdiende een leuk bedragje aan de zorg voor zulke patiënten. Het was onwaarschijnlijk dat ze ooit nog weg zouden gaan, en je kon hun familieleden voor duizenden marken per jaar afzetten. De Joodse bewoners – vooral die met familie in het buitenland – bezorgden hem een aardig (in de meeste gevallen clandestien) neveninkomen. En de patiënten van wie de familie de rekeningen niet meer kon betalen had hij lang geleden al naar openbare instellingen gestuurd.

Afgezien hiervan was dr. Hodler, net als zijn meeste landgenoten, die zomer in een opperbeste stemming. België, Nederland en ten slotte Frankrijk waren gevallen en de Engelsen hadden zich teruggetrokken op hun eilandje. Het leek erop dat het duizendjarig rijk werkelijkheid was geworden en de Führer onoverwinnelijk was. Geholpen door de overwinningsroes en het gevoel van kracht dat de individuele burger van een verenigd, zegevierend land ten deel valt, zag dr. Hodler snel kans over zijn teleurstelling heen te komen en zichzelf ervan te overtuigen dat de order uit Berlijn niet alleen noodzakelijk en terecht was, maar op den duur ook nog profijtelijk voor hem zou kunnen zijn. Bovendien wist hij heel goed dat er mensen waren die hem zouden verraden als hij zijn taken niet naar behoren uitvoerde.

Dr. Hodler nam van al zijn patiënten persoonlijk zeer vriendelijk en beleefd afscheid. Hij had er een stuk of twintig gekozen uit het totaal van circa honderd en erop gelet dat ze stuk voor stuk onmiskenbaar 'ongeneeslijk' waren: seniel, Joods of lijdend aan een lichamelijke kwaal. Voor sommigen nam hij een klein cadeautje mee, en degenen die bang leken te zijn voor de naderende verandering sprak hij geruststellend toe. Hij beloofde hun iets extra lekkers bij het avondeten en zei dat hij hun nieuwe verblijf zelf had geïnspecteerd en dat het er prima uitzag. De patiënten die begrepen wat hij zei, geloofden hem geen van allen. Caroline vervloekte hem, spoog naar hem en noemde hem een leugenaar. Hij boog kalm voor haar en zei tegen de verpleegsters dat ze de reis in een dwangbuis moest maken.

'Jullie willen me dood hebben!' krijste ze, en ze verzette zich uit alle macht tegen de begeleiders. Uiteindelijk moesten ze haar een spuitje geven om haar te kalmeren. Haar eigendommen werden in een bruine papieren zak gepropt en die werd van haar naam voorzien en in het bagagerek van de bus gelegd waarmee het groepje naar zijn bestemming werd gebracht. Met een vrolijke glimlach op hun gezicht brachten verpleegsters en broeders de patiënten naar de bus. Op de witte zijkanten was een groot rood kruis geschilderd en de chauffeur schudde iedereen die instapte de hand en zei 'hallo' of 'welkom'. Omdat Carolines armen langs haar lichaam waren gebonden, gaf hij haar alleen een schouderklopje en bracht haar naar haar zitplaats.

Ze reden door een zonovergoten landschap, weelderig, groen en warm. Caroline keek uit het raam. Ze was rustig geworden en de dwangbuis stoorde haar niet meer; ze voelde zich een ingebakerd kind. Naast haar zat een dikke man. Hij transpireerde overdadig en maakte geluiden als een grommende hond, maar ook hij stoorde haar niet. Het landschap was vertrouwd. Caroline kende het al haar hele leven. Er stonden kasteelruïnes op zachtglooiende heuvels en bossen gingen abrupt over in goed onderhouden akkerland. De kleine dorpjes waar ze doorheen reden, lagen er vreedzaam bij. In de schaduw van grote kastanjes of lindes speelden kinderen, de dorpsfonteinen klaterden en zwaluwen schoten tussen de rode pannendaken van witgeschilderde huisjes door.

Caroline liet haar gedachten naar haar kindertijd dwalen. Haar kalmte was wonderbaarlijk. Ze ging een zomers uitstapje maken. Haar vader vond het fijn dat zijn kinderen zich zo verheugden op een picknick in de Taunus. Ze hadden een paar kilometer gelopen naar een *Gasthof*, een herberg aan de rand van een bos, waar een beekje langsliep. De zon stond hoog aan de hemel en op de tafels lagen rood met wit geblokte kleedjes. In de schaduw was het koel, maar je rook de zoete geur van het hooi, dat vlakbij lag te drogen. Papa Süsskind bestelde bier voor zichzelf en *Himbeersaft* voor de kinderen, grote glazen frambozensiroop met koud water, maar ze mochten ook een slokje van zijn koude bier proeven en daardoor kregen ze een snor van schuim op hun bovenlip. Ze aten donker brood met verse boter en vleeswaren, en daarna gingen ze op het grasveld spelen terwijl papa zat te soezen boven zijn boek van Heine. De meisjes plukten bloemen, terwijl de jongens een waterrad bouwden. Toen er lange schaduwen over het terrein van de Gasthof vielen, gingen ze naar het treinstation voor de terugreis. Ze waren moe, en om toch flink door te blijven stappen zongen ze volksliedjes. Hun stemmen klonken helder en melodieus, en als ze andere wandelaars tegenkwamen die terugkeerden van hun uitstapje, zongen die soms een paar coupletten mee. Eva's stem was het zuiverst, die van Elias sloeg af en toe nog over en Jonah zong vals.

Caroline glimlachte voor zich uit. Ze hoorde de bekende liedjes en neuriede mee. Het was een zonnige, warme dag, maar in de bus stond geen enkel raampje open. Het was er bloedheet. De dorpen en akkers maakten plaats voor een ruiger landschap, grotere wouden en hogere bergen. Caroline wist niet meer waar ze was en klampte zich vast aan de herinnering aan die langvervlogen dag.

Ze kwamen aan bij een gebouw dat eruitzag als een oud maar schoon ziekenhuis. Boven de deuren waren engelen geschilderd die guirlandes en bloemen vasthielden. De patiënten werden naar een grote witte wachtkamer gebracht. Velen beefden, huilden en schreeuwden, maar Caroline was heel stil.

'Mag dit ding alstublieft uit?' vroeg ze aan een van de begeleiders. Het waren allemaal mannen in lange witte jassen. Caroline vroeg zich even af waarom ze laarzen droegen, maar toen zag ze dat de vloer van een naastgelegen ruimte werd schoongespoten en herinnerde zich het abattoir waar ze een keer met Jonah was geweest. De herinnering maakte haar een ogenblik angstig en ze vroeg opnieuw of 'dit ding' uit mocht. 'Als u onder de douche gaat,' zei een van de mannen. Hij droeg een soldatenmuts. 'Mag hij alstublieft nu al uit?' smeekte ze, maar de man schudde zijn hoofd. 'Ze moeten een reden hebben gehad om u er een aan te trekken,' zei hij. 'U bent stout geweest.'

'Nu zal ik zoet zijn,' vleide ze. 'Ik heb het licht gezien.' Maar de man was onvermurwbaar.

Uiteindelijk werden ze allemaal naar een grote zaal gebracht met aan drie kanten ramen. Hier werden ze helemaal uitgekleed en hun kleren werden op keurige stapeltjes op banken langs de muur gelegd. Eindelijk werd Caroline uit haar dwangbuis bevrijd, en ze zwaaide opgelucht met haar armen. Ze was stijf en stram, maar probeerde toch een dansje te maken, terwijl ze in gedachten op het grasveld in de Taunus was. Overal om haar heen werd gekermd en gehuild. Sommigen gilden van angst, maar het raakte haar niet. Ze danste zo goed en zo kwaad als het ging in het gedrang en werd pas bang toen ze het betegelde kamertje met de douches in werd gestuurd. Het was er vol en de andere naakte lijven boezemden haar afkeer in. Ze waren glibberig van het zweet en sommige oude mensen hadden zichzelf bevuild. Maar toen stroomde het gas naar binnen en ze ademde diep in. Ze dacht dat ze het water van het kabbelende beekje rond haar voeten voelde en zag de blauwe hemel boven haar hoofd. Die was heel diep azuurblauw, volmaakt, als het blauw van... het blauw van...

Ze wist het niet meer.

Buiten de doucheruimte keken de soldaten op hun horloge en de technicus van I.G. Farben controleerde de glanzende koperen kranen en gluurde onbewogen door het glazen kijkgaatje in de dikke deur.

Op een warme dag in oktober 1941 – het weer dat de Amerikanen 'Indian summer' noemen en de Duitsers 'oudewijvenzomer' – kreeg Andreas bezoek van twee mannen van de Gestapo die hem vertelden dat hij zich moest voorbereiden op zijn herhuisvesting. De mannen droegen onopvallende burgerkleding en hadden zwarte notitieboekjes bij zich met bladzijden vol nauwkeurige aantekeningen.

Andreas was zelf open gaan doen. Toen er werd geklopt, was Anna in de kelder bezig met de was. Ze haastte zich de trap op, maar Andreas had de mannen al binnengelaten. Hij had hen verwacht. Hij had geen enkele twijfel meer dat Duitsland van Joden gezuiverd zou worden. Kurt stond nog niet op de lijsten die nu werden afgewerkt, maar ook zijn tijd zou komen. Andreas had met hem over dit moment gepraat. Ze hadden overwogen zelfmoord te plegen, maar hadden die optie verworpen. 'Als ze ons dood willen,' zei Andreas, 'dan moeten ze ook bereid zijn het vuile werk op te knappen. We hoeven ze daar niet bij te helpen.'

In hun isolement hadden ze het geheim van samenleven ontdekt. Ze hadden met vallen en opstaan geleerd elkaar volledig lief te hebben en het beste van de situatie te maken, ook al liepen ze dagelijks het gevaar van elkaar te worden gescheiden of getroffen te worden door represailles. Ze spraken het woord 'dood' niet uit, maar dachten er wel aan en bezwoeren elkaar dat ze er niet bang voor zouden zijn. Ze hadden, zoals kinderen doen, hun eigen wereld geschapen waarin niemand kon binnendringen.

Ze hadden afgesproken om, als het zover was, uiteen te gaan en te proberen om afzonderlijk te overleven. Vaak bespraken ze de noodzaak om op zo'n wijze met deze beproeving om te gaan dat ze de volgende dag konden doorkomen. Samen waren ze meer dan eens naar de film *La grande illusion* geweest, en ze geloofden in de boodschap ervan. Zelfs aan deze waanzin zou een einde komen. Tot die tijd putten ze hoop en moed uit elkaars gezelschap.

'Zolang ze je met rust laten, kun je in dit huis blijven,' had Andreas gezegd, 'maar ik denk niet dat Anna nog zal komen als ik er niet meer ben.'

'Wat denk je dat ze met het huis zullen doen?'

'Als hoofdkantoor van een of andere dienst gebruiken of aan een hoge partijbons geven.'

In de avonden had Anna veel waardevolle spullen naar haar nicht gebracht, onopvallend, zodat de politie het niet zou zien.

'Na de oorlog zal je familie blij zijn dat ik die spullen heb gered,' zei ze tegen Andreas. Ze had er een lijst van gemaakt en die naar Edu gestuurd. Andreas had zijn handtekening eronder gezet.

'Ik wil niet dat hij denkt dat ik iets heb gestolen,' zei ze.

'Zoiets zou hij nooit denken,' zei Andreas.

'Ik ken zijn type beter dan jij,' zei Anna. 'Ik ken hun kleingeestige, achterdochtige kant. Maar dat is ook logisch. Ze hebben veel meer te verliezen dan ons soort mensen.'

Het huis was nu nog maar spaarzaam gemeubileerd. De schilderijen hadden grote bleke rechthoeken op de muren achtergelaten.

Andreas pakte een koffer vol met kleren. 'Je mag vijftig kilo meenemen,' hadden de mannen gezegd. 'Beslist niet meer. Je moet het zelf dragen, dus neem alleen mee wat je nodig hebt.' Hij koos een paar schone overhemden, twee truien, een extra pak, twee lange broeken, sokken, wat warm wollen ondergoed en een paar stevige schoenen. Op het laatste moment stopte hij er nog een paar boeken bij. Voor het geval dat ik in een cel terechtkom waar ik kan lezen, dacht hij. Hij nam aan dat hij naar een gevangenis ging om dwangarbeid te verrichten. De koffer was zwaar. Hij wilde dat hij sterker was.

Kurt stond in de deuropening naar hem te kijken. 'Stop je spullen in twee aparte tassen,' zei hij. 'Voor elke hand een.' Hij huiverde van de kou. 'Of nog beter, neem een van de reistassen van je vader en iets wat je over je schouder kunt hangen, zodat je een hand vrij houdt.'

Ze keken elkaar met een glimlach aan.

'Doet het er eigenlijk iets toe?' vroeg Andreas. Een golf van liefde welde in hem op voor zijn vriend. 'Pas goed op jezelf,' zei hij. 'Ga weg. Verberg je. We zien elkaar weer als alles achter de rug is.'

'Waar?'

'Bij Maxim's. In Parijs. Net als in de film.'

'Ik ben bang dat het in het echt anders zal zijn,' zei Kurt.

Ze kusten elkaar en omhelsden elkaar innig. Andreas deed zijn best een sprankje hoop te vinden. 'Misschien valt het mee,' zei hij. 'Als ik hard werk en mijn mond hou, kom ik er misschien goed doorheen.'

Hij pakte zijn spullen zorgvuldig opnieuw in en voegde er een extra trui en een notitieboekje aan toe, voor het geval dat hij iets wilde opschrijven. Hoewel het bijna zomers warm was, trok hij zijn stevige schoenen en zijn warme pak aan. De bladeren van de kastanje in de tuin glansden goudgeel in de zon. Andreas kon de aanblik haast niet verdragen.

De twee mannen liepen een laatste keer door de verwilderde tuin. Anna keek naar hen door het keukenraam. De laatste aardappelen die ze had gepoot waren klaar om te worden gerooid. Binnenkort zouden ze ten prooi vallen aan de vorst.

Precies twee uur na het eerste bezoek werd er weer op de voordeur geklopt. Deze keer stond er een man in uniform met een geweer over zijn schouder. Andreas omhelsde Anna, die bittere tranen huilde. Kurt had zich verborgen in het lege appartement op de tweede verdieping waar Lene vroeger had gewoond. De man van de SS liep naast Andreas en nam hem zonder iets te zeggen mee in de richting van de Opernplatz. Andreas zag dat er door de hele Guiollettstrasse en vanuit alle zijstraten die hij kon zien mannen en vrouwen, onder begeleiding van geüniformeerde mannen met geweren, in de richting van het operagebouw liepen. De meesten waren op leeftijd. Ze droegen allemaal winterkleding en sjouwden hun bezittingen mee in boodschappentassen en rugzakken, reistassen en plunjezakken. Zwijgend begaven ze zich naar het bekende plein voor het grote *Opernhaus*, waar op de gevel, onder de stralende herfstlucht, voor iedereen de woorden *Dem Wahren, Schönen, Guten* – 'voor het ware, het mooie, het goede' – stonden te lezen.

Er stonden honderden mensen bijeen. Hoewel het laat op de ochtend was, waren er verder bijna geen voetgangers op straat; de inwoners van Frankfurt wilden het schouwspel dat zich midden in hun stad afspeelde niet zien. De stilte was beangstigend. De Joden spraken zacht of fluisterden. Velen van hen waren zo in zichzelf gekeerd dat ze hun ogen niet opsloegen. Echtelieden stonden dicht naast elkaar, maar keken elkaar niet aan. Andreas knikte naar een paar kennissen, maar kon niets bedenken om tegen hen te zeggen. De groep was omsingeld door SS'ers. Soms gaf een van hen een order of stootte een vreugdeloze lach uit.

Na een paar uur wachten kwam er een auto aanrijden. Er stapten een paar officieren uit en de groep kreeg het bevel zich in beweging te zetten. Ze liepen over de Taunusanlage en door de Mainzer Landstrasse naar het treinstation. Andreas ving een laatste glimp op van zijn ouderlijk huis. Tranen sprongen in zijn ogen en stroomden over zijn wangen.

Ze werden niet naar het *Hauptbahnhof* gebracht, maar naar het goederenemplacement daar vlakbij. Op de lange perrons langs de sporen, waar goederentreinen met open deuren klaarstonden, waren tafels neergezet. Alles verliep heel ordelijk. De Joden moesten zich bij de juiste tafel laten registreren en werden alfabetisch ingedeeld.

Andreas was versuft van de hitte en voelde de honger knagen. Rond deze tijd at hij meestal zijn middagmaal. Waarom had hij er niet aan gedacht iets te eten mee te nemen?

'We gaan toch zeker niet in die wagons?' vroeg een oudere vrouw voor hem in de rij aan de beambte die met het register voor zich een sigaret zat te roken achter de tafel met de letter W.

'Dat fototoestel mag u niet meenemen,' antwoordde hij. 'U gaat niet op vakantie.'

'Maar het is kostbaar,' zei ze. 'Ik wilde het niet thuislaten.'

'Dan zult u het hier moeten laten,' zei de man. 'We zullen uw naam erop zetten.' De vrouw gaf hem zwijgend haar camera.

Toen was Andreas aan de beurt.

'U draagt uw ster niet,' zei de beambte.

'Die heb ik niet,' zei Andreas. 'Ik wist niets van een ster.'

'Sinds 15 september zijn alle Joden verplicht een gele ster te dragen met het woord JUDE erop. Waar hebt u in hemelsnaam gezeten? Kijk om u heen, dan ziet u dat verder iedereen de order heeft opgevolgd. Waarom zou u dat niet hoeven?'

Andreas schudde zijn hoofd.

'Geef antwoord!'

'Ik heb niets gehoord over een ster.'

'Achter aansluiten, en de volgende keer dat ik u zie verwacht ik dat u de order hebt opgevolgd.'

Andreas pakte zijn bagage op en sjokte naar het einde van de rij. Iemand trok hem aan zijn mouw toen hij langsliep.

'Ik heb een ster over,' zei hij. Het was een man van Andreas' leeftijd, met een vlezig gezicht.

'Dank u. Ik wist er echt niets van,' zei Andreas, terwijl hij zijn hand uitstak naar het voorwerp van stof dat de man ophield.

'Hij is niet gratis. U moet ervoor betalen.'

'Hoeveel?'

'Vijf mark.'

'U bent gek! Ik ga geen vijf mark betalen voor een stukje stof!'

'Dat is inclusief de veiligheidsspeld om hem aan uw jas vast te maken.'

Andreas keek de man recht in zijn lelijke gezicht.

'Voor drie mark extra geef ik u er een stuk brood bij. Ik durf te wedden dat u dat niet hebt meegenomen. U dacht zeker dat we eerste klas zouden reizen, met de Oriënt-Express!'

Andreas haalde het geld uit zijn zak en deed zijn aankopen. De gele ster prikte hij ter hoogte van zijn hart. De broodkorst verorberde hij hongerig.

Voordat de treinen daadwerkelijk klaar waren voor vertrek, was het laat in de middag en was er een kille grijze mist komen opzetten van de rivier. Iedereen had zijn paspoort moeten afgeven en alle namen waren afgestreept in het register. Op de vraag 'Waar gaan we naartoe?' werd geen antwoord gegeven. Er waren losse trapjes op de perrons gezet om het gemakkelijker te maken in de goederenwagons te klimmen. Toen iedereen was ingestapt, werden de schuifdeuren gesloten en vergrendeld.

Twee uur later kwam de trein met een schok in beweging. De brave burgers van Frankfurt gingen aan tafel voor het avondeten, luisterden naar de radio of lazen de krant. Volgens het weerbericht zou het koud worden, want een zuidelijke stroming voerde een grote hoeveelheid poollucht aan. De trein denderde naar het oosten. Pas een paar dagen later bereikte hij zijn bestemming.

Nadat Andreas was weggehaald, ruimde Anna het huis op. Ze sprak niet met Kurt. Om een uur of vier kwam er een man aan de deur. Anna zag dat hij van de Grüne Polizei was, niet van de Gestapo. 'Ik heb opdracht gekregen dit pand af te sluiten. Is er nog iemand behalve u?' Anna schudde haar hoofd. 'Ik moet controleren of het licht en het gas zijn afgesloten.' Hij klonk bijna verontschuldigend.

‘Een fijn klusje,’ zei ze.

Hij zuchtte. ‘Ik moet doen wat me wordt opgedragen. Ik heb geen keus.’

‘Het vuile werk is al gedaan voordat u er was,’ zei Anna. ‘Voor u zal het niet zo moeilijk zijn. U hoeft alleen maar deuren op slot te doen.’

Hij schuifelde ongemakkelijk met zijn voeten en beet op zijn lip. Volgens Anna was hij ongeveer van haar leeftijd. Hij doorzocht het huis vluchtig, om te kijken of er kostbaarheden waren achtergebleven, zei hij. Aangezien hij nogal gezet was, klom hij niet naar de tweede verdieping.

‘Wat doen ze met de Joden?’ vroeg Anna.

‘Dat weet ik niet.’

‘U moet toch íéts weten?’

‘Hebt u hier lang gewerkt?’ vroeg hij.

‘Het is de enige baan die ik ooit heb gehad.’

‘Waren het goede mensen?’

Door haar opkomende tranen lukte het Anna niet om antwoord te geven. Ze knikte.

‘Het is spijtig,’ zei de man. ‘Er zou onderscheid gemaakt moeten worden tussen de goede Joden en de slechte. Maar misschien valt het voor uw mensen nog mee, want ze hebben geld, hè? Met geld kun je een speciale behandeling kopen.’

Anna veegde met een hoek van haar schort haar ogen droog. De brok in haar keel wilde niet verdwijnen, hoe hard ze ook slikte.

‘Hebt u een plek om naartoe te gaan?’ vroeg de man. ‘U kunt hier niet blijven, weet u. Ik moet het huis afsluiten en de sleutels naar het politiebureau brengen.’

‘Ik ga mijn spullen bij elkaar zoeken.’ Anna liep op haar bedachtzame manier langzaam de trap op. Haar benen deden pijn. Haar spataderen werden dik en gingen kloppen als ze een tijdje had gestaan.

Kurt had wat spullen in een rugzak gepakt. ‘Wat gebeurt er?’ fluisterde hij. ‘Komen ze mij ook halen?’

‘Ze gaan het huis afsluiten. Je moet weg,’ zei Anna. Nu Andreas er niet meer was, bedacht ze dat ze deze man nooit zo erg had gemogen. ‘Neem de achtertrap en ga door de kelderdeur naar buiten.’

Kurt keek angstig. ‘Waar moet ik naartoe?’

'Ik kan je niet helpen,' antwoordde Anna.

Toen ze de achterdeur dicht hoorde vallen, ging Anna terug naar de politieman, die geduldig in de hal stond te wachten.

'Even kijken of de afwas is gedaan, en dan ben ik klaar om te vertrekken. Ik was nog volop aan het werk toen u onverwacht aanbelde.'

'Het doet er niet meer toe,' zei de man. 'Ze komen niet terug. Hoorde ik nou net iets in de kelder?' Anna zag aan zijn gezicht dat hij het niet wilde weten.

'Daar is een deur die niet goed sluit,' zei ze. 'Hij staat altijd te klapperen. Bij het minste zuchtje wind. Ze waren al heel lang van plan die te laten maken.'

Ze trok haar jas aan. De schemering en de mist hadden de laatste warme zonnestralen gedoofd. De straatlantaarns, die vanwege de oorlog half verduisterd waren, wierpen kleine lichtcirkels rond de palen. De politieman verzegelde de voordeur van het huis en plakte er een vel papier op. Anna kon niet lezen wat erop stond. Ze draaide zich om. Alles om haar heen trilde in een waas van tranen.

'Toen we jong waren, zag de wereld er beter uit,' zei de politieman. 'Deze tijd bevalt me niks. Hier komt niks goeds van.' Hij bracht zijn vingertoppen naar de klep van zijn glanzende politiepet. Het was het gebaar waarmee hij een verdwaalde reiziger groette die de weg vroeg, of een winkelier die hij op zijn dagelijkse ronde ontmoette. 'Ze brengen de Joden naar het oosten, heb ik gehoord,' zei hij tegen Anna. 'Daar worden ze in Poolse getto's gehuisvest.'

Met die woorden draaide hij zich abrupt om en keek strak in zijn zwarte notitieboekje. De sleutels van een stuk of tien huizen rammelden zachtjes in zijn zakken.

Zodra Anna thuis was, pakte ze een vel gelinieerd schrijfpapier en schreef in haar nette, ouderwetse handschrift een brief aan Eduard Wertheim waarin ze hem vertelde dat Andreas die dag was weggehaald. 'Ik geloof dat ze hem naar Polen sturen,' schreef ze, 'naar een aparte wijk voor Joodse mensen. Misschien kunt u hem vinden en helpen.'

Tegen de tijd dat de trein waarin Andreas opgesloten zat Łódź had bereikt, waren veel passagiers al gestorven. De koude lucht die de overlevenden inademden toen ze uit de wagons op de harde grond sprongen, leek hun een ogenblik heerlijk fris en zuiver, want de stank in de afgesloten trein was onbeschrijflijk geweest. Pas toen hij een paar uur onder een loodgrijze lucht op het goederenstation had gestaan, in een landschap waar geen sprankje kleur of warmte te bekennen was, begon Andreas de bittere kou te voelen. Het was hem gelukt zijn tassen bij zich te houden, en de doden en stervenden hadden genoeg broodkorsten en restjes kaas bij zich gehad om de anderen te doen overleven. Andreas was duizelig van de honger en raakte al snel verstijfd van de kou, maar hij schepte een zeker genoegen in het feit dat hij nog leefde.

Na verloop van tijd werden de paar honderd Joden uit Frankfurt die in de trein hadden gezeten afgemarcheerd naar het getto van Łódź, door de nazi's omgedoopt tot Litzmannstadt. Daar voegden ze zich bij de onafzienbare stroom Joden uit Poolse dorpen en stadjes en van het Duitse platteland. Er stond een nieuwe bakstenen muur rond hun wijk. Iedereen die er vanaf de Joodse kant te dichtbij kwam werd onmiddellijk doodgeschoten. Mensen die de muur van de andere kant naderden, kregen het bevel 'Halt!' en konden zich dan nog terugtrekken voordat ze werden geëxecuteerd.

Andreas had zijn sjaal – van kasjmier, zoals alle sjaals die hij ooit had gehad – om zijn hals gewikkeld en de kraag van zijn jas opgeslagen tot over zijn oren, zodat die tot aan de rand van zijn hoed kwam. Hij had twee truien en twee paar sokken over elkaar aan. Zijn leren handschoenen hielpen nauwelijks tegen de kou en daarom hield hij zijn handen in zijn zakken. Met zijn tassen aan zijn schouders zag hij eruit als een marskramer. Hij wist waar hij was, want hij had een bord gezien op een van de seintorens die uitkeken over de wirwar van in- en uitgaande spoorlijnen. Iemand die gewend was aan Duitse steden en het landschap van het Rijndal, iemand die Parijs, Florence en Rome had gezien, zou deze Poolse industriestad hoe dan ook lelijk vinden, maar onder de huidige omstandigheden vond Andreas het hier even troosteloos als de bevroren vlakten van de hel. Hij probeerde op de route te letten die ze namen, en op de gebouwen en straatnaambordjes onderweg. Als hij wist waar hij naartoe ging, zou hij misschien ooit de weg terug kunnen vinden. Zulke absurde gedachten kwamen nog steeds bij hem op. Op de lange tocht naar het getto van Łódź kwamen ze door de stad zelf. Ook hier wilden de mensen hen niet zien. Als het enigszins mogelijk was, schoten ze haastig een zijstraat in, zodat de zwijgende, schuifelende colonne de brede laan volledig voor zichzelf had. Soms zag Andreas een gezicht achter een raam van een van de grauwe woonblokken, iemand die van achter een wit gordijn naar buiten stond te kijken. Het was niet moeilijk om je voor te stellen hoe deprimerend die woningen waren, maar ze waren beter dan wat Andreas had, en hij zou er alles voor overhebben om ergens naar binnen te kunnen strompelen en daar te gaan liggen slapen, desnoods op de vloer.

Een tienermeisje trok twee kleine kinderen voor hen opzij en hield haar handen voor hun ogen.

'Wij zijn de verdoemden,' zei de man die naast Andreas liep. 'En we stinken naar de dood. Een ergernis voor elke fatsoenlijke burger. Kijk maar hoe ze wegvluchten.'

Andreas schrok van zijn woorden. Hij kon zich niet herinneren dat hij met iemand had gesproken sinds hij in de trein was gestapt. De anderen waren onzichtbaar geweest in het donker, en als je je mond opendeed, ging je kokhalzen van de bedorven lucht. 'Als de Duitsers opdracht geven ons te doden, zullen de Polen ze met alle plezier gehoorzamen,' zei de man. 'Bent u ooit eerder in dit prachtige land geweest?'

Andreas schudde zijn hoofd.

'Heel anders dan Frankfurt, hè?'

'Heel anders dan alles wat ik ooit heb gezien.'

'En het is nog niet eens winter.'

'Kent u Łódź?'

'Ik ben er weleens doorheen gereisd. Het is altijd een afzichtelijke stad geweest.'

Ze liepen zwijgend verder en gingen door de poort in de stenen muur het getto in. Aan weerszijden van de ingang lagen grote rollen prikkeldraad, en er stonden kleine houten hokjes voor de schildwachten, die met machinepistolen patrouilleerden. Aan de Joodse kant van de muur waren de straten vol mannen, vrouwen en kinderen. In tegenstelling tot de paar vluchtende voetgangers buiten de muur staarden zij wel naar de nieuwkomers. Hun blikken waren leeg, nors en onvriendelijk.

'Ze kijken naar ons alsof ze ons haten,' zei Andreas.

'Voor iedereen die hier binnenkomt, krijgen zij weer een hap minder te eten. Kun je het ze dan kwalijk nemen?'

'We zitten allemaal in hetzelfde schuitje.'

'Haat u hen dan niet?'

Andreas schrok ervan dat deze man, wie hij ook mocht zijn, zijn gedachten zo snel kon lezen en er precies die ene uitpikte die hij had willen verbergen.

'Waarom zou ik?'

'Omdat u vindt dat ze anders zijn dan u. Ze zitten in hetzelfde schuitje, maar toch vindt u dat ze in het vooronder horen en u in de eerste klas.'

'Is dat Hebreeuws op dat bord?' Andreas wees naar het raam van wat eens een slagerij was geweest.

'De letters zijn Hebreeuws, maar de taal is Jiddisch. Dat is de taal die de meeste Joden in dit deel van de wereld spreken. Die stamt af van het Middelhoogduits. Je zou het een verbastering kunnen noemen.'

Andreas keek de man voor het eerst aan.

'Andreas Wertheim,' zei hij.

'Werner Epstein. Ik neem aan dat u familie bent van dé Wertheims? Van Eduard Wertheim?'

'Dat is mijn oom.'

'En toch bent u hier, net als wij, de *proste jidden*, de eenvoudige Joden.'

'Ik had me in mijn huis opgesloten. Ik hoopte dat het niet zover zou komen...'

De straten waren vol bedelaars en smoezelige kinderen met oude, uitgemergelde gezichtjes. Op de stoep zaten vrouwen met lusteloze, in lompen gewikkelde baby's in hun armen. Tussen al die mensen door reden karren met paarden ervoor. Andreas had de indruk dat hij de twintigste eeuw achter zich had gelaten en dat de beschaving hem was vergeten.

Vanaf het moment dat hij Anna's brief ontving, zette Edu alles in het werk om zijn neef op te sporen, maar de Duitse autoriteiten reageerden ontwijkend. Ze beantwoordden de brieven van Edu's onkreukbare Zwitserse juristen met een bureaucratische precisie, waarbij ze er nauwlettend voor zorgden helemaal niets te zeggen. De juristen hielden vol. Ze hadden connecties, vakbroeders in Duitsland die misschien iets konden doen. Zou het helpen geld te bieden? Geld hielp altijd, maar het ging hier wel om een onuitvoerbare opdracht. Hoe kon je één individu vinden tussen de honderdduizenden die kriskras door Europa werden vervoerd? De papieren van Andreas moesten ergens liggen, met het stempel ABTRANSPORTIERT erop. De treinen gingen rijden, bleven staan, veranderden van spoor en maakten omwegen. De passagiers die dood waren als de treinen in Polen aankwamen, werden haastig in massagraven gegooid. Het was zoeken naar een speld in een hooiberg. En zelfs als je ontdekte waar iemand zich bevond, hoe zorgde je dan dat hij terugkwam? Het was de uitdrukkelijke bedoeling van de regering om Duitsland *judenrein* te maken, vrij van Joden. De Zwitserse juristen schudden gegeneerd het hoofd. Ze hadden begrepen dat er een getto in Tsjechoslowakije was waar de omstandigheden beter waren. Daar werden Joden in een bevoorrechte positie naartoe gestuurd. Onze cliënt is bereid ervoor te betalen...

En hoe verwacht u dat wij die persoon van Łódź naar Theresienstadt kunnen brengen? Denkt u dat we individuele service verlenen? Het is hier oorlog! Stuurt u ons maar vijfhonderd mark, dan zullen we kijken of we iets wijzer kunnen worden. En wat zou uw cliënt ervoor overhebben om zijn neef naar die modelgemeenschap te laten overplaatsen?

Na een tijdje begon de naam 'Theresienstadt' Edu als een vakantieoord in de oren te klinken. Volgens de atlas was het een garnizoensplaats op circa zestig kilometer van Praag, gebouwd in 1789 en genoemd naar keizerin Maria Theresia. Vijfhonderd mark leek geen buitensporige som om Andreas naar zo'n plek te laten sturen. Maar stel dat hij onvindbaar was, dat hij al was overleden?

De briefwisseling duurde voort.

De Duitsers raakten geïrriteerd. Echt iets voor een Jood om zo vasthoudend en tegelijk zo gierig te zijn. Wist Herr Wertheim wel dat zijn neef ook een dégénéré was, een pederast? Dat stond met grote letters in zijn dossier.

'Dus daar kunnen ze wél achter komen,' zei Edu, en hij stuurde de juristen vijfhonderd mark.

Andreas en Werner stonden vaak samen met andere Joden in groepjes op de straathoeken van het getto van Łódź. Al snel zagen ze er precies hetzelfde uit als de rest, grauw en flets. Ze raakten gewend aan de bedelaars en aan het feit dat er mensen op straat lagen te sterven. Ze ruilden al hun bezittingen voor eten en sliepen op strozakken in een klamme kelder, vlak bij een stookketel die niet werkte.

Ze praatten. Meer was er niet te doen. Ze waren niet bijzonder op elkaar gesteld, maar ze spraken dezelfde taal, ze begrepen elkaar. Werner koesterde een hartstochtelijke liefde voor het Jodendom. Hij vertelde Andreas er veel over, zodat die voor het eerst in zijn leven enig benul kreeg van de Joodse geschiedenis, Joodse gebruiken, rituelen en overtuigingen. Werner was zo lang mogelijk in Frankfurt gebleven om anderen te helpen vluchten. Hij had een juridische opleiding, maar zijn passie was het judaïsme. Hij hield nauwgezet een dagboek bij om te 'getuigen' van zijn ervaringen. 'Hoe krijg je dat ooit het getto uit?' vroeg Andreas. 'Daar vind ik wel iets op,' antwoordde Werner.

Het werd kouder en daardoor werd het leven nog moeilijker. De twee mannen gingen buiten het getto werken. Het was zwaar werk, maar het leverde af en toe een extra rantsoen op, een stukje worst of een appel, een paar aardappels of een sigaret. Andreas raakte gewend aan dit leven, leerde de straten, de winkels en zelfs sommige gezichten kennen. De stad onder de deken van roetige sneeuw was hem niet meer volkomen vreemd. Hij begon aan het voorjaar te denken. Hij besefte niet dat hij verzwakte. Hij hoestte lelijk, maar er waren dagen dat het beter ging, dus het zou vast overgaan als het warmer werd. Andreas concentreerde zich op zijn werk, op het hier en nu. 's Nachts slapen, wat praten, een glas warme thee. In de lente zou het leven gemakkelijker worden.

Op een ochtend in april kon hij niet uit bed komen om naar zijn werk te gaan. Hij had koorts en viel steeds weer terug op zijn matras als hij probeerde op te staan. 'Blijf maar hier,' zei Werner Epstein. 'Iemand anders neemt je plaats wel in. Als ik thuiskom, ga ik een dokter zoeken.'

Er stonden plassen op straat en er scheen een bleek zonnetje. Het was bijna Pesach. Werner had beloofd hem mee te nemen naar een seider; dat moest in het geheim, want het was de Joden verboden religieuze gebruiken in acht te nemen. Die middag voelde Andreas zich wat beter. Hij dacht dat het goed voor hem zou zijn om in de zon te zitten en ging naar buiten, verbaasd over de zwaarte van zijn voeten. Hij keek naar beneden en zag dat hij niet eens schoenen aanhad, alleen sloffen. Het kostte veel tijd om de ene voet voor de andere te zetten. Op de binnenplaats waren een paar kinderen aan het knikkeren. Andreas zwaaide naar hen. Hij ging op zoek naar een park. Er moest toch ergens een plein in de buurt zijn waar bomen stonden, dat kon niet anders.

Hij liep in een kringetje rond en raakte steeds verwarder. Zijn benen voelden als lood. Dicht bij de muur van het getto lag een braakliggend terrein waar vroeger een gebouw had gestaan. Het gebouw was afgebroken en de houten balken, deuren en vloerplanken waren opgestookt. Ervoor in de plaats was een omheinde moestuin gekomen. Sommige winterharde planten begonnen uit te lopen. Er groeiden groenten en mierikswortel voor de seider. Andreas leunde tegen het hek en stond lang naar de tuin te kijken. Hij probeerde zich voor te stellen hoe die er in volle glorie zou uitzien, met een border van zinnia's en goudsbloemen eromheen.

Opeens voelde hij zich heel slap en viel op zijn knieën. De grond was vochtig. Hij liet zijn hoofd zakken, terwijl hij met zijn vingers het kippengaas omklemde. Nu kon hij de aarde ruiken, en de opkomende grassprieten.

'Wat bent u aan het doen?' vroeg een stem, een vrouwenstem, in het Jiddisch.

In eerste instantie besefte Andreas niet dat ze het tegen hem had. Maar toen ze haar vraag herhaalde, keek hij op. Het was een jonge vrouw, gehuld in de gebruikelijke armoedige, grauwe kleding die met spelden bij elkaar werd gehouden. Maar ze had een vrolijk gekleurde sjaal om haar hoofd en was zwanger. Andreas zag haar dikke ronde buik boven zijn hoofd. Hij wilde antwoord geven, maar kon alleen iets uitbrengen dat klonk als 'la la, tra la...' Zijn hoofd zakte naar voren en hij viel op zijn zij. Zijn wang kwam op een scherpe steen terecht. De vrouw hurkte naast hem neer en tilde zijn hoofd van de grond. Het licht in zijn ogen was al gedoofd.

'*Halt! Halt!*' hoorde ze iemand in het Duits roepen. Een kleine vrachtwagen met een open laadbak reed langzaam door de smalle straat. In de bak stond een man met een camera op een statief foto's te nemen. Even dacht de vrouw dat het een geweer was. Ze gilde. De bestuurder van de wagen lachte. Hij hield zijn duim en wijsvinger alsof hij inderdaad een vuurwapen in zijn hand had. 'Pang, pang,' zei hij, en hij lachte weer.

'Gisteren is Andreas gestorven,' schreef Werner Epstein de volgende dag in zijn dagboek.

> Hij was niet thuis toen ik terugkwam van mijn werk. De kinderen op de binnenplaats zeiden dat hij vroeg in de middag weg was gegaan. Ik heb rondgelopen door de straten van het getto en ben zelfs in de spertijd blijven zoeken, maar tevergeefs. De volgende ochtend vroeg werd er op mijn deur geklopt. Er stond een acht maanden zwangere vrouw (stel je voor, onder deze omstandigheden!), die vroeg of Andreas Wertheim hier woonde. Ze zei dat hij was gestorven bij de tuin op de hoek van het straatje dat van de oude jesjieve naar de muur loopt. Een Duitse fotograaf had haar gefotografeerd toen ze naast hem gehurkt zat. Ze had zijn dood gemeld bij het begrafeniscommando, dat de straten van het getto uitkamt op zoek naar overledenen. Ze wist niet of ze hem waren komen halen. Ik ben met haar naar de plek gegaan, maar hij lag er niet meer. Ik moet aannemen dat hij samen met alle andere *Unbekannten* is begraven in een massagraf aan de rand van de Joodse begraafplaats. Ze gebruiken geen kisten meer, heb ik gehoord, zelfs niet voor de rijken.
>
> Ik zal hem missen. Hij was een fatsoenlijk mens en goed gezelschap. Moge zijn ziel in vrede rusten. Waarschijnlijk is hem meer lijden bespaard gebleven. Ik hoop dat onze gesprekken hem enigszins tot troost zijn geweest. Als ik in het geheim een minje bijeen kan krijgen, zal ik kaddisj voor hem zeggen.

De Duitse commandant die Edu's verzoek ontving om Andreas over te brengen naar Theresienstadt, gooide de brief in de prullenbak. 'Denken ze dat we niets beters te doen hebben dan in dat smerige getto op zoek te gaan naar een rijk jodenjong en hem op vakantie te sturen?' Zijn ondergeschikten lachten, zoals ze altijd deden als ze dachten dat hij grappig probeerde te zijn.

In mei 1940, toen Nederland bezet werd, zaten Jacob en Lore net als talloze anderen in de val. In het begin leefden ze gewoon verder zoals ze hadden gedaan, gesterkt door de solidariteit en de bereidheid weerstand te bieden van de Nederlanders. Hun huisbaas, een socialist, was een integere, dappere man. Hij sloot zich al snel aan bij het verzet. In die omgeving van vrienden en kameraden was het mogelijk te geloven dat je kon overleven, dat je je nuttig kon maken en zelfs dat je de strijd tegen de Duitsers kon winnen.

Maar op 10 januari 1941 gebeurde het onvermijdelijke: de Duitse autoriteiten verplichtten alle Joden zich te laten registreren. Jacob, die altijd in een maatschappij had geleefd waar een goede burger bevelen opvolgde, meldde zich bij het bevolkingsregister, net als 160 000 anderen. Lore had geprobeerd hem ervan te weerhouden, maar hij wilde hen niet in de problemen brengen, en op het ontduiken van registratie stond een zware straf. Hierna volgde een korte periode van rust, alsof dit het enige was geweest wat van de Joden werd verlangd.

Maar eind februari hield de Grüne Polizei, die het nu voor het zeggen had, een razzia in de Jodenbuurt. Dokwerkers die zagen dat de Joden werden aangevallen en mishandeld, kwamen hen te hulp. Al twee weken eerder was er een NSB'er bij ongeregeldheden omgekomen. Als vergelding werden er nu vierhonderd Joden opgepakt en in het openbaar afgeranseld. De Amsterdamse arbeiders kondigden een algemene staking af op 25 en 26 februari, en die verspreidde zich naar enkele andere Nederlandse steden. De Duitsers grepen meedogenloos in: veel arbeiders werden gearresteerd en achttien verzetsleiders werden gefusilleerd. Alle Joodse gevangenen werden naar Buchenwald gebracht en daarvandaan naar Mauthausen, waar ze gemarteld en gedood werden.

Op 29 april 1942 werd het voor de Joden in Nederland verplicht de gele davidster te dragen. Opnieuw vond Lore dat Jacob het bevel niet moest opvolgen, terwijl hij aanvoerde dat de straffen die de nazi's uitdeelden aan mensen die zich niet aan hun regels hielden vreselijk waren en dat hij daarom moest gehoorzamen. Na vele uren verhitte discussie werd besloten dat Jacob de ster zou dragen. Het viel niet te ontkennen, zei hij, dat de Joden in Frankfurt vroeger, in de tijd van de zogenaamde Verlichting, ook met allerlei beperkende bepalingen hadden geleefd, die niet zo veel verschilden van wat de nazi's hun nu oplegden.

'Wist je dat de Joden tol moesten betalen om op zondag en christelijke feestdagen de Judengasse te mogen verlaten?' vertelde hij. 'Die verordening werd uiteindelijk in 1798 ingetrokken, nadat de stad een betaling van achttienhonderd gulden had geëist van de Joden. De moeder van Goethe was er helemaal niet blij mee en beklaagde zich hartgrondig toen ze op een mooie zondag in 1806 zomaar Joden door de Anlagen zag wandelen.'

Tegen de zomer, toen er dagelijks Joden werden opgepakt om te worden gedeporteerd, had Jacob besloten niet meer naar buiten te gaan. Onder de hanenbalken op zolder was een kast ingericht waar hij zich kon verbergen, dagen achtereen als het nodig was. Het hokje had een klein raampje met uitzicht op de lucht en was groot genoeg om met opgetrokken knieën op zijn zij op een matras te liggen of om in een stoel te zitten. Hij had er boeken en papieren neergelegd en zat soms een deel van de dag in die krappe ruimte te werken, zelfs als het niet nodig was. Hij vond het vreselijk om met de davidster op zijn kleding naar buiten te gaan en had zijn jas aan een spijker in de gang gehangen, zodat het goed zichtbaar was dat de ster erop zat. Hij kreeg alleen nog frisse lucht als hij voor een van de open ramen zat, met uitzicht op de gracht, en zijn gezicht naar de nevelige zon keerde. Dan rook hij een vage geur van zout water, vis en scheepsolie. Zijn handen waren bleek en beefden een beetje.

Sinds juni vocht Hitler tegen de Russen, en in december 1941 raakten de Verenigde Staten bij de oorlog betrokken. Lore ging regelmatig naar buiten om boodschappen te doen en het laatste nieuws te horen, dat met de maand onheilspellender werd, al leek het of het tij zich langzaam tegen Hitler begon te keren. Het tempo van de deportaties werd opgevoerd en Joden die zich niet vrijwillig meldden, werden vaak 's morgens in alle vroegte uit hun woning gehaald. Het was prachtig weer in die zomerweken, en de kinderen speelden met poppen en houten paarden terwijl de volwassenen eindeloos in de rij stonden bij het verzamelpunt om zich door de autoriteiten te laten registreren. Mannen en vrouwen droegen reiskleding en donkere strooien hoeden, en sommigen hadden een kinderwagen bij zich met hun vijftig kilo bagage. De alomtegenwoordige fotografen legden het hele gebeuren, dat over het algemeen kalm verliep, vast met hun professionele camera's. Afgezien van de gele sterren zagen de Joden eruit als gewone burgers die op de vlucht waren voor een natuurramp of een verwacht bombardement.

Wat er ook zou gebeuren, besloot Lore, ze zou haar best doen om Jacob te blijven verbergen. Ze had berichten gehoord over hoe het afliep met de mensen die zich volgzaam naar interneringskampen lieten brengen en vrijwillig in veewagens klommen. Er werd gezegd dat al die treinen rechtstreeks naar het oosten en naar de dood reden. Op weg naar haar werk, bij zonsopkomst, zag Lore vaak rijen mensen door Amsterdam sjokken. Ze kon haar blik niet afwenden. Soms rolden er tranen over haar bedroefde gezicht en glimlachte een van de Joden haar half verontschuldigend toe. 's Nachts kon ze vaak niet slapen en lag ze wakker in Jacobs armen.

'Ik kan het niet geloven,' zei ze dan. 'Ik kan het me niet voorstellen. Ze zeggen dat er honderden, duizenden mensen per dag worden omgebracht. Dat is zo monsterlijk dat ik er niet eens aan wil denken. Je zou daar alleen al een heel leger voor nodig hebben. Het is onuitvoerbaar!'

'Het is een paar maal uitvoerbaar gebleken de hele Joodse gemeenschap van Frankfurt uit te roeien, eerst in 1241 en toen nog eens in 1349, in de tijd van de Zwarte Dood. Om maar te zwijgen van de vervolgingen tijdens de kruistochten of de pogroms in Rusland. Als je tweehonderd mensen in één getto kunt ombrengen, kun je dat ook met tweehonderdduizend in duizend getto's. De Duitsers zijn altijd zo trots op hun efficiëntie dat ze vast wel een manier hebben gevonden om het zo soepel mogelijk te laten verlopen.'

'Ik zal je verbergen en beschermen,' zei Lore.

Vanaf begin 1943 moesten de Duitse legers zich overal terugtrekken. In februari gaf het Zesde Leger zich over bij Stalingrad, in mei capituleerden de laatste Duitse troepen in Noord-Afrika en in juni gingen de Britten en Amerikanen aan land op Sicilië. Geen van die gebeurtenissen maakte echter een einde aan de systematische uitroeiing van de Joden. Sterker nog, het tempo werd juist opgevoerd. Omdat de nazi's wisten dat ze niet veel tijd meer hadden, werd topprioriteit gegeven aan het uitvoeren van de Endlösung. Op 29 september werden de laatste vijfduizend Joden uit Amsterdam gedeporteerd.

In de winter voor de geallieerde invasie werden de levensomstandigheden slechter. Lore had werk gevonden in de keuken van een ziekenhuis. Zelf had ze vervalste papieren, en het was haar gelukt Jacob als overleden aan te geven, zodat er niet meer actief naar hem werd gezocht. Door haar baan kon ze aan wat extra voedsel komen, en de huisbaas had familie op het platteland, dus soms werden er aardappels en rapen het huis binnengesmokkeld. Bij speciale gelegenheden verscheen er af en toe een liter melk of een mandje eieren. Lore zat in het verzet, maar dat hield ze zo goed geheim dat Jacob er niets van wist, en zelfs de huisbaas, die actief was in een andere cel, had geen informatie over wat ze precies deed.

Halverwege mei 1944 beging Jacob een domme fout die hem noodlottig zou worden. Naderhand had niemand er een verklaring voor. Sommigen dachten dat hij verraden was, dat iemand net zolang had gewacht tot hij zich liet zien. Lore ging de huisbaas verdenken, dacht dat hij misschien het ene leven tegen het andere had geruild. In die dagen was alles mogelijk.

Jacob was grieperig geweest en had een paar dagen in bed gelegen. Die dag voelde hij zich goed, en toen hij door het zolderraam de blauwe hemel zag, werd hij gegrepen door een lichtzinnige overmoed. Er was niemand thuis, iedereen was naar het werk. Jacob ijsbeerde door het kleine appartement en was niet in staat te gaan zitten om te lezen, schrijven of studeren. Hij keek op de kalender en zag dat het de volgende dag 13 mei zou zijn, op de dag af elf jaar geleden dat hij Lore in Straatsburg had weergezien. Dat was net zo'n dag geweest als vandaag, herinnerde hij zich, onbewolkt en helder. Als Lore thuiskwam, moesten ze het vieren. Hij zou een cadeautje voor haar kopen. Er was vast wel een winkel ergens in Amsterdam waar hij een aardigheidje voor haar kon vinden, een hangertje of kettinkje.

Hij ging op zoek naar geld, maar kon niets vinden. Zou hij naar een pandjeshuis gaan en zijn horloge belenen voor een cadeau voor zijn vrouw? Waar had hij tenslotte een horloge voor nodig? Hij liet zich zo meeslepen door zijn plannen dat hij helemaal vergat dat er jacht werd gemaakt op hem, een Jood in een stad die van Joden gezuiverd was, een vreemdeling.

Jacob trok zijn lichte regenjas aan – zijn winterjas was lang geleden al, zonder de ster, weggegeven aan een man die dwangarbeid verrichte in een fabriek aan de rand van Amsterdam – en stapte naar buiten. Hij was niet bang. Op straat was alles rustig; een oude vrouw stond de stoep van het huis ernaast te vegen. Jacob liep de andere kant op. Hij meende zich te herinneren hoe de stad in elkaar zat en waar de pandjeshuizen zaten. Maar al vrij snel raakte hij in de war: niets was meer waar het hoorde te zijn. Winkels waren gesloten of van eigenaar veranderd en het pandjeshuis was niet te vinden, zelfs het bord was verdwenen. Jacob raakte geïrriteerd en kon aan niets anders denken dan aan de noodzaak om hoe dan ook een cadeautje voor Lore te vinden. Hij zou zijn horloge zelfs ruilen voor een bosje bloemen. Het was warm in de zon en hij werd er duf van. Hij besefte dat hij een hoed had moeten opzetten. Na een tijdje kreeg hij ook last van zijn benen. De keien waren hard en hij voelde ze stuk voor stuk door de dunne zolen van zijn schoenen heen.

Op een pleintje ver van huis vond hij een bank om op te zitten. Hij merkte nu pas hoe moe hij was. Uit het open raam van een huis vlak achter hem kwam het geluid van iemand die vioolspeelde. Hij huiverde bij elke valse noot, maar hoe vervormd de melodie ook was, toch klonk die tegelijk droevig en mooi, en Jacob viel erbij in slaap.

Hij werd niet meteen wakker van het geschreeuw, maar gaf het een functie in zijn droom. Hij was in Frankfurt uit alle macht naar school gerend, want hij was laat en de onderwijzer deed de deur altijd klokslag acht uur dicht. Hij was gestruikeld over de bovenste tree...

'Overeind!' zei een stem, maar Jacob werd pas wakker door een pijnlijke slag van een gummiknuppel tegen zijn scheen. Hij deed zijn ogen open en keek tegen de zwarte riem van een politieman aan. Ze waren met zijn tweeën. Nederlanders. Toen herinnerde hij zich alles weer. Hij zag de swastika's op hun revers.

'Je papieren,' commandeerde een van de twee.

'Die heb ik thuis laten liggen.'

'Je weet toch dat je die altijd bij je moet hebben?'

'Ik ben ze vergeten,' stamelde Jacob.

'Je bent geen Nederlander. Ben je Joods?'

'Nee, nee,' zei Jacob, maar hij kon niet bedenken wat hij dan wel kon zijn.

'We nemen je mee naar je huis, dan kun je je papieren laten zien.'

'Ik heb geen vast adres.' Jacob wist dat hij ze onder geen enkele voorwaarde mocht meenemen naar zijn woning.

'Dan ga je naar de gevangenis,' zei een van hen.

Jacob werd geslagen, maar hij vertelde niet waar hij woonde. Na een tijdje herinnerde hij zich dat ook werkelijk niet meer, wat wel zo veilig was. Ze hadden hem uitgekleed, gezien dat hij besneden was en vol weerzin vastgesteld dat hij gewoon een Jood was die door de mazen van het net was geglipt.

Toen Lore die middag thuiskwam, was ze vrolijk door het mooie weer en het nieuws dat de Russen oprukten. Ze stapte zachtjes de woning binnen, want ze was eraan gewend geraakt zich geruisloos te bewegen. 'Jacob?' fluisterde ze. Er kwam geen antwoord. Plotseling raakte ze in paniek. Ze dacht dat hij dood was en stelde zich voor dat hij in de kast hing of in de badkuip lag of levenloos onderuitgezakt in een stoel zat na een hartstilstand. Ze had narcissen meegebracht vanwege de speciale dag.

'Jacob!' riep ze weer, deze keer harder. Ze keek in alle kamers en ging naar zijn schuilplaats. Toen ze de lege kapstok zag, wist ze dat hij naar buiten was gegaan. Hij had het veilige huis verlaten... Waarom? Om een wandelingetje te maken in de voorjaarszon, vermoedde ze, terwijl ze door het raam naar buiten keek.

Ze klopte aan bij de huisbaas. 'Heb jij Jacob gezien?' vroeg ze.

Hij schudde zijn hoofd.

'Is de politie geweest?'

'Niet in de tijd dat ik thuis was.'

Lore keek hem aan. Hij zag haar onderzoekende, boze blik. 'Ik weet er niets van,' zei hij.

De oude buurvrouw zei dat er die ochtend een man in een regenjas naar buiten was gegaan. Ze had hem niet zien terugkomen.

Lore ging naar het politiebureau. De agenten beweerden van niets te weten. Er was die dag niemand binnengebracht. In elk geval niet op dít bureau. Waarom vroeg ze dat? Lore zei dat het om een oom van haar ging, die altijd binnen werd gehouden omdat hij in de war was, kinds begon te worden, ze snapten het wel.

Ze zeiden met een uitgestreken gezicht dat ze het begrepen. Lore ging naar een paar andere bureaus, en bij een ervan vond ze een agent die bereid was haar iets te vertellen.

'Het is een Jood,' zei de man. 'Ze hebben hem zonder papieren op straat gevonden. Hij lag gewoon te slapen op een bankje, alsof het niets bijzonders was. En dat in deze tijd!' Hij schudde zijn hoofd.

'Zijn vrouw is niet Joods,' zei Lore.

'Ze hebben hem al naar Westerbork gestuurd.'

'Hij is zesenzestig!' riep Lore uit. 'Wat willen ze met hem?'

'De Duitsers nemen ze van alle leeftijden mee,' zei de agent.

Lore zag in dat het geen zin had hier een scène te schoppen. Ze bedankte de man beleefd en toen ze weer buiten was, lette ze goed op of ze niet werd gevolgd. De maan, bijna vol, scheen over de stad. In de verte hoorde ze bommenwerpers uit Engeland aankomen. Tegen de tijd dat ze die kon zien, honderden donkere silhouetten tegen de hemel, was het lawaai oorverdovend. Ze vlogen in de richting van Duitsland. Het geluid klonk haar als muziek in de oren.

Lore glipte geluidloos de verlaten woning binnen. Ze deed het licht niet aan, maar zocht haar weg op de tast. Ze kleedde zich uit, waste zich en kroop in het lege bed. Pas toen besefte ze dat ze sinds het einde van de ochtend niets meer had gegeten. Nog steeds in het donker haalde ze een snee brood en nam een heel klein stukje kaas van de plank waar ze de voorraden bewaarde. Ze ging in een leunstoel bij het raam zitten en at langzaam, om zo lang mogelijk met het eten te doen. Ze dacht aan Jacob en was vastbesloten hem te vinden. Als ze hem niet kon redden, zou ze samen met hem sterven. De afgelopen elf jaar had haar hele leven om hem gedraaid. Ze kon zich niet voorstellen dat ze zonder hem verder zou gaan. Ze was nu bijna vijftig. Ze wist dat ze er ouder uitzag, maar dat vond Jacob niet erg. Hij had altijd alleen maar met liefde naar haar gekeken, en in het licht van zijn liefde was ze mooi geweest. Niemand anders had haar ooit zo nodig gehad, niemand anders had haar ooit mooi gevonden.

Die nacht sliep Lore onrustig en droomde steeds van treinen. Ze hoorde de bommenwerpers terugkeren van hun missie en stond op toen de dageraad de hemel bleek kleurde. Die avond ging ze naar een van haar kameraden uit het verzet.

'Ik moet naar Duitsland,' zei ze.

'Dat is zelfmoord,' vond hij.

'Ik ben bereid te sterven,' zei Lore. 'Als je daar iets voor me te doen hebt, zeg het dan. Ik ga hoe dan ook.' Ze legde kalm uit wat haar redenen waren, dat Jacob was opgepakt en gedeporteerd en dat ze van plan was hem te gaan zoeken, in heel Duitsland als dat nodig was.

'Heb je weleens van een stad gehoord die Oświęcim heet?' vroeg hij. 'De Duitsers noemen het Auschwitz.'

'Ik ga ook naar Polen als het moet,' antwoordde Lore.

Hij zag dat ze vastbesloten was en ving een glimp op van de schoonheid die Jacob zag als hij naar haar keek.

'Ik vrees dat het te laat is voor de Joden,' zei Lore. 'Ze zijn allemaal verloren. Maar ik moet Jacob vinden, ik kan niet anders.' Ze deed haar best de opkomende tranen, die haar stem verstikten, te onderdrukken. 'Kun je me aan de benodigde papieren helpen?'

Twee weken later kreeg Lore bericht dat ze in een winkel niet ver van het station een oude koffer kon ophalen. In de dubbele bodem zat zendontvangapparatuur verborgen. Ze moest hem afgeven bij een schoenmaker in Mainz. Haar papieren zaten ook in de koffer.

Lore pakte alles van waarde, inclusief Jacobs boeken en papieren, in een scheepskist en liet die in de kelder van het huis achter. Ze verwachtte niet dat ze ooit nog iets van de spullen terug zou zien, maar dat deed haar vreemd genoeg niet veel. Ze vormden alleen een omhulsel, niet het leven zelf. Dat had Jacob meegenomen. Al het andere kon net zo goed door vlammen verteerd worden, of verstoffen en vergaan.

In een trein vol soldaten en hoge nazi's reed ze naar de grens. Ze deed zich voor als een Duitse moeder op zoek naar haar vier zoons, die in de oorlog vermist waren geraakt. Iedereen die ze sprak leefde met haar mee. Ze droeg een piepkleine swastika van rijnsteentjes op haar blouse.

Het afleveren van de koffer bij de schoenmaker in Mainz verliep volgens plan. Nu had ze geen verplichtingen meer, en ze zette koers naar Frankfurt. Het verhaal ging dat de transporten uit Westerbork naar Buchenwald reden, om de dwangarbeiders daar aan te vullen, maar het verhaal vertelde niet wat er met de Joden gebeurde. Buchenwald lag op de Ettersberg, een heuvel die uitkeek over Weimar. Lore wilde van Frankfurt via Erfurt naar Weimar reizen, maar eerst ging ze naar Frankfurt, omdat dat haar thuisstad was.

De stad werd al enige maanden zwaar gebombardeerd, en in maart van dat jaar had er in de Altstadt zo'n grote brand gewoed dat het centrum in een rokende puinhoop was veranderd. Lore kwam Frankfurt vanuit oostelijke richting binnen en liep door een woestenij van stenen. Doordat ze de vertrouwde straten nog herkende kon ze zich oriënteren, maar verder was er weinig meer dat haar herinnerde aan de plaatsen die ze zo goed had gekend. Ze ging naar binnen in een café waar ze vroeger met haar kameraden bier had gedronken en tot laat in de nacht had zitten praten. Een paar oude mannen van toen waren er nog, maar ze reageerden behoedzaam toen ze haar zagen, als gevangenen; pas op straat lieten een of twee van hen merken dat ze nog vasthielden aan hun vroegere overtuigingen. Ze kwam te weten dat sommige jongeren geheime bijeenkomsten bezochten in een verlaten kamp in de Taunus, dat er iemand was die nog folders drukte en iemand die 's nachts slogans kalkte op de muren van ingestorte gebouwen. Ze vertelden haar wie er dood was en wie was verdwenen in een van de staatsgevangenissen. Velen waren naar het platteland gevlucht, naar familie in de dorpen en op de boerderijen in de omgeving. 'Het kan nu niet lang meer duren,' zeiden ze met meer hoop dan overtuiging. 'Wanneer komen de geallieerden?' Lore wist het niet. Ze dacht aan de bommenwerpers die ze boven Amsterdam had gehoord. Die waren hiernaartoe op weg geweest.

'Hopelijk leven we nog als het voorbij is,' zeiden ze. 'Misschien kunnen we het land dan deze keer opbouwen zoals wij dat willen.' Lore vond hun vertrouwen roerend.

Ze bracht de nacht door in Rödelheim, bij een vriendin die weduwe was geworden; haar man was in Dachau vermoord. Binnenkort zou haar zeventienjarige zoon onder de wapenen worden geroepen. 'Ze zetten iedereen in tegen de Russen,' zei ze, 'ook oude mannen en kinderen.' Een voor een kwamen de overlevende kameraden aan de deur, omhelsden Lore en bleven een half uurtje met haar praten. Ze vertelden haar wat ze wisten over hoe de treinen naar de kampen reden en waar ze misschien vrienden kon vinden. Het belangrijkste, zeiden ze, was om te weten wie je kon vertrouwen.

De volgende ochtend vroeg ging Lore naar het station, waar ze ontdekte dat ze pas een dag later de trein naar Erfurt kon nemen. 'Dat komt door de oorlog,' zeiden ze. Maar de treinen naar Auschwitz gingen dag en nacht. Lore stond met haar kaartje in haar hand op het plein voor het station en voelde zich verloren. De lentezon scheen op de stoffige puinhopen en een bataljon Russische krijgsgevangenen was een waterleiding aan het repareren.

Lore durfde niet terug te gaan naar haar vrienden, want ze was bang dat ze hen in gevaar bracht door haar aanwezigheid, die ongetwijfeld al was opgemerkt. Ze besefte dat ze helemaal alleen was, een gevoel dat ze tegelijk beangstigend en opwindend vond. Ze had geen banden, ze droeg alleen haar liefde en overtuigingen met zich mee. Jacob was geen moment uit haar gedachten. Ze hoopte dat hij alleen gedwongen werd ongeschoold werk te doen, zoals de Russische gevangenen hier. Alles wat akeliger was dan dat, kon haar geest niet bevatten. Het was pas twee weken geleden dat hij was opgepakt. Hij kon onmogelijk dood zijn!

Toen ze naar de Baseler Platz en de Main liep, keek Lore uit over de Nizza-Anlage, eens een lieflijk park. Aan de overkant stonden de restanten van het Städel. De beide vleugels waren verwoest en vanaf het dak van het centrale deel wezen de zwarte lopen van het afweergeschut naar de lucht. Lore vroeg zich even af wat er met de schilderijen was gebeurd. Ze liep verder, tussen de bouwvallen door. Het huis waar Jacob had gewoond stond er nog, maar het was een lege huls, met flarden behang aan de zijmuren en bergen puin ertegenaan.

Laat in de middag kwam ze bij de Palmengarten. Die was wonderbaarlijk groen. De villa van Eduard Wertheim stond leeg en had geen dak meer. Midden in de tuin was een bom gevallen, waardoor er aarde en stenen tegen de gevel waren geslingerd. Bij de explosie waren alle ramen gesneuveld, en in het vervallen huis kampeerde nu een dakloos gezin. Het paleis van de familie Rothschild, dat er vlakbij had gestaan, was verdwenen. Een voorbijganger vertelde Lore dat de oude baron een jaar eerder op eenennegentigjarige leeftijd in zijn eigen bed was overleden, in de enige kamer waar hij van zijn cipiers nog mocht komen.

Lore had de Palmengarten altijd gezien als een park dat was gereserveerd voor de welgestelden. Als meisje had ze door het hek staan gluren naar de kindermeisjes met de kinderen, maar ze had niet over de paar pfennig beschikt die je moest betalen om naar binnen te mogen. Pas toen ze een jonge, werkende vrouw was, ging ze er af en toe tussen de rozenstruiken op een bankje zitten met haar in bruin papier verpakte lunch.

Nu zag ze dat er aan de zijkant van de grote palmenkas een restaurantje open was en dat de toegang tot het park gratis was. De rijken waren allemaal weg. Het gebombardeerde en uitgebrande Frankfurt was overgelaten aan de armen en de middenklasse. Lore ging aan een van de tafeltjes op het terras zitten en bestelde een kop surrogaatchocolade en een droge beschuit.

Plotseling viel haar oog op een man aan het tafeltje naast haar. Een echte heer, dacht ze, en toen kon ze haar tong wel afbijten dat die woorden bij haar waren opgekomen, en zoals altijd met een laatdunkende bijklank. Dat onderscheid maakte ze nog steeds, en altijd ten nadele van degene die naar haar oordeel tot een hogere klasse behoorde. Weer zag ze Jacob voor zich, met zijn vriendelijke patriciërsgezicht. De man aan het tafeltje naast haar was goedgekleed. Hij had een fiets bij zich, die tegen de stoel naast hem stond, en zijn smetteloze suède handschoenen lagen netjes op elkaar op het tafeltje. Het was voor het eerst in jaren dat ze iemand zag die een zelfverzekerde uitstraling had en zijn gevoel voor stijl leek te hebben behouden. Lore keek met een zweempje minachting naar zijn sportjasje, dat versleten maar goed van snit was, zijn gestreepte katoenen overhemd en zijn geperste kamgaren broek. Hij beantwoordde haar blik met een zachte glimlach. Zijn haar begon dunner te worden, maar hij was knap. Zijn ogen waren helderblauw. Lore vond dat hij iets bekends had en probeerde te bedenken hoe dat kwam. Waren ze jaren geleden collega's geweest? Had ze hem vroeger gekend? Had ze iets van hem te vrezen?

Hij zag er volkomen onschuldig uit. Het was beslist geen man die zich met politiek bezighield, dus in dat verband kon ze hem niet zijn tegengekomen. En toch had hij iets bekends. Ze keek nog eens naar hem en besefte opeens dat er een verband tussen hem en Jacob moest zijn. Ze pijnigde haar hersenen om te achterhalen wat het was. In gedachten haalde ze zich de rij foto's voor de geest die op Jacobs bureau hadden gestaan en somde de namen op van alle familieleden over wie hij in de afgelopen elf jaar had verteld. Haar geestesoog bleef hangen bij de foto van een jonge vrouw in een skipak die op een sneeuwvlakte naast een knappe blonde man stond... Natuurlijk! Het kon alleen maar Tom zijn, Lenes man. 'Ik heb Tom altijd graag gemogen,' had Jacob gezegd. 'Meer dan die Manfred Solomon.'

Precies op dat moment stond de man op van zijn tafeltje, kwam naar het hare en zei met een kleine buiging: 'Thomas von Brenda-Badolet.'

'Ik weet wie u bent,' zei Lore. 'Ik was er net achter. Ik ben Lore Wertheim, de vrouw van Jacob.'

Lore zag dat Tom om zich heen keek met de instinctieve, waakzame blik van iemand die weet dat er overal jagers zijn. 'Mag ik gaan zitten?' vroeg hij. Lore knikte. Hij nam zijn kopje mee. Er zat slappe thee in. 'Ik heb mijn eigen theezakjes bij me,' zei Tom, 'en ik wil er graag een met u delen. Dan hoeven we alleen heet water te bestellen.'

Lore schudde haar hoofd. Even wisten ze geen van beiden wat ze moesten zeggen, waar ze moesten beginnen.

'Vertel hoe het met iedereen is,' zei Tom, terwijl hij zich over het tafeltje boog en zijn gezicht dicht bij het hare bracht, zodat ze openlijk kon praten in de beschutting van de laaghangende takken boven hun hoofd. 'Zijn ze veilig? Waar zijn ze? Wat is er van Lene geworden? Wat doet u hier?'

Toen hij een schaduw over haar gezicht zag glijden, wist Tom dat er voor Lore geen hoop meer was, dat Jacob was verdwenen. 'En de anderen?' vroeg hij. 'Weet u iets over Clara, mijn dochtertje?'

'Ik heb Lene zes jaar geleden in Parijs gezien. Ze zouden naar Amerika gaan. Zij ging eerst naar Italië om het meisje te halen, dat, als ik het me goed herinner, bij een tante logeerde?'

'Ja. Bij Emma. Ik had gehoord dat ze naar Florence was verhuisd.'

'Hebben ze geen afscheid genomen?'

Tom wendde zijn gezicht af. Het was een tactloze vraag, maar daar was Lore zich niet van bewust.

'Er is besloten...' begon Tom. 'Ik zou afstand houden... Edu heeft alles geregeld.' Hij zweeg even. 'Maar wat doet u hier? Of mag ik dat niet vragen?'

'Ik ben op zoek naar Jacob,' zei Lore. 'Hij is twee weken geleden opgepakt. Ik heb begrepen dat ze de gedeporteerden naar Buchenwald sturen.'

'Denkt u dat u hem zult vinden?'

'Nee,' zei Lore. Het was een volkomen spontaan antwoord, waar ze allebei van schrokken. Lores stem werd schor. 'Maar ik moet proberen hem nog een keer te zien. Ik heb geen afscheid van hem genomen. Hij was weg toen ik thuiskwam uit mijn werk. Ik wilde hem iets vertellen.'

Er glinsterden tranen in haar ogen. De zon ging inmiddels schuil achter de dikker wordende nevel; er zat regen in de lucht.

'Het wordt slecht weer,' zei Tom. 'Laten we naar mijn huis gaan.'

'Zou ik vannacht bij u kunnen logeren?' vroeg Lore. 'Mijn trein naar Erfurt vertrekt pas morgenochtend.' Ze wist dat het een vrijpostige vraag was, maar ze moest plannen maken.

'Mijn vrouw is ernstig ziek,' zei Tom, en hij zag Lores blik verstrakken en behoedzaam worden. 'Ik bedoel niet dat u niet kunt blijven,' ging hij verder. 'Ik wilde u alleen waarschuwen.'

'Is het besmettelijk?'

'Ze heeft kanker.'

'Het spijt me. Het was niet oneerbiedig bedoeld. Maar ik moet zorgen dat ik mijn bestemming bereik en geen oponthoud heb. Ik wist niet dat u was hertrouwd.' Ze ratelde door om haar gêne te verbergen.

'Ik ben getrouwd met de vrouw op wie ik verliefd ben geworden toen Lene en ik apart woonden. Het is geen gelukkig huwelijk. Ze beschouwt zichzelf als dichteres, maar heeft nooit veel talent gehad. Ze is eigenzinnig en moeilijk. Ik ben ongetwijfeld zelf ook moeilijk, op mijn manier, maar voor mij is ze een zware last geworden die ik meedraag en waaronder ik gebukt ga. Ik ga elke dag het huis uit, ook als ik niet hoef te werken, alleen om aan haar te ontsnappen.'

'Arme ziel.'

Tom wist niet of Lore hem of zijn vrouw bedoelde. De eerste regendruppels vielen.

'Kom,' zei Tom. 'Je kunt op de stang zitten, dan rijd ik je naar huis.'

'Weet je hoe lang geleden het is dat ik dat heb gedaan?' vroeg Lore. 'Ik ben vast te dik en te zwaar. Je fiets zal onder me bezwijken.'

'Nee hoor. Het is een stevige fiets en ik ben een heel goede fietser. Dat is de enige tak van sport waar ik goed in ben. Ik heb Lene ook weleens zo rondgereden.'

Na een wankel begin kregen ze er allebei handigheid in. Tom reed met naar buiten wijzende knieën langs het Grüneburgpark. Het moeilijkst was stoppen en afstappen als ze bij een kruising kwamen en een kar of een vrachtwagen voor moesten laten gaan. Het korte ritje bracht grote hilariteit teweeg, waardoor ze bijna vergaten dat ze aan de rand van de afgrond stonden.

Het appartementengebouw waar Tom woonde had bij de bombardementen geen schade opgelopen, maar zag er armoedig en verwaarloosd uit. Het stond in een chique buurt. De woningen stamden uit het begin van de eeuw en de rustige straten waren met bomen omzoomd. Bij de deur werden ze begroet door een dienstbode, die stokoud was en krom liep van de artritis.

'Wie is dat?' vroeg ze kribbig, terwijl ze naar Lore wees.

'Een oude vriendin van de familie,' zei Tom.

'Ik herinner me haar niet.'

'Ze heeft voor mijn ouders gewerkt,' zei Tom zachtjes tegen Lore.

'Wat zei je over je ouders?'

'Niets, Grete, niets.'

Tom excuseerde zich en liep verder de woning in. Lore zag dat hij een kamerdeur opendeed en hoorde het klagerige gejammer van een schorre stem, onderbroken door gehoest.

'Gaat u alstublieft in de woonkamer zitten,' zei Grete, 'en geef me uw rugzak.'

'Die houd ik liever bij me, dank u,' zei Lore. Ze voelde zich altijd opgelaten in de aanwezigheid van bedienden.

Even later kwam Tom terug met een fles wijn. 'We hoeven ons niet alles te ontzeggen wat het leven aangenamer maakt,' zei hij, terwijl hij de fles opentrok en aan de kurk rook. 'Uit een goed vooroorlogs jaar.'

Ze dronken uit kristallen glazen.

'Ik heb wat spullen uit het huis van mijn ouders gered,' zei Tom. Toen bracht hij een toost uit: 'Op het einde van de oorlog en de nederlaag van ons vaderland.'

Grete serveerde het diner in een kamer die zo te zien tegenwoordig weinig werd gebruikt. Het porselein was beschadigd en het zilveren bestek aangeslagen, maar Lore zag het niet eens. De soep was waterig, met stukken knol en koolraap erin, en het hoofdgerecht bestond uit vlees uit blik en roerei gemaakt van poeder. Maar de wijn was voortreffelijk. Lore merkte dat die haar onbevangener maakte en ging zich meer op haar gemak voelen. Ze vertelde Tom over haar jeugd. Ze praatten honderduit en kwamen niet eens aan het heden toe. Lore vroeg naar Jacob, want ze wilde hem van een andere kant leren kennen. En ze verlangde er hevig naar hem over vanavond te vertellen. Wat zou hij dat graag willen horen, wat zou hij veel willen weten... Ze moest maar goed opletten!

Tom vertelde haar dat Jacob een keer overhoop had gelegen met het elektriciteitsbedrijf over een rekening en een maand lang bij kaarslicht had geleefd. Lore moest zo hard lachen dat het even duurde voordat Tom doorhad dat de schokken die door haar lichaam gingen niet meer van vrolijkheid waren.

'Je huilt,' zei hij.

'Ik huil nooit,' snikte Lore.

Tom bleef stil zitten. Hij wist dat het geen zin had te proberen haar van haar plannen af te brengen.

'Ik hou zo weer op,' zei ze.

Tom legde zijn hand op de hare. Het was een kies en aarzelend gebaar. De afstand tussen hen bleef bewaard. Het maakte haar duidelijk dat hij haar geen hulp kon bieden. Hij leek op een geestelijke, dacht ze, hij geloofde in een andere ordening der dingen. Er waren wel zaken waar hij in geloofde, maar daarvoor zou hij nooit zijn leven wagen.

'Ik moet even bij mijn vrouw gaan kijken,' zei hij toen ze klaar waren met eten. Lore zat in de woonkamer terwijl Grete de tafel afruimde.

'Laten we hopen dat er geen luchtaanval komt,' zei Tom toen hij terugkwam. 'Mijn vrouw kan de trap niet meer af. We moeten haar naar de schuilkelder dragen. Daarbeneden huilt ze de hele tijd. Ze is stervende en lijdt vreselijke pijn, maar toch wil ze niet dood.'

'En jij hoopt juist dat ze doodgaat, hè?'

'Ja. Ik ben haar gaan haten,' zei Tom.

Er kwamen die avond geen vliegtuigen. Het regende zachtjes en er hing een dik wolkendek boven de verduisterde stad en het gebied eromheen, helemaal tot aan de Franse grens. Lore en Tom zaten tot heel laat te praten.

Grete had het bed in de logeerkamer opgemaakt, en Lore sliep tussen linnen lakens. Het was een diepe slaap, die alle dromen met zich meenam voordat ze wakker werd. Tom bracht haar naar het station en bleef wachten tot de trein vertrok. Een groepje welgedane mannen wuifde een kameraad uit. 'Heil Hitler!' riepen ze toen de trein zich in beweging zette. Lore zag dat Tom afstand van die mannen hield alsof ze hem hadden weggeduwd. Hij zwaaide naar haar met zijn gehandschoende hand. Ook dat gebaar was terughoudend, een pijnlijke herinnering dat hij in de slechtste der tijden leefde en machteloos stond.

De man van de Gestapo belde om half twaalf 's ochtends bij Thomas von Brenda-Badolet aan. Grete liet hem binnen, maar hij moest in de hal wachten. Ze had geen idee wie hij was, maar wist dat hij niet in de woonkamer hoorde.

'Hebt u de afgelopen nacht een logee gehad?' vroeg de man van de Gestapo aan Tom. Ze stonden tegenover elkaar, aan weerszijden van het Perzische tapijt. Tom haalde vaag zijn schouders op. Het was bijna een Joods gebaar.

'Mag ik binnenkomen en gaan zitten?' vroeg de man.

'Nee,' zei Tom. 'Dat is niet nodig. We kunnen hier praten. Mijn vrouw is ongeneeslijk ziek.'

'En hoe zit het met die logee?'

'Dat was een vriendin van mijn zus, die op doorreis in Frankfurt was. We zijn elkaar in de Palmengarten toevallig tegen het lijf gelopen.'

‘Hoe heet ze?’

Tom koos een willekeurige naam, de naam van het meisje dat bij zijn eerste formele diner naast hem had gezeten. ‘Maar ik weet niets over haar,’ zei hij.

‘En toch hebt u haar hier laten slapen? Terwijl uw vrouw onder hetzelfde dak in haar ziekbed, nee, op haar sterfbed ligt?’

‘Je vindt tegenwoordig niet zo makkelijk een kamer. Het Frankfurter Hof is gebombardeerd...’

‘Waar ging ze naartoe? U hebt haar naar het station gebracht.’

‘Naar Leipzig.’

‘Met welk doel?’

‘Hoor eens,’ zei Tom, ‘ik zal open kaart met u spelen. Ik heb haar meegenomen om met haar naar bed te gaan.’ De man van de Gestapo grijnsde wellustig. Tom wist dat hij goed zat. ‘U weet hoe dat gaat,’ zei hij. ‘Mijn vrouw is al heel lang ziek.’

‘Stervende.’

‘Ja.’

‘Jullie zijn walgelijk,’ zei de man met plotselinge felheid. ‘Gedegenereerd, net als de Joden. Kent u de naam Wertheimer?’ Nu klonk hij weer sluw.

‘Ik geloof het niet.’

‘U bent getrouwd geweest met een Joodse vrouw. Wat was haar achternaam?’

‘Wertheim.’

‘Dat zei ik.’

‘Niet helemaal. Hoe dan ook, dat is heel lang geleden. We zijn in 1930 gescheiden.’

‘En u had samen een dochter. Waar is zij nu?’

‘Veilig en wel in Amerika, hoop ik.’

‘Waar is de rest van de familie?’

‘Ik hoop dat ze ergens zijn waar jullie ze geen kwaad kunnen doen.’

‘We hebben een van hen naar Polen gestuurd, naar het getto van Litzmannstadt. Dat staat in mijn papieren. Ik geloof dat hij gestorven is. De accommodatie was niet goed genoeg voor hem. Hij was gewend aan betere hotels.’

Tom keek hem strak aan. ‘Als u klaar bent, kunt u gaan,’ zei hij.

'Niet zo haastig. Ik ben hier met een opdracht.'

Tom deed de deur open. De man van de Gestapo stapte achteruit naar buiten. Toen hij op de overloop stond, zette hij zijn hoed weer op. 'Ik zou maar oppassen als ik u was,' zei hij.

De deur viel voor zijn neus dicht.

De treinen reden mondjesmaat, en Lore kwam pas halverwege de middag in Erfurt aan. Na de regenbui was het niet opgeklaard. Het was benauwd. De mensen klaagden over hoofdpijn en zeiden dat de geallieerden een nieuw soort gas gebruikten. Lore ging te voet op weg naar Weimar en hoopte de twintig kilometer voor het vallen van de avond te kunnen afleggen. Ze was altijd een echte wandelaar geweest.

Het zachtglooiende landschap van Thüringen strekte zich voor haar uit. Op de akkers waren boeren late aardappels aan het poten. Elke keer dat ze op een hoog punt in de weg kwam, kon ze in alle richtingen kilometers ver kijken. De omgeving oogde vriendelijk. Een passerende vrachtwagen met soldaten stopte naast haar en de chauffeur leunde naar buiten om te vragen of ze een lift nodig had. De angst sloeg Lore even om het hart, maar toen ze de matte, vermoeide gezichten van de mannen zag, besefte ze dat die geen bedreiging vormden. Ze klom achter in de wagen en ging op de vloer zitten, die met stro was bedekt. Zwijgend bood een van de soldaten haar een homp brood en een slok uit zijn veldfles aan. Ze at en dronk. Niemand vroeg waar ze naartoe ging.

De vrachtwagen zette Lore een paar straten buiten het centrum van Weimar af. De schemering was nog niet gevallen, zodat ze de kans kreeg het schitterende achttiende-eeuwse stadsgezicht te bewonderen, dezelfde gebouwen die Goethe en Schiller hadden gekend. Lore was niet hoogopgeleid, maar ze wist dat dit plaatsje, net als Chartres of de Sint-Pieter in Rome, symbool stond voor een bloeiperiode en alle nobele, goede en blijvende waarden van de mensheid vertegenwoordigde. Toen ze langs de schouwburg, het woonhuis van Schiller en dat van Goethe liep, voelde Lore zich een pelgrim.

Ze wandelde het stadspark in, waar ze een tijdje op een bankje zat en at van het gedroogde fruit dat ze bij zich had. Toen het eindelijk donker was, ging ze op zoek naar een hotel. Ze was van plan daar de nacht door te brengen en de volgende ochtend vroeg op pad te gaan. Elk uur dat ze er langer bleef, zou het gevaar van ontdekking en ondervraging groter worden.

Ze vond een klein hotelletje, van het soort waar in vredestijd handelsreizigers logeerden en gedurende de oorlog zwarthandelaren en andere scharrelaars. Ze voelde zich er verrassend goed thuis en sliep uitstekend.

De volgende ochtend, vlak voor zonsopgang, schrok ze wakker alsof er een hand op haar schouder werd gelegd. Maar ze was alleen. Snel kleedde ze zich aan en waste haar gezicht met koud water bij de kleine wastafel. Ze stopte haar geld in het leren buideltje dat ze rond haar middel had geknoopt, maar haar valse paspoort niet. Al haar bezittingen zaten veilig in de rugzak, die ze achterliet in de klerenkast van de hotelkamer. Ze at het laatste gedroogde fruit op en verliet het hotel. Er zat niemand bij de receptie en de straten waren nog leeg.

Ze liep niet over de hoofdweg, die zich vanuit de stad bergopwaarts kronkelde, maar bleef in de bossen en de velden die erlangs lagen. Ze had de indruk dat ze donkere rookwolken zag oprijzen boven de andere kant van de berg. De wind blies ze bij haar vandaan, maar vanaf elke nieuwe helling die ze beklom zag ze de rook weer. Afgezien daarvan was de lucht blauw. Het kraaien van een haan en het geklingel van koebellen in de verte waren de enige geluiden die ze hoorde. Ze had ongeveer een uur gelopen toen ze bij het beukenbos kwam dat rond de top van de Ettersberg lag. Daar rustte ze even uit. Ze wist dat ze in de buurt van het kamp begon te komen, en een akelig voorgevoel knaagde aan haar binnenste, maar in het stille woud voelde ze zich veilig.

Een enkel treinspoor was het eerste teken dat ze in de nabijheid van het kamp kwam. Ze stak het voorzichtig over. Het bos was minder dicht geworden en ging over in een ander landschap. Er stonden eiken en dennen die verstikt werden door klimplanten, bramen en frambozenstruiken. Hiervandaan kon ze de hemel boven de heuveltop zien, en daaromheen de zwarte rookwolk. Er hing een zoete, misselijkmakende geur. Lore was wee van de honger. Plotseling zag ze een brede betonnen weg en hoorde naderende vrachtwagens, het geschreeuw van mannen en het geblaf van honden. Ze liet zich op haar knieën vallen. Het bangst was ze voor de honden, want hun zintuigen waren scherper dan die van mensen en in tegenstelling tot hun baasjes konden zij haar ruiken. Ze lag op de klamme aarde, drukte haar gezicht tussen de steentjes en dode bladeren en wachtte tot ze aan de geluiden hoorde dat het konvooi voorbij was.

Toen het weer stil was, stond ze op en liep diep voorovergebogen in de richting waarvandaan de vrachtwagens waren gekomen, naar de plek waar de zwarte rook in verwaaide wolkjes oprees en wegdreef op de zachte bries. Na een minuut of tien kwam ze aan bij het hek van prikkeldraad dat het kamp omsloot. Ze zag de wachttorens, het gebouw met de rookpluim erboven, een groot open plein en vele rijen barakken. Ze zag mannen in groepen door de 'straten' van het kamp lopen. Elke groep werd begeleid door een bewaker met een machinepistool. Het was moeilijk te zien wat er precies gebeurde, maar dit leken haar werkeenheden. Ze zag mannen met bijlen zwaaien, zware spullen verslepen, stenen kapotslaan en een grote wals over het centrale plein trekken. Ze zorgde dat ze niet gezien werd en keek toe tot haar ogen pijn deden en haar nek stijf was. De zon brandde op haar schouders en de harde grasstoppels tussen het onkruid en de kersenbomen sneden in haar benen.

Tegen het middaguur kroop ze weg in de schaduw van een paar struiken. Ze was uitgeput en dommelde even in. Boven haar was de lucht warm van de verzengende zon; haar ogen brandden. Wat moest ze doen? Ze zou er nooit in slagen het kamp binnen te komen, en zelfs als het wel lukte, wat dan?

Lore bracht twee dagen en twee nachten door in het kreupelhout rond het kamp en verschool zich razendsnel, zoals konijnen en andere prooidieren doen, zodra ze iets zag of hoorde wat ze niet eerder had gezien of gehoord. Op handen en knieën kroop ze een paar maal rond het kamp. Ze stak de weg die naar de hoofdingang liep nooit over, maar keerde om en ging terug zoals ze gekomen was, de andere kant op. Ze had de woorden gezien die in gietijzeren letters in het hek waren aangebracht, recht onder de klok. JEDEM DAS SEINE, 'ieder het zijne', stond er.

Aan het eind van de tweede dag kende Lore de plattegrond van het kamp uit haar hoofd. Ze had de gevangenen zich 's ochtends en 's avonds zien verzamelen op het plein voor het appèl en had gezien dat de doden naar het gebouw werden gedragen waarvan de schoorsteen zijn zwarte wolk uitbraakte. Ze had mannen 's ochtends de poort uit zien marcheren om te gaan werken en 's avonds zien terugkeren, had vrachtwagens af en aan zien rijden, kreten van angst en pijn gehoord, en het geratel van pistoolmitrailleurs. Het was allemaal te ver weg om het precies te kunnen onderscheiden, maar in grote lijnen was het goed te volgen. 's Nachts brandden er felle lampen op de wachttorens, dus er waren geen schaduwen waarin je je kon verbergen.

De enige keer dat ze in de buurt van andere mensen kwam, was op de tweede dag, toen een groep gevangenen in gestreepte pakken op weg ging naar de steengroeve en haar passeerde op dertig meter afstand van de plek waar zij zat weggedoken. Jacob was er niet bij, en ze droegen geen van allen een gele ster. Toen besefte ze dat de Joden ongetwijfeld apart werden gehouden en op haar volgende ronde keek ze uit naar barakken die een eindje bij de andere vandaan stonden. Ze was licht in haar hoofd van de honger. Haar geest vormde geen samenhangende gedachten meer. Ze was vies en haar kleren waren gescheurd, ze zat onder de schrammen, haar nek was roodverbrand en haar haar geklit en vol twijgjes. Ze at bladeren en dronk kleine slokjes water uit een sijpelend stroompje dat ze had gevonden, maar het smaakte bedorven.

Vroeg in de ochtend van de derde dag ontdekte ze de Joodse barakken. Ze stonden aan de westzijde van het kamp, omsloten door extra rollen prikkeldraad, dus blijkbaar werden deze gevangenen afgezonderd van de andere.

De laatste ster aan de hemel vervaagde. De vochtige lucht was koel. Het wordt weer een stralende dag, dacht Lore. Ze had geen plan meer, ze wilde alleen maar lang genoeg blijven leven om Jacob te zien. Op de eerste dag had ze een paar keer overwogen haar zoektocht te staken, terug te gaan naar Frankfurt en zich bij haar oude vrienden schuil te houden. Ze hadden haar gezegd dat dat mogelijk was. Hoe dichter de oorlog de grenzen van Duitsland naderde, des te moeilijker zou het voor de nazi's zijn om alles volledig onder controle te houden. Maar Lore kon het niet opbrengen weg te gaan. Toen het patroon van haar wake eenmaal vastlag, wilde ze zich er niet meer aan onttrekken.

Het had maar eenmaal geregend in de twee etmalen sinds ze in Buchenwald was aangekomen. Uit een zwarte wolk was opeens een felle bui gevallen en er waren fikse hagelstenen op haar neergekletterd. Windvlagen hadden stof en afval door het kamp geblazen. Het leek wel een bijbels verhaal waarin God aan de profeet verschijnt. Maar toen de storm voorbij was, net zo snel als hij was begonnen, was er niets veranderd.

Lore droomde voortdurend van eten. Ze zag borden vol worsten, rook warme koffie, hunkerde naar vers brood en scherpe, pikante kaas. De hele nacht werd ze gekweld door zulke visioenen. Ze nestelde zich in het kreupelhout en kauwde op wortels. Nu ze wist waar Jacob waarschijnlijk was, liep ze niet meer om het kamp heen. Ze kroop zo dicht naar het hek als ze maar durfde en probeerde hem te herkennen tussen de gestalten die in de stilte voor het aanbreken van de dag rondscharrelden.

Langzaam werd het lichter. De schijnwerpers gingen minder fel branden en doofden. Lore zag een paar honderd man onbeweeglijk staan, roerloze standbeelden in rijen van gelijke lengte. Ze waren in twee groepen verdeeld, net als de gezegenden en de verdoemden op schilderijen van de dag des oordeels, dacht ze. Ze keek uit naar Jacobs bekende gestalte. Ze wist dat ze hem zou herkennen aan zijn bewegingen, aan de stand van zijn hoofd, de manier waarop hij één schouder lager hield dan de andere, en aan zijn schuifelende loopje, dat een beginnende artritis verried. De Joden droegen geen gestreepte gevangenispakken, maar hadden kennelijk nog de kleren aan waarin ze waren gekomen. Vanuit Lores gezichtspunt leken de sterren op hun borst op handafdrukken, net zo bleek als hun spookachtige gezichten.

Toen de zon in een gele explosie van licht opkwam, gaven de bewakers het bevel tot marcheren, en beide groepen mannen zetten zich in beweging naar de hoofdingang. Al snel ging hun regelmatige tred over in een wanordelijk rennen. Degenen die vielen werden door hun kameraden overeind gehesen en meegesleurd. De weg leidde naar de spoorlijn en het rangeerspoor dat Lore de eerste dag had gezien. Daar stond een lange rij veewagens te wachten, met versperringen van prikkeldraad eromheen. Lore volgde de mannen op korte afstand door het bos van berken en jonge beuken. Op een teken van de bewakers begonnen ze in de wagons te klimmen.

Langzaam liepen de wagons vol. Lore had zich verschuild achter een afbrokkelende stenen muur. Ze was versuft van de honger. Maar eindelijk zag ze Jacob. Ze herkende hem in eerste instantie aan de manier waarop zijn haar naar achteren viel – hij haalde er altijd zijn hand doorheen – en de vorm van zijn bril. Hij zag er ongelooflijk zwak en breekbaar uit. Lore sprong op uit haar schuilplaats en rende door de smalle strook bos die haar van de trein scheidde. 'Jacob!' schreeuwde ze. 'Jacob!' Haar voet bleef achter een wortel haken en ze viel, maar krabbelde weer overeind, zwaaiend met haar armen. 'Hier ben ik, hier ben ik!' riep ze. Haar ogen waren verblind door tranen, maar die wreef ze weg en toen zag ze scherper dan ooit. Hij had zich in haar richting gedraaid...

De schoten klonken droog, zonder echo. Een ogenblik, langer niet, hielden de vogels op met zingen. De bewakers zagen de vrouw vallen. De Joden klommen nog steeds de veewagons in. Niemand ging kijken wie ze was. Later zou er een bewaker worden gestuurd om haar stoffelijk overschot op te halen.

Lores rugzak bleef vergeten in een hoek van het kantoortje van de hotelhouder liggen tot hij maanden later besloot hem maar in gebruik te nemen, omdat zijn eigen exemplaar versleten was. De kleren die erin zaten gaf hij weg en het paspoort gooide hij in het vuur van het fornuis. Jacobs trein werd naar Auschwitz gestuurd, waar hij werd vergast en gecremeerd. Niemand die hem kende, heeft hem daar gezien en niemand van zijn transport overleefde de oorlog. Zijn sterfdag is onbekend. Waarschijnlijk was het een van de laatste dagen van juli 1944.

De invasie van de geallieerden in Normandië, in juni, werd nog geen drie maanden later gevolgd door de bevrijding van Parijs. Onder de duizenden die op die dag in augustus langs de straten en lanen van de Franse hoofdstad stonden, was Eva Süsskind. Dat ze de bezetting had overleefd, had ze voornamelijk te danken aan haar baas bij het chemisch laboratorium, die ervoor had gezorgd dat niemand haar lastigviel. Ze had geen gemakkelijke tijd gehad, maar ze leefde nog. Inmiddels was ze een frêle vrouw van vierenzestig die er oud uitzag voor haar leeftijd, maar ze geloofde nog steeds dat de samenleving maakbaar was en de mens in wezen goed. Ze beschouwde de jaren van nazioverheersing als een afwijking van het normale. Over de vernietigingskampen had ze alleen nog maar geruchten gehoord. Hoewel ze zich geen illusies maakte over Jozef Stalin, was ze nog steeds hoopvol over de Sovjet-Unie. Weliswaar had ze allang afstand genomen van de Communistische Partij, maar ze was nog wel bevriend met mensen die de partij trouw waren gebleven. Ze was een alleenstaande vrouw, dus vriendschappen waren belangrijk.

Eva was verhuisd naar een klein appartement aan een binnenplaats in een arbeiderswijk van Parijs, een woning die professor Fonsagrive, haar baas, voor haar had gevonden toen de Duitsers in het voorjaar en de zomer van 1941 in Parijs waren begonnen met het oppakken van de Joden. Hij was naar de bevoegde instanties gegaan en had geëist dat Eva bij hem mocht blijven werken, omdat ze onmisbaar was voor zijn laboratorium. Haar woning lag dicht bij haar werk, zodat ze zichzelf niet al te veel op straat had hoeven vertonen.

Ze had de gewoonten ontwikkeld van een excentrieke vrouw op leeftijd: ze bewaarde stukjes papier en touwtjes en leefde zo zuinig dat haar kennissen altijd de indruk kregen dat ze net niet ondervoed was. Ze begon zich ook uiterlijk te verwaarlozen. Ze kocht nooit nieuwe kleren, maar diepte spullen op uit haar hutkoffer, waar alles in zat wat ze had meegenomen: vergelend ondergoed en broze zijden hemden, haar sjaals uit Rusland, mantelpakjes van gekeperde stof en handdoeken die ze in 1923 bij Pfüller in Frankfurt had gekocht.

Urenlang stond Eva in de felle augustuszon te kijken naar de intocht van de bevrijders, de Vrije Franse Strijdkrachten, die in een eindeloze stroom over de Boul'Mich marcheerden. Hun tanks waren versierd met bloemenslingers en overal wapperde de Franse vlag. Ze huilde zoals ze nog nooit had gehuild. Een jonge Française die naast haar stond probeerde haar te troosten.

'Hebt u uw man verloren?' vroeg ze. 'Is uw zoon gevallen voor Frankrijk?'

'Ik ben nooit getrouwd,' zei Eva. 'Ik heb geen kinderen. Maar mijn broer heeft de hand aan zichzelf geslagen toen de nazi's kwamen. De anderen...' Haar stem stierf weg. Eigenlijk herinnerde ze zich op dat moment niets, niemand anders.

'Bent u Joods?' vroeg de vrouw. Eva keek haar met een geschrokken gezicht aan. Ze nam aan dat ze het nu mocht toegeven, of niet? Ze knikte aarzelend.

'En u leeft nog?' zei de vrouw. 'Dat is een wonder. Twee jaar geleden heb ik gezien hoe ze de Joden naar het Vélodrome d'Hiver hebben gedreven. Het was verschrikkelijk.'

Eva droogde haar tranen. 'En wat hebt u gedaan?' vroeg ze in haar scherpe Frans, gekleurd door haar Frankfurtse accent.

'Gedaan? Wat kon ik doen? Niemand kon iets doen.' Ze schoof discreet opzij om een vader en zijn kind haar plaats te gunnen. De man was een arm kwijt.

Toen ze vroeg in de avond naar huis liep, besefte Eva dat ze de stad voor het eerst in jaren niet zag door de ogen van een gevangene maar door die van een *flâneuse*, die gaat waar ze wil, openstaat voor alle indrukken en ontvankelijk is voor alle details. Zes jaar lang had ze in een rechte lijn heen en weer gelopen tussen haar woning en het lab, zonder een praatje te maken, met alleen een knikje naar een paar winkeliers onderweg. Nu glimlachte ze en zij glimlachten terug. De concierge van haar gebouw zei iets vriendelijks tegen haar. Daar was Eva blij mee, maar ze bedacht dat een vriendelijk woord in de jaren van de bezetting ook niet onwelkom was geweest. Die gedachte zette ze snel uit haar hoofd. Ze had geen zin om lang stil te staan bij sombere zaken; ze leefde tenslotte nog. Ze was niet verraden. Ze schonk een glas brandewijn in uit de fles die ze bewaarde voor de avonden dat ze niet in slaap kon komen en dronk het leeg. 'Op vrijheid, gelijkheid en broederschap!' zei ze hardop en ze lachte welgemeend, iets wat ze heel lang niet meer had gedaan.

Op de eerste zondag in september, kort na tien uur 's ochtends, klopte er een Amerikaanse soldaat bij Eva aan. De andere huurders hadden hem het gebouw binnen zien gaan en hun deur allemaal op een kiertje gezet om te kunnen zien hoe hij de trap op liep naar de woning van mademoiselle Süsskind. Eva werd verrast door het geklop en reageerde niet meteen. Ze dacht dat het een vergissing was. Of misschien haalden de buurkinderen kattekwaad uit. Toen het kloppen aanhield, ging ze naar de deur. Ze draaide de vele sloten open en stond oog in oog met haar neef Benno. Ze keek hem onderzoekend aan om zeker te weten dat hij het was. Benno glimlachte breed ('Net een Amerikaan,' zou Eva later zeggen) en omhelsde haar. Ze was zo mager en knokig en zo weinig gewend aan uitingen van genegenheid dat ze verstarde en zich niet liet kussen. Ze moest een beetje huilen, maar ze had haar tranen een week eerder al vergoten in aanwezigheid van vreemden, dus vond ze dat het genoeg was geweest.

'Benno!' zei ze. 'Jij... een Amerikaan. Het is fantastisch. Dat had ik nooit van je verwacht!'

Ze lachten een beetje schutterig. Benno was afgevallen, maar zijn kakiuniform zat even slecht als zijn linnen pakken altijd hadden gedaan en hij was nog net zo onhandig als vroeger. Hij had sigaretten en chocolade meegenomen. 'Geef de chocola maar aan de buurkinderen,' zei Eva. 'Ik ben niet gewend aan zoetigheid.' Ze nam wel een pakje Chesterfields aan en maakte het open. Ze had nog steeds sterke, beweeglijke handen.

'Wat een genot om weer te roken,' zei ze. 'Caroline ergerde zich altijd als ik as op haar tapijt morste. Is ze dood?'

Benno knikte. 'Andreas ook, denken we. En niemand heeft iets gehoord van Jacob en Lore.'

'En de verhalen die ze vertellen... zijn ze waar?'

'Ik ben hier om dat uit te zoeken. Toen Amerika bij de oorlog betrokken raakte, heb ik me vrijwillig bij het leger aangemeld, en ze hebben me bij het OSS geplaatst, de militaire inlichtingendienst. Als we in Duitsland kunnen gaan kijken, zullen we het zien. Maar ik heb gehoord dat ze honderdduizenden Joden hebben omgebracht. Misschien wel miljoenen.'

'Miljoenen? Hoe is dat mogelijk? Ik kan me er niets bij voorstellen.'

'Dat kan niemand. Met papa gaat het gelukkig goed en met mama ook. Ik hoop ze binnenkort te zien. Ze hebben me geschreven dat ze het Zwitserse dialect nog steeds niet onder de knie hebben, dat Edu geen spat veranderd is en dat hij Emma naar Zürich heeft gehaald, waar ze is doorgegaan met haar liefdadigheidswerk.'

'Wat is het toch een eigenaardige verloren ziel!'

'Ze zou woedend zijn als ze u dat hoorde zeggen. Ik heb begrepen dat ze heeft geprobeerd Edu's huishouden over te nemen en dat hij haar heeft gevraagd te verhuizen naar een appartement in de stad.'

'Ze heeft altijd een beetje te veel van hem gehouden.'

'Wist u dat dan?'

'Dat was overduidelijk, Benno. Je hebt je Frankfurtse accent nog,' zei Eva. 'Fijn om dat weer eens te horen.'

Ze gingen naar een café in de buurt.

'Ik kan me nog steeds niet voorstellen dat ik veilig ben,' zei ze. 'Ben je niet getrouwd, Benno?'

'Ik heb, zoals ze in Amerika zeggen, "de ware" nog niet ontmoet. Dus wacht ik af.'

'Wacht niet te lang.'

'U bent ook nooit getrouwd, tante Eva.'

'Maar dat was anders. In mijn tijd was het vrijwel onmogelijk een man te vinden die accepteerde dat zijn vrouw werkte. Vrouwen dienden zich volledig aan de kinderen, de keuken en de kerk te wijden. Het is nooit mijn bedoeling geweest alleenstaand te blijven. Ik heb er vaak over nagedacht en het betreurd. Maar ik geloof niet in spijt, dus laten we het ergens anders over hebben. Hoe gaat het met Lene? En met Clara? Die moet wel bijna volwassen zijn.'

Benno had een paar foto's bij zich.

'Heeft ze hetzelfde karakter als haar moeder? Ze lijkt sprekend op haar! En wat doet ze?'

'Ze is een echt Amerikaans kind. En de jongen, Peter, ook. Het is vreemd om ze in zo'n andere cultuur te zien opgroeien. Daardoor is het moeilijker om ze te begrijpen.'

'Heeft Lene een goed huwelijk?'

'Dat weet ik niet zeker. Af en toe lunchen we samen. Ze heeft weinig vrienden. Ik denk dat Manfred haar daar de tijd niet voor gunt...'

'Ik heb altijd al gedacht dat hij moeilijk zou zijn. Hij probeert zich een weg door het leven te bluffen en de grote kunstenaar uit te hangen, maar hij is zo afhankelijk als een kind. Hij eist Lenes aandacht helemaal op. Hoe gaat het met zijn carrière?'

'Die komt veel te langzaam van de grond. Hij is op het verkeerde moment in Amerika aangekomen.'

'Dat maakt het voor Lene vast ook moeilijker.'

'Hij heeft de genegenheid van andere vrouwen nodig...'

'Ach...' Eva slaakte een zucht, die tegelijk betekende dat ze het snapte en dat ze met Lene te doen had.

'Lene laat Claire – ze heeft haar naam veramerikaanst – met hem meegaan als hij een concert buiten de stad geeft. Ik weet niet of ze dat doet om hem op het rechte pad te houden of om haar eigen taak een beetje te verlichten.' Benno zweeg en keek Eva recht in de ogen. Ze waren ver van alles wat hun vertrouwd was, en dit was een moment dat zeelui kennen wanneer ze in een vreemde haven zijn. 'Ik geef heel veel om Claire,' zei hij met zachte stem. Hij trok cirkels op tafel met de achterkant van zijn lepel. 'Soms gunt ze me een blik in haar hart. Ik denk dat ze ernaar hunkert om "erbij te horen", om net zo te zijn als alle anderen. Tegelijkertijd wil ze "iemand" zijn, zich onderscheiden. Net als u wil ze de wereld redden' – hij legde zijn hand op die van Eva – 'en net als Ernst wil ze naar Palestina, om daar te pionieren en de woestijn vruchtbaar te maken. Ze is een vat vol tegenstrijdigheden, een echte Mischling. Ze loopt altijd zowel in de schaduw als in het licht. Ik heb tegen haar gezegd dat ze vrijer is dan anderen, dat ze een keuze heeft, kan zijn wie ze wil zijn, los van elke vorm van traditie.'

'Dat begrijpt ze vast nog niet,' zei Eva. 'Ze is nog jong, bijna een kind, en bovendien tweemaal ontworteld. Ze is eerst haar vader en daarna haar thuis kwijtgeraakt.'

'Ze heeft het nooit over Tom. Ik denk dat haar relatie met Manfred heel gecompliceerd is. Ik heb hem naar haar zien kijken met iets wat aan begeerte grenst, en daar is ze gevoelig voor. Ze is met haar zeventien jaar oud genoeg om een man te verleiden, weet u, ook al is ze wat in Amerika een "tomboy" wordt genoemd. Als ze met Manfred op reis is, wordt ze de plaatsvervanger van haar moeder, zijn oogappel; een dochter, maar toch anders...'

'Zie je haar vaak?'

'Ze is eens per week in het Brooklyn Museum om er een cursus kunstgeschiedenis te volgen. Dan lunchen we samen. Ik zou graag een kunsthistoricus van haar maken. Ze is een fijngevoelig meisje – een jonge vrouw – en ze kan heel goed waarnemen. Als je haar een schilderij hebt laten zien, vergeet ze dat nooit meer, terwijl ze op veel andere gebieden nogal een warhoofd is.'

'Brooklyn, ligt dat ver van New York?'

'Het is een deel van New York. U moet bij ons komen logeren als de oorlog voorbij is, tante Eva.'

'Als ik dat nog meemaak. Vertel eens, zijn er indianen in Brooklyn, of gangsters met maskers op en een machinepistool op de heup?' Benno wilde bijna serieus op haar terloopse vraag ingaan, maar zag haar net op tijd glimlachen.

'En heb je iets gehoord van Julia?' vervolgde ze.

'Dat wilde ik net gaan vertellen. U zult het niet geloven!'

'Waar is ze? Toch niet in Amerika?'

'Nee, nee, ze zit hier vlakbij, op een paar uur afstand. Ik wil haar binnenkort opzoeken. Gaat u dan mee?'

'O, dolgraag! Het enige wat ik weet is dat ze uit Parijs is gevlucht toen de Duitsers kwamen. De Franse politie – stelletje hufters – heeft de Joden met groot genoegen bijeengedreven, dat kan ik je wel vertellen. Maar daarna heb ik nooit meer iets van haar gehoord. Bedoel je dat ze veilig is?'

'Ze is getrouwd met een Franse boer. God weet hoe ze het heeft geflikt, maar het heeft haar waarschijnlijk het leven gered.'

'Julia? Dat kan niet!'

'Ik zweer het!'

'Het zal wel weer de verkeerde man zijn.'

'Daar heeft ze altijd een goede neus voor gehad.'

'Wanneer ga je?'

'Zo snel mogelijk. Dat wil zeggen, zodra ik een auto of een jeep tot mijn beschikking heb. U moet misschien op een harde stoel zitten om mee te kunnen rijden.'

'In Rusland heb ik op trekkers gezeten, dus kan ik ook in een jeep zitten, al was dat jaren geleden. Het zou heerlijk zijn om een dagje de stad uit te gaan en voor de verandering eens akkers te zien, boomgaarden en wilde bloemen langs de weg...'

Twee weken later, weer op een zondag, kwam Benno zijn tante halen. De geallieerden waren bijna bij de Duitse grens, en Benno's eenheid zou binnenkort worden opgeroepen om achter hen aan te gaan. Hij had jam, vlees in blik en eierpoeder meegebracht voor Eva's ontbijt. Ze borg het meeste ervan op 'voor een andere keer'. Zo vroeg op de ochtend wilde ze alleen maar koffie en een sneetje droge toast.

Ze reden zonder veel te zeggen door het vredige landschap. De wegen waren verlaten. In de dorpen waar ze doorheen reden, onderbraken kinderen hun spel om naar hen te zwaaien. Hier en daar wapperden Amerikaanse vlaggen naast de Franse driekleur.

In de schaduw van een oude eik langs de kant van de weg aten ze de militaire rantsoenen uit blik waarop Benno, samen met de jeep, beslag had weten te leggen. Het was halverwege de middag toen ze aankwamen bij het dorp waar de boerderij van Julia's man niet ver vandaan lag. Eva informeerde naar hem, maar stuitte op een wantrouwig zwijgen. Zelfs nadat ze had verteld wat de reden van hun komst was, was er maar één persoon die aanbood de weg te wijzen. Het was een praatzieke oude man die mee wilde rijden en een paar sigaretten vroeg in ruil voor zijn hulp.

Op het erf krioelde het van de kippen, ganzen en eenden. Naast de staldeur lag de gebruikelijke mestvaalt, die hoger was dan bij de meeste boerderijen. Het huis zag eruit als talloze andere in deze regio. Het kon wel een verfje gebruiken. Appelbomen, knoestig en zwart van ouderdom, hingen met takken vol rijpend fruit over de stenen muur. Het gras in de boomgaard aan de overkant van de weg was net gemaaid en lag te drogen in de zon. De zoete geur vermengde zich met de penetrantere mestlucht.

Benno stapte uit om Eva uit de jeep te helpen. Een grote waakhond begon te blaffen en aan zijn ketting te rukken, en er verscheen een oude vrouw in de deuropening die strak naar hen keek. Ze droeg een donkere katoenen jurk met daaroverheen een nog donkerder schort. 'Er is familie van Julia,' riep ze achterom naar de onzichtbare kamers achter zich. Ze kwam hen niet begroeten, maar bleef naar haar gasten staren terwijl de kippen rond haar voeten liepen te pikken. Eva staarde terug. Dit was kennelijk Julia's schoonmoeder.

Even later dook Julia naast haar op, en ze veegde haar handen af aan een schort van dezelfde donkere kleur als dat van de oude vrouw. Ze had het uiterlijk van iemand die te lang op een mager rantsoen heeft geleefd; Eva herkende dat meteen. Ze vroeg zich af of Julia ziek was. Ze was vel over been en haar ogen waren groot. De muren van het huis leken haar te willen uitspuwen. Zelfs in boerenkleding stak ze af tegen haar omgeving, al was het maar omdat haar houding nog steeds die van een jonge vrouw van goeden huize was.

'Kom binnen,' zei ze in het Frans. Ze omhelsde Eva en Benno terughoudend en zonder te huilen. Benno voelde haar benige schouderblad, zo fragiel als een vogelwiek. Ze stapten de koele, schemerige keuken binnen.

'Dit is Maurice,' zei Julia, 'mijn man.'

Hij zat aan tafel en stond niet op. Eva zag zijn gezicht en wist meteen dat hij net zo was als alle andere geliefden die Julia had gehad: knap en hardvochtig. Deze primitieve man was verbazingwekkend aantrekkelijk, maar zijn mond leek op slot te zitten. Benno zag alleen zijn gespierde gestalte en sidderde inwendig bij het zien van zijn grote vuisten en de sluwheid in zijn zwarte ogen. Hij was blij dat hij het uniform droeg van een luitenant in dienst van het Amerikaanse leger. Dat gaf hem een nieuwe persoonlijkheid en verborg zijn oude zelf, dat zich altijd verre had gehouden van heroïek. Zelfs in de keuken hing de geur van mest en warme melk, de geur van de koeienstal, vermengd met de lucht van vochtig hout waarop het fornuis werd gestookt. '*Mon mari*,' herhaalde Julia. Maurice knikte. Voor hem op tafel stonden een glas wijn en een bijna lege fles. Hij bood zijn gasten niets aan.

Benno, die hem aandachtig opnam, zag dat zijn knappe uiterlijk teniet werd gedaan door zijn stuurse botheid. Zijn moeder was al even afgestompt, maar in de loop van de jaren was ze zo dik geworden dat al het vet samen met de domheid haar gelaatstrekken had doen stollen. Ze keek met donkere, schichtig heen en weer schietende ogen naar haar zoon, klaar om te doen wat hij gebood. Een enorm gebrul uit de aangrenzende kamer maakte Eva aan het schrikken. 'Dat is de vader van Maurice,' zei Julia. 'Hij heeft een beroerte gehad en ligt op bed in de slaapkamer beneden.' Verder besteedde niemand enige aandacht aan het geschreeuw.

Het gesprek verliep moeizaam. Eva praatte over het weer en Benno prees in zijn beste schoolfrans de mooie omgeving. Julia stond met haar armen over elkaar tegen het fornuis geleund en keek naar Maurice. Ook de oude vrouw staarde naar haar zoon. Ze klaagde over de moffen en over voedselgebrek. Ze vertelde over sprinkhanen, plagen, hevige kou, grote droogte en ziek vee. Dat was allemaal de schuld van de Duitsers, die een raket hadden uitgevonden die het weer verstoorde en waarvan de neuskegel vol zat met dodelijke ziektekiemen. Het was duidelijk dat ze deze theorie niet zelf had verzonnen, maar iets herhaalde wat ze had gehoord en niet begreep.

Na een tijdje stond Maurice op en ging bij zijn vader kijken. Hij sprak zacht met hem. Toen hij de keuken weer binnenkwam, had hij een volle fles wijn bij zich. Die zette hij voor zijn gasten neer en hij droeg Julia op glazen te pakken. Ze dronken met kleine slokjes van het wrange, bittere vocht.

'We zijn blij je gezond en wel terug te zien,' zei Benno, die zonder erbij na te denken Duits sprak. '*Parle français, s'il te plaît,*' zei Julia. 'Spreek Frans, we hebben hier geen geheimen voor elkaar.'

'We kunnen niet lang blijven,' zei Benno. 'Het is een lange rit terug naar Parijs. Misschien kun je ons de omgeving laten zien? Ik heb mijn camera meegenomen, want ik wil graag wat foto's maken voor de familie.'

'Ik ben haar familie,' zei Maurice.

Julia keek hem met een schuchtere glimlach aan. 'We gaan een eindje lopen,' zei ze. 'Ik blijf niet lang weg. Het is al bijna tijd om de koeien binnen te halen.' Eva merkte dat ze hem om toestemming vroeg, maar voor Benno en haar de schijn ophield dat het een mededeling was. Maurice haalde zijn schouders op. '*Je m'en fiche,*' zei hij, en hij draaide zich naar zijn moeder. Het was een teken dat de zaak voor hem was afgedaan.

Benno pakte zijn fototoestel uit de auto en Julia ging de anderen voor door de boomgaard, de heuvel af naar een riviertje met oevers vol lisdodden, dat zich met flauwe bochten door het dal slingerde. Tussen de boomgaard en het stroompje lag een zacht glooiende weide, waar aan de andere kant, bij een laag muurtje, een stuk of zes zwartbonte koeien stonden. De eerste tijd zwegen ze, maar Julia hield Eva's hand vast terwijl ze over een smal, rotsachtig pad langs de boomgaard liepen.

'Hij zat in het verzet,' zei Julia, 'en hij heeft mijn leven gered. Hij heeft veel levens gered. Wat kan ik verder nog zeggen? Ik was met een paar anderen op weg naar het zuiden. Intellectuelen die ik kende uit het café, angstige mannen met blaren op hun voeten die het over zelfmoord hadden. Op een druk treinstation in de een of andere afschuwelijke stad raakten we elkaar kwijt en ik ben alleen verdergegaan. Ik heb Maurice ontmoet in een kroeg waar hij op weg naar huis iets was gaan drinken nadat hij op jacht was geweest. Ik kon mijn ogen niet van hem afhouden en hij heeft me mee naar huis genomen. Het heeft heel lang geduurd voordat hij me aanraakte. Het was een vreemde manier om iemand het hof te maken, maar ik kan het niet anders noemen. En hij moest slag leveren met zijn ouders, want die mochten me niet. Maar hij heeft gezorgd dat ik veilig was. Hij is met me getrouwd. Ik heb mijn leven aan hem te danken.'

'Binnenkort zal de oorlog voorbij zijn,' zei Benno. 'Frankrijk is bevrijd en we staan op het punt Duitsland binnen te trekken. Je bent vrij.'

'Iedereen in het dorp wist dat ik Joods was.' Julia had een verdwaalde tarwehalm tussen de distels vandaan geplukt en kauwde erop. Het viel Eva op dat haar gezicht alweer zachter was geworden, minder gekweld, sinds ze het huis hadden verlaten. 'Niemand heeft me ooit bij de *flics* aangegeven. Ze gaven niets om mij, een vreemdelinge, en toch hebben ze me niet verraden. De Gestapo maakte systematisch jacht op vluchtelingen, maar ik ben gespaard gebleven. Ze hebben een van mijn vrienden aan de grens doodgeschoten...'

'Ik ben er ook levend doorheen gekomen,' zei Eva. 'Zonder mezelf als slavin te verkopen.'

Julia reageerde stekelig. 'Ik ben geen slavin,' zei ze. 'Ik hield van Maurice. Hij was zo anders dan alle andere mannen...'

'O ja?' vroeg Eva.

'Ik wilde alleen maar bij hem zijn. Het kostte me moeite om een dag zonder hem door te komen. We waren hartstochtelijk, waanzinnig verliefd. Ik adoreerde hem...'

Eva beet op haar tong, want het kostte haar moeite haar mond te houden. Vrouwen hadden altijd zo'n behoefte hun liefde voor een man te rechtvaardigen; ze reageerden furieus als ze werden uitgedaagd. Zij had haar ideologie net zo fel verdedigd, nam ze aan, maar dat was iets anders. Dat was een principiële kwestie. Even bekroop haar het gevoel dat haar leven inhoudsloos was.

'Hebben jullie geen kinderen gekregen?' vroeg Benno.

'Eén. Het is gestorven. Misschien was dat maar beter ook. Ik zou geen goede moeder zijn geweest. Ik ben geen goede echtgenote. Maar

Maurice heeft erom getreurd en zei dat het door mij kwam, door mijn smalle heupen.'

'Kom met ons mee,' zei Benno.

'Dat kan ik niet.'

'Waarom niet?'

'Ik heb mijn leven aan hem te danken.'

'Die schuld heb je al afgelost,' zei Eva.

'Die kan ik nooit aflossen.'

'Dat is onzin,' zei Benno. 'Niemand kan van je verwachten dat je de rest van je leven vergooit uit dankbaarheid voor iets wat ongetwijfeld moedig was, maar niet vrij van eigenbelang.'

'Slaat hij je?' vroeg Eva. Julia gaf geen antwoord. 'Ze zijn hard,' zei Eva. 'Zie je dat niet meer? Ze hebben de hardheid van mensen die geloven dat het in het leven alleen draait om de strijd om het bestaan.'

'Hebben ze daar geen gelijk in?'

Ze waren vlak langs de rivier op een paar rotsblokken gaan zitten die warm waren van de zon. Het water stroomde op de ene plaats snel en op de andere kalmer, over knoestige takken en gladde stenen. Libellen scheerden over het oppervlak.

'Zo zijn wij niet opgevoed,' zei Benno.

'Aan de concentratiekampen hebben we gezien wat die opvoeding waard is,' zei Julia. 'De goede en vriendelijke mensen sterven het eerst.'

'Dat is nog geen reden om goedheid en vriendelijkheid te verwerpen. We houden niet op met streven naar schoonheid omdat de wereld over het algemeen lelijk is. We danken de vruchten van onze intelligentie niet af omdat domheid alomtegenwoordig is.'

'Schrijf je nog?' vroeg Eva.

'Ik heb al heel lang niets meer te vertellen wat de moeite waard is. Ik ben nooit een goede schrijfster geweest. In wezen was ik een dilettante. Iemand die komt bovendrijven door de tijdgeest. De deining die ik veroorzaakte stuwde me omhoog. Net als alle anderen in de Weimarrepubliek leefde ik boven mijn stand.'

'Vind je dat je nu het leven leidt dat bij je talenten past?' Benno had zijn schoenen uitgetrokken en liet zijn voeten in het water hangen.

'Rol je broekspijpen op, anders worden ze nat,' zei Eva.

'Er is iemand die me nodig heeft. Die me bij zich wil hebben. Die op me rekent. Jullie denken geloof ik dat ik zielig ben.' Julia's toon was eerder verdrietig dan verontwaardigd. 'Dat is niet zo. Echt niet. Misschien lijkt het voor jullie zo, maar jullie krijgen alleen maar een oppervlakkige indruk.' Ze verhief haar stem. 'Jullie komen hier en vellen een oordeel over dingen waar jullie niets over weten. Dat recht hebben jullie helemaal niet!'

'Kom met ons mee, alleen om bij mij te logeren,' zei Eva. 'Je hoeft geen concrete plannen te maken. Zeg dat je er even tussenuit moet.'

'Dat moet je ook,' zei Benno. Hij was de oorlog bijna vergeten, zo in het zonnetje aan de rivier.

Julia schudde haar hoofd. 'Dat kan ik niet.'

'Begrijpt hij wel hoeveel jij van hem verschilt? Van hen allemaal?'

'Hij begrijpt me heel goed. Denken jullie dat je een intellectueel of een geleerde moet zijn om anderen te begrijpen? Ik heb heel veel geleerd wat ik vroeger niet wist...'

'We zijn allemaal een beetje vreemd geworden doordat we als het ware ontworteld zijn uit de grond waar we zijn opgegroeid,' zei Benno.

'Ik vind mezelf niet vreemd,' verklaarde Eva.

'We hebben ons allemaal moeten aanpassen,' zei Benno.

'Ik ben nog dezelfde als altijd,' hield Eva vol.

De schaduwen begonnen langer te worden.

'Tijd om de koeien binnen te halen,' zei Julia.

'Wij moeten ook eens gaan,' antwoordde Benno.

Julia brak een twijgje van een wilg, trok de bladeren eraf en liep naar de koeien in de wei. Benno zag dat ze hun graag wilde laten zien hoe handig ze hierin was. Een Joods meisje uit de hogere kringen van Frankfurt am Main dat de koeien naar huis drijft.

De bel van de voorste koe klingelde vrolijk terwijl de dieren voor Julia, Eva en Benno uit in een enkele rij door de wei sjokten, en daarna langs de appelboomgaard het erf op. Daar werden ze door Maurice een voor een de stal in gedreven om gemolken te worden.

'*Au revoir!*' riep Benno naar hem. 'We moeten terug naar Parijs.'

Maurice kwam naar de jeep. Eva was er al in geklommen. 'Ik heb iets voor jullie,' zei hij. 'Wacht even.' Hij ging de keuken in en kwam terug met een mand appels. Die zette hij voorzichtig achter in de jeep, toen schudde hij Benno de hand en knikte naar Eva.

'Julia hoort hier,' zei hij. Het was een mededeling die geen tegenspraak verdroeg, maar er klonk een vleugje onzekerheid door in de woorden. Beide bezoekers hoorden het. Julia was in de stal. Ze was begonnen met melken en kwam niet naar buiten om afscheid te nemen.

Het was na middernacht toen ze in Parijs aankwamen. Eva was in slaap gevallen, met haar hoofd achterover tegen de harde rugleuning van de stoel. Benno was doodmoe. 'Neemt u de appels maar,' zei hij toen ze bij Eva's huis waren. De geur van het platteland hing nog om hen heen.

'Kom weer bij me langs als jullie de oorlog hebben gewonnen,' zei Eva, en ze gaf hem een zoen.

'Dan moeten we Julia gaan redden,' zei hij.

Emma ging op Kerstavond altijd naar de kerk, en op de ochtend van Eerste Kerstdag weer. Edu had haar te eten uitgenodigd, net als elk jaar sinds ze naar Zürich was verhuisd. Hij wist niet dat ze rechtstreeks van de Verlosserkerk naar zijn huis in Küsnacht reed en dat ze in de kerk had geluisterd naar de jaarlijkse preek van pastoor Tschudi over de geboorte van Christus en zijn betekenis in deze roerige tijden. Om verzekerd te zijn van haar vaste plek – Emma sloeg ook de rest van het jaar geen enkele zon- of feestdag over – was ze vroeg gekomen en had in haar eentje in alle rust aan Jezus gedacht, die met het verstrijken der jaren voor haar steeds meer een zachtaardige, zorgzame vriend leek te worden, van wie ze veel hield en aan wie ze haar twijfels, angsten en diepste gedachten kon toevertrouwen. Soms verscheen hij 's avonds aan haar voordat ze in slaap viel, als een echtgenoot die niets van haar vroeg, haar alleen zijn geestelijke liefde aanbood, en die, na ondraaglijke pijn te hebben geleden bij een onbarmhartige kruisiging, in de armen gesloten en vastgehouden kon worden zoals Maria had gedaan, als een kind dat groot was geworden maar wiens lichaam verminkt was. 'Neemt deze beker en drinkt hier allen uit... dit is mijn Bloed...' Soms dacht Emma dat ze het zoute bloed op haar tong kon proeven in plaats van de miswijn.

Emma voelde zich thuis in de kerk. Ze was bevriend geraakt met enkele vrouwen van haar leeftijd, die ze regelmatig ontmoette om de Heilige Schrift te lezen en te bespreken. De meesten waren weduwe, maar een van hen was getrouwd met een godvruchtige man die in de gemeenteraad zat en tot de oude aristocratie van Zürich behoorde. Het was algemeen bekend dat Emma uit een Joodse familie kwam, maar niemand rekende haar dat aan. Ze leek alle onaangename Joodse trekjes te hebben afgelegd. Ze had natuurlijk haar prachtige donkere haar – er zaten nog maar een paar grijze strengen in – en haar mediterrane zwarte ogen, maar die beschouwde ze nu als bijbels. Ze voelde een verwantschap met Rachel en Rebekka die haar nooit eerder duidelijk was geweest. Ze vertelde haar vriendinnen dat ze de Bijbel pas door het christendom had leren kennen. Die reageerden verbaasd. De Joden waren toch de 'Mensen van het Boek'?

Samen met haar christelijke vriendinnen deed Emma haar best de vervolgden die de grens over kwamen te helpen. Ze was onvermoeibaar. Je hoefde haar alleen maar te vertellen over de zoveelste arme ziel die was ontsnapt aan het vangnet van de nazi's en ze schoot al te hulp. Maar in woord noch gebaar liet ze ooit merken dat zij en de gereddenen iets gemeen hadden. Ze beantwoordde hun toenaderingspogingen, hun neiging vertrouwelijk te worden op grond van een gezamenlijk verleden, met een ijzige beleefdheid.

Edu wist van haar activiteiten, maar hij wist niet dat ze naar de kerk ging. Hij bewoog zich niet in die kringen en het zou nooit bij hem zijn opgekomen dat iemand dat zou willen. Vroomheid irriteerde hem, en hij vond de geestelijkheid hypocriet en huichelachtig.

In de winter van 1944 was het intussen voor bijna iedereen, ook voor de Duitsers zelf, duidelijk dat de oorlog niet lang meer kon duren. December was dat jaar een koude maand, en Emma dacht vaak met verlangen aan haar huis in Florence. Dat stond leeg sinds december 1941, toen Amerika bij de oorlog betrokken was geraakt en Edu zijn nichtje had opgedragen haar villa achter te laten en bij hem te komen wonen. Bernard Berenson had het haar afgeraden. 'Ik wil je bij míj in de buurt hebben, schat,' had hij gezegd. 'Te midden van de Italianen lopen we geen gevaar. Zelfs de *Fascisti* willen de Joden alleen maar treiteren, niet deporteren.'

Maar Edu was vastbesloten. 'Jij hebt zijn connecties niet,' zei hij resoluut. 'Sluit je huis goed af en kom zo snel mogelijk naar Zürich.'

Emma had haar huis toevertrouwd aan de zorg van het dienstmeisje en haar familie. Ze schreef B.B. wekelijks lange brieven, die hij beantwoordde met korte en cryptische berichtjes waar net genoeg vleiends in stond om haar ertoe te bewegen haar luchthartige, soms een beetje vileine epistels te blijven sturen.

Edu gaf haar een van de kleine logeerkamers op de tweede verdieping van zijn huis. Emma was gekrenkt. Ze zei niets tegen Edu, maar in een brief aan B.B. maakte ze sarcastisch melding van haar 'verbanning naar de dienstbodekamer'. Toen Emma een maand bij Edu had gelogeerd, gaf hij haar opeens te kennen dat ze woonruimte in Zürich moest zoeken. 'Ik betaal de huur,' zei hij. 'Je kunt hier niet eeuwig blijven, en het is beter als we niet op elkaars lip zitten. In Zürich heb je je eigen leven.'

Emma was ontdaan, maar ze liet niets merken van haar teleurstelling. Ze beheerste haar woorden en emoties met ijzeren discipline. Aan Lene, die ze ook elke week schreef, vertelde ze dat het haar eigen keuze was geweest, maar Lene vermoedde de waarheid, want hoewel Edu beweerde plezier te beleven aan haar gezelschap, had hij ook geschreven: 'Ze kan hier echt niet blijven.' Emma vond een mooi appartement vlak bij het museum, met een balkon dat uitkeek over het meer. Ze richtte het smaakvol in, zocht haar meubels met zorg uit en kocht precies genoeg tafelzilver, kristallen glazen en porseleinwerk voor zichzelf plus drie gasten. Ze leerde bridgen. En ze begon wekelijks naar de kerk te gaan, waar ze binnen een paar maanden bij de vaste bezoekers hoorde. De pastoor had gevraagd of ze gedoopt was. De eerste keer dat ze te communie ging, had hij zich verbaasd over haar Joodse uiterlijk, maar na een kort gesprekje was hij ervan overtuigd dat ze een toegewijd lid van zijn gemeente zou worden. Hij kwam bij haar op bezoek. Al snel werd Emma lid van het altaargilde.

Edu bleef haar eens in de week voor de lunch uitnodigen en soms, op dagen dat zijn kokkin vrij was, nam hij haar mee naar concerten of uit eten in hotel Baur au Lac. Emma vond het heerlijk met hem gezien te worden. Hij had een gedistingeerd uiterlijk en was met zijn zestig jaar op een leeftijd waarop rijke mannen heel aantrekkelijk zijn. Hij reed in een donkerblauwe Jaguar. Emma was naar het noorden gereden in haar Dodge, die in goede staat werd gehouden door een Italiaanse automonteur uit het kanton Ticino die gek was op alles wat Amerikaans was, vooral auto's.

Na de ochtenddienst op Eerste Kerstdag had Emma net genoeg tijd om door het winterse, lichtbesneeuwde landschap naar Küsnacht te rijden. Edu gaf het personeel op Kerstavond en Tweede Kerstdag vrij, maar op 25 december verwachtte hij dat de gans met volledig garnituur op tafel stond. Elias en Bettina Süsskind waren meestal aanwezig bij de feestelijke maaltijd. Edu nodigde zelden 'buitenstaanders' of niet-Joodse gasten uit. Het was bewolkt. Onderweg viel het Emma op dat zelfs Zürich er een beetje haveloos begon uit te zien. De toeristenindustrie leed in heel Zwitserland onder de oorlog, en op de straathoeken van de stad stonden soldaten van het Zwitserse leger, dat voortdurend paraat was. De jongemannen in hun ongemakkelijke groene uniform leken gebukt te gaan onder de last van hun rugzak en geweer. De bergen waren in een winterse nevel gehuld en het meer rimpelde in de koude wind. Steeds weer gingen Emma's gedachten naar Frankfurt, hoewel ze dat hoofdstuk van haar leven resoluut had afgesloten toen ze er was weggegaan en haar besluit had bezegeld door zich te bekeren. Ze keek nu op de stad terug als één grote Judengasse. Ze hoopte dat Elias er niet sentimenteel over ging doen, zoals haar grootvader Süsskind bij dergelijke gelegenheden altijd had gedaan. Elias en Bettina reden meestal met haar mee naar Küsnacht, maar deze keer hadden ze haar uitnodiging afgeslagen. Waarom was enigszins onduidelijk gebleven, want ze hadden alleen gezegd dat ze andere plannen hadden. Emma vroeg zich af of ze misschien de hele Kerst doorbrachten bij Edu, die zich vaak eenzaam voelde in deze tijd van het jaar.

Toen Emma bij de vertrouwde villa aankwam, stond er geen andere auto op de oprit. De tuin was klaargemaakt voor de winter, alles was gesnoeid, de sneeuw lag maagdelijk op het gazon en op de grindpaden waren alleen Edu's voetstappen te zien. De dienstbode kwam opendoen toen Emma had aangebeld en nam zwijgend haar hoed en jas aan. Ze had er een hekel aan om op Eerste Kerstdag te moeten werken. Emma liep voor haar uit naar Edu's studeerkamer, en Edu keek naar haar op van achter het grote bureau. Om de winterse duisternis te verdrijven brandde er een lamp, die een warme gloed wierp over zijn gekoesterde bezittingen. Er stonden een Etruskisch bronzen beeldje en de buste die Jacob Epstein in Londen van Edu had gemaakt. Naast de Etruskische Hercules zat een Egyptische kat, en daarnaast stond een koperen kandelaar uit de dertiende eeuw. Verder waren er de gebruikelijke parafernalia van de zakenman, papieren en brieven op nette stapels, een gouden briefopener en een paar presse-papiers. En natuurlijk de familiefoto's. De meest in het oog springende was die van Hannchen, in een gouden lijst. Het was een foto van haar als jonge vrouw in een victoriaanse jurk, met de kleine Edu op schoot. Op een sepiakleurig portret keek zijn vader vanaf een grote witte porseleinen presse-papier de wereld in. Het was pure kitsch en juist daarom was Edu eraan gehecht. Aan de muur hingen een rococoklok, die de tijd nauwkeurig aangaf, en een aquarel van Caspar David Friedrich met daarnaast een elegante dame in empirestijl, met potlood getekend door Ingres, en een kleine gouache van Paul Klee.

Edu zette zijn leesbril af en bood Emma zijn wang aan. Emma's vluchtige kus was zoals altijd onhandig en onbeholpen. 'Hier is je cadeau,' zei ze, en ze gaf hem een platte doos, ingepakt in smaakvol kerstpapier. 'Ik hoop dat het je bevalt. Zo niet, dan kan het geruild worden, dat vind ik niet erg. Maar door de oorlog is er niet veel keuze.'

Emma had een kasjmieren spencer van het Schotse merk Pringle voor hem gekocht. Het was moeilijk geweest om de juiste maat en kleur te vinden (precies dezelfde tint donkerblauw als zijn auto), en Emma wist nooit zeker of hij dit soort dingen nodig had. Hij was zo anders dan anderen, en het leek of hij was geëmigreerd met een voorraad overhemden, dassen, schoenen en grijze flanellen pakken die toereikend was voor de rest van zijn leven. Maar tot Emma's blijdschap gleed er een verheugde glimlach over zijn gezicht toen hij het cadeau zag. 'Dat had je absoluut niet hoeven doen,' zei hij, 'maar evengoed bedankt.' Toch had hij duidelijk blij gekeken. Hij wilde het cadeaupapier in de prullenbak gooien, maar ze hield hem tegen.

'Als je het niet meer gebruikt, neem ik het wel mee terug,' zei ze. 'Het is heel geschikt voor het cadeautje voor de werkster.'

Zelf leek ze haar verzoek niet vreemd te vinden. 'Zuinigheid met vlijt...' zei ze, en ze vouwde het vrolijk gekleurde papier netjes op en streek de kreukels eruit.

Edu pakte een enveloppe uit de bovenste la van zijn bureau. Haar naam stond erop. 'Vrolijk kerstfeest,' zei hij. Emma stopte de enveloppe snel in haar handtas. Ze wist dat er knisperende nieuwe bankbiljetten van honderd Zwitserse franc in zaten, en dat het er tien zouden zijn. Elk jaar hetzelfde bedrag. 'Duizendmaal dank,' zei ze. 'Eenmaal voor elke franc?' grapte hij. Op haar gezicht stond geen plezier te lezen. Ze had een hekel aan het rituele cadeau, maar had niet de moed het te weigeren.

Het geld waarvan ze leefde – zuinig, natuurlijk – was afkomstig van het fonds dat voor haar in het leven was geroepen en sindsdien bijna in waarde was verdubbeld; Edu had er inmiddels geen bemoeienis meer mee. 'Leef van de rente op de rente!' had hij half schertsend tegen haar gezegd, maar dat deed ze werkelijk en ze was er trots op. Het geld dat hij haar (en zijn andere neven en nichten) gaf, ging rechtstreeks naar haar spaarrekening. Ze stuurde Claire een cheque voor haar verjaardag en voor Kerst. Lene had gezegd dat het niet eerlijk was om haar twee kinderen verschillend te behandelen, dus kreeg Peter ook wat geld. Maar niet zo veel als Claire. Ook kreeg hij lang niet zo veel brieven als zijn zus. Emma was van mening dat zijn vader een onmiskenbaar Joods stempel op het kind had gedrukt en vond dat Peter zich daar eerst van moest bevrijden. Maar voorlopig was hij daar natuurlijk nog te jong voor. Claire beantwoordde de brieven van haar tante trouw en schreef lange, fantasierijke epistels terug. Emma was blij dat de band tussen hen in de afgelopen jaren leek te zijn versterkt. 'Als de oorlog voorbij is en ik weer in Florence woon,' schreef ze haar nichtje, 'kom je bij me logeren en dan gaan we samen alle prachtige kunstwerken bekijken en reizen maken naar Venetië, Pisa, Siena en Rome. Ik verheug me er nu al op. Misschien kunnen we je vader vragen met ons mee te gaan.' Ze zorgde ervoor dat Claire nooit vergat wie haar échte vader was.

Edu ging haar voor naar de salon, waar de karaffen sherry, port en brandewijn klaarstonden. Hij schonk Emma een piepklein glaasje sherry in. 'Vrolijk kerstfeest en een gelukkig Nieuwjaar,' zei hij, 'en dat we in 1945 het einde van de oorlog mogen beleven.' Daar klonken ze op, en Emma nipte van haar sherry. Edu dronk zijn glaasje in één teug leeg.

'Het is fijn om hier te zijn,' zei Emma, 'zo met z'n tweeën. Ik moest vandaag aan Frankfurt denken toen ik hierheen reed. Ik kon het niet uit mijn hoofd zetten, ik weet niet waarom.'

'Met Kerst denkt iedereen aan zijn kindertijd,' zei Edu. 'Er komen overigens nog meer gasten.'

'Elias en Bettina wilden niet meerijden.'

'Ze nemen zelf iemand mee,' zei Edu. De toon waarop hij 'iemand' zei, was voor velerlei uitleg vatbaar.

'O,' zei Emma. In zijn salon, tussen de schilderijen, was Edu minder imponerend dan achter zijn bureau. Hij was op zijn gemak en had zijn benen nonchalant over elkaar geslagen. Aan zijn voeten had hij de zachte leren mocassins met kwastjes die hij liever droeg dan gewone schoenen. Emma vond hem er vandaag erg goed uitzien.

'Een alleraardigste Amerikaanse die in Sankt Moritz woont. Ze verzamelt ook kunst, en Elias vond dat we kennis moesten maken. Ik mocht haar zo graag dat ik haar heb uitgenodigd om de kerstmaaltijd met ons te gebruiken. Ik hoop dat je dat niet erg vindt?'

'Waarom zou ik dat erg vinden?'

'Soms heb ik de indruk dat je mij en mijn leven een beetje als je eigendom beschouwt.'

'Hoe kom je daar in hemelsnaam bij?'

'Niet beledigd zijn, Emma. Zo was het niet bedoeld. Hoe dan ook, ik vind dat je beter op je zwakheden kunt worden gewezen dan dat je je steeds weer moet verbazen over de wrevel die ze wekken. Tenminste, ík hoor het liever als ik iets verkeerd doe.'

Daar geloofde Emma niets van. Ze was in de verleiding hem op de proef te stellen door dat te zeggen, maar werd voor een mogelijke faux pas behoed door de aankomst van Elias en Bettina, die samen met een aantrekkelijke blonde vrouw van halverwege de veertig binnenkwamen.

'Ik ben blij jullie te zien,' zei Edu, terwijl hij opstond om hen te begroeten. 'We moeten nu Engels spreken,' zei hij tegen Emma.

'Wat ontzettend aardig van je om me uit te nodigen,' zei de Amerikaanse. Ze had het accent van vrouwen uit de upper class van New York die naar een *finishing school* zijn geweest en hebben geleerd hun uitspraak te verengelsen. Dat kon Emma niet weten, maar zij werd meteen afgeschrikt door de vele grote ringen aan de handen van de vrouw en de iets te onnatuurlijke kleur van haar haar.

'Diane Leventhal,' zei ze met een brede glimlach tegen Emma, maar ze gaf haar geen hand. Emma knikte kort en ging Elias omhelzen. Omdat hij artritis had, liep hij met een stok en was hij in een lange sjaal en een paar truien gehuld. 'Het is altijd koud in dit huis,' klaagde hij.

'Edu bespaart op de stookkosten,' zei Bettina. 'Hij koopt liever schilderijen dan kolen. O, nu we het erover hebben' – ze schonk een glas sherry voor zichzelf in – 'ik heb vorige week een prachtige tekening van Rembrandt gezien die in jouw collectie thuishoort.'

Bettina trad op als Edu's spion. Ze ging altijd met Elias mee en hield haar ogen en oren open terwijl hij rondscharrelde, kunstvoorwerpen bekeek en door zijn loep naar aureolen van bladgoud tuurde, en naar geplooide gewaden in Byzantijnse ivoren reliëfs. Ze knoopte informele gesprekjes aan met bedienden en adellijke schoonmoeders en was daardoor vaak op de hoogte van zaken die in de beleefde gesprekken tijdens een diner niet aan de orde kwamen.

'Vertel me er een andere keer maar over,' zei Edu in het Duits tegen haar. Bettina knikte, maar keek verbaasd.

'Heb ik jullie het verhaal verteld over de dalmatiër van de cheffin van het postkantoor?' vroeg Emma op luchtige toon, want ze was zich ervan bewust dat een verandering van onderwerp geboden was. De twee vrouwen dronken eens in de twee weken op dinsdag samen thee en roddelden en lachten dan met elkaar als een stel schoolmeisjes.

'Jij zei laatst toch ook al dat de Russen in snel tempo oprukken?' vroeg Elias aan Edu.

'We hadden het over een hond.' Edu glimlachte.

'Wat een beeldig kerstboompje heb je!' zei Diane Leventhal tegen Edu, en ze wees naar het sparretje van miniatuurformaat dat in een hoek van de salon stond en getooid was met ouderwetse versieringen. De Amerikaanse had nonchalant plaatsgenomen op de canapé in empirestijl en Emma zag dat ze in het bezit was van een stel zeer welgevormde benen.

'Alles is hier trouwens even charmant,' vervolgde ze. 'Wat heb je een geluk gehad om deze plek te vinden. Je hebt vast goede connecties. Wij Amerikanen beginnen dit schattige landje nog maar net te ontdekken. Stel je voor: overal om ons heen is het oorlog, en wij leiden hier een leven als een luis op een zeer hoofd.'

Emma vroeg zich af of het gesprek zou verzanden in gemeenplaatsen en complimentjes. Haar oom Elias stond intussen een verfijnde tekening te bestuderen die naast de schoorsteen hing.

'Waren we tot de slotsom gekomen dat dit toch een Pisanello is?' vroeg hij. 'Nu twijfel ik er weer aan.'

'Ik zag van de week in Luzern een schitterende Matisse te koop staan,' zei Diane. 'Hij had een heel mooie tint blauw.'

'Kun je hem beschrijven?' vroeg Edu.

Diane deed een dappere poging haar indrukken van het schilderij onder woorden te brengen.

'Zal ík je vertellen hoe het eruitziet?' vroeg Edu, en hij begon enthousiast aan een gedetailleerde beschrijving van het kunstwerk in kwestie.

'Ken jij het dan?' Diane was stomverbaasd.

'Ik heb het vele jaren geleden aan het Städel – ons museum in Frankfurt – geschonken.'

'De nazi's beschouwden het als entartet,' zei Elias. 'Het is in 1938 verdwenen.'

'En nu heeft iemand geld nodig.' Bettina nam nog een glaasje sherry. 'Wat vragen ze ervoor?'

'Veertigduizend franc.'

'Dat is tienmaal zoveel als jij ervoor hebt betaald,' zei Elias.

Precies op dat moment verscheen het dienstmeisje om aan te kondigen dat het gezelschap aan tafel kon.

'Niet waar de bedienden bij zijn!' waarschuwde Edu.

'Ik wist niet dat ze Engels verstonden,' zei Bettina.

'Tussen neus en lippen kan een goede kans ontglippen,' merkte Diane op.

'Heb je de laatste tijd nog iets van Lene gehoord?' vroeg Emma aan Edu.

'Ze heeft haar gebruikelijke kerstkaart van het Metropolitan Museum gestuurd.'

'Ik moet zeggen dat ik me ernstige zorgen maak over Claire,' zei Emma. 'Ze sturen haar naar een openbare school. Daar staat ze ongetwijfeld bloot aan slechte invloeden. En dat allemaal omdat Manfred te gierig is...'

'Diane is niet geïnteresseerd in onze familieaangelegenheden,' onderbrak Edu zijn nichtje.

'Ik zou ze dolgraag willen ontmoeten,' zei Diane opgewekt. 'Ik weet precies wat de beste scholen zijn in New York. Ach, wat mis ik het in deze tijd van het jaar,' zuchtte ze. 'Al die heerlijke feesten!'

De lichte consommé die voorafging aan de gans was subtiel op smaak gebracht met bieslook en er dreven kleine, luchtige leverballetjes in. Iedereen prees de kokkin.

'Jullie zouden mij moeten prijzen, omdat ik haar heb aangenomen,' zei Edu.

'Verbazingwekkend dat alles hier zo soepel loopt,' zei Diane. 'In een huishouden zonder vrouw pakken de bedienden meestal alles verkeerd aan.'

Er viel een korte, ongemakkelijke stilte. Toen werd de gans binnengebracht en vertelde Bettina in plat Frankfurts een mop over een gans. Iedereen lachte, behalve Diane, die geen Duits verstond. Emma dacht terug aan haar kindertijd en de maaltijden rond Hannchens tafel. Ze merkte dat de herinnering levendig was, maar geen angel meer had om haar te steken. Ze kon het verleden zonder spijt achter zich laten. Tegenwoordig was ze een gelukkiger mens. Ze had een doel in het leven gevonden. Het gaf niet dat ze een lelijk Joods eendje was, want Jezus was haar vriend.

De gans was gevuld met een farce van kastanjes en appel. Er werden rodekool en aardappelpuree bij geserveerd, en een scherpe komkommersalade. Het dienstmeisje bracht een rijke vleesjus binnen in een van de zilveren juskommen met jachtscènes erop die Emma als kind zo mooi had gevonden. Ze had er vaak samen met Lene aandachtig naar zitten kijken. Het was een beeld dat op een bepaalde manier net zo indringend was als een religieuze afbeelding, hoewel de betekenis ervan volkomen persoonlijk was. Nu zag ze zichzelf in gedachten weer in de schaduw staan terwijl Lene, mollig en vrolijk, door de volwassenen werd geknuffeld. Zij had Lene ook tegen zich aan gedrukt, hard genoeg om haar pijn te doen, en haar zusje had natuurlijk gekrijst. Ze had Lene enge verhalen verteld om haar aan het huilen te maken, maar haar zus was niet snel bang geweest. Zelfs 'Blauwbaard' had haar niets gedaan.

'Je luistert niet, Emma,' zei Edu.

'Sorry,' antwoordde ze. 'Ik was met mijn gedachten bij de juskom.'

'Diane vroeg je iets over Bernard Berenson,' zei Edu. 'Ze is een groot bewonderaar van hem.'

'Ik heb begrepen dat jij hem goed kent,' zei Diane.

'We zijn oude vrienden,' zei Emma. 'Ik heb gisteren nog een brief van hem gekregen. Nu Florence is bevrijd, is hij weer zijn oude, gelukkige zelf. Hij zegt dat hij tientallen Italianen op bezoek krijgt die hem vragen een goed woordje voor ze te doen. "Wij waren geen fascisten!" zeggen ze. Ik verheug me erop om terug te gaan. Misschien in het voorjaar...'

Ze zou pastoor Tschudi natuurlijk missen, en de dames van het altaargilde. Het viel Emma op dat Diane Leventhal veel meer naar haar lachte nu de naam B.B. was gevallen.

'De volgende keer dat ik in Florence ben, kom ik bij je langs,' zei ze tegen Emma, die geen enkele behoefte had haar ooit nog te zien.

'Ik weet niet precies wanneer ik er zal zijn,' zei ze, 'en of ik dan al klaar ben om gasten te ontvangen...'

Bettina vulde de stilte die hierop volgde opnieuw met een Frankfurts grapje, deze keer een dichtregel van Friedrich Stoltze. Het dessert werd opgediend – een combinatie van fris en zurig citroenijs, meringues en slagroom – en Emma hoorde Edu tegen haar fluisteren: 'Je bent heel onbeleefd.' Het was duidelijk dat Diane, de hartenjaagster, haar oom had verschalkt. Wat was hij toch een oude dwaas!

Ze gingen terug naar de salon om koffie met brandewijn te drinken.

Diane wierp Edu haar stralende glimlach toe. Emma zag dat ze kleding droeg die van een klassieke eenvoud was, waarschijnlijk met de hand gemaakt en van kostbare stoffen. Maar ze zou met de jaren dik worden, want ze hield erg van lekker eten.

'Ik moest maar eens gaan,' zei Emma, terwijl ze opstond.

Diane gaf een gilletje. 'Ik ben vergeten je je cadeau te geven!' zei ze tegen Edu, en ze liep haastig de kamer uit. Een paar minuten later kwam ze terug met een eenvoudige witte doos. Er zat een kasjmieren spencer in, niet blauw, zoals die van Emma, maar een tint parelgrijs die bij zijn pakken paste.

'Zo een heb ik er al,' zei Edu.

Diane lachte. 'Dan ruil ik hem wel,' zei ze. 'Geef maar.'

'Ik kan er best twee gebruiken' – Edu gaf de spencer niet terug – 'de ene voor maandag, woensdag en vrijdag en de andere voor dinsdag, donderdag en zaterdag. Dan zou ik er eigenlijk nog een voor de zondag moeten hebben!'

Emma lachte met de anderen mee, maar ze vond het niet leuk. Ze stond naast haar stoel en had haar koffie niet aangeraakt. 'Neem me niet kwalijk,' zei ze tegen Edu. 'Ik voel een hoofdpijnaanval opkomen.' Waarom maakte ze excuses? Hij zou zich tegenover haar moeten verontschuldigen.

'Ik laat je even uit,' zei hij galant. Emma nam afscheid van Elias en Bettina. Elias was bijna in slaap gesukkeld. 'Wees een brave meid,' mompelde hij, alsof ze nog een kind was.

'Je hebt je onuitstaanbaar gedragen tegen Diane,' zei Edu berispend tegen zijn nichtje, terwijl ze stond te wachten tot het dienstmeisje haar oude astrakan jas en bijpassende hoed had gehaald.

'Ze aast op je geld,' zei Emma.

'Dat heeft ze niet nodig. Ze is steenrijk.' Edu glimlachte naar Emma. 'Misschien aas ik wel op háár geld,' zei hij. 'Gaan we op Nieuwjaarsdag samen eten?' Hij hield de deur voor haar open. 'Bij Baur au Lac?'

Toen Edu de salon weer binnenkwam, stonden zijn gasten naar zijn schilderijen te kijken.

'Wat een trieste figuur is je nicht,' zei Diane.

'Dat is vooral haar eigen schuld,' antwoordde Edu.

Later, toen ze naar huis gingen, zei Bettina tegen Elias: 'Het is haar schuld niet!'

'Wat?'

'Hij houdt haar aan het lijntje. Hij omringt zich graag met vrouwen, alsof het verschillende soorten rozen in zijn tuin zijn.'

'Hij is eenzaam. Hij had met die Engelse moeten trouwen.'

'Dan had hij zijn nichtjes moeten opgeven,' zei Bettina. 'Bovendien zijn Engelsen saai.'

Op weg naar huis reed Emma om langs een dorpskerkje dat ze kende. Het was open, en ze ging op een van de houten banken zitten en keek lange tijd naar het kruisbeeld op het sobere altaar. Toen ze haar gemoedsrust had hervonden, zei ze een kort gebed en deed een paar muntstukken in de armenbus. Buiten was het bijna donker en sneeuwde het.

Lene had uitgerekend dat 4 juli 1945 hun zevende Independence Day in Amerika was. Een jaar eerder hadden ze vlak voor die feestdag hun naturalisatiecertificaten gekregen en waren ze met zijn allen naar het gerechtsgebouw op Foley Square gegaan om de eed af te leggen. Dit jaar werd de dag nog steeds niet uitbundig gevierd. In Europa was de oorlog sinds twee maanden voorbij, maar in de Stille Oceaan sleepte die zich nog voort.

De Duitssprekende emigranten in New York hadden niet veel interesse voor de oorlog tegen de Japanners. Alleen de oorlog in Europa was voor hen belangrijk geweest. Op 7 mei had Duitsland zich onvoorwaardelijk overgegeven, maar het gevoel van opluchting dat iedereen had verwacht, bleef uit. Er waren te veel doden te betreuren en er was te veel voorgoed vernietigd. Opnieuw stond er in New York een warme zomer voor de deur. De vluchtelingen klaagden, maar ze waren er intussen aan gewend geraakt. 'Het is niet de hitte, het is de vochtigheid,' zeiden ze. Ze pasten zich aan en huurden een huisje aan het strand of in de bergen. Er waren al een tijdje geen zelfmoorden meer geweest. Toen Stefan Zweig de hand aan zichzelf had geslagen – 'diep in de jungle van Brazilië', zei men altijd, hoewel dat niet helemaal klopte – had dat hen allemaal geschokt. Ze hadden herdenkingsbijeenkomsten en lezingen gehouden, gezucht en ontdaan met hun tong geklakt. Ze gaven de Nieuwe Wereld de schuld van zijn dood. Maar ze keken ook diep in hun eigen hart en ontdekten dat zij nog niet wilden sterven. Hierin zullen we Stefan Zweig niet proberen te evenaren, grapte iemand.

Manfred Solomon vond dat een smakeloze opmerking en herhaalde die daarom niet tegen Lene. Ook hij had zich aangepast. Hij werkte nu en dan mee aan concerten met lichte muziek, zodat hij genoeg geld verdiende om een zomerhuis aan de kust te huren. Het was een oud, vervallen huis, ver weg op Long Island, waar geen van hun kennissen ooit kwam, maar Lene was verliefd geworden op het met druivenranken overgroeide prieel, de ligusterhagen en de veranda, die aan drie kanten om het huis liep. Bovendien stond er een piano in de woonkamer, zodat Manfred kon studeren. De makelaar die het huis verhuurde, kende zelfs een pianostemmer. De post moest worden opgehaald bij de kruidenierswinkel, die ook als postkantoor dienstdeed. Het was Manfreds taak om daar elke dag langs te gaan. Dan droeg hij een witte strohoed en een zonnebril, en nam zijn wandelstok mee 'tegen de honden'. Hij groette de aardappelboeren met een formele buiging. Hij verstond hen nauwelijks, met hun eigenaardige accent, en zij hem ook niet, maar dat deed geen afbreuk aan de onderlinge hartelijkheid.

Het enige andere Joodse gezin in het dorp – de makelaar was zo verrast geweest toen Lene voor zijn neus stond dat hij er niet toe was gekomen haar uit te leggen dat ze doorgaans geen huizen aan Joden verhuurden – was dat van de eigenaar van de stoffen- en fourniturenzaak. Hij herkende Manfred ogenblikkelijk als een 'verwant' en gedroeg zich alsof ze oude vrienden waren. Daar mopperde Manfred over, maar toch liet hij zich vaak lang door meneer Goldstein aan de praat houden.

Claire was net klaar met haar middelbare school, de High School of Music and Art, en was toegelaten tot het Barnard College. Zoals serieuze zeventienjarigen doen, had ze besloten die zomer drie 'belangrijke boeken' te lezen, te beginnen met *Ulysses* van James Joyce. Dat nam ze elke ochtend mee naar het strand, maar ze bleef tussendoor ook uitkijken naar een geschikte kandidaat om een romance mee te beginnen. Ze had zich in haar fantasie al op zo'n ontmoeting voorbereid, maar het strand was meestal verlaten. Peter was zeven en bleef in de buurt van Fräulein Gründlich, die zandkastelen met hem bouwde. Iedereen had een eigen kamer in het krakkemikkige huis, en Lene kookte. Ze merkte dat ze nauwelijks nog aan Frankfurt dacht. Het was alsof New York alle andere plaatsen waar ze had gewoond had opgeslokt. Ze vond het heerlijk dat ze hier alleen kon zijn zonder alleen te zijn, dat de stad zo groot en nieuw was, waardoor er geen ruimte overbleef voor gepieker over het verleden. En dit huis, met een gazon van een halve hectare, stond op een paar minuten lopen van zee en het onafzienbare witte strand. Ook Lene overwoog soms een romance te beginnen. Maar dan hoorde ze Manfred studeren en herinnerde zich dat ze van hem hield.

De dag voorafgaand aan Independence Day beloofde het erg warm te worden, en op de feestdag zelf zou het gaan onweren. Er hingen grote wolken in de blauwe lucht en er was nauwelijks een zuchtje wind, zelfs hier aan zee niet. De liguster stond in bloei en de bijen zoemden onverstoorbaar rond de brede hagen vol roomkleurige bloemen. In het dorp was het druk met zomergasten en boeren in overalls die boodschappen deden voor de feestdag. Elke dag om half twee, meteen na de lunch, ging Manfred de post halen, en soms ging Claire met hem mee. Daarna deed hij een dutje, van twee tot vier, voordat hij naar het strand ging. Hij hield ervan om zo'n strak, ijzeren ritme te hebben. De boeren knikten naar hem en de zomergasten negeerden hem, omdat ze dachten dat hij familie was van Goldstein, de man van de stoffen- en fourniturenzaak.

Vandaag moest Claire zelf ook een paar brieven posten en ze liep opgewekt met haar stiefvader naar de winkels. Ze was diepgebruind en wist dat het haar goed stond. Ook was ze afgevallen, en haar korte blonde haar was gebleekt door de zon. Manfred en zij hadden een nauwe band, en dat maakte haar blij. Ze dacht vaak dat ze hem beter begreep dan haar moeder. Als ze zo naast elkaar liepen – Manfred noemde het tochtje van een kwartier naar het postkantoor 'de korte Joodse rondwandeling', tegenover 'de lange Joodse rondwandeling', de tocht van een half uur naar de brug over de kreek – praatte hij serieus en uitgebreid over muziek, zoals hij ook tegen een volwassene zou doen. Hij stelde haar nooit persoonlijke vragen, en Claire nam hem niet in vertrouwen. Ze vroeg zich soms af of haar moeder dat wel deed, maar de gesprekken over muziek en de verhalen die hij vertelde over zijn leven en zijn vroege carrière suggereerden iets diepers, iets verbodens. Het was een vorm van hofmakerij.

Manfred wist dat hij voorzichtig moest zijn met zijn stiefdochter. Op een dag moest hij haar laten gaan, maar voorlopig had hij haar ernstige toewijding en respect te hard nodig: hij hunkerde naar adoratie. Claire had geen weet van zijn diepere gevoelens, zij wilde Manfred alleen maar plezieren en zijn liefde indrinken. Was hij haar echte vader maar, dacht ze, want dan zou hij haar niet kunnen afwijzen en zou ze nooit buiten zijn leven en zijn wereld komen te staan. Soms ging ze gebukt onder de erfenis van haar afwezige vader, want die maakte haar anders, een halfbloed. De niet-Joodse meisjes die ze kende leefden in de ene wereld, de Joodse in de andere, en zij had zich in beide nooit helemaal thuis gevoeld. Haar beste vriendin was net als zij een Mischling, het kind van vluchtelingen.

'Gaan we volgende week naar Philadelphia, jij en ik?' vroeg Manfred. Om te laten merken dat hij een goede Amerikaan was, sprak hij in het openbaar altijd Engels, dat uit zijn mond een plechtstatige klank had.

'Dat lijkt me fantastisch,' zei Claire. 'Ik ben dol op Paul Robeson.'

'Voor de pauze speel ik het pianoconcert van Gershwin en helemaal aan het eind een medley van marsen van Sousa, gearrangeerd voor de piano. Ertussenin zingt hij de *Ballad for Americans*, een vreselijk muziekstuk. Hoe noem je dat – een ratjetoe? Maar we moeten nu eenmaal patriottisch zijn in deze tijden. En de neger heeft een prachtige stem. Als hij die maar goed zou gebruiken, zou hij letterlijk alles kunnen zingen.'

'Die kans zal hij nooit krijgen,' zei Claire op verontwaardigde toon.

'Hoe bedoel je?'

'Weet je dan niet hoe racistisch dit land is?' Claire was zich ervan bewust dat ze zich op glad ijs begaf. Manfred hield zich nooit met politiek bezig.

'Hij zingt in hetzelfde programma als ik!'

'In een zomerconcert in de Robin Hood Dell. Dat telt niet.'

Manfred keek beledigd. 'Het Philadelphia Orchestra speelt er ook. Het is helemaal niet slecht dat ik daar kan optreden.'

'Ik had het niet over jou,' zei Claire. 'Het is geweldig dat ze je hebben gevraagd. Ik bedoel alleen dat Paul Robeson bijvoorbeeld nooit in de Met zal zingen.'

'Een neger in de Metropolitan Opera! Wat voor rol zou hij moeten zingen, afgezien van Othello?'

Claire wist dat ze er beter niet op door kon gaan. 'Vanochtend speelde je Schumann,' zei ze. 'Ik herkende het.'

Manfred begon enthousiast aan een gedetailleerde verhandeling over het werk in kwestie, dat hij in november bij de Young Men's Hebrew Association zou spelen. Voordat ze het wisten waren ze bij het postkantoor. Daar lagen een dividendcheque, een bericht van de verzekering, een tandartsrekening en een dikke brief van Benno Süsskind voor hen klaar.

Manfred nam de post mee naar huis en liet die op de keukentafel liggen voor Lene, die samen met Fräulein Gründlich de afwas van het ontbijt en de lunch aan het doen was. Zodra Manfred en Claire binnenkwamen, hing de gouvernante de theedoek op en ging kalm naar haar kamer. 'Ik denk dat ik mijn boek ga pakken en naar het strand ga,' zei Claire. Peter lag boven op bed. Hij had de radio aan, maar met het geluid heel zacht om de middagrust niet te verstoren. Hij luisterde naar een honkbalwedstrijd.

Lene nam de post mee naar het druivenprieel, dat aan de keuken grensde. Er stond een ruwhouten picknicktafel met zes verschillende stoelen. Het was er doodstil en schaduwrijk. Lene bewaarde Benno's brief tot het laatst. Terwijl ze hem langzaam en aandachtig las, werd haar mond droog en ging haar hart bonzen. Toen ze klaar was en hem had neergelegd, zag ze dat Manfred aan de andere kant van de tafel naar haar stond te kijken.

'Wat staat erin?' vroeg hij. 'Je kijkt zo geschokt.'

'Hier, lees maar,' zei Lene.

'Ik heb mijn leesbril niet bij de hand, lees jij hem maar voor.'

'Hij is lang en staat vol slecht nieuws.'

'Laat maar horen.'

Op dat ogenblik verscheen Claire, op weg naar het strand, met de bijna stukgelezen uitgave van *Ulysses* van de Modern Library onder haar arm. Ze merkte dat ze een vertrouwelijk moment had verstoord en haar eerste angstige gedachte was dat ze het over haar hadden gehad of dat er ruzie op til was.

'Wat is er?' vroeg Manfred. 'Je moeder stond op het punt een belangrijke brief voor te lezen.'

'Mag ik meeluisteren?' vroeg Claire.

'Dit is niet bestemd voor jonge oren,' zei Lene. 'Ga maar naar het strand. Ik vertel je er later wel over.'

'Ik kom straks ook,' zei Manfred.

'Vanavond is er vuurwerk. Ik heb de aankondiging gezien in de bibliotheek,' vertelde Claire. 'Bij de Jodenvrije Club.'

'Hoe bedoel je, "Jodenvrij"?'

'Ik bedoel dat niet iedereen erin mag. Alleen christenen. Dat heb ik gehoord van een van de kinderen die ik heb ontmoet.'

'Er komen toch geen mensen met wie we willen omgaan,' zei Lene. 'We kunnen het vuurwerk vanaf het openbare strand ook zien.'

'Ik wilde het jullie alleen even vertellen.'

'Bedankt,' zei Manfred.

Claire stapte op haar fiets en reed door de brede straat en via de brug over de kreek naar het strand. De rozen die langs de houten hekken groeiden stonden volop in bloei, en de geur van kamperfoelie en de zee vermengde zich met die van de liguster.

Het was die dag bloedheet op het strand, en het was er vergeven van de zandmuggen. Er was geen branding. Het was laagwater en de zee was zo kalm en vlak als een meer. Claire probeerde te lezen, maar het zweet liep in haar ogen en de muggen staken in haar benen. Het water was vol met allerlei soorten zeewier dat zich als de tentakels van een octopus om haar benen slingerde. Ze besloot vroeg weg te gaan.

Het was halverwege de middag, en zo stil dat het huis wel verlaten leek. Iedereen sliep. Het gemurmel van Peters radio was niet harder dan het gegons van de bijen in de ligusterhaag. Claire nam een glas melk uit de koelkast en liep naar het druivenprieel om het op te drinken. Onder een vaas met margrieten zag ze Benno's brief liggen. Door de vochtige lucht waren de blauwe velletjes zo zacht als lapjes stof geworden, en de randen waren omgekruld. Ze pakte de brief en las hem.

12 april 1945

Lieve Lene,

Ik schrijf deze brief in een hotelletje in Weimar, waar ik samen met een paar andere officieren van het Amerikaanse leger ben ingekwartierd. Het is laat op de avond en ik moet dit nu opschrijven, want de verschrikkingen laten me niet los en houden me uit mijn slaap. Misschien kan ik ze uitdrijven door iemand anders erover te vertellen. Iemand ver weg die niets heeft gezien van deze afschuwelijke vernietiging van mensenlevens, iemand met wie ik de vreselijke waarheid kan delen, de ontzetting, nu die nog vers en ongepolijst is. Er zullen ongetwijfeld foto's de wereld rond worden gestuurd, en de wereld zal geschokt zijn. Als alles is opgeruimd, zullen ze hier een gedenkteken plaatsen en denken dat dat toereikend is voor de komende generaties, dat ze hun plicht jegens de doden hebben gedaan. Wij, de mensen die het met eigen ogen hebben gezien, zullen bedreven worden in het navertellen, als acteurs die een rol spelen en het publiek elke avond aan het huilen maken, ook al gaat er bij iedere herhaling een klein beetje van de verontwaardiging, woede en pijn verloren.

Gisteren, op 11 april 1945, heeft het Amerikaanse leger het concentratiekamp Buchenwald bevrijd. Ik was niet bij de soldaten die er als eersten zijn binnengegaan. Wij zijn pas vanochtend aangekomen ('wij' is een groep voormalige Duitsers, onder wie een arts uit Berlijn en een advocaat uit Mannheim), maar ik heb begrepen dat er kort voor de komst van de Amerikanen een opstand is geweest onder aanvoering van een groep communisten.

Het schijnt dat de eerste Amerikaanse soldaten die bij het kamp kwamen onpasselijk zijn geworden van wat ze er aantroffen. Het is gruwelijk, vooral als je het met duizend vermenigvuldigt en de vernietigingskampen in het oosten, die door de Russen zijn bevrijd, erbij optelt. Ik heb begrepen dat de Duitsers hebben geprobeerd de gaskamers te vernietigen waarin miljoenen zijn gestorven (ik meen het, we hebben gehoord dat het er misschien wel tién miljoen zijn geweest), maar er is niets ter wereld dat de herinneringen kan vernietigen van de mensen die het hebben gezien en zijn blijven leven.

Het concentratiekamp Buchenwald ligt bijna op de top van de Ettersberg en biedt een schitterend uitzicht over de vlakte die zich hiervandaan in noordelijke richting naar Magdeburg uitstrekt. (Waarom schrijf ik je dit? Het heeft niets te maken met wat ik wil vertellen!) Het staat vol barakken van planken en teerpapier. De gevangenen zijn er hutjemutje ondergebracht in rijen stapelbedden, honderden per barak, duizenden in het hele kamp. Ze dragen gestreepte gevangenispakken, maar ze hebben niets meer weg van mensen; het zijn levende lijken, skeletten met huid eromheen, vogelverschrikkers die te zwak zijn om op hun benen te staan, te zwak om te schreeuwen of te bewegen. Men zegt dat er velen sterven zonder dat we ze verzorging kunnen bieden, doordat we ze niet kunnen vinden tussen alle doden. Ze kunnen zelfs niet zachtjes jammeren om te zorgen dat we ze horen. De enige manier waarop we de doden kunnen begraven, is een grote kuil maken en ze er allemaal met een bulldozer in schuiven. De Joden die er nog over zijn – we hebben begrepen dat er tot in oktober vorig jaar veel naar Auschwitz zijn gestuurd om te worden omgebracht, en in de paar dagen voordat we hier aankwamen zijn er vijftienduizend naar het noordoosten gebracht, dwars door wat er nog over is van Duitsland, zodat we ze niet zouden vinden – zijn er heel slecht aan toe. Ik weet niet hoeveel er in leven zullen blijven en hoeveel van hen ooit nog een normaal bestaan zullen opbouwen.

Ik hoor hun stemmen in mijn hoofd, deerniswekkende piepstemmen die diep vanuit het binnenste van een andere levensvorm lijken te komen. Ze snikken zonder tranen te vergieten en weten niet meer hoe ze moeten glimlachen. Ik word geacht ze te 'interviewen' en op te schrijven wat ze me vertellen, maar de formulieren die ik krijg om gegevens in te vullen zijn bij lange na niet toereikend voor wat deze mensen te zeggen hebben. De meesten hebben dwangarbeid moeten verrichten in gedeeltelijk ondergrondse fabrieken in de omgeving (de nuttelozen, vooral de Joden, werden doorgestuurd om elders te worden vergast. 'Vergast?' vroeg ik de eerste keer dat ik dat woord hoorde. 'Ja, vergast,' zeiden ze), en kregen zo weinig te eten dat er elke dag honderden stierven (het was gemakkelijker om de doden te vervangen door nieuwe slaven dan om de arbeiders genoeg te eten te geven om in leven te blijven). De doden werden op karren naar het crematorium gebracht en verbrand; hun as werd gebruikt als meststof, hun botten als vulmateriaal bij grondwerkzaamheden. Over de hele berg hier ligt een laagje lichtgrijze as. Alsof je op de helling van een vulkaan staat. Zoals ik al schreef, zullen veel van de overlevenden uiteindelijk alsnog sterven, al hebben we hier teams van artsen die de klok rond werken. Ze kunnen geen gewoon voedsel meer tot zich nemen. Ik heb gezien hoe een man zich op een legerrantsoen wierp met een dierlijke gulzigheid die niet om aan te zien was, en vervolgens alles weer uitbraakte. Het gevaar dat er ziektes uitbreken, met name tyfus, is groot. Ik heb de hele dag in het kamp rondgedwaald in een poging het ongelofelijke schouwspel, de onbeschrijflijke verschrikking, tot me door te laten dringen. En dat allemaal op een paar minuten rijden van Weimar, mijn lievelingsstad, de wieg van de Duitse Verlichting, de woonplaats van Goethe, die hierheen kwam omdat hij zijn geboorteplaats Frankfurt een bekrompen handelsstad vond!

De meeste mannen met wie ik praat kunnen nauwelijks geloven dat wij (de Amerikanen) er echt zijn, dat ze gered zijn, en dat de SS-bewakers niet meer zullen terugkomen om hen mee naar buiten te nemen en te slaan of aan hun armen op te hangen aan een hoge paal of hen te dwingen uren achtereen in ijzel, hagel, sneeuw of de brandende augustuszon te staan voor een appèl dat nooit helemaal vlekkeloos verloopt. Ze hebben zo vreselijk geleden – en neem het me niet kwalijk als ik in herhaling verval, ik moet alles wat ik in mijn hoofd heb snel opschrijven – dat ze voorgoed getekend zullen zijn. De nazi's zijn erin geslaagd de helft van alle Joden op de wereld plus een hele generatie Russen te vernietigen, nog afgezien van hun eigen mensen, die zijn gevallen in de strijd of – erger nog – schuldig zijn aan wat hier is aangericht.

De advocaat uit Mannheim die me vergezelt en de overlevenden ondervraagt, klinkt heel koel en professioneel, houdt nauwkeurig aantekeningen bij en lijkt de volmaakte, rationeel redenerende aanklager. Hij heeft me verteld dat ze de hoge nazi's na de oorlog willen berechten wegens zware misdaden tegen de menselijkheid. Maar toen we vanavond in het hotel terugkwamen, stortte hij opeens in en brak in tranen uit. Hij bleef zo lang huilen dat ik de dokter moest laten komen om hem een kalmerende injectie te laten geven. 'Het hadden mijn ouders kunnen zijn, mijn broers... ikzelf,' zei hij steeds. En het afschuwelijke is dat je medelijden zo gemakkelijk omslaat in weerzin, want hoe kunnen wij ons identificeren met de skeletten tegenover ons, die als jankende honden voor ons rondkruipen en van wie de meeste stinken naar dood en bederf, braaksel en stront?

Neem me alsjeblieft niet kwalijk dat ik er maar over blijf doorgaan, Lene! Maar ik weet dat je begrijpt waarom ik het allemaal opschrijf.

Een van de mannen (hij is hier nog niet zo lang en is daardoor nog tamelijk sterk) zei tegen me: 'Voordat ze stierven of werden gedeporteerd, hebben sommigen tegen me gezegd dat ik de wereld moest vertellen wat er is gebeurd, wat hun is aangedaan.' Over enige tijd, al voordat er een nieuwe generatie is opgegroeid en gestorven, zal niemand het zich meer herinneren, of alleen nog gedeeltelijk of vertekend, op de manier zoals het de mensen het best uitkomt. En terwijl ik dit schrijf worden er nog steeds mensen omgebracht. Er is vast wel ergens een vrouw die haar oude moeder, lijdend aan dysenterie, op haar rug door Duitse dorpen in de richting van Berlijn draagt, het nog altijd kloppende 'hart' van het Derde Rijk. Ze zullen hun best doen de kampen en de getuigen die daar zo afschuwelijk hebben geleden te vernietigen en de wereld wijs te maken dat het niet is gebeurd.
Niets wat ik heb gezien of gelezen, had me kunnen voorbereiden op deze dag. Het is alsof hier een wereld bestond die was gestoeld op het absolute tegendeel van al het ware, mooie en goede dat de mens ooit heeft kunnen bedenken (herinner je je het opschrift op de gevel van de Opera?). Alsof er een besluit is genomen een hele samenleving puur op het kwaad te baseren, puur op lelijkheid en bedrog. Alsof er een bewuste poging is gedaan de beschaving op haar kop te zetten. Deze hel is veel erger dan de hel die ik heb gezien op de doeken, fresco's en mozaïeken die ik heb bestudeerd. Giotto heeft zich in Padua niet kunnen voorstellen dat de verdoemden kwellingen ondergingen zoals die hier zijn bedacht, net zomin als Grünewald of zelfs Bosch dat konden.
Het valt niet mee om miljoenen mensen te doden, daar gaat veel planning, inspanning en mankracht in zitten. En het werk werd niet gedaan door sociaal onaangepasten of misdadigers, welnee! Een van de bewakers die we hier gevangen hebben genomen (hij had zich tijdens de opstand doodsbang voor de communisten verscholen) vertelde me dat het helemaal niet moeilijk was om onschuldige mensen te doden, mannen, vrouwen en kinderen. Hij had ervaring opgedaan in de kampen in Polen, vertelde hij, en het was 'gewoon werk', je deed wat je werd opgedragen. Maar hij gaf toe dat hij naderhand, als hij een biertje zat te drinken en een sigaar rookte,

soms door twijfel werd overmand. Dan vroeg hij zich af wat zijn moeder zou zeggen. Het was een doodgewone Duitser, die in zijn geboorteplaats Fürth postbode was geweest. Hoe is het ze toch gelukt om mensen als hij (en het moeten er velen zijn geweest om het karwei te klaren) ervan te overtuigen dat er niets mis mee is mensen te doden alsof het vliegen, kakkerlakken of luizen zijn? Hebben ze er nooit ook maar een seconde bij stilgestaan dat de honderden, de duizenden die ze de gaskamers in dreven of doodschoten aan de rand van een open graf ménsen waren? Dat ook zij dromen, hoop en liefde in hun hart droegen?

Wat een monsterlijke perversiteit! En die is niet uitgevoerd door een primitieve stam maar door onze buren, door mensen die jij en ik ongetwijfeld hebben gekend en elke dag van ons leven hebben gegroet! We dachten dat we in vrede en harmonie met hen samenleefden, al die honderden jaren, en nu ontdekken we dat ieder van hen, de groenteboer of de tramconducteur, ons net zo goed in een veewagon had kunnen duwen in plaats van ons te begroeten met '*Guten Tag, Herr Professor!*' En als het moment aanbreekt dat ze worden verhoord, zullen ze zich onverschillig voordoen en op hun onderdanigste toon zeggen: '*Jawohl, Herr Leutnant... gewiss, Herr Leutnant, wir haben's getan...* we hebben ons elke dag van onze diensttijd, behalve op zondag, want dan waren we vrij, beziggehouden met het ombrengen van Joden en het afranselen van dwangarbeiders. Dat was ons opgedragen. Onze bevelen kwamen rechtstreeks uit Berlijn, en u weet, Herr Leutnant, *Befehl ist Befehl.*'

Ik werd razend toen ik naar die postbode en zijn hielenlikkerij luisterde! 'Weet u, het waren allemaal bolsjewieken,' zei hij. 'En u als Amerikaan weet natuurlijk dat dat onze vijanden zijn.' En elke keer dat er een zuchtje wind opsteekt, waait er weer wat as van de vijftigduizend mensen die hier zijn gestorven het omliggende bos van beuken, berken en dennen in.

Dat brengt me op een persoonlijke kwestie die ik nauwelijks durf aan te snijden. Je weet misschien nog wat ik je uit Parijs heb geschreven: Eva dacht dat Jacob was gedeporteerd en had van een paar oude kameraden gehoord dat Lore naar Duitsland was teruggegaan om hem te zoeken. Verder is er niets over hen bekend. Ik ben

van plan het archief hier te doorzoeken om te kijken of ik iets te weten kan komen. De SS heeft geprobeerd alle gegevens te verbranden, maar er is heel veel materiaal gered. Je weet hoe grondig Duitsers zijn; er zijn stapels en stapels lijsten van dingen die de gevangenen hebben achtergelaten en die de stervenden zijn afgenomen. Bergen brillen, koffers, schoenen, krukken, kunstledematen, manden vol portefeuilles, sleutels en foto's. Veel van de grotere voorwerpen zijn zorgvuldig van etiketten voorzien en de paspoorten hebben allemaal een stempel gekregen met de juiste datum en de Duitse adelaar boven de swastika. Ik zal deze brief nog een paar dagen vasthouden om te kijken of ik je iets kan vertellen over het lot van oom Jacob.
Het is nu bijna drie uur 's nachts en ik kan mijn ogen nauwelijks meer openhouden van de slaap. Ik moet eindigen. Voor dit moment heb ik alles gezegd en ben ik uitgepraat. Ik vraag me voortdurend af hoe ik ooit kan terugkeren naar Amerika om daar doodleuk mijn leven als kunsthistoricus weer op te vatten en tussen de prenten en tekeningen in het Brooklyn Museum te gaan werken. Op dit ogenblik lijkt me dat onmogelijk, maar ik weet zeker dat ik uiteindelijk terug zal gaan, dat de herinneringen zullen vervagen en ik me weer zal verdiepen in kunstwerken en de vraag wie ze heeft gemaakt. Stel je voor, je dikke neef Benno in de rol van 'bevrijder'. Toch is het zo. Ik kom hier als Amerikaan (door mijn emigratie heb ik de grens overschreden van een gewisse dood naar een gegarandeerd leven) en word gezien als Amerikaan, zowel door de beklagenswaardige overlevenden als door de verslagen aanstichters. En door mezelf. Dat is in zekere zin vreemd en verwarrend. Er zijn momenten dat ik eenvoudigweg niet meer weet wie ik ben.

P.S. Het is nu 15 april. Ik heb alle documenten doorzocht, en die hebben hun droevige nieuws prijsgegeven. Ik heb de naam gevonden van Jacob Wertheim uit Frankfurt am Main, laatst woonachtig te Amsterdam, geboren op 18 maart 1878, in Buchenwald gearriveerd op 20 mei 1944, afgevoerd (er staat niet bij waarheen) op 3 juni 1944. Lore wordt nergens genoemd, maar de gevangenen hebben me verteld dat de bewakers regelmatig

'indringers' en 'onbevoegden' doodschoten, en die doden werden uiteraard niet geïdentificeerd. Er zijn hier zo veel doden gevallen – het inwonertal van een flinke stad – dat we nooit precies zullen weten wie het allemaal waren.
Ik ga deze brief nu beëindigen. Ik zal je ongetwijfeld snel weer schrijven. Elke dag komen er nieuwe gruwelen aan het licht, en we moeten er nu van uitgaan dat ook Andreas en je moeder een gruwelijke dood zijn gestorven in de handen van deze monsters. Ik kan alleen maar hopen dat ze zich niet lang in die hel tussen leven en dood hebben bevonden. Ik besef dat dat een dwaze wens is, want op een enkele dag op een plaats als deze lijdt men meer dan de meesten van ons in een heel leven. Na een reis van honderden kilometers in een afgesloten veewagon, zonder water en eten, moet elke bestemming – zelfs de dood – welkom hebben geleken.
Mensen vertellen me dat er een zeker moment was waarop een gevangene in een kamp de hoop opgaf, dat je het altijd kon zien als iemand dat punt had bereikt, en dat de persoon in kwestie dan steevast werd uitgekozen voor de gaskamer. Ze werden door de anderen 'muzelmannen' genoemd. Er wordt ook verteld dat de mensen die in Auschwitz-Birkenau op hun vergassing wachtten geduldig in de rij stonden tot ze aan de beurt waren. Ze wilden niet weten dat hun geen warme douche wachtte, maar een wolk blauwzuurgas.
Hoe kunnen mensen die pretenderen in God te geloven uitleggen wat hier is gebeurd?
Tot zover.
Doe mijn hartelijke groeten aan je gezin, maar vooral aan Claire.

Je neef en vriend,
Benno

P.P.S. Ik heb besloten terug te gaan naar Frankrijk om Julia op te halen. Ik neem haar mee naar Amerika.

Claire legde de brief neer en zette de vaas met margrieten er zorgvuldig weer op. Er kwam nog steeds geen enkel geluid uit het huis, behalve dat van Peters radio, die de wedstrijd van de Dodgers uitzond. Claire deed haar ogen een tijdje dicht, maar toen zag ze grote stapels lijken, die klaarlagen om met een kar naar de ovens te worden gebracht. Ze opende haar ogen weer en keek strak naar de wijnbladeren en de trossen groene druiven, en daarna naar de lucht, diepblauw tussen de witte plukjes wolken. Nog steeds zag ze de lijken; het feit dat ze om zich heen de zomerdag waarnam, betekende nog niet dat het tot haar doordrong. Ze stond haastig op, bang dat ze haar moeder of Manfred tegen zou komen, met Fräulein Gründlich moest praten of de honkbaluitslagen moest bespreken met haar broertje.

Ze had het gevoel dat ze haar hele leven voor de gek was gehouden. Niemand had haar ooit de waarheid verteld. Claire liet het stille huis achter zich en liep door de stoffige straten van het kustplaatsje. Ze wist niet waar ze naartoe ging, maar wel dat ze alleen wilde zijn. De bomen hadden de sappige diepgroene kleur van de vroege zomer, en de goedonderhouden gazons roken naar gemaaid gras. Ze was veilig. Ze waren allemaal veilig. Waar ze ook keek, overal om haar heen straalde het vlakke, zonnige landschap van schoonheid. In de verte lag de oceaan als een glinsterend lint tegen de bleekblauwe hemel. Er was hier geen oorlog of dood te bekennen. Het was zelfs moeilijk om je voor te stellen dat je honger had. Dit was de tijd van het jaar waarvan Claire het meest hield, een seizoen van warmte en zon waarin alles goed en mooi leek. Ze had altijd gewild dat ze dat gevoel kon bewaren voor in de winter en daarom schreef ze erover in haar notitieboekjes, maar dat leidde er alleen maar toe dat ze er in januari nog heviger naar verlangde. Het was onmogelijk om de zomer vast te houden. Ze stelde zich voor hoe Manfred en Lene met de kleine Peter tussen hen in hun dood tegemoet liepen. Wat zou er van háár zijn geworden? Zij was slechts half-Joods. Zou zij zijn gespaard?

Claire liep op haar blote voeten, die vuil werden van het stof van de weg. Ze wandelde door een weitje naar de lisdodden die langs het brakke water van de kreek groeiden. Ze volgde de oever tot ze bij het kanaal kwam dat naar zee liep. Daar lagen een paar zeilboten afgemeerd, en de golfjes klotsten tegen de rompen. Verder was het doodstil. Claire ging in een roeibootje zitten dat was vastgelegd aan de palen van een oude steiger. Stel je voor dat ze uit het transport was geplukt dat naar de vernietigingskampen werd gebracht en had gezien hoe de anderen – Lene, Manfred en kleine Peter – in die lange rij met Joden stonden en haar met een verdrietige, beschuldigende blik aankeken.

Of stel je voor dat ze bij tante Emma was gebleven. Dan zou ze hier nu niet zijn, dat was zeker. Dan was ze geen Amerikaans meisje dat in een bootje zat en haar hand door het water liet glijden. Onder de kritische blik van haar tante zou ze gedwongen zijn geweest het deel van haar dat Joods was permanent te verbergen. Claire had het gevoel dat Emma haar altijd al voor zich had willen winnen, haar ziel had willen vangen, alsof ze in tegenstelling tot Claires moeder had geweten dat je, als je Joods was, was voorbestemd om te worden gedood.

Claire probeerde zich de krantenfoto's voor de geest te halen die ze had gezien van de oorlog, van de doden en stervenden, de uitgehongerde kinderen, de hologige moeders en de gevangenen in hun gestreepte pakken. Maar dat was in een ander land geweest, in een heel andere wereld, die mensen hadden niets met haar te maken gehad. Niemand had haar ooit verteld dat er een verband was tussen hen en haar familie.

Steeds weer gingen Claires gedachten naar die afschuwelijke andere wereld waarvan ze zojuist een glimp had opgevangen. Als ze was uitverkoren om in leven te blijven, zou ze dan dapper zijn geweest, de bewakers hebben getrotseerd en toch haar dood tegemoet zijn gegaan? Zou ze hebben geprobeerd te vechten, was ze dan met haar blote handen of met een steen uit de Poolse grond een van de onmenselijke soldaten te lijf gegaan? Ze zag het allemaal voor zich alsof het een film was. De beelden waren heftig en krachtig, maar ze wist dat ze vals waren, nog minder echt dan een nachtmerrie. Ze zat hier, in een bootje op het water dat glinsterde in de zon. Het was een zomermiddag, ze waren allemaal veilig en de winter lag nog ver in de toekomst, onvoorstelbaar, niet werkelijker dan de dood. De slachtoffers van al die kwellingen zouden verachtelijk op haar spugen omdat ze probeerde hun lijden in gedachten te benaderen.

Ze kwam te laat voor het avondeten.

'Je moeder heeft zich zorgen over je gemaakt,' zei Manfred. 'Waar heb je gezeten?'

In gedachten zag Claire hem over een bevroren weg strompelen, voortgedreven door Duitse soldaten, met lompen om zijn voeten gewikkeld. Hij struikelde en bleef langs de kant van de weg liggen.

'Geef eens antwoord,' zei hij streng.

'Ik ben een wandeling gaan maken langs de kreek,' zei Claire, 'en toen ben ik helemaal de tijd vergeten.'

'De Dodgers hebben gewonnen,' vertelde Peter, die een boterham met een dikke laag boter at. Zijn zwarte haar glansde en zijn gebruinde gezicht was schoon.

'Voel je je wel goed?' vroeg Lene, en ze legde haar koele hand tegen Claires voorhoofd. 'Je bent een beetje warm.'

'Dat komt door de zon,' antwoordde Claire.

Na het eten, toen Manfred studeerde op het pianoconcert van Gershwin, gingen Lene en Claire een eindje wandelen. De avond was stil en zwart als fluweel, en een afnemende maan kwam op boven zee.

'Je hebt Benno's brief gelezen,' zei Lene.

'Hoe weet je dat?'

'Moeders weten alles.'

'Ik wou dat ik het niet had gedaan. Nu moet ik de hele tijd aan die afschuwelijke dingen denken, terwijl ik tegelijk weet dat mij niets is overkomen. Wat kan ik in hemelsnaam doen om het goed te maken?'

'Niets, Clärchen, helemaal niets.'

'Hoe is het mogelijk dat iedereen dat zomaar heeft laten gebeuren? Wisten ze het niet? Konden ze niets doen?'

'Ik weet er niet meer over dan jij. Misschien zijn er vragen waar geen antwoorden op zijn, kwesties die niemand kan oplossen, laat staan een kind.'

'Ik ben geen kind!' Claire was verontwaardigd. 'Wat hebben wij gedaan om te mogen blijven leven?'

'Ik denk dat we geluk hebben gehad. Sommigen, zoals oom Edu, zagen het op tijd aankomen...'

'Komt het doordat we geld hadden?'

'Je oma is gestorven, en je oom Andreas ook.'

'Het spijt me, mammie' – Claire zuchtte diep – 'en ik wou dat ik kon huilen. Ik wil op mijn bed liggen en alleen nog maar huilen, maar dat kan ik niet. Bij het minste of geringste springen de tranen in mijn ogen, maar dit... Zou ik geen gevoel hebben? Ben ik koud en hard?'

'Natuurlijk heb je gevoel.' Lenes stem was zacht. 'Laat niemand je ooit wijsmaken dat dat niet zo is. Sommige mensen vinden het gewoon moeilijker om te uiten wat ze diep van binnen voelen. En niemand kan in het hart van een ander kijken en beoordelen hoe verdrietig die is.'

Ze liepen een paar minuten zwijgend verder. Claire stak haar arm door die van Lene. Ze was net zo lang als haar moeder. Over een gazon waarboven papieren lampionnetjes waren opgehangen schalde gelach. Uit de radio van een passerende auto klonk een melodie.

'Wat verwacht je van me?' vroeg Lene plotseling met vertwijfelde stem.

Claire gaf geen antwoord. Ze vond Lenes vraag beangstigend. Het was de eerste keer dat zij haar moeder moest geruststellen. Ze wilde haar kindertijd terug, maar tegelijk wilde ze volwassen zijn.

'Ik hou van je, mammie,' zei ze. Lene drukte Claires arm tegen zich aan. De maan verdween achter een wolkenband met zilveren randen. Er kwam een dunne witte nevel opzetten uit het kalme water van de kreek. Claire begreep dat ze van nu af aan haar hoofd niet meer huilend in haar moeders schoot kon leggen om getroost te worden. Ze zou kracht in zichzelf moeten vinden, leren verdriet alleen te dragen. Haar moeders verleden lag in scherven achter haar, als een gebroken glas dat niet meer gelijmd kon worden.

'Jij en jouw generatie zullen het beter doen dan wij,' zei Lene bijna fluisterend. 'Jullie zullen ervoor zorgen dat zoiets vreselijks nooit meer zal gebeuren.'

In de verte klonk gerommel, het geluid van trommels en vuurwerk.

'Ik hoor onweer,' zei Lene. 'Laten we naar huis gaan, daar zijn we veilig.'